Günter Wiswede

Soziologie

# Günter Wiswede

# Soziologie

## Grundlagen und Perspektiven für den wirtschafts- und sozialwissenschaftlichen Bereich

### 3., neubearbeitete Auflage

verlag
moderne industrie

Die Deutsche Bibliothek – CIP-Einheitsaufnahme

---

**Wiswede, Günter:**
Soziologie : Grundlagen und Perspektiven für den wirtschafts- und
sozialwissenschaftlichen Bereich / Günter Wiswede. – 3., neubearb.
Aufl. – Landsberg am Lech : mi Verl. Moderne Industrie, 1998
ISBN 3-478-39203-9

---

3., neubearbeitete Auflage 1998
© 1985 verlag moderne industrie AG, 86895 Landsberg am Lech
http://www.mi-verlag.de

Umschlag: Gruber & König, Augsburg
Satz: Fotosatz H. Buck, 84036 Kumhausen
Druck u. Bindearbeiten: Druckerei Himmer, Augsburg
Printed in Germany 390 203/6982502
ISBN 3-478-39203-9

# Inhaltsübersicht

**Erstes Kapitel: Einführung in die Soziologie** . . . . . . . . . . . . . 19

  **A. Soziologie als Wissenschaft** . . . . . . . . . . . . . . . . . . . . . . . . . . . . 21

    1. Gegenstand der Soziologie . . . . . . . . . . . . . . . . . . . . . . . . . . . . 21
    2. Entwicklung der Soziologie . . . . . . . . . . . . . . . . . . . . . . . . . . . 36
    3. Wichtigste Grundbegriffe . . . . . . . . . . . . . . . . . . . . . . . . . . . . . 42

  **B. Methoden der Soziologie** . . . . . . . . . . . . . . . . . . . . . . . . . . . . . . . 50

    1. Forschungslogik . . . . . . . . . . . . . . . . . . . . . . . . . . . . . . . . . . . . . 50
    2. Forschungstechnik . . . . . . . . . . . . . . . . . . . . . . . . . . . . . . . . . . . 79

  **C. Theorien der Soziologie** . . . . . . . . . . . . . . . . . . . . . . . . . . . . . . . 107

    1. Metatheoretische Perspektiven . . . . . . . . . . . . . . . . . . . . . . . . 107
    2. Theorien mittlerer Reichweite . . . . . . . . . . . . . . . . . . . . . . . . . 122

**Zweites Kapitel: Hauptthemen der Soziologie** . . . . . . . . . . . . . 127

  **A. Grundfragen der Mikrosoziologie** . . . . . . . . . . . . . . . . . . . . . . 129

    1. Soziales Lernen . . . . . . . . . . . . . . . . . . . . . . . . . . . . . . . . . . . . . 129
    2. Soziale Interaktion . . . . . . . . . . . . . . . . . . . . . . . . . . . . . . . . . . 149
    3. Soziale Rollen . . . . . . . . . . . . . . . . . . . . . . . . . . . . . . . . . . . . . . 179
    4. Soziale Abweichung . . . . . . . . . . . . . . . . . . . . . . . . . . . . . . . . . 194

  **B. Grundfragen der Makrosoziologie** . . . . . . . . . . . . . . . . . . . . . . 213

    1. Soziale Kultur . . . . . . . . . . . . . . . . . . . . . . . . . . . . . . . . . . . . . . 213
    2. Soziale Ordnung . . . . . . . . . . . . . . . . . . . . . . . . . . . . . . . . . . . . 236
    3. Soziale Systeme . . . . . . . . . . . . . . . . . . . . . . . . . . . . . . . . . . . . . 253
    4. Sozialer Konflikt . . . . . . . . . . . . . . . . . . . . . . . . . . . . . . . . . . . . 272
    5. Soziale Ungleichheit . . . . . . . . . . . . . . . . . . . . . . . . . . . . . . . . . 286
    6. Sozialer Wandel . . . . . . . . . . . . . . . . . . . . . . . . . . . . . . . . . . . . 319

**Drittes Kapitel: Soziale Aspekte der Wirtschaft** . . . . . . . . . . . 341

  **A. Wirtschaft als Teilbereich der Gesellschaft** . . . . . . . . . . . . . . 343

    1. Makro-Ebene: Die Wirtschaftsgesellschaft . . . . . . . . . . . . . . 343
    2. Mikro-Ebene: Wirtschaftsbezogenes Handeln . . . . . . . . . . . . 358

  **B. Soziale Aspekte wirtschaftlicher Teilbereiche** . . . . . . . . . . . . 365

    1. Soziale Aspekte der Produktion . . . . . . . . . . . . . . . . . . . . . . . . 365
    2. Soziale Aspekte der Koordination . . . . . . . . . . . . . . . . . . . . . . 390
    3. Soziale Aspekte der Konsumtion . . . . . . . . . . . . . . . . . . . . . . . 407

# Inhaltsverzeichnis

# Erstes Kapitel: Einführung in die Soziologie

## A. Soziologie als Wissenschaft ........................... 21

### 1. Gegenstand der Soziologie .............................. 21

1.1 Versuch einer Objektbestimmung ...................... 21
1.2 Objektbereich der Soziologie ........................ 23

1.2.1 *Soziales Verhalten (Handeln)* .................... 23
1.2.2 *Soziale Strukturen (Gebilde)* ..................... 24
1.2.3 *Struktur und Verhalten* ......................... 26
1.2.4 *Mikro-Makro-Verknüpfung* ....................... 30

1.3 Verhältnis zu den Nachbardisziplinen .................. 32

1.3.1 *Soziologie und Anthropologie* ..................... 32
1.3.2 *Soziologie und Psychologie* ....................... 33
1.3.3 *Soziologie und Ökonomie* ....................... 34

### 2. Entwicklung der Soziologie ............................. 36

2.1 Ursprünge soziologischen Denkens .................... 36
2.2 Klassiker der Soziologie ........................... 37

2.2.1 *Klassiker I: Comte–Spencer–Marx* ................. 37
2.2.2 *Klassiker II: Durkheim und Weber* ................ 38

2.3 Neuere Entwicklungen............................. 41

### 3. Wichtigste Grundbegriffe ............................. 42

3.1 Zur Bedeutung begrifflicher Bestimmungen .............. 42
3.2 Terminologischer Überblick ......................... 44

3.2.1 *Handlungsbegriffe* ............................. 44
3.2.2 *Strukturbegriffe* .............................. 46

*Literaturempfehlungen* ................................... 48
*Kontrollfragen* ........................................ 49

## B. Methoden der Soziologie ......................... 50

### 1. Forschungslogik (Wissenschaftstheorie) .................... 50

1.1 Grundsätzliche Positionen ......................... 50

1.1.1 *Die nomothetische Methode* .................... 50
1.1.2 *Die dialektische Methode*. ...................... 54
1.1.3 *Die verstehende Methode*. ...................... 57
1.1.4 *Die historische Methode* ...................... 61

1.2 Sozialwissenschaftliche Begriffe ...................... 64
1.3 Sozialwissenschaftliche Aussagen ...................... 67
1.4 Werturteile in den Sozialwissenschaften .................. 72
1.5 Theorie und Praxis ...................... 76

**2. Forschungstechnik (Empirische Sozialforschung)** ............. 79

2.1 Grundsätzliche Positionen ...................... 79
2.2 Phasen des Forschungsprozesses ...................... 81

2.2.1 *Konzeptualisierung und Messung*. ................. 81
2.2.2 *Zur Frage der Auswahl* ...................... 87
2.2.3 *Zur Analyse von Daten* ...................... 89

2.3 Zentrale Erhebungsmethoden. ...................... 93

2.3.1 *Die Befragung*. ...................... 93
2.3.2 *Die Beobachtung*. ...................... 97
2.3.3 *Weitere Methoden* ...................... 100

2.4 Experimentelle Designs. ...................... 103

*Literaturempfehlungen* ...................... 106
*Kontrollfragen* ...................... 106

**C. Theorien der Soziologie** ...................... 107

**1. Metatheoretische Perspektiven** ...................... 107

1.1 Das funktionalistische Paradigma ...................... 108
1.2 Das materialistische Paradigma ...................... 110
1.3 Das verhaltenstheoretische Paradigma .................... 112
1.4 Das ökonomische Paradigma ...................... 115
1.5 Das interpretative Paradigma ...................... 118

**2. Theorien mittlerer Reichweite** ...................... 122

2.1 Die Reichweite von Theorien. ...................... 122
2.2 Exemplarische Theorien ...................... 124

*Literaturempfehlungen* ...................... 126
*Kontrollfragen* ...................... 126

# Zweites Kapitel: Hauptthemen der Soziologie

**A. Grundfragen der Mikrosoziologie** . . . . . . . . . . . . . . . . . . . . . 129

**1. Soziales Lernen** . . . . . . . . . . . . . . . . . . . . . . . . . . . . . . . . . . . 129

   1.1 Die Prinzipien des Lernens . . . . . . . . . . . . . . . . . . . . . . . . 129

      1.1.1 *Lernen und Wertsystem* . . . . . . . . . . . . . . . . . . . . . . 129
      1.1.2 *Elementares Lernen* . . . . . . . . . . . . . . . . . . . . . . . . 131
      1.1.3 *Sozial-kognitives Lernen* . . . . . . . . . . . . . . . . . . . 135

   1.2 Der Sozialisationsprozeß . . . . . . . . . . . . . . . . . . . . . . . . . 138

      1.2.1 *Inhalte der Sozialisation* . . . . . . . . . . . . . . . . . . . 138
      1.2.2 *Phasen der Sozialisation* . . . . . . . . . . . . . . . . . . . 141
      1.2.3 *Sozialisation und Sozialstruktur* . . . . . . . . . . . . . . 143

   1.3 Das Lernen von Einstellungen . . . . . . . . . . . . . . . . . . . . . 145

      1.3.1 *Entstehung und Änderung von Einstellungen* . . . . . . . . 145
      1.3.2 *Ein Einstellungsmodell sozialen Handelns* . . . . . . . . . 147

   *Literaturempfehlungen* . . . . . . . . . . . . . . . . . . . . . . . . . . . 148
   *Kontrollfragen* . . . . . . . . . . . . . . . . . . . . . . . . . . . . . . . . . 149

**2. Soziale Interaktion** . . . . . . . . . . . . . . . . . . . . . . . . . . . . . . . 149

   2.1 Dyadische Interaktion . . . . . . . . . . . . . . . . . . . . . . . . . . . 150

      2.1.1 *Grundfragen zur Interaktion* . . . . . . . . . . . . . . . . . 150
      2.1.2 *Interaktion als Austausch* . . . . . . . . . . . . . . . . . . . 151
      2.1.3 *Interaktion als Kooperation* . . . . . . . . . . . . . . . . . . 155
      2.1.4 *Interaktion als Interpretation* . . . . . . . . . . . . . . . . 158
      2.1.5 *Interaktion als kommunikatives Handeln* . . . . . . . . . . 159

   2.2 Gruppe und Interaktion . . . . . . . . . . . . . . . . . . . . . . . . . . 161

      2.2.1 *Verschiedene Gruppenbegriffe* . . . . . . . . . . . . . . . . 161
      2.2.2 *Formen der Gruppe* . . . . . . . . . . . . . . . . . . . . . . . 163
      2.2.3 *Sozialstruktur von Gruppen* . . . . . . . . . . . . . . . . . . 165
      2.2.4 *Integration und Konflikt in Gruppen* . . . . . . . . . . . . 168
      2.2.5 *Konflikte zwischen Gruppen* . . . . . . . . . . . . . . . . . 170

   2.3 Konformität unter Gruppendruck . . . . . . . . . . . . . . . . . . . 172

      2.3.1 *Modelle der Konformität* . . . . . . . . . . . . . . . . . . . 172
      2.3.2 *Der Nutzen der Konformität* . . . . . . . . . . . . . . . . . 173
      2.3.3 *Wandel durch Minoritäten* . . . . . . . . . . . . . . . . . . 176

   *Literaturempfehlungen* . . . . . . . . . . . . . . . . . . . . . . . . . . . 178
   *Kontrollfragen* . . . . . . . . . . . . . . . . . . . . . . . . . . . . . . . . . 178

**3. Soziale Rollen** . . . . . . . . . . . . . . . . . . . . . . . . . . . . . . . . . . . 179

  3.1  Rollenbegriff und Rollen-«Theorie» . . . . . . . . . . . . . . . . . . 179

      3.1.1  *Zur Problemstellung* . . . . . . . . . . . . . . . . . . . . . . . 179
      3.1.2  *Zur funktionalistischen Perspektive* . . . . . . . . . . . . . 181
      3.1.3  *Zur symbolisch-interaktionistischen Perspektive*. . . . . . . 182

  3.2  Die Struktur sozialer Rollen. . . . . . . . . . . . . . . . . . . . . . . 184

      3.2.1  *Rollenstruktur und Rollendifferenzierung* . . . . . . . . . . . 184
      3.2.2  *Rollendruck und Rollenkonflikt* . . . . . . . . . . . . . . . . 185

  3.3  Das Lernen sozialer Rollen . . . . . . . . . . . . . . . . . . . . . . . 187

      3.3.1  *Mechanismen des Rollenlernens* . . . . . . . . . . . . . . . 187
      3.3.2  *Das Aushandeln sozialer Rollen*. . . . . . . . . . . . . . . . 189
      3.3.3  *Rolle und Identität*. . . . . . . . . . . . . . . . . . . . . . . 191

  *Literaturempfehlungen* . . . . . . . . . . . . . . . . . . . . . . . . . . . 193
  *Kontrollfragen*. . . . . . . . . . . . . . . . . . . . . . . . . . . . . . . . 194

**4. Soziale Abweichung**. . . . . . . . . . . . . . . . . . . . . . . . . . . . . 194

  4.1  Begriff und Formen abweichenden Verhaltens . . . . . . . . . . . . 194
  4.2  Abweichung und Kontrolle . . . . . . . . . . . . . . . . . . . . . . . 197
  4.3  Ätiologische Theorien abweichenden Verhaltens . . . . . . . . . . . 198

      4.3.1  *Persönlichkeitstheoretische Konzepte* . . . . . . . . . . . . . 198
      4.3.2  *Lerntheoretische Konzepte*. . . . . . . . . . . . . . . . . . . 200
      4.3.3  *Ein „Rational choice"-Ansatz* . . . . . . . . . . . . . . . . . 202
      4.3.4  *Gruppentheoretische Konzepte*. . . . . . . . . . . . . . . . 204
      4.3.5  *Anomietheoretische Konzepte*. . . . . . . . . . . . . . . . . 205

  4.4  Der „labeling approach" . . . . . . . . . . . . . . . . . . . . . . . . 206

      4.4.1  *Normanwendung und Selektion* . . . . . . . . . . . . . . . . 207
      4.4.2  *Stigmatisierung und abweichende Karriere* . . . . . . . . . . 208
      4.4.3  *Abweichende Rolle und Identität* . . . . . . . . . . . . . . . 210

  *Literaturempfehlungen* . . . . . . . . . . . . . . . . . . . . . . . . . . . 211
  *Kontrollfragen*. . . . . . . . . . . . . . . . . . . . . . . . . . . . . . . . 212

# B. Grundfragen der Makrosoziologie . . . . . . . . . . . . . . . 213

## 1. Soziale Kultur . . . . . . . . . . . . . . . . . . . . . . . . . . . . . . . . 213

  1.1  Natürliche Rahmenbedingungen . . . . . . . . . . . . . . . . . . . . 214

      1.1.1  *Ökologische Bedingungen* . . . . . . . . . . . . . . . . . . . 214
      1.1.2  *Biologische Bedingungen*. . . . . . . . . . . . . . . . . . . . 216
      1.1.3  *Demographische Bedingungen*. . . . . . . . . . . . . . . . . 217

1.2 Kulturelle Spielräume ............................... 220

    1.2.1 *Kulturelle Relativität* ......................... 220
    1.2.2 *Kultur und Wertsystem* ........................ 222
    1.2.3 *Kulturen im Vergleich*. ....................... 224
    1.2.4 *Kultur und Wertewandel*. ..................... 227

*Literaturempfehlungen* ............................... 235
*Kontrollfragen*. ..................................... 236

**2. Soziale Ordnung** .................................... 236

2.1 Modelle der Ordnung ............................. 237

    2.1.1 *Das anthropologische Modell* .................. 237
    2.1.2 *Das funktionalistische Modell* ................. 237
    2.1.3 *Das utilitaristische Modell* .................... 239
    2.1.4 *Das Vertragsmodell* ......................... 242
    2.1.5 *Das Machtmodell*. .......................... 244

2.2 Norm und Institution ............................. 246

    2.2.1 *Norm und Sanktion* .......................... 246
    2.2.2 *Institution und Organisation* ................... 248
    2.2.3 *Zentrale Institutionen*. ....................... 249

*Literaturempfehlungen* ............................... 253
*Kontrollfragen*. ..................................... 253

**3. Soziale Systeme** .................................... 253

3.1 Charakteristik sozialer Systeme. .................... 254

    3.1.1 *System und Systemisierung* ................... 254
    3.1.2 *Interpenetration von Systemen*. ................ 256
    3.1.3 *Eigenschaften von Systemen* .................. 257
    3.1.4 *Autopoietische Systeme* ...................... 259
    3.1.5 *System und Umwelt* ......................... 262
    3.1.6 *System und Lebenswelt* ...................... 264

3.2 Mechanismen sozialer Systeme ..................... 265

    3.2.1 *Funktionale Erfordernisse* .................... 265
    3.2.2 *Systemisches Gleichgewicht*. .................. 267
    3.2.3 *Steuerung sozialer Systeme* ................... 269

*Literaturempfehlungen* ............................... 272
*Kontrollfragen*. ..................................... 272

**4. Sozialer Konflikt** . . . . . . . . . . . . . . . . . . . . . . . . . . . . . . . . . . . 272

4.1 Konflikt und Gesellschaft . . . . . . . . . . . . . . . . . . . . . . . . . . . . 273

4.1.1 *Formen des Konflikts* . . . . . . . . . . . . . . . . . . . . . . . . . . 273
4.1.2 *Ursachen des sozialen Konflikts* . . . . . . . . . . . . . . . . . . 274
4.1.3 *Funktionen sozialer Konflikte* . . . . . . . . . . . . . . . . . . . 277

4.2 Konflikt und Interesse . . . . . . . . . . . . . . . . . . . . . . . . . . . . . . 278

4.2.1 *Macht und Konflikt* . . . . . . . . . . . . . . . . . . . . . . . . . . . 278
4.2.2 *Spannungslinien* . . . . . . . . . . . . . . . . . . . . . . . . . . . . . 281
4.2.3 *Interessen und Verbände* . . . . . . . . . . . . . . . . . . . . . . . 283

*Literaturempfehlungen* . . . . . . . . . . . . . . . . . . . . . . . . . . . . . . . . 286
*Kontrollfragen* . . . . . . . . . . . . . . . . . . . . . . . . . . . . . . . . . . . . . . 286

**5. Soziale Ungleichheit** . . . . . . . . . . . . . . . . . . . . . . . . . . . . . . . . 286

5.1 Soziale Macht . . . . . . . . . . . . . . . . . . . . . . . . . . . . . . . . . . . . 287

5.1.1 *Macht und Herrschaft* . . . . . . . . . . . . . . . . . . . . . . . . . 287
5.1.2 *Grundlagen der Macht* . . . . . . . . . . . . . . . . . . . . . . . . . 288
5.1.3 *Bereiche der Macht* . . . . . . . . . . . . . . . . . . . . . . . . . . . 291
5.1.4 *Verteilung von Macht* . . . . . . . . . . . . . . . . . . . . . . . . . 293

5.2 Soziale Schichtung . . . . . . . . . . . . . . . . . . . . . . . . . . . . . . . . 295

5.2.1 *Status und Statusinkonsistenz* . . . . . . . . . . . . . . . . . . . 295
5.2.2 *Schichtkristallisation* . . . . . . . . . . . . . . . . . . . . . . . . . . 297
5.2.3 *Schichtbewußtsein* . . . . . . . . . . . . . . . . . . . . . . . . . . . . 299
5.2.4 *Theorien sozialer Schichtung* . . . . . . . . . . . . . . . . . . . . 301
5.2.5 *Schichtungsstrukturen und Schichtungsmodelle* . . . . . . . . 304
5.2.6 *Die „neuen Ungleichheiten"* . . . . . . . . . . . . . . . . . . . . . 309
5.2.7 *Schichtung und Lebensstil* . . . . . . . . . . . . . . . . . . . . . . 311
5.2.8 *Schichtung und Mobilität* . . . . . . . . . . . . . . . . . . . . . . 314

*Literaturempfehlungen* . . . . . . . . . . . . . . . . . . . . . . . . . . . . . . . . 318
*Kontrollfragen* . . . . . . . . . . . . . . . . . . . . . . . . . . . . . . . . . . . . . . 319

**6. Sozialer Wandel** . . . . . . . . . . . . . . . . . . . . . . . . . . . . . . . . . . . . 319

6.1 Dimensionen sozialen Wandels . . . . . . . . . . . . . . . . . . . . . . . 320

6.1.1 *Inhalt und Formen des Wandels* . . . . . . . . . . . . . . . . . . 320
6.1.2 *Trendaussagen und Typologien* . . . . . . . . . . . . . . . . . . . 323
6.1.3 *Fallgruben und Meßprobleme* . . . . . . . . . . . . . . . . . . . . 325
6.1.4 *Postmoderne und Reflexive Moderne* . . . . . . . . . . . . . . . 328

6.2   Theorien sozialen Wandels . . . . . . . . . . . . . . . . . . . . . . . . . . . . 330

    6.2.1  *Die evolutionistische Perspektive* . . . . . . . . . . . . . . . . . . 330
    6.2.2  *Konfliktorientierte Theorien sozialen Wandels* . . . . . . . . 333
    6.2.3  *Verhaltensorientierte Perspektiven* . . . . . . . . . . . . . . . . 336

*Literaturempfehlungen* . . . . . . . . . . . . . . . . . . . . . . . . . . . . . . . . 340
*Kontrollfragen* . . . . . . . . . . . . . . . . . . . . . . . . . . . . . . . . . . . . . . 340

# Drittes Kapitel: Soziale Aspekte der Wirtschaft

## A. Wirtschaft als Teilbereich der Gesellschaft . . . . . . . . . . . . 343

### 1. Makro-Ebene: Die Wirtschaftsgesellschaft . . . . . . . . . . . . . . . . . 343

1.1   Wirtschaft und Gesellschaft . . . . . . . . . . . . . . . . . . . . . . . . . . 343

    1.1.1  *Einbettung der Wirtschaft* . . . . . . . . . . . . . . . . . . . . . . . 343
    1.1.2  *Wirtschaft als System* . . . . . . . . . . . . . . . . . . . . . . . . . . 344

1.2   Entwicklung der Industriegesellschaft . . . . . . . . . . . . . . . . . . 346

    1.2.1  *Phasen der Entwicklung* . . . . . . . . . . . . . . . . . . . . . . . . 346
    1.2.2  *Probleme der Entwicklungsländer* . . . . . . . . . . . . . . . . . 352

1.3   Krisen der Industriegesellschaft . . . . . . . . . . . . . . . . . . . . . . 356

### 2. Mikro-Ebene: Wirtschaftsbezogenes Handeln . . . . . . . . . . . . . . 358

2.1   Zur Frage rationalen Handelns . . . . . . . . . . . . . . . . . . . . . . . 358

    2.1.1  *Formen der Rationalität* . . . . . . . . . . . . . . . . . . . . . . . . 358
    2.1.2  *Grenzen der Rationalität* . . . . . . . . . . . . . . . . . . . . . . . 360

2.2   Rationalität und Moralität . . . . . . . . . . . . . . . . . . . . . . . . . . 361

*Literaturempfehlungen* . . . . . . . . . . . . . . . . . . . . . . . . . . . . . . . . 364
*Kontrollfragen* . . . . . . . . . . . . . . . . . . . . . . . . . . . . . . . . . . . . . . 364

## B. Soziale Aspekte wirtschaftlicher Teilbereiche . . . . . . . . . . 365

### 1. Soziale Aspekte der Produktion . . . . . . . . . . . . . . . . . . . . . . . . 365

1.1   Makro-Ebene: Die Arbeitsgesellschaft . . . . . . . . . . . . . . . . . 365

    1.1.1  *Strukturwandel der Arbeit* . . . . . . . . . . . . . . . . . . . . . . 365
    1.1.2  *Arbeitsbezogene Konflikte* . . . . . . . . . . . . . . . . . . . . . . 369
    1.1.3  *Soziale Dynamik technischer Entwicklung* . . . . . . . . . . . 374

1.2   Mikro-Ebene: Arbeit und Organisation . . . . . . . . . . . . . . . . . 377

1.2.1  *Die Organisation als System* .................... 377
1.2.2  *Sozialstruktur der Organisation* ................. 381
1.2.3  *Arbeitsverhalten in Organisationen* .............. 386

*Literaturempfehlungen* .................................. 390
*Kontrollfragen* ......................................... 390

**2. Soziale Aspekte der Koordination** .................. 390

2.1  Makro-Ebene: Die Marktgesellschaft .................. 390
    2.1.1  *Markt und Plan* .............................. 390
    2.1.2  *Markt und Macht* ............................. 397

2.2  Mikro-Ebene: Das Marktverhalten ..................... 401

    2.2.1  *Geld und Eigentum* ........................... 401
    2.2.2  *Markt und Interaktion* ....................... 404

*Literaturempfehlungen* .................................. 406
*Kontrollfragen* ......................................... 406

**3. Soziale Aspekte der Konsumtion** .................... 407

3.1  Makro-Ebene: Die Konsumgesellschaft ................. 407

    3.1.1  *Wandlungen des Konsumstils* .................. 407
    3.1.2  *Sozio-kulturelle Differenzierungen* .......... 410
    3.1.3  *Medien konsumtiver Steuerung* ................ 412

3.2  Mikro-Ebene: Konsum und Haushalt .................... 415

    3.2.1  *Verhalten von Konsumenten* ................... 415
    3.2.2  *Struktur und Funktion des Haushalts* ......... 418

*Literaturempfehlungen* .................................. 422
*Kontrollfragen* ......................................... 423

**Literaturverzeichnis** ................................. 425
**Stichwortverzeichnis** ................................. 445

# Vorwort zur dritten Auflage

Die nunmehr vorliegende dritte Auflage der „Soziologie" ist wiederum stark modifiziert, erweitert und an manchen Stellen auch gestrafft worden. Die größten Umschichtungen hat es im dritten Kapitel gegeben, das sich mit der Einbettung des wirtschaftlichen Bereichs in den gesamtgesellschaftlichen Kontext beschäftigt.

Aus der Resonanz, die das Buch erfahren hat, schließe ich, daß es sich – vor allem durch die Aufgliederung in Lerneinheiten – als Begleittext zu Übungen und Seminaren gut bewährt hat. Ich hoffe, daß dies auch für die Neuauflage gilt, selbst dann, wenn im Hinblick auf Theorieperspektive, methodischen Zugang und Aussageninhalte kontroverse Auffassungen bestehen mögen.

Nach wie vor ist die sektenhafte Zersplitterung der Soziologie ein Haupthindernis, ein Lehrbuch zu schreiben, das nicht nur in der Erörterung von Grundbegriffen und in der Aufbereitung klassischer Positionen besteht. Etwas überspitzt formuliert: Die gegenwärtige deutsche Soziologie hat – zumindest in der Außenwirkung – ihren zentralen Stellenwert irgendwo zwischen Feuilleton und Philosophie, und eine empirisch-rationale Sozialwissenschaft, die sich mit der kritischen Überprüfung substantieller und informativer Aussagen beschäftigt, scheint dabei eher mit dem Rücken zur Wand zu stehen. Ich sehe also ein wichtiges Anliegen darin, der „Verphilosophierung der Soziologie" (Endruweit) entgegenzuwirken und stattdessen eher auf Theorien mittlerer Reichweite zu vertrauen, die zur Lösung sozialer Probleme eher geeignet sein dürften.

Mein Dank gilt wiederum vor allem meinen Kölner und Bonner Kollegen, sowie meinen Mitarbeitern, vor allem Benjamin Pagel und Matthias Burger, die für die eher unlustbetonten Formalien zuständig waren, sowie Frau Barbara Lucchesi, die bei den vielfältigen Textänderungen nie den Überblick verlor und auch für die graphische Gestaltung der neu eingebrachten Abbildungen verantwortlich zeichnet.

Köln, April 1998                                                          Günter Wiswede

# Vorwort zur zweiten Auflage

Die vorliegende zweite Auflage meiner „**Soziologie**" enthält zahlreiche Modifikationen und Erweiterungen. Dabei haben auch neuere Entwicklungen der **interpretativen Soziologie** (im Mikro-Bereich) sowie der **Systemtheorie** (im Makro-Bereich) stärkere Beachtung gefunden, auch wenn diese Entwicklungen mit einem Verständnis von Soziologie als einer empirisch-analytischen Sozialwissenschaft oftmals kollidieren.

Die Absichten, die mit diesem Buch verfolgt werden, sind jedoch die gleichen geblieben. Zunächst geht es vor allem darum, ein **lesbares** Buch zu schreiben, denn ich habe den Eindruck, daß viele Leser – vor allem auch im bodenständigeren wirtschaftswissenschaftlichen Bereich – sich dem diffusen und wolkigen Schreibstil mancher Soziologen verweigern. Soziologen scheinen gelegentlich nach dem Hegelschen Motto zu verfahren: „Was klar ist, kann nicht tief sein".

Geblieben ist auch die häufige **Bezugnahme auf sozialpsychologische Befunde**, vor allem im mikrosoziologischen Teil. Die Sozialpsychologie – ursprünglich eine Tochterdisziplin der Soziologie – hat sich mittlerweile von der Soziologie entfremdet, obgleich sie soziologisch relevante Konzepte vor allem im Interaktionsbereich entwickelt hat, die nach meiner Auffassung – zumindest als Ergänzung interpretativer Konzepte – stärker genutzt werden sollten.

Für die Neuauflage habe ich Anregung und Kritik von zahlreichen Kollegen erfahren; insbesondere von Hartmut Esser, Friedrich Fürstenberg, K. H. Hillmann, Thomas Kutsch, Erwin K. Scheuch und Erich Weede, denen ich – ohne sie in die Verantwortung einzubeziehen – danken möchte. Ein ganz besonderer Dank gilt auch Herrn Dr. H. J. Phillip (Universität Hohenheim), der viele formale und auch inhaltliche Ungereimtheiten der ersten Auflage aufgedeckt hat. Für die nicht immer ganz einfache schriftliche Umsetzung möchte ich Frau Barbara Lucchesi und Frau Monika Kök herzlich danken. Der Umfang der Schreibarbeiten zeigt im übrigen an, daß aus der Erstauflage nicht nur eine kleine Nachbesserung, sondern gewissermaßen ein neues Buch entstanden ist. Auch möchte ich mich an dieser Stelle bei Frau van den Berk vom Verlag bedanken, die für meine etwas eigenwilligen formalen Vorstellungen viel Verständnis und volle Unterstützung zeigte.

Kollege Siefer war so freundlich, in seiner Rezension der ersten Auflage (in der „Kölner Zeitschrift für Soziologie und Sozialpsychologie") von einem „Geheimtip" zu sprechen. Für die zweite Auflage hoffe ich, daß es nicht beim „**Geheim**tip" bleibt.

Köln, im Juni 1991                                                                    Günter Wiswede

# Vorwort zur ersten Auflage

Das hier vorliegende Buch bietet für angehende Soziologen einen **Einführungstext**, für Wahlfach-Studierende dagegen einen **Lehrbuchtext**. Gedacht ist hierbei vor allem auch an den Studienbereich „Wirtschafts- und Sozialwissenschaften". Dies wird signalisiert durch den vorwiegend ökonomischen Anwendungsbezug sowie durch die Tatsache, daß dieses Buch in einem Verlag erscheint, der üblicherweise wirtschaftswissenschaftlichen – hier vornehmlich betriebswirtschaftlichen – Darstellungen vorbehalten ist.

Gegen ein solches Vorhaben steht sicherlich seitens meiner soziologischen Fachkollegen das Urteil bereit, eine Soziologie für den Wirtschaftswissenschaftler könne nur eines von beiden sein: eine „Schmalspur"-Soziologie mit recht begrenzter Perspektive oder aber eine verkappte „Wirtschaftssoziologie". Ich darf jedoch darauf hoffen, daß der kritische Kollege nach Durchsicht oder gar Lektüre der vorliegenden Arbeit sein Urteil revidiert.

Im Gegensatz etwa zur Nachbardisziplin Sozialpsychologie ist ein mögliches soziologisches Standardwissen keineswegs „kanonisiert", da das Wissenschaftsverständnis innerhalb der Soziologie außerordentlich unterschiedlich und die möglichen Methodologien und Theorieperspektiven durchaus heterogen sind. Daher ist das Vorhaben, ein Lehrbuch der Soziologie zu schreiben, von vornherein mit Vorbehalten zu versehen. Insbesondere wird in diesen Text – mehr als dies üblicherweise in Lehrbüchern der Fall ist – die eigene theoretische und methodologische Plattform eingehen. Der Verfasser sollte daher fairerweise bekunden, zu welcher **Forschungsrichtung** er sich bekennt. Mein Standort läßt sich kurz wie folgt skizzieren:

**(1)** Bevorzugung eines Wissenschaftsverständnisses von Soziologie als empirischer Wissenschaft (gegenüber einer mehr „deutungswissenschaftlich"-philosophischen Ausrichtung).
**(2)** Hinwendung zu erklärenden Aussagen (gegenüber Einführungstexten, in denen vorwiegend Begriffsanalysen vorgeführt werden).
**(3)** Unverzichtbarkeit intersubjektiver Prüfung von Aussagen (wodurch sich zwangsläufig eine gewisse Nähe zum kritischen Rationalismus ergibt).
**(4)** Bevorzugung einer individualistischen Perspektive, die den Menschen als Träger und Betroffenen des gesellschaftlichen Geschehens in den Vordergrund stellt.
**(5)** Praktizierung einer interdisziplinären Perspektive, vor allem im Mikrobereich, in dem mir die Grenzüberschreitung zur Sozialpsychologie selbstverständlicher erscheint als den meisten meiner Fachkollegen.

Ich hoffe, daß dieses Bekenntnis nicht zu einer einseitigen Selbstselektion der **soziologischen** Lesergemeinschaft beiträgt. Im Hinblick auf den Leser aus dem **wirtschaftswissenschaftlichen** Bereich hoffe ich, in dieser Darstellung einige Vorbehalte und Vorurteile gegen die Soziologie als einer „weichen" Wissenschaft zerstreuen zu können und wichtige Anwendungsbezüge vor allem für das betriebliche Geschehen aufzuzeigen.

Bei der Behandlung des Stoffes gehe ich wie folgt vor: Zunächst wird die Soziologie als Wissenschaftsdisziplin vorgestellt, der Gegenstand, die Entwicklung und die Theorieperspektiven der Soziologie herausgearbeitet. Einen gewissen Schwerpunkt stellt hier der methodologische Teil dar, wobei der eilige oder diesbezüglich uninteressierte Leser die etwas schwierigeren Passagen des wissenschaftstheoretischen Kapitels (Forschungslogik) überschlagen sollte.

Das zweite Kapitel stellt den Hauptteil dieser Arbeit dar. Hier werden die m.E. wichtigsten Problemfelder der Mikrosoziologie und der Makrosoziologie theorieorientiert bearbeitet. Der Leser erhält hierbei – so hoffe ich – einen informationsdichten Überblick über zentrale Themenbereiche der Soziologie. Die wichtigsten Anwendungsbezüge zum wirtschaftlichen Geschehen werden kurz aufgezeigt.

Dieser wirtschaftliche Bezug wird im dritten Kapitel explizit herausgestellt, indem zentrale Fragestellungen des Produktionsbereichs – hier vor allem die Themen Arbeit, Organisation und industrielle Entwicklung –, des Verteilungssektors und des Konsumbereichs soziologisch bearbeitet werden. Dabei sollen möglichst enge Verbindungslinien zum Hauptteil (Kap. 2) hergestellt werden.

In einigen wenigen Fällen habe ich Anleihen bei mir selbst gemacht, indem verschiedene Passagen, die bereits in Buchpublikationen, Aufsätzen und Handbuchartikeln veröffentlicht wurden, mit nur geringfügigen Änderungen hier übernommen wurden. Dabei habe ich folgenden Verlagen für die freundliche Freigabe zu danken: dem Kohlhammer Verlag Stuttgart (Passagen aus meiner „Rollentheorie"), dem Luchterhand Verlag Darmstadt/Neuwied („Werturteile in den Sozialwissenschaften" sowie „Abweichendes Verhalten"), der Wissenschaftlichen Buchgesellschaft Darmstadt (einige Argumentationslinien aus dem von mir mitverfaßten Buch über „Sozialen Wandel"), dem Kindler-Verlag München/Zürich („Der Nutzen der Konformität"), dem Hogrefe Verlag Göttingen (längere Passagen meines Handbuchbeitrags „Marktsoziologie") und dem Enke Verlag Stuttgart (einige Passagen „Aspekte der Produktion"). Da ich parallel zu dieser Arbeit an einer „Wirtschaftssoziologie" (zusammen mit Thomas Kutsch) als Co-Autor beteiligt war, ließen sich diesbezüglich einige Überschneidungen nicht vermeiden. Trotz dieser Überlappungen sehe ich hier aber eher ein Verhältnis der Komplementarität, so daß ich das genannte Buch (Enke Verlag, Stuttgart 1986) zur erweiternden und vertiefenden Lektüre empfehlen möchte.

Zum Schluß einige Worte des Dankes an meine Kollegen Endruweit, Kammler und Kutsch, die Teile des Manuskripts kritisch gelesen haben und deren Anregungen zumindest zur Verbesserung des hier vorliegenden Textes beigetragen haben. Besonderer Dank gebührt auch meiner Sekretärin, Frau Hannelore Neubert, die die mehr unlustbetonte Aufgabe des Schreibens klaglos auf sich genommen hat.

Hohenheim, im November 1985            Günter Wiswede

# Erstes Kapitel: Einführung in die Soziologie

# A. Soziologie als Wissenschaft

## 1. Gegenstand der Soziologie

### 1.1 Versuch einer Objektbestimmung

Die Soziologie gilt als **Lehre von der Gesellschaft**. Wir müssen uns also zunächst mit der Frage befassen, was unter Gesellschaft verstanden werden soll. Laien sprechen von „Gesellschaft" häufig im Sinne von „guter" oder „schlechter" Gesellschaft, „feiner Gesellschaft" usw., und der Ausdruck „gesellschaftsfähig" deutet an, daß hier der Umgang mit ganz bestimmten Personenkreisen gemeint ist. Der Gesellschaftsbegriff des Soziologen greift jedoch weiter: Er gilt als generelle Bezeichnung für die Form des Zusammenlebens von Menschen und kennzeichnet die besondere Art dieser Verbundenheit. *Begriff der Gesellschaft*

Über die spezifischen Merkmale, die einer Gesellschaft zugeschrieben werden, besteht allerdings in der Soziologie keine einhellige Auffassung. Insbesondere herrschen folgende Verständnisweisen vor:

Erstens kann Gesellschaft als **Personenmehrheit** definiert werden, die ganz bestimmte gemeinsame Merkmale aufweist (z.B. die aufgrund kultureller Tradition ein gewisses Zusammengehörigkeitsgefühl besitzt, ein ähnliches Wert- und Normensystem hat und meist im Rahmen einer nationalstaatlichen Ordnung organisiert ist). Dieses Verständnis von Gesellschaft entspricht einer vorwiegend deskriptiven Sichtweise, indem man etwa von der bundesdeutschen Gesellschaft (in Abhebung von der französischen Gesellschaft) spricht. *Gesellschaft als Personenmehrheit*

Zweitens kann Gesellschaft als **struktureller Rahmen** des Zusammenlebens von Menschen gesehen werden. Diese rahmengebenden Faktoren (Normen, Institutionen, Organisationen) wirken als vorgegebene Struktur, als Verankerungspunkte des Handelns, in der die Mitglieder einer Gesellschaft Orientierung und Ordnung, Regelhaftigkeit und Sinnhaftigkeit erfahren. *Gesellschaft als struktureller Rahmen*

Drittens wird Gesellschaft häufig als **soziales System** verstanden, dessen Teile in Wechselbeziehung zueinander stehen. Dabei bleibt zunächst noch offen, welches die Elemente des Systems sind und welche Natur die Wechselbeziehungen zwischen den Systemteilen aufweisen. Im allgemeinen wird angenommen, daß die Elemente des Systems im Sinne erhaltungsnotwendiger Funktionen aufeinander abgestimmt sind. *Gesellschaft als soziales System*

Es hat nun den Anschein, daß die Wahl des Gesellschaftsbegriffes immer auch schon Teil einer „Theorie" des menschlichen Zusammenlebens ist. „Theorie" wird hier verstanden als Paradigma, das mehr oder weniger fruchtbare Forschungsperspektiven eröffnet. Zum Zweck der Objektbestimmung von Soziologie schlagen wir daher zunächst vor, die Frage des Gesellschaftsbegriffs vorerst zurückzustellen und den *Objektbestimmung*

Gegenstandsbereich der Soziologie anhand der in dieser Wissenschaftsdisziplin tatsächlich behandelten Forschungsschwerpunkte zu bestimmen. Jenseits einer forschungslogischen Festlegung des Gegenstandsbereichs der Soziologie könnte man pragmatisch so vorgehen, Themenbereiche aufzulisten, mit denen Soziologen sich gewöhnlich beschäftigen oder aber Definitionen zu sichten, die verschiedene Forscher (z.B. die Klassiker) als Aufgabenbereich der Soziologie vorgeschlagen haben.

*Zwei Gegenstandsbereiche*

Eine Durchsicht vorliegender Definitionen – wir ersparen uns an dieser Stelle eine Parade solcher Begriffsbestimmungen (vgl. hierzu etwa: Scheuch/Kutsch [2]1975) – zeigt uns, daß insbesondere **zwei** Fragenkomplexe für Soziologen von Bedeutung sind: einmal das Problem des sozialen Handelns der Gesellschaftsmitglieder, zum anderen jedoch die strukturellen Rahmenbedingungen, innerhalb derer dieses Handeln stattfindet. Nennen wir den ersten Bereich den des **sozialen Verhaltens**, den zweiten Gegenstandsbereich dagegen den der **sozialen Strukturen**. Wir können somit zwei Definitionstypen unterscheiden:

**Typ 1:** Soziologie als die Lehre vom sozialen Verhalten (sozialen Handeln);
**Typ 2:** Soziologie als die Lehre von den sozialen Strukturen (sozialen Gebilden).

*Definition von Soziologie*

Um die Forschungsperspektive nicht von vornherein einzugrenzen und Einseitigkeiten zu vermeiden, schlagen wir eine inhaltlich weite Definition vor, die **beide Aspekte** vereinigt:

> **Soziologie** sei die Lehre vom sozialen Verhalten (sozialen Handeln) und den sozialen Strukturen (sozialen Gebilden).

Als nächstes muß geklärt werden, was genau unter sozialem Verhalten und unter sozialen Strukturen zu verstehen ist. Dieser Frage werden wir im folgenden Abschnitt nachgehen. Zur Vorklärung und zur weiteren Orientierung geben wir zunächst ein Schema:

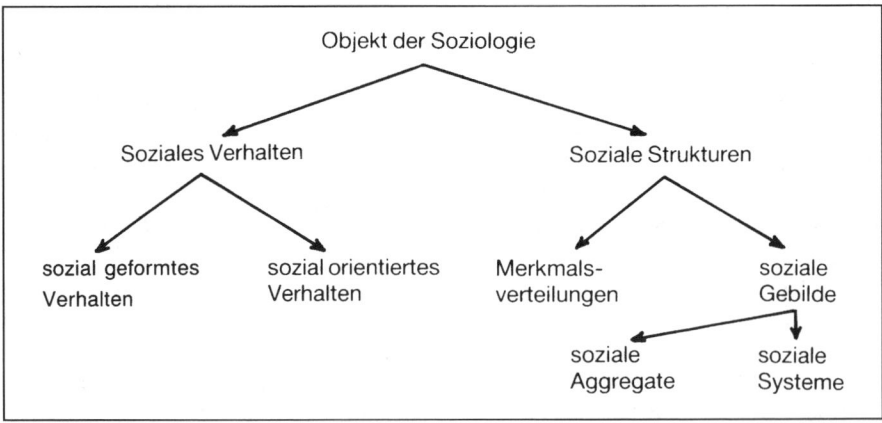

**Übersicht 1:** Objekt der Soziologie

22

## 1.2 Objektbereiche der Soziologie

## 1.2.1 Soziales Verhalten (Handeln)

Zunächst muß geklärt werden, was im Verständnis von Soziologen **nicht** unter sozialem Verhalten verstanden werden sollte. „Sozial" bedeutet hier nicht eine Abhebung von „unsozial" im Sinne eines sozialfürsorglichen, karitativen Verhaltens. Sozial heißt einfach, daß ein bestimmtes Verhalten in zwischenmenschlichen Beziehungsstrukturen stattfindet, nicht dagegen, daß es in irgendeiner Form altruistisch oder „rücksichtsvoll" ist. Gewiß: Auch „soziale Maßnahmen" im Sinne eines fürsorglichen Verhaltens gehören zum Gegenstandsbereich der Soziologie, jedoch bleibt beim Terminus „soziales Verhalten" zunächst völlig offen, welche Absichten ein Individuum mit seinen Handlungen verfolgt.

*Soziales Verhalten*

Ein zweiter Punkt bedarf einer kurzen Erörterung. Viele Soziologen ziehen den Begriff des **Handelns** dem des Verhaltens vor. Der Grund ist, daß der Ausdruck „Verhalten" für viele Forscher einen behavioristischen Beigeschmack des bloßen „Reagierens" hat, zumal dieser Begriff weitgehend von der Psychologie und auch von der Ethologie (Tier-Verhaltensforschung) in Anspruch genommen wird. Der Begriff des Handelns erscheint vielen Sozialwissenschaftlern schon deshalb geeigneter, weil er eine sinnhafte und intentionale Komponente enthält, die aktives Eingreifen und Mitgestalten von Individuen in sozialen Lebenszusammenhängen eher herauszustellen vermag als ein zu enger Begriff des Verhaltens, der als bloßes Reagieren auf bestimmte Stimulus-Situationen vorgestellt wird. **Gegen** den Handlungsbegriff spricht wiederum, daß sich hinter diesem Ausdruck zahlreiche unterschiedliche Konzepte (Handlungstheorien) verbergen, die dem Begriff jene Neutralität und Offenheit nehmen, die zunächst zur Bezeichnung von Sachverhalten notwendig erscheint, ohne damit bereits die Implikationen bestimmter Theorien vorwegzunehmen. Trotz einiger Bedenken ziehen wir daher als inhaltlich weiterer Begriff den des „sozialen Verhaltens" vor, betonen jedoch, daß es hier (in Anlehnung an den Verhaltensbegriff der modernen kognitiven Psychologie) keineswegs um behavioristische Festlegungen gehen kann.

*Soziales Handeln*

Versuchen wir nun genauer zu umreißen, was der Vorspann „sozial" in bezug auf Verhalten oder Handeln bedeuten könnte. „Sozial" kann ein Verhalten in einem doppelten Sinne sein: im Hinblick auf die **Formung** (sozial geformtes Verhalten) und im Hinblick auf die **Orientierung** (sozial orientiertes Verhalten).

**Sozial geformtes Verhalten** ist das Ergebnis bestimmter sozialer Lernprozesse, die das Individuum im Laufe seines Lebens im Austausch mit der gesellschaftlichen Wirklichkeit erfahren hat. Diesen Prozeß der gesellschaftlichen Formung und Prägung bezeichnet man in der Sozialwissenschaft gewöhnlich als Sozialisation. Mit solchen Lernprozessen, die nicht lediglich als Form der Anpassung, sondern durchaus auch als Vorgang lebendiger Auseinandersetzung des Individuums mit gesellschaftlichen Gegebenheiten und Ansprüchen gesehen werden müssen, werden wir uns an späterer Stelle in diesem Buch noch ausführlicher befassen.

*Soziale Formung*

**Sozial orientiertes Verhalten** bedeutet, daß das menschliche Handeln in seinem Ablauf an der Existenz und am Verhalten anderer Menschen orientiert ist. Dieser gesellschaftliche Bezug wird am deutlichsten im Begriff der Interaktion: Hier ist vorbedacht, daß das eigene Verhalten auf das tatsächliche oder mutmaßliche Verhalten anderer Individuen ausgerichtet ist und daß Austauschprozesse zwischen Individuen bestimmten Gesetzmäßigkeiten unterliegen.

Natürlich hängen sozial geformtes und sozial orientiertes Verhalten miteinander zusammen. Damit soziale Orientierung überhaupt möglich wird, bedarf es bestimmter Lernprozesse, die Verankerungspunkte dieser Ausrichtung liefern. Andererseits wirken Austauschprozesse zwischen Individuen im Sinne der sozialen Orientierung wiederum prägend auf das Individuum und fördern damit soziale Lernprozesse. Insofern ist die Unterscheidung zwischen sozial geformtem und sozial orientiertem Verhalten vorwiegend von analytischer Bedeutung: Formung und Orientierung bedingen einander.

## 1.2.2 Soziale Strukturen (Gebilde)

Wenden wir uns nun dem zweiten Objektbereich zu, den wir als „soziale Strukturen" gekennzeichnet haben. Ein Blick in die soziologische Literatur (einschlägig z.B. Boudon 1968; Blau 1978; Giddens 1988; zusammenfassend Reckwitz 1997) zeigt uns, daß auch der Ausdruck „soziale Struktur" in unterschiedlicher Weise verwendet wird. Gemeinsam ist diesen Verwendungsweisen jedoch, daß sie sich sämtlich auf solche Aspekte des sozialen Lebens beziehen, die als relativ **fortdauernd** oder **beharrend** angesehen werden und die durch ihre Konsistenz jeder Gestaltänderung einen gewissen Widerstand entgegensetzen.

Bei dieser allgemeinen Festlegung von Struktur als Ordnungsgefüge einer bestimmten Konsistenz und Persistenz bleibt zunächst noch offen, auf welche Sachverhalte sich nun dieser Ordnungsbegriff bezieht. Entsprechend unserem Orientierungsschema wollen wir zwei mögliche Bezugspunkte unterscheiden. Der Ausdruck Sozial-

struktur kann sich einmal auf bestimmte **Merkmalsverteilungen** beziehen. In dieser Weise ist etwa von „Sozialstruktur der Bundesrepublik" die Rede, und im einzelnen ist z.B. gemeint: die Altersstruktur, die Berufsstruktur, die Religionsstruktur, die Einkommensstruktur, die Schichtungsstruktur etc. Offensichtlich läßt sich das Spektrum gesellschaftlicher Strukturelemente auf verschiedene Merkmale oder Merkmalskombinationen beziehen, die bestimmte soziale Positionen (z.B. das Geschlecht, die Religionszugehörigkeit, die Klassenzugehörigkeit usw.) reflektieren. „Sozialstruktur" als Gesamtbegriff wäre damit nichts anderes als ein „multidimensionaler Raum differenzierter sozialer Positionen der Menschen in einer Gesellschaft oder einer anderen sozialen Gesamtheit" (Blau 1978, 20).

Die zweite Version im Verständnis sozialer Strukturen bezieht sich auf **soziale Gebilde**. Auch der Ausdruck Gebilde ist nicht sehr eindeutig, weshalb wir hier wieder einige Differenzierungen vornehmen müssen. Zunächst könnte man hierbei an soziale **Organisationen** denken, etwa an Gemeinden, an die Kirche, an Betriebe usw.

24

Auf abstrakterer Ebene könnten **Institutionen** als die eigentlichen Ordnungsformen der Sozialstruktur angesehen werden: die Familie, die Religion, das Recht, die Wirtschaftsform usw. Diese Sichtweise berührt sich mit Parsons' Verständnis von „Sozialstruktur" als **institutionalisierte Wertvorstellungen und Normen** einer Gesellschaft. Dieser Aspekt wird vielfach auch mit **„Sinnstrukturen"** bezeichnet, um damit auszudrücken, daß strukturelle Gegebenheiten in einer Gesellschaft erst im Rahmen bestimmter Wert-, Glaubens- oder Regelvorstellungen spezifische qualitative Bedeutungsgehalte erlangen.

Ebenfalls auf abstrakterer Ebene wird „soziale Struktur" als ein **Beziehungsgeflecht** sozialer Handlungen, sozialer Bindungen oder sozialer Rollen angesehen. Auch hier reflektiert der Ausdruck „Struktur" auf erkennbare Muster, beobachtbare Regelmäßigkeiten, auffindbare Konfigurationen. Sozialstruktur kann etwa als **Netzwerk** sozialer Interaktionen aufgefaßt werden, die in irgendeiner Weise zusammenhängen. Häufig wird daher Sozialstruktur auch als Ganzheit verstanden, deren Teile interdependent in dem Sinne sind, daß eine Veränderung in einigen von ihnen Veränderungen in jeweils anderen bedingt. In dieser Bedeutung unterscheidet sich das Sozialgebilde von einer bloßen Aggregation, und unabhängig davon, inwieweit man den Grad der Interdependenz verfolgen und nachweisen kann, bezieht sich soziale Struktur in diesem Sinne offenbar auf das, was man im engeren Sinn als „soziales System" zu bezeichnen pflegt (vgl. hierzu Boudon 1968; Giddens 1984; Homans 1978).

*Sozialstruktur als Beziehungsgeflecht*

Ohne auf die Besonderheiten der Systemanalyse vorzugreifen, möchten wir mit dem Leser die Verabredung treffen, als Sozialstruktur zunächst ganz allgemein bestimmte **konsistente und persistente Konfigurationen** zu verstehen, die sozialen Lebenszusammenhängen eine gewisse Ordnung und Regelmäßigkeit verleihen. Diese Gebilde können mehr oder weniger abstrakt, mehr oder weniger formalisiert sein und als mehr oder weniger interdependent angesehen werden. Auch die in Frage kommenden Elemente dieser Struktur können unterschiedliche Dinge sein: die Mitglieder einer Gruppe, ihre gegenseitigen Beziehungen, vorhandene Institutionen, die Anordnung sozialer Positionen (aufgrund irgendwelcher Merkmale wie Sozialrang oder Einkommen) oder aber die Verknüpfung von Rollen. Dabei wird gelegentlich darauf verwiesen (vgl. Gurvitch 1962; Bottomore 1978), daß die jedermann sichtbare Oberflächenstruktur (z.B. auf der Ebene von Organisationen) von der **Tiefenstruktur einer Gesellschaft** zu unterscheiden ist, die weniger sichtbar, jedoch fundamentaler ist. „Fundamentaler" könnte hier auch im vorhin genannten Sinn bedeuten, daß diese Tiefenstrukturen sich langsamer ändern, also mehr Beharrung zeigen, als es in Oberflächenbereichen (z.B. auf der Ebene der Organisationen) geschieht, wo die Turbulenz der Veränderung größer ist.

*Tiefenstruktur der Gesellschaft*

Den dynamischen Aspekt einer Struktur betrachtet man gewöhnlich als **Prozeß**. Der Prozeßcharakter sozialer Strukturen wird insbesondere dann deutlich, wenn man Strukturen als soziale Systeme interpretiert, in denen zwischen den einzelnen Bausteinen Austauschprozesse oder gegenseitige Einwirkungen stattfinden. Der Strukturbegriff, der hier im Vordergrund steht, sollte also nicht zu einer statischen Betrachtungsweise Anlaß geben, sondern den **Wandel** solcher Strukturen einschließen.

*Soziale Prozesse*

### 1.2.3 Struktur und Verhalten

Zwischen sozialen Strukturen und sozialen Verhaltensweisen besteht ein interdependenter Zusammenhang. Befassen wir uns zunächst mit der Frage, auf welche Weise Sozialstrukturen mit individuellen Handlungen in Verbindung gebracht werden können.

*Sozialstruktur als Ergebnis menschlichen Handelns*

Zunächst läßt sich ohne weiteres verständlich machen, daß bestimmte sozialstrukturelle Sachverhalte nichts anderes als das Ergebnis menschlichen Handelns sind: Organisationen oder auch die Institutionen der Gesellschaft wie Familie, Recht, Wirtschaft, Kultur usw. sind nichts anderes als Veranstaltungskomplexe, die **auf das Wirken der Menschen** zurückgehen. Betrachtet man Sozialstruktur als Gefüge von Werten und Normen, so zeigt sich auch hier, daß Werte von Menschen etabliert und verändert und Normen von Menschen gesetzt und modifiziert werden. Werte, Normen und Institutionen sind zwar Dinge, die die Menschen als Gegebenheiten ihres Lebens vorfinden, sie sind jedoch – historisch gesehen – nie von Anfang an da, ohne daß irgendwo und irgendwie diese Normen und Institutionen durch menschliches Wirken entstanden wären.

*Rahmenbedingungen des Handelns*

Natürlich ist menschliches Handeln nicht die einzige Einflußgröße für die Entstehung und Veränderung sozialer Strukturen. Hier ist an strukturelle Grundbedingungen anderer Art zu denken, die jenseits des menschlichen Handelns begründet sind: z.B. ökologische, geographische und demographische Rahmenbedingungen. Dies sind gewöhnlich Faktoren oder Determinanten, die das äußere Umfeld einer Sozialstruktur bestimmen – systemtheoretisch: die Umwelt des sozialen Systems. Bestehen erste Keime der Sozialstrukturen, so wirken diese im weiteren Verlauf (neben den menschlichen Handlungen) gleichfalls mitbestimmend (kodeterminierend) für weitere Prozesse der Strukturbildung und Strukturveränderung. Strukturen entfalten – wie man etwas ungenau zu sagen pflegt – eine Art Eigenleben und setzen dem menschlichen Wirken oftmals erheblichen Änderungswiderstand entgegen.

Bezeichnen wir solche – hier nicht weiter interessierenden – Randbedingungen als A, so ist die Entstehung sozialer Strukturen S durch die Beziehung gegeben:

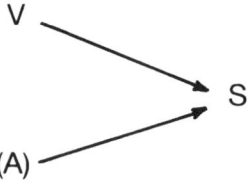

Fragen wir nun umgekehrt nach dem Einfluß sozialer Strukturen auf menschliches Verhalten. Strukturelle Vorgaben für menschliches Verhalten bedeuten zunächst zweierlei: Einmal liefern Strukturen **Verankerungspunkte der Orientierung**, stiften Ordnung und schaffen Sinn. Zum anderen aber wirken Strukturen wie **einschränkende Zwänge** (constraints). Durch strukturelle Bedingtheiten wird die Variationsbreite menschlichen Handelns stark eingegrenzt. Selbstverständlich wirken auch hier keineswegs lediglich sozialstrukturelle Einflußgrößen auf das Verhalten ein; strukturelle Bedingungen anderer Art sind z.B. das Klima, die geographischen Verhältnisse, auch die physische und psychische Ausstattung des Menschen. Betrachten wir lediglich die Sozialstruktur und klammern die hier nicht weiter interessierenden Randbedingungen (X) aus, so läßt sich sagen, daß die Sozialstruktur (S) das Verhalten (V) bestimmt:

*Sozialstrukturen als Verankerungspunkte*

*Sozialstrukturen als Zwänge*

Strukturen wirken auf das menschliche Verhalten ein, indem sie die **Möglichkeitsspielräume** für verschiedenes Verhalten begrenzen. Das Ausmaß dieser Begrenzung ist unterschiedlich. Strukturelle Vorgaben können als soziale Zwänge (constraints) das Individuum so einschnüren, daß von individueller Gestaltung des Handelns keine Rede sein kann. In diesem Fall ist die **Variationsbreite** individueller Handlungen durch Strukturen so weit eingeschränkt, daß das Verhalten mit all seinen motivationalen und kognitiven Inhalten lediglich als irrelevantes Durchgangsstadium erscheint. In anderen Fällen sind strukturelle Vorgaben meist nicht von solch determinierender Durchschlagskraft: etwa bei einem Liebesverhältnis, im Rahmen einer Freizeitgruppe, bei künstlerisch-innovativer Gestaltung usw., also in Verhaltensbereichen, bei denen die normative und institutionelle Prägung des Verhaltens zurücktritt, auch wenn man gelegentlich die subkutane Wirkung struktureller Vorgaben unterschätzen mag.

*Möglichkeitsspielräume und Verhaltensvariabilitäten*

Der Zusammenhang zwischen Verhalten und Struktur ist daher so zu sehen, daß Individuen niemals losgelöst von ihrem **sozialen Kontext** agieren können. Eine Metapher mag dies verdeutlichen. Niemand kann z.B. im Gewühle einer modernen Großstadt ein bestimmtes Ziel auf direktem Weg ansteuern. Die „Direttissima" wäre hier kaum möglich – da stehen z.B. Häuser im Weg – und auch kaum anzuraten, denn dann müßte man über Zäune klettern, Einbahnstraßen in verkehrter Richtung befahren, quer über belebte Fahrbahnen marschieren usw. Ähnlich verhält es sich mit menschlichem Verhalten im Rahmen des gesellschaftlichen Kontextes: Möglichkeitsspielräume und Verhaltensvariabilitäten bleiben stets begrenzt.

*Sozialer Kontext des Verhaltens*

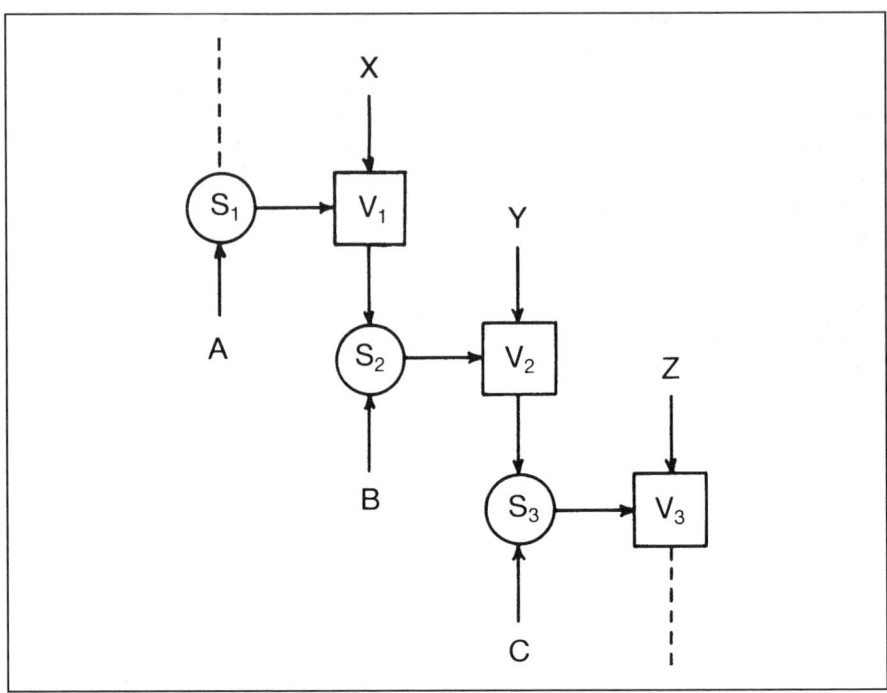

**Abb. 1:** Struktur und Verhalten

Das Ineinandergreifen von Struktur und Verhalten läßt sich dann so ausdrücken, daß Handlungen durch strukturelle Vorgaben ($S_1$) begrenzt werden, daß sie aber durch Verhaltensweisen ($V_1$) selbst Strukturen sekundärer Art ($S_2$) produzieren, auch wenn sie selbst durch Strukturen primärer Art kodeterminiert sind. Auf diese Weise wird es möglich, soziale Strukturen als **geordnete Mengen von Handlungsresultaten** zu begreifen, die ihrerseits auf vorgeordneten Strukturen gründen. Bezeichnen wir im Sinne einer genetischen Erklärung die Ausgangsstrukturen als $S_1$, $S_2$, $S_3$ ... , die daraus folgenden bzw. vorausgehenden Verhaltensweisen als $V_1$, $V_2$, $V_3$ ... , (undefinierte) Faktoren X, Y, Z ... als Randbedingungen, die das Verhalten kodeterminieren, (undefinierte) Faktoren A, B, C ... als Randbedingungen, die soziale Strukturen kodeterminieren, so läßt sich dieser Zusammenhang entsprechend Abb. 1 darstellen (vgl. hierzu: Wiswede 1983, 170).

*Dualismus von Struktur und Handeln*

Das Verhältnis von Struktur und Handeln hat für viele Soziologen noch eine andere Dimension. Es geht hier vor allem darum, den **Dualismus von Struktur und Handeln** aufzulösen, indem entschieden werden soll, was denn nun die „eigentliche" Realität sei: die subjektive Sicht des Individuums, das die sozialen Strukturen in seinem Handeln reproduziert, oder die objektiven Gegebenheiten sozialer Strukturen, die das Individuum in seinem Verhalten prägen. Insbesondere haben sich Boudon (1980) und Giddens (1984) mit dieser Frage befaßt, die letztlich wohl nur auf philosophischer (nämlich sozial-ontologischer) Ebene beantwortet werden kann. Die Frage nach dem Primat struktureller Ausgangsbedingungen („Objektivismus") und subjektiver Interpretation und Rekonstruktion solcher Bedingungen („Subjektivismus") wird uns an späterer Stelle noch beschäftigen, wenn wir uns mit den Paradigmen soziologischen Denkens eingehender befassen. Für ein empirisches Verständnis von Soziologie ist ein dualistisches Verständnis von Struktur und Verhalten ausreichend, und je nach situativer Potenz struktureller Variablen werden die Bezüge zu „harten" Ausgangsbedingungen strikter oder gelockerter sein.

*„Objektivismus" und „Subjektivismus"*

Erläutern wir dies kurz an einem Beispiel: Nehmen wir an, ein Soziologe wolle erklären, warum sozialistische Länder nur mit großen Schwierigkeiten in ein marktwirtschaftliches System umgewandelt werden können. Er wird zunächst eine Erklärung auf der Strukturebene versuchen (z.B. verkrustete Strukturen, festgeschriebene Privilegien, bürokratische Organisationsformen dafür verantwortlich machen) oder aber eine Erklärung im Verhaltensbereich finden (z.B. falsch kanalisierte Arbeitsmotivation, Vorherrschen von Vermeidungsstrategien statt Erfolgsstrategien, bürokratische Mentalität usw. als Ursachen annehmen).

Der Soziologe wird gut daran tun, **beide Ebenen** der Erklärung, nämlich die Struktur-Ebene wie auch die Handlungs-Ebene in seine Analyse einzubeziehen. Zusätzlich kann er sich Gedanken über Interdependenzen zwischen Struktur und Verhalten machen, indem von zwei Richtungen her gefragt wird:

*Ebenen der Erklärung*

- In welcher Weise haben (oder hatten) strukturelle Parameter (z.B. bürokratische Strukturen, totalitäre Organisationsformen) Einfluß auf die Ausformung bestimmter Verhaltensweisen (z.B. buchstabengetreues Verhalten, Vermeidungsverhalten)? Oder: Welchen Einfluß haben veränderte Strukturen (z.B. Wandel der Machtstrukturen, Einführung von Marktmechanismen) auf die Einstellungs- und Verhaltensweisen der beteiligten Individuen? Insbesondere wird man hier zu einer Aussage darüber kommen müssen, wie änderungsresistent solche Strukturen sind und in welcher Weise sie sich für veränderte Anforderungen umfunktionieren lassen.
- In welcher Weise produziert (oder produzierte) das Verhalten von Individuen bestimmte Sozialstrukturen (z.B. auch als nicht-intendierte Folge sozialen Handelns)? Sind „neue" Verhaltensweisen geeignet, bestehende (z.B. verkrustete, erstarrte) Strukturen abzubauen und im Sinne marktwirtschaftlicher Orientierung umzugestalten? Hier wird insbesondere auch die Frage zu stellen sein, wie stabil und änderungsresistent die vorhandenen Einstellungen bzw. Verhaltensmuster der Beteiligten sind.

Obwohl wir hier theoretisch nicht sehr anspruchsvoll vorgegangen sind, sollte an diesem Beispiel ersichtlich geworden sein, daß es für den Soziologen nicht sonderlich sinnvoll ist, die Strukturanalyse von der Verhaltensebene abzukoppeln, sondern daß die relevanten Faktoren der Erklärung in beiden Bereichen gesucht werden müssen. Freilich gibt es empirisch Situationen, in denen Strukturen eine hohe situative Potenz aufweisen, so daß die Verhaltensweisen weitgehend deterministisch auf sie bezogen sind. Andererseits sind Situationen denkbar, in denen strukturelle Zwänge kaum vorliegen, so daß die Möglichkeitsspielräume für soziales Handeln stark anwachsen. In

*Strukturelle Potenz*

*Spielräume des Handelns*

solchem Falle sind strukturelle Bedingungen nicht sonderlich erklärungskräftig, wenn es um die Bestimmung sozialen Verhaltens geht. Sie stecken dann lediglich einen allgemeinen Rahmen ab, der durch die Optionen des Individuums mit wählbaren konkreten Inhalten gefüllt werden kann.

## 1.2.4 Mikro-Makro-Verknüpfung

*Strukturell-individualistisches Erklärungsschema*

Der im folgenden Abschnitt vorgestellte Zusammenhang zwischen Struktur und Verhalten wird häufig als **strukturell-individualistisches** Erklärungsschema bezeichnet (vgl. Boudon 1980; Coleman 1991). Dabei wird unterstellt, daß der Soziologe primär nicht am individuellen Handeln der Akteure interessiert sei, sondern an kollektiven Sachverhalten (sozialen Strukturen). Ein vollständiges Erklärungsmodell enthält zum einen Aussagen über soziale Ausgangsbedingungen (sozialer Kontext, soziale Randbedingungen, soziale Situation), die auf die Handlungsziele, Handlungsmöglichkeiten einwirken. Zum anderen impliziert das Schema Aussagen darüber, wie die jeweiligen sozialen Bedingungen in Verbindung mit den hieraus resultierenden Verhaltensweisen der Individuen (sowie ihrer interaktiven Verknüpfungen) zu überindividuellen, kollektiven Folgen führen, die ihrerseits wiederum den sozialen Kontext verändern.

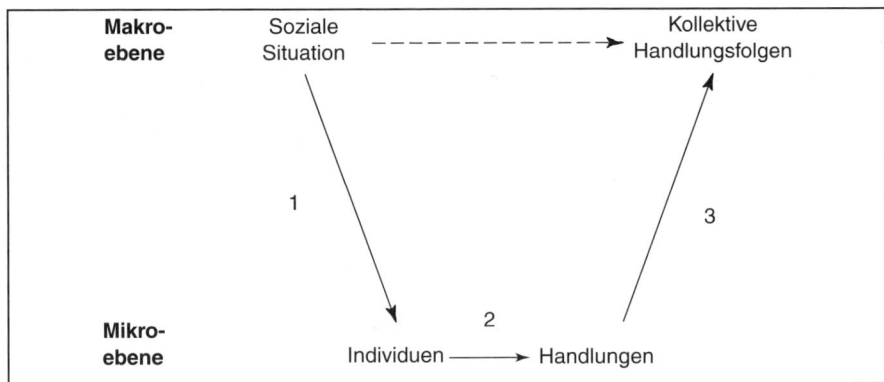

**Abb. 2:** Strukturell-individualistisches Erklärungsschema (allgemein)

*Strukturalistische Hypothesen*

Auf der Makroebene finden sich **kollektive Phänomene**, z.B. statistische Verteilungen (Ausländerquote, Selbstmordrate usw.) oder kollektives Verhalten (Revolution, Demonstration usw.), auf der Mikroebene die Individuen eines sozialen Systems und deren Handlungen. Strukturalistische Hypothesen (z.B. „Defizite in der sozialen Integration erhöhen die Selbstmordrate"), sind zwar zulässig, besitzen jedoch wenig Erklärungsgehalt; eine soziologische Erklärung wird erst durch den „Umweg" über die Mikroebene geleistet.

Coleman demonstriert diese „Tiefenerklärung" an einem Beispiel (das sich bereits bei McClelland 1961 findet): Der Effekt, nämlich die Entstehung des Kapitalismus wird letztlich auf die Entfaltung der protestantischen Ethik zurückgeführt. Dieser indirekte Effekt wird jedoch nur dadurch erklärbar, daß er auf der Handlungsebene auf die Wirksamkeit veränderter Erziehungsstile zurückgeführt wird, die einen Schub der Leistungsmotivation bewirken (vgl. im 3. Kapitel A 1.2). An diesem Schema bleibt freilich unklar, warum eine Erhöhung der Leistungsmotivation solch spezifische Auswirkungen (nämlich Kapitalismus) zur Folge hatte.

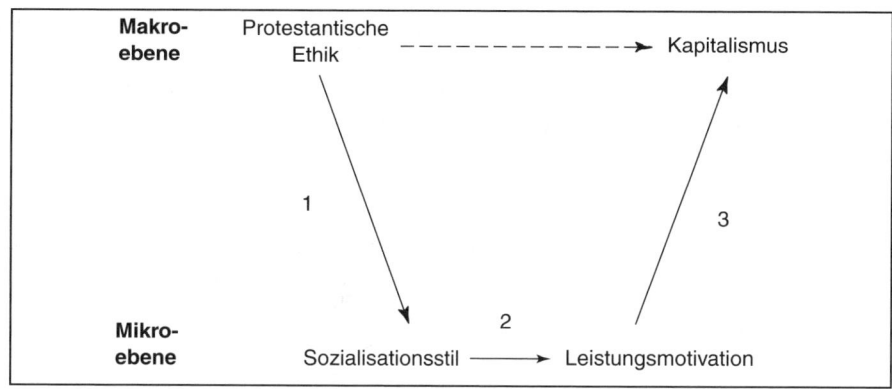

**Abb. 3:** Strukturell-individualistisches Erklärungsschema (am Beispiel)

Im strukturell-individualistischen Erklärungsschema bedeutet der Pfeil 2 eine Hypothese über soziales Verhalten, die aus einer entsprechenden **Verhaltens- oder Handlungstheorie** abgeleitet sein sollte. Die Pfeile 1 und 2 kennzeichnen sog. **Brückenannahmen**, mit denen die „Kluft" zwischen Mikro- und Makroebene geschlossen werden kann (vgl. hierzu: Coleman 1991). Geht es etwa darum, die individuellen Handlungen der Akteure auf der Makroebene abzubilden, könnte im einfachsten Falle eine simple Aggregation der Handlungen genügen (z.B. die Summe aller Verkäufe, die Summe aller Bankrotte). Vielfach bedarf es jedoch besonderer **Transformationsregeln**, weil z.B. die Aggregation institutionell „gebrochen" wird. Ein Beispiel ist die Verteilung von Sitzen im Parlament, die zwar Ergebnis des Wählerverhaltens ist, jedoch durch den Regelungsmechanismus der 5 %-Hürde (und durch andere Regelungen) modifiziert werden kann. Andere Transformationsprozesse unterliegen bestimmten Schwellenwerten (z.B. bei der Teilnahme an Demonstrationen, oder bei Diffusionsprozessen). Transformationsregeln können in einzelnen Fällen ausgesprochen komplex sein. Der Sammelband von Alexander et al. (1987) zeigt, daß hier lediglich erste Ansätze zur Lösung des Mikro-Makro-Problems existieren.

*Brücken-*
*annahmen*

*Transforma-*
*tionsregeln*

31

## 1.3 Verhältnis zu den Nachbardisziplinen

## 1.3.1 Soziologie und Anthropologie

*Verhältnis zur Anthropologie*

Die Soziologie berührt sich mit der Anthropologie vor allem dort, wo es um die spezifischen Lebens- und Äußerungsformen des Menschen in einer von ihm selbst geschaffenen Umwelt geht. Ein Zweig dieser Disziplin befaßt sich mit der Geschichte der Ablösung des Menschen aus dem Tierreich sowie den biologischen Besonderheiten des Menschseins; wir sprechen von Natur-Anthropologie. Eine andere Richtung anthropologischer Forschung beschäftigt sich insbesondere mit dem Studium „primitiver" Gesellschaften und der Spezifität sowie Relativität bestimmter Kulturformen. Diesen Zweig der Anthropologie wollen wir in Übereinstimmung mit dem amerikanischen Sprachgebrauch als Kultur-Anthropologie bezeichnen.

*Natur-Anthropologie*

Die **Natur-Anthropologie** betont insbesondere den Stellenwert angeborener, genetisch vererbter Verhaltensmuster und glaubt, in überformenden sozio-kulturellen Lernprozessen bloße Epi-Phänomene zu sehen. Dabei dürfte sowohl die Ethologie (z.B. Konrad Lorenz) als auch die Sozio-Biologie (z.B. E. O. Wilson) in ihrem Anspruch einer biologischen Begründung sozialer Sachverhalte (wie etwa: sexuelle Bindungen, Territorialverhalten, Polygamie, Religion usw.) überzogen sein (vgl. 2. Kap. B 1, B 2). Auch bestimmte Grundannahmen über die „Natur des Menschen" (z.B. das Eigennutzprinzip, das Lustprinzip, das Streben nach Selbstverwirklichung usw.) sind problematische Denkfiguren, selbst wenn sie – als nicht weiter hinterfragte Axiome – in soziologischen Theorien eine Rolle spielen.

*Philosophische Anthropologie*

Einen Brückenschlag zwischen Natur- und Kultur-Anthropologie versucht die sog. **philosophische Anthropologie** (z.B. Gehlen) mit ihrer Behauptung, der Mensch sei durch die Verkümmerung seines Instinktapparates eine Art „Mängelwesen"; er bedürfe daher kompensatorisch eines anderen Orientierungsmechanismus: nämlich sozialer Normen und Institutionen. Von hier aus ist die Institutionenlehre (vgl. 2. Kap. B 2) befruchtet worden, die eine Erklärung des Sachverhaltes anstrebt, auf welche Weise soziale Ordnungen entstehen.

*Kultur-Anthropologie*

Wird bereits in der philosophischen Anthropologie der Mensch als Mängelwesen, plastisch und der kulturellen Formung bedürftig, dargestellt, so versucht die amerikanische **Kultur-Anthropologie** diese Plastizität als **kulturelle Relativität** zu begreifen. Ein vergleichendes Studium primitiver Kulturen zeigt nämlich, daß es außerordentlich wenige kulturelle Universalien gibt und daß kulturelle Orientierungsmuster und Institutionen höchst unterschiedlich ausfallen können. Neben diesen Aspekten des interkulturellen Vergleichs erbrachte die „cultural anthropology" (etwa bei Malinowski, Linton und Radcliffe-Brown) wesentliche Einsichten in das **„Funktionieren"** von Kulturen. Dadurch, daß die aufgefundenen Kulturelemente (z.B. Zeremonien, Institutionen) in ihrer Bedeutung für das Gesamtsystem interpretiert wurden, eröffnete sich eine Perspektive, die später von der funktionalistischen Schule der Soziologie (insbesondere durch Parsons) weiter verfolgt wurde.

So zeigt sich, daß die Anthropologie mit ihren beiden Hauptrichtungen, der Natur-Anthropologie und der Kultur-Anthropologie jede auf ihre Weise Wesentliches zur Klärung elementarer soziologischer Sachverhalte beizutragen hat.

## 1.3.2 Soziologie und Psychologie

Mit einer betont physiologisch orientierten Individualpsychologie hat die Soziologie kaum Berührungspunkte; dagegen sind die Gemeinsamkeiten mit der **Sozialpsychologie** bedeutsam und folgenreich.

*Verhältnis zur Psychologie*

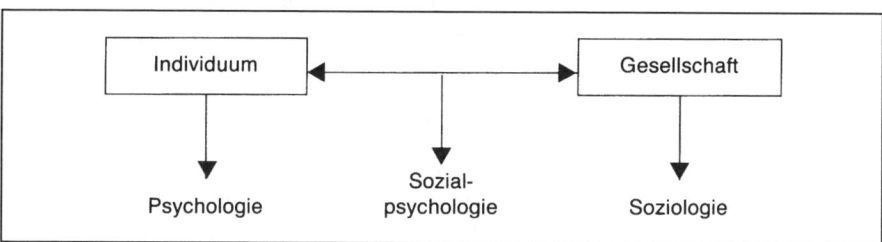

**Übersicht 2:** Soziologie und Psychologie

Wichtige Problemfelder, wie Kleingruppenforschung, Rollentheorie, Sozialisationsforschung u.v.a. werden gemeinsam von beiden Disziplinen bearbeitet, und es sind vielfach Zufälligkeiten der historischen Entwicklung und Schwerpunktlegung, welche Forschungsbereiche eher der Mikrosoziologie und welche eher der Sozialpsychologie zugerechnet werden. Will man Unterschiede systematischer Art aufdecken, so läßt sich allenfalls aussagen, daß die soziologische Betrachtungsweise einen **weiteren sozialen Kontext** des betreffenden Sachverhaltes einbezieht. Hierzu ein Beispiel: Die Sozialisationsforschung befaßt sich u.a. mit der Wirkung bestimmter Erziehungsstile auf das Verhalten sowie die Persönlichkeitsstruktur der Betroffenen. Die Soziologie interessiert sich jedoch in besonderem Maße auch für Variablen, die ihrerseits den Sozialisationsstil, der von Eltern praktiziert wird, beeinflussen, also z.B. die Schichtzugehörigkeit, die sozialökologische Situation usw. Die Soziologie greift also gewissermaßen weiter aus und bezieht das **gesellschaftliche Bedingungsgefüge des Handelns** stärker in die Analyse ein.

*Mikrosoziologie und Sozialpsychologie*

Die Verbindung zwischen Soziologie und Psychologie ist noch aus einer anderen Perspektive von Bedeutung. Vielfach wird nämlich behauptet, daß soziologische Aussagen sich letzten Endes auf psychologische Hypothesen reduzieren lassen. So ist z.B. die Aussage „Die Selbstmordrate variiert negativ mit dem Grad der sozialen Integration" in die folgende Hypothese umformulierbar: „Je stärker sich ein Individuum aufgrund seiner sozialen Isolation einsam fühlt, desto eher wird es zum Selbstmord neigen". Wie wir gesehen haben, ist ein solcher Aussagen-Reduktionismus immer dann sinnvoll, wenn Hypothesen dadurch erklärungskräftiger werden (vgl. 1.2.4). Die im vorigen Abschnitt eingeforderte **Mikrofundierung** (makro)soziologischer Aussagen

*Mikrofundierung*

33

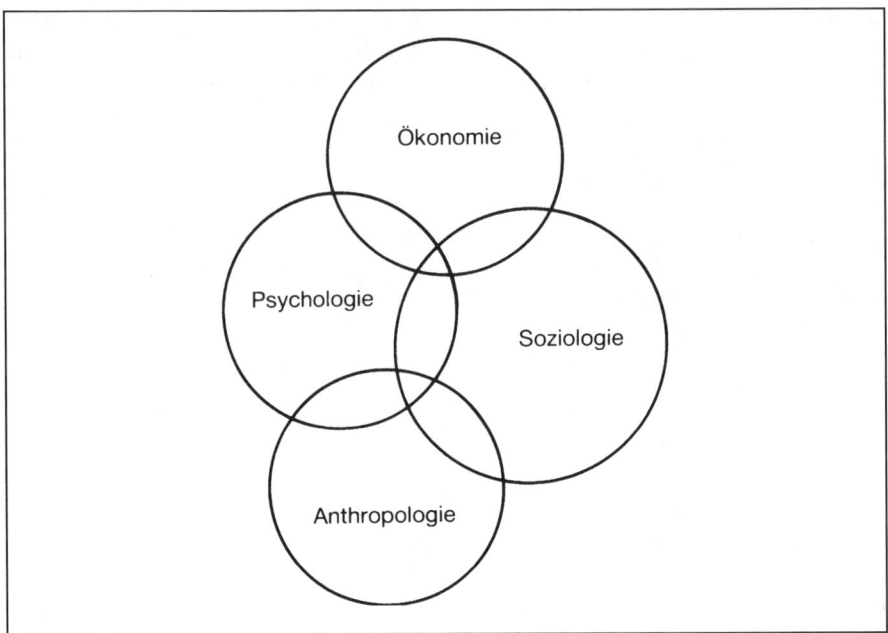

**Abb. 4:** Soziologie und angrenzende Disziplinen

führt u.E. zwangsläufig zu einer verstärkten Allianz zwischen soziologischer und (sozial)psychologischer Forschung. Denn Handlungstheorien stehen nicht im luftleeren Raum und sollten auch nicht einer formalen Entscheidungslogik folgen, sondern das Potential sozialpsychologischer Forschung nutzen.

### 1.3.3 Soziologie und Ökonomie

*Verhältnis zur Ökonomie*

Mit einer nicht-modelltheoretisch verfahrenden Ökonomie hat die Soziologie traditionellerweise viele Berührungspunkte, sei es auf dem Felde der Wirtschaftssoziologie oder sei es in bezug auf das für viele Klassiker bestimmende Leitthema „Wirtschaft und Gesellschaft". Auch in der vorliegenden Arbeit werden die Verbindungslinien zwischen beiden Disziplinen sowie der wirtschaftliche Anwendungsbezug in besonderer Weise herausgestellt.

*Soziologie als „ergänzende" Disziplin?*

Betrachtet man Soziologie im Hinblick auf wirtschaftliche Zusammenhänge als **ergänzende Disziplin** zur Ökonomie, so befaßt sich die soziologische Analyse vornehmlich mit solchen Sachverhalten, die die wirtschaftswissenschaftliche Betrachtung in den Datenkranz der Ceteris-paribus-Prämissen verweist: gesellschaftliche Rahmenbedingungen, Konflikte zwischen Interessengruppen, Machtkonstellationen, die das Kräftespiel des Marktes beeinträchtigen, Gruppenbeziehungen im Betrieb, Durchdringung von privaten und geschäftlichen Bereichen, Normen gesellschaftlichen Handelns usw. Für die soziologische Analyse werden daher gerade jene Fragen wichtig, die die wirtschaftswissenschaftliche – zumal die modellökonomische – Analyse ausklammert und als unwichtig erachtet. Insbesondere für eine rein entscheidungslogisch vorgehende Modell-Ökonomie ist daher Soziologie ein entscheidender Korrekturfaktor, um realwissenschaftliche Bezüge aufrechtzuerhalten.

Betrachtet man die Soziologie jedoch aus übergreifender Perspektive und weniger vom Standpunkt der "Resteverwertung", dann könnte die Ökonomie auch als **spezielle Soziologie** verstanden werden, nämlich als derjenige Ausschnitt soziologischer Bemühung, der sich mit dem Subsystem "Wirtschaft" auseinandersetzt. Diese Sichtweise, die auf Parsons zurückgeht, wird indes von Wirtschaftswissenschaftlern mit dem Verweis auf den vergleichsweise hohen Entwicklungsstand der Ökonomie meist nicht sonderlich ernst genommen. Allerdings fragt sich, ob dieser hohe Entwicklungs- und Formalisierungsgrad der Wirtschaftstheorie nicht zunehmend mit einem Verzicht auf realwissenschaftliche Analyse erkauft wurde.

*Ökonomie als „spezielle Soziologie"?*

Andererseits sieht sich gerade die neuere Soziologie von ökonomischem Gedankengut befruchtet. Ausgangspunkt sind vor allem die Leistungen der sog. **Neuen Politischen Ökonomie** (public choice), in der das in der Ökonomie angewendete Modell rationalen Verhaltens als generelle sozialwissenschaftliche Theorie angesehen wird. Rationalität wird hier im weitesten Sinne als Streben nach subjektivem Eigennutz verstanden (vgl. McKenzie/Tullock 1978). So wird dieses Modell zur Erklärung vieler Sachverhalte angewendet, mit denen sich traditionellerweise Soziologen, Politologen oder auch Psychologen befaßt haben: die Entstehung sozialer Normen, Ursachen der Kriminalität, Suchtverhalten, Heiratsverhalten, die Erklärung von Prostitution, die Entstehung von Konflikten, das Auftreten von Protestverhalten usw. Vielfach handelt es sich darum, die sog. Datenkranzbedingungen, die vormals aus der ökonomischen Analyse ausgeblendet blieben, mit eben dem gleichen nutzentheoretischen Konzept anzugehen, mit dem man bisher lediglich "rein" ökonomische Tatbestände analysiert hat. Es wird sich zeigen müssen, wie weit dieses **"ökonomische Programm in der Soziologie"** tragfähig ist.

*Neue Politische Ökonomie*

Ungeachtet solcher Annäherungsbemühungen – am deutlichsten im Rational-Choice-Ansatz (vgl. Abschnitt 2.4 dieses Kapitels) – sind auch zahlreiche Entfremdungstendenzen zwischen Soziologie und Ökonomie nicht zu übersehen. Dies ist u.a. darin begründet, daß die Ökonomie mit ihrem vorherrschenden individualistischen Erklärungsansatz mit der überwiegend **kollektivistischen Orientierung** vieler Soziologen kollidiert, die größere soziale Einheiten, vor allem aber soziale Systeme, zum Ausgangspunkt ihrer Analyse machen. Deutliche Entfremdungstendenzen bestimmen auch das Verhältnis zwischen Betriebswirtschaftslehre und Soziologie. Hier paktiert die Betriebswirtschaftslehre (z.B. im Bereich des Management und des Marketing) eher mit der Sozialpsychologie, von der man sich sozialtechnologisch-pragmatisch besser verwertbare Ergebnisse erwartet.

*Betriebswirtschaftslehre und Soziologie*

# 2. Entwicklung der Soziologie

## 2.1 Ursprünge soziologischen Denkens

Ist es überhaupt sinnvoll, sich mit der Geschichte der Soziologie zu befassen? Für viele Soziologen ist das Nachzeichnen der Entwicklung dieser Wissenschaftsdisziplin der "convenient way" zur soziologischen Theorie. Für andere Soziologen ist die Beschäftigung mit Soziologie-Geschichte ohne Bedeutung und eher Ballast, schon deshalb, weil die gesellschaftlichen Probleme, mit denen sich die Klassiker beschäftigen, nur z.T. mit den heutigen Problemstellungen identisch sind. Auch im Hinblick auf die Entwicklung des Faches sehen einige Soziologen einen ständigen wissenschaftlichen Fortschritt, andere dagegen lediglich die stetige Wiederkehr der gleichen Themen.

*Soziologie und Philosophie*

Zwar lassen sich Aspekte soziologischen Denkens schon in der griechischen Philosophie – vor allem bei Platon – ausmachen. Dort standen hauptsächlich der **Staat** und seine Herrschaftsfunktionen im Vordergrund der Betrachtung. Erst viel später beginnt sich die Soziologie von der "allgemeinen Staatslehre" und der Staatsphilosophie abzulösen. Noch heute hat Soziologie – zumal in den deutungswissenschaftlichen Denkrichtungen und zumal hier in Deutschland – eine stark philosophische Schlagseite. Mit Norbert Elias sind wir jedoch der Auffassung, daß der Reifegrad einer Wissenschaft danach beurteilt werden kann, wie weit sie sich von der Philosophie emanzipiert hat. Zumindest dürfte dies dann gelten, wenn man ein Wissenschaftsverständnis bevorzugt, das Soziologie als **empirische Disziplin** versteht.

*Philosophische Denkströmungen*

Nichtsdestoweniger ist es nützlich, soziologische Paradigmen (vgl. Kapitel C.1) nach ihrer philosophischen Tradition zu verfolgen. Jonas (1968) hat deutlich gemacht, daß hier vielfache Wurzeln aufgedeckt werden können: die **Aufklärung** eines Rousseau, der **Idealismus** eines Kant, der **Liberalismus** eines Adam Smith, der **Sozialismus** eines Marx, der **Utilitarismus** eines Bentham. Diese und andere Denkströmungen entwerfen von vornherein ein bestimmtes "Gesellschaftsbild": Gesellschaft als Zwangsanstalt, Gesellschaft als Konfliktfeld, Gesellschaft als Realisierung von Freiheit, Gesellschaft als Hort des Fortschritts, Gesellschaft als objektiver Geist usw.

*Soziale Probleme: Soziologie als "Krisenwissenschaft"*

Wo beginnt nun die Soziologie als empirische Wissenschaft? Vielleicht ist der Beginn dort zu sehen, wo erstmals die Existenz gesellschaftlicher Sachverhalte – wie Werte, Normen, Institutionen – als spezifische Orientierungspunkte für soziales Handeln erkannt und das **Selbstverständnis** dieser Werte, Normen und Institutionen kognitiv durchbrochen oder fragwürdig zu werden beginnt. Hinzu kommt ein Aspekt, der der Soziologie bereits frühzeitig den Rang einer Problem- und Krisenwissenschaft einbrachte: der Ruf nach Lösung **sozialer Probleme**, sei es die Übervölkerung von Städten und die Landflucht, die Regierbarkeit von Ländern, die Steuerung des Marktes, die Bewältigung der Kriminalität, die Eindämmung der Armut, die Beseitigung distributiver Ungerechtigkeit, die Umverteilung der Einkommen, die Bekämpfung des Terrorismus, die Verhinderung von Ausbeutung, die Sicherung von Herrschaft, die Bewältigung von Arbeitslosigkeit, die Planung und Beherrschung des technischen Fortschritts und seiner gesellschaftlichen Auswirkungen. Angesichts solch gewichtiger und globaler Problemstellungen sowie mit Blick auf die Turbulenz des Gegenstandsbereichs soziologischer Forschung war und ist die Soziologie als Wissenschaft ständig in der Gefahr, überfordert zu sein, und ihre Proklamierung als moderne Heilslehre ebenso maßlos überzogen wie das Selbstverständnis einiger Soziologen als Auserwählte einer "Überwissenschaft".

## 2.2 Klassiker der Soziologie

### 2.2.1 Klassiker I: Comte – Spencer – Marx

Die hier zunächst vorgestellten Klassiker haben zwei Merkmale gemeinsam. Einmal sind sie sämtlich sogenannte Gründerväter der Soziologie; jeder von ihnen begründete „Schulen", die bis in die Gegenwart hinein fortwirken: **Comte** in seinem Streben nach Aufklärung und Steuerung, nach einer Etablierung der Soziologie entsprechend dem Vorbild naturwissenschaftlicher Methoden; **Spencer** mit seiner Betonung der Ähnlichkeit zwischen biologischem Organismus und sozialer Realität, mit der Vorstellung sich ausdifferenzierender Funktionen; **Marx** mit der Betonung des ökonomischen Bereichs und der Kennzeichnung von Gesellschaft als ein dialektisches Konfliktfeld. *Comte*  *Spencer*  *Marx*

Zum zweiten haben diese Gründerväter gemeinsam, daß sie sämtlich **Historizisten** sind, indem sie „eherne" Entwicklungsgesetze der Gesellschaft postulieren (vgl. Kapitel B 1). Für Comte ist der wünschenswerte Endzustand die positiv-wissenschaftliche Ära, in der der Soziologe als Angehöriger einer neuen Priesterkaste seine Weihen erfährt und die gesellschaftlichen Belange so ähnlich steuert, wie der kundige Techniker eine komplizierte Maschine. Für Spencer ist der gedachte Endzustand ein funktional ausdifferenziertes System, in dem Verschiedenes zu einem sinnvollen Ganzen integriert wird. Für Marx ist der Endzustand gleichzeitig die Aufhebung der dialektischen Gegensätze der Klassengesellschaft, eine Gesellschaft also, in der Paradiesvorstellungen von völliger Gleichheit und absoluter Selbstverwirklichung realisiert sind. *Historizismus*

Die folgenden Übersichten enthalten erste „Merkposten":

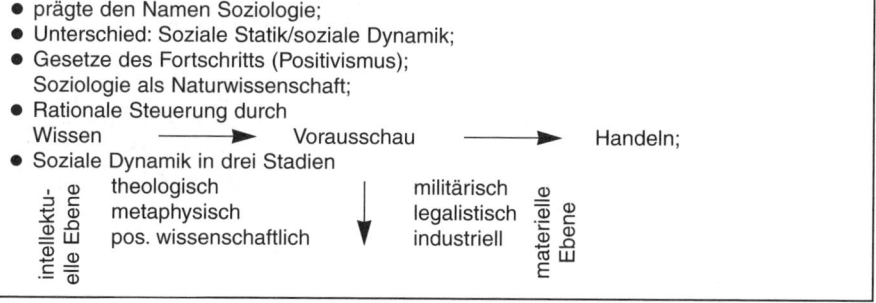

**Übersicht 3:** Auguste Comte (1798–1857)

- Vergleich Gesellschaft mit Organismus;
- Gesetze der Evolution: Auslese/Anpassung;
- Gesellschaft als System: gegenseitige Abhängigkeit aller Teile;
- Entwicklungsgesetz: Von unzusammenhängender Gleichartigkeit zu zusammenhängender Verschiedenheit;
- fortschreitende Differenzierung von Strukturen und Funktionen;
- dabei Auslese der tüchtigsten Einheiten

**Übersicht 4:** Herbert Spencer (1820–1903)

- sieht Gesellschaft als Klassenkampf;
- Primat des Materiellen:
  Ökonomischer und historischer Materialismus, Basis bestimmt den Überbau;
- Inhalt der gesellschaftlichen Verhältnisse:
  Produktionsverhältnisse (Verwandlung von Natur durch Arbeit);
- Motor der Entwicklung:
  Diskrepanz zwischen Produktivkräften und Produktionsverhältnissen;
- Klassenkampf zwischen Produktionsmittelbesitzern und Besitzlosen (Ausgebeuteten);
- Auflösung des Gegensatzes in klassenloser Gesellschaft

**Übersicht 5:** Karl Marx (1818–1883)

## 2.2.2 Klassiker II: Durkheim und Weber

Unter den „jüngeren" Klassikern, die nach der Jahrhundertwende das soziologische Denken bestimmten, fällt die Auswahl dann nicht schwer, wenn es um die Namen Max Weber und Emile Durkheim geht. Für beide gilt, daß sie die Entwicklung der Soziologie und ihre Entfaltung zur eigenständigen Disziplin am nachhaltigsten gefördert haben.

*Methodologischer Kollektivismus*

Wie auch bei Weber, so erkennen wir bei Durkheim zwei Schwerpunkte: einmal einen methodologischen, indem die „Regeln der soziologischen Methode" in spezifischer Weise expliziert werden, und zum zweiten vom Inhaltlichen her, in den besonderen Schwerpunkten seiner Forschungen; etwa: Selbstmord, Arbeitsteilung, Anomie. Sein Grundprinzip, Soziales wiederum durch Soziales (und nicht etwa durch Psychisches) erklären zu wollen, gilt als Plädoyer für einen **methodologischen Kollektivismus** und gleichzeitig im Sinne der Selbstbehauptung von Soziologie als eigenständiger Disziplin.

*Methodologischer Individualismus*

In diesem Punkt weicht Weber von Durkheim ab, obgleich auch er nicht in einen psychologischen Reduktionismus verfällt. Weber begreift Gesellschaft von den Individuen her und plädiert daher für einen **methodologischen Individualismus**. Im Mittelpunkt seiner Analyse steht der Begriff des sozialen Handelns, wobei dieses als sinnhaft mit Kulturwertbedeutungen aufgeladen und an anderen Individuen orientiert vorgestellt wird.

**Methodologisch:**

- Um zu einer allgemeinen Theorie des Sozialen zu gelangen, sind kollektive Phänomene von individuellen Erscheinungen zu trennen.
- Soziale Tatsachen führen ein Eigenleben, sind eine Wirklichkeit eigener Art, da sie die Fähigkeit haben, auf Menschen einen äußeren Zwang auszuüben.
- Man muß Soziales durch Soziales erklären (nicht durch „Natur" oder „Psyche").

**Inhaltlich:**

- Die Objektivität des sozialen Geschehens gelangt im Kollektivbewußtsein zum Ausdruck: in der Gesamtheit der Glaubensvorstellungen und Gefühle, die allen Mitgliedern derselben Gesellschaft gemeinsam sind.
- Individuen unterliegen daher der kollektiven Kontrolle: in der mechanischen Solidarität durch direkten Zwang, in der organischen Solidarität (die insbesondere durch Arbeitsteilung entsteht) aufgrund der Interdependenz der Teile.
- Störungen des Kollektivbewußtseins beschwören die Gefahr der Anomie, eines Zustands der Orientierungslosigkeit und der Norm-Erosion.
- Abweichendes Verhalten ist jedoch für jede Gesellschaft „normal", da hierbei die Macht der Institutionen erkennbar sei. Das Verbrechen ist die Bedingung dafür, daß das moralische Bewußtsein aufrechterhalten wird.

**Übersicht 6:** Emile Durkheim (1858–1917)

---

**Methodologisch:**

- Gesellschaft muß von den Handelnden her gesehen werden (methodologischer Individualismus).
- Da Handelnde mit ihrem Handeln einen subjektiven Sinn verbinden, ist die Soziologie eine „verstehende" Wissenschaft.
- Die Formulierung allgemeiner Gesetze ist daher nicht möglich, lediglich die Analyse der Besonderheiten bestimmter historisch-kultureller Gegebenheiten.
- Solche Gegebenheiten können durch gedankliche Akzentuierung ihrer wesentlichen Züge in Form charakteristischer Konfigurationen (Idealtypen) erfaßt werden.
- Dabei habe die Soziologie wertfrei vorzugehen. Werturteile seien nur bei der Wahl des Untersuchungsobjekts zulässig.

**Inhaltlich:**

- Beziehungen zwischen Wirtschaft und Gesellschaft; Analyse der wirtschaftlichen Entwicklung, insbesondere des Kapitalismus.
- Beziehungen zwischen Religion, Gesellschaft und Wirtschaft: Wertverlagerungen im religiösen Bereich sind von Einfluß auf die ökonomische Entwicklung.
- Bestimmung von Typen der Rationalität. Historischer Trend zur „Entzauberung der Welt" und zur Zweckrationalität.
- Manifestation dieser Rationalität in verschiedenen Bereichen: in legaler Herrschaft, in bürokratischen Organisationen von hoher Regeldichte sowie in der Idee des Marktes als eines Ordnungsprinzips höchster Rationalität.

**Übersicht 7:** Max Weber (1864–1920)

---

In Webers Schaffen sind zwei verschiedene Schwerpunkte erkennbar. Einmal erweist sich Weber als strenger Methodiker und Systematiker. Seine Begriffsanalysen, die er an den Anfang von „Wirtschaft und Gesellschaft" stellt, sind bis heute Kristallisationskerne soziologischen Denkens. Zum zweiten ist Weber – unter den heutigen Soziologen vielleicht am ehesten mit Norbert Elias vergleichbar – ein profunder Kenner geschichtlicher Abläufe, die er in bestechender Weise – eben mit soziologischem Erklärungsanspruch – nachvollzieht. Dabei geht es ihm bewußt um raum-zeitlich begrenzte, historisch relativierte Aussagen, z.B. über die Geburtsstunde des Kapitalismus, über die wirtschaftliche Entwicklung im Okzident und im Orient, über die zunehmende Bürokratisierung und Rationalisierung von Abläufen (vgl. ausführlich im 3. Kap.).

*Wirtschaft und Gesellschaft*

Weber und Durkheim haben gemeinsam, daß ihr Interesse insbesondere auch den Verflechtungen von Wirtschaft und Gesellschaft gilt, so daß diese Klassiker – wie vorher auch schon Marx – ebenso als Wirtschaftstheoretiker – Theorie hier in einem entwicklungsgeschichtlichen Sinne – angesehen werden können: Durkheim mit seinen bahnbrechenden Studien zur Arbeitsteilung und zur wirtschaftlichen Integration, Weber mit seinen Untersuchungen über den Beginn und Verlauf des Kapitalismus und der Industrialisierung sowie mit seinen organisationssoziologischen und bürokratietheoretischen Analysen.

*Pareto*

*Simmel*

*Cooley*

Während über Durkheim und Weber einmütig das Urteil bereitsteht, sie seien Klassiker der Soziologie, so ist die Einschätzung anderer Soziologen, die u.U. gleichfalls das Prädikat „Klassiker" verdienen, unterschiedlich. Obgleich Parsons neben Weber und Durkheim auch **Pareto** als „geistigen Vater" seiner eigenen Soziologie benennt, kann man den Einfluß Paretos auf die heutige Soziologie eher als gering bezeichnen. Gleiches gilt – u.E. sehr zu Unrecht – für Georg **Simmel**, der unseren Blick auf die formalen Kriterien sozialer Strukturen und Prozesse richtet: auf Formen der Gesellschaftung wie „Über- und Unterordnung", „Konkurrenz", „Kooperation", „Parteibildung" oder „Nachahmung". Simmel darf – neben dem Amerikaner **Cooley** – auch als Begründer der Mikrosoziologie angesehen werden. Sein Interesse gilt in besonderem Maße Gruppenstrukturen und -prozessen sowie Paarbeziehungen. Auch kann er als Wegbereiter der Rollentheorie gelten.

*Mead*

Viele Soziologen beziehen sich heute auch auf G. H. **Mead**. Seine Sozialphilosophie, die die besonderen Beziehungen zwischen Individuum und Gesellschaft zum Gegenstand hat und symbolische Aspekte der Situationsdeutung und Identitätsinterpretation in den Vordergrund rückt, hat stark in die Richtung gewirkt, die heute vom symbolischen Interaktionismus weiter beschritten wird. Es ist einleuchtend, daß die Anhänger dieser Schule in Mead daher „ihren" Klassiker sehen, während diejenigen, die dieser Forschungsrichtung eher fremd gegenüberstehen, in Mead eher einen Philosophen oder Sozialpsychologen erblicken.

*Schütz*

Eine andere Wurzel des eher phänomenologischen Verständnisses von Soziologie bietet das Werk von Alfred **Schütz**. Nach ihm ist die Aufgabe der verstehenden Soziologie (vgl. zu dieser Methode B 1.1.3) die Analyse der von Menschen sinnhaft geschaffenen und interpretierten Strukturen der Lebenswelt, die sich aus alltäglichen Handlungen, Erfahrungen und Sinndeutungen ergibt. Dieses Konstrukt der Lebenswelt ist später von Habermas wieder aufgegriffen worden, indem er ein Auseinanderdriften von System und Lebenswelt konstatiert.

## 2.3 Neuere Entwicklungen

Insbesondere durch den Einschnitt des Zweiten Weltkrieges haben die USA zwischenzeitlich die Führungsrolle innerhalb der Soziologie übernommen, wobei vor allem die Weber-Tradition voll rezipiert wurde. Im Nachkriegs-Deutschland formiert sich Soziologie zunächst als empirische Forschung, weitgehend heterogen und in der Etablierung und Ausbau vieler Bindestrich-Soziologien (wie Familien-Soziologie, Betriebs-Soziologie, Gemeinde-Soziologie usw.).

*Bindestrich-Soziologien*

Seit den 50er Jahren begann dann eine Rezeption des **Struktur-Funktionalismus** Parsons'scher Prägung, so daß – insbesondere auch unter dem Einfluß der Kölner Schule – eine Präferenz für funktionalistische Analysen entstand. Dem stand – unter dem Einfluß der Frankfurter Schule – die Entwicklung einer „kritischen Soziologie" gegenüber, die die europäische Tradition der Systemkritik fortsetzte und für die Etablierung einer politisch-normativen Soziologie eintrat. Mit seinen emanzipatorischen Idealen und seinen deutungswissenschaftlichen Absichten entfernte sich jedoch dieses Verständnis von Soziologie zunehmend von einer empirisch-theoretischen Perspektive und trug darüber hinaus erheblich dazu bei, Soziologie in der Öffentlichkeit zum Zerrbild einer Wissenschaft zu machen.

*„Kritische" Soziologie*

Parallel hierzu und teilweise in Wechselbeziehung zur „kritischen Soziologie" erlebte die Bundesrepublik auch eine Wiederbelebung **marxistischen Gedankenguts**. Insbesondere auf dem Sektor der Industriesoziologie verstand sich diese Perspektive zugleich als Theorie der Industriegesellschaft und versuchte in mehr oder weniger orthodoxer Weise marxistische Vorstellungen auf die veränderten Sozialstrukturen der Bundesrepublik anzuwenden. Erst später löste sich die Industriesoziologie von diesen teilweise recht dogmatischen Vorstellungen.

*Neomarxismus*

Stärker noch war in der neueren Soziologengeneration die Aufnahmebereitschaft für den **symbolischen Interaktionismus**, der insbesondere in den 60er und 70er Jahren in der Bundesrepublik zu erheblicher Blüte gelangte. Förderlich für die Verbreitung dieser Denkrichtung war zweifellos eine gewisse Enttäuschung über den Funktionalismus, der den Menschen als handelndes Individuum zu schnell aus der Analyse verbannte und einem kollektivistisch-abstrakten, noch dazu reichlich konservativen Systemerhaltungs-Denken verhaftet blieb. Eine andere Gegenreaktion gegen den Funktionalismus, die **verhaltenstheoretische Soziologie**, blieb in der Bundesrepublik von vergleichsweise geringem Einfluß, vor allem wohl deshalb, weil dieses Forschungsprogramm von seinem Begründer Homans rein behavioristisch angelegt worden war. Spätere Korrekturen an diesem Konzept konnten sich bislang nicht recht durchsetzen. Demgegenüber ist die dritte individualistische Variante, das **„Rational-choice"-Konzept**, recht erfolgreich in dem Bemühen, ökonomische Erklärungsansätze auf soziales Verhalten und auf die Entstehung sozialer Institutionen anzuwenden.

*Symbolischer Interaktionismus*

*Verhaltenstheoretische Soziologie*

*„Rational-choice"-Ansatz*

Nach wie vor ist die Soziologie in starkem Maße dem sog. Paradigmenstreit ausgesetzt, der mit geradezu autistischer Feindseligkeit ausgetragen wird. War noch vor einem oder zwei Jahrzehnten die Hauptlinie dieser Auseinandersetzung durch den

Gegensatz zwischen Funktionalisten und Neomarxisten gekennzeichnet, so verläuft die Konfrontation heute eher zwischen **Systemtheoretikern** einerseits und **Handlungstheoretikern** andererseits. Dabei hat sich die Systemtheorie (insbesondere durch Luhmann) weitgehend vom Struktur-Funktionalismus Parsons'scher Prägung abgelöst, obgleich sie keineswegs in einheitlicher Gestalt auftritt. Für die Handlungstheorien gilt dies gleichermaßen; sie werden im wesentlichen von phänomenologischen Ansätzen repräsentiert. Als wichtigste theoretische Aufgabe wird daher heute vielfach die Klärung des Zusammenhanges zwischen „Struktur" und „Handeln" angesehen (vgl. Giddens 1987). Aber es scheint uns, als würde diese Frage eher sozial-ontologisch statt analytisch-empirisch behandelt. Gleiches gilt für den neuerdings so betonten Gegensatz zwischen „System" und „Lebenswelt" (Habermas 1981), für die jeweils genuine Sozialtheorien gelten sollen.

*Kluft zwischen*
*Theorie und*
*Empirie*

Ohne hier in eine differenzierte Sicht eintreten zu können, sehen wir eine erhebliche Kluft zwischen einer hochgestochenen und z.T. metaphysisch durchsetzten Theoriediskussion und dem laufenden Geschäft empirischer Forschung. Beliebt sind wieder Gesamtentwürfe in Form einer „grand theory" (z.B. bei Münch, bei Luhmann oder bei Habermas), wobei die Grenzziehung zwischen empirischer Wissenschaft und sozialphilosophischen Überlegungen nicht immer klar ist und die empirische Einlösbarkeit der Aussagen oftmals überhaupt nicht zur Debatte steht. Diese „alles erklärenden" Supertheorien sind „Flüge über den Wolken" mit „Sichtverlust" und – wie schon bei Parsons – Versuche, integrative Absichten hauptsächlich durch terminologische Verzahnung – nicht dagegen auf der Aussagenebene – herbeizuführen.

Demgegenüber ist die empirische Forschung von solch globalen Konzepten weitgehend unbelastet, und fast hat es den Anschein, als könne man in Deutschland nur „Supertheoretiker" oder aber „hemdsärmeliger Empiriker" sein. Um die Kluft zwischen Empirie und Theorie zu schließen, bedarf es m.E. eher einer Forschungsperspektive, die „Theorien mittlerer Reichweite" (vgl. C 2 dieses Kapitels) entwickelt und mit bescheideneren Erklärungsansprüchen operiert, die empirisch besser überprüfbar sein sollten als deutungswissenschaftliche Weltentwürfe.

## 3. Wichtigste Grundbegriffe

### 3.1 Zur Bedeutung begrifflicher Bestimmungen

Jede Wissenschaftsdisziplin hat ihre zentralen Begriffe. Die besondere Schwierigkeit bei der Soziologie besteht darin, daß viele ihrer Grundbegriffe auch Ausdrücke der Umgangssprache sind und insofern ein bestimmtes Alltagsverständnis implizieren. Aus diesem Grunde entsprechen viele Begriffe, die die Soziologie dieser Alltagssprache entnommen hat, nicht den Kriterien (wie Präzision, Konsistenz usw.), die man üblicherweise an wissenschaftliche Begriffe stellt.

Über diese Kriterien werden wir an späterer Stelle, wenn wir uns mit einigen Grundsätzen der Forschungslogik beschäftigen (B 1), noch genauer berichten. Vorweggenommen sei hier lediglich die Tatsache, daß ein Erfahrungswissenschaftler mit Begriffen eine Art Verabredung (mit dem Leser, mit den Kollegen) trifft, was genau unter einem Sachverhalt verstanden werden soll. Was **nicht** gemeint sein kann: mit begrifflichen Analysen zum „Wesen" eben dieses Sachverhaltes vorzudringen. Dies bedeutet letztendlich eine enge Begrenzung begrifflicher Analysen: Diese sind noch im Vorhof der Erkenntnis; sie stehen **im Dienste der Aussageformulierung**. Wenn wir Definitionen als das nehmen, was sie sind, nämlich Konventionen über die Verwendung bestimmter Ausdrücke, dann vermeiden wir auch jene endlosen terminologischen Diskussionen, die von manchen Soziologen offenbar lieber geführt werden als Erörterungen über Aussagen oder Theorien. Zu dieser Vorliebe für das Begriffliche gibt es eine lange soziologische Tradition, die unschwer von Leopold von Wiese über Talcott Parsons bis hin zu Jürgen Habermas verfolgt werden kann: Im Prinzip geht es dabei immer um das Mißverständnis, daß soziale Probleme (z.B. das Problem soziale Integration) und begriffliche Probleme (z.B. Integration auf der begrifflichen Ebene) miteinander konfundiert werden.

*Aufgabe von Definitionen*

Erstaunlich ist es immerhin, daß trotz der ausgedehnten Behandlung bis heute kein Konsens im Hinblick auf soziologische Grundbegriffe vorliegt. So streitet man seit mindestens drei Jahrzehnten über den Begriff der sozialen Rolle, ob er nun zentral sei oder weniger zentral, was er genau beinhalte usw. Ähnliches ließe sich über den Begriff der Institution sagen, denn Soziologen sind sich schon in der Frage uneinig, ob beispielsweise die Kirche oder aber die Religion als Institution anzusehen sei. Die Diskussion um den Begriff der sozialen Struktur zeigte uns ähnliche Divergenzen: Einige meinen damit bestimmte Merkmalsverteilungen (wie z.B. Altersstrukturen), andere meinen soziale Gebilde (wie Organisationen oder Gemeinden), wiederum andere denken in sozialen Systemen und ihren Teileinheiten. Oft ist noch nicht einmal beim Ausdruck „sozial" einhellig geklärt, was nun genau darunter verstanden werden kann. Erstsemestern muß man erst einmal erläutern, was jedenfalls nicht gemeint ist: sozial im Sinne von „karitativ".

Um bereits im Vorfeld der Diskussion eine ungefähre Vorstellung von den wichtigsten Grundbegriffen der Soziologie zu haben, wollen wir eine kurze begriffliche Erörterung an den Anfang stellen. Wir tun dies jedoch in einer sehr stenographischen Form, wobei die eigentliche begriffliche Problematik sowie das Verständnis dieser Begriffe durch verschiedene Schulen noch weitgehend ausgeklammert bleiben. Dabei treffen wir mit dem Leser die Verabredung, die verbleibenden Defizite begrifflicher Klärung bei der späteren Erörterung der Sachfragen (im zweiten Kapitel) nachzutragen, da die begriffliche Problematik oftmals in starkem Maße mit den inhaltlichen Fragestellungen verbunden ist. Wir erläutern also jetzt kurz die von uns für zentral gehaltenen Begriffe, wobei wir uns – um wenigstens in etwa Konsistenz zu bewahren – an einschlägigen Wörterbüchern der Soziologie (z.B. Fuchs et al. 1995; Endruweit/Trommsdorff 1989; Hillmann 1994) orientieren.

## 3.2 Terminologischer Überblick

### 3.2.1 Handlungsbegriffe

Wir stellen zunächst einige Begriffe vor, die eher der Ebene des individuellen Handelns (**Verhaltens**) zugerechnet werden können und setzen sie solchen Begriffen entgegen, die eher der Ebene sozialer **Strukturen** angehören.

*Soziales Verhalten*

(1) **Verhalten** (behavior): die Gesamtheit aller möglichen Aktivitäten von Organismen. Dabei ist zwischen offenem (overt behavior) und verdecktem (covert behavior) Verhalten zu unterscheiden. Als Verhaltensauslöser fungieren innere (z.B. organismische) oder äußere Reize (Stimuli). Soziologisch bedeutsam ist soziales Verhalten, da es sozial geprägt oder sozial ausgerichtet sein kann. Umstritten ist, ob der behavioristisch anmutende Verhaltensbegriff fruchtbar ist, was insbesondere dann bezweifelt werden kann, wenn dem Ansatz ein reines Reiz-Reaktions-Modell zugrunde liegt.

*Soziales Handeln*

(2) **Handeln** (action): intentionales, zielgerichtetes und sinnhaftes Verhalten von Menschen (d.h. eine Teilklasse des Verhaltens). Instrumentelles Handeln ist auf die Bewältigung von Aufgaben gerichtet, kommunikatives (soziales) Handeln erfolgt im Austausch mit anderen Individuen und ist in seinem Ablauf an der mutmaßlichen Reaktion anderer orientiert. Der Begriff des sozialen Handelns ist Ausgangspunkt soziologischer Handlungstheorien. Ein besonderes Problem hierbei ist die Verknüpfung der Handlungsebene mit äußeren gesellschaftlichen Strukturen (z.B. der Systemebene). Hinzu kommt, daß der Begriff des Handelns gegenüber dem des Verhaltens nicht immer eindeutig abgrenzbar ist. Außerdem gibt es mittlerweile sehr verschiedene Traditionen der Handlungsforschung, die sich insbesondere auf Weber und auf Schütz beziehen.

*Soziale Interaktion*

(3) **Interaktion:** Wechselbeziehung zwischen Handlungen, die sich aus einem bestimmten Verhältnis der Handelnden (z.B. Reziprozität, Komplementarität) ergibt. Der Grundgedanke hierbei ist, daß das Handeln eines Menschen nicht lediglich nach eigenen Plänen und Absichten erfolgt, sondern daß es die (mutmaßlichen) Pläne, Absichten und Reaktionen anderer Personen oder Gruppen mit einbezieht. Der Interaktionsbegriff ist der Ausgangspunkt der sogenannten Interaktionstheorien, in denen Austauschprozesse nach dem Muster des Gebens und Nehmens, im Sinne sozialer Fertigkeit oder als interpretative Sinnvermittlung aufgefaßt werden.

*Kommunikation*

(4) **Kommunikation:** der Austausch von Informationen, meist mit der Absicht der Einstellungs- oder Verhaltensänderung. Dabei wird zwischen Kommunikator und Rezipient unterschieden, wobei die Botschaft entweder direkt oder über ein Medium ausgetauscht wird. Ein inhaltlich reicherer Begriff von Kommunikation (z.B. bei Habermas) bezieht diese auf den Erwerb symbolischer Kulturelemente sowie den Aufbau normativer Handlungsstrukturen. Ein solcher Kommunikationsbegriff dürfte daher eher mit dem Interaktionsbegriff identisch sein.

*Werte und Einstellungen*

(5) **Werte/Einstellungen:** Werte sind wünschenswerte Zustände, die den handelnden Individuen bei der Verfolgung ihrer Absichten als Zielvorstellung dienen. Sie hängen

44

meist mit dem übergreifenden sozialen Wertsystem zusammen. Einstellungen sind wertgeleitet, beziehen sich aber auf ganz bestimmte Objektbereiche. Durch die Annahme der Existenz von Einstellungen kann das Auftreten einer Vielzahl verschiedenartigster Verhaltensweisen erklärt werden.

**(6) Konformität:** ein Verhalten oder eine Einstellung, die bestimmten gesellschaftlichen Erwartungen entspricht. Wichtig ist hierbei das jeweilige Bezugssystem (Gesamtgesellschaft, Gruppe usw.). Da der Mensch verschiedenen Bezugsgruppen angehört, kann er in der Regel nicht allen gesellschaftlichen Erwartungen entsprechen. Der Konformitätsbegriff ist auch Ausgangspunkt verschiedener Konformitätstheorien sowie der experimentellen Konformitätsforschung. Problematisch erscheint, daß der Konformitätsbegriff häufig wertend verwendet wird (z.B. negativ im Sinne von Konformismus, Abhängigkeit oder positiv im Sinne von Wohlverhalten und Anpassung).

*Soziale Konformität*

**(7) Abweichung:** ein Verhalten, das gegen normative Erwartungen verstößt. Häufig wird abweichendes Verhalten begrifflich auch von bestimmten Reaktionsformen abgeleitet: ein Verhalten, gegen das negative Sanktionen erfolgen. Der Begriff der Abweichung ist Ausgangspunkt für verschiedene Theorien abweichenden Verhaltens, die die Gründe, die Verlaufsformen und die Reaktionsformen in Hinblick auf abweichende Akte und abweichende Personen analysieren. Eng mit dem Begriff der Abweichung verbunden ist der Begriff der sozialen Kontrolle. Damit ist gemeint, daß Personen immer dann, wenn sie sich nicht (durch Verinnerlichung) selbst kontrollieren, insoweit äußerer Kontrolle (durch besondere Kontrollorgane) bedürfen, daß die funktional erforderliche Konformität gewährleistet wird.

*Abweichendes Verhalten*

*Soziale Kontrolle*

**(8) Norm/Sanktion:** Von einer Norm wird im Sinne einer Richtschnur oder einer Verhaltensvorschrift gesprochen. Insbesondere geht es darum, daß die in einer Gesellschaft existierenden Wertvorstellungen auf vorgeschriebenen Wegen erreicht werden sollen. Man unterscheidet zwischen Muß-, Soll- und Kann-Normen. Verstöße werden je nach Verbindlichkeit der Norm mit negativen Sanktionen geahndet. Die Einhaltung von Normen ist jedoch keineswegs immer mit positiven Sanktionen verbunden; vielmehr nimmt sie vielfach den Charakter einer Selbstverständlichkeit an. Flechtwerke zusammengehöriger Normen mit formaler Ausgestaltung bezeichnet man als Institutionen.

*Norm und Sanktion*

**(9) Rolle:** ein Bündel von Erwartungen oder Normen, das sich um eine bestimmte soziale Position rankt (z.B. Lehrer, Mutter, Vorstandsmitglied). Ein solches Erwartungsbündel wird in der sozialen Wahrnehmung als zusammengehörig empfunden und stellt nichts anderes dar als die Summe aller Rechte und Pflichten, die einen Positionsinhaber betreffen. Der Rollenbegriff ist Ausgangspunkt für verschiedene Rollen-"Theorien": Für den Funktionalismus ist „Rolle" ein Bindeglied zwischen dem individuellen Handeln und dem sozialen System; für die Sozialpsychologie stellt sich die Frage, wann und unter welchen Bedingungen Individuen rollengemäß handeln; und für den symbolischen Interaktionismus ist die Rolle eher ein Typisierungsschema, das anderen Personen aufgestülpt wird und ihre Identität verändert oder gefährdet.

*Rolle und Position*

*Selbst, Selbst-*
*bild und Iden-*
*tität*

**(10) Selbst:** das Bild (die Einstellung), das ein Individuum von sich selber hat (auch Selbstbild). Nach Vorstellungen, wie sie in der frühen amerikanischen Soziologie entwickelt wurden, bezeichnet Selbst jenes Bild, das ein Individuum im Austausch mit anderen Menschen und der Bedeutung, die es den Reaktionen dieser anderen zuschreibt, von sich selber gewinnt. Das Individuum erfährt also sein „Selbstverständnis" vor allem durch Interaktion mit anderen. In Abhebung zu diesem Begriff beschreibt das phänomenologische Selbstkonzept des Interaktionismus den Sachverhalt, daß ein Mensch sich selbst von sozialen Rollen abhebt und auch beim Rollenwechsel als konstante Größe (Identität) erlebt.

*Sozialisation*

**(11) Sozialisation:** die Gesamtheit aller Vorgänge, durch die der Mensch zum Mitglied einer Gesellschaft oder Kultur wird (für die Aneignung von Kulturmustern und die Einfügung in kulturelle Bedeutungszusammenhänge wird vielfach auch der Ausdruck Enkulturation verwendet). Dabei wird angenommen, daß Individuen die zentralen Werte und Normen (auch z.T. Rollen) verinnerlichen (Internalisierung). Der Sozialisationsbegriff ist Ausgangspunkt zahlreicher Sozialisationstheorien, wobei man heute weniger die repressive, sondern eher die interaktive Seite des Sozialisationsgeschehens betont. Soziologen befassen sich häufig mit dem weiteren sozialen Kontext der Sozialisation (z.B. Sozialschicht) und verweisen auf die Sozialisation als lebenslangen Prozeß sozialen Lernens.

## 3.2.2 Strukturbegriffe

*Soziale*
*Struktur*

**(1) Struktur:** Soziale Struktur ist eine geordnete Konstellation von Elementen, also ein Ordnungsgefüge, das sich auf solche Aspekte des sozialen Lebens bezieht, die als relativ fortdauernd oder beharrend angesehen werden. Gelegentlich werden die sozialen Institutionen als Strukturelemente der Gesellschaft angesprochen; vielfach meint man jedoch mit Struktur auch die Gruppierung gesellschaftlicher Elemente nach bestimmten Kriterien, z.B. Altersstruktur, Schichtungsstruktur etc. (vgl. hierzu 1.2.2).

*Soziales*
*Netzwerk*

**(2) Netzwerk** (network): soziale Differenzierungskonstellationen von zwischenmenschlichen Beziehungen in einer sozialen Struktur. Dieser Begriff der formalen Soziologie zielt vor allem auf den Umstand, daß Sachverhalte des Mikrobereichs (z.B. soziale Interaktionen) über Zusammenhänge der Reziprozität und Komplementarität miteinander vernetzt und insofern „Systeme" abgeben. Netzwerke beziehen sich dabei eher auf informelle Strukturen, d.h. auf nicht-institutionalisierte Sozialbeziehungen. Der Begriff hatte früher vor allem metaphorische Bedeutung und wird erst neuerdings methodologisch und theoretisch anspruchsvoller eingesetzt.

*Soziale Gruppe*

**(3) Gruppe:** eine überschaubare Personenmehrheit, die häufig miteinander interagiert. Gelegentlich werden bestimmte Strukturierungsgrade (wie z.B. der Aufbau einer Normstruktur, einer Rollenstruktur, einer Kommunikationsstruktur usw.) in die Definition einbezogen. Andere Definitionen betrachten die Gruppe als miniaturisiertes soziales System, wobei „Netzwerk" das verbindende terminologische Glied zwischen Interaktion und System sein könnte. Umgangssprachliche Kennzeichnungen von Gruppe (z.B. die Gruppe der Angestellten usw.) entsprechen nicht dem sozialwissenschaftlichen Begriff; man spricht hier gelegentlich von Quasi-Gruppe oder Interessengruppe (vgl. 2. Kap. A 2).

**(4) Interesse:** Wenn Gefühl, Wille und Wünsche einer Person/Gruppe auf irgendein Ziel gerichtet sind, sprechen wir von Interesse. Interessen lassen sich u.U. an bestimmten Bedürfnissen, Motivationen oder Zielvorstellungen von Personen festmachen und sind meist rollenspezifisch (Interessen der Angestellten, der Bauern, der Vertriebenen) und vielfach verbandsmäßig organisiert. Streit besteht darüber, ob es jenseits subjektiv empfundener Interessenlagen so etwas gibt wie ein „objektives Interesse".

*Interessen*

**(5) Konflikt:** Interessendivergenz zwischen Personen, Gruppen oder Quasi-Gruppen (häufig auch Verbänden). Interessenkonflikte können Ziel- oder Normkonflikte oder aber Verteilungskonflikte sein. Der Konfliktbegriff ist Ausgangspunkt verschiedener zentraler Annahmen, die innerhalb der Soziologie über die Ursachen, den Verlauf und die Lösung sozialer Spannungslinien bestehen. Dabei werden unterschiedliche Auffassungen darüber vertreten, ob Konflikte lediglich Störungen des Systems darstellen oder aber die eigentlichen Komponenten gesellschaftlichen Geschehens (vgl. 2. Kap. B 5).

*Sozialer Konflikt*

**(6) System:** eine besondere Art der sozialen Struktur, die durch starke Interdependenz ihrer Teile geprägt ist. Dies bedeutet, daß Veränderungen in einem Teilbereich des Systems Veränderungen auch in anderen Teilbereichen auslösen. Anhänger der Systemtheorie sind der Meinung, daß sich soziale Gebilde (z.B. die Gruppe, die Gemeinde sowie die Gesellschaft als Ganzes) als soziale Systeme verstehen lassen, die zur Selbstregulierung und zur Erhaltung eines Gleichgewichtszustandes neigen. Systeme erscheinen in dieser Sicht auch plan- und steuerbar, wobei chaotische Komplexität reduziert und durch systemische Komplexität ersetzt werden soll.

*Soziales System*

**(7) Institution:** bezeichnet ein in sich zusammenhängendes konsistentes Norm- bzw. Regelungssystem, das um zentrale Werte bzw. Funktionen einer Gesellschaft gruppiert ist. Als wichtige Institutionen der Gesellschaft werden betrachtet: die Familie, die Wirtschaft, das Recht, das Eigentum, die Religion usw. Der wichtigste Gesichtspunkt bei der Bezeichnung „Institution" ist, daß in nahezu jeder Gesellschaft ähnliche Normkomplexe – allerdings mit unterschiedlicher inhaltlicher Ausgestaltung – entwickelt werden. Ein gewisses Problem besteht in der Heterogenität der jeweils angesprochenen Teilbereiche (z.B. Eigentum und Wirtschaft). Abweichend vom üblichen Sprachgebrauch werden häufig auch bestimmte Organisationsformen (z.B. die Kirche, Betriebe, Krankenhäuser) als Institutionen angesehen.

*Institutionen*

**(8) Funktion:** ist der Beitrag bzw. die Konsequenz eines sozialen Elements für die Erreichung oder Erhaltung eines Zielzustandes (eines sozialen Systems). Vielfach wird der Begriff im Sinne von (zugedachter) Wirkung gebraucht (manifeste Funktion). Im einzelnen werden eufunktionale (= positiv funktionale) und dysfunktionale

*Soziale Funktion*

(= negativ funktionale) Folgen unterschieden; letztere wirken systemstörend oder gar systemzersetzend, sofern ein Schwellenwert erreicht wird, der durch Selbstregulierungsmechanismen nicht mehr ausgeglichen werden kann.

*Macht und Herrschaft*

**(9) Macht/Herrschaft:** Macht bedeutet (nach Weber) jede Chance, innerhalb einer sozialen Beziehung den eigenen Willen auch gegen Widerstand durchzusetzen, gleichgültig, worauf diese Chance beruht. Wichtig ist, daß bei dieser Definition Widerstand nicht vorausgesetzt wird; auch bleibt offen, welche Grundlage die hier bezeichnete Macht im einzelnen hat. Demgegenüber bedeutet Herrschaft institutionalisierte und legitimierte Machtausübung. Dabei sind allerdings der Grad der Institutionalisierung und das Ausmaß (sowie die Gründe) der Legitimierung von Macht durchaus ein empirisches und kein terminologisches Problem.

*Soziale Ungleichheit*

**(10) Ungleichheit:** ist die Verschiedenartigkeit von individuellen Merkmalen, die entweder sozial irrelevant (z.B. Blutgruppe) oder aber sozial relevant sein können (z.B. Einkommen, Geschlecht). Sozial relevante Merkmale sind in einigen Fällen wertneutral; sie führen zur horizontalen Differenzierung. Meist sind sozial relevante Merkmale jedoch mehr oder weniger wertgeladen (dies sind sog. Statusfaktoren wie: Bildung, Berufsstand), die jeweils zur vertikalen Differenzierung und zu unterschiedlichem Sozialprestige führen.

*Klasse und Schicht*

**(11) Schicht/Klasse:** Können Personenmehrheiten in ein System der vertikalen Differenzierung eingeordnet werden, spricht man von sozialen Schichten. Es ist ein empirisches Problem, inwieweit sich Schichten faktisch auskristallisieren und damit deutlich gegeneinander abgegrenzt sind. Am extremsten ist dies etwa im Falle der indischen Kastengesellschaft, deutlich auch bei der mittelalterlichen Ständegesellschaft sowie der sog. Klassengesellschaft. Strittig ist, ob und inwieweit man unter heutigen Bedingungen noch von klar abgrenzbaren Klassen oder auch Schichten sprechen kann (vgl. 2. Kap. A 5) und ob der Begriff der sozialen Schichtung noch zeitgemäß ist. In engem Zusammenhang mit der Schichtungsstruktur steht der Be-

*Soziale Mobilität*

griff der Mobilität: Je offener und durchlässiger eine Gesellschaft ist, desto mehr Mobilität kann stattfinden.


## Literaturempfehlungen

**Bahrdt, H.P.:** Schlüsselbegriffe der Soziologie. München [2]1985
**Bellebaum, A.:** Soziologische Grundbegriffe. Stuttgart et al. 1980
**Berger, P.L.:** Einladung zur Soziologie. München 1977
**Boudon, R., Bourricaud, F.:** Soziologische Stichworte. Opladen 1992
**Büschges, G. et al.:** Grundzüge der Soziologie. München/Wien [2]1996
**Heckmann, F.:** Einführung in die Geschichte der Soziologie. Stuttgart 1984
**Reimann, H. et al.:** Basale Soziologie: Hauptprobleme. Opladen [3] 1984
**Smelser, N.J.:** Sociology. Cambridge/Mass. 1994
**Stark, R.:** Sociology. Belmont [3]1989
**Weede, E.:** Mensch und Gesellschaft. Tübingen 1995

Wörterbücher zur Soziologie:

**Endruweit, G., Trommsdorff, G. (Hg.):** Wörterbuch der Soziologie. 3 Bände. Stuttgart 1989

**Fuchs, E. et al. (Hg.):** Lexikon zur Soziologie. Opladen [3]1995

**Hillmann, K.-H.:** Wörterbuch der Soziologie. Stuttgart [4]1994

**Reinhold, G. (Hg.):** Soziologie-Lexikon. München [3]1997

**Schäfers, B.:** Grundbegriffe der Soziologie. Opladen 1995

# Kontrollfragen

1. Welches sind die Erkenntnisbereiche der Soziologie?
2. In welchem Sinne kann man von einem Doppelaspekt sozialen Handelns sprechen?
3. Skizzieren Sie kurz das Verhältnis zwischen Struktur und Verhalten.
4. Worin besteht die Gemeinsamkeit zwischen Spencer, Comte und Marx?
5. Welche methodologischen Gesichtspunkte hat Max Weber in die Sozialwissenschaft eingebracht?
6. Grenzen Sie folgende Begriffe voneinander ab: Klasse und Schicht, Position und Rolle, Kommunikation und Interaktion, Norm und Wert, Struktur und System, Macht und Herrschaft.

# B. Methoden der Soziologie

## 1. Forschungslogik (Wissenschaftstheorie)

### 1.1 Grundsätzliche Positionen

### 1.1.1 Die nomothetische Methode

Die nomothetische Methode (auch „theoretische" oder „empirisch-analytische" oder „kritisch-rationale" Methode genannt) beruht auf der Annahme, daß wissenschaftliche Aussagen in **raum-zeitlich unabhängiger Form** als **Gesetze** formuliert werden können und **intersubjektiv prüfbar** sind. Insofern besteht nach dieser Auffassung kein grundsätzlicher Unterschied zwischen naturwissenschaftlicher und sozialwissenschaftlicher Methode, es sei denn durch die Tatsache, daß im Bereich der Sozialwissenschaften kaum je **deterministische Sätze**, sondern in aller Regel **probabilistische Aussagen**, also Wahrscheinlichkeitsgesetze formuliert werden können. Auch dieser Unterschied dürfte kein prinzipieller sein, da selbst innerhalb der Naturwissenschaften neuerdings vielfach deterministische Gesetze durch probabilistische abgelöst wurden, zumal innerhalb der Mikrophysik.

*Kritischer Rationalismus*

Die nomothetische Methode, wie sie für den **kritischen Rationalismus** Popperscher Prägung charakteristisch ist, wird vielfach auch als **positivistisch** bezeichnet (z.B. im Rahmen des sog. Positivismusstreits). Dies hat für evtl. Gegenpositionen den Vorteil, daß man sich für vorzutragende Angriffe und Argumente einen „Popanz" aufbauen kann: kritischer Rationalismus, wie man glaubt, daß er wäre. Dieser methodologische Strohmann sieht sich einer Reihe von Verdächtigungen ausgesetzt, nämlich positivistisch, technokratisch, konservativ, politisch indifferent und unkritisch zu sein. „Im Zuge dieser Praxis werden auch Studienanfänger leicht in das Fahrwasser der pauschalen Abqualifikation empirischer Forschung als ‚positivistisch' gezogen, wobei man sich fast ausnahmslos auf Sekundärliteratur stützt, die den kritischen Rationalismus ‚positivistisch' zurechtstutzt, um sich selbst als ‚kritisch' verstehen zu können" (Prim/Tilmann [6]1997, 11). Wir meinen – und versuchen, dies in diesem Buche zu begründen –, daß es zum kritischen Rationalismus keine vernünftige Alternative gibt, sofern man nicht einen anderen Wissenschaftsbegriff zuläßt, z.B. Wissenschaftlichkeit, die auf intersubjektive Prüfbarkeit **verzichtet**. In diesem Falle müßte man dann in Kauf nehmen, daß Wissenschaft eine Frage des bloßen Meinens wird und daß ideologische und dogmatische Tendenzen unvermeidlich werden.

*Intersubjektive Prüfbarkeit*

Unsere Wertentscheidung zugunsten des kritischen Rationalismus erfolgt vor allem deshalb, weil er **strenge Kriterien** an Theorien und Methoden anlegt. Die dabei geforderte prinzipielle Überprüfbarkeit von Aussagen bedeutet, daß alle Hypothesen und Theorien so formuliert sein müssen, daß Ereignisse und Sachverhalte explizit gemacht werden, die diese Aussagen eventuell **nicht bestätigen**, also falsifizieren. Das **Falsifikationsprinzip** besagt demnach, daß jede Theorie in einer Form dargestellt werden muß, die eine genau umrissene Menge möglicher Falsifikatoren zu definie-

*Falsifikations-prinzip*

ren erlaubt. Damit setzt sich die Theorie einem besonderen Wagnis aus; alle Versuche werden untersagt, die Theorie einwandsimmun zu machen oder dogmatisch durch Falsifikationssperren abzukapseln.

Die auf diese Weise erfahrbare Wahrheit ist eine sehr vorläufige: Immer nämlich muß damit gerechnet werden, daß eine Theorie scheitert und durch eine bessere oder modifizierte Theorie abgelöst werden muß. Dies ist eine **Preisgabe an Gewißheit**, die jedoch manche Sozialwissenschaftler, die an ewige Wahrheiten glauben, nicht missen möchten.

Die Sehnsucht nach Gewißheit entspringt jenem Prinzip der zureichenden Begründung, das auf der Hoffnung basiert, alle Theorien auf eine Art „archimedischen Punkt" zurückzuführen, der als sichere Grundlage für die Ableitung alles übrigen Wissens dienen kann. Die konsequente Anwendung eines solchen Begründungsprinzips führt jedoch zu einer Situation mit drei gleichermaßen unannehmbaren Alternativen, die als **„Münchhausen-Trilemma"** (H. Albert 1975, 13 ff.; 1977, 34 ff.) bekannt geworden sind:

*Münchhausen-Trilemma*

**(1)** einem infiniten Regreß, in dem Erwiesenes immer wieder auf dahinter liegende „Gründe" zurückgeführt wird und der deshalb nicht durchführbar ist.
**(2)** einem logischen Zirkel, der gleichfalls zu keiner echten Begründung führen kann.
**(3)** einem Abbruch des Verfahrens an einem bestimmten, willkürlich zu wählenden Punkt, entweder durch dogmatische Setzung oder durch eine konventionalistische Strategie.

Praktikabel erscheint hierbei lediglich die letzte Alternative. Ähnlich wie man beim Definieren von Begriffen ad infinitum weiter definieren kann – ein bestimmter Begriff wird immer mittels anderer Begriffe definiert – wird man den Definitionsprozeß irgendwo abbrechen. Dieser Abbruch geschieht allerdings in dem Bewußtsein, daß – je nach Forschungszweck – ein neuer definitorischer Rückgriff notwendig sein könnte. Genauso verhält es sich hinsichtlich theoretischer Aussagen: Der Abbruch des Regresses wird aus forschungspraktischen Gründen vollzogen, nicht etwa deshalb, um eine bestimmte Position dogmatisch zu verteidigen und gegen Einwände zu schützen. Aber in dieser Vorläufigkeit liegt zugleich ein **Verzicht auf Gewißheit**: Nur wenn wir bereit sind, auf Gewißheit zu verzichten und jede Theorie als „vorläufig" (und prinzipiell verbesserungswürdig, ergänzungsbedürftig oder änderungsbedürftig) zu betrachten, können wir ein solches Verfahren rechtfertigen. Der Abbruch geschieht demnach aus **pragmatischen**, nicht dagegen dogmatischen Gründen; der Regreß kann – sofern unsere Forschungsmöglichkeiten dies zulassen – jederzeit wieder aufgegriffen werden, wenn die jeweilige Aussage oder Theorie fragwürdig zu werden beginnt, d.h. an der Erfahrung zu scheitern droht.

*Verzicht auf Gewißheit*

An die Stelle der „Gewißheit" tritt nunmehr eine Art „Wettbewerbsprinzip", bei dem sich Theorien und Aussagen ständig im Wettbewerb befinden, sich stets bewähren müssen, also grundsätzlich auch scheitern können. Der kritische Rationalismus fordert geradezu, Theorien so zu formulieren, daß genau sichtbar wird, welche Fakten vorliegen müssen, um die Theorie zu falsifizieren. Da immer irgendwelche Fakten auftreten könnten, die eine Aussage widerlegen, kann eine Theorie oder eine Hypothese niemals „verifiziert" werden; sie gilt daher stets nur als mehr oder weniger gut bewährt oder „bestätigt" („konfirmiert").

*Kern und Peripherie einer Theorie*

Lakatos (1963/64) hat in Abmilderung dieses rigorosen Falsifikationsprinzips vorgeschlagen, Theorien nicht vorschnell aufzugeben. Dazu sollte zwischen dem „Kern" einer Theorie und ihrer Peripherie unterschieden werden. Falsifikationen an der Peripherie sollten nach dieser Vorstellung den Kern der Theorie zunächst unangetastet lassen, bei gravierenden „Schieflagen" allenfalls zu Modifikationen Anlaß geben. Ein solches Verfahren wäre dann unproblematisch, wenn unter dem „Kern" einer Theorie ein neues Paradigma (im Sinne Thomas Kuhns) verstanden wird, also eine Forschungsperspektive, die bei ihrer Neu-Etablierung noch nicht ausgereift genug ist, um aggressiven Falsifikationsversuchen standzuhalten. Sollte also ein **Paradigmenwechsel** (i.S. Kuhns) stattfinden – was unter dem Gesichtspunkt des **theoretischen Pluralismus** (P. Feyerabend) schon wegen der Erstarrungstendenz angeblich bewährter Theorien durchaus erwünscht ist – so sei über diese neue Forschungsperspektive zunächst eine Art „schützende Hand" auszubreiten, damit sie nicht vorzeitig aufgegeben wird.

*Theoretischer Pluralismus*

Der Vorschlag von Lakatos trägt sicherlich dazu bei, überzogen rigorose Ansprüche des kritischen Rationalismus zu mildern und damit auch der tatsächlichen Forschungspraxis anzunähern. Andererseits muß jedoch auch gesehen werden, daß das hier geforderte Prinzip der Bewahrung auch zu einer dogmatischen Haltung führen kann. So mag etwa willkürlich gegen bestimmte zentrale Sätze von Theorien – nehmen wir etwa den historischen Materialismus – eine Falsifikationssperre dergestalt errichtet werden, daß man jeden Überprüfungsversuch an solchen Aussagesystemen langfristig oder permanent zurückweist.

*Einwände gegen die nomothetische Methode*

Befassen wir uns nun mit einigen Argumenten, die **gegen die nomothetische Methode** vorgebracht werden. Ein erster Einwand bezieht sich auf die bereits erwähnte rigorose Haltung einiger früher Vertreter des kritischen Rationalismus im Hinblick auf Gesetzesaussagen (bloße deskriptive Analysen seien vorwissenschaftlich), hinsichtlich der Operationalisierung von Begriffen (nicht-operationalisierte Begriffe seien unzulässig), im Hinblick auf die falsifikatorische Formulierung von Aussagen (solcherart nicht einlösbare Hypothesen seien abzulehnen), hinsichtlich der strikten Eliminierung falsifizierter Theorien (an diesen dürfe unter keinen Umständen festgehalten werden) usw. Aus der Sicht der Forschungspraxis gilt freilich, daß nichts so heiß gegessen wird, wie es der kritische Rationalismus kocht. Auch werden die diesbezüglichen Positionen heute nicht mehr mit den Absolutheitsansprüchen vorgetragen, die den kritischen Rationalismus in seiner Frühzeit in Mißkredit gebracht haben, weil er wissenschaftstheoretische Ansprüche einerseits und die tatsächliche Forschungspraxis nicht miteinander versöhnen konnte (Lazarsfeld 1965). Insofern spricht man heute nur noch von „prinzipieller" Falsifizierbarkeit, von „prinzipieller" Operationalisierbarkeit usw. Damit sind aus vielen Ansprüchen des kritischen Rationalismus Fernziele geworden, Ziele jedoch, die man im Forschungsprozeß nicht aus dem Auge verlieren sollte.

52

Ein zweiter Einwand gegen den kritischen Rationalismus richtet sich gegen ein empiristisches Verständnis, das davon ausgeht, empirische Überprüfungen seien gewissermaßen voraussetzungslos. Es läßt sich nämlich zeigen, daß der Falsifikationismus das Prinzip der Falsifizierung gegen sich selbst anwenden müßte (**Fallibilismus**). Es bedarf jedoch des Hinweises, daß gerade die Vertreter des kritischen Rationalismus – allen voran Popper – längst von den stillschweigenden Voraussetzungen des naiven Empirismus – der Annahme, empirische Beobachtungen seien voraussetzungslos – abgerückt sind und diesen Punkt einer genaueren Klärung unterzogen haben. Es erscheint uns notwendig, hierauf hinzuweisen, da vielfach die Philosophie Karl Poppers unzutreffend dem „positivistischen" Lager zugerechnet wird (so z.B. Alexander 1982, der sich der Beurteilung Poppers durch Habermas anvertraut), was zu stereotypen Zurechnungen und Fehleinschätzungen führt („der gute alte Popper"; U. Beck 1986). Solche „Informationen" aus zweiter und dritter Hand haben insofern auch zu dem weit verbreiteten Irrtum geführt, der sog. Positivismus-Streit sei zu Ungunsten des kritischen Rationalismus entschieden worden.

*Empirismus*

*Fallibilismus*

Es bleibt (mit Popper!) festzuhalten: Auch empirische Daten sind nicht voraussetzungslos; sie sind „theorieimprägniert" (Popper); auch empirisches Testwissen ist unausrottbar „hypothetisch". Falsifikation ist also nur möglich durch Daten, die ihrerseits des Hintergrundwissens bedürfen und die deshalb ebenfalls der Falsifikation unterliegen. Allerdings: Die Beachtung empirischer Prüfregeln und -kriterien sowie die Überprüfung von Theorien durch Forscher unterschiedlicher Provenienz mit unterschiedlichen empirischen Methoden deutet hier einen Ausweg aus diesem Dilemma an. Denn es ist nicht anzunehmen, daß alle beteiligten Forscher bei der Wahrnehmung empirischer Daten auch von den gleichen impliziten Hypothesen ausgehen. Außerdem kann man die impliziten Theorien der Wissenschaftler selbst zum Thema der Forschung machen (sog. „Hypothesen"-Theorie der Wahrnehmung). Allerdings bleibt festzuhalten, daß wir letztlich über keinen „archimedischen Punkt" verfügen, der „Gewißheit" verschafft – Gewißheit haben nur die Dogmatiker und die Ontologen – jedoch ist man dem aufgezeigten Dilemma keineswegs schutzlos ausgeliefert. Auch muß der Wahrheitsanspruch keineswegs aufgegeben, wohl aber relativiert werden: Die strengen Prüfkriterien wissenschaftlicher Rationalität verbieten es geradezu, bestimmte Ergebnisse der Forschung als „letztlich" gesichert auszugeben.

*Theorieimprägnierte Beobachtungen*

Ein dritter gewichtiger Einwand resultiert aus der Behauptung, der kritische Rationalismus **verkürze** durch das Festhalten an rigorosen Verfahrensregeln und Techniken der empirischen Sozialforschung den **Umkreis des Erfahrbaren**: Der Vorwurf richtet sich gegen eine „positivistisch halbierte Rationalität" (Habermas). Der „Verkürzungsvorwurf" geht dabei in durchaus verschiedene Richtungen:

*Verkürzte Perspektive*

● Der kritische Rationalismus gestatte keine ontologischen Aussagen und könne daher über Gesellschaft als „Totalität" keine Auskunft geben; er habe damit keine Relevanz für die Deutung der gesellschaftlichen Wirklichkeit.
● Der kritische Rationalismus erlaube keine wertenden Aussagen, könne also dem als dringend unterstellten Anliegen zur kritisch-ethischen Analyse und Parteinahme nicht nachkommen. Dergestalt aus der Verantwortung entlassen, bewege sich

der Forscher lediglich im Elfenbeinturm nomologischer Aussagen und werde durch seine Indifferenz mitschuldig an gesellschaftlich unzumutbaren Zuständen.

- Der kritische Rationalismus verfolge ein vorwiegend sozialtechnologisches Erkenntnisinteresse und werde gerade durch die hierbei vorgenommene Verkürzung des Praxisbezugs ins Schlepptau bestimmter Interessen – insbesondere der Interessen der „Herrschenden" – genommen.
- Der kritische Rationalismus beschränke sich weitgehend auf beobachtbare Aussagen und verfahre daher ähnlich wie der Behaviorismus; introspektive Methoden des Verstehens und der Einfühlung würden nicht zugelassen.
- Der kritische Rationalismus sei durch seine Konzentration auf allgemeine Gesetzesaussagen im Prinzip ahistorisch; er könne daher nichts zur konkreten Analyse von Gesellschaften beitragen.

*Grenzen der Wissenschaftlichkeit*

Die meisten der hier etwas pauschal zusammengefaßten Argumente werden uns an späterer Stelle noch beschäftigen, wenn wir auf die alternativen Grundpositionen eingehen und zu den Fragen des Werturteilsstreits sowie des Praxisbezugs Stellung nehmen. Im Prinzip gilt nach unserer Auffassung in der Tat, daß wissenschaftliche Aktivität deutliche Grenzen abstecken sollte – statt Verkürzung würden wir eher von **freiwilliger Beschränkung** reden – denn sonst erhebt der Forscher Ansprüche, die er mit seinen Mitteln und in seiner Rolle nicht einlösen kann. Die empirisch-analytische Wissenschaftsauffassung setzt sich selber Grenzen; für dieses Verständnis kann es nur partikulare und vorläufige Lösungen geben. Niemand macht dem Wissenschaftler indes streitig, sich im **Vorfeld** des Forschungsprozesses mit metaphysischen Sachverhalten, ontologischen Einsichten oder introspektiven Zugängen zum Erkenntnisobjekt zu befassen, sofern er während seiner eigentlichen Forschungsarbeit das Prinzip intersubjektiver Prüfbarkeit durchhält und auch für sich gelten läßt. Niemand macht dem Forscher auch das Recht streitig, im **Nachfeld** des Forschungsprozesses (Verwertungsbereich) Partei zu ergreifen und wertende Stellungnahmen zu verbreiten. Allerdings sollte er sich dann darüber im klaren sein, daß er hier nicht mehr in seiner Rolle als Wissenschaftler spricht; er kann höchstens für sich in Anspruch nehmen, gerade durch die Reinigungsphase streng wissenschaftlicher Bemühung hindurchgegangen zu sein; nur insofern mag er auch als Praktiker, Politiker oder Moralist mit mehr Kompetenz sprechen als andere.

## 1.1.2 Die dialektische Methode

*Dialektische Triade*

Die Dialektik behauptet, daß soziale Sachverhalte sich in einer Weise entwickeln, die durch die sogenannte **dialektische Triade** charakterisiert sind. Diese besteht

**(1)** aus der **Thesis**,
**(2)** aus der **Antithesis**, die auf einer höheren Ebene die
**(3)** **Synthesis** ergeben.

Da die Antithesis gelegentlich als Negation bezeichnet wird, gilt die Aufhebung der Gegensätze als „Negation der Negation". Dabei wird angenommen, daß die Thesis

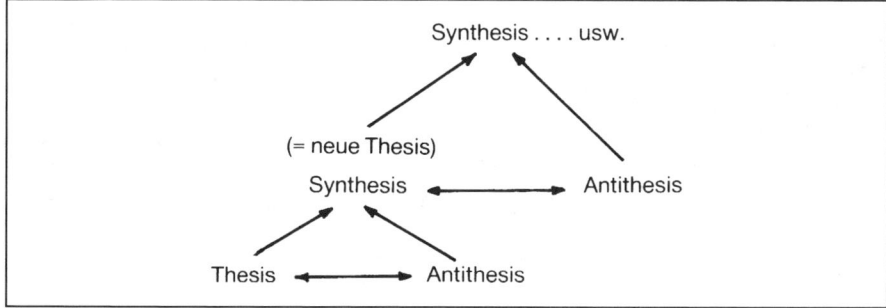

**Abb. 5:** Die dialektische Triade

die Antithesis notwendigerweise hervorbringe („hervorbringen" ist jedoch ein unklarer Ausdruck). In der Synthese seien die Gegensätze dann „aufgehoben" („aufheben" ist gleichfalls ein unklarer Ausdruck).

Das dialektische Fortschreiten besteht nun darin, daß die erreichte Synthesis wiederum als Thesis in Erscheinung tritt – sie mag als Idee einseitig geworden sein oder aber gewandelten Bedingungen unterliegen – und abermals eine Antithesis hervorruft. Erneut komme es dann zur Synthese, wiederum auf einem höheren Niveau der Entwicklung. Interessant ist, daß Marx die Position Hegels – des Schöpfers der dialektischen Methode – „dialektisch" umkehrte, indem er Hegel gewissermaßen „auf den Kopf stellte": Während nach Hegel der Geist die Wirklichkeit darstellt und bestimmt, determiniert nach Marx die materielle Basis den geistigen Überbau.

*Dialektische Entwicklung*

Zunächst muß festgestellt werden, zwischen welchen Sachverhalten Widerspruch bestehen soll, also worin im Einzelfall die Thesis bzw. die Antithesis besteht. Dabei gibt es wohl **vier Möglichkeiten** (wobei die ersten drei im Wissenschaftsbereich angesiedelt sind):

*Widersprüche auf verschiedenen Ebenen*

**(1)** Widersprüche zwischen Ideen oder Theorien: Eine Theorie $T_1$ widerspricht einer anderen Theorie $T_2$ (z.B. Marx' Theorie widerspricht Hegels Theorie. Interessant ist hierbei, daß Hegel und Marx, insbesondere dessen Nachfolger, ihre eigene Theorie als „letzte" Synthese verstanden).

**(2)** Widersprüche innerhalb einer Theorie, sofern innerhalb der Theorie logische Widersprüche oder unlogische Schlußfolgerungen auftreten (die dialektische Logik behauptet allerdings, daß solcherlei Widersprüche innerhalb von Theorien möglich und sogar notwendig sind und keineswegs aufzulösen seien).

**(3)** Widersprüche zwischen Ideen (Theorien) und Fakten, sofern also bestimmte Behauptungen der Erfahrung widersprechen (z.B. wenn empirische Überprüfung zeigt, daß die Theorie widerlegt ist oder zumindest modifiziert werden muß).

**(4)** Widersprüche zwischen Fakten der Realität (also etwa Widersprüche zwischen dem Stand der Produktivkräfte und den gesellschaftlichen Produktionsverhältnissen oder Spannungen zwischen technischem Fortschritt und kultureller Entwicklung).

Nun wird niemand bezweifeln, daß die hier unter vier verschiedenen Aspekten erwähnten Widersprüche ständig vorkommen. So gehört es zum zentralen Forschungsbereich der Soziologie, gesellschaftliche Spannungs- und Konfliktlinien aufzuspüren, ihre Ursachen und Folgen zu ergründen und – gegebenenfalls – über Möglichkeiten ihrer Reduzierung nachzudenken. Allerdings gibt es gewichtige Zweifel daran, daß das Auftreten von Widersprüchen und ihre (zeitweilige) Aufhebung immer oder auch nur meistens nach dem Modell der dialektischen Triade vor sich gehen. Denn folgendes kann der Fall sein:

*Zweifel am dialektischen Modell*

- Eine Idee (Theorie) oder ein sozialer Sachverhalt wird von allen Beteiligten akzeptiert; es treten also in dieser Frage überhaupt keine Widersprüche auf.
- Zwei Theorien stehen miteinander in Konkurrenz, die sich nur in einigen Punkten – und auch hier nicht diametral – widersprechen.
- Es ist keineswegs so, daß eine These zwangsläufig eine Gegenthese „hervorbringt", insbesondere dann, wenn es an der notwendigen kritischen Haltung fehlt oder wenn die These gut bestätigt und von allen akzeptiert ist.
- Es ist keineswegs zwingend, daß die Austragung von Konflikten vom Typ des dialektischen Widerspruchs immer zu einer Synthese führen muß. Wie Popper (1965) nachweist, findet man in der Geschichte zahlreiche unfruchtbare und ergebnislose Auseinandersetzungen. Der Konfliktoptimismus der Dialektiker ist also oftmals völlig unbegründet.
- Es ist keineswegs ausgemacht, daß die Synthese – so wie angenommen – stets die jeweils „besten" Bestandteile der Thesis und Antithesis enthält. Die „Synthese" könnte insofern eher ein „fauler Kompromiß" sein oder sogar die „schlimmeren" Elemente der Thesen in sich aufnehmen.
- Schließlich ist es denkbar, daß der Ausdruck Synthese auch deshalb irreführend ist, weil die neue Lösung keines oder nur wenige der Elemente enthält, die in den Thesen angelegt waren. Insofern wäre die „Synthese" etwas völlig Neues, das keineswegs aus Thesis und Antithesis geboren wurde.

Schon diese Überlegungen machen es fraglich, ob wir es bei der Dialektik mit einem angemessenen Modell der Beschreibung des Erkenntnisfortschritts oder des sozialen Wandelns zu tun haben. Auf den zentralen Punkt weist wiederum Popper (1965) hin: Die Tatsache, daß die Dialektiker die herkömmliche Logik ablehnen und das „Gesetz vom ausgeschlossenen Widerspruch" (zwei kontradiktorische Aussagen können niemals zugleich wahr sein) für die dialektische Logik außer Kraft setzen, befürworten sie eine Methode, die Widersprüche innerhalb einer Theorie zuläßt. Aus der zutreffenden Beobachtung, daß Widersprüche in der faktischen Welt vorkommen und daß zwischen verschiedenen Theorien häufig Widersprüche bestehen, folgert sie, daß auch innerhalb einer theoretischen Konzeption Widersprüche bestehen bleiben dürfen, die keineswegs auszumerzen sind. Gerade dies wird jedoch für den kritischen Verstand zum Angelpunkt dafür, ob eine Theorie tauglich ist oder verworfen werden muß: ihre logische Stimmigkeit und ihr konsonanter Bezug zur Realität. Wird diese kritische Position verworfen, dann entlarvt sich die Dialektik als das, was sie ist: als verschwommene, unlogische und damit unwissenschaftliche Methode, nach der man ohne Beweislast „alles oder nichts" behaupten kann. Insofern könnten nämlich aus

*Das Elend der dialektischen Methode*

Aussagesystemen, die Widersprüche enthalten, beliebige Schlußfolgerungen gezogen werden, so daß keine Unterscheidung zwischen wahren und falschen Aussagen mehr möglich ist.

## 1.1.3 Die verstehende Methode

Seit Dilthey wird verschiedentlich hervorgehoben, daß es die Aufgabe der Naturwissenschaft sei, Sachverhalte zu „erklären", während es in der Geisteswissenschaft vornehmlich darum gehe, kulturgegebene Tatbestände zu „verstehen". Diesen Gegensatz hebt auch die dialektische Methode hervor, die den Menschen in die gesellschaftliche „Totalität" mit einbezieht; er könne als Zugehöriger zu dieser Totalität auch in seiner Eigenschaft als Forscher aus deren Immanenz nicht ausbrechen. So wird (z.B. von Habermas 1970) bezweifelt, „daß die Wissenschaft in Ansehung der vom Menschen hervorgebrachten Welt ebenso indifferent verfahren darf, wie es in den exakten Naturwissenschaften mit Erfolg geschieht" (S. 11). Dadurch würde vom Positivismus die Einsicht preisgegeben, „daß der von Subjekten veranstaltete Forschungsprozeß dem objektiven Zusammenhang, der erkannt werden soll, durch die Akte des Erkennens hindurch selber zugehört" (S. 10). Dieses Argument ist aber nicht besonders stichhaltig, wenn man sich vergegenwärtigt, daß der Mensch in seiner Naturgestalt ja auch ein Stück Natur ist. Sollte dann etwa auch objektive Naturerkenntnis aus eben diesem Grunde der Einbindung des Menschen in die Natur nicht möglich sein?

*Erklären und Verstehen*

Die „verstehende" Methode rückt die Begriffe **Verstehen** und **Sinn** in den Vordergrund. Beide Begriffe sind vieldeutig. Es macht einen Unterschied, ob wir z.B. das Verstehen einer Handlung, das Verstehen eines Gesichtsausdrucks, das Verstehen eines Textes, eines historischen Zusammenhangs oder das Verstehen einer Theorie meinen. Gleichfalls ist der Begriff des Sinnes unklar. Es ist ein Unterschied, ob wir über den Sinn von Zeichen reden oder über den Sinn von Handlungen, über den Sinn der Geschichte, den Sinn einer bestehenden Ordnung oder über den Sinn einer Gebrauchsanweisung.

*Verstehen und „Sinn"*

Weber hat den Begriff des Verstehens für den Objektbereich der Soziologie ebenfalls beansprucht. Seine klassische Begriffsbestimmung lautet: Soziologie soll heißen: „eine Wissenschaft, welche soziales Handeln deutend verstehen und dadurch in seinem Ablauf und seinen Wirkungen ursächlich erklären will". Und er fährt fort: „Handeln soll dabei ein menschliches Verhalten heißen, wenn und sofern, als der oder die Handelnden mit ihm einen subjektiven *Sinn* verbinden" (Weber 1968, 542). Erst die Erfassung des vom handelnden Subjekt gemeinten Sinnes erschließe adäquat den Zugang zu einem Verhalten, das sich an einer vom Handelnden selbst gedeuteten Situation ausrichtet. Wenn wir also solche Tatbestände auf handlungstheoretischer Ebene deuten wollen, müssen wir den subjektiven Sinn derjenigen erforschen, die die Absichten und Motive der einzelnen Akteure wiedergeben.

Nun gibt es zwar eine Methodologie des Erklärens, dagegen existiert keine Methodologie des Verstehens (vgl. Abel 1953; Albert 1977). Zwei Auswege bieten sich an:

**(1)** Man verweist das Verstehen in die Heuristik, also in das Vorfeld wissenschaftlicher Betrachtung.

**(2)** Man sucht nach einer nomologischen (= erklärenden) Grundlage des Verstehens.

Das Verstehen gehört im Sinne der ersten Alternative in den **Entdeckungszusammenhang**, d.h. in das Stadium der Findung von Hypothesen und Theorien, nicht dagegen in den **Begründungszusammenhang**, in dem sich die entsprechende Aussage der wissenschaftlichen Bewährung aussetzen muß.

*Zum Begriff des „Verstehens"*

Vieles deutet darauf hin, daß Weber die letztgenannte Version im Auge hatte, da er letztlich auf „ursächliche" Erklärung nicht verzichten wollte. Damit ist das Verstehen für Weber lediglich eine Vorstufe des Erklärens. Denn „Verstehen" leitet sich für Weber von der **„Kulturwertbedeutung"** sozialer Sachverhalte ab: Erst durch das kulturelle Wertsystem erlangen soziale Dinge und soziales Handeln eine je spezifische Bedeutung; sie laden sich gewissermaßen von diesen kulturellen Inhalten auf, die eben das konstituieren, was den „Sinn" von Handlungen ausmacht.

Daraus folgt, daß Webers Begriff des „Verstehens" von jenen Formen des Verstehens abgehoben werden muß, wie sie im Umkreis der hermeneutisch-phänomenologischen Schule (etwa bei Gadamer oder bei Schütz) entstanden sind. Hermeneutisches Sinnverstehen schließt die Implikationen Webers fraglos ein, versucht jedoch darüber hinaus auf dem Wege introspektiven, existentiellen oder metaphysischen Verstehens zu einem objektiv gültigen Sinn vorzudringen.

Obgleich also die Verstehensbegriffe bei Weber und bei den Hermeneutikern nur äußerliche Gemeinsamkeiten aufweisen, tritt bei beiden Programmen eine Reihe von Schwierigkeiten und Unstimmigkeiten auf, von denen wir einige herausgreifen. Zunächst fragt sich, warum soziale Sachverhalte lediglich mit einer ganz bestimmten Motivklasse erklärt werden sollen, nämlich vermittels jener Klasse, die „sinnhaften" Beweggründen entspringt. Denn diese Auffassung verbannt jede Theorie des Verhaltens, die auf den Gebrauch subjektiv-sinnhafter Motivationsbegriffe verzichtet – z.B. auch Handlungstypen wie „routinehaft-habituelles Verhalten" – aus dem Bereich der Soziologie, was zweifellos eine höchst willkürliche Einschränkung des Verständnisses von Soziologie bedeutet (Hempel 1965).

Weil aber nun nicht genau klar wird, was unter „sinnhaftem Handeln" (im Gegensatz zu sinnlosem Handeln?) verstanden werden kann, bleibt die Forderung auch relativ inhaltsleer, der Forscher solle Idealtypen des Handelns konstruieren und in deren Rahmen versuchen, beobachtbares Verhalten aufgrund bestimmter Sinnzusammenhänge zu verstehen. Ein Sozialwissenschaftler, der soziale Phänomene verstehen möchte, müßte sich imaginativ mit den Beteiligten identifizieren und die Situation, mit der sie konfrontiert sind, mit ihren Augen sehen – ein Gedanke, der dann später bei Mead mit seiner Konzeption des „taking the role of the other" (auf der Objektebene) konsequent weiterverfolgt wird.

Dieser Anspruch führt insbesondere bei den Phänomenologen zu einem Erkenntnisprogramm, in dem Sinnhaftigkeit als wesentliche Eigenschaft sozialen Verhaltens angesehen wird, das aufgrund dieser Eigenschaft einer streng kausalen Erklärung entzogen sei. Nach dieser Erkenntnisabsicht ist die Beschreibung sozialen Verhaltens mittels Beobachtungssprache und die Formulierung nomologischer Hypothesen ausgeschlossen.

*Phänomeno-logischer Ver-stehensbegriff*

Problematisch sind dabei jedoch zwei Punkte. Es handelt sich einmal um die Frage, ob wir die psychischen Prozesse anderer Menschen nachvollziehen **können** und **müssen**, um ihr Verhalten zu verstehen und daher vorauszusagen. Dabei dürfte es keineswegs möglich sein, den „Sinn" einer Handlung in eindeutiger Weise zu bestimmen, sofern man nicht objektive Kulturbedeutungen zugrunde legt. Um das phänomenologische Urteil in irgendeiner Weise zu begründen, müßte der Forscher auf seine eigenen Bewußtseinsinhalte zurückgreifen und diese mit den vermeintlichen Bewußtseinsinhalten anderer vergleichen. Hierbei entsteht jedoch folgendes Problem: Seine Bewußtseinsinhalte sind nicht die meinen, sie können allenfalls intuitiv erschlossen werden, soweit sie mir nicht ganz und gar unzugänglich sind; ich kann sogar sinnvoll bestreiten, daß er irgendwelche hat, selbst wenn er das beteuert. Es fragt sich also, wie aus dieser Sicht die **Intersubjektivität** gewahrt werden soll. Gewiß betont Habermas als Vertreter der hermeneutischen Soziologie, daß in irgendeiner Weise die Intersubjektivität der Aussagen gewahrt werden müsse (vgl. Habermas 1970, 1971), jedoch erfahren wir nichts über ein konkretes Verfahren, wie dies gewährleistet werden kann. Der vage Hinweis darauf, daß man zur Überprüfung auf die „Hervorbringung kompetent sprechender oder handelnder Subjekte" (Habermas 1971, 175) in herrschaftsfreien „diskursiven Prozessen" zurückgreifen müsse, fordert die Frage heraus, wie man denn nun eigentlich feststellen kann, wer im Einzelfall „kompetent" spricht oder handelt. Auch sind – wie uns die Kleingruppenforschung zeigt – herrschaftsfreie Auseinandersetzungen ein höchst unwahrscheinlicher Fall. Die Frage also, ob ein hermeneutisch-phänomenologisches Vorgehen intuitiver oder einfühlender Sinndeutung möglich ist, muß daher dann verneint werden, wenn ein strenger Maßstab intersubjektiver Überprüfung von Aussagen angelegt wird.

*Problematik der Intersubjekti-vität*

Die zweite problematische Frage berührt den Umstand, ob wir die psychischen Prozesse und Bewußtseinsinhalte anderer Menschen nachvollziehen müssen, um zu angemessenen Aussagen über soziale Sachverhalte und Prozesse zu gelangen. Ein solch apriorisches Verdikt ist unhaltbar; neuere Entwicklungen, vor allem der kognitiven Psychologie, haben überdies gezeigt, daß es auch jenseits rein behavioristischer Geisteshaltungen durchaus möglich ist, nomologische Hypothesen über soziales Handeln zu formulieren. „Man kann in der gleichen Weise wissen, daß ein Mensch Angst hat oder eine Menschenmenge von Haß erfüllt ist, ohne diese Angst oder diesen Haß in der Vorstellung nachzuvollziehen, wie man wissen kann, daß ein Mensch wegläuft oder eine Menge ihn verfolgt, ohne im Geiste die Beine bewegen zu müssen" (Nagel

1972, 78). Wissenschaftliche Analyse besteht demnach aus Operationen, die der **Beobachter** vollzieht und nicht der Akteur.

Es scheint also, daß der Inhalt sinnhafter Erklärungen aus nichts anderem besteht als aus Verhaltensmustern (d.h. kognitiven oder motivationalen Zuständen), die die Sozialpsychologie seit langem eingehend studiert. Das Einschalten solcher Variablen bedeutet daher, daß bei einem Individuum oder bei einer Gruppe in einer definierten Situation ein bestimmtes Verhalten mit mehr oder weniger großer Wahrscheinlichkeit auftreten wird. Die Auflösung des Wortes „Sinn" bedeutet also eine Bezugnahme auf psychische Sachverhalte, die sehr wohl der nomologischen Interpretation offenstehen. Ebenso bedarf die Hermeneutik als Disziplin technologischen Charakters (vgl. Albert 1972; Abel 1953) selbst der theoretischen Grundlegung, weil sie an den strukturellen Beschaffenheiten der Objektbereiche anknüpfen muß, die wiederum nur der nomologischen Analyse zugänglich sind. Cunningham (1972) hat darauf hingewiesen, daß es aus dieser Sicht irreführend sei, zwischen Tatsachen und Bedeutungen so zu unterscheiden, als wären diese wissenschaftslogisch jeweils gesondert zu behandeln. Bedeutungen – auch Symbole, Sinnzusammenhänge, Alltagswissen usw. – sind Bewußtseinsinhalte, also ebenfalls **Tatsachen** und als solche zu analysieren. Sinnhaftigkeit mag eine wesentliche Eigenschaft sozialen Verhaltens sein; auf keinen Fall ist sie jedoch der kausalen Analyse entzogen.

*„Sinn" als sozialpsychologischer Sachverhalt*

*Tatsachen und Bedeutungen*

Eine logische Analyse jener „Sinnzusammenhänge" und deren Rückführung auf Tatsachen im Sinne des kausal Erforschbaren zeigt demnach, daß nomologisches Wissen über diese Zusammenhänge und Bedeutungen möglich ist, sofern man sie als Tatsachen und nicht als „subjektive Privatheit" jenseits von Tatsachen analysiert.

*Grenzen der Hermeneutik*

Damit ist die verstehende Methode jedoch nicht abgewertet, sondern lediglich eingeschränkt. Hermeneutische Verstehensbemühungen sind immer notwendiger erster Schritt. Doch selbst im Fall erfolgreicher Bemühungen ist ein solcher Schritt niemals hinreichend, ohne durch empirische Erklärungsversuche ergänzt und überprüft worden zu sein. Diese Beschränkung auf die Heuristik bedeutet auch keineswegs eine Abqualifizierung der Methode als „unwissenschaftlich" oder „vorwissenschaftlich"; vielfach ist der Entdeckungszusammenhang für den Forschungsprozeß wichtiger (weil u.U. kreativer). Heikel wird es erst, wenn die Hermeneutik mit dem falschen Anspruch auftritt, nomologisches Wissen ersetzen zu können oder gar – so das geisteswissenschaftliche Vorurteil seit Dilthey und Droysen – eine irgendwie „überlegenere", „allein angemessene" Methode zu sein, mit der man einen „unmittelbaren Zugang" zu den Tatbeständen des sozial-kulturellen Bereichs habe. Mit solchen Ansprüchen läuft die hermeneutische Methode Gefahr, zu einer Art „Sozialontologie" zu werden, die das „wahre Sein" oder „das innerste Wesen" der Gesellschaft (oder gesellschaftlicher Tatbestände) aufzuspüren glaubt. In der Tat ist diese ontologische Wende der Hermeneutik bei einigen Soziologen der verstehenden Methode längst vollzogen (so etwa bei Habermas oder bei Giddens). Eine als Sozialontologie gewendete Soziologie gerät in die gefährliche Nähe theologischer Positionen; sie hat mit einem Verständnis von Soziologie als einer empirisch kontrollierten analytischen Sozialwissenschaft nur noch wenig zu tun.

*Soziologie als Sozialontologie*

## 1.1.4 Die historische Methode

Die zuletzt behandelte phänomenologisch-hermeneutische Methode zeigt eine gewisse Übereinstimmung mit gewichtigen Traditionen der Geschichtsforschung, der Soziologie und auch der Ökonomie, welche auf die Einmaligkeit der historisch- gesellschaftlichen Wirklichkeit abstellen und nomologisches Wissen über historische Zusammenhänge – also die Bezugnahme auf allgemeine Gesetze – in Abrede stellen.

Wir stehen also vor der Frage: Hat die Soziologie es mit **einmaligen Ereignissen** (z.B. der industriellen Revolution) und einmaligen Strukturen (z.B. der Sozialstruktur der Bundesrepublik) zu tun? Oder gibt es so etwas wie allgemeine Sozialgesetze, die z.B. für alle Revolutionen, alle Gruppenstrukturen, alle konkreten Formen des Marktes usw. gelten? Bekanntlich hatte die Ökonomie den gleichen Methodenstreit: Die Vertreter der historischen Schule sowie des Institutionalismus verneinten die Gültigkeit allgemeiner, raum-zeitlich unabhängiger Gesetze und konzentrierten sich – hier allerdings vorwiegend in deskriptiver Weise – auf historisch konkrete Bedingungskonstellationen.

Es gibt auch im Bereich der Soziologie zahlreiche Fachvertreter, die eine Hinwendung zu konkreten sozialen Strukturen für einzig angemessen halten und die Ausarbeitung **allgemeiner Gesetzmäßigkeiten** für **unmöglich**, zumindest aber für überflüssig halten. Die Vertreter einer solchen Auffassung insistieren auf der historischen Einbettung von Ereignissen und behaupten deren Einzigartigkeit und Unwiederholbarkeit. Bereits Max Weber betonte, daß seine Erkenntnisabsicht nicht auf allgemeine Gesetze, sondern auf die Besonderheiten bestimmter historisch-kultureller Erscheinungen gerichtet sei. Es läßt sich jedoch zeigen, daß auch die Erforscher konkreter, historisch eingegrenzter Sachverhalte bei ihren Erklärungen und Hypothesen auf allgemeine Gesetzesaussagen zurückgreifen müssen, die sie gewissermaßen im „Hinterkopf" haben. Ebenso wird heute unter dem Einfluß wissenschaftslogischer Einsichten auch von einigen Geschichtsforschern zugestanden, daß historische Phänomene unter Bezugnahme auf allgemeine Gesetze oder theoretische Prinzipien erklärt werden können (Wehler 1973).

*Historische „Gesetze"?*

Man kann leicht sehen, wie die beiden Standpunkte, die sich in zwei unterschiedlichen „Modellen von Soziologie" (Malewski 1977) widerspiegeln, einander angenähert werden können. Diese vermittelnden Ansätze – sogenannte **Quasi-Theorien** (H. Albert) – beanspruchen Gültigkeit in bezug auf ein bestimmtes soziales und kulturelles Milieu, aber eben nicht darüber hinaus. Solche Quasi-Theorien sind nichts anderes als entweder historisch oder aber strukturell relativierte Theorien; ihre Bestandteile sind Quasi-Gesetze und die in ihnen auftretenden Faktoren relativer Invarianz „Quasi-Konstanten". So könnte beispielsweise eine Theorie formuliert werden, die lediglich für industrielle Systeme gilt. In ähnlicher Weise wäre von etlichen Beiträgen zur Erforschung sozialer Ungleichheit zu behaupten, daß sie bestimmte Strukturen erklären, die nur in historischer Einmaligkeit vorliegen.

*Quasi-Theorien*

Nun läßt sich aber zeigen (Hempel 1972), daß die relative Konstanz in bestimmten raum-zeitlichen Ereignissen auch in **allgemeinen Gesetzmäßigkeiten** begründet ist, die eben unter den in diesem Ausschnitt vorliegenden Bedingungen die jeweils behaupteten Konsequenzen haben. Das logische Schema einer solchen Erklärung lautet also:

- **Empirischer Sachverhalt:** Im raum-zeitlichen Ausschnitt A (z.B. im Westdeutschland der Nachkriegsjahre) ist das Ereignis E (z.B. Demokratisierung) aufgetreten.
- **Allgemeine Gesetzesaussage:** Immer dann, wenn in einer Gesellschaft die Merkmale $M_1$, $M_2$, $M_3$… (z.B. keine Arbeitslosigkeit, Motivation zur politischen Beteiligung usw.) gegeben sind, dann tritt mit hoher Wahrscheinlichkeit das Ereignis E (z.B. Demokratisierung) auf.
- **Historische Ableitung:** Im Ausschnitt A (z.B. im Westdeutschland der Nachkriegsjahre) liegen Bedingungen vor, die durch die Merkmale $M_1$, $M_2$, $M_3$ repräsentiert sind; also ist E (z.B. Demokratisierung) zu prognostizieren.

Ein bedeutsamer Einwand könnte sein, daß in historischen Zusammenhängen kaum je alle relevanten Merkmale und Bedingungen erhoben werden können, so daß die hier vorgeschlagene Vorgehensweise zwar logisch überzeugend, praktisch jedoch nicht durchführbar ist. Die jeweils vorliegende konkrete historische Situation sei so komplex und nur aus ihrer Totalität heraus verstehbar, so daß deren zersetzende Auflösung in Teilkomponenten lediglich begrenzte, möglicherweise gar irrelevante Aspekte beleuchten würde.

Der Vorteil von Ableitungen konkreter Ereignisse aus raum-zeitlich unbegrenzt gültigen Gesetzen wird in der Tat aus dem genannten Grunde oftmals problematisch, weil nämlich die relevanten Randbedingungen für den zu erklärenden Wirklichkeitsausschnitt nicht oder nicht angemessen erfaßt sind. So wird man bei der Erklärung des historisch Konkreten oftmals gerade jene Faktoren berücksichtigen müssen, die in den Sätzen der allgemeinen Theorie unter die „Ceteris-paribus-Klausel" fallen. Andererseits sind angeblich allgemeine Theorien „historisch anfällig", d.h. in sie gehen eine Menge impliziter Annahmen ein, die aus der Charakteristik eines gegebenen sozialen Systems, bestimmter Strukturbedingungen oder eines bestimmten technologisch-ökonomischen Entwicklungsstandes entspringen.

Vom beschriebenen Typus sind auch **deutungswissenschaftliche** bzw. **morphologische** Analysen, deren Ziel die integrierte Beschreibung historisch vorfindbarer sozialer Zusammenhänge und kollektiver Sinngebilde ist. Solche morphologischen Studien sind häufig zeitdiagnostische Analysen, in denen bestimmte Entwicklungstrends (z.B. auch Wertewandel) als zeittypisch angesehen werden. Bourdieus „Gesellschaft der feinen Unterschiede", Becks „Risikogesellschaft" oder Schulzes „Erlebnisgesellschaft" entsprechen diesem Typus (vgl. 2. Kap. B 1.2.4). Klar ist, „daß der morphologisch orientierte Soziologe auf nomologisches Wissen zurückgreifen muß, sobald er anfängt, sich Gedanken über Genese und zukünftige Veränderung der von ihm beschriebenen Gebilde zu machen. Klar ist auch, daß umgekehrt der nomologisch orientierte Soziologe ein Minimum an Morphologie betreiben muß, um empirische Fälle seinen allgemeinen Kategorien zu subsumieren" (Schulze, 1992, 29).

Insofern können beide Methoden, die nomothetische, die auf die Formulierung raum-zeitlich unabhängiger Wenn-dann-Aussagen gerichtet ist, und die historische, die das Entstehen und die Entwicklung geschichtlich konkreter Gegebenheiten zu beschrei-ben und zu erklären versucht, durchaus in Koexistenz stehen, um sich gegenseitig zu befruchten. Fehlt dieser gegenseitig befruchtende Austausch, so erliegen die Ver-fechter der historischen Methode allzu leicht der theorielosen Beschreibung und er-schöpfen sich darin; die Anhänger ahistorisch-abstrahierender Methoden dagegen könnten zur modellhaften Abkapselung an sich „wahrer" Theorien neigen, die jedoch für die Erklärung der konkreten Wirklichkeit weitgehend irrelevant sind oder nur tri-viale Ergebnisse zutage fördern.

Eine besondere Spielart der historischen Methode ist der **Historizismus**. Diese Son-derform der historischen Methode geht davon aus, daß der Zustand der Welt eine te-leologische (finale, eschatologische) Ausrichtung habe, d.h. daß die Zukunft der Ge-sellschaft vorausbestimmt und daß diese Vorausbestimmung – der Endzeit-Zustand – an den gegenwärtigen sozialen Prozessen erkennbar sei. Wir haben diesen Historizis-mus (wie Popper ihn nennt und kritisiert) bereits bei der Besprechung einiger „Klas-siker" kennengelernt; dort waren vor allem Comte, Spencer und Marx Kandidaten für die historizistische Fallgrube. Wird ein solcher Zielzustand – z.B. die klassenlose Ge-sellschaft der Zukunft – im Sinne eines deterministischen Systems interpretiert, dann beruht die teleologische Erklärung auf der impliziten Annahme, daß zukünftige Er-eignisse kausale Wirkung auf erklärungsbedürftige Sachverhalte in der Gegenwart haben (vgl. Hempel 1965).

*Fallgrube des Historizismus*

Diese Annahme ist aus folgendem Grund unhaltbar. Nehmen wir an, eine Theorie werde zum Zeitpunkt $t_1$ mit den relevanten Randbedingungen A, B, C, D, E formu-liert und soll eine Prognose für den Zeitpunkt $t_2$ gestatten. Diese Prognose wird in dem Ausmaß falsch sein, in dem zu diesem Zeitpunkt andere Randbedingungen gel-ten (in unserem Beispiel A, C, D, F, G).

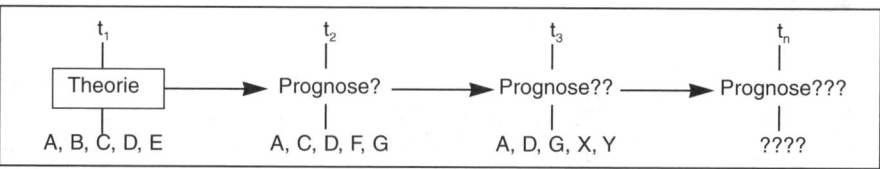

**Übersicht 8:** Theorie und Prognose

Zum Zeitpunkt $t_3$ wird unsere Prognose noch problematischer, da sich die einst rele-vanten Randbedingungen möglicherweise fast zur Unkenntlichkeit verändert haben. Auf diese Weise wird die historizistische Methode gleichsam durch die historische Methode widerlegt.

Der Glaube, daß es in der sozialen Welt so etwas wie eherne **Entwicklungsgesetze** gibt, beugt sich daher der Einsicht, daß in gesellschaftlichen Zusammenhängen im-mer auch unvorhersehbare Ereignisse eintreten können. Da es also keinen strengen

Determinismus geben kann, können Ereignisse, die in der Zukunft stattfinden und die dann relevante Randbedingungen für weitere Ereignisse sind, nicht vollends vorausgesagt werden. Dieses Defizit wird immer größer, je weiter die Prognosen in die Zukunft reichen und je turbulenter der soziale Wandel ist. Wie Popper sagen würde: „Aus Prognose kann schnell Prophetie werden."

*Prognose und Prophetie*

## 1.2 Sozialwissenschaftliche Begriffe

*Deskriptive Begriffe*

Deskriptive, also die **Wirklichkeit** beschreibende Begriffe weisen einen mehr oder weniger direkten empirischen Bezug auf. So sind beispielsweise die Begriffe „Stuttgart" oder „Herr Müller von nebenan" empirisch einhellig bestimmbar. Wissenschaftliche Begriffe sind aber oftmals komplexer und entziehen sich der direkten Beobachtung (z.B. „Betriebsklima", „Kohäsion", „Einstellung" usw.). Wir unterscheiden ferner **Individualbegriffe** von **Kollektivbegriffen**. Ein Individualbegriff ist gegeben, wenn ein Ausdruck Individuen, deren Merkmale sowie deren Beziehungen untereinander bezeichnet (z.B. „Intelligenz", „Alter", „Zuneigung"). Ein Kollektivbegriff liegt vor, wenn ein Ausdruck kollektive Einheiten, deren Merkmale oder Beziehungen zwischen Kollektiveinheiten bezeichnet (z.B. „Gesellschaft", „Kohäsion", „Gruppenkonflikt").

*Individual- und Kollektivbegriffe*

Um das Ziel der intersubjektiven Prüfbarkeit von Aussagen zu ermöglichen, ist es häufig notwendig, die verwendeten Begriffe zu präzisieren oder zu explizieren. Wissenschaftliche Begriffe sollten insbesondere **drei Anforderungen** genügen:

*Anforderungen an Begriffe*

(1) **Klarheit:** Begriffe sollten nicht vage sein. Beispiele für vage Begriffe sind z.B. „Entfremdung", „Überleben eines Systems", „Totalität" usw.
(2) **Konsistenz:** Begriffe sollten zwischen Forschern (und auch vom Forscher selbst) verstanden und im gleichen Sinne gebraucht werden.
(3) **Konvergenz:** Begriffe sollten sich zweckmäßigerweise nicht unnötig weit vom nicht-wissenschaftlichen Sprachgebrauch entfernen.

*Definitionen*

Um Begriffe zu explizieren, bedarf es der **Definition**. Diese hat zwei Bestandteile: den Ausdruck, dessen Bedeutung als bekannt vorausgesetzt wird (**Definiens**) und den Begriff, der durch das Definiens erläutert werden soll (**Definiendum**). Die Begriffe, die im Definiens auftauchen, können ihrerseits wiederum definiert werden – hier ist ein infiniter definitorischer Regreß möglich –, doch geht man üblicherweise davon aus, daß die Elemente des Definiens einigermaßen eindeutig sind. Ist dies nicht der Fall, dann ist die Definition unklar.

*Bezeichnung und Bewertung*

Dabei ist es besonders wichtig, daß die verwendeten Begriffe einen Sachverhalt lediglich **bezeichnen** (denotative Begriffe), nicht aber **bewerten** (konnotative Begriffe). Konnotative Begriffe im Sinne einer Wertung sind: verwerflich, böse, gut usw., jedoch auch: Manipulation, Ausbeutung, Entfremdung, Selbstverwirklichung, Diktatur, kritisch, mündig usw. Da die meisten Begriffe der Sozialwissenschaft auch umgangssprachlich verwendet werden, bleibt es nicht aus, daß diese Begriffe häufig eine konnotative Färbung aufweisen. Sie klingt auch in scheinbar neutralen Begriffen durchaus an: „Konflikt" (ist zu vermeiden) oder „Demokratie" (ist anzustreben) oder „Modernisierung" (sie sollte man durchführen usw.). Man kann eine gewisse Neutralität des Begriffes u.U. wiederherstellen, indem das Definiens von konnotativen Elementen freigehalten wird.

In der Wissenschaftstheorie werden gewöhnlich zwei Formen der Definition unterschieden:

**(1) Real**definitionen;
**(2) Nominal**definitionen.

Die empirisch-analytische Forschungslogik läßt nur **nominale Definitionen** zu: Diese sind Konventionen zwischen Wissenschaftlern oder Vorschläge von Wissenschaftlern, wie das betreffende Wort in Untersuchungen verwendet werden sollte. Nominaldefinitionen sind daher weder wahr noch falsch, sie sagen auch nicht das geringste über die Realität aus. Sie können höchstens mehr oder weniger präzise und – für bestimmte Untersuchungszwecke – mehr oder weniger zweckmäßig sein.

*Nominal-definition*

Beispiele für Nominaldefinitionen sind:

- Unter einer sozialen Gruppe wollen wir eine Personenmehrheit verstehen, die miteinander in Interaktion steht.
- Wir definieren als soziales System eine Mehrzahl von sozialen Elementen, die durch Wechselbeziehungen miteinander verbunden sind.

Selbstverständlich sind solche Festlegungen relativ, und sie könnten je nach Untersuchungszweck und Kontext auch wechseln. Die Grenze der Willkür ist hier lediglich eine gewisse Orientierung am Sprachgebrauch; aber auch hieran braucht man sich nicht immer zu halten (z.B. bei ausgesprochenen Fachtermini wie: Interaktion, Kohäsion, Spannungslinie, Netzwerk).

**Realdefinitionen** sind nach dem hier vorgeschlagenen Wissenschaftsverständnis **unzulässig**; sie werden gelegentlich auch als ontologische oder essentialistische Definitionen verstanden: als ob Begriffe uns etwas über die Realität aussagen könnten! Dennoch sind essentialistische Entgleisungen in der Sozialwissenschaft immer wieder üblich, insbesondere in Formulierungen wie den folgenden:

*Realdefinition*

- das Wesen der Wirtschaft (des Marktes, der Organisation)…
- der Natur des Menschen entspricht es…
- wahre Intelligenz kommt dadurch zum Ausdruck…

Wir halten fest: In der Sozialforschung sind lediglich Nominaldefinitionen zulässig. Damit nun diese Definitionen in der empirischen Forschung verwertbar sind – Wissenschaftler wollen mit diesen Begriffen „operieren" – müssen sie dem Kriterium der **Operationalisierbarkeit** genügen. Als Operationalisierung bezeichnet man dem-

*Operationali-sierbarkeit*

65

nach die Präzisierung durch genau fixierte und beobachtbare Ereignisse, die sog. **Indikatoren**. Dies mag bei manchen Begriffen (z.B. Wachstum, Konflikt, Kriminalität usw.) relativ einfach sein; bei Begriffen mit nur indirektem Bezug zur Realität (z.B. soziale Schicht, Einstellung, Arbeitszufriedenheit usw.) treten jedoch in aller Regel Schwierigkeiten auf.

Kennzeichnen wir die notwendigen Schritte an einem Beispiel. Der theoretische Begriff „soziale Schicht" soll definiert werden als Personenmehrheit, die sich in gleicher oder ähnlicher Soziallage befindet. Soziallage sei expliziert an den Dimensionen „Ranglage der Macht" und „Ranglage des Prestiges". Für „Machtschichtung" (Dimension 1) können z.B. folgende Indikatoren in Betracht gezogen werden: Zahl der Untergebenen, Eigentum an Produktionsmitteln, Verfügung über Kommunikationskanäle usf. Als Indikatoren für „Prestigeschichtung" (Dimension 2) können gelten: Schulbildung, Titel, kulturelles Niveau usf. Bei einigen Indikatoren (z.B. Einkom-

men, Produktionsmittel) mag es Überlappungen geben: sie sind Variablen beider Dimensionen.

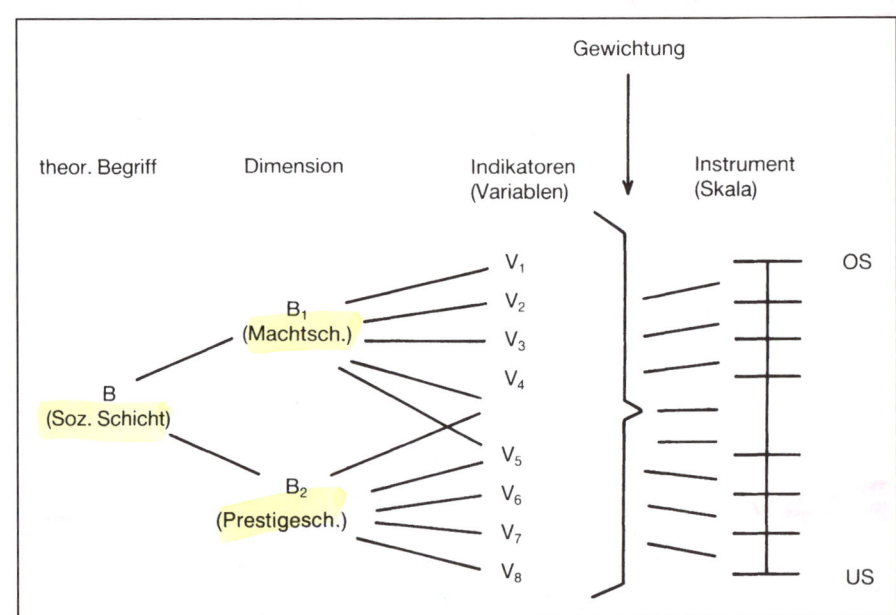

**Abb. 6:** Vom theoretischen Begriff zum Meßinstrument
(Die Darstellung folgt einem Schema von Friedrichs [12]1990, 164)

Nehmen wir nun an, daß der Wert der jeweiligen Variablen für bestimmte Personenmehrheiten ermittelt wurde. Danach könnte man zusätzlich Gewichtungsregeln einführen, indem man z.B. „Verfügung über Produktionsmittel" doppelt oder dreifach zählt. Schließlich wird man ein Meßinstrument konstruieren, z.B. einen Index, indem bestimmte Punktwerte ermittelt werden, die dann die Schichtzugehörigkeit bestimmter Personen messen.

66

Ein solches Verfahren, das hier in starker Verkürzung dargestellt wurde, mag demjenigen befremdlich und willkürlich vorkommen, der in den Aussagen der Wissenschaft so etwas wie „Wesenserkenntnis" oder ewige Wahrheiten sucht. Auch ist klar, daß wir das, was wir mit dem Begriff „soziale Schicht" eigentlich meinen, mit dem genannten Verfahren nur annähernd einkreisen und den vollen Begriffsinhalt lediglich ausschnitthaft und – möglicherweise durch ungeeignete Indikatoren – auch noch in Verzerrung darstellen. Die Verkürzung ist unvermeidlich; sie kann allenfalls dadurch in ihrer Tragweite abgemildert werden, daß möglichst **viele** Indikatoren oder **wechselnde** Indikatoren zu **parallelen Operationalisierungen** führen. Das Verfahren der parallelen Operationalisierung ist damit eine Möglichkeit, um die **Gültigkeit** (Validität) der operationalen Definition zu prüfen. Gültigkeit heißt hier: Erfaßt meine Meßoperation genau den Bedeutungsinhalt des Begriffes? Demgegenüber hängt die **Zuverlässigkeit** (Reliabilität) der Operation von der Genauigkeit des Meßinstruments und von der Objektivität des Forschers ab: Im guten Falle müßten verschiedene Forscher, die die gleiche Methode verwenden, auch zum gleichen Ergebnis kommen.

*Gültigkeit (Validität)*

*Zuverlässigkeit (Reliabilität)*

## 1.3 Sozialwissenschaftliche Aussagen

In diesem Abschnitt interessieren uns **empirische Aussagen**; sie sind zu unterscheiden von **definitorischen Aussagen** („unter einer Demokratie wollen wir… verstehen"), **logischen Aussagen** („wenn A gleich B und B gleich C, dann A gleich C") und **normativen Aussagen** („Homosexualität sollte verboten werden"). Es ist nicht immer einfach, die verschiedenen Aussagetypen voneinander zu unterscheiden. So werden beispielsweise in den ökonomischen Wissenschaften oftmals empirische und normative Sätze – letztere meist an der Rationalitätsnorm orientiert – konfundiert. Auch sind normative Aussagen nicht immer sofort erkennbar (z.B. „Homosexualität ist normal"; „der mündige Verbraucher ist das Gebot der Stunde" usw.).

*Empirische, definitorische, logische und normative Aussagen*

Hinzu kommt, daß Aussagen entweder die **„Objektebene"** betreffen können (Aussagen über soziale Sachverhalte) oder aber die **„Metaebene"** (Aussagen über das Vorgehen der Sozialwissenschaftler). Der Unterschied wird sehr schnell klar, wenn wir die Ausdrücke „sozial" und „soziologisch" voneinander abgrenzen. Man spricht von „sozialer Schichtung" (nicht von soziologischer Schichtung) und von „soziologischen Aussagen" (nicht dagegen von sozialen Aussagen). Viele logische Argumentationsfehler sind darauf zurückzuführen, daß zwischen Objektebene und Metaebene nicht immer strikt unterschieden wird. Die Verwirrung wird heillos, wenn z.B. der Definitionsbegriff in die Objektebene versetzt wird (z.B. „die Gesellschaft definiert ein Verhalten als kriminell…"). Am Rande sei vermerkt, daß einige Vertreter der verstehenden Soziologie (insbesondere seit Mead) sowie Luhmann mit seiner Systemperspektive die Unterscheidung zwischen Objekt- und Metaebene bewußt nicht vollziehen; beide Ebenen der Betrachtung seien im Forschungsprozeß konfundiert. Diese Auffassung, die außerordentlich schwerwiegende erkenntnistheoretische Konsequenzen nach sich zieht, wird hier nicht geteilt – aus Gründen, die bereits bei der Darstellung der verstehenden Methode erörtert wurden.

*Objektebene und Metaebene*

Mit empirischen Sätzen (der Objektebene) versucht man einen faktisch gegebenen Zustand entweder zu **beschreiben** (z.B. „wir haben gegenwärtig 16 Bundesländer") – wir sprechen dann von **deskriptiven Aussagen** – oder aber zu **erklären** (z.B. „das Auseinanderdriften von Produktivkräften und gesellschaftlichen Produktionsverhältnissen führt zur sozialen Revolution"). Nomologische Aussagen dieses erklärenden Typs sind das eigentliche Anliegen der Sozialwissenschaft; sie werden zweckmäßigerweise als „Wenn... dann"- oder als „Je... desto"-Aussagen formuliert. Also beispielsweise:

*„Wenn Personen häufig miteinander interagieren,*
*dann wächst das Ausmaß der Sympathie zwischen ihnen"*

oder – in der Je-desto-Formulierung:

*„Je häufiger Personen miteinander interagieren,*
*desto sympathischer werden sie sich finden".*

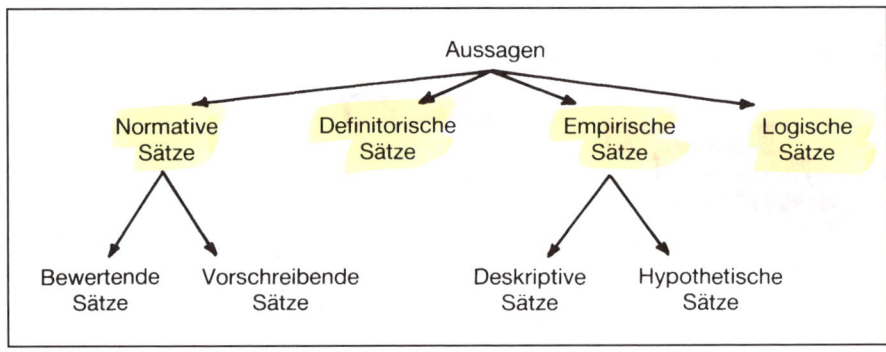

**Übersicht 9:** Arten von Aussagen

Die Je-desto-Formulierung ist der Wenn-dann-Formulierung vorzuziehen, weil sie graduelle Abstufungen impliziert und ferner den probabilistischen Charakter der meisten sozialwissenschaftlichen Gesetze unterstreicht. In der Sozialwissenschaft gibt es nämlich kaum **deterministische Sätze** und Theorien (immer wenn A, dann B), sondern üblicherweise nur **probabilistische Sätze** (Wahrscheinlichkeitsgesetze, statistische Gesetze vom Typ „wenn A, dann meistens B; bzw. dann X oder Y oder Z". So wird z.B. die Aussage:

*„Menschen begehen um so eher Selbstmord,*
*je stärker das Ausmaß ihrer sozialen Isolierung ist"*

nur im statistischen Sinne gelten, nicht dagegen für eine Einzelperson. Der Wahrheitsgehalt solcher Thesen kann vor allem dadurch erhöht werden, indem zwischen unabhängige Variable (z.B. soziale Isolation) und abhängige Variable (z.B. Selbstmord) eine (oder mehrere) **intervenierende Variablen** treten. Dies können (in unse-

68

rem Beispiel) besondere Prädispositionen für ein bestimmtes Handeln sein, z.B. ein Gefühl der Einsamkeit. Die unmittelbar erklärungsrelevante Variable wäre dann nicht die soziale Isolation, sondern das Reagieren auf Einsamkeit.

Nichtsdestoweniger stellen Soziologen häufig strukturalistische Hypothesen auf, in denen strukturelle Variablen miteinander verknüpft werden. So werden z.B. Verbindungen hergestellt zwischen Urbanisierungsgrad und Kriminalitätsrate, Bevölkerungsentwicklung und Wohlstand oder puritanischer Ethik und ökonomischer Entwicklung. Wir nennen sie „Sprunghypothesen". Wir erinnern daran, daß im strukturell-individualistischen Erklärungsschema (vgl. Coleman 1991 sowie 1.2.4) eine „Tiefenerklärung" nur dann möglich ist, wenn Brückenannahmen zur Ebene des Handelns getroffen werden, wobei die Handlungsfolgen wiederum in den kollektiven Bereich transformiert werden (vgl. Abb. 2). Dies schließt die Geltung strukturalistischer Hypothesen zwar nicht aus, führt jedoch zu stärkerer Differenzierung und gesteigerter Erklärungskraft.

*Strukturalistische Hypothesen*

Für nahezu alle sozialen Sachverhalte gilt, daß sie sowohl als **abhängige** wie auch als **unabhängige** Variablen erforscht werden können. Untersuchen wir etwa das Phänomen der sozialen Macht, so kann die Frage thematisiert werden, welche Faktoren soziale Macht beeinflussen oder bewirken ($F_1$, $F_2$... $F_n$) oder es kann die Frage problematisiert werden, welche Auswirkungen oder Konsequenzen sich aus der Existenz sozialer Macht ergeben ($K_1$, $K_2$... $K_m$). Eine Theorie der sozialen Macht hätte also im Idealfall über folgende Sachverhalte aufzuklären:

$$F_1, F_2... F_n \rightarrow \mathbf{M} \rightarrow K_1, K_2... K_m.$$

Untersuchen wir etwa – um ein anderes Beispiel zu nennen – soziale Schichtung, so könnte diese zunächst als abhängige Variable in Betracht kommen (welche Faktoren bewirken die Schichtung von Gesellschaften?); gleichermaßen als unabhängige Variable (welche Konsequenzen hat diese Schichtung bzw. welche Auswirkungen hat die Schichtzugehörigkeit bestimmter Individuen in bezug auf Verhaltensweisen, Einstellungen, Sozialisationsprozesse usw.?).

Bestimmte Richtungen der Soziologie betonen, daß eine streng **kausalwissenschaftliche Analyse** im sozialen Bereich gar nicht möglich sei. Das Argument kommt einmal vom Methodischen her: Hier erforsche man in der Regel lediglich **Korrelationen**, also Zusammenhänge zwischen Variablen, ohne daß hierbei auf Ursache und Wirkung geschlossen werden könne (z.B. Zusammenhänge zwischen Arbeitszufriedenheit und Leistung). Das Argument ist jedoch gelegentlich auch grundsätzlicher Natur. In dezidierter Formulierung wird behauptet, daß die meisten sozialen Zusammenhänge interdependent seien, sich also wechselseitig bedingen. In rigoroser Formulierung wird weitergehend behauptet, daß die Analyse kausaler Beziehungen angesichts der Komplexität sozialer Verflechtungen ohnehin zum Scheitern verurteilt sei.

*Korrelation und Kausalität*

Nun ist die Feststellung, daß viele soziale Sachverhalte sich gegenseitig beeinflussen, also **interdependent** sind, durchaus zutreffend. Allerdings kann der Tatbestand der Interdependenz als **wechselseitige Kausalität** interpretiert werden. Außerdem sind Sachverhalte selten in symmetrischer Weise interdependent. Die weitergehende Behauptung, daß es ohnehin keinen Zweck habe, kausalen Aussagen in der Sozialwissenschaft nachzugehen, „weil eh alles so komplex sei", bedeutet den Bankrott wissenschaftlicher Bemühung, sofern sie sich überhaupt das Ziel setzen will, zu **erklären**. Insofern haben die Vertreter mancher Spielart „verstehender" Soziologie kein differenziertes, sondern eher ein **gestörtes Verhältnis zur Kausalität**. Aber wenn man schon die Logik außer Kraft setzt – die dialektische Methode verfährt so –, warum dann nicht auch gleich die Kausalität? Auch Luhmanns Auffassungen zum Problem der Kausalität sowie hiermit zusammenhängender methodologischer Fragen beruhen auf einer Reihe logischer Umdeutungen, die z.B. auch tautologische Aussagen zulassen.

Vielfach kommt es nun vor, daß eine Aussage in der vorgetragenen Allgemeinheit nicht gilt, sondern nur unter einer oder mehreren weiteren spezifischen Bedingungen. Nehmen wir an, ein Forscher bezweifelt den obigen Satz, wonach im Ausmaß der Interaktionshäufigkeit die Sympathie der Beteiligten steige, indem er auf seine negativen Erfahrungen in einem U-Boot oder im Gefängnis verweist. Die obige These – bei Homans entlehnt – wird also plausibler, wenn sie mit einer einschränkenden Bedingung formuliert wird, hier also etwa dem Grad der Freiwilligkeit der Interaktion:

*„Je häufiger Personen miteinander interagieren und je freiwilliger diese Interaktionsbeziehung jeweils ist, desto höher ist das Ausmaß der Sympathie zwischen den Beteiligten."*

Daraus folgt, daß Hypothesen nicht immer zur Gänze verworfen werden müssen: Sie gelten nicht allgemein, sondern lediglich unter **spezifischen Bedingungen**.

Fragen wir nun, nach welchen Kriterien empirische Aussagen einstufbar sind. Hier bieten sich an:

(1) **Realitätsbezug:** Bezieht sich die Aussage auf beobachtbare Sachverhalte?
(2) **Geltungsbereich:** Welcher raum-zeitliche Ausschnitt wird durch die Aussage einbezogen?
(3) **Informationsgehalt:** Schließt die Aussage irgendwelche Ereignisse aus?
(4) **Überprüfbarkeit:** Ist die Aussage intersubjektiver Prüfung zugänglich?

Der Realitätsbezug einer Aussage bedeutet, daß die Variablen der Theorie empirisch interpretiert werden können. Auch sollten die Prämissen möglichst realistisch sein. Zwar ist richtig, daß auch falsche Prämissen unter Umständen zu richtigen Konklusionen führen können – so legitimieren etwa Friedman (1953) sowie McKenzie/Tullock (1978) das Vorgehen vieler Ökonomen –, doch ist die Forderung, daß die Prämissen solcher Modelle möglichst wahr sein sollten, schon deshalb sinnvoll, weil logischerweise keine falschen Konklusionen aus wahren Prämissen abgeleitet werden können (Opp 1979, 39).

Im Hinblick auf den Geltungsbereich wäre genauer darüber zu reflektieren, ob die Theorie oder das Modell in der Tat allgemeingültig ist oder ob es nur für eine bestimmte historische Situation zutrifft. Eine vermittelnde Position nimmt hier die bereits erwähnte Formulierung sog. Quasi-Theorien ein.

*Geltungsbereich*

Aussagen sollten ferner möglichst überprüfbar formuliert werden, auch wenn es sich vielfach nur um eine prinzipielle Überprüfbarkeit handelt. Schlecht überprüfbar sind z.B. die folgenden theoretischen Aussagen:

*Überprüfbarkeit*

*„Ein Sozialsystem entwickelt Selektionsmechanismen, die auf die Erhaltung des Systems gerichtet sind."*

oder:

*„Menschen streben stets nach einer positiven Sanktionsbilanz, d.h. nach einem möglichst günstigen Verhältnis zwischen Belohnung und Bestrafung."*

Aussagen sollten ferner möglichst informationshaltig sein. Der Satz: „Wenn der Hahn kräht auf dem Mist, dann ändert sich das Wetter oder es bleibt wie es ist" kann kaum als besonders informativ bezeichnet werden – man erfährt höchstens, daß sich das Wetter überhaupt ändern könnte. Solche Sätze schließen keine Klasse von Ereignissen aus; nach ihnen ist alles möglich. Man bezeichnet sie als **tautologisch**.

*Informations-gehalt*

Tautologisch sind auch Aussagen, bei denen Begriffe miteinander verbunden sind, die mit den gleichen oder ähnlichen Indikatoren gemessen werden. So ist z.B. die Aussage:

*Tautologien*

*„Das Betriebsklima ist um so besser, je höher die durchschnittliche Arbeitszufriedenheit der Betriebsangehörigen ist.",*

wahrscheinlich teiltautologisch, dann nämlich, wenn Arbeitszufriedenheit mit z.T. gleichen oder ähnlichen Indikatoren empirisch gemessen wird wie „Betriebsklima".

Im Hinblick auf den Informationsgehalt von Aussagen gilt ferner, daß die zunehmende Spezifizierung der Wenn-Komponente **abnehmenden Informationsgehalt** zur Folge hat. So ist z.B. die Aussage über den Zusammenhang zwischen Interaktionshäufigkeit und Sympathie allgemeiner als der spezifischere Satz, daß lediglich bei freiwilliger Interaktion die Sympathie steigt. Die spezifische Aussage wird damit möglicherweise zu einem wahren Satz, hat jedoch ihre Spezifizierung durch abnehmenden Informationsgehalt erkauft: Die Anzahl der möglichen Falsifikatoren ist nun geringer.

*Variierender Informations-gehalt*

Eine zunehmende Spezifizierung der Dann-Komponente dagegen **erhöht** den Informationsgehalt einer Aussage. So wäre beispielsweise die Aussage, daß Personen aggressiv reagieren, wenn sie frustriert sind, informationshaltiger, wenn man wüßte, welche Art von Aggression (z.B. Selbstmord, Rebellion usw.) vermutlich auftreten wird. Viele sozialwissenschaftliche Theorien kranken an einer ungenügenden Spezifizierung der Dann-Komponente. So klärt uns z.B. die Theorie der kognitiven Dissonanz darüber auf, daß Personen, die mit dissonanten kognitiven Elementen (z.B. Informationen) in Berührung kommen, dazu neigen, diese Dissonanz zu reduzieren. Auf welche Weise dies geschieht und welche Reduktionsmechanismen im einzelnen gewählt werden: darüber erhalten wir durch diese Theorie nur geringen Aufschluß.

*Theorien als Aussagen-systeme*

Systematisch miteinander verknüpfte empirische Aussagen bezeichnet man als **Theorien**. Legt man einen anspruchsvollen Begriff von Theorie zugrunde, so sollten diese als axiomatisch-deduktive Systeme formuliert sein, raum-zeitlich unbegrenzt gelten und keine Ausnahme zulassen. Ein Blick auf die Forschungspraxis sowie eine Sichtung bisher verfügbarer sozialwissenschaftlicher Theorien zeigt jedoch, daß es sich bei dieser Forderung weitgehend um ein uneingelöstes Fernziel handelt (vgl. Abschn. C).

## 1.4 Werturteile in den Sozialwissenschaften

In seinem berühmten Aufsatz über „Die Objektivität sozialwissenschaftlicher und sozialpolitischer Erkenntnis" (1904) zieht Max Weber die methodologischen Konsequenzen aus der „strengen Scheidung von Erfahrungswissen und Werturteil" (M. Weber 1968, 146 ff.). Dieses Postulat ist bis heute umstritten; insbesondere wird bezweifelt, ob wertfreie Aussagen in den Sozialwissenschaften überhaupt möglich seien.

*Verschiedene Ebenen des Wertproblems*

Die Zahl der Stellungnahmen zum Werturteilsstreit ist mittlerweile Legion. Eine besonders klare Analyse hat Albert (1965, 1975) vorgelegt. Nach ihm kann das Wertproblem auf drei unterschiedlichen Ebenen angesiedelt werden. Zum ersten handelt es sich hier um **Probleme der Wertbasis** der Sozialwissenschaften. Dabei geht es um wissenschaftstheoretische Voraussetzungen (auch z.B. um die Entscheidung für Wertfreiheit), um die Auswahl von Forschungsproblemen, um die Entscheidung für bestimmte Methoden und Techniken und auch um Entscheidungen zur Anwendung der Ergebnisse. In diesem Bereich der Wertbasis ist wertende Entscheidung nicht nur möglich, sondern sogar notwendig.

*Wertungen im Objekt-bereich*

Zum zweiten geht es um Probleme der **Wertungen im Objektbereich**. Hier handelt es sich darum, daß Werte und Normen selbst zum Gegenstand der Analyse gemacht werden. Gemeint sind hier in erster Linie solche kulturellen Werte, die unser Verhalten bestimmen. So ist es beispielsweise möglich, das Wertsystem der Bundesrepublik mit dem der Vereinigten Staaten zu vergleichen oder sozialen Wertewandel empirisch zu ermitteln. Auch können Werturteile selbst Gegenstand der wissenschaftlichen Kritik werden, indem z.B. die innere Widerspruchslosigkeit von Wertvorstellungen analysiert wird oder indem etwa die Mittel problematisiert werden, die zur Wertverwirklichung eingesetzt werden.

Zum dritten stehen wir vor dem eigentlichen Werturteilsproblem: dem Problem der **Wertung in Aussagen**. Hier geht es um die Frage, ob es zweckmäßig, notwendig

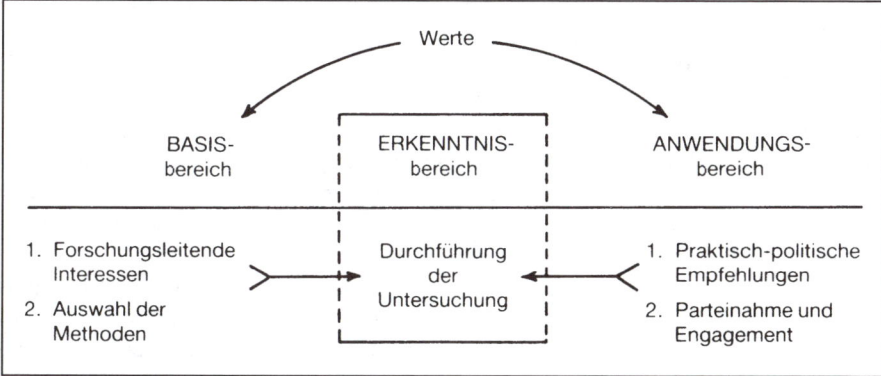

**Abb. 7:** Entdeckungs-, Begründungs- und Verwertungszusammenhänge

oder zulässig ist, daß Wissenschaftler Werturteile über soziale Tatbestände formulieren. Vertreter des kritischen Rationalismus gehen davon aus, daß es prinzipiell möglich ist, diesen dritten Bereich von wertenden Aussagen freizuhalten. Diese Auffassung steht und fällt allerdings mit der Frage, ob sich zwischen den genannten Ebenen eine strikte Trennung durchführen läßt.

Betrachten wir nun die verschiedenen Phasen des Forschungsprozesses und unterscheiden hierbei den **Basisbereich** (Entdeckungszusammenhang), den **eigentlichen Erkenntnisbereich** (Begründungszusammenhang) und schließlich den **Anwendungsbereich** (Verwertungszusammenhang).

Wenden wir uns zunächst dem Basisbereich zu. Hier geht es um zweierlei: um **forschungsleitende Interessen**, also um Wertungen bei der Auswahl des Forschungsgegenstandes und um grundsätzliche Fragen **methodologischer Voraussetzungen** und Bedingungen der Forschung. *Wertungen im Basisbereich*

Dabei besteht eine gewisse Gefahr, daß sowohl die forschungsleitenden Interessen als auch die spezifische Methodenauswahl in den Erkenntnisbereich hineindiffundieren – der untere Pfeil soll dies andeuten –, obgleich dieser von Wertungen frei bleiben soll. Im Hinblick auf die Interessenlage scheint das nur dann der Fall zu sein, wenn der Forscher bereit ist, sich von seinen eigenen Ergebnissen überraschen zu lassen. Zudem trägt es vermutlich zur Klärung bei, seine eigenen forschungsleitenden Interessen explizit zu machen, obgleich gelegentlich bestritten wird, daß dies immer sinnvoll oder auch immer möglich ist (vgl. H. S. Becker 1966 gegen Myrdal 1965).

Im Hinblick auf die Auswahl der Methoden ist die Gefahr der Diffusion gleichfalls gegeben, schon deshalb, weil jede Beobachtung und Interpretation von Ergebnissen im Rahmen bestimmter expliziter oder impliziter Hypothesen bzw. Theorien erfolgt; diese Theorien mögen von vornherein einseitig ausgewählt sein. Ein solcher Selektionseffekt, der interessengesteuert sein kann (aber nicht sein muß), läßt sich vermutlich kaum vermeiden; doch kann ein Wissenschaftler, der dem Programm des kritischen Rationalismus verpflichtet ist, dieser Gefahr entgegensteuern. Ein Satz solcher **Verpflichtungen**, die wir wörtlich von Prim/Tilmann (1997, 110 f.) übernehmen, könnte für diesen Wissenschaftler so aussehen:

„(a) Er bevorzugt ein Wahrheitsideal, das sich auf eine ungehinderte kritische Diskussion aller Behauptungen stützt, und lehnt dogmatisierte „sichere Erkenntnisquellen" ab. Damit bewertet er zugleich „offene Gesellschaften" höher als Gesellschaften, in denen Meinungen und Informationen von herrschenden Gruppen monopolisiert und majorisiert werden.

(b) Er entscheidet sich für eine Position, nach der sich wissenschaftliche Disziplinen und Probleme nicht aus dem „Wesen" oder der „Natur" der Sache, sondern aufgrund unterschiedlicher, frei wählbarer Erkenntnisabsichten bestimmen und abgrenzen lassen.

(c) Er zieht eine intersubjektiv verständliche Sprache „mystischen" Aussageweisen vor.

(d) Er unterstellt sich dem Anspruch, daß Explikationen den Kriterien der Ähnlichkeit und Exaktheit, und Indikatoren den Kriterien der Gültigkeit und Zuverlässigkeit zu genügen haben. Er zieht Aussagen, die der Forderung nach logischer Widerspruchslosigkeit entsprechen, kontradiktorischen Sätzen vor. Er gibt Sätzen mit höherem Informationsgehalt vor Sätzen mit niedrigem Informationsgehalt den Vorzug. Er schätzt Falsifikationsversuche höher als Versuche, positive Belege für die Wahrheit von Hypothesen zu finden."

*Anwendungsbereich und Verwertungsinteresse*

Damit sind möglichen Diffusionsprozessen seitens des Basisbereiches enge Grenzen gesetzt. Jedoch muß gesehen werden, daß auch der **Anwendungsbereich** (hier vor allem: die antizipierte Anwendung) die Durchführung der Untersuchung und die Darstellung von Forschungsergebnissen entscheidend mitbeeinflussen kann (rechter unterer Pfeil). Dies schon deshalb, weil forschungsleitende Interessen und ein möglicher Praxisbezug in aller Regel eng miteinander zusammenhängen. Das muß dort nicht der Fall sein, wo Anwendungsmöglichkeiten erst später erschlossen werden (z.B. bei der Grundlagenforschung), oder bei denen sie anders als intendiert auftreten (z.B. falls die Resultate anders ausfallen als vermutet) bzw. wenn das Verwertungsinteresse sich verlagert hat, oder wo ein unmittelbarer Praxisbezug überhaupt nicht angestrebt wird (z.B. archäologische oder astronomische Forschung).

Neben diesem möglichen oder auch ausgeklammerten Praxisbezug der Forschung geht es im Anwendungsbereich auch um **wertende Konsequenzen**, die der Forscher aus seinen eigenen Ergebnissen zieht. Da besteht üblicherweise der Einwand, das Prinzip der Wertfreiheit beraube den Wissenschaftler jeder Äußerung über anzustrebende oder zu verändernde Sachverhalte, da Engagement und Parteinahme für ihn nach dieser Maxime nicht möglich seien. Wie Montefiore (1980) und Acham (1983)

*Parteinahme und Parteilichkeit*

aufzeigen, ist ein bestimmter Begriff von **Parteilichkeit** durchaus mit dem Begriff der Objektivität vereinbar. Parteinahme ist also auch für den Wissenschaftler möglich, aber seine Parteilichkeit wird dann in ihrer Glaubwürdigkeit gesteigert, wenn er vorher wertfreie (unparteiliche) Forschung betrieben hat. Eine „Parteinahme aufgrund unparteilicher Anwendung von Kriterien" entspringt einer Parteilichkeit, die

„durch die Unparteilichkeit einer Situationsanalyse gleichsam hindurch gegangen ist und durch sie erhärtet wurde" (Acham 1983, 13). Jedoch bleibt darauf zu insistieren, daß parteiliche Stellungnahmen und praktisch-politische Forderungen nicht zur eigentlichen Rolle des Wissenschaftlers **als Wissenschaftler** gehören. Hier spricht er als Mensch, aber er darf hoffen, daß seine Wertaussagen ein besonderes Gewicht gerade deshalb besitzen, weil und insofern sie durch einen wertfreien Forschungsprozeß „geläutert" wurden. Die Hoffnung ist nicht unbegründet, „daß sich durch die Ausschöpfung aller Möglichkeiten einer werturteilsfreien Diskussion von Wertfragen die in den empirischen Wissenschaften erreichbare relative Objektivität auch auf den Wertbereich überträgt, da auf diesem Wege eine bessere Verständigung über Wertfragen möglich ist" (Röhl 1974, 40).

Damit ist die Frage wieder angeschnitten, die uns bereits zu Beginn unserer Erörterung beschäftigt hat: die Frage nämlich, ob und inwieweit Werte und Werturteile, normative und präskriptive Aussagen, Programme und Ideologien, Strategien und Utopien etc. selbst zum Gegenstand einer wertfreien Analyse werden können. Grundsätzlich gilt, daß jede Wertung, die in der sozialen Welt vorgenommen wird – und unser Sozialleben ist davon durchsetzt – in den Objektbereich einbezogen, also selbst zum Gegenstand der wissenschaftlichen Untersuchung werden kann. Zwar wird die wissenschaftliche Analyse nichts zur Lösung der Frage beitragen können, ob ein bestimmter gegebener oder anzustrebender Zustand „schlecht" oder „gut" ist, doch wird der Wissenschaftler folgende Fragen empirisch-analytisch angehen können:

*Empirische Wertforschung*

- Welche Werte (Ziele) werden von welchen Personen (Gruppen, Schichten etc.) verfolgt?
- Wie haben sich solche Werte (Ziele) im Laufe der Zeit verändert (und wie werden sie sich weiter verändern)?
- Wie unterscheiden sich die verkündeten von den tatsächlich realisierten Wert- und Zielvorstellungen?
- Sind die Werte oder Ziele in sich überhaupt stimmig?
- Sind die Ziele überhaupt erreichbar, und welche Bedingungen müssen geschaffen werden, damit sie in angebbarer Zeit erreicht werden?
- Welche Mittel müssen eingesetzt werden, damit die Werte realisiert werden können?
- Welche Konsequenzen (z.B. auch unbeabsichtigte Nebenfolgen) hat das Handeln aufgrund der angestrebten Wertsetzung?

Diese und andere Fragestellungen sind sehr wohl dem empirisch-analytischen Zugriff zugänglich. Dabei verbergen sich hinter diesen Fragen etliche Probleme, die hier nur angerissen werden können. So ist beispielsweise beim Einsatz von Mitteln zu bedenken, daß auch die Mittel ihrerseits wieder bewertet werden müssen, daß Mittel und Zweck nur logisch, nicht jedoch faktisch voneinander getrennt behandelt werden können (die besondere Problematik der Behauptung, daß der Zweck die Mittel heilige, wird hier evident). Auch beim Forschungsprozeß selbst werden gelegentlich Werte beeinträchtigt; man denke an die Verletzung der Intimsphäre bei Befragungen oder bei absichtsvollen Täuschungen im Rahmen sozialwissenschaftlicher Experimente.

*Konsequenzen von Wertentscheidungen*

Insbesondere ist jedoch bei der Betrachtung der Konsequenzen bestimmter Wertentscheidungen ein ganzes Panorama wissenschaftlichen Sachverstandes oder auch wissenschaftlicher Unzulänglichkeit angesprochen: Was geschieht, wenn man Höchstgeschwindigkeiten für Autofahrer verordnet? Was passiert, wenn man weiche Drogen legalisiert, harte Drogen jedoch stärker kriminalisiert? Was kommt auf uns zu, wenn die europäische Währungsunion vollzogen wird? Welches sind die Konsequenzen der Freigabe von Pornographie? Was geschieht, wenn wir die 30-Stunde-Woche einführen? Dies alles sind Konsequenzen von Wertentscheidungen, und der Wissenschaftler ist auch oder gerade in seiner Eigenschaft als wertfreier Forscher dazu aufgerufen, hier durch angemessene Theorien und empirische Analysen Antworten zu geben. Daß solche Antworten meist nicht abrufbar bereitstehen, hat etwas mit der Komplexität und Turbulenz unserer sozialen Welt zu tun. Auch müssen wir gewärtig sein, daß durch Wertentscheidungen bestimmte intendierte Konsequenzen zwar auftreten werden, daß aber unter den Folgen meist auch solche sein werden, die unerwünscht sind und/oder die man sich so nicht vorgestellt hat.

Unser Aufriß zeigt, daß auch eine „wertfreie" Sozialwissenschaft in erheblichem Maße zur Analyse von Wertfragen und Normsetzungen beizutragen hat, ohne selbst als normative Wissenschaft in Erscheinung treten zu müssen. Die hier vorgelegte Skizze zeigt aber auch, daß wertfreie Analyse ein heikles Geschäft sein kann, das sich vielfachen Infiltrationsgefahren gegenübersieht.

## 1.5 Theorie und Praxis

*Erkenntnis-interessen*

Wohl in Anlehnung an Scheler hat Habermas (1965) die „Festlegung" getroffen, daß die empirisch-analytischen Wissenschaften ein technisches Erkenntnisinteresse hätten, die historisch-hermeneutisch verfahrenden Disziplinen eher praktisch-pädagogische Zielsetzungen verfolgten, während die „kritische Soziologie" vorwiegend einem emanzipatorischen Erkenntnisinteresse verpflichtet sei (bei Scheler heißt es entlarvender: Heils- und Erlösungswissen). Nun ist unmittelbar einleuchtend, daß diese „Festlegung" höchst willkürlich (dezisionistisch) ist, da die Intentionen der Forscher höchst unterschiedlich sein können (die Motive und Absichten von Forschern könnten vielmehr ihrerseits zum Gegenstand empirischer Forschung gemacht werden). Es ist sogar fraglich, ob wissenschaftliche Bemühungen intentional stets einen Praxisbezug haben müssen, sofern nämlich der Forscher lediglich aus Neugier handelt, sofern er eine neue Theorie konzipieren oder ein bestimmtes Verfahren erproben will (in der Sprache der Motivationsforschung wäre hier ein intrinsisches Interesse vorherrschend).

*Sozial-technologisches Wissen*

Wenn man vom Praxisbezug der Sozialwissenschaften spricht, so denkt man dabei häufig zunächst an ein sozial-technologisches Wissen: Wissen, das in der Praxis eingesetzt wird, um Strukturen oder Verhaltensweisen zu ändern. Ein solcher Praxisbegriff ist zweifellos wichtig, aber er ist dennoch zu eng. Auch Aufklärung und Einsicht kann lebenspraktisches Wissen bedeuten; die Kenntnis sozialer Zusammenhänge mag uns in den Stand versetzen, angemessenere Kriterien der Beurteilung zu entwickeln und „Selbstverständlichkeiten" der Welt kritisch zu hinterfragen. Hierbei mag man durchaus auch an ein emanzipatorisches Erkenntnisinteresse denken, denn es ist nicht zu leugnen, daß die Einsicht in die Fragwürdigkeit und Relativität sozialer Sachverhalte oftmals die Voraussetzung für die Schaffung sinnvollerer Ordnung ist und geplanten sozialen Wandel recht eigentlich erst ermöglicht.

Allerdings sollte die Akzeptanz auch eines emanzipatorischen Erkenntnisinteresses nicht dahingehend mißverstanden werden, daß dies bedeute: Befreiung von Gesellschaft. Je mehr man sich mit Soziologie beschäftigt, desto eher begreift man, daß Gesellschaft der Nährboden unseres gesamten Daseins ist, daß eine Existenz jenseits von gesellschaftlichen Normen und Wertvorstellungen nur als lebensferne Fiktion vorstellbar und im übrigen wohl auch kaum wünschenswert wäre. *Emanzipatorisches Erkenntnisinteresse*

Wir sollten uns also nicht von vornherein auf einen zu engen Praxisbegriff festlegen lassen, sondern auf zumindest **drei verschiedene Dimensionen wissenschaftlicher Praxis** verweisen: *Praxisbegriffe*

**(1)** Praxis als Aufklärung
**(2)** Praxis als Steuerung
**(3)** Praxis als Emanzipation.

Der kritische Rationalismus hat insbesondere die beiden erstgenannten Dimensionen im Auge (Albert 1977), wobei Emanzipation nicht als erklärtes Erkenntnisziel angestrebt, in zu begründenden Fällen jedoch keineswegs ausgeschlossen wird. In diesem Sinne gerät der aufgeklärte, zur sozialen Steuerung fähige Mensch mit dem emanzipierten Individuum ineins.

Insbesondere seitens der kritischen Theorie wurde nun häufig vorgetragen – vor allem von Habermas (1970) und von Baier (1969) – daß der Praxisbegriff des – hier sogenannten – Neopositivismus rein sozial-technologischer Natur sei. Damit verbinde sich ein ganz bestimmtes Verwertungsinteresse: Wissenschaft reduziere ihren Beitrag zur Gestaltung der sozialen Welt auf die Ökonomie der Mittelwahl und mache sie damit zum Handlanger von Klasseninteressen und Ideologien. Indem sie unter dem Deckmantel der Liberalität systemstabilisierend wirke – schon weil die Verwertungsinteressen bei den jeweils größten Ressourcen zu finden seien (bei den Geldgebern, Parteien, Interessenverbänden usw.) –, sei eine so ausgerichtete Sozialwissenschaft korrumpierbar: sie vermittle vorwiegend **„Herrschaftswissen"**. *Einwände gegen die Sozialtechnologie*

Ein damit im Zusammenhang stehender Einwand gegen eine sozial-technologisch verkürzte Sicht der wissenschaftlichen Praxis knüpft daran an, daß der jeweilige Praxisbezug und das einseitige Verwertungsinteresse die **Grundstruktur** der Existenz und Ausformung von Wissenschaften bestimmen, daß also beispielsweise in der Ökonomie, in der Betriebssoziologie oder in der Organisationspsychologie vorwiegend nur solche Fragestellungen interessant scheinen, die in irgendeiner Weise mit Leistungsergebnissen oder Leistungssteigerung zu tun haben. In ähnlicher Weise würde beispielsweise die Marketing-Lehre oder die Käuferpsychologie vorwiegend aus der Sicht der Anbieter – nämlich zur Wahrung ihrer Verkaufsinteressen – betrieben, nicht dagegen aus der Sicht der Nachfrager, deren Interessen unterrepräsentiert seien. Entsprechend habe z.B. die Organisationslehre oder die Betriebssoziologie überwiegend als Gebrauchsanweisung für Management-Interessen zu gelten; soweit das Verhalten der Arbeitnehmer angesprochen würde, so lediglich in deren Funktion als Leistungsträger oder um deren stärkere Einbindung in den Betrieb zu erreichen.

Auf diese Weise gelangt Habermas zu dem Ergebnis, daß Technik und Wissenschaft selbst Ideologien seien: Es bestehe ein systematischer Zusammenhang zwischen der **logischen Struktur** einer Wissenschaft und der **pragmatischen Struktur** möglicher Verwendungen. Alle Resultate seien daher einem technischen Erkenntnisinteresse untergeordnet.

Nun ist eine solche „Festlegung" keineswegs logisch zwingend. Eine empirische Untersuchung der tatsächlichen Forschungsschwerpunkte in den sozialwissenschaftlichen Disziplinen würde jedoch in der Tat zeigen, daß asymmetrische Strukturprofile zugunsten **ressourcenmächtiger Verwertungsinteressen** bestehen. Der Einwand ist zwar richtig, daß empirisch-analytische Forschungsergebnisse prinzipiell allen Gruppierungen zur Verfügung stünden, doch gilt auch hier einschränkend, daß der Zugriff zu wissenschaftlichen Forschungsergebnissen vorwiegend ressourcenmächtigeren *Asymmetrische* Personenkreisen möglich ist. Insoweit scheint die erwähnte Asymmetrie verwer- *Verwertung* tungsorientierter Wissenschaftlichkeit in der Tat für weite Strecken unserer Wissenschaftslandschaft zuzutreffen. Sozialwissenschaftliche Forschung sollte deshalb auch selbstkritisch genug sein, diese Asymmetrien zu erkennen und bewußte Kontrapunkte zu setzen. Die Soziologie ist dabei wahrscheinlich noch in einer relativ günstigen Lage, da sie durch soziale Problemlagen hindurch (Minoritäten, Arbeiterklasse usw.) doch zum Teil vom Standpunkt der Unterlegenen („underdogs") den Interessen der „Herrschenden" entgegengewirkt hat (vgl. etwa die Entwicklung der europäischen Industriesoziologie).

Nach diesen mehr reflexiven Betrachtungen über mögliche Begriffe sozialwissenschaftlicher Praxis wollen wir konkrete Überlegungen dahingehend anstellen, wie denn nun wissenschaftliche Erkenntnisse und Theorien in der Praxis angewandt wer- *Theorie und* den können. Hierzu bedarf es der **Transformation** bestimmter Forschungskonzepte *Anwendung* in den Bereich der praktischen und politischen Anwendung. Man wird hierbei vor allem auf Theorien und Modelle zurückgreifen, die bereits empirisch überprüft und bestätigt sind. Die Abneigung des Praktikers gegen Theorie („grau ist alle Theorie") ist Voreingenommenheit, denn jede praktische Entscheidung folgt einer – wenn auch vielleicht naiven – Vorstellung von Ursachen und Folgen (also von Theorie). Wie Lewin es sagt: Nichts ist praktischer als eine gute Theorie. Eine Theorie kann jedoch nur dann für die Praxis nutzbar gemacht werden, wenn sie folgende Bedingungen erfüllt:

**(1)** wenn sie **praxisrelevante Fragestellungen** beantworten kann,

**(2)** wenn sie **nicht zu komplex** ist,

**(3)** wenn sie **manipulierbare Variablen** enthält,

**(4)** wenn die Veränderung im Hinblick auf bestehende Strukturen **durchsetzbar** erscheint.

Die erste Bedingung dürfte unmittelbar einleuchten. Allerdings werden viele Theorien formuliert, die zunächst praktisch bedeutungslos zu sein scheinen, zu einem späteren Zeitpunkt jedoch eminent praxisrelevant werden. Aus diesem Grunde ist es wahrscheinlich aus der Sicht der Praxis falsch, immer auf die unmittelbare **Praxisrelevanz** der Forschung zu pochen und die sofortige Einlösbarkeit von Konzepten zu verlangen. Ein Blick in die Forschungsgeschichte zeigt, daß leistungsfähige Theorien einen gewissen Reifegrad brauchen und daß kurzatmige Forschungsprogramme oft enttäuschen.

*Praxisrelevanz*

Die **Simplexitätsbedingung** geht davon aus, daß die Theorie nicht zu viele Variablen enthalten darf, deren hochkomplexe Beziehungen die Handhabbarkeit der Theorie erschweren. Eng damit in Zusammenhang steht die **Veränderbarkeit** (oder Manipulierbarkeit) von Variablen. Man bedenke, daß in vielen soziologischen Theorien Randbedingungen genannt werden, die praktisch nicht geändert werden können, allenfalls langfristig. Die **Kompatibilitätsbedingung** schließlich besagt, daß die zu ändernden Sachverhalte mit bestehenden Strukturen zumindest teilweise vereinbar sein müssen, damit eine „Implementierung" überhaupt stattfinden kann. So wird man z.B. die Prinzipien der Marktwirtschaft schlecht etablieren können, wenn verkrustete bürokratisch-hierarchische Strukturen bestehen und wenn das Denken und Handeln der Bevölkerung primär von einer Versorgungsmentalität geleitet ist.

*Simplexität*

*Variabilität*

*Kompatibilität*

## 2. Forschungstechnik (Empirische Sozialforschung)

### 2.1 Grundsätzliche Positionen

Nach dieser „tour d'horizon" durch einige zentrale Fragestellungen der Wissenschaftstheorie beschäftigen wir uns jetzt – wiederum nur in großen Zügen und mit Beschränkung auf Fragen, die uns wesentlich erscheinen – mit einigen Problemen der empirischen Sozialforschung. Zwischen Forschungslogik und Forschungstechnik bestehen enge Verbindungslinien: Die grundsätzliche Position, die wir in wissenschaftstheoretischen Fragen einnehmen, bestimmt zugleich auch gewisse Standpunkte im Hinblick auf die zur Anwendung gelangenden Techniken.

*Forschungslogik und Forschungstechnik*

Im Prinzip kann davon ausgegangen werden, daß das Instrumentarium der empirischen Sozialforschung nahezu **allen wissenschaftstheoretischen Positionen** gemeinsam ist. Jedoch gibt es gewichtige Unterschiede in zweifacher Hinsicht. Zunächst ist der **Stellenwert dieser Forschungstechniken insgesamt** sehr unterschiedlich, d.h. den hier in Betracht kommenden empirischen Verfahren wird eine mehr oder weniger große Bedeutung eingeräumt. Zum zweiten variiert der **Stellen-**

**wert einzelner Methoden**, d.h. empirische Verfahren werden in ihrer Relevanz für bestimmte Ergebnisse unterschiedlich gewichtet.

*Stellenwert der empirischen Sozialforschung*

Wenden wir uns zunächst dem erstgenannten Aspekt zu. Empirische Sozialforschung hat sicherlich im Rahmen der „kritischen Theorie" den geringsten Stellenwert. Dies beweist ein Blick in das Oeuvre ihrer Hauptvertreter, sowie verschiedene abschätzige Stellungnahmen etwa von Adorno zum Verhältnis von Soziologie und empirischer Forschung (z.B. 1965). Nach dieser Auffassung liefern die Methoden der Sozialforschung keinen Schlüssel zum Verständnis der gesellschaftlichen Totalität; im Dilemma zwischen **Präzision und Bedeutsamkeit** erfahre man immer Genaueres über immer Unwesentlicheres. Habermas, der die kritische Theorie vielfach transzendiert, hält indes am Begriff der Totalität fest: Empirische Sozialforschung verkürze die Wirklichkeit; hier gehe es um eine „positivistisch-halbierte Rationalität". In ähnlicher Weise argumentieren die Vertreter der phänomenologisch-hermeneutischen Schule: Auch für sie sind das Sinnverständnis und die Einfühlung in andere Personen mit dem Instrumentarium der empirischen Sozialforschung meist nicht zu leisten; die wesentlichsten Einsichten würden gerade durch ihre Anwendung verschüttet. Marxistische Soziologen schließlich bekennen sich manchmal durchaus zum Prinzip intersubjektiver Prüfbarkeit von Aussagen und akzeptieren dabei auch die üblichen Methoden der empirischen Sozialforschung (vgl. Hahn 1968). Sie errichten jedoch für den historischen Materialismus selbst eine immunisierende Falsifikationssperre. Sofern man in dieser Form an „Gewißheiten" festhält, muß das Verhältnis der marxistischen Soziologen zur empirischen Sozialforschung zumindest als ambivalent bezeichnet werden.

*Präzision und Bedeutsamkeit*

*Stellenwert der einzelnen Methoden*

Der zweite Aspekt betrifft den Umstand, daß innerhalb der einzelnen forschungslogischen Richtungen unterschiedliche Präferenzen in bezug auf bestimmte Methoden bestehen. So würden etwa die Vertreter phänomenologischer Ansätze solche Verfahren bevorzugen, die üblicherweise als **„weiche Verfahren"** bezeichnet werden und einer objektiv-generalisierenden Messung nicht ohne weiteres offenstehen, z.B. die Fallstudie, die Introspektion, das Tiefen-Interview oder aber verschiedene Formen der teilnehmenden Beobachtung. Das Argument für den Einsatz solcher „weicher" Verfahren ist das Anliegen dieser Forscher, durch Anwendung subtilerer Ansätze Zugang zur „Innenschau" und zur „Tiefenstruktur" zu finden. In der Tat sind **„harte Verfahren"** mit strengen Prüfkriterien oftmals sehr äußerlich, und häufig besteht der dringende Verdacht, daß das eigentlich Bedeutsame meßtechnisch (z.B. in Form der vergleichsweise „flachen" Skalentechnik) überhaupt nicht eingefangen wird. Man muß also häufig an der **Validität** eines Konstrukts zweifeln: Messe ich überhaupt das, was ich messen will?

*Weiche Verfahren*

*Harte Verfahren*

*qualitative Verfahren*

Deshalb wird gerade in den letzten Jahren verstärkt auf die Notwendigkeit **qualitativer Verfahren** (z.B. Tiefen-Interviews, projektive Verfahren, Introspektion, Rollenspiele) verwiesen. Während die Vertreter der nomothetischen Methode dazu neigen, die Verwendung qualitativer Verfahren auf den Entdeckungszusammenhang zu beschränken, also auf die explorative Phase des Forschungsprozesses einzugrenzen, möchten sich manche Forscher nicht in diese Abseitsposition abdrängen lassen; im

Gegenteil: Qualitative Vorgehensweisen werden bisweilen sogar als angemessenere Verfahren angesehen, während quantitative Methoden als behavioristisch oder positivistisch etikettiert werden (vgl. kritisch hierzu: Strauss 1991, Lamnek 1993, Diekmann 1995). Manchmal werden auch zwischen quantitativen und qualitativen Verfahren Gegensätze konstruiert, die faktisch nicht bestehen (vgl. Fischer/Wiswede 1997): So sind viele qualitative Verfahren standardisiert und quantitativ auswertbar; umgekehrt enthalten rein quantitative Methoden auch qualitative Vorannahmen, z.B. ein phänomenologisches Vorverständnis im Hinblick auf relevante Sachverhalte.

Schwerpunktverlagerungen im Gebrauch bestimmter Erhebungsmethoden sind zum Teil durch wissenschaftstheoretische Überlegungen bestimmt, zum anderen Teil jedoch auch das Ergebnis bestimmter Forschungstraditionen. Während für die Soziologie allgemein immer noch die **Befragungsmethode** (in ihren verschiedenen Varianten) im Vordergrund steht, vertraut der – dem phänomenologischen Denken verpflichtete – symbolische Interaktionismus eher der **teilnehmenden Beobachtung**. Für die Sozialpsychologie gilt dagegen das **Laborexperiment** seit langem als der „Königsweg" der Forschung; erst neuerdings verstärken sich kritische Stellungnahmen.

*Unterschiedliche Schwerpunkte*

Man kann zwischen den strukturierten und kontrollierten „harten Verfahren" und den unstrukturierten Eindrucks- und Einfühlungs-Ansätzen ein **Kontinuum** herstellen, das vom Laborexperiment einerseits bis zum Evidenzerlebnis andererseits reicht. Legt man das Forschungsprogramm des kritischen Rationalismus zugrunde, daß also möglichst **intersubjektiv prüfbare** Verfahren im Begründungszusammenhang eingesetzt werden sollten, dann wären die hier genannten weichen Verfahren auszuschalten. Es empfiehlt sich, einen eher vermittelnden Standpunkt einzunehmen, der etwa auch Lazarsfeld mit seinem Plädoyer für einen „complex approach" vorschwebte. Insofern spricht nichts dagegen, sich in flankierender Weise auch anderer Methoden zu bedienen, die unter Umständen den Tiefgang und die Bedeutsamkeit der Ergebnisse fördern können. Dabei wäre freilich zu empfehlen, die weichen Verfahren in der Hauptsache in den **Entdeckungszusammenhang** zu verweisen. Dort sind sie allerdings von unabweisbarer Bedeutung für den Erkenntnisfortschritt.

## 2.2 Phasen des Forschungsprozesses

### 2.2.1 Konzeptualisierung und Messung

Die erste Phase des Forschungsprozesses gehört in den **Entdeckungszusammenhang**: Hier geht es um den Anlaß oder den Grund, der zu einem Forschungsprojekt führt. Solche Anlässe, Gründe oder Motive sind vielfältig: Neugierde, ein drängendes soziales Problem, eine Theorie, die getestet werden soll, ein Forschungsauftrag usw. Aus diesen oder ähnlichen Gründen, vielleicht auch aus einer Gemengelage verschiedenster Motive heraus, kommt es zur **Problemwahl**, im weiteren Verlauf zur **Problemstrukturierung**. Parallel hierzu erfolgt die **Literaturanalyse**, die Auskunft darüber geben soll, ob und in welcher Weise das gewählte Problem bisher schon bearbeitet wurde. Diese Literaturanalyse hat wichtige Funktionen, insbesondere die Ge-

*Forschungsanlässe*

81

winnung eines Überblicks über den gegenwärtigen Wissensstand sowie die fachliche Anbindung der geplanten Arbeit. Es ist wenig fruchtbar, gewissermaßen den Nordpol zum zweiten Mal zu entdecken oder bestimmte Forschungen nach dem Vorbild einer Sisyphos-Strategie ständig zu replizieren.

*Theoretisches Bezugsfeld*

Eine weitere wichtige Frage ist die Anbindung an einen bestimmten **theoretischen Bezugsrahmen**. Hier sind Extreme denkbar, deren eines eine klare theoretische Vorgabe hat und deren anderes in einem weitgehend theorielosen Vorgehen besteht. Absolut theorielos wird jedoch ein Forschungsprozeß niemals verlaufen, da bereits die Auswahl der Fragen (z.B. bei einer Befragung) oder die Manipulierung von Variablen (beim Experiment) oder die Konzentration auf bestimmte Ereignisse (bei der Beobachtung) mehr oder weniger stark theoriegeleitet ist, auch wenn die theoretischen Annahmen wenig explizit sein mögen. Ist der theoretische Bezug deutlicher, so mag als Plattform eine mehr oder weniger allgemeine oder spezifische Theorie in Betracht kommen, die entweder ad hoc durch den Forscher formuliert oder die aus dem Repertoire bestehender Theorien und Teiltheorien entnommen wurde. Vielfach geht man mit dem Theoriebegriff hier recht anspruchslos um, indem etwa der vage Hinweis erfolgt, man wolle das Problem systemtheoretisch lösen oder nutzentheoretisch angehen.

*Hypothesen-formulierung*

Einer der wichtigsten Schritte bei der Konzeptualisierung des Forschungsprogramms ist die **Formulierung von Hypothesen**. Dies ist deshalb so wichtig, weil bei vielen theoretischen und empirischen Arbeiten überhaupt nicht klar wird, wie die Hypothesen genau lauten, d.h. welche Variablen in die Analyse einbezogen werden, welche Variablen als unabhängige, als abhängige und als intervenierende Variablen fungieren usw. Der nächste Schritt – die **Operationalisierung der Variablen** – ist nämlich nur dann sinnvoll anzugehen, wenn die Hypothesen klar formuliert wurden. Die Operationalisierung von Begriffen dient dann der direkten Beobachtbarkeit und der Umsetzung abstrakter (theoretischer) Begriffe in die Beobachtungssprache durch konkrete **Indikatoren**, die möglichst einer **quantitativen Messung** zugeführt werden sollten. Der Prozeß der Operationalisierung hat den Zweck, die einzelnen Variablen im Forschungsprozeß handhabbar zu machen, bewirkt allerdings auch, daß ein Teil der Realität, den der Ausgangsbegriff umschreiben soll, beschnitten, verkürzt wird. Deshalb versucht man häufig, komplexe Begriffe mit **verschiedenen** Indikatoren meßtechnisch zugänglich zu machen, um die Validität des Ergebnisses zu erhöhen (parallele Operationalisierung).

*Operationali-sierung*

*Indikatoren*

*Parallele Operationali-sierung*

*Meßinstrumente*

Für die Quantifizierung der Befunde werden nun bestimmte **Meßinstrumente** benötigt. Die Überführung eines theoretischen Begriffes (z.B. soziale Schicht) und seiner verschiedenen Dimensionen (z.B. Machtschichtung, Prestigeschichtung) über geeignete Indikatoren (z.B. Kontrollspanne, Schulbildung, Einkommen) in das Meßinstrument (z.B. Skala) wurde bereits skizziert (vgl. Abb. 6). Dabei werden im Prinzip **drei Meßinstrumente** unterschieden:

(1) **Indices:** Diese fassen bestimmte Indikatoren zu einem einheitlichen Wert zusammen (z.B. Index der Arbeitszufriedenheit, Index „Qualität des Lebens" usw.).

82

**(2) Tests:** Hier steht meist nicht die Aufdeckung allgemeiner Gesetzmäßigkeiten im Vordergrund, sondern die Untersuchung individueller Merkmalsunterschiede (z.B. Intelligenztests, Leistungstests, Persönlichkeitstests).

**(3) Skalen:** Sie dienen vornehmlich der Ermittlung von Einstellungen gegenüber einem Objekt (z.B. einem Produkt) oder einer Person (z.B. einem Politiker) oder einer Organisation (z.B. einer Firma) anhand bestimmter Items. Im Unterschied zum Index ist bei Skalen zur begründeten Aufnahme von Items zusätzlich ein Prüfverfahren eingebaut.

Die Konstruktion von Skalen nimmt in der empirischen Sozialforschung einen besonders großen Raum ein (vgl. etwa Scheuch/Zehnpfennig 1974; Schnell et al. 1995). Skalen können danach klassifiziert werden, **welche Transformationen** für sie zulässig sind (Stevens 1946): *Skalenkon-struktion*

**(1) Die Nominal-Skala:** Sie erfordert lediglich die Möglichkeit, bestimmte Objekte bestimmten Merkmalsklassen zuzuordnen (z.B. ja/nein; männlich/weiblich; Wähler der CDU, SPD… ).

**(2) Die Ordinal-Skala:** Sie erfordert zusätzlich zu (1) die Möglichkeit einer Rangordnung der Objekte in bezug auf die interessierende Dimension (z.B. a > b > c; Prioritätslisten im Hinblick auf begehrte Güter etc.).

**(3) Die Intervall-Skala:** Sie erfordert zusätzlich zu (2) die Notwendigkeit, daß die Abstände zwischen zwei aufeinanderfolgenden Objekten einer Rangordnung gleich groß sind (z.B. Temperaturintervalle in Graden).

**(4) Die Ratio-Skala:** Sie erfordert zusätzlich zu (3) die Existenz eines natürlichen Nullpunktes, der die Abwesenheit des betreffenden Merkmals ausdrückt (z.B. Messung der Temperatur in Kelvin oder des elektrischen Widerstandes in Ohm).

In der Sozialforschung wurden zahlreiche Skalen entwickelt; wir greifen einige der wichtigsten heraus. Da sind zunächst **Skalen der Rangordnung,** die der subjektiven Bewertung von sozialen Sachverhalten dienen (ein Beispiel ist die Berufs-Prestige-Skala, bei der die Probanden gebeten werden, bestimmte Berufe in eine Rangordnung des Prestiges zu bringen). Um die Konsistenz der Rangordnung zu gewährleisten, wird die Skalierung häufig in Form eines **Paarvergleichs** vorgenommen (der Befragte muß z.B. entscheiden, ob er bestimmte Produkte vorzieht, z.B. a > b; a > c; a > d; b > c; b > d; c > d). Bei der **Thurstone-Skala** werden die Befragten aufgefordert, im Hinblick auf bestimmte Statements ihre Zustimmung/Ablehnung auszudrücken (z.B. im Hinblick auf das Statement: „Eine Frau, die kleine Kinder zu versorgen hat, sollte nicht berufstätig sein"). Die Auswahl der Statements erfolgt durch Experten, und zwar unter dem Gesichtspunkt, in welcher Weise die betreffende Aussage am ehesten eine bestimmte Einstellung (z.B. im obigen Fall: patriarchalische Einstellungen) widerspiegelt. Dabei werden solche Statements in die Analyse einbezogen, hinsichtlich derer die Experten zu ähnlichen Einschätzungen gelangen. *Rangordnung* *Paarvergleich* *Thurstone-Skala*

Die **Skalogramm-Analyse** von Guttman (Guttman-Skala) unterstellt, daß die Items der Skala einer kumulativen Ordnung entsprechen. So läßt sich z.B. eine Item-Rang- *Skalogramm-Analyse*

83

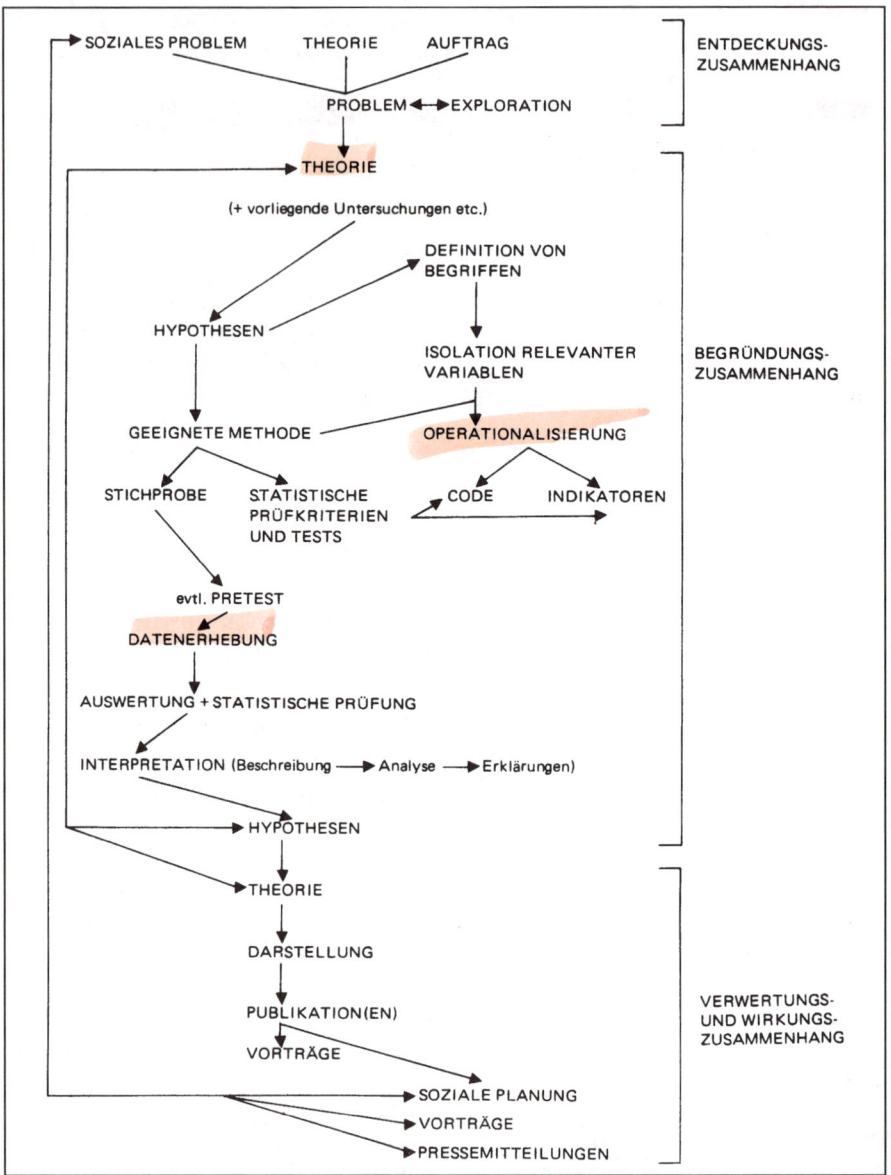

**Übersicht 10:** Forschungslogischer Ablauf empirischer Untersuchungen
(nach Friedrichs 1990, S. 51)

ordnung für „sexuelle Freizügigkeit" auf einem Kontinuum der Liberalität darstellen. Gleichermaßen lassen sich Vorurteile in abgestufter Form vortragen, deren „schwächste" Variante etwa so lautet:

84

*„Homosexualität ist ein ganz normales Verhalten, sofern andere dadurch nicht belästigt werden",*

und dessen „stärkste" Variante etwa heißt:

*„Homosexualität ist anomal und sollte eigentlich verboten werden".*

Dabei wird angenommen, daß ein Befragter, der einer „stärkeren" Item-Formulierung zustimmt, auch allen „schwächeren" Varianten zustimmen muß. Aus der Zustimmungs-Reichweite läßt sich nun die Einstellung eines Befragten (zumindest ordinal) lokalisieren.

Die wohl gebräuchlichste Skala, die sogenannte **Likert-Skala**, resultiert aus einer Menge von Items, zu denen der Befragte eine abgestufte Zustimmung oder Ablehnung ausdrücken soll: *Likert-Skala*

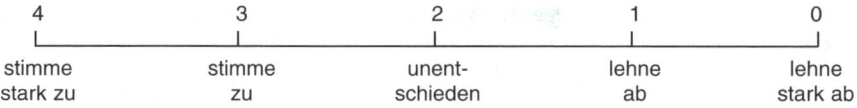

| 4 | 3 | 2 | 1 | 0 |
|---|---|---|---|---|
| stimme stark zu | stimme zu | unent- schieden | lehne ab | lehne stark ab |

Ein gewisses Problem gibt die Einstufung „unentschieden" auf. Unentschieden kann bedeuten „indifferent" („dies ist mir gleichgültig"), oder: „ich weiß nicht so recht", oder: „teils/teils" bis hin zur echten Ambivalenz im Sinne eines Einstellungskonflikts. Solche Differenzierungen gehen gewöhnlich durch die „flache" Skalentechnik verloren, können jedoch theoretisch durchaus von großer Bedeutung sein.

In einem besonderen Verfahren wird nun überprüft, ob die einzelnen Statements sämtlich auf der gleichen Dimension liegen. Geht es also beispielsweise um „Dogmatismus", so müssen diejenigen Statements ausgesondert werden, die dieser Dimension nicht eindeutig genug angehören. Zu diesem Zweck werden aus der Gesamtzahl der Befragten die 25 % ausgesondert, die die höchsten Punktzahlen, und jene 25 %, die die niedrigsten Punktzahlen erzielten. Nun wird jedes Statement daraufhin untersucht, ob die „obere" und die „untere" Gruppe gleichfalls in konsistenter Weise das Statement höher bzw. niedriger einschätzt.

Ein weiteres, vor allem im Bereich der Marktforschung zur Messung von „Images" verwendetes Verfahren ist das **semantische Differential** von Osgood, in der eingedeutschten Fassung als **Polaritätsprofil** bekannt. Dabei werden Gegenstände, Personen oder Begriffe auf einer Anzahl von siebenstufigen Skalen beurteilt, die als Gegensatzpaare (z.B. passiv/aktiv, weich/hart) formuliert sind. Die jeweiligen Profilwerte lassen sich ferner nach Ähnlichkeiten vergleichen. Die Affinitäts-Analyse mißt dann die jeweiligen psychischen Affinitäten, die nicht notwendig in einem direkten und logischen (sondern auch in einem indirekten, assoziativen bzw. projektiven) Bezug mit dem untersuchten Meinungsgegenstand stehen. *Semantisches Differential*

Für komplexere Problemstellungen sind zahlreiche weitere Skalen konzipiert worden. So gehen die **Multi-Attribut-Modelle** davon aus, nicht nur die Einstellung zu *Multi-Attribut-Modelle*

85

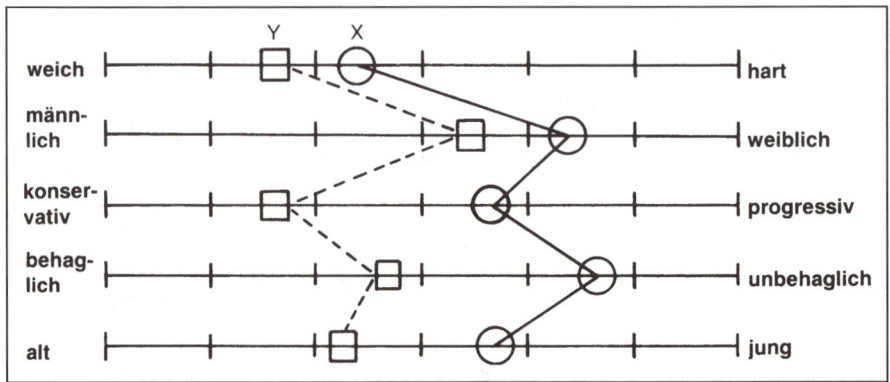

**Abb. 8:** Ausschnitt aus einem Polaritätsprofil (Images der Zigarettenmarken X und Y)

bestimmten Eigenschaften oder Attributen des Meinungsgegenstandes zu messen, sondern auch die Wahrscheinlichkeiten, mit denen bestimmte Konsequenzen auftreten werden (Fishbein), oder die subjektive Bedeutungsgewichtung (Rosenberg), die der Befragte dem jeweiligen Attribut beimißt. So wird beispielsweise bei der Ermittlung von Einstellungen gegenüber einem Objekt (z.B. Automobil) nicht nur abgefragt, welche Attribute (z.B. Schnelligkeit, Sicherheit, Sportlichkeit etc.) dem Gegenstand zugeschrieben werden, sondern auch wie wichtig dieser Aspekt für den Befragten ist.

*Diskrepanz-Modell*

Andere Skalen versuchen, den Abstand von einem **gedachten Ideal** zur bestehenden Realität zu messen. So stellt man etwa das Ideal-Image (z.B. die „ideale Bank") und das faktische Bild (z.B. das Image der Dresdner Bank) einander gegenüber (Trommsdorff-Modell). Ähnlich konfrontiert man bei der Messung von Arbeitszufriedenheit einen gedachten Idealzustand mit dem tatsächlichen Ist-Zustand und gewichtet das erhaltene Distanzmaß zusätzlich mit der subjektiven Bedeutung für den einzelnen. Nach dem gleichen Prinzip ermittelt man Einstellungen zu sich selbst (Real-Selbst) und vergleicht es mit dem Wunsch, wie man gern sein möchte (Ideal-Selbst).

*Probleme der Skalentechnik*

Ohne damit die insgesamt vorliegenden und z.T. methodisch sehr ausgetüftelten Skalen-Modelle auch nur benannt zu haben, sollten wir zum Schluß auf einige grundlegende Probleme der Skalenanalyse hinweisen. Abgesehen von den bereits erwähnten meßtechnischen Fragen der Dimensionalität, der gleichen Intervalle oder der Bestimmung des Null-Punktes finden wir häufig, daß die Skalentechnik zu „flach" ist, um unterschiedliche Komponenten der Einstellung bzw. Erlebensformen, die hinter diesen Einstellungen stehen, angemessen abzubilden. So zeigt sich etwa bei der Erforschung von Arbeitszufriedenheit, daß unterschiedliche subjektive Erlebnis- und Verarbeitungsformen trotzdem zu identischen Skalenwerten führen können. Außerdem zeigt sich häufig eine Art Asymmetrie der Erlebnisinhalte bezüglich polarer Begriffe: So konnte demonstriert werden, daß das „erlebnismäßige" Gegenteil von Zufriedenheit keineswegs Unzufriedenheit und daß das „ psycho-logische" Gegenteil von Optimismus keineswegs Pessimismus ist.

86

Vor allem muß bedacht werden, daß Skalen im allgemeinen Einstellungen messen, so daß die Meßmethode hier oftmals die **Schwächen der Einstellungsforschung** reflektiert (vgl. 2. Kap. A 1.3). Dort zeigt sich z.B., daß Einstellungen keineswegs immer und vor allem nicht immer in direkter Weise adäquat Verhaltensweisen repräsentieren. So sind Einstellungsmessungen oftmals nach dem Prinzip der „sozialen Erwünschtheit" abgefälscht. Auch werden manche Einstellungen (z.B. umweltfreundliche oder ausländerfeindliche Haltungen) nicht in die Realität umgesetzt (sei es aus ökonomischen Gründen oder wegen der Bremskraft sozialer Normen). Allerdings gibt es mittlerweile einige Verfahren (z.B. Fishbein/Ajzen 1975), die geeignet sind, die Kluft zwischen Einstellung und Verhalten zu verringern.

*Schwächen des Einstellungskonzepts*

*Einstellung und Verhalten*

## 2.2.2 Zur Frage der Auswahl

Im Hinblick auf die Auswahlverfahren ist zunächst zu klären, welche Einheiten einer Untersuchung zugrunde liegen sollen. Als **Untersuchungseinheit** bezeichnet man denjenigen Ausschnitt der Wirklichkeit, der einer Stichprobe zugrunde gelegt wird, auf die sich die Auswahl bezieht. In der Regel ist die Untersuchungseinheit identisch mit der **Aussageeinheit**: Die Ergebnisse und Aussagen der Untersuchung beziehen sich auf die Untersuchungseinheit. Demgegenüber bezeichnet man als **Erhebungseinheit** diejenige Selektionsmenge, die die Auswahl repräsentiert. In besonderen Fällen ist die Untersuchungseinheit mit der Erhebungseinheit identisch:

*Auswahleinheiten*

Man spricht dann von **Vollerhebung**, z.B. alle betroffenen Haushalte, alle Mitglieder eines Betriebes, alle Insassen eines Gefängnisses, alle Lehrer, alle Anlieger usw. Das andere Extrem wäre eine **Einzelfall-Studie**: Hier wird z.B. **ein** Betrieb stellvertretend für alle vergleichbaren Betriebe untersucht.

*Vollerhebung und Teilerhebung*

Bei **Teilerhebungen** – sie sind die Regel – entsteht das Problem, nach welchen Auswahlkriterien die Stichprobe gewählt werden soll. Die Entscheidung, welches Auswahlverfahren man anwenden sollte, hängt vom Forschungsproblem, von der Methode und von der Homogenität/Heterogenität der Grundgesamtheit ab. Dabei stehen als **Hauptformen der Stichprobenauswahl** zur Debatte:

**(1)** die **Zufallsauswahl**: Jedes Element der Grundgesamtheit hat die prinzipiell gleiche Chance, einbezogen zu werden;
**(2)** die **bewußte Auswahl**: Elemente mit bestimmten Merkmalen werden bevorzugt in die Auswahl einbezogen.

*Auswahlverfahren*

Die Wahrscheinlichkeitsauswahl ist am ehesten geeignet, Aussagen aufgrund einer repräsentativen Stichprobe auf die Grundgesamtheit zu generalisieren. Der Zufallsauswahl liegt ein Modell der **Normalverteilung** zugrunde, die bei entsprechend großen Fallzahlen mehr oder weniger gut abgebildet wird. Dabei wird der statistische Zufallsfehler berechenbar, die Irrtumswahrscheinlichkeit (Standardabweichung) abschätzbar.

*Wahrscheinlichkeitsauswahl*

Selten ist die Untersuchungseinheit die Gesamtbevölkerung – schon deshalb, weil z.B. die Verhaltensweisen oder die Einstellungen von Pensionären für bestimmte Problemstellungen irrelevant sind. In politischen Umfragen geht es beispielsweise um die Einstellungen der Wahlberechtigten, in Marktforschungsanalysen um die Meinungen der potentiellen Käufer, meist nach bestimmten Segmenten (z.B. Raucher, Nichtraucher oder detaillierter: Raucher starker/schwacher Zigaretten, starke Raucher/Gelegenheitsraucher usw.). Ein Problem liegt häufig darin, wie der Forscher an die Merkmalsträger herankommt, die die Stichprobe bestimmen (z.B. Homosexuelle, Besitzer von Autotelefonen, professionelle Diebe, berufstätige Mütter, Angehörige der Unterschicht, Impotente, Personen mit schwachem Selbstbild, Angehörige krisenfester Kleinbetriebe usw.). Man sieht an dieser (etwas kurios wirkenden) Zusammenstellung, daß es offenbar unterschiedlich schwierig ist, genaue Unterlagen und Aufstellungen über die Grundgesamtheit zu erhalten, aus der dann die Stichprobe gezogen werden soll. Im allgemeinen wird man nach Verzeichnissen (Meldekarteien, Adreßbüchern, Telefonbüchern etc.) suchen, die die entsprechenden Angaben enthalten. Vielfach sind jedoch Umwege notwendig, etwa das Ausweichen auf eine höhere Ebene der Aggregation oder aber eine Voruntersuchung, die zunächst der Eingrenzung der Untersuchungseinheit dient. Auch das Vorgehen nach bestimmten Verzeichnissen birgt oftmals die Gefahr der Verzerrung des Samples. Sucht man beispielsweise aus Telefonbüchern aus, so könnte durch die Verfügbarkeit eines Telefons bereits ein „bias" in die Untersuchung gelangen, der für die Ergebnisse bedeutsam werden kann. Auch Verweigerungsquoten verzerren in der Regel die Untersuchungsergebnisse. Geht es beispielsweise um Befragungen aus dem Intimbereich, so dürfte die Rate der Aussagewilligen (oder der Rücksender von Fragebogen) durchaus nicht repräsentativ für die Grundgesamtheit sein.

Das zweite in der Sozialforschung angewendete Auswahlverfahren ist die **bewußte (willkürliche) Auswahl**, nämlich entweder die strukturelle Auswahl (z.B. nach bestimmten Verteilungen, nach strukturellen Merkmalen, nach der Zugehörigkeit zu einer Organisation usw.), oder die Quoten-Auswahl (etwa nach Alter, Geschlecht, Beruf, Ausbildung, Schichtzugehörigkeit etc.). Beim Quota-Verfahren werden der Stichprobe einige Merkmale bzw. Merkmalskombinationen vorgeschrieben, die man im Zusammenhang mit der Problemstellung für bedeutsam hält. Hinsichtlich dieser Merkmale soll dann die Quota-Stichprobe ein verkleinertes Abbild der Grundgesamtheit sein (z.B. im Hinblick auf die Altersverteilung, Geschlechterverteilung usw.). Ein solches Verfahren ist kosten- und zeitsparender als eine Zufallsauswahl, dürfte jedoch für viele Fälle weniger verläßlich sein. Bei kleineren Stichproben bleibt freilich oft keine andere Alternative.

In einigen Fällen hält man einen Teil der Merkmale, die die Analyseeinheiten aufweisen (z.B. Alter von Personen, Größe von Betrieben) für nicht sonderlich relevant. So wird beispielsweise in sozialwissenschaftlichen Laborexperimenten mit Personen (z.B. Studenten) gearbeitet, die sicherlich auf den ersten Blick nicht repräsentativ für menschliches Verhalten schlechthin sind, weshalb man die Generalisierbarkeit der Ergebnisse auch wegen der besonderen Charakteristik der einbezogenen Versuchspersonen bezweifeln könnte. Allerdings geht es hier auch meist um besondere Problemstellungen, so daß die Kriterien statistischer Großerhebungen im Rahmen von Befragungen breiter Bevölkerungsschichten nicht ohne weiteres auf die Experimentalsituation angewendet werden können, weil sie nämlich kaum differentielle Ergebnisse erbringen.

Besondere Schwierigkeiten scheint hier der Begriff der **Repräsentativität** zu machen, wobei man vielfach davon auszugehen scheint, es gebe eine allgemein gültige, für alle Fälle zutreffende Teilmassegröße, um im statistischen Sinne Repräsentativität zu erzielen. Repräsentativität ist jedoch von zahlreichen Bedingungen abhängig, z.B. von der Größe und Homogenität der Gesamtmasse, vom Gegenstand der Erhebung, von der Intensivität der Studie und von der erwarteten Höhe der durch den Erhebungsgegenstand vermittelten Ergebnisausschläge. So werden etwa für Untersuchungen zum Wählerverhalten Samples von 2 000 bis 3 000 Personen angemessen sein, für die Analyse von Werbewirkungen (Werberesonanz) etwa Stichproben von 300 Personen, für den Nachweis von Konformitätseffekten in sozialpsychologischen Experimenten etwa Samples von 30 Personen. Bei der Testung von Kausalhypothesen (z.B. im Experiment) ist Repräsentativität ohnehin nicht das entscheidende Kriterium; hier kommt es eher auf die Kontrolle möglicher Störvariablen an (vgl. Diekmann 1995).

*Repräsentativität*

## 2.2.3 Zur Analyse von Daten

Bereits vor der Konstruktion des Erhebungsinstruments müssen klare Anforderungen an das zu erhebende Datenmaterial gestellt werden. Keinesfalls ist es sinnvoll, zunächst einmal eine Fülle von Daten zu sammeln, um hinterher zu überlegen, welche Aussagen damit getestet werden sollen. Deshalb ist mit Nachdruck **hypothesengeleitete Forschung** zu fordern, um dem Forschungsvorhaben eine eindeutige Struktur zu geben und um die Notwendigkeiten der Auswertung von vornherein zu bestimmen.

Die Auswertungsmodalitäten richten sich nach dem verfügbaren **Datenanalyse-System** (z.B. manuelle Datenverarbeitung, maschinelle Datenverarbeitung, EDV-Programme, z.B. Analyse-„Pakete" wie SPSS usw.). Der Rückgriff auf bereits bestehende Analyse-Systeme hat den Vorteil, daß eine Reihe statistischer Prozeduren (z.B. Korrelationsberechnungen, Signifikanztests, Faktorenanalyse etc.) bereits programmiert vorliegen, so daß die entsprechenden Schritte – insbesondere unter Nutzung des Vorteils der modernen Großrechner – heute relativ rasch und einfach durchgeführt werden können. In Sonderfällen muß ein eigenes Auswertungsprogramm in einer der höheren Programmiersprachen erstellt werden.

*Datenanalyse*

Möglichkeiten zur ersten Sichtung bietet die **Grundauszählung**. Sie liefert Häufigkeitsverteilungen, die zunächst einen rein deskriptiven Charakter haben. Besteht die Absicht, Aussagen über kausale Zusammenhänge zwischen mehreren Variablen zu machen – also echte Erklärungsarbeit zu leisten – so bedarf es der **mehrdimensionalen Analyse** (Signifikanztests, Korrelationsanalyse usw.). Durch **Signifikanztests** kann zunächst geprüft werden, ob zwischen Variablen überhaupt ein mehr als zufäl-

*Signifikanztest*

liger Zusammenhang besteht oder nicht. Die Beschreibung der Art der Beziehung erfolgt durch die **Regressionsanalyse**, wobei die gefundenen Werte eines Streudiagramms auf eine „Hauptlinie" (z.B. lineare oder kurvilineare Verläufe) reduziert werden. Die Stärke des Zusammenhangs wird durch die **Korrelationsanalyse** ermittelt; Korrelationskoeffizienten bewegen sich zwischen 1.00 (vollständiger Zusammenhang), .00 (kein Zusammenhang) und −1.00 (gegenläufiger Zusammenhang).

*Regressions-*
*analyse*
*Korrelations-*
*analyse*

Die hier angesprochene Korrelationsanalyse sollte jedem Studenten der Sozialwissenschaft als eine Art „Handwerkszeug" vertraut sein. Jenseits der Korrelationsstatistik versucht z.B. die **Varianzanalyse** den Anteil (beziehungsweise das Gewicht) des Einflusses einer oder mehrerer Variablen auf das abhängige Merkmal festzustellen. Wenn mehrere abhängige und unabhängige Variablen in die Analyse eingehen, spricht man von **multivariaten Verfahren**. Versucht man mehrere hochkorrelierende Variablen aufgrund statistischer Gemeinsamkeiten auf einen (oder mehrere) hypothetischen Faktor(en) zurückzuführen, so ist von **Faktorenanalyse** die Rede. Dieses Modell geht von der Annahme aus, daß hinter mehreren gemessenen Variablen, die hoch miteinander korrelieren, eine weitere (reduzierte) Größe steht, die sich in den jeweiligen Merkmalen ausprägt, selbst aber nicht direkt meßbar ist.

*Varianzanalyse*

*Multivariate*
*Verfahren*
*Faktorenanalyse*

Diese und andere komplexe Verfahren können in diesem Zusammenhang nicht verfolgt werden; es muß hier auf die einschlägige statistische Literatur hingewiesen werden (z.B. Bortz 1993). An dieser Stelle soll lediglich noch einmal der Zusammenhang zwischen Konzeptualisierung und Auswertung vor allem im Hinblick auf die formulierten Hypothesen hingewiesen werden. Bedenken wir erstens, daß durch die Operationalisierung und durch meßtechnische Verfälschungen häufig eine Verzerrung des tatsächlichen Zusammenhanges auftritt: statt A → X messen wir A → A' → X, wobei gedanklich generalisiert wird: A = A' → X. Bedenken wir zweitens, daß in vielen Fällen (zumal bei der Ermittlung von Korrelationen) keine Rückschlüsse auf kausale Abhängigkeiten gestattet sind, so daß nicht klar ist, welches die abhängige und die unabhängige Variable ist. Eine **Unterscheidung aufgrund der Korrelation** ist dann lediglich durch folgende Überlegungen/Prozeduren möglich:

*Korrelation und*
*Kausalität*

(1) Evidenz von A → X: Eine Umkehrung der Kausalität (X → A) ist unsinnig/unplausibel;
(2) Die Ausgangshypothese läßt (theoriegeleitet) nur den Schluß zu, daß A → X und nicht X → A.
(3) Durch besondere Verfahren (z.B. Pfadanalyse) werden korrelative Aussagen als kausale interpretiert (vgl. Blalock 1972).

Im Einzelfall sind solche Überlegungen außerordentlich schwierig durchzuführen. Nehmen wir an, ein Forscher habe korrelative Zusammenhänge zwischen Arbeitszufriedenheit (AZ) und Leistung (L) ermittelt. Somit kommen als Kausalmodelle die folgenden in Betracht:

(1) AZ → L (hohe oder erhöhte Arbeitszufriedenheit wird auch die Leistung steigern);

**(2)** L → AZ (hohe/erhöhte Leistung bewirkt steigende Arbeitszufriedenheit);

**(3)** AZ ⇄ L (zwischen Arbeitszufriedenheit und Leistung besteht ein interdependenter, wechselseitig kausaler Zusammenhang);

**(4)** L → X → AZ: zwischen den Variablen besteht lediglich dann ein Zusammenhang, wenn X als intervenierende Variable gegeben ist. Beispielsweise könnte Zufriedenheit aus hoher Leistung lediglich dann auftreten, wenn das Individuum auf Grund des Erfolges leistungsmotiviert ist.

**(5)**

$$X$$
$$\downarrow$$
$$L \xrightarrow{\quad} Z$$

Ein Zusammenhang zwischen Leistung und Zufriedenheit ist lediglich gegeben, wenn X vorliegt, z.B. feedback des Vorgesetzten (Interaktions-Effekt).

**(6)**

$$X$$
$$\swarrow \quad \searrow$$
$$L \text{------} AZ$$

Ein Zusammenhang zwischen Arbeitsleistung und Arbeitszufriedenheit ist nur deshalb gegeben, weil beide Größen mit einem Faktor X (z.B. einem bestimmten Führungsstil) positiv variieren. Man spricht auch von einer Scheinkorrelation.

Diese wenigen Anmerkungen zeigen, welche Probleme bei der Auswertung von Korrelationen bestehen. Oftmals lassen sich schwache Korrelationen allein dadurch verstärken, daß zusätzliche Variablen in die Analyse einbezogen werden. Wird beispielsweise der Zusammenhang zwischen Gruppensolidarität und Leistung untersucht, so mag die Korrelation schwach sein (bzw. von Fall zu Fall schwanken). Treten in Untersuchungen starke Schwankungsbreiten der gefundenen Zusammenhänge auf (z.B. r = .4 bis –.6), so ist dies ein sicheres Zeichen dafür, daß etwaige Zusammenhänge lediglich **unter zusätzlichen Bedingungen** auftreten. Im genannten Falle wird die Beziehung zwischen Gruppensolidarität (Kohäsion) und Leistung wohl nur dann hoch sein, wenn die Gruppe überwiegend leistungsorientiert ist und gleichzeitig eine hohe Zielinduktion (Betonung der Leistungsziele) besitzt. Untersuchen wir den Einfluß der Interaktionshäufigkeit auf die Ausprägung von Sympathie, so werden wir z.B. finden, daß ein positiver Zusammenhang zwischen beiden Größen wohl nur auftritt, wenn zusätzlich die Merkmalsausprägung „Grad der Freiwilligkeit der Interaktionsbeziehung" ermittelt wurde. Auch hier ist im übrigen von vornherein nicht klar, welches genau die abhängige und welches die unabhängige Variable ist. Möglicherweise führt die Erhöhung der Interaktionshäufigkeit zu steigender Sympathie; andererseits ist aber auch plausibel, daß Personen vor allem dann häufig interagieren, wenn sie sich gegenseitig sympathisch finden. Jedoch wäre es voreilig, eine stetige oder symmetrische Interdependenzbeziehung zu unterstellen. Ätiologisch gesehen mag „Sympathie" eine Selektionsvariable für Interaktion sein. Im weiteren Verlauf dürfte „Interaktionshäufigkeit" eher als unabhängige Variable in Betracht kommen, so daß diese Kausalbeziehung stärker durchschlägt.

*Einbeziehung zusätzlicher Variablen*

Dies sind alles noch sehr einfache Zusammenhänge. Die Soziologie hat es aber vielfach mit wesentlich **komplexeren Sachverhalten** zu tun:

*Komplexe Zusammenhänge*

- **Interdependenzen** statt einfacher Kausalität;
- **Interaktionseffekte**, d.h. die Variablen wirken nur im Zusammenhang;
- **nicht-lineare Beziehungen** statt linearer Additivität;

- **lange Inferenzketten** statt evidenter Zusammenhänge;
- **multivariate Zusammenhänge** statt einfacher bivariater Beziehungen.

*Multivariate Analyse*

Das Vorliegen komplexer Sachverhalte, bei denen mehrere abhängige und unabhängige Variablen einzubeziehen sind, hat zur Abkehr von bivariaten Verfahren geführt, in denen Zusammenhänge step-by-step überprüft werden. In der **multivariaten Analyse** geht es darum, in „einem Aufwasch" ein ganzes Modell zu überprüfen. Die **Pfadanalyse** (und das hierbei bevorzugte Programm LISREL) bietet hierzu die Möglichkeit.

*Beispiel einer Pfadanalyse*

Geben wir hierzu ein Beispiel: Hill (1984) versuchte, die soziale Distanz von Deutschen gegenüber Ausländern durch 10 Variablen zu erklären: Alter, Beruf, Ausländeranteil im Stadtteil, Ausländeranteil im Wohngebiet, Autoritarismus, Arbeitsplatzunsicherheit, wahrgenommene Vorbehalte der Bezugsgruppe gegenüber Ausländern, wahrgenommene Ausländerkonzentration im Wohngebiet, tatsächliche Kontakte zu Ausländern und Vorurteile gegenüber Ausländern. Zwischen diesen Variablen sowie der abhängigen Variablen „soziale Distanz" ergibt sich folgendes Kausalmodell:

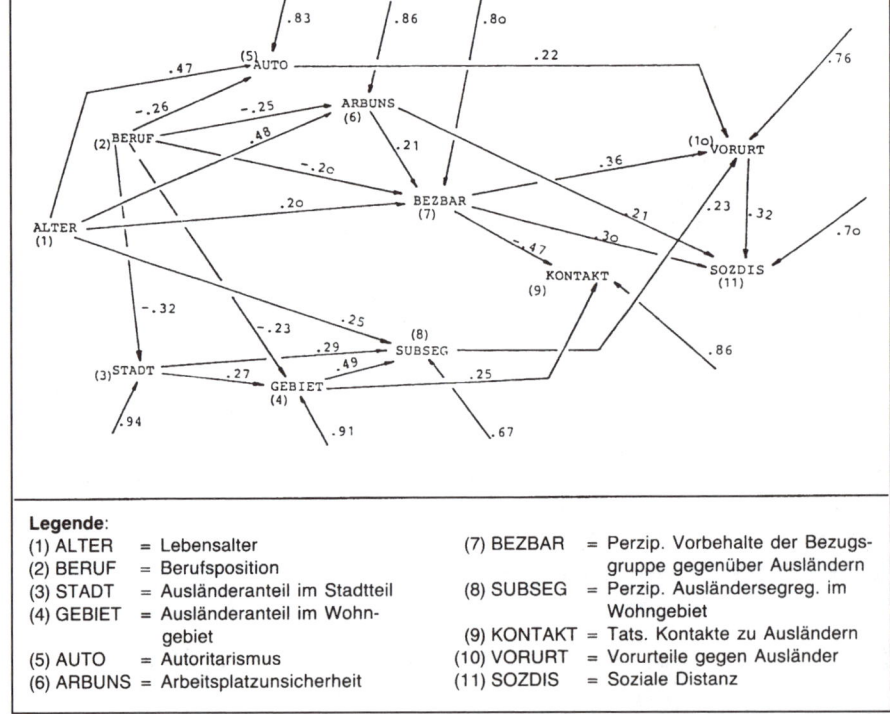

**Legende:**
(1) ALTER = Lebensalter
(2) BERUF = Berufsposition
(3) STADT = Ausländeranteil im Stadtteil
(4) GEBIET = Ausländeranteil im Wohngebiet
(5) AUTO = Autoritarismus
(6) ARBUNS = Arbeitsplatzunsicherheit

(7) BEZBAR = Perzip. Vorbehalte der Bezugsgruppe gegenüber Ausländern
(8) SUBSEG = Perzip. Ausländersegreg. im Wohngebiet
(9) KONTAKT = Tats. Kontakte zu Ausländern
(10) VORURT = Vorurteile gegen Ausländer
(11) SOZDIS = Soziale Distanz

**Abb. 9:** Ein Pfadmodell zur Erklärung sozialer Distanz (nach Hill 1984)

Die Pfadkoeffizienten geben den Zusammenhang zwischen je zwei Variablen wieder, wenn alle anderen Variablen statistisch konstant gehalten werden. Die Pfeile entsprechen jeweils der angenommenen Kausalrichtung.

Freilich ersetzen auch die komplexesten pfadanalytischen Modelle nicht die Theorie. Jedes Modell der Wirkungspfade ist theoriegebunden zu spezifizieren. Denn letzten Endes geht es nicht allein um irgendwelche Zusammenhänge; diese müssen aufgrund irgendeiner deduktiv steuernden Theorie **erklärt** werden. Denn sonst erschöpft sich wissenschaftliche Aktivität in einer „Variablen-Soziologie" (Hartmut Esser), die in einem Wust von Variablen gleichsam erstickt und keine echten Erklärungen stiftet.

*„Variablen-Soziologie"*

Im Bereich der Mikrosoziologie sind kausale Erklärungen häufiger zu erbringen als in makrosozialen Zusammenhängen, wo oftmals lediglich **strukturelle Hypothesen** formuliert werden (z.B. „Die Gefahr von Krisen der institutionellen Sicherung von Selektionsprozessen nimmt… in dem Maße ab, wie die Differenzierungsstrukturen der ökonomischen, politischen und kulturellen Macht in einer Gesellschaft nicht wenige homogene Konfliktgruppen, sondern **multiforme Strukturen** mit fließenden Übergängen zwischen den einzelnen Gruppen entstehen lassen"; Giesen 1980, 118 f.). Durch solche Beispiele wird klar, wie weit makrosoziologische Betrachtungen sich oftmals von empirischer Einlösbarkeit entfernen. Hier bedarf es zahlreicher Präzisierungs- und Reduktionsschritte, um derlei Aussagen für die empirische Sozialforschung zugänglich zu machen.

*Strukturelle Hypothesen*

Überhaupt werden wir bei der nun folgenden kurzen Erörterung der wichtigsten Forschungstechniken finden, daß diese in starkem Maße auf **Individuen** bezogen sind und infolgedessen einen ausgeprägten individualistischen Zug aufweisen. Befragung, Beobachtung, Experiment: Überall stehen Menschen im Vordergrund; Menschen werden über ihre Einstellungen befragt, Menschen werden im Hinblick auf ihr Verhalten beobachtet, Menschen werden im Experiment zu Versuchspersonen. Es ist einleuchtend, daß bei einer solch individualistischen Vorgehensweise manche Fragestellungen der überwiegend kollektivistisch orientierten Makrosoziologie (etwa der Systemtheorie) durch die gängigen Methoden der empirischen Sozialforschung nicht abgebildet und oftmals nur durch zahlreiche Vermittlungsschritte – etwa in Form der Mehrebenenanalyse – eingelöst werden können. Diese Schwierigkeiten erklären im übrigen auch das gebrochene Verhältnis, das viele Makrosoziologen im Hinblick auf den empirischen Test ihrer Aussagen haben.

*Empirische Einlösbarkeit soziologischer Thesen*

## 2.3 Zentrale Erhebungsmethoden

## 2.3.1 Die Befragung

Innerhalb der Soziologie – vielleicht mit Ausnahme des symbolischen Interaktionismus – dürfte die Befragung die häufigst angewandte Erhebungstechnik sein. Auch hierzu muß auf die Spezialliteratur verwiesen werden (z.B. Anger 1969; Phillips

1970; Scheuch 1973; Holm 1975–1979); wir können in diesem Zusammenhang nur einige Anmerkungen zur ersten Orientierung machen.

*Fakt- und Meinungsfragen*

Zunächst einige Unterscheidungen. Im Hinblick auf die **Befragungsinhalte** wird häufig zwischen Faktfragen (z.B. nach dem Alter, dem Tagesablauf) und Meinungsfragen (z.B. gegenüber einem Politiker oder einem Produkt) unterschieden. Soweit es sich um Meinungsfragen handelt, berühren wir damit wieder die gesamte theoretische und methodische Problematik der Einstellungsmessung sowie der Relevanz dieser Einstellungen für faktisches Verhalten (z.B. für Wählerverhalten, Kaufverhalten). Die hier angesprochene „Lehre von der Frage" findet demnach ihren theoretischen Bezugspunkt in der Einstellungsforschung sowie in einer Bedeutungsanalyse von „Sprache" als dem „Vehikel" des Kommunikationsprozesses.

Nach der **Befragungsform** kann zwischen mündlicher und schriftlicher Befragung unterschieden werden. Bei schriftlichen Befragungen ergeben sich gewisse Kontrollprobleme, zumal die jeweilige Rücklaufquote die Ergebnisse für manche Problemstellung verzerren dürfte. Eine besondere Form der Befragung ist die telefonische Umfrage, die insbesondere dann angewandt wird, wenn die Ergebnisse schnell vorliegen müssen.

*Querschnitt- und Längsschnitt- analysen*

Nach der **Frequenz** unterscheiden wir einmalige und mehrmalige Befragungen. Gelegentlich wird auch von Querschnitt- und Längsschnittanalysen gesprochen. Bei **Längsschnittuntersuchungen** werden Verläufe und Entwicklungen getestet. So legt man beispielsweise die gleiche Fragenbatterie nach Ablauf einiger Jahre (Monate) erneut einem repräsentativen Personenkreis vor (Beispiel: Wandel der Einstellung von Jugendlichen zur Arbeit 1970/1980) oder aber dem gleichen Personenkreis (Beispiele: Änderung von politischen Einstellungen im Lebenszyklus, Studienzufriedenheit in mehreren Semestern). Eine Sonderform der Längsschnittuntersuchung ist das Panel: Hier wird ein bestimmter Personenkreis systematisch und wiederholt zum gleichen Thema (z.B. Konsumverhalten) befragt.

*Gruppen- befragung*

Nach den **Interviewpartnern** unterscheidet man Einzelinterviews von Gruppenbefragungen. Bei **Gruppenbefragungen** entsteht häufig das Problem wechselseitiger Beeinflussung oder Störung. Auch kristallisieren sich häufig ein oder mehrere „Meinungsführer" in der Gruppe heraus, die stellvertretend antworten. Für einige Problemstellungen – z.B. Erforschung von Gruppenprozessen – sind diese interaktiven Effekte nicht Störfaktoren, sondern das eigentliche Untersuchungsobjekt. Vom Gruppeninterview abzuheben ist die Technik der **Gruppendiskussion**; sie dient oftmals der Erarbeitung von Lösungsvorschlägen oder dem Auffinden einer einheitlichen Meinung.

*Offene und geschlossene Fragen*

Nach dem **Strukturierungsgrad** unterscheiden wir offene und geschlossene Frageformulierungen. Das Grundproblem bei geschlossenen Fragen ist, daß die Strukturvorgabe den Umkreis dessen eingrenzt, was als mögliches Ergebnis überhaupt in Betracht kommt. Offene Fragen sind meist schwieriger auszuwerten, erschließen jedoch u.U. mehr Antwortmöglichkeiten als in expliziten Vorgaben enthalten sind. Eine Sonderform der Befragung ist die indirekte Fragetechnik, bei der man die Antworten nicht direkt anpeilt, sondern auf projektiven Umwegen erschließt. Derlei projektive Verfahren sind auch typisch für das sog. **Intensivgespräch** (Tiefen-Interview), bei dem man durch häufiges Nachhaken und tiefes Ausloten von Empfindungen, Gefühlen, Motivationen, Erlebensformen usw. Sachverhalte aufdecken will, die bei eher oberflächlichen, strukturierten Verfahren verlorengehen würden. Die Länge eines solchen Interviews ist allerdings noch kein Maßstab für die Qualität des Inhalts: Je ausgedehnter die Studie, desto höher der Anteil irrelevanter Aussagen und mithin die Schwierigkeit der Auswertung von Ergebnissen. Daher sind solche Methoden wohl vor allem für die Explorationsphase geeignet, so daß die passagere Rolle unterstrichen wird, die jene unstrukturierten Verfahrensweisen im Forschungsprozeß spielen, indem ihre Bedeutung mehr oder weniger auf die Formulierung von Arbeitshypothesen reduziert bleibt.

*Intensiv-gespräch*

Die Befragung ist eine **Interaktionssituation**; daher ist diese Methode das Einfallstor möglicher Fehler und Störfaktoren, die uns aus der Interaktionsforschung bekannt sind: z.B. der Einfluß bestimmter Erwartungen und sozialer Wahrnehmungen, naive Annahmen über den Zweck der Befragung, bewußte oder unbewußte Fehlsteuerung der Kommunikation usw. Man spricht hier allgemein von einer **Reaktivitätsproblematik**. Sie besteht darin, daß der Befragte nicht nur auf die Fragen, sondern auch auf zahlreiche andere Faktoren in der Erhebungssituation reagiert. Dabei gehen die verfälschenden Wirkungen entweder vom Befrager aus (Interviewer-Effekte) oder aber vom Befragten (Befragten-Effekte). Mittlerweile gibt es in der Methodendiskussion einen „Schulenstreit" zwischen „Instrumentalisten" und „Interaktionisten"; die letzteren betrachten die erwähnten Interaktionseffekte keineswegs als Störfaktoren und halten dementsprechend Versuche für aussichtslos oder gar unerwünscht, diese interaktiven Effekte zu beseitigen. Allerdings dürfte es kaum möglich sein, Daten, die aus hochreaktiven Befragungen resultieren, zu aggregieren.

*Reaktivitäts-problematik*

Als Befrager- oder **Interviewer-Effekte** bezeichnet man jene (Stör)-Faktoren, die durch bewußte oder unbewußte, absichtslose oder absichtsvolle Verhaltensweisen des Interviewers bewirkt werden. Ein häufiger Fall ist der, daß der Fragende die Antwort nahelegt bzw. dem Befragten „in den Mund legt" (oftmals enthält bereits die Frage eine solche „Drift"; man spricht von „leading question"). Auch kann er bestimmte Antwortmuster „verstärken", in dem Sinne, daß er lediglich bestimmte Antworten mit Wohlwollen (verbal oder durch Kopfnicken) vermerkt, andere dagegen vielleicht durch Stirnrunzeln oder Kopfschütteln „bestraft". „Gesucht" ist also ein Interviewer, der keinerlei methodenverfälschende Stimuli bietet, die den Verlauf und die Ergebnisse der Befragung beeinflussen und irgendwelche Erwartungen seitens des Befragten auslösen können.

*Interviewer-Effekte*

Als **Befragten-Effekte** bezeichnet man jene (Stör)-Faktoren, die der befragten Person anzulasten sind. Hierzu gehört z.B. der Wille oder Unwille, es dem Interviewer „recht zu machen", d.h. das Auftreten unterschiedlicher Grade von Konformität oder Widerstand in der Befragungssituation. Hinzu kommt das Problem des **Überfragt-Seins**, das unterschiedliche Wurzeln haben kann: (1) Der Befragte begreift die Frage nicht oder mißversteht sie. (2) Der Befragte ist mit einer hypothetischen Situation

*Befragten-Effekte*

konfrontiert, die er sich erst kognitiv „zurechtlegen" muß. (3) Der Befragte soll irgendwelche Aussagen über Zukunftsereignisse machen, die ihn in der jetzigen Gesprächssituation überfordern. (4) Der Interviewte soll Auskunft über einen bestimmten Verhaltensablauf (z.B. den Tagesablauf am vorigen Dienstag) abgeben. (5) Der Proband soll Auskunft über bestimmte Beweggründe seines Handelns (Motive) geben, die er sich vielleicht selbst nur unzureichend bewußtmachen kann.

*Gründe und Begründungen*

„The art of asking why" (Lazarsfeld) ist in der Tat ein Kernproblem und ist zugleich eine Grenze der Befragungstechnik. Bewußte Motive sind dem Befragten meist mehr oder weniger einsichtig; falsche Antworten resultieren dann aus einer bewußten Täuschung (Scheinmotive). Unbewußte Motive sind dem Handelnden meist nicht bekannt. Da es schwer erträglich ist, seine eigenen Motive nicht zu kennen, „erfindet" der Mensch irgendwelche Gründe oder Begründungen (Kulissenmotive). In solchen Fällen gibt der Handelnde meist solche Motive an, von denen er glaubt, daß sie

- **naheliegend** sind, also von anderen ohne weiteres verstanden werden;
- **vernünftig** sind, also von anderen als rational eingestuft werden;
- **sozial erwünscht** sind, also von anderen gesellschaftlich akzeptiert werden.

Hierbei ist zunächst zu sehen, daß die Kommunikationssituation in der Befragung über das Medium „Sprache" vermittelt wird, die bestimmte „kognitive Hülsen" auch im Sinne von **Begründungsstrategien** bereithält. Durch die sprachliche Formulierung einer Frage und verstärkt noch durch die Vorgabe von Antwortkategorien wird ja der Befragte auf bestimmte „kognitive Schienen" gedrängt, aus deren Immanenz er dann nicht mehr ausbrechen kann.

*Rationalisierung*

Die Strategie der – von Freud und Vierkandt so genannten – **Rationalisierung** bewirkt ferner, daß Befragte bevorzugt solche Antworten geben, die irgendwie „vernünftig" klingen. Diese Verzerrungstendenz gilt deshalb, weil Menschen im allgemeinen (vor sich selbst und vor anderen) nicht gerne zugeben, irrational, emotional oder impulsiv gehandelt zu haben, insbesondere wenn sie Träger einer zur Rationalität verpflichteten Rolle sind (z.B. Einkaufsleiter).

*Soziale Erwünschtheit*

Ein damit verwandter Antwortstil besteht in der Tendenz, **sozial erwünschte** Antworten zu geben (social desirability). Dies geschieht in der Absicht, sich konform mit bestimmten Normen zu verhalten und sich selbst möglichst positiv darzustellen. So wird beispielsweise ein Befragter bei der Auswahl möglicher Motive für den Kauf eines Automobils bevorzugt nennen: „aus Sicherheitsgründen"; dagegen wird er kaum nennen: „aus Prestigegründen". Die Frage „Wie oft wechseln Sie Ihre Unterwäsche?" wird ebenso einer Verzerrungstendenz unterliegen wie die Frage „Wie oft betreiben Sie Geschlechtsverkehr?" (was jedoch die Kenntnis einer Norm voraussetzt, die ihrerseits möglicherweise zirkulär über die Veröffentlichung von Befragungsergebnissen inszeniert wird).

Zu den sozial erwünschten Tatbeständen gehört es im übrigen auch, zu den erfragten Sachverhalten überhaupt eine Meinung zu haben. Auf diese Weise wird eine Einstellung künstlich über den Effekt der „social desirability" hergestellt. Auch läßt sich zei-

96

gen, daß Befragte immer dann, wenn sie den Sinn einer Frage überhaupt nicht verstanden haben, verstärkt mit Zustimmung reagieren.

## 2.3.2 Die Beobachtung

Unter Beobachtung versteht man die „zielgerichtete Erfassung der aktuellen Umwelt durch die Sinnesorgane (nicht nur visuell) und die Registrierung des Erfaßten in Informationseinheiten" (Atteslander, 1995, 144). Für detaillierte Fragestellungen muß wiederum auf die Spezialliteratur verwiesen werden (etwa König 1973; Grümer 1974; Faßnacht 1979).

Auch hier zunächst wieder einige Unterscheidungen. Beobachtungsverfahren können mehr oder weniger **systematisch/unsystematisch** sein. Aber ähnlich wie auch bei der Befragung die Auswahl der Fragen und die jeweilige Fragetechnik durch eine forschungsleitende Theorie bestimmt sein soll, so hat diese auch im Falle der Beobachtung Selektionskriterien bereitzustellen, was überhaupt beobachtet werden soll. Da Wahrnehmungsprozesse immer auch schon im Lichte mehr oder weniger explizit formulierter Theorien (auch „Laientheorien", bzw. „Alltagstheorien") ablaufen, ist ein Minimum an „Systematisierung" ohnehin jedem Beobachtungsvorgang inhärent. Ein gewisses „System" ist auch dadurch gegeben, daß man sich gewöhnlich auf bestimmte **Beobachtungseinheiten** beschränkt: Dies sind diejenigen Bestandteile in einem sozialen Ablauf, die als kleinste Einheiten zur Analyse des Verhaltens angesehen werden (z.B. Personen, Verhaltensakte, Situationen, Episoden).

*Systematische Beobachtungen*

Nach der Strukturiertheit wird zwischen **strukturierten** (standardisierten) und **unstrukturierten** (unstandardisierten) Beobachtungsverfahren unterschieden. Für eine weitgehende Strukturierung spricht die wissenschaftliche Objektivierbarkeit und Auswertbarkeit der Ergebnisse. Anderseits ist mit strukturellen Vorgaben der Umkreis dessen beschnitten, was u.U. zusätzlich beobachtet werden könnte. Deshalb kann man eventuell auch zweistufig vorgehen, indem man in einem ersten Schritt zunächst – immer bezogen auf ein mehr oder weniger explizites Theorieschema – die relevanten Beobachtungsdimensionen ermittelt.

*Strukturierte Beobachtungen*

Ein bekanntes Beobachtungsschema stammt von Bales (1950), das für die Analyse von Diskussionsgruppen entwickelt wurde (vgl. Übersicht 11). Die Beobachter haben dabei – jeweils getrennt – die Äußerungen und Reaktionen der Teilnehmer nach Maßgabe eines vorgegebenen Kategorienschemas zu protokollieren. Dabei interessierte Bales insbesondere, welche Problemlösungsmechanismen in Gruppen eingesetzt werden, wobei er zwischen zwei großen Bereichen trennte: einmal in Interaktionsvorgänge, die auf die Bewältigung einer Aufgabenstellung abheben und zum zweiten in Interaktionen, die in irgendeiner Weise das „Gruppenklima", also die sozial-emotionale Atmosphäre während der Diskussion betreffen.

*Bales' Beobachtungsschema*

Ein zweites Kriterium betrifft die Unterscheidung zwischen **offener** und **verdeckter Beobachtung**. Im Falle der offenen Beobachtung weiß der Beobachtete, daß er beobachtet wird, auch wenn er dies im weiteren Zeitablauf mehr oder weniger „ver-

*Offene und verdeckte Beobachtung*

gessen" mag. Verdeckte Beobachtung wird häufig im Labor praktiziert, z.B. durch Einweg-Spiegel. Verdeckt ist eine Beobachtung auch dann, wenn dem Beobachteten der eigentliche Beobachtungszweck verborgen bleibt.

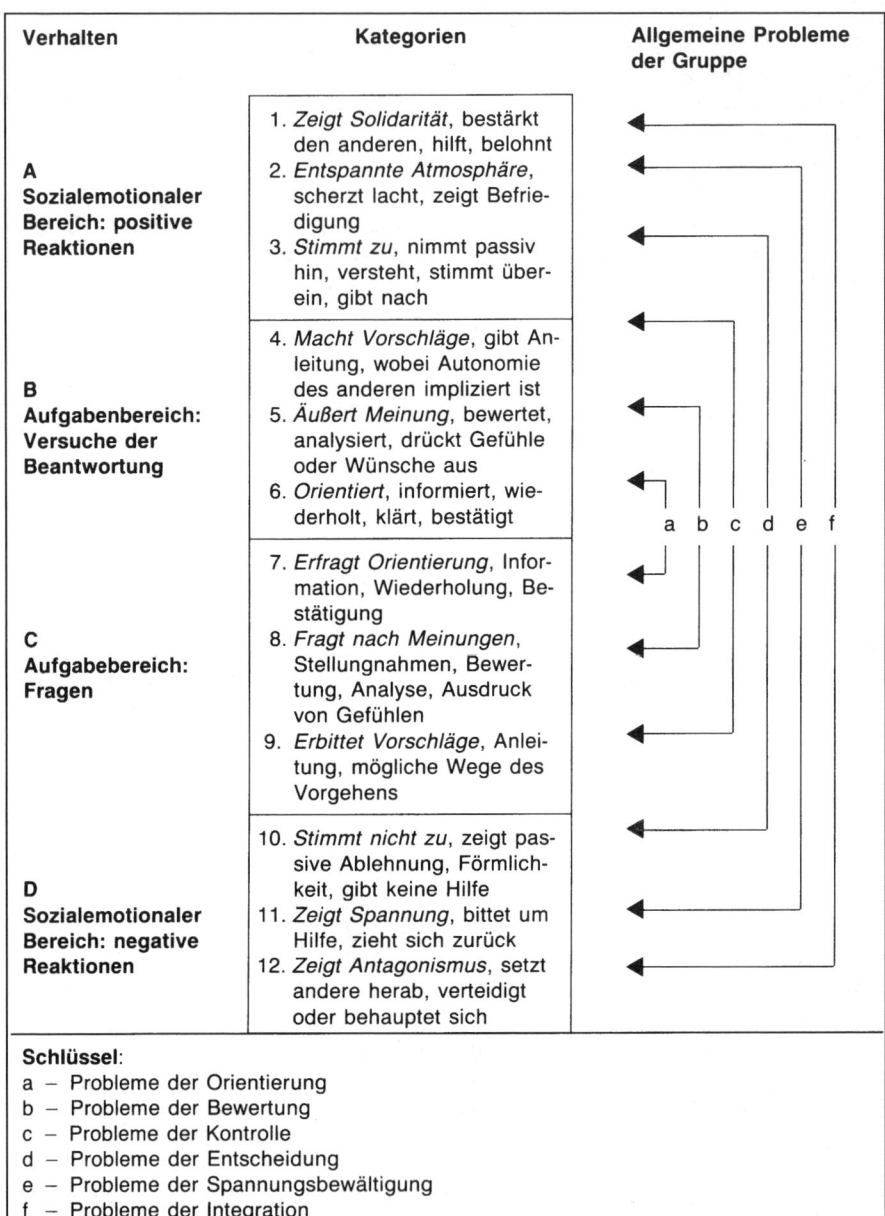

| Verhalten | Kategorien | Allgemeine Probleme der Gruppe |
|---|---|---|
| **A** **Sozialemotionaler Bereich: positive Reaktionen** | 1. *Zeigt Solidarität*, bestärkt den anderen, hilft, belohnt<br>2. *Entspannte Atmosphäre*, scherzt lacht, zeigt Befriedigung<br>3. *Stimmt zu*, nimmt passiv hin, versteht, stimmt überein, gibt nach | |
| **B** **Aufgabenbereich: Versuche der Beantwortung** | 4. *Macht Vorschläge*, gibt Anleitung, wobei Autonomie des anderen impliziert ist<br>5. *Äußert Meinung*, bewertet, analysiert, drückt Gefühle oder Wünsche aus<br>6. *Orientiert*, informiert, wiederholt, klärt, bestätigt | a  b  c  d  e  f |
| **C** **Aufgabebereich: Fragen** | 7. *Erfragt Orientierung*, Information, Wiederholung, Bestätigung<br>8. *Fragt nach Meinungen*, Stellungnahmen, Bewertung, Analyse, Ausdruck von Gefühlen<br>9. *Erbittet Vorschläge*, Anleitung, mögliche Wege des Vorgehens | |
| **D** **Sozialemotionaler Bereich: negative Reaktionen** | 10. *Stimmt nicht zu*, zeigt passive Ablehnung, Förmlichkeit, gibt keine Hilfe<br>11. *Zeigt Spannung*, bittet um Hilfe, zieht sich zurück<br>12. *Zeigt Antagonismus*, setzt andere herab, verteidigt oder behauptet sich | |

**Schlüssel:**
a – Probleme der Orientierung
b – Probleme der Bewertung
c – Probleme der Kontrolle
d – Probleme der Entscheidung
e – Probleme der Spannungsbewältigung
f – Probleme der Integration

**Übersicht 11:** Beobachtungsschema von BALES (1950)

Eine dritte Unterscheidung ist die zwischen **teilnehmender und nichtteilnehmender** Beobachtung. Im Falle des Bales-Verfahrens nimmt der Beobachter nicht am Geschehen teil und beeinflußt in keiner Weise den Interaktionsvorgang. Bei teilnehmender Beobachtung ist wiederum danach zu unterscheiden, ob der Beobachter in seiner (Beobachtungs)-Rolle bekannt oder unbekannt ist, ob er im Interaktionsprozeß eine aktive Rolle übernimmt oder sich auf seine Beobachterrolle beschränkt etc. Das wohl berühmteste Beispiel einer teilnehmenden Beobachtung stammt von Whyte (1971), indem er sich in semi-kriminelles Milieu begab und seine klassische Analyse über die „street corner society" erarbeitete. Zahlreiche andere Analysen dieser Art entstammen vielfach dem Umkreis des abweichenden Verhaltens: teilnehmende Beobachtungen im Gerichtssaal, im Strafvollzug, in Heil- und Pflegeanstalten, in homosexuellen Kreisen, in der Prostituierten-Szene usw.

*Teilnehmende Beobachtung*

Abgesehen vom Beobachtungsinstrument – z.B. zu enges oder zu „schiefes" Beobachtungsschema, falsche Zeitpläne usw. – können eventuelle Fehlerquellen auch hier dem Beobachter oder dem Beobachteten angelastet werden. **Beobachteten-Effekte** sind naheliegenderweise dann gegeben, wenn sich der Proband unter dem Eindruck der Beobachtung anders (z.B. vernünftiger, besonnener, einsatzfreudiger usw.) verhält. Insofern ist die verdeckte Beobachtung als nicht-reaktives Verfahren verläßlicher.

*Beobachteten-Effekte*

**Beobachter-Effekte** treten insbesondere dann auf, wenn der Beobachter zu seinem Beobachtungsobjekt zu viel oder zu wenig Distanz hat. Zu große Distanz schafft zwar u.U. Objektivität und Neutralität, kann jedoch auch einen Mangel an Einfühlung in die jeweilige Person oder Situation bedeuten, so daß der Sinngehalt der Beobachtung nicht erfaßt wird, die Beobachtung also nur periphere oder gar irrelevante Ereignisse aufzeichnet. Zu geringe Distanz – z.B. im Rahmen teilnehmender Beobachtung – mag bedeuten, daß der Beobachter durch starke Ich-Beteiligung und durch zu intensive Einfühlung die Objektivität als Forscher verliert. So hat man insbesondere bei längerfristiger aktiv teilnehmender Beobachtung gewisse „Sozialisations-Effekte" feststellen können, etwa in der Weise, daß der Beobachter den Standpunkt der Beteiligten übernimmt oder ihn zumindest zu rechtfertigen sucht.

*Beobachter-Effekte*

Vielfach wird betont, daß zum Beobachten notwendigerweise das „Verständnis und die zutreffende Interpretation des subjektiven Sinns und der sozialen Bedeutung einer bestimmten Handlung oder Verhaltenssequenz" (Mayntz et al. 1971, 87) gehört. Diese an sich berechtigte Forderung führte insbesondere seitens des symbolischen Interaktionismus (vgl. 1. Kap. C) zur Ablehnung „atomistischer" Beobachtungsschemata (wie sie etwa das Bales-Kategorien System verwendet) und zur bevorzugten Anwendung einfühlsamer teilnehmender Beobachtungsverfahren. Dabei begegnen uns hier die gleichen Argumente, wie sie von den Anhängern der **verstehenden Methode** vorgebracht werden und wie wir sie im Abschnitt über Forschungslogik bereits kritisch behandelt haben. Wir stützen die Aussage von Mayntz insofern, als es darum geht, das „Verstehen" aus dem subjektiven Vorfeld wissenschaftlicher Behandlung dadurch zugänglich zu machen, daß die „Kulturwert-Bedeutung" (Max Weber) von Handlungen auf objektiver Ebene ermittelt und Handlungen damit erklärt werden können. „Jede subjektive Interpretation bleibt irrelevant, wenn sie nicht mit einer an-

*Die Bedeutung des Beobachteten*

deren kontrastiert wird, nämlich der subjektiven, aber durch den Zusammenhang der Wissenschaft objektivierten und standardisierten Interpretation des Forschers." (Friedrichs 1990, 270).

## 2.3.3 Weitere Methoden

*Inhaltsanalyse*

Im folgenden werden wir über einige Verfahren referieren, die im Rahmen soziologischer Forschung weniger zentral sind, jedoch für einige Problemstellungen besondere Bedeutung haben. Hier wäre zunächst die **Inhaltsanalyse** zu nennen (auch als Aussagen-, Bedeutungs- oder Dokumentenanalyse bezeichnet). Dabei handelt es sich um eine Forschungstechnik, die der systematischen Beschreibung von Inhalten bestimmter Dokumente dienen soll. Dabei bedarf es einer theoretischen Vorstrukturierung, um durch die angemessene Selektion der Elemente des jeweiligen Inhalts überhaupt zu relevanten Ergebnissen zu gelangen. Gerade die mangelnde Fundierung dieser Vorgehensweise wird häufig beklagt. Während dieses Verfahren der Inhaltsanalyse für die Massenkommunikationsforschung und die Politikwissenschaft sehr zentral ist, wird diese Methode im Rahmen der Soziologie vor allem bei sozialhistorisch-vergleichenden Analysen eingesetzt.

*Soziometrie*

Gelegentlich werden auch solche Verfahren wie **Gruppeninterview** und **Soziometrie** als eigenständige Methoden vorgestellt. Beide sind jedoch Sonderformen der Befragung: Bei der Soziometrie (Moreno) besteht das Ziel der Befragung (oder Beobachtung) darin, negative oder positive Emotionen gegenüber Personen diagrammartig darzustellen (Soziogramm). Die Fragestellungen lauten etwa: „Mit wem würden Sie am liebsten arbeiten/die Freizeit verbringen/die Wohnung teilen" usw. (Mit wem am wenigsten gern?) Das Verfahren gibt wichtige Aufschlüsse über die **Affektstruktur** der Gruppe und macht deutlich, wo die „Stars" (die viele Wahlen auf sich vereinigen) und wo die Außenseiter zu finden sind.

*Gruppeninterview*

Das Gruppeninterview wiederum ist in vielen Formen möglich. Eine Variante besteht in der **separaten** Befragung von Gruppenmitgliedern im Beisein der anderen; mögliche **Gruppeneffekte** (z.B. Konformitätsdruck) können dabei eigens thematisiert werden. Das Gruppeninterview kann jedoch auch dahin ausgeweitet werden, daß es zu einheitlicher Meinungsbildung oder aber zu bestimmten Problemlösungen beiträgt. In diesem Falle spricht man von **Gruppendiskussion** mit mehr oder weniger strikter Zielvorgabe. Als Methode wissenschaftlicher Problemlösung entspricht sie dem **Experten-Rating**; als Methode praktischer Entscheidungsfindung wird sie im Rahmen partizipativer Entscheidungsprozesse angewendet. Dabei reflektiert man entweder auf den **Leistungsvorteil der Gruppe** – soweit er entsprechend der Aufgabenstellung und Gruppenzusammensetzung überhaupt gegeben ist – oder aber auf die bessere **Akzeptanz** der Entscheidungsergebnisse durch die Mitglieder.

*Rollenspiel*

Eine besondere Variante stellt das sog. **Rollenspiel** dar, in dem einzelne Gruppenmitglieder bestimmte – meist aufeinander bezogene – Rollen zu übernehmen haben. Die Zwecksetzungen sind unterschiedlich; sie sind entweder **individuenzentriert** –

100

hier steht das einzelne Individuum in seiner Fähigkeit zur Debatte, eine bestimmte Rolle einzuüben bzw. bestimmten Erwartungen zu entsprechen; oder sie sind **gruppenzentriert**, indem bestimmte Ergebnisse als Ausdruck eines rollendifferenzierten Gruppenprozesses in Erscheinung treten. Auf diese Weise erhalten etwa Probleme und mögliche Problemlösungen durch Pro- und Kontrapositionen oder weitergehende Rollenverteilungen u.U. klarere Konturen. Diese Art Simulationsverfahren ist überall dort anwendbar, wo unterschiedliche Standpunkte oder Positionen aufeinanderprallen (Beispiele: Verhandlungsführung, Managemententscheidungen etc.). Gelegentlich wird das Rollenspiel auch eingesetzt, um bestimmte Aspekte der Rollentheorie (vgl. 2. Kap. A 3) nachzuvollziehen (z.B. Rollenübernahme, Empathie, Rollenengagement usw.).

Während Gruppendiskussion und Rollenspiel häufig nur einen indirekten und oft auch sehr begrenzten Stellenwert im Rahmen sozialwissenschaftlicher Methoden haben, ist das sog. **Experten-Rating** in seinen möglichen Varianten von größerer Bedeutung. Oftmals steht schon am Beginn einer empirischen Studie eine – möglichst expertenmäßig fundierte – Wertentscheidung darüber, welche Methoden zur Anwendung gelangen sollen, wie das Forschungsdesign aussehen soll, welche Items einbezogen werden, welche Klassifikationskriterien ausgewählt werden u.v.a.m. *Experten-Rating*

Die **Tätigkeit von Experten** kann jedoch viel weiter gehen; sie wird vielfach als Ersatz, als Ergänzung oder als Validierung für eine empirisch-repräsentative Studie angesehen. Besteht z.B. das politisch-praktische Problem im forcierten Ausbau der Kernkraft, so wird man nicht ohne Rückgriff auf Experten – hier meist nicht nur Soziologen, sondern vor allem auch Physiker und Techniker, Ökonomen, Ökologen usw. – auskommen. Eine repräsentative Umfrage unter den Bürgern eines Landes oder einer Gemeinde würde hier allenfalls bestimmte Einstellungen zur Kernkraft zutage fördern, die das Bild der öffentlichen Meinung bestimmen.

Auch in anderer Hinsicht mag die Auffassung bestehen, daß es auf dem üblichen empirischen Wege nicht möglich ist, etwas über tatsächliche Hintergründe zu erfahren. So könnten beispielsweise bei der Erhebung von Einstellungen beträchtliche Zweifel auftauchen, ob und in welchem Ausmaß Personen ihre „wahren" Einstellungen bekunden – ob sie nicht beispielsweise dem Druck „sozialer Erwünschtheit" unterliegen – oder ob sie die wahren Beweggründe ihres Handelns zugeben, sofern sie sie überhaupt kennen oder erkennen. Die Vertreter einer Psychologie, die in hohem Maße der **Introspektion** vertrauen oder die die geheimen Beweggründe des Menschen genau zu kennen glauben, werden sich demnach nicht auf empirische Befunde stützen, für die sie nur das Prädikat „oberflächlich" bereit haben. Dieser Vorwurf, mit den üblichen Verfahren der empirischen Sozialforschung nicht zum „Kern der Dinge" vorzudringen, erklärt das Vordringen der hermeneutischen Verfahren, mit denen man sich jedoch andere Probleme einhandelt. *Introspektion*

Auf Experten dürfte auch kaum verzichtet werden können, wenn sehr vage und komplex determinierte Sachverhalte zur Debatte stehen, vor allem unter dem Aspekt **sozialen Wandels**. Niemand kann z.B. genau wissen, wie die gesellschaftlichen Gegebenheiten im Jahre 2010 aussehen werden. Niemand kann genau voraussagen, welche gesellschaftlichen Folgen sich aus der Nutzung der neuen Medien ergeben. Niemand kann exakt bestimmen, welche wirtschaftlichen und sozialen Konsequenzen aus dem Vordringen der Mikroelektronik resultieren.

*Delphi-Methode*

Um diese Fragen wenigstens näherungsweise anzugehen, hat man die sog. **Delphi-Methode** entwickelt. Dabei werden Experten in mehreren Phasen über ihre Einschätzung der Situation befragt; in jede jeweils neue Befragungsrunde werden die Informationen aus den davorliegenden Stufen eingegeben, so daß sich die Diskussion immer mehr auf die verbleibenden kontroversen Aspekte konzentriert. Eine andere Methode ist das sog. **Szenario-writing**, bei dem mögliche Folgen verschiedener Ausgangslagen (bzw. das Fehlen politischen Handelns) in einer Art „Drehbuch" beschrieben werden sollen. Die erklärte oder nicht erklärte Nebenabsicht solcher Szenarien besteht häufig darin, politische Kräfte freizusetzen, die einer möglichen Fehlentwicklung entgegensteuern können. Auf diese Weise haben solche Szenarien oftmals weniger prognostischen Wert als vielmehr die einer „self-destroying-prophecy": Man hofft, daß die erwähnten Konsequenzen nicht eintreten werden.

*Kritischer Diskurs*

Mit noch weitergehenden Ansprüchen versucht die Methode des **„kritischen Diskurses"** eine Alternative zur empirischen Sozialforschung darzustellen. In „herrschaftsfreien" diskursiven Prozessen sollen zwischen Experten (z.B. Soziologen) konsensfähige Einsichten z.B. über die „Gesellschaft als Totalität", über die „Legitimität sozialer Normen" oder aber über „einzuschlagende Entwicklungspfade" zustandekommen. Durch ein solches Verfahren soll zumindest eine eingeschränkte Intersubjektivität gewahrt bleiben. Abgesehen aber davon, daß – entsprechend allen gruppendynamischen Befunden – das Ideal herrschaftsfreier Diskussion eine Utopie zu sein scheint, kann dieses Methodenkonzept nur dann sinnvoll sein, wenn man bereit ist, die Grenzen zwischen Sachaussagen und Wertaussagen aufzugeben, also für eine normative Soziologie zu plädieren. Gerade weil aber der Anspruch dieser Art von Vorgehensweise auch darin besteht, Handlungsanweisungen zu geben und Legitimationsprobleme zu lösen, bleibt die Frage, wer sich von einem solchen „elitären" Gremium repräsentiert sehen möchte.

*Planungszelle*

Insbesondere im Vorfeld politischer Entscheidungsbildung gelangt neuerdings vielfach die sog. **Planungszelle** (Dienel 1997) zum Einsatz, in der eine Art „Bürgergutachten" angestrebt wird. Dabei werden „Bürger", die man nach halbwegs repräsentativen Quotierungen aussucht, mit Experten konfrontiert, die eine Pro- und Kontraposition vertreten. Danach erfolgt eine intensive Gruppendiskussion mit dem Ziel, versuchsweise Entscheidungsreife herbeizuführen. Auf diese Weise sieht man, ob und in welchem Umfang politikrelevante Einstellungen durch die Einspeisung notwendiger Informationen geändert werden. Abgesehen von einigen methodischen Problemen – die insbesondere mit bestimmten gruppendynamischen Prozessen zu tun haben – und abgesehen auch von der Tatsache, daß es sich hier nicht um ein repräsentatives Verfahren handelt, kann die Planungszelle im Rahmen eines Konzepts „bürgernaher" Entscheidungsfindung durchaus Vorteile einbringen.

102

Mit der Planungszelle sind wir bereits in der Nähe einer Reihe von Verfahren, die heute unter der Bezeichnung **„Aktionsforschung"** – hier meist mit völlig überzogenen Ansprüchen – diskutiert werden. Im Prinzip geht es um die Aufhebung zwischen Forschung und Praxis: Vorwiegend im Bereich der Praxis (z.B. der Sozialarbeit) solle geforscht werden; der Wissenschaftler habe gleichzeitig Forscher und Veränderer zu sein! Forschung gewinne erst im Austausch mit den Vorgängen der Praxis Konturen (etwa im Bereich der Drogenszene, wobei ständige Interaktionen mit den Betroffenen Diagnose und Therapie ermöglichen sollen). Der hier angestrebte Zugewinn an Praxisnähe und Handlungsrelevanz wird erkauft durch die Eintrübung der kritischen Distanz, die eben erst Intersubjektivität gewährleistet. Diese Eintrübung dürfte von noch größerem Gewicht sein als bei der teilnehmenden Beobachtung, da der Forscher hier selbst einem (gleichzeitigen) doppelten Engagement unterliegt. Dies hat nichts mit der Tatsache zu tun, daß Wissenschaftler auch in die Rolle des Praktikers schlüpfen können und dies gelegentlich auch sollten; doch sind wissenschaftliche Methodenanforderungen etwas anderes als die Anforderungen der Praxis.

*Aktions-
forschung*

*Grenzen der
Aktions-
forschung*

## 2.4 Experimentelle Designs

Während Befragung, Beobachtung etc. Verfahren der Datenerhebung sind, liegt die Entscheidung zu experimentellen, quasi-experimentellen oder nicht-experimentellen Forschungsdesigns auf der Ebene der Untersuchungsplanung. Das sozialwissenschaftliche Experiment ist das vorherrschende Verfahren in der **Sozialpsychologie**; für die Soziologie hat es geringere Bedeutung. Dennoch ist das Experiment gewissermaßen die „vornehmste" Methode innerhalb der Sozialwissenschaft, da sie sich am ehesten einem naturwissenschaftlichen Forschungsideal annähert und weil sie die einzige Methode wirklich stringenter **Kausalanalyse** darstellt (vgl. zur Literatur: Zimmermann 1972; Stroebe 1978).

*Experiment als
Mittel der Kau-
salanalyse*

Nehmen wir an, eine Faktorenanordnung bestehe aus A, B, C, D und E und daraus folge X, also:

$$A, B, C, D, E \rightarrow X$$

und nehmen wir ferner an, der Faktor B werde eliminiert, so daß:

$$A, C, D, E \rightarrow Y,$$

so kann geschlossen werden, daß die Elimination von B ursächlich für $X \rightarrow Y$. Voraussetzung ist, daß A, C, D und E sowie mögliche weitere Faktoren $U_1, U_2 \ldots U_n$ konstant gehalten werden können. Diese Konstanzbedingung kann im Laborexperiment weitgehend eingehalten und kontrolliert werden.

Zum Zwecke der Kontrolle werden folgende Techniken verwendet:

*Kontroll-
techniken*

**(1) Konstanthaltung** aller Variablen, die nicht unabhängige oder abhängige Variablen sind (z.B. Alter, Intelligenz).

(2) **Eliminierung** aller Variablen, die stören könnten (z.B. Dominanz, kommunikationsstörende Sitzordnung).

(3) **Randomisierung**, d.h. Aufteilung nach dem Zufallsprinzip auf Experimentalgruppe/Kontrollgruppe. Dies dient der Gleichverteilung nicht bekannter Störvariablen.

(4) **Parallelisierung** (matching), d.h. Störfaktoren, die nicht auszuschalten sind, werden auf beide Gruppen parallel verteilt (sofern man die Störvariablen kennt).

Die im Experiment zu ändernde Variable bezeichnet man auch als „**treatment**". Das „treatment" kann – in Umkehrung der obigen Anordnung – auch in einem Hinzufügen bestimmter Stimuli bestehen (z.B. Erhöhung des aggressiven Inhalts von Filmen, Einführung eines Strafreizes, Erhöhung der Aufgabenkomplexität).

Geben wir **konkrete Beispiele**. Hovland und Weiss (1951) ließen ihre Versuchspersonen (Vpn) Mitteilungen (kurze Artikel) über vier Einstellungsobjekte (Antihistamine, Atom-U-Boote, Stahlindustrie, Kinos) lesen. Einem Teil der Vpn wurde jeweils gesagt, daß die Mitteilung von einem glaubwürdigen Sender käme (Fachzeitschriften bzw. Wissenschaftler), für die anderen Vpn wurde (dieselbe!) Mitteilung einer weniger glaubwürdigen Quelle zugeschrieben (z.B. einer Illustrierten). Variiert wurde also lediglich die Variable „perzipierte Glaubwürdigkeit".

Es zeigte sich wie erwartet, daß dieselben Argumente wirksamer sind, wenn sie scheinbar von einem positiv bewerteten (glaubwürdigen) Sender kommen. Im Durchschnitt änderte bei einem glaubwürdigen Sender fast ein Viertel aller Vpn ihre Einstellungen, bei einem weniger glaubwürdigen Sender (mit genau denselben Argumenten) waren es nicht einmal 7 %. Der Versuch bestätigte die Hypothese, daß eine Einstellungsänderung um so eher erreicht werden kann, je höher (bei sonst gleichen Bedingungen) die Glaubwürdigkeit des Kommunikators ist.

Für die Vpn bleibt der Experimentalzweck meist im Dunkeln. So wurde beispielsweise beim Milgram-Experiment den Vpn vorgetäuscht, es handele sich um einen Versuch, den Einfluß von Bestrafungen (durch Elektroschocks) auf Lernergebnisse zu testen. In Wahrheit ging es jedoch darum, herauszufinden, wieweit Personen mit ihren Bestrafungen (Austeilung unterschiedlich starker Elektroschocks) unter Abschiebung der Verantwortung auf anwesende Autoritätspersonen gehen würden (obwohl sie „Schmerzreaktionen" des „Schülers" deutlich registrieren konnten).

*Versuchspersonen-Effekte*

*Versuchsleiter-Effekte*

*Artefakte*

Auch hier beim Experiment können entweder **Versuchspersonen-Effekte** oder **Versuchsleiter-Effekte** die Ergebnisse verfälschen. Vpn haben unterschiedliche Motive (z.B. es dem Versuchsleiter recht zu machen) oder unterschiedliche „Hypothesen" über das Ziel des Experiments (die „gute" Versuchsperson denkt nicht!, Bungard 1980). Versuchsleitereffekte können u.a. in der Verstärkung eines bestimmten Verhaltens bestehen, das den Zielvorstellungen des Forschers entgegenkommt. Diese Effekte sowie Schwierigkeiten bei der Kontrolle der Situationsvariablen sind Gegenstand der **Artefaktforschung**: herauszufinden, welche Untersuchungsergebnisse „regulär" und welche ein bloßes Kunstprodukt der Methode sind.

Eine weitere wichtige Unterscheidung ist die zwischen **Laborexperiment** und **Feldexperiment**. Die Vorteile des Laborexperiments sind naheliegend: Durch die künstliche Situation können bestimmte Variablen genauer kontrolliert bzw. manipuliert werden. Spezifische Methoden erlauben dann auch die Prüfung von Zusammenhängen mehrerer unabhängiger und abhängiger Variablen. Die „Beherrschung" der Situation und die Kontrolle möglicher Einflußgrößen macht das Laborexperiment zu einem methodischen Instrument mit hoher **interner** Validität und geringer **externer** Validität. Beim Feldexperiment haben wir den umgekehrten Fall. Hier finden wir zwar eine relativ „lebensnahe" Situation, und die Generalisierbarkeit der Ergebnisse erhöht die Gültigkeit der Aussagen. Andererseits werden die Variablen weniger beherrschbar; der gesuchte Kausalzusammenhang geht u.U. in zu viel „Geräusch" unter. Dies mindert die interne Validität des Feldexperiments.

*Labor- und Feldexperiment*

Die Hinweise der Artefaktforschung und der Vorwurf der „Künstlichkeit" von Laborexperimenten sowie der mangelnden Übertragbarkeit der Ergebnisse auf Alltagssituationen haben neuerdings zu starken Vorbehalten gegenüber dem sozialwissenschaftlichen Experiment geführt, zumal diese Methode als unangemessen naturwissenschaftlich empfunden wird. Mit Irle (1975) sind wir jedoch der Auffassung, daß die Nachteile des Experiments oftmals zu pauschal in der Künstlichkeit der Laborsituation gesehen werden. Künstlichkeit ist jedoch kein notwendiges Kennzeichen von Experimenten (vgl. Opp 1995; Friedrichs [14]1990); vielmehr lassen sich die Restriktionen des Labors schrittweise abbauen (bis hin etwa zum Feldexperiment). Auch der Hinweis auf die Komplexität der Realität, die durch eine begrenzte Variablenmenge nicht abzubilden sei, erscheint uns eher als Bankrotterklärung wissenschaftlichen Bemühens: Die Realität läßt sich durchaus mit einer finiten Menge von Variablen hinreichend beschreiben und erklären, und es kommt letztlich nur darauf an, die **relevanten Variablen** herauszufinden.

*Die „Künstlichkeit" von Laborexperimenten*

Die Schwächen des experimentellen Vorgehens sind daher vielfach nicht dem Experiment als Methode anzulasten, sondern den **forschungsleitenden Hypothesen**. Oft sind die Hypothesen schon vom Entwurf her nicht generalisierbar, d.h. sie beziehen sich bewußt nicht auf Alltagssituationen. Oder aber die jeweiligen Hypothesen sind obskur und diffus (vgl. hierzu kritisch: Opp 1995), d.h. niemand weiß, was genau getestet werden soll. Oftmals auch ist die „fabelhafte" Experimentalanordnung Selbstzweck, und die Ergebnisse dienen vor allem der Erzeugung von Aha-Effekten: „Seht her, wie leicht sich die Menschen hereinlegen lassen!" Vielfach werden auch längst überprüfte Hypothesen immer wieder getestet (Sisyphos-Strategie), was den Erkenntnisfortschritt im Sinne theoretischer Relevanz nicht gerade fördert.

Aber diese kritischen Anmerkungen sprechen keineswegs gegen das Experiment als Methode, sondern sind als Aufforderung zu verstehen, theoriegeleitete Forschung zu betreiben und auch im Rahmen von Laborexperimenten vornehmlich solche Hypothesen zu testen, die nicht nur auf Laborsituationen gemünzt – dies wäre in der Tat Forschung im Elfenbeinturm –, sondern die auf die Erfassung von Alltagssituationen angelegt sind. Im übrigen: Wer die Grenzen und Schwächen des sozialwissenschaftlichen Experiments beklagt, sollte sich darüber im klaren sein, daß es keinen „Königsweg" der Forschung gibt, da auch andere Forschungstechniken ihre Fehlerquellen haben. Kritik an Verfahren und ein Abwägen der jeweiligen Schwächen und Stärken ist sehr wohl berechtigt, aber niemand sollte angesichts problematischer Sachverhalte „das Kind mit dem Bade ausschütten", etwa mit der Aufforderung, sich nunmehr nach dem „Scheitern" der objektiven Methoden auf die Subjektivität des bloßen Meinens zu verlassen.

## Literaturempfehlungen

**Alexander, J. C.:** Theoretical logic in Sociology. London et al. 1982 ff.
**Atteslander, P.:** Methoden der empirischen Sozialforschung. Berlin/New York [8]1995
**Bortz, J.:** Lehrbuch der empirischen Forschung für Sozialwissenschaftler. Berlin [2]1993
**Diekmann, A.:** Empirische Sozialforschung. Reinbek 1995
**Esser, H. et al.:** Wissenschaftstheorie 1/2. Stuttgart 1977
**Friedrichs, J.:** Methoden empirischer Sozialforschung. Opladen [14]1990
**Opp, K. D.:** Methodologie der Sozialwissenschaften. Opladen [3]1995
**Prim, R., Tilmann, H.:** Grundlagen einer kritisch-rationalen Sozialwissenschaft. Heidelberg [7]1997
**Schnell, R. et al.:** Methoden der empirischen Sozialforschung. München [5]1995

## Kontrollfragen

1. Bilden Sie Beispiele für verschiedene Aussagetypen.
2. Warum ist (a) die verstehende Methode, (b) die dialektische Methode, (c) die historische Methode kein Ersatz für wissenschaftliche Erklärungsansprüche?
3. Welchen Stellenwert haben Wertungen innerhalb der Sozialwissenschaft?
4. Unter welchen Bedingungen schlagen die Vorteile der teilnehmenden Beobachtung zu Buche?
5. Welches sind die charakteristischen Merkmale einer Likert-Skala?
6. Erstellen Sie einen vorläufigen Forschungsplan für die folgenden Fragestellungen:
   a) Ermittlung des Betriebsklimas der Firma X, b) Zeitstruktur des Zigarettenkonsums bei starken Rauchern, c) Zusammenhänge zwischen Alphabetisierung, Urbanisierung und wirtschaftlichen Wohlstand.

# C. Theorien der Soziologie

## 1. Metatheoretische Perspektiven

Bevor wir einige Theorieperspektiven, die das heutige Bild der Soziologie bestimmen, kurz umreißen, müssen wir eine Vorbemerkung darüber machen, in welcher Weise hier von „Theorie" die Rede ist. Der Ausdruck Theorie wird von Soziologen oft in einer anderen Weise gebraucht, als es die Forschungslogik (vgl. Kap. B 1) nahelegen würde. Vielfach wird auch zwischen **„soziologischer Theorie"** und **„soziologischen Theorien"** unterschieden, wobei ersteres eher für Paradigma, Weltperspektive, Metatheorie oder Paratheorie steht. So ist etwa in der Soziologie häufig von einem **Theorienvergleich** die Rede und zahlreiche Publikationen (z.B. Kinloch 1977; Skidmore 1979; Eberle/Maindok 1994; Schülein/Brunner 1994; Endruweit et al. 1993) unterrichten uns in dieser Weise über Forschungstraditionen, wobei als Ansätze zumindest der Funktionalismus und der symbolische Interaktionismus, vielfach jedoch auch der Marxismus, die verhaltenstheoretische Soziologie, die Konflikttheorie sowie die Ethnomethodologie aufgeführt und kritisch abgehandelt werden. Wir haben Zweifel, ob diese „Wanderschau von Theorieansätzen" (E. K. Scheuch) im Sinne paralleler Paradigmen besonders sinnvoll ist, zumal sie in der Soziologie (und auf Soziologentagen) gewisse sektenhafte Züge angenommen hat. Insofern zielt Luhmann (1984) zweifellos richtig, wenn er der Gegenwartssoziologie „multiple Paradigmatase" attestiert und dabei beklagt, daß die Soziologie sich deshalb in eine Krise begeben habe, weil sie durch die Vielzahl der Paradigmata mehr verwirrt als erklärt (Interessant ist allerdings, daß ausgerechnet Luhmann dies beklagt!). Freilich kommt auch dieses Buch nicht ohne „Ansatz"-lastigkeit (Hradil) aus, die selbst durch einen empirisch-analytischen Bezugsrahmen nicht ganz auszuräumen ist.

*Soziologische Theorie und soziologische Theorien*

*Paradigmen der Forschung*

*„multiple Paradigmatase"*

Die genannten Ansätze werden hier daher nur kurz vorgestellt und später – wenn es um inhaltliche Probleme geht (im zweiten Kapitel) – auf ihre theoretische Fruchtbarkeit zur Erklärung sozialer Sachverhalte überprüft. Dabei kann es nicht darum gehen, eine bestimmte Theorieperspektive als richtig oder unrichtig, wahr oder falsch herauszustellen; es geht vielmehr darum, Möglichkeiten und Grenzen dieser Perspektiven aufzuzeigen und näher einzugrenzen, auf welche Ausschnitte der Wirklichkeit sich die genannten Konzepte beziehen. Dabei wird deutlich, daß bestimmte Theorietraditionen z.T. unterschiedliche Objektbereiche abdecken, so daß oftmals zwischen ihnen kein Verhältnis der Ausschließung, sondern eher eine Beziehung der Komplementarität besteht. Dies deutet auch darauf hin, daß die einzelnen Theorieansätze in unterschiedlichen Problembereichen ihre „Stärken" und ihre „Schwächen" haben.

Ordnen wir den im folgenden kurz beschriebenen Paradigmata bestimmte Methoden (vgl. B 1.1) zu, so erhalten wir folgendes Bild:

| Paradigma | Vorherrschende Methode |
|---|---|
| Funktionalistisches Paradigma | quasi-nomothetisch (verschleierte Bedingungsaussagen) |
| Materialistisches Paradigma | dialektisch, historisch |
| Interpretatives Paradigma | verstehend (phänomenologisch, hermeneutisch) |
| Verhaltenstheoretisches Paradigma | nomothetisch |
| Ökonomisches Paradigma | nomothetisch, z.T. formallogisch |

**Übersicht 12:** Paradigma und Methodologie

Die im Rahmen der Methodendiskussion aufgezeigten Probleme und Begrenzungen einzelner Methoden finden ihren Niederschlag auch in den Möglichkeiten und Grenzen der jeweiligen paradigmatischen Perspektiven.

## 1.1 Das funktionalistische Paradigma

*Paradigma des Struktur-Funktionalismus*

Das Paradigma der strukturell-funktionalen Theorie kann wie folgt umschrieben werden: **Die Gesellschaft ist eine Art Organismus, bei dem die einzelnen Elemente im Sinne eines Systems funktional zusammenwirken.** Man untersuche daher den Beitrag, den ein Element einer sozialen Struktur für die Erhaltung dieser Struktur leistet und bestimme nach Maßgabe dieses Beitrags seinen gesellschaftlichen Stellenwert. Das Konzept befaßt sich demnach mit den Funktionen struktureller Elemente innerhalb sozialer Systeme; insofern ist der Struktur-Funktionalismus eine soziologisch relevante Systemtheorie (vgl. 2. Kapitel B 3). Parsons, der Begründer dieser Richtung, fußt auf Spencer und Durkheim; wichtige neuere Modifikationen stammen von Münch, Alexander und Luhmann. Unsere Darstellung folgt zunächst Parsons' Ursprungskonzept; auf die Besonderheiten von Luhmanns Systemtheorie wird später einzugehen sein.

Die zentralen Grundbegriffe und Grundthesen sind in der folgenden Übersicht (14) dargestellt. Die Fruchtbarkeit/Unfruchtbarkeit dieser Theorieperspektive wird sich später bei der Erörterung der einzelnen mikro- und makrosoziologischen Problembereiche noch näher erweisen. Bereits jetzt seien allerdings die wichtigsten Punkte herausgegriffen, an denen sich die Kritik am funktionalistischen Paradigma entzündet hat.

*Einwände gegen das Paradigma*

Ein erster Vorwurf besteht darin, der Struktur-Funktionalismus stelle eher eine Begriffssammlung als ein Theoriegebäude dar: **Taxonomie statt Theorie.** Dabei bestehe weder eine präzise und übereinstimmend akzeptierte Definition des funktionalistischen Systembegriffs, noch gebe es über die Formulierung der vier Problemlösungsbereiche hinaus explizite Hypothesen über „funktionale Imperative" oder „funktionale Erfordernisse" (vgl. hierzu insbesondere im Kap. über soziale Systeme).

108

**Grundbegriffe:**

- System: geordnetes Ganzes, dessen Teile miteinander in Wechselbeziehung stehen (Interdependenz der Teile).
- Funktion: objektive Konsequenz, die ein sozialer Sachverhalt im Hinblick auf den Bestand und die Effizienz des Systems hat.
- Funktionaler Bezug: Konsequenzen in bezug auf gewisse Strukturelemente (Beispiel: Familie hat funktionalen Bezug zur Kindererziehung, zur sozialemotionalen Integration, zur Fortpflanzung usw.).
- Übergeordneter funktionaler Bezug: die jeweils übergeordnete Einheit (z.B. Gesamtgesellschaft, Organisation), von der der Sachverhalt selbst Teil ist.
- Funktionale Diffusität: ein sozialer Sachverhalt erfüllt verschiedene Funktionen (multiple Funktionalität).
- Manifeste/latente Funktion: latente Funktionen sind nicht bewußt (nicht intendiert), manifeste Funktionen sind bewußt und intendiert.
- Positive/negative Funktion: soziale Elemente haben positive (eufunktionale) oder negative (dysfunktionale) Folgen für das soziale System.
- Funktionale Differenzierung: mehrere Institutionen übernehmen Funktionen, die bisher von einer einzigen Institution erfüllt wurden (z.B. Familie: Schule, Kindergarten, Betrieb).
- Funktionale Äquivalente: wenn mehrere soziale Sachverhalte die Voraussetzungen für einen funktionalen Bezug erfüllen, dann sind sie für diesen Bezug funktional äquivalent.

**Grundthesen:**

**(1)** Gesetzmäßigkeiten der strukturell-funktionalen Theorie beziehen sich vorzugsweise auf Funktionsvoraussetzungen (Systembedürfnisse, Systemprobleme), die in allgemeiner Form entweder als die unbedingten Überlebensvoraussetzungen von Gesellschaft überhaupt oder als Voraussetzungen eines hypothetischen Zustandes, etwa der Stabilität oder Integration, formuliert werden können.

**(2)** Die funktionalen Erfordernisse sind in vier Problemlösungsbereichen zu sehen:

A (Adaptation) = Beziehung zur Umwelt
G (Goal attainment) = Koordinierung individueller Ziele auf die Ziele des Gesamtsystems hin
I (Integration) = Sicherung der Solidaritätsbeziehungen unter den Mitgliedern.
L (Latency) = Verfestigung von erprobten Verhaltensmustern (pattern maintenance).

**(3)** Die Funktionalität eines sozialen Elementes kann als ein Hinweis für die Entstehung und die Beibehaltung dieses Elementes im Rahmen der sozialen Evolution angesehen werden.

**Übersicht 13:** Einige Grundpositionen der strukturell-funktionalen Theorie

Ein zweiter Vorwurf hängt mit der **Organizismus-Analogie** zusammen. Wissenschaftslogische Untersuchungen haben gezeigt, daß die funktionalistische Analyse nur bei der Behandlung zielgerichteter Systeme angewandt werden kann, die zur Selbstregulierung neigen. Es sei unklar, ob diese Voraussetzung für soziale Systeme überhaupt zutreffe. Insofern versteht der Strukturfunktionalismus Gesellschaft möglicherweise unzulässig als Organismus, der von sich aus – durch geheimnisvolle „Mechanismen" – Gleichgewichtsstörungen absorbiert.

Ein dritter Vorwurf betrifft die Frage, ob die funktionale Analyse echte **Erklärungen** sozialer Sachverhalte anbieten kann und ob sich hinter der Frage, wie man denn nun positive oder negative Funktionalität feststellen könne, nicht eine **versteckte Wer-**

**tung** verbirgt. Wird das System als solches vorausgesetzt, so sind alle sozialen Elemente dysfunktional, die das systemische Gleichgewicht stören. Das Ergebnis sei dann eine konservative Forschungsperspektive, die den Status-quo zur Plattform soziologischen Denkens mache und die soziale Konflikte und sozialen Wandel nur noch in sehr begrenzter Weise analysieren könne.

*Neuere Systemtheorien*

Fortentwicklungen der soziologischen Systemtheorie haben sich mittlerweile mehr oder weniger deutlich vom funktionalistischen Paradigma Parsons'scher Prägung entfernt. Die Grundlage dieser Weiterentwicklung bilden neuere Einsichten der **kybernetisch beeinflußten biologischen Systemtheorie**. Eine erste Version wird gegenwärtig beispielsweise von Bühl (1990) verfolgt; diese und ähnliche Konzepte versuchen, soziale Systeme unter der Voraussetzung nicht-linearer Prozesse zu erfassen und konzentrieren sich hierbei auch auf das Verhalten gleichgewichtsferner Systeme. Die zweite Variante repräsentiert Luhmann (1984, 1987) mit seiner Übertragung des „Autopoiesis-Konzepts" eines sich autonom reproduzierenden und selbstorganisierenden Systems. Auf diese Konzepte werden wir später (im Kapitel über soziale Systeme) noch einzugehen haben.

## 1.2 Das materialistische Paradigma

*Paradigma des Marxismus*

Das Paradigma der marxistischen Soziologie kann wie folgt umschrieben werden: **Die Gesellschaft läßt sich verstehen als Konfliktfeld (Klassenantagonismus) zwischen Ausbeutern und Ausgebeuteten, wobei die Basis der sozialen Macht insbesondere in industriellen Gesellschaften in der Verfügung über Produktionsmittel verankert ist.** Man untersuche also Asymmetrien in der Verfügungsgewalt über Produktionsmittel und damit über Menschen und gewinne dadurch den Schlüssel zum Verständnis gesellschaftlicher Spannungen. Eine Darstellung der wichtigsten Grundbegriffe und Grundthesen wird in der folgenden Übersicht (15) gegeben. Eine differenziertere Analyse (die hier nicht möglich ist) müßte zwischen verschiedenen Varianten des Marxismus (z.B. ursprünglicher Marxismus, hierbei wieder der frühe, mittlere und späte Marx, Sowjetmarxismus, „westlicher Marxismus"), Kommunismus und Sozialismus, „strukturalistischer Marxismus" sowie „Allianzen" (z.B. mit der „kritischen Theorie", mit der Psychoanalyse etc.) unterscheiden.

*Einwände gegen das Paradigma*

Sämtlichen Richtungen des Marxismus und Neo-Marxismus haftet jedoch eine gewisse **dogmatische Komponente** an, die insbesondere dadurch bedingt ist, daß gegen den historischen Materialismus als Erklärungsprinzip eine Falsifikationssperre errichtet wird. Dabei erweist sich auch das gestörte Verhältnis des Marxismus zur empirischen Forschung: Die Methoden der empirischen Sozialforschung werden nur mit bestimmten Einschränkungen zugelassen (vgl. etwa Hahn 1974).

Ein zweiter Kritikpunkt richtet sich gegen den **Historizismus** der marxistischen Analyse. Die historische Prognose des Marxismus läßt sich aus zwei Gründen bestreiten: aus **theoretischen Gründen**, denn der Marxismus geht von der Vorstellung einer vollkommenen Determiniertheit von Geschichte aus (vgl. hierzu kritisch Kap. B 1).

110

**Grundbegriffe:**

- Dialektischer Materialismus: Basis bestimmt Überbau (Primat des Materiellen). These – Antithese – Synthese (höhere Entwicklungsstufe).
- Historischer Materialismus: Grundprinzip Klassenkampf, zwangsläufige Entwicklung zur klassenlosen Gesellschaft.
- Produktivkräfte: alle Kenntnisse, Mittel, Kräfte, die Menschen in der Produktion anwenden.
- Produktionsverhältnisse: gesellschaftliche Verhältnisse, die vom Menschen in der jeweiligen Entwicklungsstufe der materiellen Produktivkräfte eingegangen werden (insbes. Eigentumsverhältnisse).
- Arbeit: Schaffung der zur Reproduktion der Gesellschaft erforderlichen Güter. Durch Arbeit wird Gesellschaft „erzeugt", und durch sie verwirklicht sich der Mensch selbst.

**Grundthesen:**

**(1)** Die Positionsinhaber im Produktionsprozeß einer Gesellschaft differieren im Grad der Verfügungsgewalt über Produktionsmittel.
**(2)** Die ungleiche Verfügungsgewalt über Produktionsmittel führt zu differentiellen, in sich homogenen Soziallagen und damit zu zwei entgegengesetzten Interessengruppen.
**(3)** Durch die Strategie der Gewinnmaximierung streben die Angehörigen der kapitalistischen Klasse dahin, vom durch die Arbeiter geschaffenen Mehrwert zu profitieren. Mit dieser Kapitalkonzentration läuft parallel eine zunehmende Verelendung der Massen.
**(4)** Die kapitalistische Klasse ist wegen ihrer ökonomischen Macht in der Lage, den Staat zu kontrollieren. Die Macht des Staates wird eingesetzt, um den Ausbeutungsprozeß zu stützen.
**(5)** Dieser Prozeß wird ermöglicht und verstärkt durch mangelndes Klassenbewußtsein der Lohnabhängigen, obwohl die Arbeiter objektiv eine Klasse sind: nämlich wegen ihrer gemeinsamen ökonomischen Lage im Hinblick auf die Produktionsverhältnisse und aufgrund ihrer Machtlosigkeit gegenüber der Staatsmacht, die zu ihrer Unterdrückung eingesetzt wird.
**(6)** Dies führt zum Klassenkampf in zwei Phasen:
Zunächst Kampf ohne entwickeltes Klassenbewußtsein; darauf folgender bewußter Kampf mit dem Ziel der Kontrolle über Produktionsmittel. Dieser Kampf um die Teilhabe an Gütern führt zwangsläufig zur sozialistischen Revolution.

**Übersicht 14:** Einige Grundpositionen der marxistischen Soziologie

Prophezeiungen im Sinne Marx' setzen in unzulässiger Weise voraus, daß die Zukunft vorausbestimmt und vorausbestimmbar sei.

Aus **empirischen Gründen** wird die historische Prognose des Marxismus ebenfalls in Frage gestellt, da für die bisher etablierten sozialistischen Gesellschaften die Voraussagen nicht eingetroffen sind. Auch erfolgte weder ein Abbau der Entfremdung noch ein Abbau autokratischer Strukturen, geschweige denn ein Verschwinden des Staates. Außerdem wurden Klassengegensätze lediglich verlagert (z.B. Funktionäre als „neue" Klasse) und es entstanden innerhalb der Arbeiterklasse neue Teilklassen (Marxistische Soziologen betonen häufig, daß den gegenwärtigen wie auch den gescheiterten sozialistischen Gesellschaften die eigentliche sozialistische Qualität abgesprochen werden müsse; ein zwar zulässiges, jedoch recht schwaches Argument).

Für die kapitalistischen Gesellschaften gilt, daß eine Verelendung der Massen keineswegs eingetreten ist. Neben vielfältigen Nivellierungstendenzen zwischen den

Schichten beobachten wir neue und differenzierte Klassenstrukturen, das Auseinanderfallen von Macht-, Prestige- und Konsumschichten. Eine vom Marxismus behauptete zwangsläufige Zuspitzung hat nicht stattgefunden und wird durch zahlreiche interventionistische Maßnahmen und soziale Netze wesentlich abgemildert.

Ein dritter Vorwurf richtet sich gegen den **Ökonomismus** der Marx'schen Perspektive. Die Behauptung, daß ökonomische Bedingungen grundlegend für alles Soziale seien, könne in dieser Form nicht aufrechterhalten werden. Andere Machtpotentiale würden vernachlässigt, da z.B. politische, religiöse und militärische Macht der wirtschaftlichen Machtbasis vorgelagert oder von ihr abgekoppelt sein können. Auch würden bei einem hypothetischen Fortfall ökonomisch bedingter Konfliktursachen andere Konflikte (weltanschauliche, rassische, religiöse) relevant werden, z.B. auch Konflikte über die „wichtigen" Bedürfnisse der Menschen.

Diese kritischen Vorbemerkungen sollten nicht dazu veranlassen, den wichtigen Beitrag des marxistischen Denkens in der Soziologie zu schmälern. Sowohl bei der Erörterung wichtiger Problembereiche der Makrosoziologie wie auch bei der Diskussion des Verhältnisses von Wirtschaft und Gesellschaft stellt Marx' Theorieperspektive eine ständige Herausforderung dar, mit der wir uns auseinandersetzen müssen. Die Bedeutung dieses Ansatzes erklärt sich auch durch ihren Erklärungsanspruch: Sie will zugleich eine Theorie der gesellschaftlichen Entwicklung, des sozialen Konflikts und der sozialen Ungleichheit sein. Bei Behandlung dieser Fragenkreise werden wir dieser Theorieperspektive daher noch wiederholt begegnen (vgl. 2. Kap. B 4–6).

*Metamorphosen des Marxismus*

Der „fundamentalistische" Marxismus dürfte angesichts schwerwiegender theoretischer und empirischer Gründe heute zur Außenseiterposition geworden sein. Nichtsdestoweniger sind Elemente der materialistischen Konzeption in verschiedenen Mixturen und Metamorphosen bei vielen soziologischen Autoren vorhanden, insbesondere wenn es um die Darstellung wirtschaftlicher Interessenlagen, sozialer Ungleichheit und sozio-ökonomischer Konfliktsituationen geht. Der wohl prominenteste neomarxistische Ansatz, der sich noch recht eng an Marx orientiert, stammt von Wright (1985). Klassen entstehen nach Wright durch Besitz/Nicht-Besitz dreier „Ausbeutungsinstrumente": Expertenmacht (Kenntnisse als Mittel der Ausbeutung), Organisationsmacht und Verfügung über Produktionsmittel. Die Erfassung der Produktionsverhältnisse wird hierbei allerdings – im Gegensatz zur orthodoxen marxistischen Position – an den empirisch zu messenden Lebensverhältnissen festgemacht, nicht umgekehrt. Im übrigen handelt es sich bei Wrights „Ausbeutungsmitteln" um nichts anderes als um eine Typologie möglicher Machtgrundlagen, und hier hat die nicht-marxistische Analyse sozialer Machtbeziehungen mittlerweile Differenzierteres anzubieten.

## 1.3 Das verhaltenstheoretische Paradigma

*Paradigma der Verhaltenstheoretischen Soziologie*

Das Paradigma der verhaltenstheoretischen Soziologie könnte wie folgt beschrieben werden: **Soziale Beziehungen lassen sich als Vorgänge des Gebens und Nehmens verstehen:** Gesellschaft ist vorstellbar als Netzwerk solcher Austauschbeziehungen.

Der wichtigste Typ verhaltenstheoretischer Aussagen ist die sog. Exchange-Theorie (Thibaut/Kelley 1959; Homans 1958) in ihren verschiedenen Varianten. Da das Prinzip des Gebens und Nehmens strukturgleich mit dem lerntheoretischen Modell von Belohnung und Bestrafung zu sein scheint, liegt eine Anbindung an die Lerntheorie nahe (Homans 1958). Eine weitere strukturelle Ähnlichkeit besteht mit ökonomischen Nutzentheorien (vgl. Coleman 1978, 1991), so daß auch eine Allianz mit nutzentheoretischen Ansätzen in Betracht kommt (vgl. 2.4). Sofern darauf verzichtet wird, den Nutzen aus objektiven Nutzenqualitäten abzuleiten, ist die ökonomische Nutzentheorie strukturgleich mit gewissen neueren Verhaltensmodellen der kognitiven Motivationspsychologie, insbesondere den sog. Wert-Erwartungs-Theorien.

Der Leser findet in diesem Buch mehrere Varianten verhaltensorientierter Theorien. Die beiden wichtigsten Austauschtheorien (nämlich Homans und Thibaut/Kelley) sind im Kapitel über soziale Interaktionen dargestellt (2. Kap. A 2.1). Die folgende Übersicht (15) enthält eine über Homans hinausgehende, durch kognitive Elemente ergänzte Darstellung. Im Kapitel über soziales Lernen (2. Kap. A 1) findet sich eine sozial-kognitive Lerntheorie, wie sie von uns entwickelt wurde und vor allem im mikrosoziologischen Bereich fruchtbar sein dürfte.

Die Kritik an der verhaltenstheoretischen Soziologie entzündet sich vor allem an drei verschiedenen Punkten. Erstens wirft man diesem Theoriekonzept einen Rückfall in bereits überholte **behavioristische Vorstellungen** vor, die die Komplexität des menschlichen Verhaltens in ein reines Reiz-Reaktions-Schema pressen wollten. Homans' ursprüngliches Konzept dürfte deshalb kaum dazu geeignet sein, komplexes soziales Verhalten angemessen zu erklären. Neuerdings versucht man in stärkerem Maße **kognitive Theorieelemente** einzubeziehen – zum Teil sind sie implizit schon bei Homans vorhanden, etwa in seiner Vorstellung von distributiver Gerechtigkeit sowie in der Bezugnahme auf Erwartungen –, jedoch wird dadurch die Theorie viel komplexer, möglicherweise zu komplex, um makrosoziologische Problemstellungen damit anzugehen. Es hat sich daher als nützlich erwiesen, für mikrosoziale Sachverhalte komplexere Verhaltenstheorien anzuwenden, für makrosoziale Gegenstandsbereiche jedoch mit einfacheren Ansätzen, z.B. einer allgemeinen Wert-Erwartungstheorie zu arbeiten (vgl. 2. Kap. A 1.1). *Einwände gegen das Paradigma*

Der zweite Vorwurf betrifft den **Reduktionismus**: Die verhaltenstheoretische Soziologie neige dazu, Soziologie auf Psychologie zu reduzieren. Dies gelte sowohl für Begriffe (die auf psychologische Grundbegriffe zurückgeführt werden sollen) als auch für Aussagen (die mit Hilfe psychologischer Theorien zustandekommen sollen). Ob eine solche Reduktion überhaupt möglich und ob sie immer sinnvoll ist, bleibt umstritten (vgl. hierzu: Hummell/Opp 1971; Opp 1979; Wiswede 1983). Ein dogmatischer Reduktionismus – die Soziologie müsse immer reduzieren! – dürfte ebenso verfehlt sein wie ein von Durkheim nahegelegtes „Verbot" der Reduktion; vielfach entstehen nämlich durch die Individualisierung von Aussagen und die Rückführung sozialer Sachverhalte auf psychologische Zusammenhänge „bessere" und plausiblere Erklärungen, als sie auf rein struktureller Ebene möglich sind. *Reduktionismus*

*Grundpositionen*
*der Verhaltens-*
*theoretischen*
*Soziologie*

**Grundbegriffe:**

- Verstärkung: ein Verhalten tritt in dem Maße häufiger auf, je stärker es belohnt wird.
- Belohnung: der subjektive Wert oder Nutzen eines Ereignisses für eine Person.
- Bestrafung: die subjektive Kosteneinschätzung eines Ereignisses durch eine Person.
- Austausch: die Tatsache, daß die Interaktionen zwischen Personen als gegenseitiger Austausch von Belohnung und Bestrafung interpretiert werden können.
- Erwartung: subjektive Wahrscheinlichkeit, daß ein Ereignis (z.B. eine Belohnung) eintritt.

**Grundthesen:**

**(1)** Je häufiger die Aktivität einer Person belohnt wird, desto wahrscheinlicher wird sie diese Aktivität ausführen (Effektgesetz, Verstärkungsgesetz). Ein Verhalten wird also durch seine Konsequenzen erklärt. Dabei bestehen zusätzliche Annahmen über das erforderliche Ausmaß der Deprivation bzw. Sättigung des Betroffenen (abnehmender Grenznutzen von Belohnung) sowie über mehr oder weniger effiziente Belohnungsintervalle.
**(2)** Die Einschätzung von Belohnungen und Bestrafungen erfolgt durch den Vergleich mit früheren Erfahrungen und anhand bestehender Erwartungen (Anspruchs- und Erwartungsniveau). Dieser Prozeß wird flankiert durch sozialen Vergleich mit relevanten Bezugspersonen oder Bezugsgruppen. Eine Person, die mit einer anderen in einer Tauschbeziehung steht, wird erwarten, daß sich die Gewinne einer jeden proportional zu ihren Investitionen verhalten, und falls beide von dritter Seite belohnt werden, daß diese dritte Instanz besagtes Verhältnis zwischen beiden respektiert (distributive Gerechtigkeit).
**(3)** Soziales Verhalten wird als Austausch von Belohnungen und Bestrafungen verstanden (Exchange-Theorien). Gleichgewicht besteht innerhalb der Interaktionsbeziehungen bei Reziprozität der Sanktionen. Ungleichgewichte, also asymmetrische Interaktionsbeziehungen, bilden die Basis sozialer Macht.
**(4)** Durch Austauschprozesse entstehen Verhaltensregelmäßigkeiten und Ablaufmuster. Die sozialen Strukturen, in denen sich diese Verhaltensmuster niederschlagen, lassen sich als mehr oder weniger komplexe Netzwerke aktueller und potentieller Austauschbeziehungen zwischen individuellen Akteuren analysieren.

**Übersicht 15:** Einige Grundpositionen der verhaltenstheoretischen Soziologie

*Psychologismus*

Eng im Zusammenhang mit dem Reduktionismusvorwurf steht der Einwand des **Psychologismus**: Dieser führe dazu, den Einfluß struktureller Variablen zu vernachlässigen. Psychologische Aussagen sind häufig mit bestimmten Annahmen über die „Natur" des Menschen verbunden und blenden daher oft die relevanten sozialen Randbedingungen als mögliche Variablen vorschnell aus. Aus diesem Grunde hat schon Popper der psychologischen Forschung einen „soziologischen Reduktionismus" empfohlen (vgl. Popper 1980). Insofern kann dem obigen Einwand dadurch begegnet werden, daß man Theorien konzipiert, die soziale Variablen als relevante Randbedingungen enthalten. Ferner ist grundsätzlich zu fragen, ob die soziologische Forschung soziales Verhalten oder aber soziale Strukturen erklären will. Für ersteres dürfte die Anwendung allgemeiner Verhaltenstheorien aus dem psychologischen Bereich kein Problem sein – sofern es **angemessene** Theorien sind. Für die Erklärung sozialer Strukturen ist die Hinzuziehung sozialer Verhaltenstheorien oftmals etwas mühsam und (bisher) nicht immer ergiebig (über die Beziehungen zwischen Struktur und Verhalten vgl. in diesem Kapitel: A 1).

Schließlich wäre zu klären, ob der verhaltenstheoretische Forschungsansatz stets mit einer **allgemeinen** Verhaltenstheorie (z.B. Lerntheorie) arbeiten sollte oder ob es nicht je nach Problemstellung sinnvoller sein könnte, mit psychologischen Theorien mittlerer Reichweite zu arbeiten. Daher könnte die Soziologie von ihrer Tochterdisziplin **Sozialpsychologie** profitieren, die eine Reihe relativ gut bestätigter Theorien entwickelt hat, die soziologisch relevant sind (z.B. die Reaktanztheorie, das Konzept der sozialen Identität, verschiedene Austauschtheorien, Informationsverarbeitungstheorien, Konformitätstheorien usw.). Insofern brauchte auch die sogenannte interpretative Soziologie nicht in den trüben Gewässern der Phänomenologie zu fischen; sie könnte vielmehr den Bestand des sozialpsychologischen Wissens für ihre Fragestellungen nutzen, anstatt mit irgendwelchen „Eigenbauten" zu arbeiten, die von einer empirischen Überprüfung oft weit entfernt sind.

*Sozialpsychologische Theorien*

## 1.4 Das ökonomische Paradigma

Das ökonomische Paradigma ist dem verhaltenstheoretischen Ansatz strukturell sehr ähnlich, vermeidet jedoch psychologische, zumal lerntheoretische Implikationen. Ausgangspunkt ist der Public-choice-Ansatz (auch: „Rational choice"), der den Anspruch erhebt, den ökonomischen Erklärungsansatz (Nutzentheorie) auch auf nichtökonomische Gegebenheiten (z.B. im politischen oder sozialen Bereich) ausdehnen zu können (vgl. McKenzie/Tullock 1978).

*„Public-choice"-Ansatz*

Kern dieses Konzepts ist eine **Wert-Erwartungs-Theorie**: bestimmte Ereignisse (positive Konsequenzen) werden mit der subjektiven Wahrscheinlichkeit ihres Auftretens gewichtet (Am Beispiel: Ein Angestellter wird sich dann besonders anstrengen, wenn für ihn der Posten des Abteilungsleiters einen hohen Anreizwert hat und wenn er darüber hinaus glaubt, daß er durch seine Anstrengungsbereitschaft dieses Ziel auch tatsächlich erreichen kann). Wie bereits in den Lerntheorien, wird also hier das Verhalten aus seinen Konsequenzen erklärt: „Actions are caused by their anticipated consequences" (Coleman 1986; vgl. ferner zum ökonomischen Ansatz: Opp 1979; Lindenberg 1984; Weede 1989; Elster 1986; Coleman 1990; Esser 1993).

*Wert-Erwartungs-Theorie*

Gegen das ökonomische Paradigma werden eine Reihe von Einwänden gemacht. Ein erster Einwand hat sich bereits an der Verfahrensweise der Ökonomen entzündet: formallogisches Vorgehen an die Stelle realwissenschaftlicher Analyse zu setzen (vgl. Alberts Vorwurf des Modell-Platonismus gegen die Ökonomie). Allerdings arbeiten die meisten Ökonomen heute mit einem „weicheren" Prinzip der „bounded rationality", was nach Auffassung vieler Sozialwissenschaftler dem Rationalprinzip eine Art „empirischen Status" verleiht. Andererseits haben Kahneman/Tversky (1979) in ihren Experimenten nachweisen können, wie stark die Psycho-Logik von der tatsächlichen Logik abweicht. Beispiele für solche **Anomalien** sind: Unterschätzung mittlerer und hoher, Überschätzung geringer Wahrscheinlichkeiten, irrational risikomeidendes Verhalten im Gewinnbereich, risikofreudiges Verhalten im Verlustbereich, irrational starkes Abdiskontieren zukünftiger Ereignisse, Abhängigkeit der Entscheidung von der Art, wie ein Problem verbalisiert oder präsentiert wird (sog. Framing-Effekt). Außerdem dürften Werte und Erwartungen nicht immer unabhängig vonein-

*Einwände gegen das Paradigma*

*Anomalien*

ander sein. Und schließlich ist auch die Interpretation von Ungewißheit als Risiko (Eintrittswahrscheinlichkeit) problematisch, da die Akteure in Situationen der Unsicherheit keine Wahrscheinlichkeitszurechnungen vornehmen können (empirisch hierzu: Kahneman et al. 1982). Es bleibt zu bezweifeln, ob solche Abweichungen als bloße Anomalien behandelt werden können (vgl. Wiswede 1995).

Zum zweiten wird einschränkend geltend gemacht, daß das ökonomische Paradigma sich lediglich auf **echtes Entscheidungsverhalten** beziehe, nicht dagegen auf affektiv-emotional gesteuerte Handlungen oder bloße Gewohnheiten (habits) und Routinehandlungen. Esser (1990) hält in Anknüpfung an Gary Becker im Hinblick auf die „**Habits**" dagegen, daß es für das Individuum nützlich sei, auf bestimmte Deutungsschemata zurückzugreifen oder ein erfolgreiches Verhaltensmuster auf dem Wege der Habitualisierung aufrechtzuhalten. Dabei wird folgende Konstruktion gebildet: Individuen wägen in einer ersten Phase ab, ob es sich lohnt, einen elaborierten Entscheidungsprozeß zu durchlaufen und entscheiden dann, ob der zentrale oder der periphere Weg (z.B. Gebrauch fertiger Entscheidungsmuster, Anwendung von Gewohnheiten) der Informationsverarbeitung gewählt werden soll. Diese Konstruktion ist aus psychologischer Sicht problematisch. Denn die Besonderheit der Habitualisierung besteht ja gerade darin, daß Kognitionen (auch im vorgeschalteten Prozeß) ausgeblendet bleiben und sich das Verhalten automatisch vollzieht. Eine lerntheoretische Sicht – gekoppelt mit neueren Informationsverarbeitungsmodellen – dürfte hier zu angemesseneren Ergebnissen gelangen.

Ferner wird kritisiert, daß der ökonomische Erklärungsansatz **tautologisch** argumentiere: Wer nämlich aus dem Handeln von Individuen auf deren Präferenzen schließe und dann annehme, mit den so erschlossenen Präferenzen das Handeln erklären zu können, biete offensichtlich eine tautologische Erklärung. Auch hier scheint uns, daß eine lerntheoretische Reformulierung des ökonomischen Programms fruchtbar ist. Denn manche Lerntheorien (z.B. die soziale Lerntheorie von Rotter) haben den gleichen Theoriekern wie die Wert-Erwartungs-Theorie des ökonomischen Paradigmas, sind jedoch substantieller und empirisch besser in lerntheoretischen Aussagen verankert (vgl. Wiswede 1988). Auch greift für sie nicht der Tautologievorwurf, den manche Kritiker (fälschlicherweise) gegen das Effektgesetz (und damit auch gegen Homans' erstes Postulat) vorbringen. Wenn nämlich zum Zeitpunkt $t_1$ ermittelt wird, was bei P in Situation S als Verstärker wirkt, dann kann für den Zeitpunkt $t_2$ für eine ähnliche Situation eine Verhaltensprognose abgegeben werden, die nicht tautologisch ist (vgl. Meehl 1950).

Noch aus anderen Gründen erweist sich das lerntheoretische Paradigma u.E. als tragfähiger als der ökonomische Ansatz. Bekanntlich hat das ökonomische Modell erhebliche Schwierigkeiten, das Auftreten altruistischen Verhaltens zu erklären. Lerntheoretisch dürfte dies unproblematisch sein (vgl. Herkner 1991). Auch kann die Lerntheorie erklären, unter welchen Bedingungen es zur Internalisierung sozialer Normen kommt (vgl. Scott 1971), die dann das Verhalten jenseits des ökonomischen Kalküls steuern. Eine rein ökonomische Erklärung ist hier mühsamer.

Befürworter des ökonomischen Paradigmas (Lindenberg 1984; Weede 1989) weisen gleichwohl darauf hin, daß der ökonomische Erklärungsansatz fruchtbarer sei als der lernpsychologische, weil er auf schwer zu erhebende Informationen über Individuen und deren Lerngeschichte verzichtet. Weil und sofern es um Aussagen auf hochaggregiertem Niveau gehe, reiche ein relativ grobes Erklärungsschema (nämlich die Wert-Erwartungs-Theorie) aus, um das Verhalten „durchschnittlicher Akteure" zu erklären. In der Tat sind die bisherigen Leistungen dieses Paradigmas in einigen zentralen Bereichen der Soziologie, zumal an den Nahtstellen von Wirtschaft und Gesellschaft, außerordentlich fruchtbar. Dies gilt trotz einiger Schwierigkeiten, den Rational-choice-Ansatz in substantieller Forschung empirisch einzulösen (vgl. Friedrichs et al. 1993). Der Leser wird dem Rationalitätsparadigma deshalb noch an verschiedenen Stellen dieses Buches begegnen, z.B. beim Rational-choice-Ansatz zur Erklärung abweichenden Verhaltens (2. Kap. A 4.3), beim Dualismus von Rationalität und Moralität (3. Kap. A 2.2) oder beim Studium der Rationalität in Organisationen (3. Kap. B 1.2).

Um die strukturelle Dimension in das „rational-choice"-Modell einzubringen, wurde der „constrained-choice"-Ansatz entwickelt (vgl. Elster 1979, Franz 1986). Danach *„constrained choice"*

---

**Grundbegriffe:**

- Wert: Gemeint ist der Wert einer Handlungskonsequenz (Präferenz).
  Erwartung: subjektive Wahrscheinlichkeit, mit der bestimmte Konsequenzen auftreten werden.
- Nutzen: gewichtete Größe aus Werten und Erwartungen, meist multiplikativ verknüpft.
- Kosten: der mit einer Handlung verbundene Aufwand (insbesondere Transaktionskosten).
  (Anmerkung: Der ökonomische Ansatz übernimmt auch einige zentrale Begriffe der Wirtschaftstheorie, z.B. die erwähnten Transaktionskosten, Begriffe wie „rent-seeking", „property rights", Kollektivgüter, Positionsgüter, Internalisierung externer Effekte etc.)

**Grundthesen:**

**(1)** Das Entscheidungsverhalten von Individuen hängt von 2 Faktoren ab: dem Wert der Handlungskonsequenzen sowie von der subjektiven Wahrscheinlichkeit, mit der bestimmte Konsequenzen erwartet werden.
**(2)** Je wertvoller die Konsequenzen einer Handlung sind und je wahrscheinlicher eine bestimmte Handlung zur Realisierung der gewünschten (und zur Vermeidung der unerwünschten) Konsequenzen führt, desto höher ist die Auftretenswahrscheinlichkeit für diese Handlung.
**(3)** Die Werte einer Handlungskonsequenz und deren Erwartungswahrscheinlichkeit werden multiplikativ verknüpft.

**Ergänzungen:**

**(a)** Im Hinblick auf die Rationalität werden minimale Voraussetzungen gemacht. Es wird unterstellt, daß Individuen lediglich versuchen, ihren Nutzen zu maximieren, nicht dagegen, daß dieser Versuch gelingt.
**(b)** Im Hinblick auf die Kontextbedingungen wird das Modell im Sinne des „constrained choice" gesehen (strukturell-individualistischer Ansatz). Die Bandbreite möglichen Verhaltens wird durch Restriktionen vorgefiltert.

**Übersicht 16:** Einige Grundpositionen des ökonomischen Ansatzes

wird Handeln als das **Resultat zweier Filterprozesse** aufgefaßt. Ein erster Filter besteht aus Restriktionen, die aus der Menge aller Verhaltensalternativen die Teilmengen ausführbarer Alternativen herausfiltrieren. Der zweite Filtermechanismus besteht in dem oben beschriebenen Wahlakt, durch entsprechendes Verhalten eine optimale Kombination der Ziele zu erreichen. Auf diese Weise wird das Modell (in u.E. etwas mechanischer Weise) mit strukturellen Gegebenheiten verknüpft. Weitgehend ausgeblendet bleiben z.B. Internalisierungsprozesse im Sinne der Verinnerlichung zunächst äußerer Zwänge. Dies sind „constraints" anderer Art.

## 1.5 Das interpretative Paradigma

Unter dem Oberbegriff „interpretative Soziologie" fassen wir hier Forschungsansätze zusammen, die in hohem Maße der verstehenden Methode verpflichtet sind (vgl. unsere Ausführungen zur verstehenden Methode 1.1.3). Dabei sind im wesentlichen zwei Hauptrichtungen zu unterscheiden, von denen die eine auf den Sozialphilosophen G. H. Mead, die andere jedoch auf das Werk von Alfred Schütz zurückgeht.

*Paradigma des symbolischen Interaktionismus*

Der **„symbolische Interaktionismus"** folgt im wesentlichen der Mead-Tradition. Dieses Paradigma läßt sich am überzeugendsten mit dem **Thomas-Theorem** umschreiben: Personen handeln nicht danach, wie eine Situation objektiv **ist**, sondern wie sie von den Handelnden „definiert" (interpretiert, gedeutet) wird. Soziale Sachverhalte (z.B. soziale Strukturen) wirken nicht so auf den Menschen ein, wie sie tatsächlich sind, sondern so, wie die Menschen glauben, daß sie wären.

Auch der „symbolische Interaktionismus" tritt keineswegs in einheitlicher Gestalt auf (für eine paradigmatische Darstellung vgl. Blumer 1969, Steinert 1977, Wilson 1970 sowie Stryker 1980). Gemeinsam ist diesen Ansätzen ihr interpretativ-handlungstheoretischer Ausgangspunkt; ihre Anwendung erfolgt hauptsächlich auf Sachverhalte, die auch als Themen der Sozialpsychologie angesehen werden (z.B. Rollentheorie, Selbstkonzept-Forschung, abweichendes Verhalten).

*Einwände gegen das Paradigma*

Das Paradigma ist am ehesten darstellbar durch die charakteristischen Unterschiede zu den konkurrierenden Konzepten (vgl. Übersicht 17). Die Kritik am Interaktionismus entzündet sich zunächst an den z.T. recht **vagen Begrifflichkeiten** (Selbst, Identität, Sinn, Deutungsschemata usw.). Auch wird eingewandt, daß im Rahmen des symbolischen Interaktionismus bisher kaum operationalisierbare und intersubjektiv prüfbare Hypothesen formuliert wurden. Dies hängt damit zusammen, daß der symbolische Interaktionismus (in unterschiedlichen Ausprägungen) der phänomenologischen Methode (vgl. 1.1.3) zuneigt, so daß er die strengen Prüfkriterien der kritisch-rationalen Denkrichtung nicht gegen sich gelten lassen will. Aber selbst für eine Forschungsorientierung, die dem kritischen Rationalismus verpflichtet ist, sind die phänomenologischen Studien – meist durch Einfühlung und teilnehmende Beobachtung gewonnen – oftmals eine Fundgrube für mögliche Fragestellungen und Hypothesen. Sie gehören daher nach dieser Auffassung eher dem Entdeckungs-, weniger dem Begründungszusammenhang an.

**Unterschiede zur (behavioristischen) Verhaltenstheorie**

**(1)** Individuum wird als „Selbst" begriffen, das aktiv in soziale Prozesse eingreift (nicht bloß reagierend).

**(2)** Individuen werden durch Intentionen (Handlungsabsichten, gerichteter innerer Antrieb) gesteuert.

**(3)** Individuen handeln nicht aufgrund faktischer Gegebenheiten, sondern wie sie glauben, daß diese Sachverhalte wären.

**(4)** Handlungssituationen sind normativ besetzt und regelhaft (d.h. durch Normen) interpretiert.

**(5)** Handlungsorientierungen konstituieren sich aus Zielen, Wertvorstellungen, Normen, Kognitionen, Emotionen. Basis der Interaktion ist die „Rollenübernahme" (taking the role of another).

**(6)** Handeln geschieht im Rahmen bestimmter Deutungssysteme, die aus normativen Regeln abgeleitet werden und symbolisch vermittelt sind.

**(7)** Interaktionen werden vom „Alltagswissen" (z.B. Typisierungen, Situationsdefinitionen, Sinndeutungen) geleitet, das man mit dem Interaktionspartner teilt („geteiltes" Wissen).

**Unterschiede zur (funktionalistischen) Systemtheorie**

**(1)** Soziale Wirklichkeit (z.B. soziale Strukturen) wird nicht als Vorgegebenes, auf „höherer Ebene" bereits Angesiedeltes angesehen, sondern als in konkreten Interaktionsbezügen erst Hervorgebrachtes und als Sinnübertragung zwischen Interagierenden interpretiert.

**(2)** Auf diese Weise unterliegt die Gesellschaft einem ständigen Prozeß der „Neukonstruktion der Wirklichkeit".

**(3)** Da Gesellschaft sich immer aus Handlungen konstituiert, muß sie eher als Prozeß statt als Struktur angesehen werden.

**(4)** Gesellschaft ist also nicht als äußerliches Faktum zu erschließen, sondern durch die Deutungsschemata der Handelnden.

**Übersicht 17:** Einige Grundpositionen des „symbolischen Interaktionismus"

Ein weiterer Einwand richtet sich auf den Umstand, daß der symbolische Interaktionismus mit dem Aufweis von „Deutungs- und Interpretationsschemata" lediglich Sachverhalte anspricht, mit denen sich die **kognitive Psychologie** bereits seit nunmehr vierzig Jahren erfolgreich befaßt. Ihre leicht impressionistisch wirkenden Studien würden daher einen Rückfall in eine vortheoretische Phase bedeuten und an keiner Stelle das bisherige Erkenntnisreservoir der kognitiven Psychologie transzendieren. In der Tat sind wohl auch die meisten Themen des symbolischen Interaktionismus mit Hilfe eines erweiterten verhaltenstheoretischen Schemas, das Variablen der kognitiven Psychologie mit einbezieht, besser und präziser erklärbar als durch essayistische Fallstudien, auch wenn diese noch so interessant sein mögen.

Der heuristische Hinweis auf „Schemata", „Deutungen" oder „frames" ist zweifellos nützlich, um kurzschlüssige behavioristische Verhaltensmodelle zu überwinden. Ohne Fundierung in einer kognitiven Psychologie oder in Konzepten zur Informationsverarbeitung haben solche Hinweise jedoch lediglich „phänomenologische Evidenz". Sie haben keine eigene theoretische Grundlage, die allein es ermöglichen würde anzugeben, wie solche **Deutungsschemata** entstehen (vermutlich durch soziale Lernprozesse), unter welchen Bedingungen sie sich ändern (vermutlich durch die Konsequenzen eigenen und fremden Verhaltens), welche kognitive Struktur solche Deu-

119

tungsschemata haben und unter welchen Bedingungen Individuen von solchen Deutungsschemata abweichen. Kurz gesagt: Die phänomenologische Analyse läßt uns im Unklaren darüber, in welchen Situationsklassen welche Deutungsschemata in welcher Weise das soziale Handeln beeinflussen. Interpretative Soziologie bleibt auf halbem Wege stecken: Sie sagt Richtiges über die Funktionsweise sozialen Handelns, aber sie verweigert sich der (letztlich psychologischen) Weiterverfolgung dieses Ansatzes durch theoretische Aussagen, die empirisch bestätigt und modifiziert werden könnten.

Ähnlich wie auch die verhaltenstheoretische Soziologie setzt sich der symbolische Interaktionismus schließlich dem Vorwurf aus, **makrosoziologische Problemstellungen** weitgehend aus der Analyse zu verbannen oder in problematischer Weise zu reduzieren. Hieran schließt sich der Vorwurf einer „Subjektivierung von Welt": Diese Art von Soziologie richte sich zunehmend auf das Innenleben der Individuen und die jeweiligen Modi der Verarbeitung von „Welt", weniger jedoch auf die harten Tatsachen der objektiven sozial-strukturellen Wirklichkeit. Gesellschaftliche Wirklichkeit werde aber nicht nur von Menschen konstituiert, sondern stülpe sich ihnen auf wie ein „stählernes Gehäuse" (Max Weber), an dem nichts mehr zu konstituieren sei (z.B. in bürokratischen Organisationen). Der Ansatz des symbolischen Interaktionismus könne also lediglich dort greifen, wo die Möglichkeitsspielräume von Menschen innerhalb der festgelegten Strukturen zur Entfaltung gelangen (vgl. zum Verhältnis von Struktur und Verhalten wiederum Kap. A 1).

*Ethnometho-*
*dologie*

Eine Spielart des symbolischen Interaktionismus, die **Ethnomethodologie** (Garfinkel 1967) betont, daß sich die Gesellschaftsmitglieder durch den methodischen Einsatz von Alltagshandlungen ihre Realität – mit Hilfe der dokumentatorischen Methode der Interpretation – selbst schaffen. Wie alle interpretativen Theorien geht auch die Ethnomethodologie davon aus, daß die soziale Wirklichkeit nicht unabhängig von den Individuen existiert, sondern erst durch die Erfahrung und das Handeln von Menschen in Interaktionen konstruiert wird. Schon Berger und Luckmann (1969) hatten mit Rückgriff auf Alfred Schütz (vgl. Schütz/Luckmann 1979/1984) hervorgehoben: Das Alltagswissen, das Menschen in ihren Handlungen begleitet, bedinge allein die

*Deutungs- und*
*Sinnstrukturen*

Deutungs- und Sinnstrukturen der Gesellschaft, indem diese den subjektiven Umkreis verlassen und sich in den Erzeugnissen menschlicher Tätigkeit „objektivieren". Dieses Wissen bestimme unsere **„Definition der Wirklichkeit"**: das, was wir für real halten. Bedeutungsunterschiede in der Einschätung sozialer Realität sind Abgrenzungen je gemeinsamer **Lebenswelt**, die jeweils unterschiedliche „Wirklichkeiten" begründen. Wenn Erfahrungen objektiviert werden, so finde dies in der Institutionalisierung ihren Ausdruck. Durch den Prozeß der Internalisierung werde der gesellschaftliche Wissensvorrat wieder in die subjektive Wirklichkeit zurückgeholt.

*Konstruktivis-*
*mus*

Dieser Gedanke wird auch in einer breiten Strömung von Ansätzen vertreten, die unter der Bezeichnung **Konstruktivismus** firmiert. Dabei wird von Repräsentanten des radikalen Konstruktivismus die Ansicht vertreten, daß soziale Vorstellungen und soziales Erleben überhaupt keine Anbindung an irgendeine „objektive" Realität haben. Ein solcher konstruktiver Idealismus (oder Solipsismus?) steht im Gegensatz zu ei-

120

nem **konstruktiven Realismus** (Meinefeld 1995), manchmal auch als „Interaktionismus" bezeichnet: Letzterer besagt, daß ein Wechselverhältnis zwischen handelnden Subjekten und einer „realen" sozialen Außenwelt besteht. Er setzt voraus, daß es eine **Differenz** zwischen Subjekt und Außenwelt gibt. Zwar ist es richtig, daß Individuen ihre soziale Außenwelt „konstruieren"; jedoch sind solche Konstruktionen „sachhaltig", d.h. in sie gehen reale Außenweltbedingungen ein. Ein radikaler Konstruktivist würde beispielsweise der Auffassung zuneigen, daß ethnische Grenzziehungen jeder realen Grundlage (z.B. Sprache, Hautfarbe) entbehren. Ein anderes Paradebeispiel radikaler Konstruktivisten ist die Geschlechtsrollendifferenzierung. Auch hier werden biologische Grundlagen und Verschiedenheiten (z.B. die höchst reale Tatsache, daß Frauen und nicht Männer Kinder gebären) geleugnet. Erst in der Auseinandersetzung mit solchen Gegebenheiten werden soziale Rollen „konstruiert".

Eine weitere Spielart des interpretativen Paradigmas liefert die „**structuration theory**" von Giddens (1984, 1988, 1993). Giddens' Anliegen ist die Beseitigung des „ontologischen Gegensatzes" von Struktur und Handeln (und mithin die Auflösung des Gegensatzes zwischen objektivistischer und subjektivistischer Sichtweise in der Soziologie) durch die Annahme, daß Strukturen in den individuell Handelnden selbst angelegt seien, die ihr Handeln ermöglichen, es jedoch zugleich beschränken. Die Akteure bedienen sich hierbei gewisser „modalities of structuration" (Interpretations-Schemata, Möglichkeiten, Normen) bei der Reproduktion von Interaktionssystemen und rekonstruieren dabei gleichzeitig deren strukturelle Merkmale.

*Structuration theory*

Wir sehen aber auch in einer solchen Sicht keine Auflösung des erwähnten Gegensatzes, denn der Fokus der Betrachtung bleibt das handelnde Subjekt, und der „starting-point" der Analyse bleibt hermeneutisch-phänomenologischer Natur. Giddens glaubt jedoch, aus der Perspektive des Subjektes „neue Regeln" der soziologischen Methode entwickeln zu müssen, gewissermaßen in Ablösung von Durkheims Postulaten, der die objektive Realität sozialer Strukturbedingungen betont hat (vgl. die Übersicht 18).

*Neue Regeln der soziologischen Methode?*

Zwar bezieht diese Sicht die strukturelle Dimension in das Handeln mit ein; die allein interessierende **Perspektive** bleibt jedoch das handelnde Individuum. Insofern muß sich auch diese Form subjektbezogener Soziologie dem Vorwurf aussetzen, sie verkenne das „stählerne Gehäuse" sozialer Strukturen und tue so, als gäbe es keine „objektiven Verhältnisse" außerhalb des Individuums, die für sich genommen Gegenstand der Soziologie sein könnten. Allerdings: Das „interpretative Paradigma" gewinnt in dem Maße an Gewicht, in dem strukturelle Zwänge im sozialen Handeln zurücktreten und in hohem Ausmaß Optionsmöglichkeiten verbleiben. Esser (1987) betrachtet diesen Paradigmen-Wechsel auf der Folie sozialen Wandels: Die (partielle) Entstrukturierung der Gesellschaft und die Erweiterung individueller Handlungsspielräume vermag den „neuen Regeln" der soziologischen Methode durchaus empirisches Gewicht zu verleihen. Zumindest gilt dies für die Handlungsebene.

A 1 Soziologie beschäftigt sich nicht mit einer „vor"-gegebenen Welt von Objekten, sondern mit einer, die durch das aktive Tun von Subjekten konstituiert oder produziert
wird.
A 2 Die Produktion und Reproduktion der Gesellschaft muß daher als eine auf Fertigkeiten beruhende Leistung ihrer Mitglieder betrachtet werden.
B 1 Menschliches Handeln hat Schranken. Die Menschen produzieren die Gesellschaft,
aber sie tun es unter bestimmten historischen Bedingungen und nicht unter Bedingungen ihrer eigenen Wahl.
B 2 Strukturen üben auf menschliches Handeln nicht nur Zwang aus, sondern ermöglichen es auch.
B 3 Prozesse der Strukturierung schließen ein Zusammenspiel von Bedeutungen, Normen und Macht ein.
C 1 Der soziologische Beobachter kann das soziale Leben als „Phänomen" nicht beobachten, ohne daß sein Wissen darüber seinen „Forschungsgegenstand" immer schon
mitkonstituiert.
C 2 Das Eintauchen in eine Lebensform ist das notwendige und einzige Mittel, durch das
ein Beobachter in der Lage ist, solche Bestimmungen hervorzubringen.
D 1 Soziologische Begriffe unterliegen deshalb einer doppelten Hermeneutik (Anm. des
Verf.: Damit ist im wesentlichen ausgesagt, daß für Giddens die Unterscheidung zwischen Objektebene und Metaebene nicht gilt).
D 2 Zusammengefaßt sind die Hauptaufgaben der soziologischen Analyse die folgenden:
(1) die hermeneutische Erklärung und Vermittlung divergierender Lebensformen innerhalb deskriptiver Metasprachen der Sozialwissenschaft, (2) die Erklärung der Pro-
duktionen und Reproduktionen der Gesellschaft als Ergebnis menschlichen Handelns.

**Übersicht 18:** „New rules" der interpretativen Soziologie (nach Giddens 1984, 1993)

# 2. Theorien mittlerer Reichweite

## 2.1 Die Reichweite von Theorien

*Theorien unter-*
*schiedlicher*
*Reichweite*

Bisher standen globale Theoriekonzepte im Vordergrund, von denen wir die wichtigsten zunächst kurz skizziert haben. Wie bereits angedeutet, handelt es sich hier eher
um Theorieperspektiven im Sinne von Paradigmen, die das Forschungsinteresse unter ganz bestimmten Annahmen über die „Natur" der Gesellschaft in eine bestimmte
Richtung lenken.

Robert K. Merton, einer der Mitbegründer der funktionalistischen Forschungsperspektive, gab jedoch mit seinem Plädoyer für „theories of the middle range" die Empfehlung, soziologische Forschung nicht lediglich unter dem Aspekt einer „grand
theory" zu betreiben, sondern mehr **Theorien mittlerer Reichweite** zu formulieren,
demnach: Abrücken von gesellschaftlicher „Theorie", hin zu soziologischen Theorien.

Befassen wir uns zunächst mit dem Begriff der Reichweite einer Theorie. Eine Theorie hat eine hohe Reichweite, wenn ihr Erklärungsanspruch umfassend ist oder anders: wenn ihr Informationsgehalt möglichst hoch ist. Nehmen wir an, eine Theorie
befasse sich mit dem Verhalten von Menschen (allgemeine Verhaltenstheorie), so ist
jede Theorie, die sich lediglich mit einer Teilklasse dieses Verhaltens befaßt (z.B. mit

lernbaren Aktivitäten, mit sozialem Verhalten) von begrenzterer Reichweite. Am Beispiel:

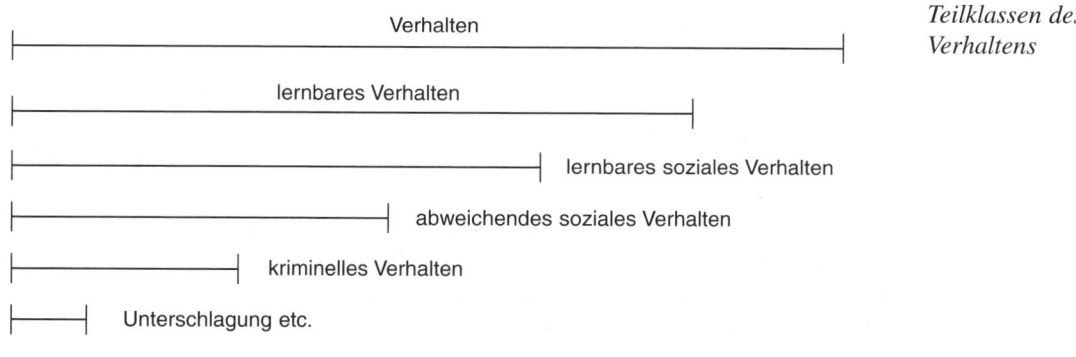

Ebenso könnte eine Systemtheorie formuliert werden, die für alle Systeme (biologische, technologische, soziale Systeme) gilt. Auch hier sind wiederum Einschränkungen der Reichweite möglich:

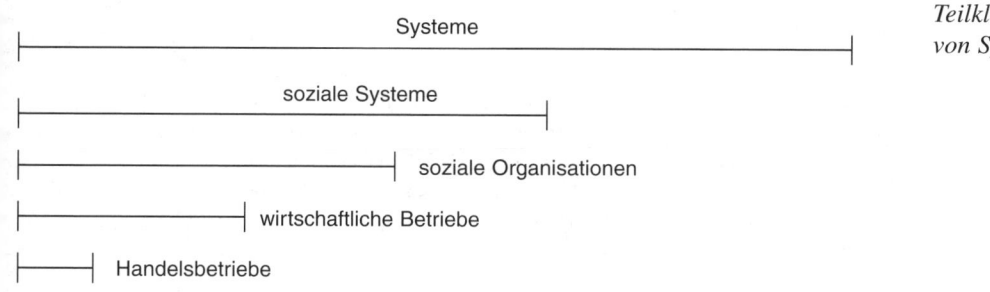

Dabei gilt, daß Theorien von hoher Reichweite notwendig abstrakt und in ihrer Anwendung auf konkrete Realitäten stark modifiziert sein müssen. Theorien unterer Reichweite sind umgekehrt meist recht konkret und an empirischem Material leichter überprüfbar, beziehen sich jedoch nur auf recht begrenzte Ausschnitte der Wirklichkeit.

Mertons Empfehlung, sich verstärkt auf die Formulierung von Theorien mittlerer Reichweite zu konzentrieren, ist – angesichts der defizitären Situation in der Soziologie, auf die wir noch zurückkommen – sicherlich befolgenswert. Andererseits muß jedoch auch gesehen werden, daß es kein logisches Verfahren gibt, aus einer Menge von Theorien unterer oder mittlerer Reichweite ein globales Konzept zu konstruieren, also auf diesem Wege induktiv zu einer allgemeinen soziologischen Theorie vorzustoßen. Das Unternehmen einer „grand theory" bleibt also weiterhin ein aussichtsreiches Unterfangen, zumal sich aus generellen Theorien (z.B. Verhaltenstheorien oder Systemtheorien) Theorien mittlerer Reichweite unter bestimmten Zusatzbedingungen logisch ableiten lassen müßten.

## 2.2 Exemplarische Theorien

Anders als in der Sozialpsychologie, in der außerordentlich viele Theorien mittlerer und unterer Reichweite entwickelt wurden, herrscht in der Soziologie ein ausgesprochenes Defizit an solchen explizit formulierten Theorien, wahrscheinlich deshalb, weil die empirisch-analytische Forschungsrichtung in dieser so heterogen sich darbietenden und in der Umklammerung durch Sozialphilosophie verharrenden soziologischen Disziplin sich nicht vollends durchsetzen konnte. Auch erinnern wir an unsere frühere Feststellung, daß Soziologen hierzulande sehr häufig mit relativ theorieloser Umfrageforschung beschäftigt sind, während die theorieorientierten Kollegen vielfach „Flüge über den Wolken" veranstalten und die Beschäftigung mit konkreten Problemen und enger umrissenen Fragestellungen offensichtlich für „geistige Kleingärtnerei" halten.

*Beispiele für Theorien mittlerer Reichweite*

Um ein Potential zur Analyse und Lösung **dringlicher Fragen** bereitzustellen, benötigen wir eher empirisch prüfbare Theorien mittlerer Reichweite. Gerade in dieser „Mitte" jedoch sehen wir Defizite. Dementsprechend sind die soziologischen Theorien mittlerer Reichweite recht schnell aufzuzählen: etwa die Bezugsgruppentheorie von Merton u.a., die Anomietheorie von Merton u.a., die Theorie der differentiellen Assoziation von Sutherland, die Theorie des kollektiven Verhaltens von Smelser, die funktionalistische Schichtungstheorie von Davis und Moore, die Mobilitätstheorie von Lipset und Zetterberg, Aspekte der Gruppentheorie von Homans, die Theorie des Intra-Rollen-Konflikts von Gross et al., die Theorie „schwacher Verbindungen" von Granovetter, die Dependenztheorien von Emmanuel und von Galtung, die Theorie der relativen Deprivation von Gurr (und wenige andere).

*Theorien unterer Reichweite*

Noch unterhalb dieser Ebene – gewissermaßen als Theorien „unterer Reichweite" – finden wir Aussagensysteme, die sich auf sehr enge Ereignishorizonte beziehen. Beispiele sind hier etwa: Cresseys Theorie der Scheckfälschung, die Theorie des Selbstmords von Gibbs und Martin, die Theorie der Ehescheidung von Diekmann/Mitter und einige andere. Diese Konzepte von sehr begrenzter Reichweite erweisen sich insbesondere dann als fruchtbar, wenn sie in allgemeinere Theoriekonzepte eingelagert, also aus ihnen abgeleitet sind, wobei sie die besonderen Randbedingungen des betreffenden Teilproblems berücksichtigen.

Auf einige solcher Theoriekonzepte werden wir im Verlauf dieser Arbeit noch zurückkommen. An dieser Stelle möchten wir lediglich exemplarisch zwei Theorien mittlerer Reichweite vorstellen, wobei die erste aus dem **Mikrobereich**, die zweite aus dem **Makrobereich** entnommen ist.

*Beispiel Reaktanztheorie*

Als erstes Konzept stellen wir die Reaktanztheorie (Brehm 1966) vor, die zwar im sozialpsychologischen Bereich entwickelt wurde, jedoch auch soziologisch von höchster Relevanz ist. Diese Theorie informiert über das Auftreten von Gegenreaktionen gegenüber sozialer Beeinflussung (etwa durch Überredung oder auch durch die Anwendung sozialer Macht). Sie bezieht sich auf Situationen, in denen Individuen über Möglichkeitsspielräume (z.B. Entscheidungsfreiheit, Alternativen) verfügen, die aus ihrer Sicht illegitimerweise versperrt werden.

---

(1) Individuen haben die Freiheit (Wahlmöglichkeit), bestimmte Verhaltensweisen auszuführen oder nicht (z.B. Überstunden zu machen).

(2) Wenn ein Individuum perzipiert, daß eine Bedrohung seiner Verhaltens- und/oder Meinungsfreiheit erfolgt, so daß die Freiheit der Wahl eingeschränkt wird, entsteht psychische Reaktanz. Reaktanz ist ein motivationaler Spannungszustand, der darauf gerichtet ist, sich der bedrohten Einengung zu widersetzen oder nach erfolgter Einengung den ursprünglichen Verhaltensspielraum wiederzugewinnen.

(3) Die Stärke der Reaktanz hängt ab von
  − der Wichtigkeit der eingeengten Freiheit für die betreffende Person,
  − dem Umfang der bedrohten oder eliminierten Freiheit sowie der Stärke der Freiheitseinengung,
  − dem Ausmaß der empfundenen Illegitimität der Einschränkung.

(4) Reaktanz wird reduziert durch
  − kognitive Umstrukturierung (z.B. Person hält die Einengung für legitim oder instrumentell)
  − eine Änderung des Verhaltens (z.B. Anrufung des Betriebsrats).

---

**Übersicht 19:** Explikation der Reaktanztheorie

Als zweite Theorie stellen wir ein Konzept aus dem Makrobereich vor, das über das Ausmaß vertikaler Mobilität in einer Gesellschaft informiert. Die Theorie wurde von Lipset und Zetterberg (1956) entwickelt und wird hier etwas verändert dargestellt.

*Beispiel Mobilitätstheorie*

---

Mobilität ist abhängig von zwei Faktorenbündeln, die sich wechselseitig beeinflussen:

(1) Bedingungen der Sozialstruktur
  a) Ziele: Angebot verfügbarer attraktiver Positionen
  b) Mittel: Bereitstellung von Mitteln (insbesondere für die unteren Ränge)
  c) Wege: Eröffnung von Zugangschancen (z.B. Bildungssystem)
(2) Voraussetzungen des Sozialverhaltens
  a) Normen: Existenz mobilitätsfördernder Normen
  b) Motive: Starke Ego-Bedürfnisse, die durch Aufstieg befriedigt werden können
  c) Fähigkeiten: Vorhandensein von Kenntnissen und Fertigkeiten, um die Positionen auszufüllen.

---

**Übersicht 20:** Explikation der Mobilitätstheorie

Die hier exemplarisch vorgestellten Theorien sollen an dieser Stelle nicht im einzelnen kritisiert und auch nicht mit anderen, konkurrierenden Theorieansätzen konfrontiert werden. Es handelt sich lediglich um zwei Beispiele, wie soziologische Theorien mittlerer Reichweite formuliert werden können, von denen zumindest prinzipiell anzunehmen ist, daß sie auch operationalisierbar und damit empirisch prüfbar sind. So lassen sich etwa auf der Basis der Reaktanztheorie Aussagen darüber machen, welche Reaktionen einsetzen, wenn Personen sich unter Druck gesetzt fühlen. Im

Falle der Mobilitätstheorie müßte aufgrund der genannten Variablen erklärbar sein, wieso die Mobilitätsraten in verschiedenen Gesellschaften unterschiedliche Ausprägungen haben.

*„Grenzen der Variablen-Soziologie"*

Viele soziologische Analysen bewegen sich im Vorhof eigentlicher Theorie. So werden in der Soziologie häufig Verbindungen zwischen Variablen hergestellt, ohne daß eine echte „Erklärung" angeboten wird. Hierbei werden üblicherweise bestimmte Tatbestände mit Variablen wie Sozialschicht, Alter oder Geschlecht korreliert; dabei sind solche Umbrella-Variablen oft ohne jeden Erklärungswert. Auch in aufwendigen pfadanalytischen Modellen wird eine Vielzahl solcher Variablen abgebildet, ohne daß dabei klar wird, warum „Variablen" eigentlich „wirken" sollen (vgl. Esser 1987, der der „Variablen-Soziologie" mangelnde theoretische Reflexion vorwirft).

## Literaturempfehlungen

**Alexander, J. C.:** Theoretical logic in Sociology. London et al. 1982 ff.
**Büschges, G. et al.:** Grundzüge der Soziologie. München/Wien ²1996
**Coleman, J. S.:** Foundations of Social theory. Cambridge et al. 1990 (dt. 1991)
**Eberle, F., Maindok, H.:** Einführung in die soziologische Theorie. München/Wien ²1994
**Endruweit, G. et al. (Hg.):** Moderne Theorien der Soziologie. Stuttgart 1993
**Esser, H.:** Soziologie. Allgemeine Grundlagen. Frankfurt 1993 (²1996)
**Homans, G. C.:** Grundfragen soziologischer Theorie. Opladen 1972
**Mikl-Horke, G.:** Soziologie. München/Wien ⁴1997
**Schülein, J. A., Brunner, K.-M.:** Soziologische Theorien. Eine Einführung für Amateure. Wien/New York 1994
**Skidmore, W.:** Theoretical thinking in Sociology. Cambridge et al. ²1979

## Kontrollfragen

1. Welche der fünf behandelten Theorieperspektiven steht auf dem Boden des methodologischen Individualismus?
2. Kennzeichnen Sie den spezifischen Funktionsbegriff der strukturell-funktionalen Theorie.
3. Welche Einwände werden gegen den Marxismus vorgebracht?
4. Wie ist ein Plädoyer für Theorien mittlerer Reichweite zu beurteilen?
5. Welche Akzente setzen die „new rules" der soziologischen Methode?
6. Welche Annahmen trifft der „Rational-choice"-Ansatz?

# Zweites Kapitel: Hauptthemen der Soziologie

# A. Grundfragen der Mikrosoziologie

## 1. Soziales Lernen

### Plan des Kapitels

In diesem Kapitel wird zunächst gezeigt, daß soziales Verhalten (Handeln) auf Vorgängen des **sozialen** Lernens basiert, die im **Prozeß der Sozialisation** vermittelt werden. Lerntheorien behaupten, daß menschliches Verhalten nur zu einem geringen Teil auf ererbte Strukturen (z.B. Genstrukturen) zurückgeht und vor allem in sozialen Lernprozessen erworben wird. Dies gilt insbesondere für komplexe soziale Verhaltensweisen.

Wir beziehen uns daher im ersten Schritt auf einige zentrale Aussagen der Lerntheorien, wobei wir uns einer **kognitiven Lerntheorie** anschließen, die für komplexes soziales Lernen angemessener erscheint als die Bezugnahme auf rein behavioristische Konzepte, die bloße Reiz-Reaktions-Modelle darstellen. Insofern wird auch der Vorwurf seitens phänomenologischer Ansätze zur Mikrosoziologie gegenstandslos, die Bezugnahme auf Lerntheorien würde die vermittelnden Variablen (z.B. der Situationsdeutung oder der Intentionalität von Handlungen) vernachlässigen.

Sodann interessieren uns die wichtigsten Stadien der durch Lernprozesse vermittelten **Sozialisation:** das Hineinwachsen von Individuen in die Gesellschaft und die Herausforderung durch neue Situationen im Laufe des Lebens. Die Soziologie befaßt sich hierbei insbesondere auch mit dem **sozialen Kontext der Sozialisation:** mit den besonderen sozial-strukturellen Bedingungen (z.B. Schichtzugehörigkeit, sozial-ökologische Situation usw.), die zu bestimmten Sozialisationsstilen und damit zu differentiellen Verhaltensmustern führen.

In einem weiteren Teilkapitel wird dem engen Zusammenhang zwischen Lernprozessen einerseits und der Generierung von **Wertvorstellungen, Einstellungen und Verhaltensmustern** andererseits Rechnung getragen. Dabei werden auch Prozesse der **Einstellungsbildung und -änderung** angesprochen und auf ihre soziologische Relevanz hin untersucht. Auf dieser Basis wird schließlich eine allgemeine **Handlungstheorie** formuliert, die der Mikro-Fundierung der Soziologie dienen kann und die sich in sozialpsychologischer Forschung empirisch gut bewährt hat.

## 1.1 Die Prinzipien des Lernens

### 1.1.1 Lernen und Wertsystem

Im Vorgang der Sozialisation werden Normen, Werte sowie Rollen durch Lernprozesse vermittelt. Über zentrale Lernmechanismen informieren die vorliegenden Lerntheorien, die u.a. Aspekte des **elementaren Lernens** (etwa durch Verstärkungsprozesse) oder Vorgänge des **kognitiven Lernens** (z.B. das Lernen am Modell oder das

*Elementares und kognitives Lernen*

129

Lernen durch Vergleichsprozesse) analysieren. Allerdings bieten solche Lerntheorien meist nur ein mehr oder weniger formales Gerüst von Ausagen über die Funktion dieser Mechanismen; sie erklären jedoch inhaltlich so gut wie nichts. Wenn etwa in der Lerntheorie von Belohnungen die Rede ist, von Strafreizen gesprochen wird und Verstärkungsmechanismen bemüht werden, so erklärt dies – im guten Falle – den Ablauf des Lernens anhand ganz bestimmter Gesetzmäßigkeiten: Es erklärt, wie und warum gelernt wird, jedoch keineswegs, welche Ereignisse für bestimmte Individuen im einzelnen belohnend oder bestrafend sind. Die Psychologen, die die elementaren Lernprozesse zunächst an Ratten oder an Tauben studierten, taten sich da leichter. Dort war es klar, daß für eine Ratte eben galt: Läßt man sie einen Tag hungern (Deprivation in bezug auf Nahrung), dann ist für sie am nächsten Tag die Verabfolgung von Nahrung belohnend. Für den menschlichen Bereich scheint es jedoch keine so eindeutige und auch keine erschöpfende Liste von Verstärkereignissen zu geben. Zwar gilt generell, daß die Verabfolgung von Elektroschocks von den meisten Menschen ebenso als Strafreiz empfunden wird wie von Ratten; auch gilt im Bereich physiologischer Bedürfnisse (Hunger, Durst, Schlaf, Sexualität), daß die Deprivation als Strafreiz und dessen Beseitigung als Belohnung empfunden wird, jedoch geht diese Eindeutigkeit im Ausmaß der Ablösung der Bedürfnisse von physiologischen Bezügen immer mehr verloren.

*Belohnungen und Strafreize*

Um also etwas über Lerninhalte aussagen zu können, müßten wir feststellen, welche Ereignisse im psycho-sozialen Bereich verstärkend wirken und welche nicht. Gerade aber die Unterschiedlichkeit solcher Verstärkungsmuster in verschiedenen Gruppen und zwischen Individuen, ja sogar intraindividuell unterschieden nach Situationsklassen, spricht eher im Sinne einer weitreichenden **Instabilität und Variabilität** von Belohnungen und Bestrafungen im sozialen Bereich. Es ist demnach nicht möglich, im menschlichen Verhaltensrepertoire von vornherein konsistente Listen verstärkender Ereignisse zusammenzustellen. Im Klartext: Ob Schokolade oder Pornographie für ein Individuum verstärkend wirkt, läßt sich ebensowenig voraussagen wie die Lösung der Frage, ob ein Betriebsangehöriger eine Gehaltserhöhung als höheren Anreiz empfindet als etwa die Verleihung des Titels „Oberingenieur".

In annäherungsweiser Lösung dieses Dilemmas müßten wir uns mit der jeweiligen **Lerngeschichte** von Individuen näher befassen, um Aussagen darüber machen zu können, ob und in welchem Umfang bestimmte Dinge oder Ereignisse als belohnend oder als bestrafend empfunden werden. Ein anderer – und soziologisch triftigerer – Weg wäre sicherlich das Studium **differentieller Wertsysteme** (z.B. in verschiedenen Kulturkreisen, in bestimmten Altersgruppen, in unterschiedlichen Sozialschichten usw.). Wenn akzeptiert wird, daß Bedürfnisse und Motive mit wachsender Ausbreitung von „Kultur" immer mehr von Werten „besetzt" werden, dann sind rein psychologische Lerntheorien allein nicht ausreichend, um das Auftreten spezifischer (z.B. kulturspezifischer) Verhaltensmuster zu erklären.

*Differentielle Wertsysteme*

*Kulturspezifische Verstärkungsmuster*

Um zu solchen Aussagen zu gelangen, bedarf es nicht lediglich des Verständnisses von Lernmechanismen, sondern auch der konkreten Ereignisse, die im einzelnen als belohnend oder bestrafend anzusehen sind. Erst eine Analyse dieser Sachverhalte liefert die nötigen Input-Variablen einer Theorie, die uns auch über die spezifische Richtung der jeweiligen Inhalte von Lern- bzw. Verstärkungsprozessen informiert. Hierzu benötigen wir Erkenntnisse, die uns am ehesten die Kulturanthropologie sowie die Soziologie liefern, soweit sie sich mit dem Auftreten und dem Wandel von Wertsystemen befassen (Da die Analyse von Wertsystemen als Problem der Makrosoziologie aufgefaßt wird, müssen wir die Betrachtung dieses Fragenkomplexes noch zurückstellen). Weitere Fingerzeige finden wir in der empirischen Ermittlung bestimmter (kulturspezifischer) Sozialisationsstile, die uns in diesem Kapitel noch beschäftigen werden.

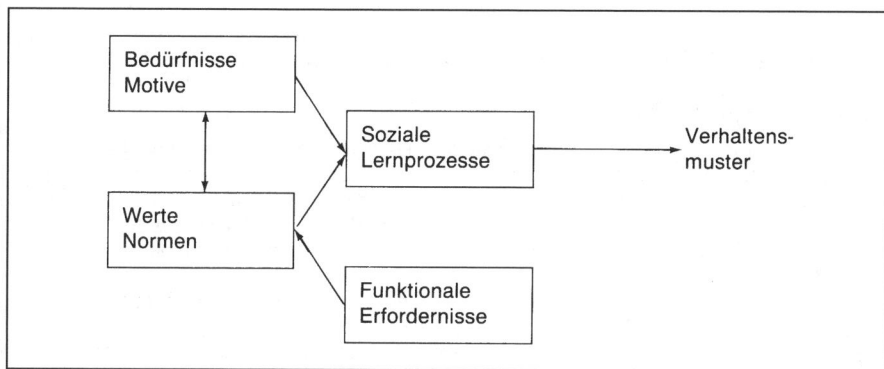

**Abb. 10:** Input-Variablen für soziale Lernprozesse

Zunächst jedoch konzentrieren wir uns auf die wichtigsten Lernmechanismen, die in den nächsten beiden Abschnitten kurz besprochen werden. Das ausführliche Konzept ist unter der Bezeichnung **„integrative Lerntheorie sozialen Verhaltens"** publiziert worden (Wiswede 1988). Wir bleiben dabei der Tatsache eingedenk, daß es sich um das Grobgerüst einer Verhaltenstheorie handelt, das mit soziologischen Variablen noch „gefüttert" werden muß.

## 1.1.2 Elementares Lernen

Wir werden zunächst die wichtigsten Mechanismen **elementaren Lernens** vorstellen. Als allgemeinste Aussage fungiert hier das **Effektgesetz**, das Bestandteil aller *Effektgesetz* behavioristischen und neo-behavioristischen Lerntheorien ist und auch von Homans' Theorie elementaren Verhaltens in Anspruch genommen wurde. Das Effektgesetz besagt, daß ein Verhaltensmuster, das sich durch positive Konsequenzen (z.B. instrumenteller Nutzen, sozialer Nutzen) bewährt hat, im Ausmaß dieses Erfolges auch in Zukunft wieder geäußert wird. Am Beispiel: Erreicht ein Kind durch heftiges Schreien, daß es gestillt wird, dann wird das Kind diese Verhaltensweise wiederholen, sobald es Hunger hat. Folgen aus dem Kauf eines Produktes oder einer Marke positive Konsequenzen, dann steigt die Wahrscheinlichkeit, daß der Käufer auch in künftigen Bedarfsfällen wieder zu dieser Marke greifen wird. Sind die Konsequenzen dauerhaft

131

positiv, so kann sich u.U. eine Kaufgewohnheit oder bleibende Markentreue entwickeln. Bemerkt ein Schüler, daß der Lehrer sich freut, wenn er sich meldet und daß sich dies in guten Schulnoten äußert, dann wird der Schüler dieses Verhalten systematisch äußern. Der wichtigste Aspekt dieses Verstärkungslernens ist, daß Verhalten **aus seinen Konsequenzen heraus** entsteht, also nur dann auftreten kann, wenn ein gleiches oder ähnliches Verhaltensmuster wiederum in Betracht kommt, etwa aufgrund physiologischer Deprivation (Bedürfnisse wie Hunger oder Durst) oder sozialer Deprivation (z.B. Gefühl der relativen Benachteiligung).

---

**Grundprinzip: Verhalten wird durch seine Konsequenzen gesteuert**

**Unterprinzip (I): Prinzip der Verstärkung**

**(1)** Wird ein Verhalten belohnt, steigt die Wahrscheinlichkeit, daß dieses Verhaltensmuster in Zukunft wieder auftritt (Lernen am Erfolg), sofern das Individuum depriviert ist.

**(2)** Wird ein Verhalten weder belohnt noch bestraft, dann wird es gelöscht (Extinktion).

**(3)** Wird ein Verhalten bestraft, so sinkt die Wahrscheinlichkeit seines Auftretens. Bei hoher Bedürfnisstärke versucht das Individuum, den Strafreiz zu umgehen (Vermeidungslernen).

**(4)** Wird ein Strafreiz (negativer Verstärker) beseitigt, dann steigt die Wahrscheinlichkeit, daß das betreffende Verhalten wieder auftritt.

**(5)** Je häufiger ein Reiz zusammen mit einem Verstärker auftritt, desto höher ist die Wahrscheinlichkeit, daß dieser Reiz eine Verstärkerwirkung erhält (klassische Konditionierung, sekundäre Verstärkung).

**Unterprinzip (II): Prinzip der Generalisierung**

**(6a)** In subjektiv ähnlichen Situationen versucht das Individuum, gleiches (bewährtes) Verhalten zu zeigen.

**(6b)** In subjektiv gleichen Situationen versucht das Individuum, sein Verhalten noch erfolgreicher zu gestalten.

**Unterprinzip (III): Prinzip der Diskriminierung**

**(7a)** Wirkt das Verhalten nur in bestimmten Situationen oder Situationsklassen belohnend, dann wird das Verhalten im Ausmaß der Stärke dieser Situation lediglich dann verstärkt, wenn der betreffende diskriminative Stimulus vorliegt.

**(7b)** Werden nur bestimmte Aspekte oder Elemente eines Verhaltens belohnt, so wird das Individuum selektiv vorgehen und mit differenziertem Verhalten antworten.

**Unterprinzip (IV): Prinzip der Habitualisierung**

**(8)** Eingeübte Verhaltensweisen werden aus Gründen kognitiver Entlastung oder zur Vermeidung von Strafreizen auch dann beibehalten, wenn sie nicht mehr belohnt oder bestraft werden, indem sie sich in Automatismen verwandeln (Gewohnheitsbildung, assoziative Koppelung).

**Unterprinzip (V): Prinzip der Internalisierung**

**(9)** Eingeübte Verhaltensweisen werden auch dann beibehalten, wenn sie nicht mehr extrem belohnt oder bestraft werden, sofern sie verinnerlicht sind. Das Individuum sanktioniert sich selbst.

**Übersicht 21:** Elementares Lernen

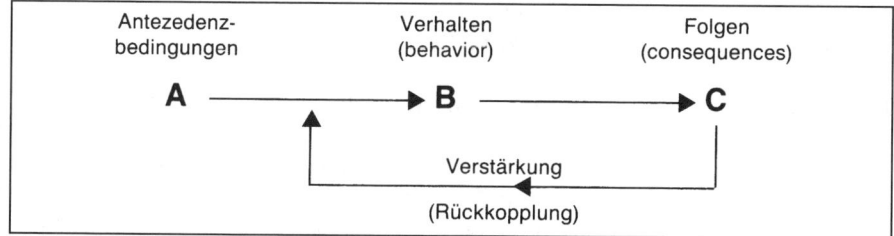

**Abb. 11:** Elementares instrumentelles Lernen

Wenn ein Verhalten weder belohnt noch bestraft wird, dann wird dieses Verhalten vermutlich gelöscht, d.h. künftig nicht wieder auftreten (Aussage 2). Hat sich ein strafreizgefährdetes Verhalten stabilisiert, so wird das Individuum eine **Strategie des Vermeidungslernens** praktizieren. Damit ist gemeint, daß Individuen allmählich lernen, Strafreizen zu entgehen. So lernt bereits das Kind, sich der Kontrolle der Mutter zu entziehen. Ähnlich lernt auch der Mitarbeiter im Betrieb, wann es gefährlich ist, zu widersprechen oder übel aufzufallen.

*Vermeidungs-*
*lernen*

Belohnend ist nicht nur ein angenehmes Ereignis, sondern auch die Beseitigung eines aversiven Stimulus (Hypothese 4). Wird demnach durch ein bestimmtes Verhalten ein Strafreiz beseitigt, dann steigt die Auftretenswahrscheinlichkeit für dieses Verhalten. So ist z.B. in jugendlichen Umgangsgruppen die Tatsache aversiv, ein bestimmtes Kleidungsstück oder etwa ein bestimmtes Motorrad nicht zu besitzen. Für Raucher hat die Zigarette häufig die Funktion, Angst und Unsicherheit zu überspielen, die soziale Interaktion und Kohäsion zu erleichtern sowie die Eindrucksbildung zu fördern. Ebenso hat es für den Mitarbeiter im Betrieb eine entlastende Wirkung, wenn beispielsweise eine bestimmte Streßsituation beseitigt wird.

*Beseitigung*
*eines Strafreizes*

Man nimmt an, daß anfänglich nur jene Stimuli Verstärkereigenschaft hatten, die in der Lage waren, primäre Bedürfnisse physiologischer Natur zu befriedigen (Hunger, Durst, Sexualität usw.). Die meisten Verstärker unserer komplexen sozialen Welt sind jedoch **sekundäre Verstärker:** Sie haben ihre Verstärkereigenschaft erst allmählich durch bestimmte Konditionierungsprozesse erworben. Insbesondere ist hier das Prinzip der **klassischen Konditionierung** relevant (Hypothese 5). Dieses Prinzip geht davon aus, daß immer dann, wenn ein Reiz zusammen mit einem Verstärker auftritt, die Wahrscheinlichkeit wächst, daß dieser Reiz gleichfalls eine Verstärkerwirkung erhält, auch wenn der ursprüngliche (unkonditionierte) Reiz nicht mehr wirksam ist. So ist beispielsweise Geld ein generalisierter sekundärer Verstärker.

*Sekundäre*
*Verstärkung*

*Klassische*
*Konditionierung*

Das **Prinzip der Generalisierung** besagt, daß Individuen in ähnlichen Situationen ein gleiches (bewährtes) Verhalten zeigen (Aussage 6a, b). Individuen neigen dazu, ihre bisherigen Erfahrungen auf relativ neue Situationen zu übertragen; dies jedoch nur, wenn sie annehmen, daß die Situation der Ausgangssituation ähnlich ist. Macht also auch ein Käufer gute Erfahrungen mit einem Produkt des Herstellers X, so wird er u.U. auch andere Produkte von X als hochwertig ansehen und u.U. kaufen. Oder:

*Generalisierung*

Wechselt ein Angestellter seine Firma, so wird er zunächst versuchen, in diese neue Situation seine bisherigen Erfahrungen zu transferieren.

*Diskriminierung*

Ein der Generalisierung in gewisser Weise entgegengesetztes Prinzip ist das der **Diskriminierung.** Darin wird betont, daß ein Individuum zu unterscheiden lernt, in welchen Situationen sich ein bestimmtes Verhalten bewährt und in welchen nicht. So ist es z.B. in manchen Situationen opportun und erfolgreich, den Preis auszuhandeln, in anderen jedoch nicht. Individuen lernen ferner, daß es in bestimmten Situationen oder in bestimmten Rollensituationen belohnend ist, aggressiv zu sein, in anderen jedoch nicht. Wichtig ist, daß das Auftreten eines **situativen Stimulus** die Reiz-Reaktions-Wahrscheinlichkeit entscheidend beeinflussen kann. So weiß man beispielsweise, daß das Auftreten eines entsprechenden Konsumverhaltens (z.B. Zigarettenrauchen oder Alkoholkonsum) meist fest an bestimmte Situationen oder Situationsklassen gekoppelt ist (z.B. Alkohol nicht am Vormittag, Rauchen stets nach dem Essen usw.).

*Habitualisierung*

Verhaltensweisen, die sich bewährt haben, werden zu Gewohnheiten (Aussage 8). Hier ist das Individuum von der ständigen Motivbildung entlastet; Verhaltensweisen laufen quasi-automatisch ab. Wichtig ist, daß sich bei diesem Prozeß der **Habitualisierung** die Loslösung von der Funktion vollzieht: Die Verhaltensweisen werden beibehalten, auch wenn sie nicht mehr belohnt (oder bestraft) werden. So fahre ich etwa gewohnheitsmäßig eine bestimmte Strecke zum Arbeitsplatz (obgleich sie möglicherweise nicht mehr die günstigste ist). Im allgemeinen hat man davon auszugehen, daß am Beginn jeder Gewohnheitsbildung ein oder mehrere Verstärkerereignisse präsent gewesen sind, daß es sich demnach um ein einstmals belohntes Verhalten handelt (vgl. etwa Konsumgewohnheiten, Gewohnheiten am Arbeitsplatz).

*Internalisierung*

Eng mit dem Prozeß der Habitualisierung verwandt ist die **Internalisierung** bestimmter Verhaltensstandards (Aussage 9). Einstmals belohnte Verhaltensweisen werden beibehalten, selbst wenn keine externe Belohnungsquelle mehr existiert. Auch werden solche Verhaltensweisen nicht mehr geäußert, die ehemals bestraft wurden, bei denen jedoch die externe Sanktionsinstanz verschwunden ist. Belohnungen und Bestrafungen werden verinnerlicht; auf diesem Weg kommt es zur Internalisierung von Normen, Werten und Rollen. Dabei gilt, daß das Individuum sich selbst sanktioniert und auf diese Weise die Konformität des Verhaltens mit bestimmten Normen gewährleistet. Konformität ist daher selbstverstärkend. Das Auftreten von Selbstverstärkung wird lerntheoretisch durch vorausgegangene unterschiedliche Verstärkungsquoten erklärt.

*Verinnerlichte Standards*

Viele unserer gewöhnlichen Handlungen sind solche etablierten Selbstverständlichkeiten, die verinnerlichten Standards folgen und die keine externen Belohnungen oder Strafreize auslösen. Ihr Ursprung liegt in ganz bestimmten kulturellen Wertsetzungen, die in frühen Sozialisationsprozessen erworben wurden. Ein Verstoß gegen die Norm wäre hier allenfalls von Schuldgefühlen oder Gewissensbissen begleitet: der Familienvater, der es versäumt, eine Versicherung abzuschließen; die Mutter, die Schuldgefühle entwickelt, weil sie Fertiggerichte verwendet oder dem von der Schule heimkehrenden Kind kein Mittagessen gekocht hat usw. Solche verinnerlichten Standards wirken wie Bedürfnisse: Denken wir etwa an Hygienevorstellungen, die in Fleisch und Blut übergehen.

## 1.1.3 Sozial-kognitives Lernen

Die bisher dargestellten Lernmechanismen sind keineswegs ausreichend, um komplexes soziales Verhalten erklären zu können. Die Abneigung vieler Soziologen gegen lerntheoretisch fundierte Forschung besteht meist in einer unzulässigen und unzeitgemäßen Verengung der Perspektive im Hinblick auf behavioristische Konzepte. In der Tat waren frühere Anwendungen der sog. verhaltenstheoretischen Soziologie (z.B. Homans, Opp, Kunkel, Bushell) unfruchtbar, weil sie sich ausschließlich auf lerntheoretische Aussagen der behavioristischen Schule (insbesondere auf Skinner) gestützt haben.

Mittlerweile gibt es jedoch verschiedene Varianten kognitiver und sozialer Lerntheorien, die menschliches Verhalten nicht lediglich als Reaktion auf irgendwelche Stimuli begreifen, sondern auch **aktives und geplantes menschliches Handeln** erklären können, ohne hierbei die Prinzipien elementaren Lernens – wie sie im vergangenen Abschnitt beschrieben wurden – aufzugeben. Zunächst bedarf der Leitsatz des elementaren Lernens, wonach das Verhalten von Individuen durch dessen Konsequenzen gesteuert wird, der Ergänzung: Auslösende Randbedingungen und Verhaltenskonsequenzen durch den Akteur werden **kognitiv imprägniert**. Diese Kognitionen sind nicht nur **wahrnehmungsleitend**, sondern auch **handlungsleitend**. Die wichtigsten Kognitionen sind: Wissen/Erfahrungen, Erwartungen, Einstellungen, Attributionen. Dabei darf angenommen werden (Campbell 1963; Bruner/Postman 1951; Wiswede 1988), daß die kognitiven Verhaltensdispositionen in ihrem Entstehungszusammenhang den Gesetzmäßigkeiten des elementaren Lernens unterliegen. So sind z.B. Einstellungen besonders änderungsresistent und robust, wenn sie sich häufig bewährt haben (monopolistische Einstellungen). Erwartungen sind dann besonders ausgeprägt und handlungsleitend, wenn sie aus eigenen Erfahrungen resultieren und dabei häufig bestätigt wurden.

Eine wichtige Teilklasse von Kognitionen sind **Erwartungen**. Nach der Vorstellung kognitiver Lerntheorien sind Verhaltenskonsequenzen nicht erst durch ihr Auftreten für das Folgeverhalten von Bedeutung; sie werden vielmehr im Vorgriff verhaltenswirksam: Das Individuum **antizipiert Verhaltenskonsequenzen** (Erwartung). Dieses Grundprinzip ist in späteren theoretischen Konzepten, die als Wert-Erwartungs-Theorien bekanntgeworden sind (Prototyp: Rotter, 1954) von einigen Forschern im Sinne einer multiplikativen Verknüpfung operationalisiert worden (so auch der Rational-choice-Ansatz in der Soziologie; vgl. etwa: Esser 1993). Dies impliziert die Annahme, daß ein Individuum diejenige Handlung ausführen wird, für die das Produkt aus Valenz (Erwartungswert) und subjektiver Wahrscheinlichkeit am höchsten ist. Für die multiplikative Verknüpfung spricht die zunächst plausible Annahme, daß eine Handlung nicht ausgeführt wird, wenn einer der beiden Faktoren gegen Null ten-

*Kognitive und soziale Lerntheorien*

*Kognitiv imprägniertes Handeln*

*Wert-Erwartungs-Theorien*

| **Grundprinzip: Verhaltenskonsequenzen werden durch Kognitionen vermittelt** |
|---|
| 1. Die Wahrnehmung von Sachverhalten und Ereignissen erfolgt kognitionsimprägniert. Gleiches gilt für die Einschätzung vorliegender oder erwarteter Verhaltenskonsequenzen. Je stärker die Kognitionen (z.B. Einstellungsstärke), desto größer ist ihr Einfluß auf die Wahrnehmung und das Verhalten. |
| 2. Individuen lernen, das Auftreten von Belohnungen und von Strafreizen zu antizipieren. |
|    a) Die Wahrscheinlichkeit des Auftretens einer Verhaltensweise ist eine Funktion der Belohnungshöhe sowie der subjektiven Wahrscheinlichkeit, daß die Belohnung aus dem Verhalten folgt (Konsequenz-Erwartung). |
|    b) Sie ist ferner eine Funktion der subjektiven Wahrscheinlichkeit, daß das Verhalten erfolgversprechend ausgeführt werden kann (Effizienz-Erwartung). |
| 3. Verhaltenskonsequenzen werden anhand verschiedener Vergleichsniveaus bemessen. |
|    a) Der Wert einer Belohnung/Bestrafung wird verglichen mit dem Wert vorausgegangener Belohnungen/Bestrafungen (Vergleichsniveau). |
|    b) Der Wert einer Belohnung wird verglichen mit den Belohnungen signifikanter Bezugspersonen (soziales Vergleichsniveau). |
|    c) Der Wert einer Belohnung wird verglichen mit verfügbaren alternativen Belohnungsquellen (Vergleichsniveau für Alternativen). |

**Übersicht 22:** Kognitives Lernen

diert. So wird beispielsweise ein stark aufstiegsorientierter Mitarbeiter nicht besonders leistungsmotiviert arbeiten, wenn er perzipiert, daß ihm weitere Aufstiegsmöglichkeiten wahrscheinlich versperrt sind. Dagegen wird ein Dieb einen Diebstahl insbesondere dann durchführen, wenn er die Erwartung hegt, in einer ganz bestimmten Situation (z.B. dichtes Gedränge = diskriminativer Stimulus) nicht ertappt zu werden.

*Subjektive*
*Wahrscheinlich-*
*keiten*

Eine besondere Schwierigkeit erwächst daraus, daß Erwartungen nicht immer als subjektive Wahrscheinlichkeiten definiert werden können, weil das Individuum im Zustand der Ungewißheit über keine rechnerische Grundlage verfügt, um solche Wahrscheinlichkeiten taxieren zu können (vgl. Kahneman et al. 1982; Beckert 1996). Kann z.B. ein Geldanleger, der sich für eine Dollar-Anleihe entscheiden soll, eine sinnvolle Wahrscheinlichkeitsaussage über das Währungsrisiko machen? Und wie hoch ist die Wahrscheinlichkeit, daß mein Vorgesetzter, auf dessen Posten ich reflektiere, stirbt, entlassen wird oder den Betrieb wechselt? Rotters Konzept, wonach auch **Erwartungen das Resultat von Lernprozessen** sind, kann hier klärend wirken.

*Erwartungen als*
*Resultat von*
*Lernprozessen*

Denn Erwartungen können sich durch Lernprozesse vom Status völliger Ungewißheit (Unsicherheit) über angebbare Wahrscheinlichkeiten bis hin zu völligen Gewißheiten verwandeln.

*Effizienz-*
*Erwartungen*

Nach einem Vorschlag von Bandura (1979, 1997) sollte zwischen Konsequenz-Erwartungen und Effizienz-Erwartungen unterschieden werden. Unter einer **Effizienz-Erwartung** versteht man die vorgelagerte Erwartung, ob und in welchem Umfang man eine bestimmte Handlung (etwa eine solche, die man bei anderen beobachtet hat) auch tatsächlich effizient ausführen kann. Unser Dieb im vorigen Beispiel wird also nicht nur überlegen, welchen Inhalt er in der gestohlenen Handtasche vermutlich vorfindet, sondern er wird auch eine Vorstellung darüber entwickeln, ob er überhaupt in der Lage ist, die Situation effizient zu nutzen (z.B. schnell weglaufen zu können).

Auch wird der Angestellte über die möglichen Früchte seiner Arbeit erst dann nachdenken, wenn er sich kompetent genug fühlt, die ihm übertragene Aufgabe effizient zu bewältigen.

Eine weitere Teilklasse von Kognitionen sind **Vergleiche**. Die Einschätzung von Belohnungen und Bestrafungen bedarf der Verankerung durch bestimmte Vergleichsniveaus. So wird der Mitarbeiter eines Betriebes kaum sonderlich erfreut sein, wenn lediglich die übliche tarifliche Gehaltsaufbesserung auf ihn wartet. Von besonderer Relevanz sind **soziale Vergleichsprozesse**: Der Wert von Belohnungen wird verglichen mit den Belohnungen signifikanter Vergleichspersonen. So wird u.U. eine Person eine Gehaltserhöhung nicht als Belohnung, sondern als Bestrafung empfinden, wenn eine bestimmte Vergleichsperson, die ein ähnliches Arbeitspensum bewältigt, eine höhere Gehaltszulage erhalten hat (vgl. hierzu die Anschlußkonzepte der Equity-Theorien, der Theorie sozialer Vergleichsprozesse, der Bezugsgruppentheorie, der Theorie der relativen Deprivation etc.). Schließlich ist von Belang, inwieweit das Individuum Optionen besitzt, d.h. **alternative Belohnungsquellen** (z.B. eine andere berufliche Position, einen anderen Ehepartner) erschließen kann, oder ob sie ihm versperrt sind (z.B. bei aussichtsloser Arbeitslosigkeit). In diesem Falle besteht Dependenz (vgl. Thibaut/Kelley 1959), d.h. das Individuum muß sich u.U. auch mit einer wenig zufriedenstellenden Alternative begnügen.

*Soziale Vergleichsprozesse*

Die bisherige Ausweitung der lerntheoretischen Perspektive betraf den kognitiven Bereich. Für die soziologische Handlungstheorie sind jedoch auch Aspekte des **sozialen Lernens** bedeutsam. Soziales Lernen bezieht sich mindestens auf drei unterschiedliche Aspekte, nämlich:

*Aspekte des sozialen Lernens*

- auf **soziale Inhalte** (z.B. das Lernen von Normen, Wertvorstellungen, Vorurteilen, sozialen Rollen, Kooperationsbereitschaft, sozialer Kompetenz).
- auf **soziale Vermittlung** (z.B. durch den Einfluß sozialisierender Instanzen, wie Elternhaus, Gleichaltrige, Bezugsgruppen, Modellpersonen und Leitbilder).
- auf **soziale Orientierungen** (d.h., daß in Lernprozessen positive und negative Sanktionen ausgetauscht und damit die entsprechenden Erwartungen an das Verhalten entwickelt werden).

Diesen letzteren Sachverhalt bezeichnet man in der Soziologie üblicherweise als **doppelte Kontingenz**, womit die gegenseitige Abhängigkeit (und Rückkopplung) der Interaktionspartner gemeint ist.

*Doppelte Kontingenz*

Eine **soziale** Lerntheorie stammt von Bandura (1979; 1997). Im Zentrum dieser Theorie steht das sog. **Modell-Lernen** (Lernen durch Beobachtung, Imitationslernen, Lernen durch stellvertretende Verstärkung), wobei die Frage thematisiert wird, unter welchen Bedingungen das Individuum die Verhaltensweisen anderer Personen nachahmt. Solche Bedingungen sind z.B.: Aufmerksamkeit, Erinnerung und Fähigkeiten – sie begleiten die Akquisitionsphase des Lernens – sowie Effizienz- und Konsequenzerwartungen als verhaltensauslösende Bedingungen für die Ausführungsphase. Außerdem wird in dieser Theorie der behavioristische Leitgedanke aufgegeben,

*Lernen durch Beobachtung*

*Soziales Lernen*

**Grundprinzip: Verhaltenskonsequenzen werden im sozialen Kontext gelernt**

1. Lernen durch Übernahme: Sofern das Lernen aus eigenen Verhaltenskonsequenzen nicht möglich oder kostspielig ist, wird durch Beobachtung gelernt (Lernen am Modell).
   a) Durch Beobachtungslernen ist die Übernahme ganzer Verhaltenskomplexe möglich (stellvertretende Verstärkung), sofern Modellpersonen Aufmerksamkeit erwecken, belohnt werden, sowie Merkmale der Ähnlichkeit und Attraktivität besitzen.
   b) Individuen wenden ihre gespeicherten Modellbeobachtungen dann verhaltensaktiv an, wenn sie sich in einer handlungsrelevanten Situation an sie erinnern und belohnungserwartend motiviert sind, das Imitationsverhalten zu äußern.
2. Lernen durch Austausch: Soziale Interaktionen lassen sich als Austausch von Belohnungen/Bestrafungen auffassen.
   a) Individuen lernen, Aktionen, Reaktionen und normative Erwartungen anderer zu antizipieren und das eigene Verhaltensrepertoire darauf abzustimmen (doppelte Kontingenz).
   b) Eine Interaktionsbeziehung ist dann zufriedenstellend, wenn das Individuum durch Abstimmung auf die Reaktionen des anderen in der Lage ist, die Austauschbilanz auf Dauer möglichst positiv zu gestalten (soziale Kompetenz).
   c) Die Wahrscheinlichkeit, daß eine Interaktion aufrechterhalten bleibt, ist eine Funktion der antizipierten und an der Meßlatte der drei Vergleichsniveaus (vgl. Übersicht 22) abgeglichenen Nettoerträge aus der Interaktion.

**Übersicht 23:** Soziales Lernen

*Reziproker Determinismus*

das Individuum sei lediglich ein Reagierender in bezug auf (soziale) Stimuli. Im Sinne eines **reziproken Determinismus** wird nunmehr angenommen, daß unter jeweils bestimmten Bedingungen **beides** der Fall sein kann: der Mensch als Reagierender und als Agierender, der auf seine Umwelt aktiv und planvoll einwirkt.

*Makro-Modelle*

Die Theorie Banduras eignet sich vor allem für die Aneignung komplexer Verhaltensmuster, z.B. sozialer Rollen oder Handlungssequenzen. Die Theorie dürfte ferner nicht nur für den Mikrobereich einzelner Individuen gelten, sondern **auch Modell-Wirkungen auf höherem Aggregatniveau** implizieren (vgl. Wiswede 1995). So haben prosperierende Länder häufig eine Modellfunktion für andere Nationen, die zu (manchmal vergeblicher) Nachahmung führen. Auch Modellwirkungen im Rahmen sozialer Vergleichsprozesse (z.B. Westdeutschland als Konsum-Modell für die frühere DDR) können dabei thematisiert werden und auf diese Weise auch die Entwicklungsländerproblematik befruchten (z.B. die partielle Übernahme westlicher Verhaltensmuster erklären).

## 1.2 Der Sozialisationsprozeß

### 1.2.1 Inhalte der Sozialisation

*Sozialisations-begriff*

Denjenigen sozialen Lernprozeß, der das Hineinwachsen in soziale Beziehungsnetze, in die „Gesellschaft" ermöglicht, bezeichnet man als **Sozialisation**. Die früher geläufige Formel „Anpassung des Menschen an die Gesellschaft" wird heute als zu „mechanistisch" abgelehnt. Vielmehr wird betont, daß der Mensch nicht lediglich passiv-rezeptiv durch soziale Außenkräfte geprägt wird, sondern daß die individuelle Persönlichkeit sich im aktiven Austauschprozeß mit gesellschaftlichen Gegebenheiten ausformt. Um diese individuelle Komponente zu unterstreichen, sind Begrifflichkeiten wie „Identitätsbildung" oder „Personalisation" entstanden. Sozialisation bezeichnet insofern ganz allgemein das Hineinwachsen in soziale Beziehungsnetze. Hurrelmann (1995) spricht von einem Modell des „produktiv realitätsverarbeitenden Subjekts", das mit seiner Umwelt in aktive Auseinandersetzung tritt (vgl. auch: Hurrelmann/Ulich 1991; Bandura 1979, 1997).

Häufig werden Erziehung und Sozialisation gleichgesetzt. Diese Gleichsetzung ist manchmal unerheblich, aber man sollte doch sehen, daß der Erziehungsbegriff in **einer** Hinsicht weiter, in einer **anderen** jedoch enger ist. Er ist weiter, als im Erziehungsprozeß auch andere als gesellschaftsrelevante Aspekte vermittelt werden. Und er ist enger, weil Erziehung einen intentionalen Aspekt hat: Da sind Personen, die bewußt ein bestimmtes Erziehungsziel anstreben. Von Sozialisation dagegen sprechen wir auch dann, wenn diese bewußt-willentliche Komponente des Erziehens fehlt und die Persönlichkeit im Austausch mit gesellschaftlichen Wirkkräften nicht-intendierten Einflüssen unterliegt. *Sozialisation und Erziehung*

Wenn wir betonen, daß Sozialisation ein sozialer Lernprozeß ist, so besagt dies, daß das Hineinwachsen des Menschen in gesellschaftliche Zusammenhänge mittels der im vorigen Abschnitt dargestellten lerntheoretischen Vorstellungen erklärbar wird. Zwar konkurrieren hier auch andere Erklärungsansätze – insbesondere psychoanalytische und entwicklungspsychologische –, doch läßt sich wohl zeigen, daß die neueren sozial-kognitiven Lerntheorien das fruchtbarste theoretische Bezugsmodell zur wissenschaftlichen Verfolgung von Sozialisationsprozessen sein dürften. *Sozialisation als Lernprozeß*

Wenn man akzeptiert, daß Sozialisation eine Teilklasse sozialer Lernprozesse ist – nämlich derjenigen, die sich speziell mit dem Hineinwachsen des Menschen in gesellschaftliche Beziehungszusammenhänge befassen –, dann muß geklärt werden, **welche Inhalte** das Individuum lernen muß, um in halbwegs angepaßter und kompetenter Weise in gesellschaftlichen Zusammenhängen handeln zu können. Gelernt werden hier vor allem **soziale Wertvorstellungen** – also Ideen über wünschenswerte Zustände – sowie **soziale Normen** – also die Kenntnis bestimmter Erwartungen, die andere Personen im Hinblick auf das eigene Verhalten hegen – und schließlich auch ganze **soziale Rollen** – also Vorstellungen darüber, wie bestimmte Positionen auszufüllen sind: etwa die Geschlechtsrolle, die altersspezifische Rolle, später die Berufsrolle usw. *Inhalte der Sozialisation*

Wenn wir sagen, das Individuum „übernehme" ganz bestimmte Werte, Normen oder Rollen – also Verhaltenselemente oder Verhaltenskomplexe –, so lassen wir dabei noch unentschieden, auf welche Weise dies genau geschieht. Wir erinnern uns jedoch an die verschiedenen Prozesse elementaren und komplexen Lernens: das Lernen durch Versuch und Irrtum, mittels Belohnung und Bestrafung, durch das Modell anderer Personen, sowie an den Aufbau von Erwartungsstrukturen, an soziale Vergleichsprozesse usw. Der hier bedeutsamste Aspekt ist die **Internalisierung** sozialer *Internalisierung*

139

Werte, Normen oder Rollen, die gewissermaßen so in Fleisch und Blut übergehen, daß sie Bestandteil der Persönlichkeit werden. Auf dem Wege der Verinnerlichung übernimmt das Individuum (der Sozialisand) die externen Standards – die Verhaltensmuster der Sozialisatoren – und macht sie zu seinen eigenen. Dabei ist bedeutsam, daß das Individuum mitsamt dem Verhaltensmuster **auch die Sanktionsinstanz** internalisiert: Statt einer externen Kontrolle durch bestrafende oder belohnende Personen im Bezugskreis des Individuums ist das Individuum nunmehr in einer Lage, in der es sich selbst belohnt (z.B. für Normkonformität, für das Erreichen von Leistungen) oder bestraft (z.B. schlechtes Gewissen oder Schuldgefühle bei abweichendem Verhalten; Ärger oder Wut bei Nichterreichen von Leistungen).

*Akzeptanz und Instrumentalität*

Natürlich werden Normen und Werte in unterschiedlichem Maße verinnerlicht, wobei die Wahrscheinlichkeit der Internalisierung mit bestimmten Verstärkungsmustern zusammenhängt (vgl. Scott 1971). Individuen lernen jedoch auch, gewissen Normen selbst dann zu folgen, wenn sie diese nicht verinnerlicht haben, z.B. wenn sie einsehen und/oder akzeptieren, daß das Befolgen der Norm „vernünftig" oder „sinnvoll" ist. Auch bleibt ein Teil der Normbefolgung schon deshalb bestehen, weil der Gedanke an externe Sanktionsinstanzen (z.B. die Polizei, die räsonierende Ehefrau, die Reaktion des Vorgesetzten) wach bleibt, so daß die Einhaltung von Normen zweckmäßig, die Nichteinhaltung dagegen unzweckmäßig („kostspielig") sein kann. Gelegentlich werden Normen allein deshalb befolgt, weil ihre Einhaltung instrumentell in bezug auf ganz bestimmte Zielvorstellungen (z.B. Karriere) sein kann.

*Individuum und Gesellschaft*

Prozesse der Angleichung und der Internalisierung von Normen und Werten machen es unwahrscheinlich, daß „Individuum" und „Gesellschaft" als **Gegensätze** verstanden werden können. Daher führt es zu Mißverständnissen, wenn in vielen sozialwissenschaftlichen Abhandlungen gesellschaftliche Normen als „Zwangsjacke" des menschlichen Handelns angesehen werden, durch welche die „Naturgestalt" des Individuums in seiner freien und schöpferischen Entfaltung behindert würde. **Repressive Sozialisationstheorien** (wie die von Freud) oder **repressive Rollentheorien** (wie die von Dahrendorf) oder **repressive Gesellschaftstheorien** (wie die von Foucault) gehen in der Tat davon aus, daß Sozialisationsprozesse den Menschen in seiner Potentialität reduzieren und auf ein gesellschaftlich opportunes Maß zurechtstutzen. Gewiß: Die Gesellschaft kann manchmal als Ärgernis oder Zwangsjacke wirken,

*Gesellschaft als Ärgernis?*

und sicherlich muß man von einer sehr selektiven Stimulierung von Verhaltensmöglichkeiten durch die Sozialisation ausgehen – aber dies ist nur **eine** Seite der Medaille. Der andere Aspekt ist, daß Menschen erst durch Konfrontation mit Gesellschaft, mit dem Mitmenschen eigenes Menschsein realisieren können – Robinson wäre ohne gesellschaftliche Erfahrung und Vergangenheit kaum lebensfähig – und daß hierbei Chance und Gefahr zugleich besteht: die Chance, innerhalb der Gemeinschaft Möglichkeiten der persönlichen Entfaltung zu erfahren und die Gefahr, die Forderungen eben dieser Gemeinschaft zu sehr als ständiges Ärgernis zu empfinden oder gar an ihnen zu zerbrechen.

## 1.2.2 Phasen der Sozialisation

Es ist in der Sozialisationsforschung üblich, bestimmte **Phasen der Sozialisation** zu unterscheiden. Eine Grobeinteilung ist dabei die folgende:

*Sozialisations-phasen*

- primäre Sozialisation (durch Elternhaus, Herkunftsfamilie);
- sekundäre Sozialisation (durch Gleichaltrige, durch die Schule etc.);
- tertiäre Sozialisation (durch wechselnde Umgangsgruppen, durch Beruf und Arbeit).

Wenden wir uns zunächst der **primären Sozialisation** zu. Hier wird behauptet, daß die Prägekraft der frühen Lebensjahre außerordentlich groß, die der späteren Lebensjahre entsprechend geringer sei. Allerdings ist der enorme Stellenwert, den die frühkindliche Sozialisation etwa in der Psychoanalyse hat, umstritten. Wir neigen heute zu der Auffassung, daß die ersten Lebensjahre für die soziale Formung des Menschen zwar außerordentlich wichtig sind, daß das Individuum jedoch lebenslang vor neuen Rollensituationen steht, die entsprechende Lernprozesse erfordern.

*Primäre Sozialisation*

Innerhalb der primären Sozialisation werden wiederum verschiedene Entwicklungsphasen unterschieden. So durchläuft das Individuum nach Freud angeblich mehrere **psycho-sexuelle Phasen** (oral, anal, genital), und mögliche Fixierungen auf einer bestimmten Entwicklungsstufe führen nach dieser Auffassung zu entsprechenden Persönlichkeitsstrukturen (z.B. wird der anale Typus mit autoritärem Verhalten in Verbindung gebracht). Weniger spekulativ sind Phasentheorien der **kognitiven Entwicklung**, wie sie insbesondere im Rahmen der Entwicklungspsychologie (hier vor allem Piaget und Kohlberg) behauptet werden. Danach entwickelt sich die **kognitive Kontrolle** von Individuen über eine anfangs heteronome Moral (fehlender Sinn für Absichten, Gerechtigkeit, Sinn einer Strafe usw.) zu einer autonomen Moral (Einsicht in den Sinn einer Strafe, Unterscheidung von Handlungsergebnis und Handlungsabsicht, Internalisierung von Standards etc.). Diese Theorien sind mit lerntheoretischen Annahmen über kognitive Mechanismen vereinbar; allerdings hat sich gezeigt, daß die strikte Abfolge ganz bestimmter kognitiver Stile interkulturell nicht immer evident ist.

*Kognitive Entwicklung*

**Störungen der primären Sozialisation** werden häufig für eine ganze Palette von Verhaltensstörungen, vor allem auch abweichende Verhaltensweisen verantwortlich gemacht. Als solche Störungen kommen in Betracht: **Untersozialisation** oder Vernachlässigung infolge einseitig bestrafungsorientierter Sozialisation, zu geringe kognitive Vorgaben, rigide/restriktive/repressive/inkonsistente Sozialisation usw. Ferner: **Übersozialisation** etwa durch Überbehütung, Gehorsamsfetischismus, Anleitung zur Buchstabentreue etc. Und schließlich: **Fehlsozialisation** als falsche Ausrichtung der Erziehung, etwa durch ungeeignete Modelle, durch Vorleben abweichender Verhaltensmuster, Verstärkungsprozesse in unerwünschte Richtungen usw. Die Rede von Sozialisationsstörungen oder Sozialisationsdefiziten setzt allerdings einen wertakzentuierten Bezugspunkt „richtiger" oder „angemessener" Sozialisation voraus. Hier bedarf es des Hinweises, daß unterschiedliche Wertsysteme auch unter-

*Sozialisations-störungen*

schiedliche Vorstellungen von Angemessenheit bewirken: So sind und waren Gesellschaften existent, in denen Fügsamkeit und Disziplin hoch bewertete Tugenden sind, während andere Gesellschaften Wertvorstellungen wie Unabhängigkeit, Selbständigkeit und Kreativität betonen (vgl. zum Wertewandel 2. Kap. B.1.2.4). Auf diese Weise läßt sich sagen, daß sich nicht nur die Sozialisations**techniken** wandeln, sondern auch die **Sozialisationsziele.**

*Stile und Ziele der Sozialisation*

Auch in der Kindheit sind Eltern keineswegs die einzige Quelle der Sozialisation. Die Schule, die Gruppe der Gleichaltrigen (peers), andere Eltern und vor allem auch die Medien (insbesondere das Fernsehen) überlagern den Elterneinfluß oft in erheblicher Weise. Man spricht von **sekundärer Sozialisation.** Die Sozialisationswirkung der „peers" ist vor allem abhängig vom Ausmaß der Abweichung von Elternstandards, vom Grad der Internalisierung solcher Standards und der Attraktivität der Eltern bzw. der „peers" als Bezugsgruppe (vor allem im Hinblick auf das Modell-Lernen). Im allgemeinen dürfte gelten, daß der Einfluß der Eltern als verhaltensrelevanter Bezugsgruppe sinkt, wohingegen die sozialisierende Wirkung der Gleichaltrigen steigt, was sicherlich bereichsspezifisch differenziert werden müßte (z.B. Kleidung, Musik, Berufswahl etc.).

*Sekundäre Sozialisation*

Wie Parsons/Bales (1964) betonen, ist der vergleichsweise Einfluß der Eltern und der Gleichaltrigen nicht lediglich quantitativ bedeutsam, sondern auch qualitativ verschieden: Während die Eltern vorwiegend die **instrumentellen Aspekte** der Sozialisation weiterhin bestimmen (Erfolgsorientierung, Aufgabenbewältigung, Zukunftsorientierung), prägen die peers eher die **expressiven Elemente** der Sozialisation (Entfaltung des Selbstbildes, Entwicklung sozialer Motive wie Kontakt, Affiliation, Kommunikation).

*Einfluß der Gleichaltrigen*

Untersuchungen zum Thema „sekundäre Sozialisation" konzentrieren sich ferner auf die Ausbildung bestimmter Rollen sowie auf die Bewältigung bestimmter Konfliktsituationen, die durch die Vermittlung widersprüchlicher, inkonsistenter Standards entstehen. Insbesondere ist die Adoleszenzphase das Einfallstor abweichender Verhaltensstandards, mitbestimmt durch Trotz- und Reaktanzhaltungen gegenüber dem Elternhaus und den diese begleitenden intergenerativen Wertkonflikten. In bestimmtem Ausmaß sind die Komponenten primärer Sozialisation auch rahmengebend für die Zugangschancen zu sekundären Instanzen. So sind beispielsweise Kinder, die später zur Bandenkriminalität neigen, eher im Umkreis desolater Familienverhältnisse zu finden. Auch werden in Gymnasien eher Jugendliche anzutreffen sein, die aus „besseren" Familien kommen. Neben dieser selegierenden Wirkung hat die Schule jedoch auch nivellierende Effekte: Die Schule und schulische Bezugsgruppen wirken z.T. dahingehend, Herkunftseinflüsse tendenziell einzuebnen.

*Konflikt-situationen*

Die **tertiäre Sozialisation**, die gelegentlich auch als Erwachsenensozialisation bezeichnet wird und die man als lebenslangen Prozeß unterstellt (vgl. Brim/Wheeler 1974), wird vor allem mit der Berufsrolle (bzw. mit wechselnden Berufsrollen und Arbeitssituationen) in Verbindung gebracht. Die Berufsrolle verlangt Anpassungen eigener Art und bedingt die Ausgrenzung vieler Potentiale bei gleichzeitiger Stimu-

*Tertiäre Sozialisation*

lierung enger Potentiale. Im Rahmen der beruflichen Sozialisation werden – von wenigen Ausnahmen abgesehen – also sehr **selektive Lernprozesse** gefördert. Die hier entwickelten Verhaltens- und Einstellungsmuster sind abhängig von den jeweiligen Arbeitsbedingungen und Arbeitsinhalten, die ihrerseits in starkem Maße von bestimmten Organisationsmerkmalen abhängen (z.B. Betriebsklima, Führung etc.). Da die Arbeitssphäre – trotz des expandierenden Freizeitsektors und wachsender Privatisierungstendenz – immer noch einen erheblichen Teil der Zeit, des Engagements und der Bedürfnisbefriedigung absorbiert, ist die Sozialisationswirkung dieses tertiären Bereichs kaum zu überschätzen. Zahlreiche Soziologen machen restriktive Arbeitsbedingungen und Arbeitsinhalte verantwortlich für eine Reihe von Folgewirkungen wie Entfremdung, mangelnde Selbstverwirklichung, abgeblockte Lernprozesse usw. (vgl. Kohn 1969, 1981; Kohn/Schooler 1983). Auch die Art und Weise, wie solche restriktiven Sozialisationswirkungen im tertiären Bereich auf primäre Sozialisationsstile der Folgegeneration weiterwirken, ließe sich hierbei thematisieren.

*Berufliche Sozialisation*

Schließlich kann auch eine Phase der **quartären Sozialisation** unterschieden werden. Hier geht es um besondere Anpassungsprobleme im Altersstadium, das angesichts längerer Lebenserwartung sowie der Veränderung von Werthaltungen neue Gestaltungsmöglichkeiten impliziert (Thema der „neuen Alten").

*Quartäre Sozialisation*

Sozialisationsvorgänge im tertiären (und im quartären) Bereich werden durch wachsende Diskontinuitäten und Inhomogenitäten charakterisiert, die in ihrem Herausforderungscharakter jedoch auch als Stimulanz für lebenslange Lernprozesse angesehen werden können. Gemeint ist, daß sich der Lebenslauf von Menschen heute immer weniger als bruchlose Biographie oder als idealtypisches Ablaufmuster vollzieht, sondern durch zahlreiche individuelle Besonderheiten geprägt wird (z.B. instabile Berufsverläufe, Phasen der Arbeitslosigkeit, wechselnde oder zeitweilig fehlende Partnerschaften). Wir werden diesen Trend zur gebrochenen Biographie im Zusammenhang mit der Individualisierungsthese (Beck 1986 u.a.) an späterer Stelle noch einmal aufgreifen.

*Diskontinuitäten und Inhomogenitäten*

## 1.2.3 Sozialisation und Sozialstruktur

Soziologen fragen nicht nur nach den direkten **Sozialisationswirkungen**, die von bestimmten **Sozialisationsstilen** ausgehen, sondern auch nach dem engeren und weiteren sozialen Kontext der Sozialisation. Im weitesten Zusammenhang wäre von einer **kulturspezifischen Sozialisation** zu sprechen: In verschiedenen Kulturen werden – je nach den erwünschten Mustern des Verhaltens – unterschiedliche Verhaltensstile entwickelt und praktiziert. Als allgemeine Hypothese kann gelten, daß hauptsächlich solche Verhaltensmuster verstärkt werden, die in irgendeiner Weise funktional für eine Gesellschaft sind (vgl. hierzu Kap. B.3.). Auch unterscheidet man in verschiedenen Epochen durchaus unterschiedliche Sozialisationsstile; denken wir etwa an bestimmte Erziehungsideologien (z.B. die antiautoritäre Erziehung) oder an bestimmte Wertverschiebungen innerhalb der deutschen Gesellschaft: Abkehr von herkömmli-

*Kulturspezifische Sozialisation*

chen Wertvorstellungen wie Disziplin, Ordnung, Gehorsam hin zu Autonomie, Lebensqualität und Selbstverwirklichung.

*Schichtspezifische Sozialisation*

Ein besonders breites Forschungsfeld begegnet uns in der Analyse **schichtspezifischer Sozialisation** (vgl. insbesondere Kohn 1969, 1981; Kohn/Schooler 1983; Rosen 1956; zusammenfassend etwa: Caesar 1972; Bertram 1981). Vermittelnde Variablen im Hinblick auf ganz bestimmte Sozialisationswirkungen sind je spezifische Sozialisationsstile:

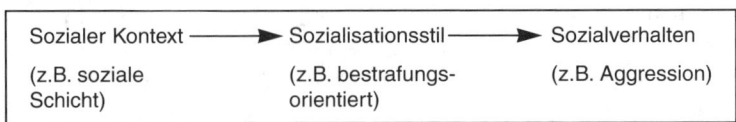

| Soziler Kontext | ⟶ | Sozialisationsstil | ⟶ | Sozialverhalten |
| (z.B. soziale Schicht) | | (z.B. bestrafungsorientiert) | | (z.B. Aggression) |

*Sozialisationsstile*

Dabei werden idealtypisch Varianten von Sozialisationsstilen unterschieden (z.B. restriktiv/permissiv, belohnungsorientiert/bestrafungsorientiert, konsistent/inkonsistent usw.). Als grobes Raster dient das folgende Vier-Felder-Schema:

|  | restriktiv | permissiv |
|---|---|---|
| **Wärme** | A | B |
| **Feindseligkeit** | C | D |

Die zahlreichen empirischen Ergebnisse deuten an, daß Sozialisationsstile vom Typ B (mit Einschränkungen A) „günstig", Sozialisationsstile vom Typ C und insbesondere D „ungünstig" sind, etwa in bezug auf das Auftreten aggressiven abweichenden Verhaltens oder im Hinblick auf das Entstehen psychischer Konflikte und Persönlichkeitsstörungen.

*Schichtspezifische Sozialisationsstile*

Die Analyse schichtspezifischer Sozialisation behauptet nun, daß zwischen verschiedenen Sozialschichten aufgrund tendenziell abweichender Wertsysteme unterschiedliche Sozialisationsstile auftreten werden. Die Gründe werden dabei u.a. in folgendem gesehen: Tradierung von Lebensstilen, homogene Subkulturen, restriktive Arbeitssituation (z.B. Mangel an Autonomie, Einengung von Erfahrungshorizonten, Beschränkung auf partikularistische Primärbeziehungen usw.). Da zwischen einzelnen Schichten heute nicht mehr trennscharf unterschieden werden kann (vgl. unsere Diskussion über Schichtkristallisation in Kap. B.5), beschränkt man sich meist auf eine Gegenüberstellung von Unterschicht und Mittelschicht, als seien diese im Hinblick auf differentielle Wertsysteme zu unterscheidende **Subkulturen**. Im einzelnen werden bestimmte Tendenzaussagen für die mittleren Schichten formuliert: Der dort praktizierte Sozialisationsstil sei gegenüber der Unterschicht:

● nachsichtiger gegenüber bestimmten Bedürfnissen,
● anspruchsvoller, auch leistungsmotivierter,
● belohnungsorientiert, beschränkt auf nichtphysische Bestrafung,

144

- auf intentionsorientierte Bestrafung gerichtet,
- an der Vermittlung von Einsicht orientiert,
- fordernd und fördernd (in bezug auf Unterstützung und Hilfe),
- auf Akzeptanz statt auf Fügsamkeit (Gehorsam) ausgerichtet,
- auf Aktivität und Kontrolle konzentriert (statt passiv-fatalistischer Einstellung),
- auf die Zukunft gerichtet (deferred gratification pattern),
- auf Individualismus ausgerichtet (statt auf Familismus),
- auf größere Verhaltensflexibilität abgestimmt.

Die hier aufgezeigten Aussagen bedürfen in dreifacher Weise der Einschränkung. Einmal ist es heute selbst innerhalb eines solch groben Rasters ausgesprochen schwierig, zwischen Mittelschichten und Unterschichten genügend trennscharf zu unterscheiden. Sodann entsteht durch die hier vorgenommene Gegenüberstellung eine Art Schwarz-Weiß-Effekt, der durch die meist nur schwachen Korrelationen keineswegs abgestützt wird. Zum dritten geht es um die Frage, ob die intensive Beschäftigung mit der Schichtabhängigkeit von Sozialisationsstilen nicht von anderen Kontextvariablen abgelenkt hat, die mit dem Konstrukt „Sozialschicht" wenig oder nur indirekt zu tun haben. Dies hat zu einer Wiederbelebung der von Bronfenbrenner initiierten **sozialökologischen Sozialisationsforschung** (vgl. zusammenfassend Bertram 1981) geführt, worin Kontextfaktoren wie Religionszugehörigkeit, Stadtteil, Wohnsituation und Arbeitssituation des einzelnen in stärkerem Maße berücksichtigt werden. Gerade die erlebte Arbeitssituation (z.B. restriktive Arbeitsbedingungen) dürfte von erheblichem Einfluß auf das Familienleben und die sich hieraus ergebenden Sozialisationsstile sein. Auch wenn sich solche Einflüsse nur durch ein Netzwerk verschiedener Brechungen bemerkbar machen, so könnte gerade die Arbeitssituation ein Kristallisationspunkt für die Tradierung von Sozialisationsstilen sein.

# 1.3 Das Lernen von Einstellungen

## 1.3.1 Entstehung und Änderung von Einstellungen

Einstellungen sind **Lernresultate**, die durch Belohnungen und Strafreize (sowie überformende kognitive Prozesse) erworben wurden. Sie sind zugleich **Handlungsdispositionen**, die einen steuernden Einfluß auf die Reaktion des Individuums gegenüber Objekten und Situationen haben. Einstellungen verfestigen sich oftmals zu starren Gewohnheiten; auch ist es nützlich, feste Einstellungen zu haben – Einstellungen sind damit selbstbelohnend –, da Menschen ohne festgefügte Meinung häufig als labil oder schlicht als inkompetent gelten.

*Einstellungen als Lernresultate*

Einstellungen fungieren als Mediator-Variable, d.h. durch die angenommene Existenz von Einstellungen wird es möglich, eine Vielzahl konkreter Verhaltensweisen zu erklären. So neigen beispielsweise Personen mit einer konservativen Einstellung zur Wahl einer politisch konservativen Partei, zu konservativen Anschauungen im Hinblick auf Partnerschaft und Familie, zu konservativer Kleidung etc. Die Existenz von Einstellungen fördert demnach die Handlungs-Ökonomie.

*Dreikomponen-*
*ten-Konzept*

Üblicherweise geht man im Rahmen des sog. Dreikomponenten-Konzepts davon aus, daß Einstellungen die folgenden Dimensionen aufweisen:

- die **kognitive** Komponente (z.B. „Dieser Politiker ist kompetent");
- die **affektive** Komponente (z.B. „Dieser Politiker ist mir unsympathisch");
- die **konative** Komponente (z.B. „Diesen Politiker werde ich wählen").

*Kognitive*
*Dissonanz*

Sind die genannten Komponenten im Ungleichgewicht (z.B. „Ich mag P; P erweist sich jedoch als korrupt"), so entsteht ein psychischer Spannungszustand (kognitive Inkonsistenz bzw. **kognitive Dissonanz**), der nach Ausgleich strebt. Auch zwischen verschiedenen Kognitionen (z.B. zwei widersprüchlichen Informationen) oder zwischen Einstellung und Verhalten (z.B. umweltbewußte Einstellung vs. umweltschädigendes Verhalten) können kognitive Spannungen auftreten, die das Individuum entweder auf kognitivem Wege (Uminterpretation) oder auf verhaltensaktivem Wege (z.B. energiesparende Maßnahmen) zu lösen versucht.

*Soziale*
*Kategorisierung*
*und Vorurteils-*
*bildung*

Viele Einstellungen erweisen sich als besonders änderungsresistent, insbesondere wenn sie aus der subjektiven Sicht des Individuums oft bestätigt wurden, wenn die Ich-Beteiligung für die Einstellung besonders hoch ist und wenn die geäußerte Einstellung soziale Unterstützung findet. In solchen Fällen spricht man von **Stereotypen**, die auf simplifizierenden Prozessen **sozialer Kategorisierung** beruhen. Tritt hier noch eine (meist negative) emotionale Abwehrhaltung hinzu, so hat man es mit **Vorurteilen** zu tun. Vorurteile werden vor allem im Gruppenkontext auftreten, nämlich als Schaffung von Differenz (Distinktheit) zwischen verschiedenen sozialen Gruppen, die miteinander in Konflikt stehen (vgl. Tajfel 1982). Solche Vorurteile werden dann auch sozial geteilt und im sozialen Raum kognitiv abgestützt.

*Prozesse der*
*Kommunikation*

Die Änderung von Einstellungen erfolgt meist in Prozessen der **Kommunikation**, wobei solche kommunikativen Inhalte eine besondere Chance haben, vom Rezipienten aufgenommen zu werden, die die kognitive Konsistenz nicht stören bzw. eine vorhandene Inkonsistenz abbauen. Solche Prozesse sind Gegenstand der Kommunikationsforschung (für einen Überblick vgl. Schenk 1987; Fischer/Wiswede 1997), die – medienbezogen – als Medienwirkungsforschung betrieben wird.

*Wirkungsfilter*

In soziologischer Hinsicht bedeutsam ist die Tatsache, daß die Wirkung der Medien meist nicht unmittelbar erfolgt, sondern über ein **Netzwerk von Brechungen.** Diese sind einmal auf Seiten des Individuums zu verorten: Da sind Einstellungen, Motive, Interessen, Wahrnehmungsstrukturen usw., die zu einer bestimmten Exposition gegenüber Medien sowie Selektion gegenüber Inhalten führen. Zum anderen existieren auch soziale Verflechtungen des Individuums: Individuen stehen in Gruppenzusammenhängen, innerhalb derer Einstellungen abgeklärt, abgeändert und interpretiert werden. Insbesondere bei Informationen über Sachverhalte, deren „physikalische Realität" gering ist (d.h. die nicht leicht oder direkt nachgeprüft werden können), findet oft eine Validierung durch **soziale Vergleichsprozesse** im Rahmen von Bezugsgruppen statt. Neuerdings wird diese Verflechtung und das Zusammenspiel formeller und zwischenpersoneller Kommunikation verstärkt unter Einbeziehung der Netzwerktheorie untersucht (vgl. Schenk 1983). Dieser methodische Zugriff – Verwendung der Netzwerkanalyse – hat mittlerweile auch zahlreiche **inhaltliche** Analysen befruchtet, z.B. die Theorie schwacher Verbindungen, die uns später noch interessieren wird (vgl. Abschn. 2).

*Netzwerkanalyse*

Kommunikationsprozesse werden in der Wirkungsforschung meist lediglich auf die **Übermittlung von Informationen** bezogen, oft mit der Absicht der Einstellungs- und/oder Verhaltensänderung. Daneben besteht ein „anspruchsvollerer" Begriff von Kommunikation, etwa in Habermas' **Theorie kommunikativen Handelns** in Abhebung zum instrumentellen Handeln: Dort wird Kommunikation bezogen auf den Erwerb symbolischer Kulturelemente sowie den Aufbau normativer Handlungsstrukturen. Kommunikation bildet dabei den Grundbegriff einer Theorie sozialen Handelns.

*Theorie kommunikativen Handelns*

## 1.3.2 Ein Einstellungsmodell sozialen Handelns

In ihren Versuchen, die Kluft zwischen Einstellung und Verhalten (Handeln) zu schließen, haben Fishbein und Ajzen (zuerst 1975) ein Modell entwickelt, das wir als **handlungstheoretisches Modell** zur Diskussion stellen. Es handelt sich hierbei um ein Modell, das die Grundstruktur eines Wert-Erwartungs-Konzepts (analog dem Rational-choice-Ansatz sowie lerntheoretisch ausformulierter Wert-Erwartungs-Modelle) aufweist, das jedoch zusätzlich soziale Normen sowie Effizienzerwartungen (control beliefs) einbezieht. Gegenüber impressionistischeren Handlungstheorien (z.B. in der Nachfolge von Alfred Schütz) hat dieses Modell den Vorteil, übersichtlich und klar strukturiert zu sein, operationalisierbare Variablen zu enthalten und in vielen Kontexten empirisch bestätigt zu sein (für einen Überblick vgl. Six 1992). Das Konzept ist durch die zentralen Variablen „beliefs" (= Erwartungen) und „values" (= Verstärkerwert) im Hinblick auf lerntheoretische Konzepte anschlußfähig. Es erfüllt ferner die von Vertretern des strukturell-individualistischen Ansatzes (z.B. Esser 1993) geäußerte Forderung, wonach eine Handlungstheorie, die zur Mikrofundierung soziologischer Aussagen dienen kann, nicht zu komplex sein sollte.

*Handlungstheoretisches Modell*

In Ergänzung des Modells von Fishbein/Ajzen hat Ajzen (1988) eine **Theorie des geplanten Verhaltens** vorgelegt, die die in Abb. 12 skizzierte Struktur aufweist. Die Reichweite der Theorie umgreift alle Handlungen, bei denen Ergebnisse bewußt und planend angestrebt werden. Unbewußte Reaktionen sowie Verhaltensautomatismen vom Typ der Gewohnheit werden von ihr nicht abgedeckt.

*Theorie des geplanten Verhaltens*

Der hier bevorzugte Einstellungsbegriff (im Sinne einer vermittelnden Variablen, bzw. eines hypothetischen Konstrukts mit entsprechender „Überschußbedeutung") konkurriert in den Theorien sozialen Handelns mit anderen Begriffen, z.B. Habitus (bei Bourdieu) oder Schema (bei Lenk). Begriffe allein schaffen noch keinen Fortschritt; und ein Plädoyer für den Einstellungsbegriff bringt den Vorteil, einige Jahrzehnte (z.T. durchaus auch kontroverser) theoretischer, empirischer und methodischer Forschung zu nutzen und mit lerntheoretischen Vorstellungen zu verquicken.

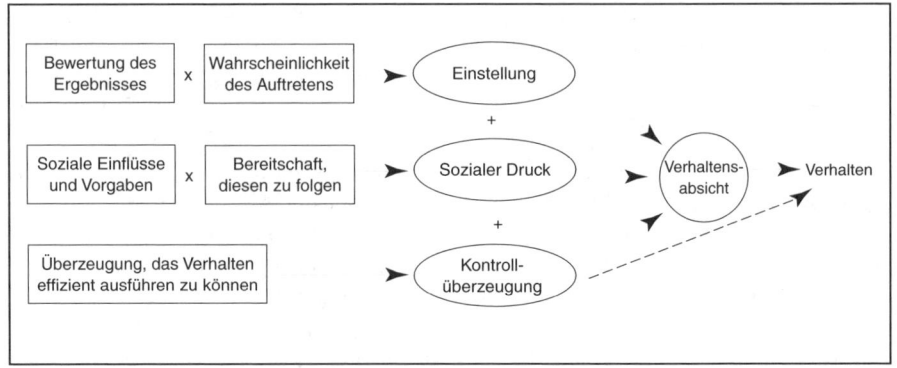

**Abb. 12:** Theorie des geplanten Verhaltens (nach Ajzen 1988)

*Berücksichtigung von Normen und Kontrollüberzeugungen*

Gegenüber den Rational-choice-Ansätzen hat das hier vorgestellte Modell den Vorteil, die **normgeprägten Aspekte** des Verhaltens nicht zu vernachlässigen, sondern explizit in die Analyse einzubeziehen. Die zusätzliche Berücksichtigung von **Kontrollüberzeugungen** (Effizienzerwartungen) folgt der Überlegung, daß bei Handlungen bzw. Handlungsabsichten nicht nur Erwartungen über Verhaltensergebnisse (Konsequenzen) relevant sind, sondern auch Erwartungen hinsichtlich der Effizienz des Verhaltens. Am Beispiel: Betrügerisches Verhalten wird zunächst dann in Erwägung gezogen, wenn der erwartete Nutzen (abzüglich der erwarteten Kosten) hoch ist. Ferner ist von Bedeutung, ob das Individuum annimmt, daß soziale Normen für (oder gegen) das Verhalten existieren. Im Falle des Betrugs werden sich die gesellschaftlichen Normen meist gegen das Verhalten richten (allerdings können Gruppennormen, z.B. im Rahmen einer kriminellen Eigengruppe auch ein positiv sanktioniertes Verhalten darstellen). Sollten solche Normen im Bewußtsein des Akteurs vorliegen, werden diese nur dann verhaltenswirksam, wenn das Individuum motiviert ist, diesen Normen zu folgen (z.B. durch ein starkes Konformitätsbedürfnis). Darüber hinaus wird eine Handlung nur dann in Betracht gezogen, wenn die betreffende Person das entsprechende Verhalten auch tatsächlich durchführen kann (z.B. den Betrug besonders trickreich und geschickt zu gestalten).

## Literaturempfehlungen

**Ajzen, I.:** Attitudes, personality and behavior. Milton 1988
**Bandura, A.:** Sozial-kognitive Lerntheorie. Stuttgart 1979
**Bertram, H.:** Sozialstruktur und Sozialisation. Darmstadt/Neuwied 1981
**Fischer, L., Wiswede, G.:** Grundlagen der Sozialpsychologie. München/Wien 1997
**Homans, G. C.:** Elementarformen sozialen Verhaltens. Opladen [2]1972
**Hurrelmann, K.:** Einführung in die Sozialisationstheorie. Weinheim [5]1995
**Hurrelmann, K., Ulich, D. (Hg.):** Neues Handbuch der Sozialisationsforschung. Weinheim/Basel [4]1991

**Malewski, A.:** Verhalten und Interaktion. Tübingen [2]1977
**Trommsdorff, G. (Hg.):** Sozialisation im Kulturvergleich. Stuttgart 1989
**Wiswede, G.:** Umrisse einer integrativen Lerntheorie sozialen Verhaltens. In: Zeitschrift für Sozialpsychologie, 19, 1988

## Kontrollfragen:

1. Stellen Sie den Zusammenhang zwischen Lernprozeß und Lernkontext dar.
2. Diskutieren Sie die wichtigsten Lernmechanismen an zwei Beispielen: a) dem Lernen des Tennisspielens, b) dem Verhalten von Auszubildenden im Betrieb.
3. Beschreiben Sie den Sozialisationsprozeß mit Begriffen der Lerntheorie.
4. Welchen Einfluß hat der soziale Kontext auf die Herausbildung bestimmter Sozialisationsstile?
5. Unterscheiden Sie drei Komponenten der Einstellung und geben Sie jeweils ein Beispiel aus dem wirtschaftlichen Bereich.
6. Was sind soziale Vorurteile und wie entstehen sie?
7. Welches sind die zentralen Variablen in Ajzens Theorie des geplanten Handelns?

# 2. Soziale Interaktion

### Plan des Kapitels

Bevor wir uns im einzelnen mit sozialen Gruppenstrukturen und -prozessen befassen, wollen wir uns zunächst mit dem **Interaktionsgeschehen** ganz allgemein beschäftigen, indem so zentrale Begriffe wie: soziales Handeln, soziale Interaktion, soziale Kommunikation usw. näher erläutert werden. Dabei werden wir uns auch kurz mit den beiden soziologisch wichtigsten Interaktionstheorien auseinandersetzen, die bisher vorgelegt worden sind: dem Austauschkonzept und dem Ansatz des symbolischen Interaktionismus.

Sodann befassen wir uns kurz mit dem Gruppenbegriff und erörtern in gedrängter Form die **wichtigsten Gruppenformen**. Dabei wollen wir uns mit der sog. **Bezugsgruppe** ein wenig ausführlicher beschäftigen. Die Diskussion leitet über in die Erörterung zentraler **Strukturdimensionen** der Gruppe: so werden z.B. die Normstruktur, die Affektstruktur, die Kommunikationsstruktur und die Rollenstruktur der Gruppe thematisiert. Strukturelle Gegebenheiten sind auch häufig die Ursache für das Auftreten von **Konflikten in und zwischen Gruppen**. Hierbei werden auch Fragen der sozialen Kategorisierung, der sozialen Akzentuierung und der Vorurteilsbildung aufgeworfen.

Abschließend befassen wir uns mit einem der zentralen Probleme der Kleingruppenforschung: der Analyse von **Konformität** unter Gruppendruck. Bekanntlich sind Gruppen in der Lage, individuelle Urteile, Einstellungen und Verhaltensweisen im Sinne eines Konformitätseffektes zu nivellieren, gelegentlich auch selektiv zu stimulieren. Die Befunde der Konformitätsforschung werfen dann auch ein erstes Licht auf

Probleme des normgerechten und des normabweichenden Verhaltens, eine Thematik, die wir später im Kapitel über abweichendes Verhalten noch näher vertiefen müssen.

## 2.1 Dyadische Interaktion

## 2.1.1 Grundfragen zur Interaktion

*Interaktion als Austauschprozeß*

Die Beziehung zwischen Lerntheorie und sozialer Interaktion läßt sich zwanglos durch die Idee herstellen, Interaktionen als **wechselseitige Austauschprozesse von Belohnungen und Strafreizen** anzusehen. Allerdings ist dies eine besondere Sichtweise, eine Art Paradigma, das mehr oder weniger fruchtbar sein kann und dem man keineswegs zu folgen braucht. Wir werden im weiteren Verlauf der Diskussion nämlich zeigen, daß es durchaus auch andere Sichtweisen für Interaktionen gibt, etwa die Deutung von Interaktion als **soziale Fertigkeit** oder als **interpretative Sinnvermittlung**.

Erinnern wir uns zunächst daran, daß wir beim Begriff „soziales Handeln" oder „soziales Verhalten" einen Doppelaspekt des „Sozialen" unterstellt haben. „Sozial" ist ein Handeln einmal deshalb, weil es **sozial geformt** ist, weil es durch soziale Lernprozesse in Sozialisations- und Enkulturationsprozessen erworben wurde. Zum anderen – und dieser Aspekt steht beim Interaktionsbegriff im Vordergrund – ist soziales Handeln insofern „sozial", als es **sozial orientiert**, auf andere Interaktionspartner mehr oder weniger abgestimmt ist. Auf diese Weise sind auch die Begriffe Interaktion und Kommunikation verwandt, wenn auch nicht deckungsgleich. Kommunikationsprozesse dienen vornehmlich dem Austausch von Informationen; außerdem sind im Falle der Kommunikation „Einbahnstraßen-Effekte" häufiger: Kommunikation, die einseitig ist – etwa über Medien – oder bei der ein Kommunikator vor einem weitgehend passiven Publikum agiert.

*Interaktionsformen*

*Asymmetrische Interaktion*

In der sozialpsychologischen Literatur werden zahlreiche Modelle, Formen und Sequenzen von Interaktionen unterschieden. Ein Unterscheidungskriterium ist das Ausmaß, in dem die Interaktion in wechselseitiger Kontingenz verläuft, also auch tatsächlich aufeinander abgestimmt ist. Ein soziologisch wichtiger Fall ist die **asymmetrische Interaktion**, in der ein Machtgefälle zwischen den Interaktionspartnern besteht (vgl. hierzu Blau 1964), so daß A sich weitgehend nach eigenen Plänen richtet und nur wenig durch die Reaktionen von B beeinflußt werden kann. Asymmetrische Interaktionen mindern die Freiwilligkeit des Austauschgedankens und trüben damit auch die Reziprozität der Austauschbeziehungen (vgl. Blau 1964; Gouldner 1960).

*Interaktion als soziale Fertigkeit*

Interaktion läßt sich als **soziale Fertigkeit** begreifen. In diesem Falle ist Interaktion eine Frage sozialer Intelligenz oder sozialer Kompetenz. Im Vorfeld solch kompetenter Interaktion steht die Wahrnehmungsgenauigkeit (ich registriere genau, was der andere tut und sagt) und die Reaktionsangemessenheit (ich reagiere in angemessener Weise auf meine Beobachtung). Solche Prozesse lassen sich auf der Basis eines

Rückkoppelungs-Modells (Argyle 1972) verstehen: Ständige Korrekturen im Hinblick auf Soll- und Ist-Werte sind möglich. Fragen der Wahrnehmung und Überlegungen zur Angemessenheit lassen sich auch auf der Basis bestimmter Deutungsschemata oder Interpretationsregeln (vgl. Blumer 1969) behandeln: Die Deutung der jeweiligen Situation bestimmt die weitere Vorgehensweise in Interaktionsprozessen.

Schließlich sind noch einige Überlegungen dahingehend anzustellen, warum Menschen überhaupt interagieren. Dies können einmal **Nutzenerwägungen** sein: Man nimmt gerne Kontakt mit solchen Menschen oder Gruppen auf, die für das Erreichen eigener Zielvorstellungen nützlich sein können. Nach Vorstellungen der Austauschtheorie steigt die Attraktion einer Person oder Gruppe in dem Maße, in dem diese für die Zielerreichung instrumentell ist. Zum zweiten zeigen Menschen ein verstärktes Gesellungsbedürfnis (Affiliation = Anschlußmotiv) vor allem dann, wenn besondere **Angst- und Spannungszustände** vorliegen (Schachter 1959). Drittens besteht ein wichtiges Motiv zur Interaktion in sozialen **Vergleichs**prozessen: es existiert ein Motiv, seine eigenen Meinungen, Fähigkeiten (und Gefühle) einzustufen und zu bewerten. Und schließlich sind **Attraktivität und Sympathie** ein starkes Motiv für soziale Interaktionen, wobei die interpersonelle Attraktion auf der Basis der Ähnlichkeit stattfinden kann („gleich und gleich gesellt sich gern") oder auf der Basis der Komplementarität („Gegensätze ziehen sich an").

*Motive der Interaktion*

## 2.1.2 Interaktion als Austausch

Die verschiedenen Exchange-Theorien fassen soziale Interaktionen als interpersonalen **Austausch von Belohnungen und Bestrafungen** auf, wobei weiter angenommen wird, daß jede Interaktion danach beurteilt wird, ob sie ausgewogen und gerecht ist. In komplexen Austauschmodellen, die hier nicht weiter verfolgt werden können, werden inhaltlich verschiedene Austausch-Ressourcen (z.B. Geld, Liebe, Information, Status) unterschieden sowie einzelne Ebenen der Interaktion (z.B. die Beziehungsebene, die Sachebene, die Ebene der Beeinflussung) betrachtet.

*Austausch von Sanktionen*

Soziologische Austauschmodelle stammen von Homans (1958), Blau (1964), Emerson (1962) und Coleman (1991); sozialpsychologische Konzepte von Thibaut/Kelley (1959), Foa/Foa (1975), Adams (1965) und Walster et al. (1978). Betrachten wir zunächst die **Theorie von Homans** (in der letzten Fassung von 1978). Sie besteht aus fünf Propositionen (vgl. Übersicht 24 auf der Folgeseite).

*Theorie von Homans*

Die Hypothesen (1) und (3) entsprechen im wesentlichen dem Effektgesetz; die Hypothese (2) drückt den Tatbestand der Generalisierung aus (vgl. unsere Ausführungen zu den Lernmechanismen in Kap. 1). Die vierte Proposition ist problematisch, weil sie einen Sättigungseffekt voraussetzt, der im Hinblick auf höhere, insbesondere soziale Bedürfnisse keineswegs immer evident ist. So hat man nie davon gehört, daß etwa das Bedürfnis nach sozialer Macht, Anerkennung und Erfolg usw. gemäß den Kriterien der Sättigung tilgbar ist. Sättigungsgesetze dürften insofern nur bei solchen Bedürfnissen vorkommen, die eine relativ enge Anbindung an die phy-

> (1) Je häufiger die Aktivität einer Person belohnt wird, desto wahrscheinlicher wird sie diese Aktivität ausführen.
> (2) Wenn in der Vergangenheit das Auftreten eines bestimmten Stimulus oder einer Menge von Stimuli die Gelegenheit war, bei der die Aktivität einer Person belohnt wurde, gilt: Je ähnlicher die gegenwärtigen Stimuli den vergangenen sind, desto wahrscheinlicher wird die Person die Aktivität oder eine ähnliche ausführen.
> (3) Je wertvoller die Belohnung für eine Person ist, die sie bei der Ausführung einer Aktivität erhält, desto wahrscheinlicher wird sie die Aktivität ausführen.
> (4) Je häufiger eine Person in der jüngeren Vergangenheit eine bestimmte Belohnung erhalten hat, desto weniger wertvoll wird jede weitere Einheit der Belohnung für die Person.
> (5) Wenn eine Person für eine Aktivität nicht die Belohnung erhält, die sie erwartet, oder wenn sie eine Bestrafung erhält, die sie nicht erwartet, wird sie ärgerlich werden, und dabei sind die Ergebnisse aggressiven Verhaltens belohnend.

**Übersicht 24:** Austauschtheorie von Homans (1978)

siologische Dimension haben (z.B. Bedürfnis nach Schlaf, Nahrung, Sexualität). Die Hypothese (5) ist gleichfalls problematisch, sofern sie nämlich als Variation einer in dieser rigiden Form längst verworfenen Frustrations-Aggressions-Hypothese anzusehen ist.

*Distributive Gerechtigkeit*

Insofern ist die frühere Formulierung dieser Hypothese durch Homans (1958) einleuchtender und vermutlich auch richtiger. Sie lautet im Original: „The more to a man's disadvantage the rule of distributive justice fails of realization, the more likely he is to display the emotional behavior we call anger". Die Hypothese enthält als Norm eine Regel von **distributiver Gerechtigkeit**, die in späteren Ansätzen (z.B. der Equity-Theorie von Walster oder dem Konzept der „lokalen Gerechtigkeit" nach Elster) in jeweils besonderer Weise thematisiert worden ist. Das Equity-Konzept geht insofern über Homans hinaus, als konkreter formuliert wird, welches die genauen Konsequenzen sind, wenn Individuen Austauschverhältnisse als ungerecht empfinden. Gleichheit (oder Gleichgewicht) ist nach Adams (1995) geben, wenn:

$$\frac{\text{Outcome A}}{\text{Input A}} = \frac{\text{Outcome B}}{\text{Input B}}$$

*Equity-Theorie*

Es kommt zu Ungleichgewichten, wenn:

$$\frac{O_A}{I_A} < \frac{O_B}{I_B} \quad \text{oder} \quad \frac{O_A}{I_A} > \frac{O_B}{I_B}$$

Dabei bedeutet $I_A$ den Input, den die Person A in eine Interaktion investiert, $O_A$ dagegen den Ertrag, den A aus der Interaktionsbeziehung erlöst. Dabei wird unterstellt, daß A sich mit einer relevanten Bezugsperson B im Hinblick auf Inputs und Out-

152

comes vergleicht. Ein Gefühl der ungerechten Behandlung wird insbesondere dann empfunden, wenn man sich im Sinne der Austauschrelation ungünstiger gestellt sieht. Einleuchtend ist auch, daß im Falle der Überprivilegierung (z.B. in einer Situation der „Überbezahlung") eher kognitive Strategien Platz greifen, die die günstige Bilanz rechtfertigen. Wie es Max Weber einmal sagte: Die Glücklichen freuen sich nicht einfach ihres Glücks, sondern versuchen zu belegen, daß sie dieses Glück auch verdienen.

*Entstehen sozialer Macht*

Die Austauschmodelle von Blau (1964) und Emerson (1962) sind zugleich Konzepte, die das Entstehen **sozialer Macht** (vgl. B 5.1) erklären. Nach Emerson basiert Macht auf der Möglichkeit und Bereitschaft, über Andere Sanktionen (Belohnungen und Bestrafungen) zu verhängen. Emerson betont, daß Macht als Eigenschaft einer sozialen Beziehung anzusehen ist. Dabei liegt der Ausgangspunkt nicht in den von A kontrollierten Ressourcen, sondern in der Abhängigkeit des B: „The dependence of actor A upon actor B is (1.) directly proportional to A's motivational investment in goals mediated by B and (2.) inversely proportional to the availability of those goals to A outside of the A-B-relation" (Emerson 1962, 32). Die Macht (power) von A über B entspricht der Abhängigkeit (dependence) des B von A und umgekehrt. Die Beziehung A-B stellt eine balancierte Relation dar, wenn

$$p A B = d B A$$

$$p B A = d A B.$$

In einer unbalancierten Relation überwiegt die Macht eines der beiden Akteure.

*Ergebnis ungleicher Tauschbeziehungen*

Ein Vorteil dieses Ansatzes besteht darin, daß er auf Beziehungen zwischen verschiedenen Einheiten anwendbar ist: auf Beziehungen zwischen Individuen ebenso wie auf die Beziehung zwischen Gruppen, Organisationen, Nationen usw. Gleiches gilt für das Konzept von Peter M. Blau (1964). Auch für ihn ist die Entstehung von Machtstrukturen ein Ergebnis **ungleicher Tauschbeziehungen**, zu denen es immer dann kommt, wenn einige Individuen (Gruppen etc.) zunehmend abhängig von anderen werden, weil sie zur Erreichung ihrer Ziele auf die Mitwirkung anderer angewiesen sind. Jemandem, der die Mittel nicht hat, um den anderen für seine Dienste zu entschädigen, der aber auch nicht bereit ist, auf seine Wünsche zu verzichten und zugleich nicht in der Lage ist, sie in anderen Beziehungen einzulösen, bleibt nur die Möglichkeit, sich dem anderen unterzuordnen, ihm Respekt zu erweisen, dessen Wünsche zu erfüllen usw. Tauschprozesse, die ins Ungleichgewicht geraten, also Asymmetrien enthalten, lassen ein Machtgefälle bzw. eine differenzierte Machtstruktur entstehen.

Eine differenziertere Austauschtheorie entstammt dem sozialpsychologischen Bereich (Thibaut/Kelley 1959); sie ist im Prinzip eine komplexere Anreiz-Beitrags-Theorie, wie sie auch im Rahmen der Rational-choice-Konzeption entwickelt werden könnte.

> **(1)** Wenn der Ertrag als Differenz zwischen Belohnungen und Kosten positiv ist, dann besteht Wahrscheinlichkeit, daß soziale Beziehungen beibehalten werden.
>
> **(2)** Die Gemeinsamkeit der Verfolgung bestimmter Ziele oder Aktivitäten erhöht in der Regel den Wert (Valenz) dieser Aktivität oder dieses Ziels.
>
> **(3)** Personen richten sich in ihren Vorstellungen an einem Vergleichsniveau (CL) aus, das an soziale Beziehungen als Maßstab angelegt wird. Dieses CL wird bestimmt durch Bedürfnisse, Anspruchsniveaus und Erfahrungen in ähnlichen Situationen.
>
> **(4)** Es besteht eine starke Neigung, das CL an den Profiten anderer Interaktionsteilnehmer zu orientieren, mit denen man sich vergleichen zu können glaubt.
>
> **(5)** Eine Person scheidet nur dann aus einer Interaktionsbeziehung aus, wenn sie eine oder mehrere alternative Beziehungen besitzt, von denen sie sich mehr Ertrag verspricht ($C_{alt}$).
>
> **(6)** Aufgrund jeweiliger Kombinationen von Ergebnissen CL und $C_{alt}$ erweisen sich Interaktionsbeziehungen als stabil/instabil bzw. zufriedenstellend/nicht zufriedenstellend.
>
> **(7)** Es besteht eine Tendenz der Annäherung des CL an die Ergebnisse oder an $C_{alt}$, je nachdem, welches Niveau günstiger ist.
>
> **(8)** Liegt das $C_{alt}$ unterhalb der Ergebnisse, so besteht Abhängigkeit innerhalb der bestehenden Interaktionsbeziehung.

**Übersicht 25:** Austauschtheorie von Thibaut/Kelley (1959)

*Vergleichs-niveaus*

Sie befaßt sich mit den Austauschergebnissen von Interaktoren und deren Anstrengungen, gemeinsam mit anderen (oder auf Kosten anderer) zu maximalen oder befriedigenden Interaktionserträgen zu gelangen. Die Besonderheit dieser Theorie besteht in der verstärkten Einbeziehung von **Vergleichsniveaus**, die einmal aus **individueller Erfahrung** resultieren (bisherige Ergebnisse), zum anderen auf **andere Bezugspersonen** gerichtet sind (Vergleich im Sinne der distributiven Gerechtigkeit) sowie auf ein Vergleichsniveau **für Alternativen** (das die Chancen des Individuums wiedergibt). Ein Individuum wird also beispielsweise eine soziale Beziehung (etwa ein Arbeitsverhältnis, eine Paarbeziehung) aufrechterhalten, wenn bisherige Erfahrungen in dieser Beziehung zu Nettobelohnungen führten, und wenn das Individuum perzipiert, daß relevante Vergleichspersonen auch nicht besser gestellt sind, und wenn schließlich dieser ganze Vergleichsprozeß auch nach alternativen Möglichkeiten abgestimmt wird (andere Arbeitgeber z.B., andere Partner, die man haben könnte usw.). Gerade dieses Vergleichsniveau für Alternativen bestimmt die jeweilige Machtposition der Interaktionspartner.

*Systemische Verbundenheit der Tausch-beziehungen*

*Coleman-Modell*

Bisher unterzogen wir den Austauschprozeß einer mikrosoziologischen Analyse, wie sie auch für die Sozialpsychologie typisch ist. Obgleich die Analyseeinheiten auch Kollektive (z.B. Gruppen oder korporative Akteure) sein können (vgl. Emerson 1962), könnte diese Sichtweise insofern als „unsoziologisch" betrachtet werden, weil sie die **systemische Verbundenheit der Tauschbeziehungen** nicht systematisch genug behandelt. Ein wichtiger Ansatz, hier Mikro-Makro-Verknüpfungen vorzunehmen, stammt von Coleman (1991). Ausgangspunkt des **Coleman-Modells** sind eine Menge rationaler Akteure, von denen jeder ein bestimmtes Interesse an Ereignissen (z.B. Bau von Kindergärten, Abschaffung der Vermögenssteuer) hat. Weiter verfügt jeder Akteur über bestimmte Ressourcen, die ein gewisses Ausmaß an Kontrolle dieser Ereignisse gewährleisten (z.B. Stimmrecht). Interesse und Kontrolle können aber

154

auseinanderfallen, d.h. man kontrolliert Ressourcen und Ereignisse, die nicht sonderlich interessieren; andererseits ist man an Ressourcen interessiert, die man nicht kontrolliert. Also besteht ein **Anreiz für Transaktionen** (so stimmt A z.B. mit anderen in Fragen, die ihn mäßig interessieren, sofern diese anderen für solche Anliegen stimmen, die für A von Interesse sind). Jeder Akteur wird also seine Ressourcen so einsetzen, daß seine Interessen optimal realisiert werden. Dieses Modell erklärt insofern die Preise oder Werte der Ressourcen, die letztliche Ressourcen-Allokation und die damit verbundene Machtverteilung im System.

*Anreiz für Transaktionen*

Gegenwärtig wird darüber nachgedacht, wie man die Tauschtheorie mit der **Systemtheorie** verbinden könnte. Insofern kritisiert Kappelhoff (1993) am Coleman-Modell die diesbezüglich fehlende Anschlußfähigkeit, insbesondere im Hinblick auf die Leitidee sich **selbst organisierender Prozesse** (vgl. B 3). Nützlich wäre u.E. auch eine Verknüpfung mit Ansätzen der „Neuen Institutionellen Ökonomie", die die Wirkung institutioneller Regelungen für das Funktionieren von Märkten analysiert hat. Und schließlich wäre auch die Entwicklung von **Tauschmoralität** erklärungsbedürftig; die vorhin kurz diskutierte Equity-Theorie wäre hier u.U. ein fruchtbarer Ausgangspunkt.

*Tauschtheorie und Systemtheorie*

## 2.1.3 Interaktion als Kooperation

Die Theorie von Thibaut und Kelley ist der Austauschtheorie von Homans auch deshalb überlegen, weil sie die wechselseitige Abhängigkeit der Interaktionspartner in das Kalkül einbezieht. Denn eine auf Interaktion zielende Handlungstheorie kann nicht von Akteuren ausgehen, die isoliert voneinander handeln; diese müssen vielmehr in ihrer wechselseitigen **Interdependenz** gesehen werden (vgl. Thibaut/Kelley 1959). Die Ausweitung von Handlungstheorien auf diese Interdependenzbeziehungen erfolgt meist im Rahmen der sog. **Spieltheorie**, die berücksichtigt, daß die Verhaltensergebnisse von A nicht nur vom eigenen Verhalten abhängen, sondern auch vom Verhalten des Interaktionspartners B. Lediglich für jenen Fall, in dem der „outcome" von A vom Verhalten des B völlig unabhängig ist – was immer auch B tut – spricht man von Schicksalskontrolle.

*Interdependenz*

Am Typ des Gefangenendilemmas (für eine ausführlichere Darstellung vgl. Kap. B 2) läßt sich zeigen, daß eine im Eigennutz gründende Tendenz zu ausbeuterischem Verhalten besteht, sofern sich die Interaktionspartner rational verhalten. In der folgenden Matrixdarstellung sei der Gewinn von A und B jeweils 10 (erster Quadrant), sofern beide kooperieren (vgl. Abb. 13 auf der Folgeseite).

*Gefangenendilemma*

A könnte jedoch egoistischerweise die Chance sehen – etwa durch betrügerisches Verhalten (z.B. „Zechprellerei") – 15 Einheiten zu gewinnen, während B leer ausgeht (2. Quadrant), sofern dieser auf kooperatives Verhalten gesetzt hat. Das Umgekehrte gilt, sofern B allein ausbeuterisches oder betrügerisches Verhalten zeigt (3. Quadrant). Sollten beide Parteien nicht kooperieren, sei der Ertrag jeweils 5 Einheiten für A und B, der kollektive Nutzen bei Kooperation (die Regeln werden von beiden Sei-

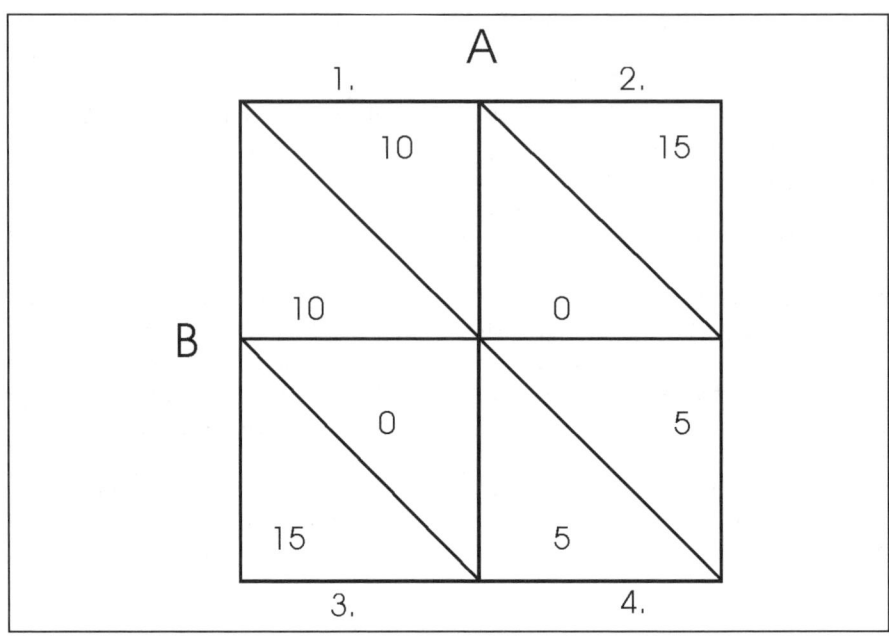

**Abb. 13:** Auszahlungsmatrix bei verschiedenen Verhaltensstrategien

ten eingehalten) ist also größer als bei beiderseitiger Nicht-Kooperation, jedoch kann eine der Parteien ihren Gewinn erhöhen, wenn die Gegenpartei sich weiterhin an die Regeln der ausgleichenden Gerechtigkeit hält, man selbst dies jedoch nicht tut. Das Dilemma besteht darin, daß weder A noch B genau wissen, wie sich der Partner verhalten wird.

Dieses Beispiel macht deutlich, daß sich eine kooperative Strategie, die ein kollektiv günstiges Ergebnis gewährleistet, keineswegs automatisch einstellt. Vielmehr muß

*Zusätzliche Kooperations- mechanismen*

die Dilemma-Situation durch zusätzliche **Kooperationsmechanismen** aufgelöst werden, damit eine für alle Beteiligten vorteilhafte oder zumindest befriedigende Lösung realisiert wird. Folgende Mechanismen der Regulierung scheinen denkbar (vgl. Coleman 1991, Raub/Voss 1981; Axelrod 1987):

1. die **Existenz sozialer Normen,** die kooperatives Verhalten bindend vorschreiben. Dabei kann an formale Gesetze (z.B. Mutterschutz) oder an implizite Verpflichtungsregeln (z.B. Vorstellungen über distributive Gerechtigkeit) gedacht werden. Die jeweiligen Normen können universalistischer Natur sein (d.h. sie gelten im gesamten Sozialsystem, etwa qua Gesetz) oder aber partikularistischer Natur (d.h. sie sind Bestandteil einer bestimmten Vertragsgestaltung).
2. die **Gefährdung der Reputation** bzw. der Glaubwürdigkeit, sofern nämlich bekannt wird, daß A gegenüber B (oder C, D) ausbeuterisches Verhalten praktiziert hat. Dies führt i.d.R. zu einem Verlust an Glaubwürdigkeit und Vertrauen in den Interaktionspartner. Um dies zu vermeiden, wird A bemüht sein, sich als fairer Partner zu präsentieren.

156

3. **Altruistische Transformation**: d.h. A ist auch am Vorteil des B gelegen. Dieses altruistische Verhalten scheint auf den ersten Blick mit der Eigennutzannahme nicht vereinbar, kann jedoch im Rahmen der Matrixdarstellung als Gewinn aus altruistischer Transformation verbucht werden (so: Kelley/Thibaut). Ein solches Verhaltensmuster dürfte in der Geschäftswelt relativ selten vorkommen, bei starken Gefühlsbeziehungen (z.B. bei Ehepaaren, gegenüber Kindern) wird es jedoch häufig praktiziert.

4. **Verständigungsorientierte Kommunikation**: Die klassischen spieltheoretischen Situationen gehen davon aus, daß zwischen den Interaktionspartnern keine Verständigung erfolgt. Dies ist in praxi etwa dann der Fall, wenn A den B im unklaren darüber läßt, was er zu tun gedenkt. Aus zahlreichen experimentellen Untersuchungen folgt, daß Handlungsmuster umso kooperativer werden, je mehr Kommunikation mit dem Interaktionspartner stattfindet (aus völlig anderer Sicht, aber mit prinzipiell ähnlichem Ergebnis sieht Habermas in der kommunikativen Verständigung die Voraussetzung sozialen Handelns; vgl. Habermas 1981).

5. die **Erwartung zukünftiger Interaktion**: Es ist nicht gleichgültig, ob es sich um einmalige Interaktionen (z.B. Laufkundschaft) oder aber um mehrfache und künftig erwartbare Interaktionen (z.B. Stammkundschaft) handelt. A wird in der Annahme weiterer künftiger Interaktionen etwa gegebene Möglichkeiten der Ausbeutung (z.B. monopolistische Preisgestaltung, Ausspielen aller Machtmöglichkeiten aufgrund besonderer Ressourcen, etwa geheimer Informationen) nicht (voll) ausspielen. Ein solches Verhalten ist durchaus rational, auch wenn Menschen gelegentlich dazu neigen, künftige Gewinne und auch künftige Sanktionen über Gebühr abzudiskontieren (myopischer Effekt; vgl. 4.3.2).

Bereits ältere sozialpsychologische Untersuchungen sowie neuere Forschungsergebnisse zu **iterativen Spielen** (wiederholte und langfristig angelegte Spielsituationen) legen nahe, daß aus vergangenen Spielsituationen sowie den hierbei angewandten Strategien **Lernprozesse** resultieren, die bei Änderung der Interaktionsstruktur zu einer Verhaltensänderung der Spieler führen können. Axelrod (1987) konnte insbesondere zeigen, daß die Anfangsphase von Interaktionen für die Entstehung von Kooperation kritisch ist. Da Individuen dazu neigen, Gleiches mit Gleichem zu vergelten (tit for tat), ist ein kooperatives Startverhalten für die Gesamtentwicklung der Interaktionsbeziehung günstig. Auch wenn der Partner anfangs oder zwischendurch die Kooperation verweigert, kann der Teufelskreis des „tit for tat" durch „verzeihendes Verhalten" durchbrochen werden (vgl. auch B 2.1.4).

*Langfristig angelegte Spielsituationen*

*tit for tat*

Die Diskussion von Kooperationsmechanismen verweist im übrigen auf die Idee eines **Aushandelns** bestimmter Interaktionsverhältnisse, insbesondere solcher Interaktionsbeziehungen, die nicht durch Rollenfestlegung bereits vorprogrammiert sind (vgl. Boudon 1980). Hier bestehen zwei Forschungstraditionen: die empirische **Verhandlungsforschung**, die sehr stark von spieltheoretischen Überlegungen profitiert, zum anderen der **„negotiated order approach"** im Rahmen des symbolischen Interaktionismus (vgl. Krappmann 1971, Strauss 1979), der das Einspielen und Ausbalancieren von Interaktionsverhältnissen betont. Je geringer die Vorstrukturierung der Interaktionssituation ist, desto größer werden die Gestaltungsoptionen (z.B. Ausge-

*Aushandeln bestimmter Interaktionsverhältnisse*

staltung einer Rolle), aber auch die Möglichkeiten, sich in Interaktionsbeziehungen mit Mitteln der Macht durchzusetzen.

## 2.1.4 Interaktion als Interpretation

*Interpretation und Situationsdeutung*

Das interpretative Paradigma geht bekanntlich davon aus, soziales Handeln als ein **von den Individuen konstruiertes Handeln** anzusehen. Handeln vollzieht sich demnach in einem ständigen Interpretationsprozeß, d.h. der Handelnde setzt innerhalb eines bestimmten Rahmens die Objekte seiner Umwelt, das Verhalten seiner Mitmenschen und auch sein eigenes Tun in Bezug zu sich selbst. Auf diese Weise sind Situationen und Handlungen nicht eindeutig durch strukturelle und funktionale Vorgaben festgelegt; sie werden vielmehr entscheidend dadurch bestimmt, was der Handelnde für seine Aktivität und Absicht als relevant ansieht und wie er die Interaktionsbeziehung im einzelnen ausdeutet. Die in der Interaktion mit anderen geschaffene Realität ist dann immer nur vorläufig und wird ständig durch wechselnde Nuancen in der Interpretation modifiziert. In dieser Sicht sind Interaktionsprozesse im Sinne des **symbolischen Interaktionismus** als **Vorgänge des Ausbalancierens** bestimmter Deutungen und Vorstellungen begreifbar zu machen.

*Aufbau von Sozialstruktur*

Wilson und Zimmermann (1980) sowie Wilson (1982) betonen den Doppelcharakter der Objektivität der Sozialstruktur. Einmal existieren Sitten, Normen und Rollen etc. in der Außenwelt von Ego, und zwar unabhängig vom Handeln eines Individuums als Quasi-Objektivität. Andererseits beteiligen sich Ego und Alter (oder verschiedene Alter) am Aufbau der Sozialstruktur durch wechselseitigen Aufbau von Interaktionsnetzen und Interaktionsergebnissen. Dabei ist die Subjektivität der Interpretation von Sozialstruktur zu betonen: Je nach Definition (Kognition) der jeweiligen Handlungssituationen bzw. der jeweiligen Ereignisstruktur können die Interpretationsformen unterschiedlich ausfallen. Dabei sind im Handeln „geteilte" Sinnbezüge zu erkennen: Gewöhnlich erfaßt und teilt ein sozialisiertes Individuum – ein Individuum, das einen kulturspezifischen Sozialisationsprozeß vollzogen hat – diesen Sinn. Der Sinn ist jedoch kontextabhängig: Physisch ununterscheidbare Akte haben u.U. einen verschiedenen, unterscheidbare jedoch den gleichen Sinn.

*Identitätsbildung*

Ein Ergebnis sozialer Interaktion ist die Entwicklung des Selbst. Meine sich im Laufe von Interaktionen entwickelnden vermeintlichen Bilder der Interaktionspartner von „mir selbst" sind die ersten Keime einer eigenen strukturierten Identität, des sog. „Me". Nach Mead ist das „Me" der **Repräsentant von Gesellschaft im Individuum,** während das sog. „I" als weitere Schicht der Identität eine mögliche spontane Reaktion oder aber einen fortlaufenden Aktivitätsstrom der eigenen Handlungsintentionen, bezogen auf die Haltung anderer, darstellt (vgl. 1. Kap. C).

Ohne dieses Modell hier weiter zu verfolgen, läßt sich vermutlich mühelos zeigen, daß die Kernaussage des symbolischen Interaktionismus – nämlich die Subjektivität der Interpretation von Sozialstruktur – auch mit weniger mystischen und weniger phänomenologischen Konstrukten zu erschließen ist. So hat z.B. Lindner (1979) demonstriert, daß die symbolisch-interaktionistische Position, wie sie insbesondere von Herbert Blumer artikuliert wurde, hinter die Möglichkeiten einer kognitiven Psychologie zurückfällt. Deshalb sind wir der Auffassung, daß eine lerntheoretische Begründung elementaren sozialen Verhaltens gegenüber der symbolisch-interaktionistischen Perspektive wesentliche Vorteile verspricht, und daß „Deutungsschemata" und „Interpretationsregeln" der Interakteure genauer spezifiziert werden müßten. Dies könnte eine sozial-kognitive Lerntheorie, ebenso leisten, wie die Schematheorie im Rahmen der sozialen Informationsverarbeitung.

*Interaktionismus und kognitive Psychologie*

In diesem Zusammenhang könnte der symbolische Interaktionismus auch auf Forschungen zurückgreifen, die im Umkreis des **Situationismus** (Mischel, Bowers etc.) entstanden sind. Dort wird die phänomenale Ausdeutung unterschiedlicher Situationstypen (z.B. schwache/starke Situationen, positiv/negativ erlebte Situationen, Situationszusammenhänge usw.) systematisch untersucht. Diese Forschungen knüpfen an das an, was lerntheoretisch mit dem Begriff „diskriminative Stimuli" angedeutet war: die Neigung des Menschen, in verschiedenen Situationsklassen und deren spezifischer Ausdeutung jeweils unterschiedlich zu reagieren.

*Situationismus*

Dieser situative Ansatz ist neuerdings durch das Studium von **sozialen Episoden** (Forgas 1979) erweitert worden. Forgas versteht seinen Ansatz als Brückenschlag zwischen symbolischem Interaktionismus und dem Situationismus moderner Lerntheorien. Es handelt sich darum, in idealtypischer Weise „Episoden" (d.h. längere Verhaltens- oder Interaktionssequenzen) zu studieren, die den Kontext zur Beurteilung jeweiliger Handlungsweisen abgeben. Dadurch werden Handlungen nicht lediglich situativ interpretiert, sondern erhalten einen spezifischen Stellenwert im Rahmen des Gesamtzusammenhanges einer sozialen Episode bzw. eines sozialen Skripts.

*Soziale Episoden*

## 2.1.5 Interaktion als kommunikatives Handeln

Manche Soziologen bevorzugen statt des Begriffes Interaktion den Ausdruck Kommunikation. Dabei wird Kommunikation allerdings in einem weiteren Sinne verstanden als etwa die Begrifflichkeiten der Kommunikationsforschung üblicherweise nahelegen. Kommunikation bezieht sich z.B. bei Habermas vor allem auf den Erwerb symbolischer Kulturelemente sowie den Aufbau normativer Handlungsstrukturen.

Habermas (1981) unterscheidet zwischen sozialen und nicht-sozialen Handlungssituationen. Nicht-soziale Handlungssituationen bedingen **instrumentelles Handeln**; es unterliegt der sogenannten instrumentellen Rationalität. Prototyp dieser Handlungsform ist die **Arbeit**, in der bestimmte Zielsetzungen (z.B. eine Arbeitsaufgabe, ein Plansoll) meist unter zweckrationalem Mitteleinsatz erreicht werden sollen. Demgegenüber ist soziales Handeln – wie bei Max Weber – an anderen Personen (oder Gruppen) orientiertes und auf diese abgestimmtes Verhalten. Soziales Handeln kann nun **strategisch** oder **kommunikativ** sein. Im Falle des strategischen Handelns geht es um Strategien „gegen" Individuen (oder Gruppen), also um ungleiche Kommunikationsverhältnisse – wir würden sagen: asymmetrische Interaktionen –, die auf Macht oder Herrschaft beruhen.

*Handlungssituationen*

159

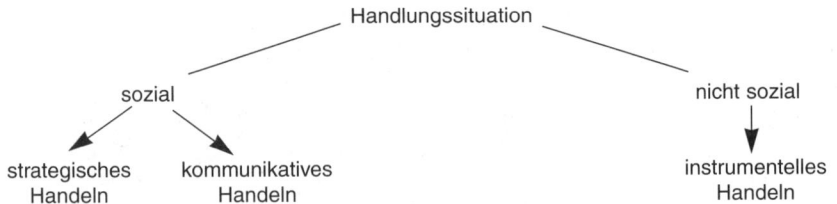

<table>
<tr><td colspan="3" align="center">Handlungssituation</td></tr>
</table>

|  |  |
|---|---|
| sozial | nicht sozial |

| strategisches Handeln | kommunikatives Handeln | instrumentelles Handeln |

*Handeln und Lebenswelt*

Die Kategorie des kommunikativen Handelns ist daher durch Konsens gekennzeichnet; von der Handlungsorientierung her ist sie rein verständigungsorientiert. Der Kontext solcher Verständigungsprozesse ist die **Lebenswelt**. Lebenswelt dient hier in Anlehnung an Husserl und Schütz als Inbegriff der unvermittelt zugänglichen Erfahrungswelt der Beteiligten, die von den Kommunikationspartnern geteilt wird. Die Lebenswelt ist die Welt des Alltäglichen, die Welt des unhinterfragten „common sense": jener Wirklichkeitsbereich, den der wache und „normale" Erwachsene in der Vorstellung des „gesunden Menschenverstandes" als schlechthin gegeben vorfindet (so: Schütz/Luckmann 1979/1984). Die Logik des alltäglichen Handelns stellt nach dieser Sicht eine Art „paramount reality" dar, die alles umspannt und über allen anderen Lebensbereichen steht. Dieser – oft recht enge – Horizont der eigenen Lebenswelt besitzt für das handelnde Individuum **gesteigerte Realität** (Beispiel: der sinnlich erfahrene Bereich meines Arbeitsplatzes, meines Büros, meiner Betriebsstätte, meiner Familie, meines Pflegeheimes usw. besitzt für mich stärkere Realität als alle Dinge, von deren Existenz ich zwar auch weiß, die jedoch über meinen Erfahrungs- und Erlebnishorizont hinausgehen).

*Kontext von Verständigungs-prozessen*

*Kommunikation und Sprache*

Die „geteilte" Lebenswelt – Erfahrungshorizonte, die ich mit anderen teile – bildet dann den „Kontext von Verständigungsprozessen" (Habermas). Damit es im Rahmen der Lebenswelt zur Verständigung kommen kann, bedarf es der gemeinsamen **Sprache:** Kommunikation als sprachvermittelte Interaktion. Damit ist nicht lediglich die Sprachbeherrschung der Interakteure gemeint, sondern neben der reinen Sprachkompetenz auch das Wissen um Bedeutungszusammenhänge und Situationen sowie deren Interpretation. Hier schimmert wieder das Verständnis von Interaktion als Interpretation durch, das auch für den symbolischen Interaktionismus zentral ist. Was Handeln wesentlich konstituiere, folge bestimmten Schemata, Skripts, Deutungen und „frames", nach einem mehr oder weniger komplexen Prozeß der Situationswahrnehmung, Situationsdeutung und Informationsverarbeitung. Der in diesem Zusammenhang in der Theorie kommunikativen Handelns entwickelte Begriff der

*Kommunikative Kompetenz*

„**kommunikativen Kompetenz**" weist dabei in ähnliche Richtungen wie das Konzept „sozialer Fertigkeiten" bei Argyle, allerdings spielen bei Habermas Prozesse der Vermittlung durch das Medium „Sprache" eine zentralere Rolle.

*Diskursive Kommunikation*

In engem Kontext mit der Theorie kommunikativen Handelns wird der Begriff des „**Diskurses**" gesehen, der bereits im methodischen Teil unsere Aufmerksamkeit fand. Der herrschaftsfreie Diskurs birgt die Vorstellung einer von instrumenteller und strategischer Rationalität befreiten Verständigung in sich; in ihm werde die Idee der kommunikativen Rationalität realisiert, worin strittige Geltungsansprüche und die

160

Geltung von Normen dialogisch im Kontext einer gemeinsamen Lebenswelt ausdiskutiert werden können. Hier mündet Habermas' Theorie des sozialen Handelns – wenn sie denn eine ist – gemäß ihrer Bestimmung als „kritische Theorie" in eine normative Analyse ein, die auf recht utopischen Vorstellungen beruht. Denn die empirische Untersuchung von Interaktionen und Gruppenzusammenhängen auf der einen Seite und die soziologischen Befunde zur Erforschung sozialer Ungleichheit andererseits weisen aus, daß die Realisierung des Idealtyps kommunikativer Rationalität einen höchst unwahrscheinlichen Fall darstellt.

## 2.2 Gruppe und Interaktion

### 2.2.1 Verschiedene Gruppenbegriffe

Personen, die häufig miteinander interagieren, bezeichnet man meist als soziale Gruppe. Dennoch ist der Gruppenbegriff nicht einhellig bestimmt. Man mag sich dies *Gruppenbegriff* verdeutlichen, wenn man an folgende Personenkreise denkt: Rentenempfänger, Hausbewohner, Angestellte, Prüfungskandidaten, Fußballvereine, Stammtischrunden, Ehepaare, Parteien usw. Der Gruppenbegriff der Kleingruppenforschung – sei sie soziologisch oder sozialpsychologisch orientiert – ist jedoch viel eingeschränkter, als es in den vorangegangenen „Gruppierungen" zum Ausdruck kommt, in denen vielfach lediglich Personenmehrheiten zusammengefaßt werden, die ein bestimmtes Merkmal oder eine bestimmte Merkmalsausprägung gemeinsam haben: z.B. Angestellter zu sein, Brillenträger zu sein, einer Partei anzugehören usw.

Nach einem Vorschlag von Homans bezeichnet man als Gruppe eine Personenmehrheit, die in einer gewissen Zeitspanne häufig miteinander interagiert und deren Anzahl so gering ist, daß jede Person mit allen anderen „face-to-face" in Verbindung treten kann. Dieser „Minimaldefinition", die im wesentlichen auf die Interaktionshäufigkeit der Mitglieder reflektiert, kann man eine „Maximaldefinition" gegenüberstellen, die bereits bestimmte strukturelle Merkmale ausweist. So hat eine Gruppe (nach Anger 1966) die folgenden Merkmale: *Gruppe als Personenmehrheit*

**(1)** ein gemeinsames Motiv oder Ziel, das in der Regel erst die Gruppe konstituiert;
**(2)** ein mehr oder minder elaboriertes System gemeinsamer Normen zur Regelung der zwischenmenschlichen Beziehungen und der zielgerichteten Aktivitäten, das erst das Funktionieren der Gruppe erklärt;
**(3)** in Verbindung damit ein System mehr oder minder differenzierter Positionen und Rollen;
**(4)** ein mehr oder minder komplexes Geflecht gefühlsmäßiger Wechselbeziehungen zwischen den beteiligten Personen, insbesondere ein Gefühl der Zusammengehörigkeit und der gegenseitigen Verbundenheit.

Im allgemeinen ist eine Minimaldefinition etwa im Sinne von Homans forschungstechnisch günstiger, da durch die Einbeziehung bestimmter Merkmale (z.B. Strukturausprägungen) in die Definition bestimmte Gruppenprozesse (z.B. die Strukturbildung) empirisch nicht mehr untersucht werden können. Dies betrifft insbesondere ad hoc zusammengestellte Gruppen, die noch keine Interaktionsvergangenheit aufweisen (z.B. Laborgruppen, Diskussionsgruppen, neu zusammengestellte Arbeitsteams usw.). Für die Minimaldefinition gilt also, daß sie die Interaktionshäufigkeit als primäres Kriterium anwendet: Normen, Strukturen, Kohäsion usw. sind dann abgeleitete, sekundäre Kriterien (Folgen der Interaktion).

*Gruppe als soziales System*

Eine andere Forschungstradition versucht Gruppen als **soziale Systeme** zu begreifen, eventuell auch als Subsysteme übergreifender Sozialsysteme. Auch Homans spricht vom **internen System** der Gruppe in Abhebung zum **externen System**: den Außenbezügen der Gruppe, insbesondere der Integration in umfassendere soziale Beziehungsnetze. Auf diese Weise läßt sich – entsprechend einem Vorschlag von Neidhardt (1983) – die Gruppe als miniaturisiertes soziales System definieren. Wählt man Interaktionen als Systemelemente, so braucht zwischen beiden Definitionstypen kein Dissens zu bestehen: Gruppen wären dann gekennzeichnet als Interaktionssysteme mit häufigem Austausch.

*Gruppengröße*

Hinsichtlich der im Sinne der Definition erforderlichen Gruppengröße könnten unterschiedliche Meinungen bestehen. Probleme treten dabei sowohl „nach unten" wie „nach oben" auf. Eine Paarbeziehung bezeichnet man im allgemeinen nicht als Gruppe, obgleich die bestehenden Interaktionskonzepte, die ja auch Gruppenprozesse angemessen beschreiben sollen, zunächst an Zweierbeziehungen entwickelt wurden. Auch die Triade ist eine atypische Gruppe, da hier Besonderheiten (etwa im Sinne des „tertius miserabilis") auftreten. Als obere Grenze ist die Überschaubarkeit bzw. die Möglichkeit häufiger face-to-face-Kontakte relevant, aber es gibt nur willkürliche Festlegungen und Grenzziehungen („the groupness of group is a matter of degree").

*Verwandte Begriffe: Menge, Masse, Kategorie, Verband*

Mit dem Gruppenbegriff mehr oder weniger verwandt sind angrenzende oder ähnliche Begriffe wie Menge, Masse, Kategorie, Verbände etc. Die **Menge** kennzeichnet eine Personenmehrheit, die sich zufällig in räumlicher Nähe befindet (z.B. ein disperses Publikum). Als **Masse** wird eine emotionalisierte Menge angesehen (z.B. ein aufgepeitschtes Fußballpublikum), das im Zuge von Ansteckwirkungen zu kollektiven Aktionen neigt (vgl. zur Theorie des Kollektivverhaltens: Smelser 1963). Als **Kategorie** bezeichnet man die Träger einer Merkmalsklasse (Rentenempfänger, Kriegsopfer, Ruheständler, Aktienbesitzer, Rothaarige). Ein **Verband** ist ein organisierter Interessenzusammenschluß, der freilich die Gestalt einer überschaubaren Gruppe annehmen kann (im allgemeinen sind Verbände jedoch größere Sozialeinheiten, und die Verbandsmitglieder kommen nur gelegentlich zusammen, um ihre Interessen einzubringen und Beiträge an die Organisation zu leisten).

*Reifikation der Gruppe*

Ein besonderes Problem der Erforschung sozialer Gruppenzusammenhänge ist die Neigung zur **Reifikation der Gruppe.** Dies betrifft den alten Streit zwischen kollektivistischer und individualistischer Auffassung: ob nämlich die Gruppe eine „Wesenheit" sui generis sei, ob z.B. sinnvoll von einem Gruppenhandeln, von einem Gruppengeist oder von Gruppenzielen die Rede sein kann. Natürlich verbergen sich hinter solchen Holismen (der Staat, der Verband, die Gruppe, die Organisation) sprachliche Kürzel, die individualistisch auflösbar sind. Auch die Gruppe existiert lediglich in ihren Mitgliedern; allerdings bestehen zwischen diesen Individuen jeweils bestimmte Relationen. Die vereinfachte Sprechweise – etwa von Gruppenzielen – besagt dann nichts anderes als die Tatsache, daß einige Mitglieder dieser Gruppe (z.B. die mächtigeren Mitglieder) bestimmte Ziele formulieren, vorgeben und verkünden und daß andere Mitglieder damit (mehr oder weniger) einverstanden sind und diese Ziele (mehr oder weniger) gleichfalls verfolgen.

## 2.2.2 Formen der Gruppe

Es gibt zahlreiche Unterscheidungen im Hinblick auf verschiedene Gruppenformen, von denen wir die wichtigsten herausgreifen. Eine erste betrifft den Unterschied zwischen **Kleingruppe** und **Großgruppe** (Bales), wobei mit wachsender Größe bestimmte „Qualitätssprünge" auftreten. Die Kleingruppenforschung befaßt sich bewußt eher mit überschaubaren Einheiten, so daß größere Gebilde und Sozialsysteme hier außer Betracht bleiben.

*Kleingruppe, Großgruppe*

Eine zweite Unterscheidung ist die in **Primärgruppe** und **Sekundärgruppe** (Cooley), wobei Primärgruppen eine besondere Bedeutung im Sozialisationsprozeß zukommt (z.B. der Familie). Der Ausdruck Sekundärgruppe ist hierbei nicht sonderlich präzise; er hat auch bei Cooley eher die Bedeutung einer residualen Kategorie. Eine weitere Unterscheidung besteht zwischen **Gemeinschaft** und **Gesellschaft** (Tönnies), wobei „Gemeinschaft" am ehesten auf Gruppenbeziehungen anwendbar, möglicherweise aber bis zum Begriff der „Nation" ausweitbar ist. Entscheidend ist hier das „Wir-Gefühl" der Beteiligten.

*Primär- und Sekundärgruppe*

*Gemeinschaft und Gesellschaft*

Wichtiger noch ist die Unterscheidung zwischen **Eigengruppe** und **Fremdgruppe** (Sumner). „Ingroup" ist jene Gruppe, der man selber angehört („wir"), „outgroup": das sind die anderen („ihr"). Solche Abhebungseffekte führen u.U. zum Aufbau von Feindbildern und zum Intergruppen-Konflikt; sie sind – auf nationaler Ebene etwa – auch Ausdruck ethnozentrischer Einstellungen, die die Bedeutung der eigenen Gruppe, Nation oder Kultur überschätzen. Wir werden diesem Sachverhalt später wieder begegnen, wenn wir das Verhältnis zwischen verschiedenen Kulturen erörtern.

*Eigengruppe, Fremdgruppe*

Bedeutsam ist auch die Unterscheidung in **instrumentelle** (aufgabenorientierte) und **sozio-emotionale Gruppen** (Bales) (ähnlich sozio-groups und psyche-groups in der Terminologie von Jennings). Eng damit verwandt ist die Abhebung **formeller** von **informellen Gruppen** (Roethlisberger), wobei erstere einem bestimmten Organisationsplan entsprechen (z.B. bestimmte Arbeitsgruppen), letztere sich informell (oft als Gegenreaktion) ausbilden und mehr oder weniger vom Plankonstrukt abweichen.

*Instrumentelle Gruppe*

*Informelle Gruppe*

Eine Unterscheidung, die insbesondere vom Methodischen her bedeutsam ist, ist die Trennung zwischen **artifiziellen Gruppen** (z.B. Laborgruppen) und sog. **echten Gruppen**. Ad hoc zusammengestellte Diskussionsgruppen oder studentische Experimentalgruppen sind typische Beispiele für künstliche Gruppen, bei denen ein inter-

*Echte und künstliche Gruppe*

aktiver Zusammenhang erst hergestellt werden muß und meist auch nur kurze Zeit aufrechterhalten bleibt. Hierbei taucht dann immer wieder die Frage auf, ob und inwieweit die Aussagen, die durch Prozesse in Laborgruppen ermöglicht werden, auf faktische und konkrete Gruppen im Alltag (z.B. Familien, Arbeitsgruppen, Spielgruppen usw.) übertragen und generalisiert werden dürfen. Darüber besteht in der Soziologie ein langer Streit. Sorokin hat – in überzogener Kritik – die Vermutung geäußert, daß sich die Kleingruppenforschung ihren Gegenstand selbst schaffe: Ihre Ergebnisse wären nur Artefakte.

Die Einschätzung von Ergebnissen (z.B. Leistung, Einkommen) oder die Erzeugung von Zufriedenheit/Unzufriedenheit oder die Vorstellung gerechter Verteilung bedarf einer Vergleichsplattform. Mit solchen Validierungsprozessen beschäftigt sich die **Bezugsgruppentheorie** (Merton/Rossi 1968; Hyman/Singer 1968) sowie die Theorie sozialer Vergleichsprozesse (vgl. Suls/Wills 1991).

*Funktionen der Bezugsgruppe*

Bezugsgruppen sind Eigen- und Fremdgruppen, zu denen eine emotionale und/oder kognitive Beziehung besteht. Diese Beziehung ist verhaltensrelevant, d.h. sie bestimmt das individuelle Handeln der Betroffenen. Die Verhaltensrelevanz wird (nach Kelley) durch zwei Funktionen der Bezugsgruppe verursacht:

- durch die **normative** Funktion (Ausrichtung an den Regeln der Bezugsgruppe);
- durch die **komparative** Funktion (Vergleich und Validierung kognitiver und emotiver Inhalte).

*Positive und negative Bezugsgruppe*

Newcomb unterscheidet **positive** von **negativen Bezugsgruppen**. Positive Bezugsgruppen sind solche, denen man angehören möchte (z.B. ein Freundeskreis, ein Verein, der Jet-Set usw.) Das Individuum unternimmt Anstrengungen, um die Zugehörigkeit zu erreichen oder zu demonstrieren (z.B. mit besonderen Konformitätsleistungen: genaue Befolgung der Gruppennormen). Negative Bezugsgruppen sind solche, denen man in keiner Weise angehören möchte, von denen man sich vielmehr abzuheben trachtet. Das Individuum unternimmt Anstrengungen, ein Verhalten an den Tag zu legen, das als Demonstration der Abhebung fungiert.

*Ursachen für den „Bezug"*

Der positive „Bezug" erfolgt aufgrund der **Ähnlichkeit** und/oder **Attraktivität**. Ähnlichkeit kann bedeuten: Gleichklang der Einstellungen und Überzeugungen, ähnliche Mittel (z.B. Reichtum), ähnliche Vorstellungen über Normen, ähnliche Problemsituation usw. Attraktivität kann bedeuten: Die Gruppe bzw. einige Mitglieder dieser Gruppe verfügen über Belohnungsquellen (z.B. Geld, Einfluß, Lösungsmöglichkeiten, Gruppenschutz usw.). Der Streit darüber, ob Ähnlichkeit oder Attraktivität die wichtigste Variable des „Bezugs" darstellt oder ob beide zusammenwirken, wird von einigen Soziologen in der Weise beantwortet, daß der Bezugsgruppe primär die Funktion zugeschrieben wird, Strukturierungshilfen zur Wahrnehmung der eigenen Umwelt bereitzustellen (Shibutani 1955). Dann wäre Ähnlichkeit wahrscheinlich die kausale Variable für Attraktivität: Ähnlichkeit als Quelle der Verstärkung, Attraktivität hingegen lediglich als abgeleitete Variable, die als Resultat der Befriedigung eines Validierungsbedürfnisses (Bedürfnis nach Selbsteinschätzung) auftritt.

164

Bei einem Auseinanderfallen von Mitgliedschaftsgruppe und Bezugsgruppe und gleichzeitiger Inkompatibilität der Normen und Einstellungen, werden sich die Normen der Bezugsgruppe eher auf der Einstellungsebene, die der Mitgliedschaftsgruppe eher im Handeln niederschlagen. Dies ist deshalb einleuchtend, weil die Mitgliedschaftsgruppe in direkter Weise in der Lage ist, Sanktionen auszuüben und damit Konformität herzustellen. Für die komparative Funktion gilt, daß Vergleiche zwischen ähnlichen Personen (z.B. gleiche Einkommensklasse, ähnliche Berufsstellung) normalerweise Dissonanzen verhindern. Beim Aufwärtsvergleich (insbesondere mit Aspirationsgruppen) kann jedoch das **Gefühl relativer Deprivation** entstehen (vgl. *relative* 2. Kap. B 4.1.2). Runciman (1966) zeigte in empirischen Studien, daß Arbeiter meist *Deprivation* andere Arbeiter als Bezugsgruppen wählen und sich daher kaum depriviert fühlen. Trotz finanzieller Besserstellung fühlten sich Angehörige der Mittelschicht stärker depriviert, weil hier häufiger Vergleiche nach oben möglich waren. Ständige dissonante Vergleiche führen zu Streß und wirken selbstwertbedrohlich (vgl. Suls/Wills 1991).

## 2.2.3 Sozialstruktur von Gruppen

Wenn Personen häufig miteinander interagieren, entsteht eine **Tendenz der Strukturierung** dieser Sozialbeziehungen. Diese Strukturierungsvorgänge werden hier als sekundäre Merkmale, als Folge der Interaktionshäufigkeit von Personen angesehen. Gelegentlich werden diese Strukturen verfestigt und institutionalisiert (z.B. als Satzung, als Organisationsplan) bis hin zur völligen Formalisierung der Beziehungen. Wir betrachten in folgendem einige der wichtigsten internen Strukturdimensionen. *Strukturierung*

Zunächst die **Normstruktur**. Wenn Menschen häufig miteinander interagieren und *Normstruktur* wenn gemeinsame Zielvorstellungen bestehen, dann bilden sich besondere Regeln des Zusammenlebens und Zusammenwirkens heraus. Diese Normen sind z.T. das Abbild gesamtgesellschaftlicher Normen, jedoch werden sie meist spezifiziert und modifiziert, gelegentlich gar umgekehrt (z.B. im Falle abweichender Gruppen). Die Normstruktur einer Gruppe kann mehr oder weniger rigide sein. Im allgemeinen gilt, daß die Gruppennormen besonders rigide und konturiert in Erscheinung treten, wenn *Gruppen-* die Gruppe klein, überschaubar und damit auch kontrollierbar ist und wenn die Kohä- *kohäsion* sion (der innere Zusammenhalt, die Integration der Mitglieder) hoch ist. Je höher also die Kohäsion einer Gruppe ist und je wichtiger sich die Zielerreichung für die Mitglieder darstellt, desto rigidere Normen bilden sich heraus und desto intoleranter wird man gegenüber dem Abweichler sein. Kohäsion und Rigidität werden weiter zunehmen, wenn Fremdgruppen präsent sind, von denen man sich abheben möchte oder die den Zugang zu gleichen Ressourcen fordern (Sherif 1966). Für die Außenbeziehungen hat dies eine Abschottungstendenz zur Folge, die ihrerseits zur Desintegration der Gruppe in externen Sozialbeziehungen beitragen kann. Die Förderung des Zusammenhalts nach innen untergräbt demnach tendenziell die Integration nach außen.

Eng verwandt mit der Normstruktur ist die **Rollenstruktur** der Gruppe. Diese ent- *Rollenstruktur* steht besonders schnell bei aufgabenorientierten Gruppen, in denen jedes Mitglied mit bestimmten Funktionen betraut wird (Aufgaben- und Funktionsteilung). Dabei kommt es auch zur Ausdifferenzierung von Führungsrollen (vgl. Abschnitt 3). Die Rollenstruktur kann auch als **Statusstruktur** in Erscheinung treten, wenn nämlich bestimmte Rollen der Bewertung unterliegen und unterschiedliches Prestige abwerfen. Liegt das Schwergewicht der Betrachtung auf der Verteilung von Ressourcen, dann ist die **Machtstruktur** (oder die Hierarchie) einer Gruppe angesprochen. Machtstrukturen können explizit geregelt sein – im Falle institutionalisierter oder gesatzter Machtbefugnisse – und unterliegen unterschiedlichen Legitimitätsansprüchen. Legitimität kann erreicht werden durch bestimmte Verfahren (etwa durch Abstimmungsprozesse) oder durch allgemeine Akzeptanz der Beteiligten. Allerdings mischen sich hier oftmals formelle und informelle Machtpositionen und unterschiedliche Grade und Formen von Legitimität. Die Herausbildung bestimmter „Hackordnungen" auch in Gruppen an sich gleichberechtigter Interaktionspartner spricht hier eine deutliche Sprache.

*Statusstruktur*

*Machtstruktur*

Die hier diskutierte funktionale Differenzierung berührt sich mit Aspekten der **Führungsstruktur**. Mit Rückgriff auf Lewin wird üblicherweise unterschieden zwischen zwei Grundfunktionen der Führung in Gruppen: der **Lokomotionsfunktion** (Zielorientierung, Aufgabenorientiertheit) und der **Kohäsionsfunktion** (Beziehungsorientierung, Erhaltung des Gruppenklimas). Entsprechend fand Bales in seinen klassischen Studien zur Genese von Führungsrollen in ad hoc zusammengestellten aufgabenorientierten Diskussionsgruppen, daß sich neben dem instrumentellen Führer, der am meisten zur Aufgabenbewältigung beitrug, auch ein sozio-emotionaler Führer herauskristallisierte, der sich im wesentlichen um den Gruppenzusammenhalt kümmerte. In der empirischen Führungsforschung sind diese beiden Grundfunktionen von Führung vor allem im Rahmen der Analyse von **Führungsstilen** weiterverfolgt und auf das Führungsverhalten in Organisationen übertragen worden. Allerdings sind in komplexeren und strukturierteren Organisationen andere Randbedingungen gegeben als in der Kleingruppe, weshalb sich die Ergebnisse der experimentellen Kleingruppenforschung nur bedingt auf diesen Bereich übertragen lassen (vgl. Wiendieck/Wiswede 1991; Fischer/Wiswede 1997).

*Führungs-funktionen*

*Führungsstile*

Eine andere Strukturdimension ist die **Kommunikationsstruktur** einer Gruppe. Sie betrifft die Existenz formeller und informeller Kommunikationskanäle, Probleme des Kommunikationsflusses sowie Fragen der Zentralität/Dezentralität von Kommunikationsstrukturen. Dezentralisierte Kommunikationsformen fördern die Interaktionshäufigkeit aller Mitglieder untereinander; die Möglichkeiten aktiver und passiver Kommunikation werden größer. Dadurch wächst auch die Zufriedenheit der Mitglieder und das mögliche Ausmaß der Gruppensolidarität. Zentral-Instanzen stehen sehr schnell unter dem **Druck der Überlastung**, insbesondere dann, wenn die Aufgabenstellungen differenzierter und komplexer werden und wenn die Gruppengröße ansteigt. Sieht man die Gruppe als soziales System, so könnten hier interessante Parallelen auch zur Systemtheorie hergestellt werden: Auch dort zeigt sich, daß dezentralisierte, heterarchische Strukturen eher geeignet sind, Prozesse der Selbstregulierung einzuleiten. Wir werden auf diese Mechanismen später noch näher einzugehen haben. Auch ist diese Frage von besonderer Relevanz für die Ausweitung der Grup-

*Kommunika-tionsstruktur*

penperspektive bei Betrachtung komplexer Organisationen, in denen Fragen der Kommunikationsstruktur und des Kommunikationsverhaltens Voraussetzungen des Leistungserfolgs werden.

Die innere Struktur ist nicht ohne Rückwirkung auf die **externe Integration** der Gruppe in übergreifende Systeme. So sagten wir schon, daß das Ausmaß der Strukturierung und Kohäsion im Binnenbereich häufig zu Lasten der Einfügung in externe Beziehungsnetze erfolgt. Dieser Umstand ist dann besonders problematisch, wenn hochkohäsive Arbeitsgruppen (oder Abteilungen) Abschottungstendenzen (im Sinne einer Suche nach „sozialer Identität") entwickeln und sich damit z.B. im Gesamtverband eines Unternehmens desintegrieren.

*Externe Integration*

Von hier aus werden Verbindungslinien zwischen Mikro- und Makro-Analyse sichtbar. Ein möglicher Zugang zu dieser Problematik ist **systemtheoretischer** Natur: als Einordnung des Teils in das Ganze mit Blick auf die funktionale Leistung der Einheit für das System. Einen zweiten möglichen Zusammenhang bietet die **Netzwerkanalyse**: Hier gilt das Erkenntnisinteresse vorwiegend den nicht-institutionalisierten Sozialbeziehungen, um komplexere soziale Gefüge unterhalb der Ebene der normativen Regulierung abzubilden. Der Gedanke informeller Beziehungen – in der Kleingruppenforschung seit langem präsent – wird daher gewissermaßen nach außen verlagert (vgl. Burt 1980; Pappi 1987; Schenk 1980). Damit erfolgt auch eine Abkehr von der Vorstellung, daß vor allem (lokale und homogene) Primärgruppen für die Kommunikationswirkung wichtig sind. Die sozialen Einheiten können dabei nicht nur Personen sein, sondern auch Gruppen, Organisationen oder ganze Gesellschaften. In gleicher Weise kann die Art der Beziehung variieren: von der Sympathie-Ebene über ethnische Verwandtschaft, von Kapitalverflechtungen hin bis zu Handelsbeziehungen. Die Netzwerkanalyse bietet – gewissermaßen als Verlängerung der soziometrischen Methode – ein methodisch-formales Instrumentarium zur Entwicklung empirisch gehaltvoller Strukturtheorien.

*Netzwerk-Analyse*

Ein prominentes Beispiel ist die **Theorie „schwacher Verbindungen"** von Granovetter (1974, 1983). Granovetter unterscheidet zwischen

- **starken** Beziehungen transitiver Natur, vor allem innerhalb dichter und kohäsiver Primärstrukturen;
- **schwachen** Beziehungen nicht-transitiver Art, die nur gelegentlich aktiviert werden und meist im Austausch mit anderen Systemen bzw. Gruppen erfolgen.

*Starke und schwache Verbindungen*

Betrachtet man die Verbindung zwischen zwei Gruppen, so ist oft festzustellen, daß die Akteure „schwacher Beziehungen" nicht identisch sind mit den Zentralpersonen bzw. Meinungsführern des internen Systems. Externe Beziehungen werden vielmehr oftmals über „marginals" aufrechterhalten. Ihre Relevanz gewinnen solche schwachen Verbindungen nur in besonderen Situationen (z.B. dringender Informationsbedarf: Wie weit ist die Konkurrenz mit der Entwicklung von X? Erhöht die Konkurrenz die Preise?). Sie werden daher nur bei Vorliegen bestimmter situativer Bedingungen aktiviert. Die Theorie schwacher Verbindungen handelt demnach von Sach-

167

*„Beziehungen"* verhalten, die in jener besonderen Sinngebung als „Beziehungen" (im Jargon: „Vitamin B") bezeichnet werden, von denen man schon seit langem weiß, daß sie in sozialen Beziehungsnetzen höchst relevant sind, während sie in der soziologisch-institutionellen Analyse gewöhnlich zu kurz kommen.

*Eine Theorie schwacher Verbindungen* Man kann die Bedeutung schwacher Verbindungen an vielen Beispielen demonstrieren: Granovetter formuliert eine Theorie (1974), die Hinweise auf die Relevanz solcher Beziehungen für die Suche nach einem Arbeitsplatz gibt:

---

**(1)** Kontakte führen sowohl für Arbeitgeber wie auch für Arbeitnehmer zu geringeren Suchkosten bei der Erlangung von Arbeitsplätzen.
**(2)** Kontakte führen zu einer beruflich besseren Plazierung und Statuszuweisung.
**(3)** Schwache Kontakte führen zu einer besseren Plazierung als starke Kontakte.
**(4)** Arbeitskräfte finden eher neue Arbeitsstellen über schwache Kontakte als Berufsanfänger. Ferner erweitert sich das Reservoir an schwachen Kontakten mit zunehmender Verweildauer im Erwerbsleben.
**(5)** Je höher der Status und die Qualifikation einer Position sind, desto eher finden Arbeitskräfte neue Stellen über Kontakte, wobei in statushöheren Positionen schwache Kontakte eher zum Zuge kommen.

---

**Übersicht 26:** Zur Theorie schwacher Verbindungen (Granovetter 1974)

*Brückenfunktion schwacher Kontakte* Die zentrale Aussage (3) kann im wesentlichen damit erklärt werden, daß schwache Kontakte eher horizontale und vertikale Distanzen überbrücken können und auf formelle Kanäle nicht angewiesen sind. Die meisten diesbezüglichen empirischen Untersuchungen scheinen Granovetters Thesen zu bestätigen.

## 2.2.4 Integration und Konflikt in Gruppen

*Externe Integration* Zunächst sind Fragen der **externen** von Problemen der **internen Integration** zu unterscheiden. Im Außenverhältnis geht es um die Einbettung der Gruppe in umfassende Systeme oder aber um die Beziehungen zu anderen Gruppen. Dabei kann es sich einmal um **strukturelle Integration** handeln (strukturelle Angleichung der Teilsysteme), zum anderen um **normative Integration** (Konvergenz der Zielsetzungen und gemeinsame Überzeugungen im Hinblick auf die Geltung von Verhaltensnormen).

Neben dieser Problematik der Integration in umfassendere Sozialbeziehungen – in das „externe System" im Sinne von Homans – steht die Einfügung der Mitglieder im Binnensystem der Gruppe zur Debatte. Auch hier ließe sich wieder zwischen struktureller und normativer Integration unterscheiden, allerdings ist zusätzlich der Grad gemeinsamer Interaktion (und Kommunikation) von Bedeutung. Betrachtet man die Integration der Mitglieder untereinander, so wird dieser Sachverhalt meist mit Begrifflichkeiten wie „Atmosphäre", „Klima", „Kohäsion", „Affektstruktur", „Konsens" usw. abgedeckt.

*Interne Integration*

Sieht man die vorliegende Problematik eher unter dem Gesichtspunkt des einzelnen Individuums, das faktisch mehr oder weniger stark in die Gruppe integriert ist (oder integriert sein möchte), so gilt nach Golembiewski (1965), daß die Integration des einzelnen in die Gruppe um so höher ist,

*Faktoren der Integration*

- je mehr P in das Handeln, in Bewertungsprozesse und die Affektstruktur der Gruppe einbezogen ist (oder einbezogen sein möchte);
- je mehr P mit Normen, Zielen, Mitteln der übrigen Mitglieder übereinstimmt (oder übereinstimmen möchte);
- je mehr P an den Belohnungsquellen interessiert ist, die die Gruppe bereitstellen kann.

Diese Hypothesen erinnern an Vorstellungen, wie sie im Rahmen der Bezugsgruppentheorie formuliert worden sind. Insbesondere ging es dabei um tatsächliche, vermeintliche oder angestrebte Ähnlichkeit (z.B. mit bestimmten Wertvorstellungen oder Normen) sowie um die faktische oder vermeintliche Attraktivität dieser Gruppe. Der an sich zunächst nicht verständliche Passus „ähnliche Mittel" impliziert, daß Ungleichheit der Mittel (z.B. unterschiedliches Einkommen) dissonante Vergleiche (Patchen) hervorrufen und damit einen möglichen Konfliktstoff abgeben kann. Das Interesse an den Belohnungsquellen (im letzten Teil der Hypothese) reflektiert darauf, daß die Gruppe über Gratifikationsmöglichkeiten verfügt, hinsichtlich derer das betreffende Individuum depriviert ist. Dabei sind wiederum jene Gründe angesprochen, die generell als Motive zur Interaktion diskutiert werden: Bedürfnis nach sozialem Vergleich, Sicherheit und Schutzbedürfnis, Instrumentalität der Gruppe im Hinblick auf eigene Verhaltensziele usw. (vgl. Kap. 2.1.1).

Die möglichen Gründe für interne Konflikte sind vielfältig. Ein grobes Raster ist die Unterscheidung von **strukturinduzierten** und **verhaltensinduzierten Konflikten**. Strukturinduziert sind Konflikte, wenn bestehende Sozialstrukturen (z.B. Ressourcenverteilung, Machtstrukturen, Kommunikationsstrukturen) den Keim zum Konflikt in sich tragen. So sind z.B. steile Hierarchien bzw. zu hohe Machtdistanzen oftmals die Ursache für latente oder manifeste Konflikte. Nicht von ungefähr bestehen zwischen der Macht- und der Konfliktproblematik häufig sehr enge Verbindungen.

*Struktur-induzierte Konflikte*

Insbesondere im Rahmen der Organisationssoziologie sind solche strukturbedingten Konflikte Gegenstand des Interesses; die praktische Organisationsforschung versucht Strategien des Konfliktmanagement zu formulieren, die darauf angelegt sind, Spannungslinien von vornherein zu vermeiden oder bestehende Konflikte einer (möglichst produktiven) Lösung zuzuführen. Zentrale Lösungsmuster werden vor allem im Abbau von Hierarchien gesehen sowie in verstärkter Einbeziehung partizipativer Elemente und dezentralisierter Strukturen (vgl. unsere Ausführungen im dritten Kapitel).

*Konflikt-management*

Verhaltensinduzierte Konflikte sind gleichfalls vielfältig denkbar. Sie resultieren häufig aus Führungsfehlern (z.B. zu rigide oder zu lasche Führung, situationsunangemessener Führungsstil usw.), aus übersteigertem Wettbewerbsverhalten (das z.T. der Solidarisierung und Kooperation abträglich ist), aus unterschiedlichen Zielvorstellungen, aus Gefühlen ungerechter Behandlung oder einfach aus bestimmten Persön-

*Verhaltens-induzierte Konflikte*

lichkeitsdispositionen, die ein Konfliktklima begünstigen. Dazu gehören auch alle Verhaltensweisen, die eigene Vorteile zu Lasten anderer Gruppenmitglieder anstreben sowie alle Handlungen, die illegitime Mittel zur Zielerreichung (z.B. Intrigenspiel, Denunzieren) einsetzen.

## 2.2.5 Konflikte zwischen Gruppen

*Konflikt und Interessen-gegensatz*

Konflikte zwischen und innerhalb von Gruppen sind oft das Ergebnis mangelnder Integration; umgekehrt tragen Konflikte wiederum den Keim der Desintegration in sich. Das bereits erwähnte Experiment von Sherif (1966) hat deutlich gemacht, daß Konflikte zwischen Gruppen besonders dann entstehen, wenn ein Wettbewerb um knappe Ressourcen einsetzt. Wachsende Kohäsion nach innen geht dann mit einer zunehmenden Feindbildperspektive einher: Das Splitting in „Wir" und „Ihr" führt zur Polarisierung und u.U. zu autistischer Feindseligkeit. Das Experiment von Sherif zeigte jedoch auch, daß bei Vorgabe einer gemeinsamen Zielsetzung unter dem Eindruck dieser Zielinduktion das Wettbewerbsklima zwischen den Gruppen abgebaut werden kann und übergeordneten Interessen Vorrang eingeräumt wird.

*Eine Theorie sozialer Identität*

Während die Untersuchungen von Sherif nahelegen, daß Interessengegensätze die Hauptquelle sozialer Konflikte zwischen Gruppen sind, versucht eine neuere Konzeption, nämlich die **Theorie sozialer Identität** (Tajfel 1975, Tajfel/Turner 1980) den Nachweis, daß allein das Vorhandensein weitgehend beliebiger Abhebungskriterien (Distinktheit) genügt, um diskriminierende und vorurteilshafte stereotypabwertende und autistisch-feindselige Haltungen gegenüber Fremdgruppen zu entwickeln.

Die wesentlichen Aussagen der Theorie lauten:

---

**(1)** Soziale Kategorisierung ist eine hinreichende Bedingung für soziale Diskriminierung.
**(2)** Es besteht ein Motiv nach sozialer Identität, die über Vergleichsprozesse die Erfahrung positiver Eigenart vermittelt.
**(3)** Dieses Motiv stimuliert bestimmte Strategien der Distinktheit (sozialer Wettbewerb in bezug auf selbstgewählte Vergleichsdimensionen, Neudefinition von Vergleichssituationen usw.).
**(4)** Der soziale Vergleich wirkt innerhalb der Gruppe konformitätserhöhend; Intergruppen-Vergleiche sind dagegen auf Abwertung und Abhebung gerichtet.
**(5)** Im Ausmaß der Distinktheit wächst das Gefühl positiver Eigenart und negativer Fremdart (Diskriminierung).

---

**Übersicht 27:** Zur Theorie sozialer Identität (Tajfel/Turner 1980)

*Reichweite der Theorie*

Da die Theorie der sozialen Identität nicht nur auf Gruppen im engeren Sinne zugeschnitten ist, sondern auch auf sogenannte Merkmalsgruppen (Kategorien, Quasi-Gruppen), kann ihr Relevanzbereich ausgedehnt werden: z.B. auf Konflikte zwischen Arbeitgeber und Arbeitnehmern, Kaufleuten und Ingenieuren, Akademikern und Nicht-Akademikern, Frauen und Männern, Älteren und Jüngeren, Neureichen und

170

Altreichen, Konflikte zwischen verschiedenen Parteien, Ethnien, Interessengruppen, Religionsgemeinschaften usw. Dies macht die Theorie soziologisch außerordentlich interessant; ihr Anwendungsbereich ist vielfältig und reicht von Distinktionsproblemen im Organisationsbereich bis hin zu Abhebungstendenzen der feinen Unterschiede bei Fragen des Lebensstils, des Konsums und der Mode.

Die Theorie erklärt zugleich gewisse Polarisierungstendenzen, indem Unterschiede in der Eigengruppe unterschätzt (Assimilations-Effekt), die Unterschiede zu Fremdgruppen dagegen überschätzt werden (Kontrast-Effekt). Man spricht auch von **sozialer Akzentuierung** (vgl. Abb. 14). Sie erklärt zugleich die Tatsache, warum ethnische Minderheiten (z.B. Türken in Deutschland) nach einer vorübergehenden Phase bemühter Konformität verstärkt die Suche nach eigener Identität betreiben und sich hierbei auf autochthone Werte zurückbesinnen. Die Tendenz zur Wahrung der eigenen Identität kann auch auf nationaler Ebene beobachtet werden (Beispiel: Verlust der Identität der DDR).

Die Theorie sozialer Identität hat auch die Analyse **sozialer Vorurteile** befruchtet (Tajfel 1985); sie geht damit eine Allianz mit der Theorie stereotyper Systeme ein und verbindet kognitive Konzepte mit Aspekten des Intergruppen-Konflikts.

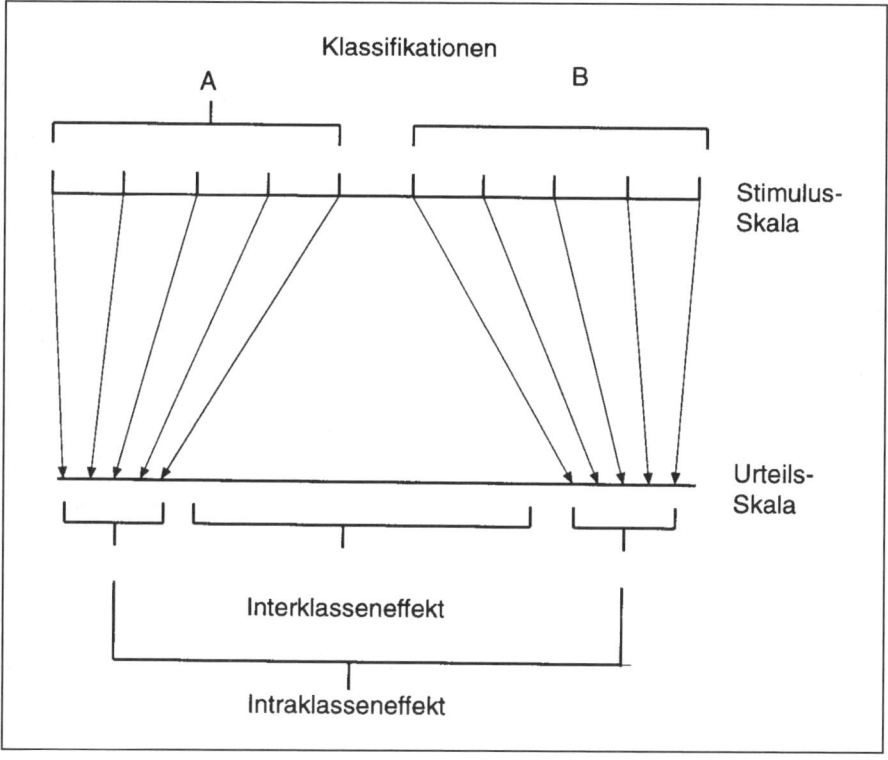

**Abb. 14:** Soziale Akzentuierung (nach Lilli 1982)

„Falsche" Zuschreibungsprozesse (z.B. die Ethnisierung sozialer Konflikte) verschärfen die soziale Akzentuierung, zumal wenn eigene Interessen auf dem Spiele stehen (z.B. in Form der „Sündenbockfunktion": an der Massenarbeitslosigkeit sind nur die vielen Ausländer schuld!).

## 2.3 Konformität unter Gruppendruck

## 2.3.1 Modelle der Konformität

*Experimentelle Konformitäts-forschung*

Während Soziologen sich in starkem Maße auf das Studium abweichender Verhaltensweisen konzentriert haben, ist die wissenschaftliche Diskussion der Konformitätsforschung zumindest im empirischen Bereich vorwiegend im Rahmen der experimentellen Sozialpsychologie erfolgt. Das Grundschema der dabei angewandten Versuchsanordnungen (vgl. etwa Sherif 1936; Asch 1951; Crutchfield 1955) läßt sich so beschreiben: Der Versuchsleiter ermittelt die Präferenzen und Überzeugungen der Versuchsperson und konfrontiert diese dann mit der angeblichen Meinung einer Gruppe oder Person, die von der ursprünglich geäußerten Ansicht erheblich abweicht. Diese Ansicht ist gewöhnlich verfälscht oder suggeriert ein extremes Urteil; jedoch ist sich die Versuchsperson dessen nicht bewußt. Wenn nun ein Individuum ein bestimmtes Verhalten oder eine Einstellung unter dem Einfluß des Druckes von Personen oder Gruppen verändert – und zwar in die Richtung des von der jeweiligen Person oder der Personengruppe gewünschten Verhaltens – dann spricht man im **Ausmaß der Diskrepanzänderung** von einem **Konformitätseffekt** durch die Gruppe.

*Konformitäts-effekt*

In vielen soziologischen Untersuchungen wird dem Begriff der Konformität von vornherein eine konnotative Komponente dahingehend zugeschrieben, daß in ihm vorwiegend eine gesellschaftlich negativ zu beurteilende Erscheinung gesehen wird, die es emanzipatorisch zu überwinden gelte. Diese Gefahr ist auch dadurch nicht restlos zu beseitigen, daß inzwischen mehrdimensionale Modelle des konformen Verhaltens existieren. Dies wird schon sichtbar, wenn man die möglichen **Gegenbegriffe** zu „Konformität" analysiert (vgl. hierzu und zu folgendem: Wiswede 1976; 1979, 326–332).

| Konformität | Nonkonformität (= Unabhängigkeit) |
|---|---|
| Nachahmung | Selbständigkeit |
| Anpassung | Entfaltung |
| Uniformierung | Variabilität |
| Fremdsteuerung | Eigengestaltung |
| Abhängigkeit | Freiheit |

Umgekehrt ergibt sich das konnotative Umfeld von Konformität bei positiver Bewertung:

172

| Konformität | Nonkonformität |
|---|---|
| | (= Abweichung) |
| Vertrauen | Mißtrauen |
| Verläßlichkeit | Unsicherheit |
| Voraussagbarkeit | Ungewißheit |
| Funktionieren | Störung |
| Ordnung | Chaos |

Die Gefahr der wertenden Betrachtung wird insbesondere durch soziologisch-kulturkritische Untersuchungen zur Konformismusproblematik (vgl. Lipp 1975) gefördert, wobei man sich in bewußter Gegenposition zur systemorientierten Analyse (z.B. Parsons 1968) befindet, welche Konformität als höchst wünschbares Ergebnis der Anpassung betrachtet und jede Abweichung vom Konformitätszentrum als Störung interpretiert.

*Konformität und Konformismus*

Konformität ist in der Tat eine Grundlage für stabile Sozialbeziehungen und stellt daher einen **integrativen Mechanismus** eines jeden Sozialsystems dar. „Wenn Menschen sich normgerecht verhalten, dann können sie das Handeln ihrer ebenfalls normkonformen Mitmenschen bis zu einem gewissen Grad vorhersehen und deshalb füreinander nutzbar machen. Wer zu Recht anderen Personen vertraut oder sich zu Recht auf die Geltung von sozialen Normen oder Gesetzen verläßt, kann sich leichter auf Arbeitsteilung und Tausch einlassen als derjenige, der weder Personen noch Normen vertrauen kann" (Weede 1992, 152). Coleman (1991) bezeichnet dieses gegenseitige Vertrauen in Anknüpfung an Durkheims Konzept der Solidarität als **soziales Kapital**, das ein höheres Maß an Arbeitsteilung und Arbeitsproduktivität erlaubt.

*Konformität als soziales Kapital*

## 2.3.2 Der Nutzen der Konformität

Im allgemeinen scheint es auch für das Individuum nützlich zu sein, sich konform zu verhalten. Dies dürfte insbesondere dort gelten, wo es sich um zweckbedingte Konformität handelt, bei der das Individuum auf die instrumentelle Valenz des Angepaßtseins reflektiert: Es ist besser, angepaßt und fügsam zu sein, um einen vorgegebenen Zweck (den Studienabschluß, die höhere Position im Betrieb, eine Gehaltserhöhung, die elektrische Eisenbahn zu Weihnachten, das Wohlwollen des Partners usw.) zu erreichen. Konformität verhilft unter bestimmten Umständen zu positiven Belohnungen: zurückfließende Anerkennung derjenigen, denen man sich angepaßt hat; Vorteile, die sich aus der vermehrten Integration in die jeweilige Gruppe ergeben usw.

*Instrumentelle Konformität*

Nun ist es möglich, daß die Anpassungsleistung für das Individuum nicht nur Vorteile mit sich bringt, sondern durch eine Reihe **„psychischer" Kosten** erkauft werden muß: z.B. durch einen teilweisen Verlust der Selbstachtung, durch das Gefühl, sich ständig kontra Überzeugung verhalten zu müssen, durch den Eindruck, wider besseren Wissens zu handeln. So wird etwa die Befriedigung des Affiliationsmotivs durch den Anschluß an die Gruppenmeinung möglicherweise von kognitiven Dissonanzen

*„Kosten" der Konformität*

begleitet, weil das Individuum weiß, daß es einen Teil seines „Selbst", seiner „eigentlichen" Einstellung verleugnet. Konformes Verhalten dürfte also nur dann ausschließlich auf der Belohnungsseite zu Buche schlagen, wenn das Individuum aus echter Überzeugung konform sein kann, wenn sein Handeln also von innerer Konformität getragen wird.

*Konflikte zwischen Bezugssystemen*

Eine weitere Schwierigkeit ist dadurch gegeben, daß der Mensch zumal in unserer **pluralistischen Gesellschaft** zwangsläufig mit mehreren Bezugssystemen verbunden ist, deren Erwartungsmuster keineswegs immer kompatibel sind. Zwar besteht in gewissen Grenzen eine Wahlmöglichkeit insofern, als das Individuum sich insbesondere solchen Bezugssystemen anschließen wird und sich ihnen verpflichtet fühlt, mit deren Wertsystem es sich in etwa identifizieren kann, und andere Bezugssysteme auszuscheiden versucht, die mit den eigenen Vorstellungen nicht kompatibel sind. Dennoch wird das Individuum häufig einem Normen- und Rollenkonflikt ausgesetzt sein, und es bestehen daher begrenzte Möglichkeiten, es „jedermann recht zu tun" und niemanden „vor den Kopf zu stoßen".

*Belastung und Überforderung*

Zusätzlich besteht die Gefahr der Überforderung: Das Individuum ist nicht in der Lage, bestimmte Erwartungen zu befolgen, zumal wenn sie unrealistisch sind („Dienst nach Vorschrift"), oder wenn sie das Individuum als unangemessen restriktiv oder repressiv empfindet („coercive power"), so daß Tendenzen zur Opposition oder zur Umgehung dieser Normen wirksam werden. Hierfür gibt es eine Reihe von Strategien, die insbesondere im Rahmen der Rollentheorie analysiert worden sind (vgl. Merton 1968; Goode 1960), z.B. Abschirmung des Handelns, Gegensolidarisierung, „Doppelbödigkeit" des Verhaltens, Delegation der Pflichten und andere Formen des Ausweichens, des Aushandelns und des Austragens solcher Konflikte und Belastungen. Gelegentlich kommt es zur Spaltung des normativ geregelten Verhaltens in verschiedene Sphären, z.B. einen öffentlichen Bereich, den man nach außen hin zur Schau trägt, und einen privaten, inneren Bereich, der der sozialen Visibilität weitgehend entzogen ist.

*Nutzenabwägungen*

Nutzentheoretisch dürfte das Individuum abwägen, ob **konformes** oder **abweichendes Verhalten** belohnender ist. So mag ein Individuum bereits so weit in deviantes Verhalten verstrickt und in eine abweichende Subkultur integriert sein, daß ein Weg zurück zum Konformitätszentrum mit zu hohen Kosten verbunden wäre. Der Grundgedanke ist jeweils der einer Sanktionsbilanz bzw. einer axiomatisch unterstellten Verhaltenstendenz der „Maximierung des positiven Sanktionsnettos" (G. H. Mead). Diese Bilanz ergibt sich, weil Verhaltensweisen der Konformität und Abweichung selten ausschließlich von positiven oder negativen Konsequenzen allein begleitet sind, so daß es der „Aufrechnung" der jeweils involvierten Kosten und erwarteten Belohnungen bedarf.

*Exchange-Konzepte der Konformität*

Um diesen Sachverhalt theoretisch genauer zu formulieren, wurden die verschiedenen Exchange-Theorien (insbesondere: Thibaut/Kelley 1959; Homans ²1972) auf die Konformitätsproblematik angewandt. Ein einfaches Modell stammt hierbei von Nord (1969); im Anschluß an Goodes Paradigma des „Rollenhandelns" (1960) führt er aus, daß das Angebot an Konformität immer dann erhöht wird, wenn Faktoren vorliegen, die dazu geeignet sind, a) die Kosten der Konformität zu senken, b) die Belohnungen für Konformität zu erhöhen, c) die Kosten der Nonkonformität zu erhöhen und d) die Belohnungen für Nonkonformität zu senken. Die hier als relevant angeführten Faktoren werden jedoch weitgehend unspezifiziert gelassen, so daß diese Theorie vielleicht als orientierender Bezugsrahmen brauchbar ist, ihre Aussagen jedoch kaum sonderlich informativ sind (vgl. hierzu den erweiterten Ansatz von Peuckert, 1975, der eine Wert-Erwartungs-Theorie formuliert und das Auftreten innerer und äußerer Konformität voraussagen kann).

Homans versucht in gleicher Weise, seine Version der Austauschtheorie auf Konformität anzuwenden (1972, 95 ff.): Konformität werde dann wahrscheinlich, wenn eine Person die Belohnung für konformes Verhalten im Vergleich zu alternativen Verhaltensweisen als wertvoller empfindet. Dabei gelte es zu beachten, daß Personen eine Norm um ihrer selbst willen achten können, daß ihnen jedoch andererseits diese Normen gleichgültig sein können, was nur dann zur Konformität beitrage, wenn das Individuum als Gegenleistung eine besondere Form der Anerkennung empfange. Diese Aussagen werden durch eine Reihe zusätzlicher Bedingungen modifiziert (Bedürfnis nach abweichenden Aktivitäten, Vorhandensein alternativer Quellen der Anerkennung, Status in der Gruppe, Kohäsion der Gruppe usw.), jedoch bleibt auch hier die zentrale Frage der Spezifizierung von Belohnungen und Bestrafungen weitgehend ausgeklammert. Es erfolgen einige vage Hinweise auf möglicherweise relevante Belohnungsformen, z.B. Anerkennung durch die Gruppe, Wert der Übereinstimmung mit der Gruppe, Aufrechterhaltung der inneren Integrität.

*Belohnungen durch Konformität*

Homans findet jedoch auch (1972, 99), daß für hohe Konformitätsleistungen oft nur oberflächliche oder gar keine Anerkennung gezollt wird. Dies hängt nach seiner Meinung damit zusammen, daß Konformität kaum zur Belohnung führt, wenn die zugrundeliegenden Aktivitäten weder wertvoll noch selten sind. Konformität scheint in der Tat den Markt zu überschwemmen. Es gilt eine Erklärung für die Tatsache zu finden, weshalb die meisten Menschen sich weitgehend konform verhalten, obgleich niemand da ist, der sie zu belohnen scheint. Wie Popitz (1992, 92) bemerkt: „Wenn wir vorschriftsmäßig parken, finden wir kein Dankschreiben der Polizei hinter der Windschutzscheibe. Es steckt keine amtliche Belobigung im Briefkasten, wenn wir im letzten Jahr schon wieder keinen Bankeinbruch begangen haben."

Homans versucht den hier aufgetretenen Widerspruch dadurch zu lösen, daß er dem Individuum eine Tendenz zur Erhöhung des Konformitätsgrades zuschreibt, was letztlich den Trend zu einer Inflationsschraube konformen Angebots begünstigen würde. Gouldner (1960, 1970) spricht in diesem Sinne vom **abnehmenden Grenznutzen der Konformität** im Zuge der Ausweitung des Konformitätsangebots: Neue Konformitätseinheiten sind weniger wert als die vorausgegangenen. Deshalb ist nach Gouldner die endlose Erhöhung der Konformitätsleistungen nicht sehr wahrscheinlich, denn die Kosten für Konformität würden zu hoch; alternative Quellen der Belohnung werden attraktiver, andere Bezugsgruppen (im Sinne des „comparison level" nach Thibaut/Kelley) oder Subkulturen (mit möglicherweise abweichendem Wertsy-

*Abnehmender Grenznutzen der Konformität*

175

stem) rücken ins Blickfeld, und zwar jene, für die ein Konformitätsangebot noch ein seltenes Gut darstellt und damit noch genügend Belohnungen abwirft.

*Entropietheorem*

Wenn diese Vorstellung zuträfe, dann würden Interaktionssysteme in dem Maße instabil, wie Konformität zur bloßen Selbstverständlichkeit denaturiert (Entropietheorem). Dies zeigt deutlich, in welche Abwege eine grob schematische Nutzenanalyse zu führen vermag, sofern sie sich lediglich an einer aktuellen Situation ausrichtet und den Prozeß einer Kosten-Nutzen-Analyse als ausschließlich kognitiven Prozeß nach rationalem oder quasirationalem Muster unterstellt. Mit der theoretischen Behandlung dieses Sachverhalts vergißt man nur allzuleicht die Tatsache, daß Konformität oder Nichtkonformität gegenüber bestimmten Ausgangsbedingungen u.a. auch eine

*Internalisierung von Konformität*

Frage bereits **etablierter Sozialisationsvorgänge** ist, in denen die hier strapazierten Begriffe wie Belohnung und Bestrafung allenfalls als „geronnene Prozesse" in der Ätiologie des Individuums aufspürbar sind. So wissen wir heute beispielsweise, daß bestimmte Sozialisationsbedingungen die Voraussetzungen für Lernprozesse schaffen, die entweder konformes oder nicht konformes Verhalten begünstigen. Die Lernpsychologie klärt uns überdies darüber auf, daß eine „Response", wenn sie erst einmal etabliert ist, auch dann noch regelmäßig, ausgeprägt und konsistent auftritt, wenn sie nur noch selten und oftmals rein zufällig verstärkt wird (vgl. auch: Irle 1975, 244). Normkonformität wird extrem selten und auch kaum vorhersehbar verstärkt, wenn durch erste Sozialisationsvorgänge erst einmal gelernt ist, bestimmte Normen zu beachten und gewisse Rollen auszufüllen. Damit wechselt die Quelle der Verstärkung: Das Individuum hat die Möglichkeit, sich selbst zu verstärken, also die Einhaltung der Normen und die angemessene Erfüllung von Rollen um ihrer selbst willen belohnend zu finden (vgl. 1.2).

Eine (gesellschafts)kritische Wertung der Konformitätsforschung könnte nun zu dem Ergebnis kommen, daß mit der Ermittlung jener Faktoren, die zur Konformität beitragen, auch zugleich ein mehr oder weniger explizit geäußerter konservativer Zug dieses Forschungszweiges in Erscheinung trete, indem praktische und politische Maßnahmen einzig unter dem Aspekt gesehen werden, Individuen zurück auf den „Pfad der Tugend" zu bringen, sofern sie gegen die Konformitätsgebote verstoßen.

*Konformität und Wertsystem*

Die eingangs vorgetragenen Bemerkungen zur Ambivalenz im Verständnis von Konformität sollten hier durch die Feststellung ergänzt werden, daß die Ermittlung von Konformität und Abweichung zwar ein gesellschaftlich vordefiniertes Werte- und Normensystem voraussetzt, dieses aber keineswegs zu legitimieren vermag. Andererseits haben wir gesehen, daß ein gewisses Ausmaß an Konformität soziales Kapital (im Sinne von Coleman, 1991) bedeutet, das solidarische und verläßliche Sozialbeziehungen gestattet und einen integrativen Mechanismus jedes Sozialsystems darstellt.

## 2.3.3 Wandel durch Minoritäten

Das Paradigma der Konformitätsforschung besteht darin, zu zeigen, wie einzelne Personen oder Gruppen sich letztlich der Mehrheitsmeinung anschließen. Moscovici

176

(1979) löst sich von diesem Paradigma und versucht nachzuweisen, daß unter besonderen Umständen auch Minderheiten sich gegenüber der Majorität durchsetzen. Die entscheidende Variable für einen solchen Einfluß ist ein **konsistenter Verhaltensstil**, der gegenüber der Mehrheit mit einer gewissen Beharrlichkeit an den Tag gelegt wird. Nach Moscovici können wesentliche Aspekte sozialen Wandels – Wandel durch Minderheiten – auf diese Weise erklärt werden:

*Einfluß konsistenter Minderheiten*

---

1. Minderheiten werden dann sozialen Einfluß ausüben, wenn sie einen sichtbaren Konflikt mit der Majorität auslösen und der dominierenden Mehrheitsposition einen alternativen Standpunkt entgegensetzen.
2. Minderheiteneinfluß findet nur statt, wenn die Minderheit einen konsistenten (in sich homogenen) und (im Zeitablauf) persistenten Verhaltensstil aufweist. Der Einfluß verstärkt sich, wenn die Majorität ihrerseits zerstritten ist.
3. Minderheiten werden dann besonders einflußreich sein, wenn hinter ihrem Standpunkt kein Eigeninteresse gesehen wird (z.B. Heterosexuelle setzen sich für Homosexuelle ein), wenn sie keine radikalen Ansichten vertreten und wenn sie einen konzilianten (vs. rigiden) Verhandlungsstil praktizieren.
4. Einstellungswandel aufgrund des Minderheiteneinflusses führt eher zu innerer Akzeptanz und zur Änderungsresistenz, weil die Auseinandersetzung mit dem Minderheitsvotum i.d.R. erheblichen kognitiven Aufwand bedeutet (während Anpassung an die Mehrheitsmeinung eher ein „Mitschwimmen" bedeuten mag).

**Übersicht 28:** Einfluß von Minoritäten (nach Moscovici)

---

Die hier skizzierte Theorie ist in der Lage, bestimmte Aspekte sozialen Wandels in neuem Lichte zu sehen, insbesondere Entwicklungen, die durch Eliten oder Subkulturen inszeniert werden. Die Theorie erklärt auch das in der Kommunikationsforschung populär gewordene Konzept der Schweige-Spirale (Noelle-Neumann 1980), das von einer „schweigenden", vielfach passiven Majorität ausgeht, welche dem Einfluß einer umso aktiveren Minderheit ausgesetzt ist, die sich publikumswirksam über die Medien in Szene setzt und deshalb suggeriert, die Mehrheitsmeinung zu sein. Auch bei bestimmten Aspekten der Modellnachahmung – z.B. beim Konsumverhalten oder bei der Übernahme von Moden – ist der Einfluß bestimmter Minderheiten – hier etwa jugendliche Subkulturen – unverkennbar.

*Schweigespirale*

### Relevanz für den wirtschaftlichen Bereich:

Der Gruppenbegriff spielt im wirtschaftlichen Bereich ein doppelte Rolle. Einmal ist da die Rede von wirtschaftlichen oder gesellschaftlichen „Gruppen" im Sinne von Zusammenschlüssen, Interessengruppen, Lobbys, Verbänden usw. Hier handelt es sich um Merkmalsträger (z.B. Angestellte, Bauern etc.), die durch ein mehr oder weniger gemeinsames homogenes Interesse gekennzeichnet sind und die soziologisch als Quasi-Gruppen bezeichnet werden. Die Suche nach „sozialer Identität" gilt jedoch gerade auch für solche Gruppierungen.

Der von uns in den Vordergrund gestellte Gruppenbegriff der Kleingruppenforschung ist jedoch für den wirtschaftlichen Bereich nicht minder wichtig. Bedenken wir etwa, wie viele wirtschaftliche Handlungen und Entscheidungen explizit oder implizit an irgendwelchen Gruppennormen ausgerichtet sind. So weiß man heute um die Bedeutung bestimmter Bezugsgruppen für das Treffen unternehmerischer Entscheidungen. Auch Konsumhandlungen sind in starkem Maße von Gruppennormen und -standards geprägt, seien dies nun die Normen der Gleichaltrigen, bestimmter Umgangsgruppen oder auch der eigenen Familie. Dabei spielt auch der Einfluß sozialer Minoritäten eine entscheidende Rolle (z.B. bei Moden).

Im betrieblichen Bereich ist die Arbeitsgruppe ein altes Thema betriebssoziologischer und betriebspsychologischer Forschung, seitdem man erkannte, daß Fragen der Gruppensolidarität und der Gruppenkohäsion von hohem Einfluß auf die Ausbildung von Leistungsnormen und Betriebszufriedenheit sind. Diese Fragestellungen haben seit der frühen Human-Relations-Bewegung bis hin zu neueren Konzepten über sozio-technische Systeme eine lange Tradition, und mit ihr werden wir uns an späterer Stelle noch ausführlicher beschäftigen.

## Literaturempfehlungen

**Coleman, J. S.:** Foundations of social theory. Cambridge/Mass. 1990 (dt. 1991)
**Crott, H.:** Soziale Interaktion und Gruppenprozesse. Stuttgart 1979
**Habermas, J.:** Theorie des kommunikativen Handelns. 2 Bände. Frankfurt 1981 ([3]1985)
**Homans, G. C.:** Theorie der sozialen Gruppe. Köln [7]1978
**Kappelhoff, P.:** Soziale Tauschsysteme. München 1993
**Neidhardt, F. (Hg.):** Gruppensoziologie. Perspektiven und Materialien. Sonderheft KZfSS. Opladen 1983
**Schneider, H.-D.:** Kleingruppenforschung. Stuttgart [2]1985
**Thibaut, J. W., Kelley, H. H.:** The social psychology of groups. New York 1959 ([2]1986)
**Wiswede, G.:** Soziologie konformen Verhaltens. Stuttgart 1976

## Kontrollfragen

1. Geben Sie einen Abriß der nutzentheoretischen Deutung des Interaktionsgeschehens.
2. Kennzeichnen Sie die Besonderheiten des Interaktionsbegriffs des symbolischen Interaktionismus.
3. Formulieren Sie Hypothesen, in denen Gruppenkohäsion die abhängige bzw. die unabhängige Variable ist.
4. Worin sehen Sie den individuellen und den gesellschaftlichen Nutzen sozialer Konformität?
5. Welches sind die wichtigsten Mechanismen der Kooperation?
6. Beschreiben Sie das Konzept der „sozialen Identität".
7. Unter welchen Bedingungen steigt der Einfluß sozialer Minoritäten?
8. Skizzieren Sie den Grundgedanken von Colemans Austauschmodell.

# 3. Soziale Rollen

**Plan des Kapitels**

Als eines der wesentlichen strukturellen Merkmale der sozialen Gruppe hatten wir die Ausdifferenzierung in verschiedene Rollen identifiziert. Losgelöst von der engen Umgrenzung im Rahmen sozialer Gruppenprozesse wollen wir uns nunmehr ganz allgemein mit dem Rollenkonzept befassen.

Nach der Erörterung begrifflicher Fragen diskutieren wir kurz die **verschiedenen Rollenkonzepte**, wie sie vor allem im Rahmen des Funktionalismus, des symbolischen Interaktionismus sowie der Sozialpsychologie entwickelt worden sind. Der Ausdruck „Rollentheorie" schien dabei ein wenig voreilig gewählt, zumal mit der Verwendung des Rollenbegriffs oftmals mehr metaphorische als theoretisch- empirische Arbeit geleistet wurde. Deshalb konnte auch die zeitweilige Hoffnung einiger Soziologen nicht eingelöst werden, die gesamte Soziologie eines Tages in „Rollentheorie" auflösen zu können und „Rolle" als Schlüsselbegriff sowohl für mikro- als auch für makrosoziologische Problemstellungen aufzufassen. Andererseits wird das Rollenkonzept in der heutigen Soziologie (und auch in der Sozialpsychologie) zu stark vernachlässigt. Gelegentliche Wiederbelebungsversuche stammen von Boudon (1980), Biddle (1986), Schülein (1989) und Eisermann (1991).

Nach der Diskussion grundsätzlicher Fragen befassen wir uns sodann mit einigen Konzepten, die am ehesten dem Anspruch gerecht werden, Theorien mittlerer Reichweite darzustellen: Aspekte des Rollendrucks, des Rollenkonflikts, des Rollenlernens, der Rollenidentifikation, der Rollendistanz usw. Dabei wird auch die Frage des Verhältnisses zwischen Selbst (Identität) und Rollen zu problematisieren sein. Die Erörterung abweichender Rollen, wie sie insbesondere im Rahmen des symbolischen Interaktionismus thematisiert wurde, bleibt dem nächsten Abschnitt vorbehalten, in dem wir uns ausführlicher mit den Fragen des abweichenden Verhaltens befassen.

## 3.1 Rollenbegriff und Rollen-„Theorie"

## 3.1.1 Zur Problemstellung

Im allgemeinen versteht man unter einer sozialen Rolle ein in sich konsistentes Bündel **normativer Erwartungen**, die sich an die Inhaber bestimmter **sozialer Positionen** richten. So verbindet sich etwa mit der Position „Arzt" die Erwartung, daß dieser nach dem neuesten Stand der medizinischen Forschung alle Kräfte aufbietet, kranke Patienten zu heilen. Von einem Lehrer erwartet man, daß er Schüler nach didaktisch erfolgreichen Methoden unterrichtet. Von einer Frau erwartet man in bestimmten Situationen bestimmte Verhaltensweisen; diese können in einigen Situationen bei Mann und Frau gleich sein, in anderen Situationen werden jedoch die Verhaltenserwartungen unterschiedlich ausfallen. Auch Personen verschiedener Altersklassen sind durch unterschiedliche Erwartungsstrukturen gekennzeichnet. So billigt

*Rollenbegriff*

man etwa einem Jugendlichen noch gewisse Toleranzspielräume zu, die nach der Übernahme der Erwachsenenrolle nicht mehr zugelassen werden.

*Paradigma der Rollenanalyse*

Das „Paradigma" der Rollenanalyse dürfte durch folgendes Programm gekennzeichnet sein: Man untersuche die Erwartungen, die innerhalb eines Interaktionssystems bestehen, und folgere daraus das tatsächliche Verhalten des Individuums. Eine solche Anweisung hätte den unbestreitbaren Vorteil, daß auf das faktische Handeln von Individuen geschlossen werden kann, ohne die komplexen psychologischen Mechanismen von Motivation, Persönlichkeitsmerkmalen und Verhalten bemühen zu müssen. Verhalten würde damit nicht durch individuelle Antriebskräfte (etwa Motive, Triebe, Interessen, Bedürfnisse, Ziele usw.) erklärt, sondern **allein durch Erwartungsstrukturen**, denen sich das Individuum in sozialen Positionen gegenübersieht. Personen handeln dann nur noch **als**…: als Betriebsratsmitglied, als Lehrer, als Institutsdirektor, als Vorgesetzter, als Mutter, als Verkäufer, als Bandenführer etc. Von primärem Interesse ist also nicht das Individuum als Mensch, sondern als **Rollenträger** oder, wie ihn Dahrendorf (zuerst 1958) gekennzeichnet hat: als „homo sociologicus".

*„homo sociologicus"*

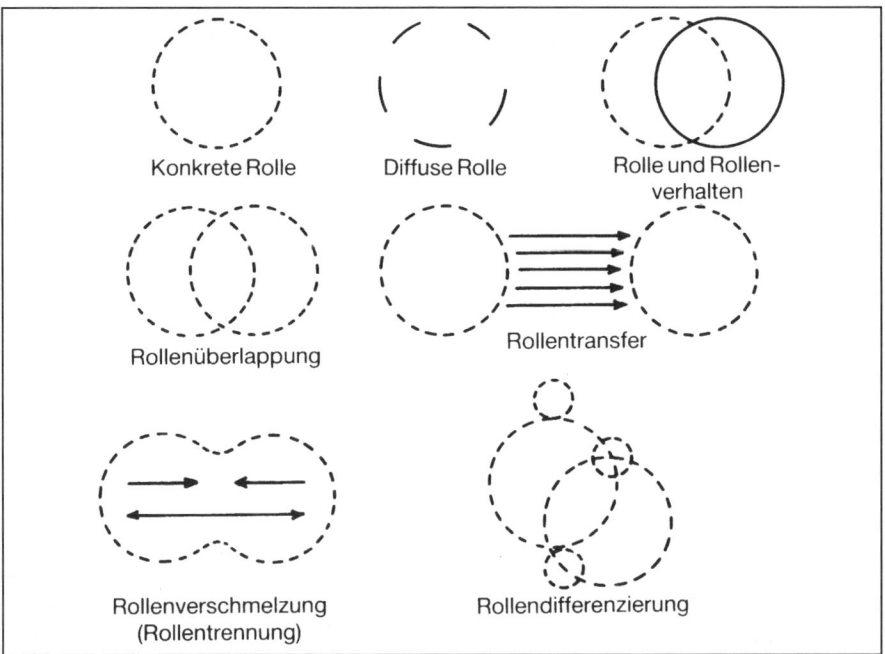

**Abb. 15:** Zur Metaphorik einiger Rollenbegriffe (nach Wiswede 1977, S. 38)

Nun ist es aus unserer Sicht nicht so wichtig, ob die Rollen-"Theorie" damit ein wahres oder falsches Menschenbild inszeniert, das ebenso groteske und einseitige Züge tragen mag wie der „psychological man" der Psychologie oder der „homo oeconomicus" der Wirtschaftstheorie; entscheidend ist allein der Erklärungswert eines sol-

180

chen Ansatzes. Dieses Konzept müßte im übrigen nicht nur erklären, warum sich Menschen (in welchen Situationen) **rollengemäß verhalten**; es müßte auch Auskunft darüber geben, warum Individuen manchmal von dieser Rolle abweichen, unter welchen Bedingungen sie sich an diese Rolle halten, wann sie „aus der Rolle fallen". Ferner hätte die Rollenanalyse auch die Frage zu klären, wie Individuen soziale **Rollen interpretieren und einschätzen**, und überdies hätte die soziologisch orientierte Forschung auch der Frage nachzugehen, wie denn soziale Rollen in gesellschaftlichen Austauschbeziehungen überhaupt **zustandekommen**: wer sie definiert und gestaltet, wer also Definitions- und Gestaltungsmacht über soziale Rollen hat und was geschieht, wenn sich solche Rollenerwartungen gewissermaßen selbständig machen (z.B. die Rolle der Frau, die Rolle des Priesters), ein Eigenleben zu führen beginnen, über längere Zeit tradiert werden und hierbei möglicherweise zu „stereotypen Systemen" denaturieren.

*Erklärungs-
ansprüche*

## 3.1.2 Zur funktionalistischen Perspektive

Der Funktionalismus greift in seinem Rollenverständnis auf die amerikanische „cultural anthropology« zurück. Hier hatte insbesondere Linton (1936, 1945) Rollen als **Rechte und Pflichten** verstanden, die sich um bestimmte soziale Positionen ranken. Da viele Rollen reziprok verstanden werden können (Lehrer-Schüler, Mutter- Kind, Vorgesetzter-Untergebener), läßt sich die Aussage formulieren, daß die Rechte einer Position A die Pflichten einer Position B darstellen, allgemeiner: daß sich in einem Interaktionssystem Rechte und Pflichten bilanzmäßig ausgleichen.

*Rollen als
Rechte und
Pflichten*

Für Parsons ist „Rolle" ein Verzahnungsbegriff: Er verbindet das soziale und das personale System miteinander; Rolle ist somit das Verbindungsglied zwischen System und Verhalten. Er ist insofern auch ein Hülsenbegriff, indem er in der schon beschriebenen Weise von motivationalen (psychischen) Prozessen dispensiert, da das Verhalten auf solche Komponenten reduziert wird, die in Rollen einmünden. Rollen erfüllen auch faktisch eine **selegierende Funktion**: Nur solche Verhaltensweisen werden sozial zugelassen, die bestimmten gesellschaftlichen Erwartungsmustern entsprechen. Rollen vermögen auch Verhalten zu „erzeugen": Erwartungen wirken stimulierend auf bestimmte Verhaltensweisen, und viele Menschen entwickeln im Laufe ihres Lebens „Eigenschaften" oder „Persönlichkeitszüge", die der Erwartungsstruktur dieser Rollen entsprechen.

*Funktionen des
Rollenbegriffs*

Dabei kann ein Zweifaches der Fall sein: Entweder wirkt die auferlegte Rolle **belastend**, repressiv und bedrückend; das Individuum empfindet die Rollenverpflichtung als „Ärgernis" (Dahrendorf). Zum anderen wirkt die Rolle – insbesondere durch die in ihr enthaltenen Rechte und Privilegien – als **positiver Anreiz**: Personen sind mehr oder weniger bestrebt und bemüht, Inhaber einer bestimmten Rolle zu werden (z.B. Bürgermeister, Professor, Prokurist). So kann z.B. die Übernahme der Vaterrolle für den einen ein Ärgernis, für den anderen jedoch ein freudiges Ereignis sein. Die meisten Rollen beinhalten beide Komponenten, aber einige Rollen sind von vornherein negativ: z.B. die Rolle des Gefangenen, die Rolle des Sklaven, die Rolle des ver-

*Ambivalenz
der Rollen-
übernahme*

schmählten Liebhabers. Stimulierend kann eine Rolle jedoch auch in der Weise sein, daß man in sie „hineinwächst". So sagt man etwa, daß derjenige, dem Gott ein Amt gibt, ihm auch den Verstand vermittelt (jedoch wartet man darauf oftmals vergeblich!).

Der funktionalistische Rollenbegriff faßt Rollen als vorgegebene Strukturierungen auf, thematisiert also nicht, wie soziale Rollen zustandekommen und in welcher Weise sie das Handeln der Akteure bestimmen. Dieser **Determinismus** ist kritisierbar, denn soziale Strukturen determinieren menschliches Handeln kaum je in direkter Weise. Hinzu kommt, daß eine gewisse **Entstrukturierung** der Gesellschaft (vgl. etwa Berger 1986; Beck 1986 sowie unsere Ausführungen in B 1.2 und B 5.2) für die Anwendung interpretativer Regeln (vgl. Giddens 1993) spricht. So sind Rollenmuster in unserer Gegenwartsgesellschaft selten so weit vorstrukturiert und verbindlich, wie dies in traditionalen Gesellschaften der Fall war. Ein Beispiel sind Aufweichungs- und Auflösungstendenzen sowie Gestaltungsoptionen bei Geschlechtsrollen. Der Festlegungsgrad solcher (und anderer) Rollen ist geringer geworden, und im Ausmaß dieser **Plastizität von Rollen** kann ein interpretativer Ansatz die Rollentheorie eher befruchten.

*Entstrukturierung der Gesellschaft*

*Plastizität von Rollen*

### 3.1.3 Zur symbolisch-interaktionistischen Perspektive

Der Rollenbegriff des symbolischen Interaktionismus, der im wesentlichen auf George Herbert Mead zurückgeht und am deutlichsten von Turner (1955/56, 1962) vorgestellt wurde, weicht von der funktionalistischen Tradition in zwei wichtigen Punkten ab. Zum ersten erscheint Rolle hier weniger als etwas Vorgegebenes, das als unabhängige Variable in die Analyse eingeführt wird. Rollen werden nach dieser Vorstellung in Interaktionsprozessen **eingespielt**, angeeignet, ausgehandelt, bestätigt und ständig verändert; sie unterliegen ferner unterschiedlicher **Interpretation und Deutung**. Dieser Rollenbegriff, der auch als interpretativer Rollenbegriff bezeichnet wird (vgl. Wilson 1970), reflektiert mehr auf Prozesse der Rollenentstehung und Veränderung sowie auf Wahrnehmungs- und Interpretationsvorgänge durch die beteiligten Interaktionspartner (vgl.: Krappmann 1971, Stryker 1980). Turner hat hierbei insbesondere die Unterscheidung zwischen „role-taking" und „role-making" eingeführt, wobei ersteres die passive Übernahme einer fremden Rolle bezeichnet, letzteres dagegen die aktiv gestaltende Komponente des Rollenspiels. Ausgehend von diesen Überlegungen Turners ist dann später der Begriff der „**Rollenübernahme**" in seinem Bezug entscheidend verändert worden: Er bezeichnet dann nicht mehr die Übernahme einer fremden Rolle, sondern eher das „Sich-hinein-versetzen" in die Person eines anderen, ein Konzept, das schon bei G. H. Mead vorbereitet war („taking the role of another").

*Interpretativer Rollenbegriff*

*Rollen-„übernahme"*

Es ist klar, daß eine solche Sicht der Dinge ihre Grenzen hat. Sie hilft nur dort weiter, wo Rollen verschieden interpretationsfähig und/oder interpretationsbedürftig sind, wo sie noch gestaltbar und aushandelbar sind und wo Möglichkeiten der „**Rollen-Selbstgestaltung**" (Dreitzel) bestehen. Dies ist etwa dann der Fall, wenn eine bestimmte berufliche Position erstmals besetzt wird – z.B. die Gestaltung des Lehrplans

*Rollen-Selbstgestaltung*

durch den Inhaber eines neu etablierten Lehrstuhls – oder wenn informelle Interaktionsbeziehungen sich erst einspielen müssen – etwa die Rollengestaltung im Rahmen einer Liebesbeziehung oder einer Ehe. Die Möglichkeiten des interpretativen Rollenkonzepts sind freilich in dem Maße eingeschränkt, in dem Rollen formalisiert sind: etwa in bürokratischen Organisationen, in Produktionsabläufen usw. Allerdings weist uns das interpretative Konzept der Rollenanalyse auf einen wichtigen Umstand hin: daß nämlich Rollen **unterschiedlich stark formalisiert** sein können, daß sie mehr oder weniger ausgeprägte Konturen besitzen und daß sie unterschiedliche Bewegungsfreiheit für den Handelnden gewährleisten. Solche Aspekte sind bereits frühzeitig von einer empirisch arbeitenden sozialpsychologisch orientierten Rollentheorie in Angriff genommen worden (vgl.: N. Gross et al. 1958; Biddle/Thomas 1966; vgl. für einen Überblick: Wiswede 1977; Biddle 1979, 1986).

*Formalisierungsgrad von Rollen*

Der zweite Unterschied zum funktionalistischen Rollenbegriff besteht für den symbolischen Interaktionismus darin, daß dieser die soziale Rolle weniger an den positionalen Erwartungen festmacht, sondern sie eher als **soziales Typisierungsschema** begreift. Damit siedelt diese Schule den Rollenbegriff in der Nähe dessen an, was wir als „stereotype Systeme" bezeichnet haben: als Subsumierung komplexer Sachverhalte unter ein simplifizierendes Interpretationsschema. Auf diese Weise wird es möglich, von „abweichenden Rollen" (vgl. dazu Kap. 4) zu sprechen: von der Rolle des Homosexuellen, der Rolle des Mauerblümchens, der Rolle des Obdachlosen, der Rolle des Aussteigers usw. Sofern ein solcher, vom positionalen Aspekt losgelöster Rollenbegriff Anwendung findet – wir bezweifeln nicht, daß er gleichfalls fruchtbar sein könnte –, entfernt man sich jedoch mehr und mehr von den normativen Erwartungsstrukturen, die im Zentrum der eingangs genannten Definition standen. Allerdings ist der Übergang von normativ akzentuierten Rollen („die Rolle des Mannes") bis hin zu bloßen **Rollenstereotypen** („typisch Mann!") durchaus fließend. Dies reflektiert den Umstand, daß auch die Wahrnehmung und Interpretation sozialer Sachverhalte in unserer Gesellschaft einem Prozeß der Stereotypisierung unterliegt. So wandelt sich z.B. „Geschlecht" in eine soziale Kategorie (gender schema).

*Rolle als Typisierungsschema*

*Rollenstereotype*

Typisierungsschemata dienen jedoch auch der leichteren Verständigung. Aus der Sicht der interpretativen Soziologie können Rollen selbst als **Interpretationsschemata** besonderer Art verstanden werden. Sie sind unter diesem Aspekt **Medien der Vermittlung**, oder, wie es Schülein (1989) sagt: Modi der Thematisierung von Vermittlung. Nach diesem Autor tragen Rollen zur Erleichterung des Interaktionsprozesses sowie zur Bewahrung bestimmter Interaktionsstrukturen bei: „Rollen sorgen dafür, daß Interaktionen nicht völlig bei Null (bzw. bei dem Status quo der Teilprozesse) beginnen, sondern daß von vornherein mit ‚unwahrscheinlichen', stabilen Festlegungen gerechnet werden kann" (Schülein 1989, 492). Rollen reduzieren demnach (im Luhmannschen Sinne) die Komplexität der Interaktionsmöglichkeiten und senken insofern die Interaktionskosten (im Sinne einer nutzentheoretischen Perspektive). Die „bewährten" bzw. institutionalisierten Strukturmuster stehen dann gewissermaßen auf Abruf bereit und entsubjektivieren damit das Handeln. Mit dieser Sichtweise – **Rolle als Austauschmedium** – nähert man sich jedoch wieder dem funktionalistischen Paradigma an: Auch hier ging es letztlich

*Rollen als Austauschmedien*

um die Frage, wie das Handlungssystem mit sozial-strukturellen Erfordernissen verbunden werden kann.

## 3.2 Die Struktur sozialer Rollen

### 3.2.1 Rollenstruktur und Rollendifferenzierung

*Rollensektor*

Nach einem Vorschlag von Gross (1958) bezeichnen wir die von einer Person (oder Gruppe) ausgehenden Erwartungen als **Rollensektoren.** Daß eine Rolle vielfach aus mehreren Rollensektoren besteht, drückt dann lediglich aus, daß verschiedene Bezugsinstanzen (Bezugspersonen, Bezugsgruppen) Erwartungen an den Rolleninhaber stellen. Merton (1968) formuliert, daß zu jeder Position eine Reihe von Rollen gehört

*Rollen-Set*

und schlägt dafür den Ausdruck **Rollen-Set** vor; er sieht darin eine Kombination von Rollenbeziehungen, in die eine Person aufgrund ihrer Inhaberschaft einer bestimmten Position involviert ist. Der Rollen-Set im Sinne Mertons wäre demnach die Gesamtheit der für eine Rolle relevanten Rollensektoren (im Sinne von Gross).

*Rollensysteme*

Rollenstrukturen können systemartig zusammengefaßt werden; auf diese Weise läßt sich ein Mikrokosmos sozialer Beziehungsnetze auf der Basis des Rollenkonzepts konstruieren, wobei diese horizontal – z.B. auf der Basis gleichberechtigter Interaktionen – und vertikal – z.B. als hierarchisches Systemmodell – konzipiert werden können. Entscheidend ist dabei der Umstand, daß soziale Rollen immer aufeinander abgestimmt erscheinen. Dies gilt auch für die sog. non-relationalen Rollen im Sinne Nadels (1962), zu denen etwa die Altersrolle, die Geschlechtsrolle oder die Berufsrolle gehören.

*Rollendifferenzierung*

Ein wesentlicher Aspekt von Rollenstrukturen ist der **Grad ihrer Ausdifferenzierung.** Der Grad der Rollendifferenzierung ist um so höher, je größer die Zahl der verschiedenartigen Handlungen ist, die die Mitglieder eines sozialen Systems untereinander zu bestimmten Zeitpunkten erwarten (vgl. Bales/Slater 1955; Opp 1970). Dabei handelt es sich um eine besondere Form der Handlungsspezialisierung, die ihren Niederschlag in verschiedenartigen Erwartungen findet, die an bestimmte Personen in sozialen Systemen herangetragen werden (vgl. Boudon 1980). Ihren ökonomischen Aspekt findet diese Rollendifferenzierung am ehesten im **Prinzip der Arbeitsteilung**: Es wird zunehmend unwahrscheinlicher, daß ein und dieselbe Person alle Funktionen (Aufgaben) bewältigen muß; sie spezialisiert sich vielmehr auf bestimmte Aufgaben oder Aufgabentypen.

Vorgänge der Rollendifferenzierung sind in der soziologischen Forschung vielfältig untersucht worden. So läßt sich ganz allgemein zeigen, daß bei aufgabenorientierten Kleingruppen eine spezifische Aufgabenteilung stattfindet und daß sich auch bestimmte **Führungsrollen** auskristallisieren. Für konkrete Gruppen (etwa betriebliche Arbeitsgruppen, für Familien, für Gemeinden) läßt sich gleichfalls eine Differenzierung von Rollen beobachten, z.B. die Verteilung von Pflichten und Rechten, die unterschiedliche Wahrnehmung instrumenteller und sozioemotionaler Funktionen, die

Spezialisierung in bestimmte Aufgabenbereiche usw. Für den ökonomischen Bereich ist insbesondere die Rollenstruktur und Differenzierung von Berufsrollen sowie die Rollendifferenzierung in Organisationen von Bedeutung. Hierbei geht es im wesentlichen um formalisierte Rollen, also um Erwartungskomplexe, die über Funktions- und Aufgabenbeschreibungen entsprechenden Bewerbern, Anwärtern oder Positionsinhabern nahegelegt werden.

## 3.2.2 Rollendruck und Rollenkonflikt

Eingangs wurde schon betont, daß die Pflichten einer Rolle (oder aber die Fremdartigkeit dieser Rolle) das Individuum bedrücken können. Man bezeichnet eine solche Situation als **Rollendruck**, in der der Rollenträger die Übernahme und/oder Ausübung einer oder mehrerer Rollen zeitweilig oder dauernd als Belastung empfindet.

*Rollendruck und Rollenstreß*

In der Literatur wird gelegentlich zwischen Rollendruck und **Rollenstreß** unterschieden. Man kann Rollendruck als „objektive" Variable auffassen, indem man die Vielfalt und die besonderen Belastungsmomente bestimmter Erwartungskomplexe untersucht (so etwa Merton 1968), während Rollenstreß die subjektive Sicht des Individuums darstellt: nämlich tatsächlich belastet (oder überlastet) zu sein (so etwa Goode 1960). Im allgemeinen wird ein Individuum den Rollendruck als belastend empfinden, wenn die Rollenerwartungen repressiv sind, wenn sie durch äußere Sanktionen durchgesetzt werden müssen und wenn sie mit dem eigenen Selbstbild konfligieren.

Merton und Goode haben ähnliche Konzepte vorgelegt, die sich mit der Frage beschäftigen, was ein Individuum tun kann, wenn es sich in besonderer Weise einem Rollendruck ausgesetzt sieht. Dabei kommen in Betracht:

*Strategien der Entlastung*

- Die **Selektion** des Rollenhandelns, indem die wichtigen und unwichtigen Rollenverpflichtungen (z.B. nach Maßgabe der Sanktionsmöglichkeit) gewichtet und nach ihrer Bedeutsamkeit ausgewählt werden.
- Die **Abschirmung** des Rollenhandelns im Hinblick auf die soziale Sichtbarkeit, wobei die Rollen auch gegenseitig abgeschottet werden können.
- Die **Delegation** oder das Abschieben von Rollenpflichten, sofern dies möglich ist, was letztlich jedoch immer mit Kontroll- und Machtverlusten verbunden sein kann.
- Die **Solidarisierung** und gegenseitige Unterstützung von Personen, die ähnlichen Belastungen ausgesetzt sind und, was vielleicht auch eine „Flucht nach vorn" ermöglicht (bis hin zur Einflußnahme auf die jeweiligen Erwartungsheger).
- Der **Abbruch** und Verzicht auf Rollenbeziehungen, soweit dies durchführbar ist und soweit dadurch nicht wertvolle Ressourcen preisgegeben werden müssen.

Ein besonderer Typ der Rollenbelastung ist der **Rollenkonflikt**. Dabei werden folgende Arten des Rollenkonflikts unterschieden:

*Rollenkonflikte*

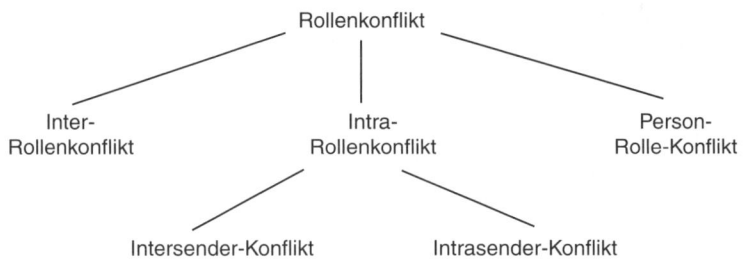

Rollenkonflikt
Inter-Rollenkonflikt — Intra-Rollenkonflikt — Person-Rolle-Konflikt
Intersender-Konflikt — Intrasender-Konflikt

*Inter-Rollen-konflikt*

Ein **Inter-Rollenkonflikt** liegt vor, wenn Personen über eine inkonsistente Rollenausstattung verfügen. So können z.B. zwischen den Rollen „Aufsichtsratsvorsitzender im Betrieb A" und „Vorstandsmitglied im Betrieb B" Konflikte auftreten. Frauen in unserer sich wandelnden Gesellschaft sind häufig einem Rollenkonflikt ausgesetzt, indem ihnen zugleich das Rollenrepertoire: Frau – Geliebte – Berufstätige – Mutter usw. abverlangt wird.

*Intra-Rollen-konflikt*

Ein **Intra-Rollenkonflikt** liegt vor, wenn innerhalb der gleichen Rolle Erwartungen unterschiedlicher Rollensender bestehen (Intersenderkonflikt) oder wenn ein Erwartungsheger sich unklar ausdrückt bzw. Widersprüchliches verlangt (Intrasender-Konflikt). Am häufigsten untersucht ist der Intersender-Konflikt: Hier geht es um unterschiedliche Erwartungen verschiedener Bezugspartner an den Inhaber der gleichen Rolle. So bestehen etwa gegenüber dem Lehrer die Erwartungen der Schulbehörde, des Rektors, der Schüler, der Eltern der Schüler usw. Ähnlich konfliktreich sind Scharnierpositionen im Betrieb, z.B. der Betriebsrat, an den unterschiedliche Erwartungen seitens der Arbeitnehmer und seitens der Unternehmerschaft gestellt werden, denen er halbwegs gerecht werden muß.

*Person-Rolle-Konflikt*

Schließlich geht der **Person-Rolle-Konflikt** (auch Rolle-Selbst-Konflikt) davon aus, daß Individuen gelegentlich mit einer ihnen auferlegten oder angesonnenen Rolle deshalb konfligieren, weil ihnen diese Rolle nicht „auf den Leib geschnitten" ist, weil sie diese Rolle eigentlich nicht spielen wollen und weil wichtige Einstellungen zum eigenen Selbst mit der äußeren Rolle konfligieren. In bestimmten Management- Positionen ist z. B. rationales Kalkül eher gefragt als soziale Rücksicht. In jugendlichen Banden werden z. B. Mutproben abverlangt, die man eigentlich nicht mitmachen möchte. Als Politiker wird man z. B. zwangsweise in Macht- und Intrigenspiele verwickelt, die dem idealistischen Newcomer zunächst durchaus zuwider sein mögen. Natürlich kann man bei genügender Wahlfreiheit davon ausgehen, daß Individuen im

*Rollen-Option*

allgemeinen ihre Rolle im **Umkreis des eigenen Selbstbildes** suchen und finden werden, aber die Optionen sind doch meist begrenzt. Man übernimmt im allgemeinen Aspekte von Rollen, die weniger behaglich und weniger mit dem eigenen Selbstbild vereinbar erscheinen, insbesondere dann, wenn die Rolle anderweitige Vorzüge beinhaltet. Vielleicht kann man in gewissem Ausmaß auf die Rolle zurückwirken oder zu ihr Distanz aufrechterhalten, aber ein häufiger Weg ist der, daß man lernt, mit den negativen Aspekten der Rolle ebenfalls umzugehen, wodurch sich oft das eigene Selbst verändert.

186

Das **Auftreten von Rollenkonflikten** wird durch verschiedene Faktoren begünstigt, z.B. durch die Zahl unterschiedlicher Rollensender (oder Bezugssysteme), durch die Schnelligkeit sozialen Wandels, durch kulturelle Diffusion usw. Während dieser Fragenkomplex bisher in der soziologischen Forschung nur stiefmütterlich behandelt wurde, gibt es eine Reihe theoretischer Konzepte zur Beantwortung der Frage, was Individuen tun, wenn sie sich **unterschiedlichen Rollenerwartungen** ausgesetzt sehen. Ein sehr allgemeiner Ansatz (Preiss/Ehrlich 1966) geht davon aus, daß letztlich denjenigen Erwartungen am ehesten entsprochen wird, die von der für den Rollenträger wichtigsten Bezugsgruppe ausgehen.

*Ursachen für Rollenkonflikte*

Ein spezifischer und empirisch abgestützter Ansatz (Gross et al. 1958) unterscheidet zwei Dimensionen, innerhalb derer eine Entscheidung zugunsten bestimmter Erwartungen erfolgen könne: die **Sanktionsdimension** (Entscheidung für **die** Rollenerwartung, die per Saldo mit den günstigsten Sanktionen verbunden ist) und die **Legitimitätsdimension** (Entscheidung zugunsten der Rollenerwartung, die man per Saldo für legitimer hält). Darüber hinaus ließe sich noch eine **Bedürfnisdimension** unterscheiden: eine Entscheidung zugunsten derjenigen Rollenerwartung, die den eigenen Bedürfnissen, Nutzenvorstellungen, Motiven oder Interessen am nächsten liegt. Die Frage nun, welche Dimension der Entscheidung in den Vordergrund gerät, ist nach Gross von zusätzlichen Bedingungen abhängig (z.B. von den Orientierungen, Prinzipien oder Vorstellungen der Betroffenen).

*Lösung von Rollenkonflikten*

# 3.3 Das Lernen sozialer Rollen

## 3.3.1 Mechanismen des Rollenlernens

Als Rollenlernen bezeichnet man jene Prozesse, die zur Vorbereitung und zur Übernahme sozialer Rollen befähigen und die angemessene Ausübung der betreffenden Rolle sowie den erfolgreichen Umgang mit dieser Rolle gestatten. Dabei gibt es zahlreiche fördernde oder hemmende Faktoren (vgl. Secord/Backman 1983), z.B. **Faktoren der Sozialstruktur** (Klarheit und Ausmaß, Vereinbarkeit von Erwartungen, Geltungsbereich), **Faktoren der Situation** (Rituale und Zeremonien, Abschottung gegenüber anderen Rollenzusammenhängen, Identifikation mit dem Rollenvorbild) sowie **Faktoren der handelnden Person** (bisherige Rollenerfahrungen, Persönlichkeitsmerkmale wie Empathie, Fähigkeit, eine Rolle auszuhandeln, Motivation und Interesse, die Rolle zu übernehmen usw.).

*Rahmenbedingungen des Rollenlernens*

Es ist nützlich, Rollenlernen als **Sonderfall allgemeiner Lernprozesse** (vgl. A 1) anzusehen. Rollenlernen ist insofern Ausdruck bestimmter **Erfahrungen**: Erfahrungen mit der gleichen Rolle, mit Belohnungen und Strafreizen, die mit der Rolle verbunden waren, Erfahrungen auch mit bestimmten Rollentechniken, Umgang mit ähnlichen Rollen, mit Rollen insgesamt. Dabei dürfte gelten, daß ein Individuum um so stärker in eine Rolle involviert ist, je günstiger die Sanktionsbilanz aus dieser Rolle ist. Verstärkend sind dabei einmal die Konsequenzen des Rollenspiels (extrinsische Konsequenzen) sowie das Spiel der Rolle selbst (intrinsische Konsequenzen).

*Rollenerfahrungen*

| | |
|---|---|
| *Antizipative*<br>*Erwartungen* | Rollenlernen ist ferner Ausdruck antizipativer **Erwartungen**, z.B. der Erwartung, daß die Konsequenzen der Übernahme einer Rolle günstig sind. Dies weiß man oftmals nicht so ganz genau, etwa wenn man einen neuen Posten übernimmt oder künftig die Mutterrolle ausüben soll. Die Erwartungen an eine Rolle werden daher ständig an der laufenden Erfahrung mit dieser Rolle überprüft. Gelegentlich orientieren sich die Erwartungen auch an stereotypen Vorstellungen im Hinblick auf diese Rolle: wie man sich etwa die Mutterrolle oder die Rolle eines Regierungssprechers vorstellt. Die mit Erwartungen gewichteten Verstärkungen erfolgen sodann auch mit Blick auf andere Alternativen und deren mutmaßliche Ertragsbilanz (vgl. Fischer/Wiswede 1997). |

| | |
|---|---|
| *Rollengenera-*<br>*lisierung* | Rollenlernen ist auch Ausdruck der **Generalisierung**, die eine Ausweitung des menschlichen Rollenrepertoires im Sinne des Transfers von Erfahrungen darstellt. Eine Person P wird generalisieren, wenn die Ausgangsrolle R erfolgreich war, die neue Rolle R' als mit R ähnlich perzipiert wird und wenn frühere Transferversuche erfolgreich waren. Ein Manager, der einen neuen Posten antritt, wird demnach versuchen, die Erfahrungen aus einer früheren erfolgreichen Managementtätigkeit zu transferieren, also die Rolle oder bestimmte Elemente dieser Rolle weiter zu tragen. |
| *Rollendis-*<br>*kriminierung* | In ähnlicher Weise kommt es zur **Diskriminierung**: nämlich im Falle unterschiedlicher Konsequenzen bei ähnlichen Erwartungsmustern. P wird diskriminieren, wenn die Rollen oder Rollenelemente $R_1$, $R_2$… $R_n$ unterschiedlich erfolgreich waren. P wird also beispielsweise merken, daß er mit einem bestimmten Führungsstil in der Rollensituation „aneckt", mit dem er früher durchaus erfolgreich war. |

| | |
|---|---|
| *Rollenexplora-*<br>*tion* | Überhaupt kann Rollenlernen in vielen Fällen als Ausdruck der **Exploration** im Sinne eines Suchverhaltens aufgefaßt werden: Man beobachtet zunächst, wie es die anderen machen, läßt sich informieren, geht selektiv auf Informationssuche. Insbesondere dann wird P explorieren, wenn die Rolle diffus ist und wenn P geringe eigene und stellvertretende Erfahrungen mit der Rolle machen konnte. Häufig kommt es auch zur **Imitation** im Sinne der Theorie des Modell-Lernens. P wird imitieren, |
| *Modell-Lernen* | wenn Aufmerksamkeit (Attraktion, Deutlichkeit), Erinnerung (Organisierbarkeit, Wiederholung), Fähigkeit (soziale Kompetenz, Empathie) und Willigkeit (Verstärkung, Motivation) in hohem Maße gegeben sind. Auf dieser Basis werden schon frühzeitig bestimmte Rollen eingeübt oder antizipiert: Kinder spielen Mutter und Vater, treiben Doktorspiele oder ernennen sich selbst zum Bandenchef. Auch später gibt es im Hinblick auf vorausliegende Rollen eine ständige antizipatorische Sozialisati- |
| *Antizipatorische*<br>*Sozialisation* | on: die Vorbereitung auf das Erwachsenenalter, auf die Berufsrolle, auf familiale Rollen, auf die Beförderung, auf den Berufsabbruch, auf das Altersstadium, auf das Allein-Sein usw. |

| | |
|---|---|
| | Rollenlernen kann schließlich auch als Ausdruck des **Vermeidungslernens** betrachtet werden. Man lernt, bestimmte Rollen abzulegen (die, wie z.B. bestimmte Lebensaltersrollen, „überholt" sind), man lernt, sich von Rollen zu distanzieren (z.B. |
| *Rollenmeidung* | von der Rolle des „Strebers"), und man lernt, bestimmte Rollen erst gar nicht zu übernehmen (z.B. Ehrenposten, die mit viel Arbeit verbunden sind) oder zu delegieren. Das Vermeidungslernen betrifft auch alle Möglichkeiten der Abschottung (die Privilegien der Rolle sollen nicht zu sichtbar werden), gegenseitiges Ausspielen (die |

188

Verflechtung in der einen Rolle dient als Entschuldigung für mangelndes Engagement in der anderen Rolle), Herabsetzung der Visibilität (man läßt sich nicht in die Karten schauen).

Da Rollen als Kognitionen dargestellt werden können – Erwartungen, die man an den Träger einer Position richtet –, kann Rolle und Rollenspiel auch als Ausdruck des **Konsistenzlernens** aufgefaßt werden. Da gibt es eine Reihe von Vorstellungen darüber, welche Rollen miteinander vereinbar sind (z.B. Gastwirt und Metzger sind vereinbar, Gastwirt und Pfarrer unvereinbar) und welche Erwartungsmuster zueinander passen (z.B. sollte der Sohn und Erbe eines Großindustriellen nicht ausgerechnet Philosophie studieren). Auch hier wird das Individuum im allgemeinen bestrebt sein, konsistente Rollen zu übernehmen und konsistente Erwartungsmuster zu realisieren, um einem entsprechenden Dissonanzdruck zu entgehen.

*Rollenkonsistenz*

R. Laub Coser (1991) weist im übrigen darauf hin, daß die herkömmliche Meinung davon ausgehe, relativ simpel konstruierte Rollensets mit harmonisierten Rollenanforderungen seien für die Entwicklung der Individuen optimal und bewahrten sie vor Anomie. Die Verfasserin argumentiert umgekehrt: Gerade komplexe und widersprüchliche Rollensets böten gute Chancen zur Entwicklung einer selbständigen, integrierten und integrationsfähigen Individualität. Das Individuum bedarf daher nicht des Schutzes vor Komplexität, sondern eher der Reflexion und der Selektion. Komplexität hat damit einen gewissen Herausforderungscharakter für Individuen; sie stimuliert zu aktiver Auseinandersetzung.

*Rollenkomplexität als Herausforderung*

## 3.3.2 Das Aushandeln sozialer Rollen

In verschiedenen Traditionen der Rollentheorie hat das **Aushandeln sozialer Rollen** (role negotiation, role bargaining) besondere Beachtung gefunden. Auch hierbei sind soziale Lernprozesse wirksam: Umgang und Erfahrung mit Rollen, Kenntnis des „Rollenpreises"; Fähigkeit, auf andere einzuwirken etc. Der Grundgedanke des Aushandelns besteht dabei darin, in eine bestimmte Rolle nicht zu viel zu investieren, genauer: nicht mehr zu investieren, als die Rolle abwirft.

*Rollenhandel*

Goode (1960) legt eine Theorieskizze vor, wonach die Setzung des **Rollenpreises** im Rollenhandel von drei Marktfaktoren abhängig ist:

*Faktoren des Rollenpreises*

**(1)** von **Motivationsvariablen**, d.h. der Bereitschaft, die Rollenpflichten zu übernehmen. P wird gute Leistungen erbringen („viel zahlen"), wenn er die Rolle gern spielt, wenn er an der Übernahme der Rolle großes Interesse zeigt (dabei dürfte auch die Verpflichtung gegenüber Normen von Bedeutung sein);

**(2)** von **Sanktionsvariablen**, d.h. vom eigenen Urteil über positive/negative Sanktionen des Rollenpartners für die eigenen Leistungen. P wird gute Leistungen vollbringen, wenn positive Sanktionen des anderen (z.B. Beförderung, Lob, Gegenliebe) erwartet werden;

**(3)** von **Relationsvariablen**, nämlich der Beurteilung (Wertschätzung) dritter (relevanter) Personen, die Zeugen des Austausches sind oder ihre Meinung bekunden.

P wird gute Leistungen erbringen, wenn andere das für richtig halten oder Partei für die Rollenleistung ergreifen. Außerdem sind Dritte oftmals eine objektive Instanz, die man anrufen kann (z.B. der Betriebsrat, der Schlichtungsausschuß).

*Rolle und Macht*

Ein solches Modell des „role bargaining" funktioniert nur bei einem intakten Marktmechanismus, also bei **freiem Rollenhandel**. Einschränkungen gelten insbesondere dann, wenn ein Partner in der Lage ist, seine „Definition der Situation" sowie seine Rolleninterpretation dem anderen zu hohem Preis aufzuzwingen. Die Preise im Rollenhandel sind damit oft eher das **Ergebnis eines Machtgefälles** – wer verfügt über die Sanktionsmittel, die bestimmte Rollen betreffen? – als das Resultat freien Marktaustauschs.

Wir haben daher eine **Theorie der Rollenbilanz** (Übersicht 29) formuliert, die für die freiwillige und unfreiwillige Übernahme und Ausübung sozialer Rollen Geltung beansprucht. Diese Theorie versucht die Frage zu beantworten, ob und inwieweit eine Person P bereit und in der Lage ist, eine bestimmte soziale Rolle zu übernehmen und auszuüben. Die Aussagen der Theorie sind mit bestimmten Varianten ökonomischer/psychologischer Nutzentheorien (auch der Rational-choice-Theorie) vereinbar, stellen jedoch eine Erweiterung dieser Perspektive dar. Das vom Autor entwickelte Konzept (eine differenziertere Darstellung der Theorie findet sich bei Fischer/Wiswede 1997, 448 ff.) dürfte auch mit dem in Kapitel A 1.3 dargestellten handlungstheoretischen Modell von Ajzen kompatibel sein.

---

1. Die Wahrscheinlichkeit, daß P eine soziale Rolle anstrebt, ist eine Funktion von drei Faktoren:
   - dem perzipierten normativen Druck, die Rolle anzunehmen oder zu verweigern,
   - den perzipierten Fähigkeiten zur Erlangung oder Ausübung der Rolle (Effizienz-Erwartungen),
   - der Differenz zwischen perzipierten bzw. antizipierten Rollenerträgen und Rollenkosten, wobei Kosten und Erträge an verschiedenen Vergleichsniveaus (bisherige Ergebnisse, Ergebnisse anderer, erhoffte Ergebnisse, Ergebnisse alternativer Rollen) bemessen werden.
2. Rolleninhaber werden versuchen, ihre Rollenerfolgsbilanz möglichst günstig zu gestalten. Möglichkeiten hierzu bieten sich durch:
   - Senkung der Rollenkosten;
   - Erhöhung der Rollenerträge;
   - Veränderung der Kognitionen über Erträge und Kosten (sofern auf verhaltensaktivem Wege Möglichkeiten der Verbesserung versperrt sind).

**Übersicht 29:** Theorie der Rollenbilanz

---

Mögliche Anwendungsfälle der Theorie sind: Kandidatur für den Betriebsrat, Übernahme der Mutterrolle, Wahl einer Berufsrolle. Eine erste empirische Überprüfung der Theorie erfolgte durch Fetchenhauer (1994) anhand der Berufswahlentscheidungen angehender Pharmazeuten; sie konnte die Theorie einstweilen bestätigen, wobei bei diesem Anwendungsfall Rollenkosten und -erträge die durchschlagenden Variablen waren.

190

Natürlich kann man der Meinung sein, daß nutzentheoretische Überlegungen im Hinblick auf das Übernehmen einer sozialen Rolle zu kurz greifen. Die phänomenologische Rollentheorie (z.B. Krappmann 1971; Stryker 1980) hat sich mit subtileren Mechanismen befaßt, die das **Einspielen und Aushandeln** von sozialen Rollen in Interaktionsprozessen begleiten. So wird beispielsweise das Rollenverhalten zwischen Vorgesetzten und Untergebenen nicht nur von formalen Vorgaben beherrscht (z.B. Anweisungsbefugnisse, Kompetenzen, Aufgabenbeschreibungen), sondern spielt sich in einem höchst komplexen interaktiven Prozeß ein. Gleichermaßen ist das Verhältnis zwischen Ehepartnern nicht nur von allgemeineren gesellschaftlichen Vorstellungen über die Rolle von Mann und Frau sowie von stereotypen Denkmustern (was man als Mann/Frau tut/nicht tut) abhängig, sondern von subtilen Vorgängen des Einspielens und Ausbalancierens, wobei insbesondere Abstimmungsprozesse zwischen Rolle und Selbst (Identität) thematisiert werden. Will man die Qualität solcher Abstimmungsprozesse weiter empirisch verfolgen, so dürfte sich zeigen, daß das Einspielen und Ausbalancieren u.a. auch von Persönlichkeitsmerkmalen der Beteiligten abhängt (z.B. Selbstwertgefühl, Lernerfahrungen beim Aushandeln von Rollen, Nachgiebigkeit, Konformitätsneigung etc.). Aber dies ist dann kein soziologisches Thema mehr.

*Einspiel- und Abstimmungsprozesse*

*Typisierung*

### 3.3.3 Rolle und Identität

Als **Rollenidentifikation** bezeichnet man das Ausmaß, in welchem ein Individuum mit seiner Rolle „zusammenwächst". Man spricht dann davon, daß jemand in seiner Rolle voll aufgehe, daß sie gelegentlich auch andere Rollenbereiche überschwemme usw. So wird ein Individuum, das mit Leib und Seele Lehrer ist, möglicherweise auch in außerschulischen (unangemessenen) Situationen lehrerhaft auftreten. Andere Personen wiederum identifizieren sich keineswegs mit ihrer Aufgabe; sie betrachten etwa eine bestimmte Tätigkeit lediglich als „Job", den man wechseln kann wie ein Kleidungsstück (vgl. Eisermann 1991). Das „role-involvement" ist gering.

*Rollenidentifikation*

Eng verwandt mit dieser unterschiedlichen Rollenidentifizierung ist der Begriff der **Rollendistanz** (Goffman). Die Gründe für die Distanzierung von einer bestimmten Rolle können unterschiedliche sein:

*Rollendistanz*

- Negativbilanz der Rolle (z.B. die Überlegung, daß das Spiel dieser Rolle zu kostspielig ist);
- kritische Einschätzung der Rolle (z.B. nochmaliges Überdenken der moralischen Implikationen);
- expressive Entlastung im Hinblick auf den Rollendruck (z.B. Witzelei des Chirurgen bei einer schwierigen Operation).

Versteht man Rollendistanz im wesentlichen als Ausmaß der **kritisch reflexiven Haltung** gegenüber der Rolle, so bleibt auch hier noch offen, was Kritik im einzelnen heißen mag. Als mögliche Bezugspunkte kommen in Betracht: ob die Rolle wirklich sinnvoll ist; ob die Rolle konsistente Elemente aufweist; ob die Rolle richtig zu

*Kritische Haltung zur Rolle*

gestalten und zu interpretieren ist; ob mir die Rolle genügend einbringt; ob die Rolle in dieser Form wirklich legitim ist; ob die Rolle noch zeitgemäß ist; ob die Rolle auf meinen Rollenpartner abgestimmt ist; ob die Rolle meinem Selbstbild bzw. meinem Selbstkonzept entspricht usw.

Mit der letztgenannten Fragestellung haben sich gleichfalls mehrere Forschungstraditionen beschäftigt. Das hier vorliegende Problem läßt sich relativ leicht operationalisieren, wenn der Grad der Übereinstimmung in folgender Weise gemessen wird: Man ermittelt die Einstellungen, die eine Person gegenüber einer bestimmten Rolle hat und ermittelt sodann die Einstellungen, die diese Person gegenüber sich selber hat (Einstellungen zum Selbst). Im Falle unterschiedlicher Einstellungsmuster wird das Individuum die Rolle nicht aufgreifen. Sollte ein gewisser Zwang zur Übernahme dieser Rolle bestehen (jemand wird Vater, jemand muß sich um eine berufliche Stelle bemühen), dann entsteht jener Konflikt, der in unserem früheren Schema als Person-Rolle-Konflikt bzw. Selbst-Rolle-Konflikt ausgewiesen ist.

*Rolle, Selbst und Identität*
Phänomenologische Studien arbeiten mit einem anspruchsvolleren Begriff des „**phänomenalen**" Selbst oder einem Begriff der **personalen Identität**, wie er seit G. H. Mead zum ständigen Gedankengut vor allem des symbolischen Interaktionismus geworden ist. So soll etwa der interpretative Rollenbegriff die Möglichkeit bieten, eine gemeinsame Verständigung über eine Interaktion sozialer Normen zu finden, so daß kommunikatives Handeln jeweiligen Erwartungen entsprechend strukturiert und modifiziert werden kann. Die entscheidende Moderatorvariable bei der jeweiligen Rolleninterpretation wird damit in einem Konzept der Identität gesehen.

*Problematik des Identitätsbegriffs*
Nun läßt sich zeigen, daß der hier verwendete Identitätsbegriff außerordentlich problematisch ist, insbesondere wenn er als Gegensatz zur Rollenhaftigkeit des Handelns erneut einen vermeintlichen **Antagonismus von Individuum und Gesellschaft** beschwört (vgl. hierzu: Wiswede 1976, 1977). Schon Codley zeigte, daß Identität bereits in frühen Kindheitsphasen eine unauflösbare Legierung personaler (hier vor allem anlagebedingter, genetischer) Faktoren und sozialer Lernprozesse darstellt. Identität ist also ätiologisch angereichert mit sozialen Sachverhalten, zu denen mehr und mehr auch ein bestimmtes Rollenrepertoire gehört. Identität: Das ist u.a. eben **auch** ein Resultat bisherigen Rollenlernens, so daß Identität oder Selbst nicht als unauflösbares personales Substrat gedacht werden kann, das „freischwebend" als „Naturgestalt" oder „eigentliches Wesen" des Menschen existiert. Dies schafft freilich Person-Rolle-Konflikte nicht aus der Welt: Ständig ergeben sich nämlich Reibungen zwischen neuen Rollenzumutungen und bisherigen Rollenerfahrungen, zwischen auferlegter Rolle und Rollen-Selbst (McCall/Simmons 1974).

*Geschlechtsrollen*
Spannungen zwischen Rolle und Identität werden auch bei der sozialen Konstruktion von **Geschlechtsrollen** deutlich. Forschungen zur Personwahrnehmung (Fiske/Neuberg 1990) haben gezeigt, daß allein die Wahrnehmung der Geschlechtszugehörigkeit ein Schema auslöst, das dem **Geschlechtsrollenstereotyp** folgt. Wichtig ist dabei, ob der Mann oder die Frau dieses Stereotyp unreflektiert und unkritisch übernimmt oder hierzu in Rollendistanz geht. Je weiter jedoch das Stereotyp verbreitet ist und je mehr

Sanktionen für rollendiskrepantes Verhalten bereitstehen, desto eher ist zu vermuten, daß sich auch das **Selbstkonzept** der Betroffenen am Rollenstereotyp orientiert. Vielfach werden solche Stereotype durch die Massenmedien, z.B. auch durch die Werbung, verstärkt und tragen damit zu ihrer Verfestigung und Tradierung bei.

### Relevanz für den wirtschaftlichen Bereich

Auch im wirtschaftlichen Bereich treten Individuen ständig als Rollenträger auf: Sie fungieren als…: als Gewerkschaftler, als Betriebsratsmitglied, als Einkaufsleiter, als Verkäufer, als Vorgesetzter, als Mitglied einer Arbeitsgruppe usw. So ist auch die Gliederung der Berufe nichts anderes als ein spezieller Aspekt der Rollendifferenzierung. Auch Arbeitsteilung und Funktionsgliederung sind ökonomische Anwendungsfälle einer solchen Differenzierung.

Dabei sind auch im ökonomischen Bereich viele dieser Rollen reziprok: Vorgesetzter/Untergebener; Käufer/Verkäufer; Gewerkschaftsvertreter/Arbeitgebervertreter usw. Vielfach wird durch den Aspekt der Rollenhaftigkeit des Handelns auch unterstrichen, daß Menschen verschiedenen Systemen angehören (z.B. dem System „Betrieb" und dem familialen Bereich), so daß Konflikte im Bereich des Handelns wie auch auf Systemebene vorprogrammiert sind. Zentrale Konzepte, wie das des Rollendrucks, der Rollenambiguität, der Rollenidentifikation und des Rollenkonflikts sind im übrigen von vornherein mit Zuschnitt auf wirtschaftliche Problemstellungen entwickelt worden, hier vor allem abgestellt auf die Sozial- und Funktionsbeziehungen im Betrieb.

Auch auf der strukturellen Ebene ist der ökonomische Anwendungsbezug naheliegend. Organisationen, wie etwa wirtschaftliche Betriebe, können als Netzwerke aufeinander bezogener Rollen gekennzeichnet werden, die weitgehend unabhängig davon analysierbar sind, welche Personen nun im einzelnen welche Positionen ausfüllen. Auch läßt sich nicht nur das interne System des Betriebes als Rollenstruktur identifizieren, in der jede Position durch ein Bündel von Erwartungen (gleich Funktionszuweisungen) beschrieben ist, sondern auch die Beziehungen zum externen System: So bestehen Erwartungsstrukturen zwischen dem Betrieb und seinen Lieferanten, seinen Kunden, seinen Geldgebern, zu politischen Instanzen usw.

## Literaturempfehlungen

**Biddle, B.J.:** Role theory. Expectations, identities and behaviors. New York 1979
**Biddle, B.J.:** Recent developments in role theory. In: ARS, 8, 1986
**Dahrendorf, R.:** Homo sociologicus. Köln/Opladen [15]1977
**Eisermann, G.:** Rolle und Maske. Tübingen 1991
**Fischer, L., Wiswede, G.:** Grundlagen der Sozialpsychologie. München/Wien 1997
**Gross, N. et al.:** Explorations in role analysis. New York 1958
**Stryker, S.W., Statham, A.:** Symbolic interaction and role theory. In: Lindzey, G., Aronson, E.: HB of social psychology. Vol. II, New York [3]1985
**Wiswede, G.:** Rollentheorie. Stuttgart 1977

## Kontrollfragen:

1. Beschreiben Sie den menschlichen Lebensablauf als Sukzession von Rollenstadien.
2. Unterscheiden Sie mögliche Formen des Rollenkonflikts und geben Sie hierzu jeweils ein Beispiel aus dem ökonomischen Bereich.
3. Diskutieren Sie Möglichkeiten der Entlastung von Rollendruck (Rollenstreß).
4. Skizzieren Sie kurz die wesentlichsten Wandlungen der Geschlechterrollen.
5. Wie „bilanziert" man die Übernahme einer sozialen Rolle?

## 4. Soziale Abweichung

### Plan des Kapitels

In diesem Kapitel befassen wir uns nun mit abweichendem Verhalten als einem eigenständigen Thema. Dabei bleibt uns erinnerlich, daß wir bereits bei der Erörterung von **Gruppenprozessen** den Sachverhalt „Konformität unter Gruppendruck" in besonderer Weise analysiert haben, wodurch uns auch schon ein erster Schlüssel zum Verständnis normabweichenden Verhaltens geliefert wurde. Auch findet der im vorigen Abschnitt behandelte Problembereich „soziale Rollen" unter dem Aspekt des abweichenden Verhaltens seine natürliche Fortsetzung mit der Thematisierung **abweichender Rollen**.

Nach einem Überblick über die wichtigsten **Formen und Typen abweichenden Verhaltens** beschäftigen wir uns mit theoretischen Konzepten, die bisher zu Erklärung, Genese und Verlauf abweichender Verhaltensweisen vorgelegt worden sind. Die heutige Diskussion wird vor allem durch die Auseinandersetzung „herkömmlicher" ätiologischer, „täterorientierter" Ansätze auf der einen Seite und dem sog. Labeling- oder Stigmatisierungsansatz auf der anderen Seite belebt. Der letztgenannte Ansatz richtet seinen Blick vor allem auf die Reaktionen der sozial-relevanten Umwelt – auch der Sanktions- und Kontrollinstanzen – und sieht von hier aus wesentliche Einflußfaktoren auf den Abweichungsprozeß, der als „Karriere" interpretiert wird.

Als Fazit wird sich zeigen, daß beide Ansätze – sofern man von ideologischen Überspitzungen absieht – in manchen Bereichen durchaus miteinander vereinbar sind und in vielen anderen Themenstellungen sogar in einem Ergänzungsverhältnis zueinander stehen.

## 4.1 Begriff und Formen abweichenden Verhaltens

*Erwartungs-*
*definition*

Gewöhnlich versteht man unter abweichendem Verhalten ein Verhalten, das gegen irgendwelche soziale Normen bzw. normative Erwartungen verstößt. Diese Definition ist relativ klar, sofern man unterstellt, daß soziale Normen eine bestimmte Konsistenz aufweisen und halbwegs Konsens über die tatsächlich gehegten Erwartungen innerhalb eines sozialen Bezugssystems besteht. Eine gewisse Irritation hat die Labeling-

Schule in diese begriffliche Bestimmung gebracht, indem von ihr (zutreffend) behauptet wurde, daß man Devianz nicht am Verhalten selbst ablesen könne – die Tötung von Menschen ist einmal verboten, in anderem Kontext (z.B. Krieg) toleriert oder sogar positiv sanktioniert – und daß abweichendes Verhalten schlichtweg jenes Verhalten sei, das man dazu definiere (z.B. H.S. Becker 1963). Natürlich ist letzteres eine Verwechslung von Metaebene und Objektebene: Es geht hier zunächst um die **wissenschaftliche Definition** von Abweichung, nicht dagegen um die „Definition" von Devianz durch die Bevölkerung und schon gar nicht durch den Abweichler selbst. Letzteres Definitionsproblem gehört der Objektebene an: Wie „definieren" die Mitglieder eines sozialen Bezugssystems ein gegebenes Verhalten? Man wird sehr leicht sehen, daß diese Bestimmungen sich mehr oder weniger stringent an Normen und Erwartungen ausrichten, so daß wir wieder bei obigem Definitionsvorschlag angelangt sind.

Ein weiterer Vorschlag (der Labeling-Schule) zielt darauf ab, abweichendes Verhalten danach zu bestimmen, ob und in welchem Umfang **soziale Sanktionen** der Umwelt einsetzen. Gegen eine solche Version hat Gibbs (1972) schwere Bedenken angemeldet. Insbesondere ist unklar, welche Art von Reaktion welcher Personenkreise genau gemeint ist. Zum anderen würden alle Tatbestände aus der wissenschaftlichen Definition ausgeschlossen, die nicht entdeckt werden und auf die daher auch keine Reaktionen erfolgen. Der unaufgeklärte Mord wäre demnach kein abweichendes Verhalten – eine höchst merkwürdige (wenngleich natürlich zulässige) begriffliche Bestimmung!

*Sanktionsdefinition*

Wir plädieren ferner dafür, Abweichung als **variaten Begriff** einzuführen, d.h. Grade der Abweichung von einem gedachten Konformitätszentrum zu unterscheiden. Abweichungen sind ferner im Ausmaß der Kontrollbedürftigkeit bzw. der jeweilig negativen Konsequenzen für bestimmte Personenkreise oder das soziale Bezugssystem als Ganzes zu gewichten. Bei überschaubaren Sozialsystemen wird man die relevanten Erwartungen signifikanter Bezugspersonen bzw. Erwartungsheger relativ leicht feststellen können. Bei größeren Sozialsystemen wird man sich in der Regel an den etablierten allgemeinen Standards, seien diese nun kulturelle Traditionen, Moralvorstellungen, ethische, religiöse oder funktionale Normen usw. orientieren. Das Bezugssystem für Abweichung bleibt dann u.U. plastisch und vage.

*Abweichung vom Konformitätszentrum*

Die Teilklassen abweichender Verhaltensweisen, die gegen **Rechtsnormen** verstoßen, sind leichter bestimmbar und im allgemeinen auch leichter sanktionierbar. Trotz der Formalisierung von Rechtsnormen ist jedoch die Normanwendung oftmals inkonsistent (Beispiel: Was genau ist ein Verstoß gegen die guten Sitten, gegen „Treu und Glauben", „öffentliches Interesse", „Natur der Sache" usw.?). Auch sind die Zuordnungen gelegentlich labil (Was genau ist eine Vergewaltigung? Wie kann die Grauzone zwischen Mord und Totschlag bestimmt werden usw.).

*Rechtsnormen und Kriminalität*

Für die Soziologie abweichenden Verhaltens war **Kriminalität** lange Zeit der Prototyp; historisch leitet sich diese Disziplin daher von der Kriminalsoziologie ab. Einige der wichtigsten Theorien, etwa die von Sutherland, waren primär auf Kriminalität gemünzt und wurden erst später in ihrer Reichweite auf abweichendes Verhalten schlechthin ausgedehnt. Dennoch gibt es nach wie vor Erklärungsansätze unterschiedlicher Reichweite, die nur für ganz bestimmte eng umrissene Sektoren oder Formen der Devianz gelten (z.B. für Wirtschaftskriminalität, für Selbstmord, für Drogenkonsum usw.).

*Formen abweichenden Verhaltens*

Von **Formen abweichenden Verhaltens** läßt sich sinnvoll dann sprechen, wenn sich die jeweiligen Handlungsmuster deskriptiv zu **Kristallisationskernen** verdichten. Als solche gelten herkömmlicherweise: Kriminalität (alle Verhaltensweisen, die gegen das Gesetz verstoßen) mit all ihren Erscheinungsformen (Diebstahl, Mord, Vergewaltigung, Erpressung usw.), Selbstmord, sexuelle Abweichungen, Alkoholismus und Drogenkonsum. Zu diesen Devianzformen liegt – vor allem aus dem ätiologischen Bereich – eine Fülle empirischer und theoretischer Einsichten vor. Neuerdings werden – vor allem unter dem Einfluß der Labeling-Schule – in das Studium abweichenden Verhaltens jedoch auch einbezogen: Geisteskrankheit, Armut, körperliche Behinderung, Arbeitslosigkeit, Obdachlosigkeit etc., also Sachverhalte, die früher eher unter der Rubrik „Soziale Minoritäten" soziologisch abgehandelt wurden.

*Soziale Minoritäten*

Neben dieser mehr deskriptiven Aufzählung bestimmter „Kristallisationskerne" abweichenden Verhaltens gibt es systematischere Klassifikationen und **Typologien** (z.B. Parsons 1951; Merton 1968; Dubin 1959; Harary 1966). Bekannter geworden ist hierbei die Typologie von Merton. Für Merton sind zwei Elemente der Sozialstruktur von besonderer Bedeutung: Einmal die sogenannten „cultural defined goals" (also die Wertsetzungen einer Gesellschaft) sowie die „acceptable modes of reaching out for these goals" (also die zulässigen Wege, auf denen diese Ziele erreicht werden sollen). Nun kann man mit Merton davon ausgehen, daß Individuen erstens sowohl die Ziele als auch die legitimen Wege einer Gesellschaft akzeptieren, daß sie zweitens die Ziele, nicht aber die Wege, daß sie drittens die Wege, nicht aber die Ziele, daß sie – viertens – beides nicht akzeptieren:

*Typologie abweichenden Verhaltens*

| Art der Anpassung | Kulturelle Ziele | Legitime Wege |
|---|---|---|
| 1. Konformität | + | + |
| 2. Innovation | + | − |
| 3. Ritualismus | − | + |
| 4. Apathie | − | − |
| 5. Rebellion | (+ −) | (+ −) |

Die Einordnung der Rebellion ist problematisch; auch ist die Bezeichnung „Innovation" für den zweiten Fall ein wenig unglücklich, da unter diese Rubrik sowohl Verhaltensweisen wie „schöpferische Erfindungen" als auch Aktivitäten wie „Einbruchdiebstahl" etc. fallen würden. Der Aussagewert dieser Typologie (wie auch ähnlicher Typologien) ist daher begrenzt, sofern sie nicht theoretisch genutzt wird. Die Ausgangsunterscheidung in kulturelle Ziele und legitime Wege bietet allerdings den Einstieg in die von Merton formulierte Anomietheorie, die – insbesondere in ihrer Weiterentwicklung durch Cloward/Ohlin (1960) – weiterhin als brauchbares Konzept zur

196

Erklärung bestimmter Devianztypen (insbesondere Eigentumsdelikte und Rauschgiftkonsum) in Betracht zu ziehen ist.

## 4.2 Abweichung und Kontrolle

Jedes Sozialsystem hat – schon aufgrund der Aufrechterhaltung des Gleichgewichts und der Integration – ein besonderes Interesse daran, daß sich Personen nach bestimmten Werten und Normen richten, technischer gesprochen: daß sie sich nicht allzuweit vom **Konformitätszentrum** entfernen. Um dies zu gewährleisten, bedarf es der **sozialen Kontrolle** als „beabsichtigte Herrschaft der Gesellschaft über das Individuum" (E. A. Ross 1901). Obgleich der Begriff der sozialen Kontrolle in der Zwischenzeit etliche Klärung (und Verunklarung), Differenzierung und Perspektivenverlagerung erfahren hat (vgl. hierzu etwa Gibbs 1981), lassen sich grundsätzlich zwei verschiedene Ebenen sozialer Kontrolle lokalisieren:

*Soziale Kontrolle*

- **Interne Kontrolle:** Dies ist die Fähigkeit des Individuums, sich aufgrund internalisierter Werte und Normen selbst zu kontrollieren und zu sanktionieren.
- **Externe Kontrolle:** Dies ist der Bereich, der aufgrund fehlender Internalisierung und/oder aufgrund des hohen Belohnungswertes abweichenden Verhaltens zusätzlich der sozialen Regelung bedarf.

In einer Gesellschaft, in der alle Menschen das wollen, was sie sollen, gibt es keinen zusätzlichen Kontrollbedarf. Externe Kontrolle wird jedoch immer dann notwendig sein,

*Funktion externer Kontrolle*

- wenn internalisierte Kontrollen fehlen oder schwach entwickelt sind,
- wenn der Anreizwert abweichenden Verhaltens hoch ist,
- wenn die Regelungen der externen Kontrolle nicht auf Akzeptanz stoßen.

Im erstgenannten Falle wird man also extern etwa durch die Elterninstanz kontrollieren lassen, wenn beispielsweise ein Kind noch keine internen Standards entwickeln konnte. Auf der Individual-Ebene kann dies als schwach entwickeltes „Gewissen" interpretiert werden. Auf der Gesellschafts-Ebene zehrt abweichendes Verhalten (im Ausmaß der Verbreitung, Häufigkeit und Intensität) am **„sozialen Kapital"** (i.S. Colemans, 1991), was wiederum produktive Sozialbeziehungen gefährdet. Wenn zusätzlich der Anreizwert abweichenden Verhaltens hoch ist, besteht die Gefahr, daß Individuen immer weiter vom Konformitätszentrum der Gesellschaft abrücken (allerdings muß betont werden, daß dieses Konformitätszentrum sich im Prozeß sozialen Wandels ständig verlagert und wohl auch verlagern muß, wenn das System anpassungsfähig bleiben will. Aus diesem Grunde definieren manche Abweichler, z.B. Innovatoren, ein erst künftig sich einpendelndes Konformitätszentrum).

Im letzten der drei genannten Fälle ist davon auszugehen, daß das Maß der sozialen Kontrolle steigt, wenn die Kontrollmaßnahmen (oder auch die Kontrolleure) nicht auf Akzeptanz stoßen, sei es, weil die Betroffenen andere Standards verinnerlicht haben oder weil sie den „Sinn" der Kontrollaktivitäten nicht verstehen, oder sei es schließlich, weil die Kontrolle nicht legitim oder zu rigide erscheint. In diesem Falle steigen allerdings die **Kontrollkosten** ständig: Vorschriften und Gesetze von hoher Regeldichte (mit allen Negativfolgen der Bürokratisierung), ein zusätzliches Aufgebot an Vollzugs-, Kontroll- und Überwachungsorganen (mit der möglichen Extrementwicklung hin zum Polizeistaat oder zur Militärdiktatur). Die Steigerung der Kontrolle bewirkt dann erhöhte Reaktanz der Bevölkerung und das Anwachsen von Gegen- und Ausweichstrategien, so daß die Kontrolle weiter verschärft werden muß (Kontrollspirale).

Das **Studium der Kontrollorgane** ist mittlerweile aus der Soziologie des abweichenden Verhaltens ausgegrenzt worden, so daß sich eine Reihe weiterer Teildisziplinen im Umkreis von „punishment and correction" entwickelt haben, z.B. die Soziologie der Polizei, die Soziologie des Gefängnisses usw. Allerdings sind die Reaktionen der Kontrollorgane im Rahmen des „labeling-approach" in der Weise in die Analyse abweichenden Verhaltens wieder einbezogen worden, indem gerade diesen Reaktionen eine **entscheidende Mitwirkung** am Zustandekommen und der Selektion von Devianz zugemessen wird (z.B. Lemert 1972).

Insofern steht das alte soziologische Thema der „sozialen Kontrolle" unter einer **neuen Perspektive** zur Debatte: Hier wird nicht etwa gefragt, inwieweit das Bestehen bestimmter Normen sowie das Eingreifen der Kontrollorgane abweichendes Verhalten verhindern könne bzw. beim Abweichler zu ganz bestimmten Vermeidungsstrategien führe, sondern ganz umgekehrt bildet das Recht und die Art seiner Durchsetzung eine Erklärung von Handlungs- und Organisationsbedingungen von Kriminalität (vgl. von Trotha 1982). Soweit solche Fragestellungen nicht lediglich auf eine Diskreditierung jedweden Kontrollsystems abzielen – dazu neigt die sog. radikale Kriminologie –, vermag die hier vorgenommene Vertauschung der Variablen interessante Denkanstöße zu liefern (vgl. Cohen 1993; Lamnek 1994).

## 4.3 Ätiologische Theorien abweichenden Verhaltens

Die sogenannten ätiologischen Theorien sind „täterorientiert" und versuchen, den Verlauf (die „Ätiologie") des Abweichungsprozesses kausal zu bestimmen. Sie gehen davon aus, daß die jeweiligen sozialen Normen mehr oder weniger als gegeben zu betrachten sind, so daß die Frage des Normverstoßes durchaus einer kausalen Erklärung offensteht. Ätiologische Ansätze befassen sich im allgemeinen nicht mit der Frage der Normentstehung und der Normanwendung. Allerdings ist zu fragen, ob diese beiden Komplexe auf das Bestehen abweichenden Verhaltens ursächlich zurückwirken. Diese Problemstellung hat der ätiologische Ansatz ein wenig vernachlässigt.

## 4.3.1 Persönlichkeitstheoretische Konzepte

Befassen wir uns zunächst kurz mit Erklärungsansätzen, die abweichendes Verhalten auf bestimmte **Veranlagungen** oder **Persönlichkeitsdefekte** zurückführen. Da sind zunächst biologisch-anthropologische Theorien, die gewisse Erbanlagen, Hormon-störungen oder konstitutionelle Eigenheiten für die Devianz verantwortlich machen. Auch im Rahmen von „Laientheorien" spricht man ja häufig von „kriminellen Veranlagungen".

*„Veranlagungen" und Persönlichkeitsdefekte*

Diese Erklärungsansätze sind heute nicht mehr sehr verbreitet, da sich zunehmend die Ansicht durchsetzt, daß abweichendes Verhalten in Lernprozessen erworben wird (vgl. hierzu Akers 1984, Wiswede 1979). Freilich sind besonders drastische Formen der Abweichung (z.B. triebdurchbrüchiges Verhalten, Schwachsinn usw.) durchaus mit biologisch-physiologischen Konzepten erfolgreich zu deuten. Andererseits muß jedoch auch gesehen werden, daß biologische Unterschiede oder Mängel soziale Interaktionen beeinträchtigen und zu Stigmatisierungen führen können. Bestimmte biologische Merkmale (wie z.B. Hautfarbe und Lebensalter) werden sozial unterschiedlich hoch geschätzt, so daß Personen, die die erwünschten biologischen Merkmale nicht besitzen, u.U. in die Minoritätenrolle abgedrängt werden.

Eine zweite Gruppe von Erklärungsansätzen versucht bestimmte **Persönlichkeitszüge** (z.B. Beeinflußbarkeit, Aggression usw.) für das Auftreten abweichender Verhaltensweisen verantwortlich zu machen. Allerdings sind die meisten der hier aufgeführten Persönlichkeitsmerkmale zu unspezifisch, um ganz bestimmte Abweichungsformen erklären zu können. Außerdem dürfte es nach lerntheoretischen Vorstellungen kaum situations- und rollenübergreifende Persönlichkeitszüge geben, so daß im einzelnen geklärt werden müßte, welche diskriminativen Stimuli erforderlich sind, um bestimmte Reiz-Reaktions-Verbindungen auszulösen. Ähnliche Einwände gibt es gegen Konzepte, die das Auftreten von Devianz auf irgendwelche psychische Deformationen (Persönlichkeitsdefekte, Über-Ich-Lücken) zurückführen, wobei meist bestimmte Kindheitserlebnisse als Angelpunkt der Erklärung dienen.

*Persönlichkeitsmerkmale*

Diese Perspektive berührt sich mit allgemeineren **sozialisationstheoretischen Konzepten**. Hier werden als mögliche Determinanten abweichenden Verhaltens angesehen: schwache oder fehlende Internalisierung, Sozialisationsstörungen (Übersozialisation, Untersozialisation, Fehlsozialisation, inkonsistente, bestrafungsorientierte, rigide, feindselige Sozialisation usw.), familiale Desorganisation, Rollenstörungen (z.B. Rollenkonflikte, Rollenumbrüche im Lebensablauf). In diesem Umkreis stehen auch die sog. **Kontrolltheorien**. So behauptet etwa die Containment-Theorie die Wirksamkeit einer äußeren Haltstruktur (gesellschaftliche Einbindung, Vorhandensein von Sanktionsinstanzen) sowie einer inneren Haltstruktur (Internalisierung von konformen Werten und Normen); beides reflektiert auf die im vorigen Abschnitt besprochene Trennung zwischen interner und externer Kontrolle. Im Rahmen solcher Kontrolltheorien wird auch die Rolle des „commitment" oder des „involvement" (z.B. in konformen Arbeitsbereichen, in festgefügten Alltagsstrukturen) für ein eventuell entstehendes Devianzpotential unterstrichen. **Entwicklungspsychologisch** ausgerichtete Konzepte legen besonderes Gewicht auf die Ausgestaltung kognitiver Kontrollen mit Blickrichtung auf die Ausformung einer autonomen Moral. **Psychoanalytische** Erklärungsmuster richten ihre Aufmerksamkeit auf triebdurchbrüchiges Verhalten, auf Fixierungen der frühkindlichen Sexualentwicklung, wie auf fehlende

*Sozialisationsstörungen*

*Kontrolltheorien*

Steuerung durch internalisierte Kontrollen (Über- Ich-Lücken). **Lerntheoretisch** orientierte Ansätze unterstreichen den allmählichen Aufbau von Verhaltensmustern durch die Wirkung von Belohnung und Bestrafung, wobei komplexe Lernprozesse, wie Modell-Lernen, Erwartungslernen, Vergleichslernen, Hypothesenlernen usw. einbezogen werden. Nach lerntheoretischer Vorstellung kann es zur Ausformung situationsübergreifender Persönlichkeitsmerkmale nur dann kommen, wenn das Verhalten breitflächig generalisiert.

*Selbstkontrolle*

In neueren Kriminalitätstheorien werden jedoch wiederum Konzepte bemüht, denen man den Status von Persönlichkeitszügen zuweist: **Kontrollüberzeugungen** (d.h. die Erwartung, hinsichtlich der Ausübung des abweichenden Verhaltens effizient zu sein), **Egoismus** (unterschiedlich ausgeprägte Tendenz, eigennützig zu handeln), **Gesetzestreue** (die Neigung einer Person, sich auch dann an bestehende Gesetze zu halten, wenn man sie im Einzelfall als nicht gerechtfertigt ansieht) sowie **Selbstkontrolle**. „Low self control" bedeutet bei Gottfredson/Hirschi (1990), daß Personen bei Entscheidungen stärker auf die unmittelbaren Folgen dieses Verhaltens achten, und daß sie die langfristigen Konsequenzen des Verhaltens vernachlässigen. Gemeint ist demnach eine gewisse Kurzzeitorientierung bzw. **Kurzsichtigkeit**. Dieses Konstrukt der Selbstkontrolle steht damit im Zusammenhang mit lerntheoretischen Befunden zur „delay of gratification" (sozialisationstheoretisch: deferred gratification pattern) und hat sich empirisch zur Erklärung bei Deliktformen (z.B. betrügerisches Verhalten) und auch bestimmter konsummatorischer Handlungen (z.B. Rauchen) als erklärungskräftig erwiesen. Wir werden diesem Konzept unter lerntheoretischer Perspektive noch einmal begegnen.

## 4.3.2 Lerntheoretische Konzepte

*Devianz als gelerntes Verhalten*

Das eben erwähnte lerntheoretische Konzept ist ein brauchbares Bezugsfeld, um Prozesse der Sozialisation erklären zu können, ohne hierbei die Einflüsse externer Faktoren (kulturelle, schichtspezifische oder subkulturelle Gegebenheiten) vernachlässigen zu müssen. Trotz gewisser Überlappungen besteht ein wichtiger Unterschied zu persönlichkeitstheoretischen Auffassungen darin, daß Lerntheorien das Auftreten situationsübergreifender Persönlichkeitsmerkmale (traits) abstreiten und besonderes Gewicht auf die Wirksamkeit diskriminativer Stimuli legen (vgl. Akers 1984). Überschneidungen gibt es auch mit neueren ökonomischen Ansätzen zur Erklärung abweichenden Verhaltens (z.B. die ökonomische Theorie der Kriminalität; vgl. 4.3.3). Gegenüber diesen mehr formalen nutzentheoretischen Überlegungen erscheint uns die lerntheoretische Vorgehensweise gerade im Hinblick auf das Studium abweichenden Verhaltens sehr viel substantieller.

*Verstärkungsquellen für Devianz*

Zunächst ist im Sinne des Effektgesetzes davon auszugehen, daß das Auftreten bestimmter Verhaltensmuster durch die positiven und negativen Konsequenzen dieses Verhaltens gesteuert wird. Belohnungen bzw. Anreize wirken hierbei **verstärkend**. Folgende Verstärkungsquellen für abweichendes Verhalten sind denkbar (Wiswede 1979, 189):

200

| Verstärkung | Quelle der Verstärkung | | |
|---|---|---|---|
| Sanktion | Ego | Alter | non-sozial |
| Belohnung | Selbstgefühl<br>Konsonanz<br>Erregung | Anerkennung<br>Status<br>Mitgliedschaft | Geld<br>Güter<br>Nahrung |
| Bestrafung | Schuldgefühl<br>Angst<br>Dissonanz | Ausschließung<br>Kritik<br>Ablehnung | Schmerz<br>Gefängnis<br>Entzug |

**Übersicht 30:** Verstärkungsquellen für abweichendes Verhalten

Abweichendes Verhalten wird demnach auftreten, wenn die belohnenden Konsequenzen dieses Verhaltens die bestrafenden Folgen übersteigen (z.B. der Diebstahl hat sich gelohnt; P ist nicht ertappt worden), genauer: wenn das Individuum die Erwartung hegt, das abweichende Verhalten ausführen zu können (**Effizienz-Erwartung**) und ferner glaubt, daß bestimmte positive Ergebnisse auftreten werden (**Konsequenz-Erwartung**) (z.B. P nimmt an, daß sich ein Einbruch in diesem Haus lohnt; er hat eine bestimmte Vorstellung davon, wie wahrscheinlich es ist, ertappt zu werden. Dabei werden ferner Mechanismen des **Vermeidungslernens** aktiviert: P entwickelt Strategien, um den negativen Konsequenzen seines Verhaltens zu entgehen z.B. nicht ertappt zu werden).

*Erwartete Konsequenzen*

*Vermeidung negativer Konsequenzen*

Eine mögliche Quelle der Verstärkung kann auch im Verhalten des Opfers (z.B. Provokation, Leichtsinn) oder in spezifischen Merkmalen des Opfers (z.B. Hautfarbe, Hilflosigkeit) oder dessen Reaktionen (z.B. Angst, Schreien) begründet liegen. Dies verweist auf den besonderen **Interaktionsmodus zwischen Täter und Opfer**, der üblicherweise im Rahmen der **Viktimologie** behandelt wird. So können z.B. Mobbing-Handlungen anhand eines Prozeßmodells studiert werden, in dem die Merkmale und/oder Handlungen und/oder Reaktionen des Mobbing-Opfers den Täter ermutigen, seine Aktivitäten fortzusetzen oder zu erweitern. Manchmal dient das Verhalten des Opfers auch als Rechtfertigung für den Täter (z.B. im Rahmen einer Vergewaltigung, die das Opfer selbst provoziert habe).

*Interaktionsmodus zwischen Täter und Opfer*

Von besonderer Wichtigkeit für die Entstehung abweichenden Verhaltens ist das **Modell-Lernen**. Hier geht es darum, daß die relevanten Bezugspersonen des Individuums ein bestimmtes Verhalten vorleben und als Modell der Devianz wirken. Wie wir aus der Theorie des Modell-Lernens (Bandura 1969) wissen, müssen diese Modellpersonen allerdings bestimmte Bedingungen erfüllen, um zur Imitation anzureizen: Sie müssen als ähnlich perzipiert werden, sie müssen Aufmerksamkeit erregen, sie müssen in bestimmter Weise als attraktiv gelten und sie müssen selbst als Empfänger von Belohnungen in Erscheinung treten. Die Theorie des Modell-Lernens und die in ihr vollzogene Unterscheidung zwischen Akquisitions- und Ausführungsphase zielt auf eine Speicherung von Lerninhalten, die aus ihrer Latenz erst dann hinausgelangen, wenn das Individuum selbst situationsspezifisch und belohnungserwartend motiviert ist, eine bestimmte Handlung auszuführen. Diese Theorie wirft damit auch

*Modelle der Devianz*

201

klärendes Licht auf die alte Streitfrage, ob z.B. das Zeigen krimineller Handlungen oder die Darbietung von Gewalt im Fernsehen unmittelbare oder mittelbare Ansteckwirkungen hat.

In Herrnsteins Version des Effektgesetzes wird im übrigen ein **Delay-Faktor** eingeführt. Dies bedeutet, daß man sofortige oder baldige Bedürfnisbefriedigung im allgemeinen höher einschätzt als Belohnungen, die in einer entfernten Zukunft liegen (vgl. auch Elster 1979). Zwar kennt auch die Ökonomie sog. **Abdiskontierungseffekte**, doch zeigen empirische Studien, daß Menschen – einige Individuen ganz besonders – dazu neigen, diese Ergebnisse in viel stärkerem Maße abzudiskontieren, als es die ökonomische Theorie voraussagen würde. Wilson/Herrnstein (1985) zeigen, daß Personen, die zu abweichendem Verhalten tendieren, in besonderem Maße dieser Abdiskontierung unterliegen (sog. myopischer Effekt).

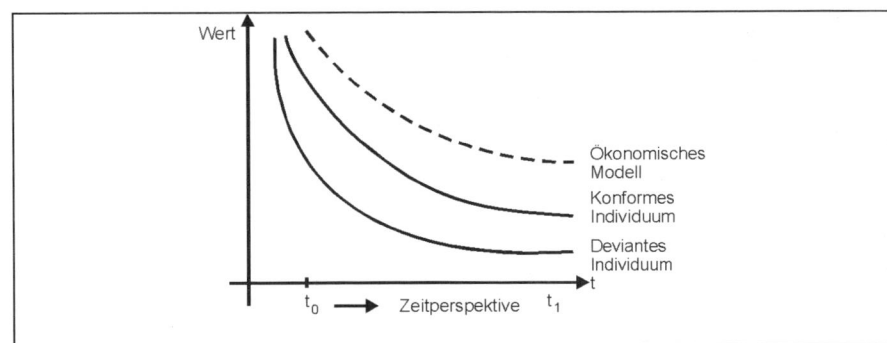

**Abb. 16:** Abdiskontierung und myopischer Effekt

Dies betrifft sowohl mögliche positive Folgen des Wartens (Belohnungsaufschub), wie auch mögliche negative Konsequenzen in der Zukunft (z.B. Gesundheitsschädigung, Gefängnisstrafen). Deviante haben daher eine **Kurzzeitorientierung**, die – wie im vorigen Abschnitt in Anknüpfung an Gottfredson/Hirschi (1990) diskutiert – auf einer **Unfähigkeit an Selbstkontrolle** beruht. Hier berührt sich der lerntheoretische Ansatz mit Variablen, wie sie im Zusammenhang mit empirischen Studien zur Sozialisation entwickelt wurden. Letztlich muß ein Belohnungsaufschub (delay of gratification) im Sozialisationsprozeß „gegen die Natur" durchgesetzt werden.

## 4.3.3 Ein Rational-choice-Ansatz

Stärker noch als die Lerntheorie geht der Rational-choice-Ansatz zur Erklärung abweichenden Verhaltens (G. Becker 1982; Hellman 1980; Clarke 1992) von einem Nutzenkalkül aus. Wie jedes Verhalten, so sei auch abweichendes (kriminelles) Verhalten als Versuch der Nutzenmaximierung zu erklären. „A useful theory of criminal behavior can dispense with special other theories of anomie, psychological inadequacies, or inheritance of special traits and simply extend the economists' usual analysis of choice" (Becker 1974, 2).

Abweichendes (kriminelles) Verhalten wird umso eher auftreten,
- je wahrscheinlicher es ist, daß die abweichende Handlung zum Erfolg führt,
- je höher der zu erwartende Gewinn (Nutzen) aus dieser Handlung ist,
- je geringer die Wahrscheinlichkeit, daß die abweichende Handlung entdeckt wird und damit scheitert,
- je höher die mit der Aufdeckung der abweichenden Handlung verbundenen Kosten.

**Übersicht 31:** Eine Rational-choice-Theorie der Kriminalität

Wichtig ist, daß **subjektive** Werte und Erwartungen in das Kalkül eingehen. Von hier aus sind „Anomalien" anschlußfähig (z.B. die im vorigen Abschnitt diskutierte Tendenz der Abdiskontierung). Empirische Befunde legen nahe, daß Nicht-Delinquente häufig das Entdeckungsrisiko systematisch überschätzen. Diese Überschätzung kommt einer präventiven Wirkung gleich (Frey/Opp 1979).

Clarke (1992) betont die Rolle von **Gelegenheiten** für die Erklärung abweichenden Verhaltens. Ein wichtiger Ansatz präventiver Strategien sei eine „situational crime prevention", die auf eine Reduzierung von Gelegenheiten ausgerichtet sei (eine Paralelle zur Chancenstrukturtheorie). Der Leitgedanke scheint hier zu sein: „Tugend ist nur Mangel an Gelegenheit". Freilich wird es dabei sehr wesentlich darauf ankommen, ob und inwieweit Personen soziale Normen internalisiert haben. Zu unterscheiden sind auch Gewohnheitstäter und Gelegenheitstäter: Erstere suchen aktiv die Gelegenheiten auf, letztere reagieren auf sich bietende Gelegenheiten.

*Rolle von Gelegenheiten*

Nach neueren Kriminalitätstheorien ist die **Bestrafungshöhe** bzw. auch eine Strafverschärfung weitgehend irrelevant für das Verhalten des devianten Akteurs (vgl. hierzu: Peters 1989; Lamnek 1994). Dies trifft jedoch nur bei subjektiv niedriger Entdeckungswahrscheinlichkeit zu: Denn wenn Täter mit hoher Wahrscheinlichkeit davon ausgehen, daß ihre Tat nicht entdeckt wird, dann stellt sich das Problem der Kosten bei Aufdeckung gar nicht (d.h. es wird ausgeblendet). Lerntheoretisch ist damit zu rechnen, daß Personen die Entdeckungswahrscheinlichkeit umso niedriger einschätzen, je häufiger ihr bisheriges Verhalten erfolgreich war. Dies könnte zu einer „gelernten Sorglosigkeit" führen, die handlungstheoretisch als Kontrollillusion fungiert.

*Rolle der Bestrafungshöhe*

Die Rational-choice-Theorie abweichenden Verhaltens konnte für zahlreiche Deliktformen bestätigt werden (vgl. für eine Übersicht Fetchenhauer 1997). Fetchenhauer schränkt ein, daß die Rational-choice-Theorie umso erklärungskräftiger wird, je geringer die normative Aufladung der ins Auge gefaßten Handlung ist. Das Bestehen starker Moralvorstellungen fungiere als eine Art Filter, der bewirkt, daß abweichende Verhaltensweisen (z.B. Betrug) gar nicht erst ins Auge gefaßt bzw. kalkulativ verarbeitet werden.

## 4.3.4 Gruppentheoretische Konzepte

*Abweichende Gruppen*

Lerntheoretische Erklärungsansätze bewähren sich vor allem auch im Rahmen von **Gruppeneinflüssen**. Dort hatten Vorstellungen über gelerntes abweichendes Verhalten seit jeher einen hohen Stellenwert. So betont etwa Sutherland (1924 bzw. 1970) in seiner Theorie der **differentiellen Assoziation**, daß Kriminalität in Interaktion mit anderen Personen in einem kommunikativen Prozeß gelernt wird. Die zentrale Hypothese lautet dabei, daß eine Person immer dann delinquent wird, wenn sie in einem Bezugskreis steht, in dem der Bruch des Gesetzes als wünschenswerter eingeschätzt wird als die Einhaltung des Gesetzes (zur lerntheoretischen Reformulierung vgl. Burgess/Akers 1966).

*Prinzip der „differentiellen Assoziation"*

Ganz allgemein dürfte gelten, daß Gruppeneinflüsse von höchster Relevanz für die Entstehung (oder Verhinderung) abweichenden Verhaltens sind. So wird beispielsweise die stärkere Einbindung in die Herkunftsfamilie Abweichungstendenzen auch dann verhindern können, wenn die Gruppe der Gleichaltrigen zur Devianz tendiert. Wenn wir bedenken, daß Personen ja immer mehreren Bezugsgruppen zugehören, dann ist klar, daß sich diejenigen Verhaltenstendenzen durchsetzen werden, die hinsichtlich der attraktivsten Bezugsgruppen bestehen und die deshalb auch über das höchste Angebot von Belohnungsquellen verfügen. Insbesondere ist dies dann der Fall, wenn ein Individuum bestimmte Probleme oder Erwartungen hat, die von der Gruppe geteilt werden. Je mehr eine Person psychisch oder faktisch in Abhängigkeit gerät, desto stärker vermag sich auch der Gruppendruck durchzusetzen. Rigide Formen der Gewaltanwendung, etwa die Tötung von Politikern durch Terroristen, sind vermutlich ohne Bezugnahme auf Situationen des Gruppendrucks mitsamt ihrer psychischen Eskalationswirkung sowie den kollektiv geteilten Rationalisierungs- und Rechtfertigungsstrategien kaum verstehbar. Empirische Untersuchungen haben vielfach gezeigt (vgl. Fischer/Wiswede 1997), daß Personen im Gruppenkontext anders handeln und andere Motivationsstrukturen entwickeln (z.B. riskanter und aggressiver handeln). Insbesondere gilt dies im Zustand der **De-Individuierung**, wenn also Personen glauben, sich unter dem Schutzmantel der Gruppe „verstecken" zu können.

*Gruppendruck als Auslöser*

*Zustand der De-Indivi- duierung*

Devianz im Gruppenkontext ist auch häufig **„organisiert"** und weist ein hohes Maß an Binnenstrukturierung auf, z.B. bei terroristischen Vereinigungen oder kriminellen Banden. Ein hohes Maß an Kohäsion im internen System wird begleitet durch Anstrengungen, sich nach außen abzugrenzen (vgl. zur Theorie sozialer Identität, Kap. A 2.2.5), was zur Ausbildung einer ethnozentrischen Position bei gleichzeitigem Aufbau eines Feindbildes führt. Je nach Zielstruktur behauptet sich diese als Subkultur (z.B. bei einer kriminellen Bande) oder als Kontrakultur (z.B. bei einer terroristischen Vereinigung). Die hierarchische Struktur sowie die Herausbildung besonders idiosynkratischer Normen war vielfach Gegenstand klassischer Studien zur Bandenkriminalität (vgl. etwa Trashers: The Gang, 1927).

*Organisierte Kriminalität*

# 4.3.5 Anomietheoretische Konzepte

Mit anomietheoretischen Erklärungsansätzen verlassen wir die Mikroebene. Ganz allgemein gehen makrosoziologische Konzeptionen davon aus, daß bestimmte „gesellschaftliche Verhältnisse" für Ausmaß und Richtung des abweichenden Verhaltens verantwortlich gemacht werden müßten. Bereits Durkheim deutet das Auftreten von Abweichung als Ausdruck der Anomie: den Zusammenbruch regulativer Normen. Eine solche Normerosion ist – nach Durkheim – immer dann wahrscheinlich, wenn es zu übersteigerten Aspirationen und Erwartungshaltungen der Bevölkerung kommt.

*Anomiekonzept*

Mertons Anomiekonzept geht von einer **sozio-kulturellen Dissoziation** von kulturellen Zielen und institutionalisierten Mitteln aus. Immer dann – so lautet Mertons Kernaussage –, wenn Personenkreise bestimmte Ziele (z.B. Wohlstandsgüter) mit hoher Wunschintensität anstreben und wenn ihnen gleichzeitig die legitimen Wege zur Erreichung dieser Ziele versperrt sind – etwa durch Arbeitslosigkeit, durch zu geringes Einkommen, durch verstopfte Aufstiegskanäle etc. –, dann werden sie zu abweichendem Verhalten neigen. Cloward und Ohlin (1972) erweitern dieses Konzept zu einer **Chancenstruktur-Theorie**. Die Autoren nehmen an, daß nicht nur die Zugangschancen zu legitimen Mitteln (z.B. berufliches Einkommen) sozial-strukturell differieren, sondern auch die Zugangsmöglichkeiten zu illegitimen Mitteln (z.B. Kommunikationsnetze in der „Unterwelt").

*Chancenstruktur-Theorie*

*Legitime und illegitime Mittel*

Gegen diese Theorie ist unter anderem vorgebracht worden, daß sie unklar ist (vgl. Opp 1974; Wiswede 1979) und daß sie trivial ist (z.B. Steuber 1981). Der Vorwurf der Unklarheit ist zu beseitigen, wenn man genauer zwischen Werten, regulierenden Normen und Mitteln (Möglichkeiten) unterscheidet. So heißt es in der Explikation der Chancenstruktur-Theorie durch Opp (1974, 133):

> „Je intensiver die für die Ausführung einer Klasse von Handlungen relevanten Ziele von Personen sind,
> je weniger intensiv die für die Realisierung dieser Ziele relevanten legitimen regulierenden Normen für bestimmte konforme Handlungen aus der genannten Klasse von Handlungen sind,
> je intensiver die für die Realisierung dieser Ziele relevanten illegitimen regulierenden Normen für bestimmte abweichende Handlungen aus der genannten Klasse von Handlungen sind,
> je geringer die Möglichkeiten sind, die Ziele gemäß den legitimen regulierenden Normen zu erreichen,
> je größer die Möglichkeiten sind, die Ziele gemäß den illegitimen regulierenden Normen zu erreichen,
> desto eher werden Personen die abweichenden Handlungen ausführen."

**Übersicht 32:** Reformulierte Chancenstruktur-Theorie (Opp 1974)

Der Trivialitätsvorwurf scheint zunächst einleuchtend, denn es ist klar, daß jemand nicht Alkoholiker werden kann, wenn kein Alkohol verfügbar ist, daß auch der Drogenkonsum zurückgeht, wenn kein „Stoff" nachgeliefert wird, und daß auch professionelle Diebe scheitern würden, wenn sie verkrüppelte Finger haben. Freilich weist uns die Theorie auf eine Reihe von notwendigen Bedingungen hin, die in der Gesellschaft durchaus differentiell abgestuft vorliegen, so daß sich unterschiedliche Einstiegsmöglichkeiten in bestimmte Devianzformen ergeben.

*Schichtspezi-
fische Krimi-
nalitätsraten*

Für Merton diente das Anomiekonzept insbesondere zur Klärung des Umstandes, daß **im Unterschichtbereich** höhere Kriminalitätsraten vorliegen als im Bereich der Mittelschicht. Nun muß man allerdings auch sehen, daß die Deliktformen schichtspezifisch variieren dürften (z.B. ist Messerstecherei unterschichtspezifisch, Bestechung jedoch oberschichtspezifisch). Im allgemeinen gilt in der Tat, daß Angehörige der Unterschicht legitime Mittel in geringerem Maße, illegitime Mittel jedoch in höherem Maße verfügbar haben. Im Falle der Wirtschaftskriminalität kann sich dieser Fall jedoch auch umkehren, vor allem dort, wo hohe Einkommen und Vertrauenspositionen den Einsatz illegitimer Mittel ermöglichen und erwartete Belohnungen höher ausfallen können als beim Einsatz der hier ebenfalls verfügbaren legitimen Mittel.

*Subkultureller
Ansatz*

Die Anwendung der Anomietheorie auf die Schichtungsproblematik eröffnet zugleich den Zugang zu verschiedenen **subkulturellen Erklärungsansätzen**. Das Konzept von Cloward/Ohlin ist noch deutlicher als Theorie abweichender Subkultur zu begreifen als der Ansatz von Merton: Die Autoren sehen in der Existenz von Subkulturen Versuche einer **kollektiven Antwort auf anomieerzeugende Situationen**. Solche Subkulturen entstehen demnach, wenn Personen häufig miteinander interagieren, die gleiche oder ähnliche Schwierigkeiten bzw. Probleme haben, sich mit dem geltenden Norm- und Wertsystem zu identifizieren, und die es deshalb belohnender finden, in partiellen oder sämtlichen Lebensbereichen nach abweichenden Normen zu handeln. Die Subkultur ist also ein mehr oder weniger gut integriertes Subsystem der Gesamtkultur, wobei das Wertsystem signifikant von der Rahmenkultur abweicht. Leicht abweichende Subkulturen sind etwa: die Subkultur der Jugendlichen, der Alten, der Homosexuellen usw. Auch die Unterschicht läßt sich u.U. als leicht abweichende Subkultur begreifen (vgl. Miller 1958), was letztlich bedeutet, daß sie Rechtsnormen folgen muß, die nicht eigenen Maßstäben entsprechen und dem spezifischen Lebensstil unterer Schichten teilweise ungemäß sind.

*Kontra-
Kulturen*

Eine extremere Ausprägung der Abweichung ist die **Kontrakultur** (Yinger), die nicht lediglich abweichende bzw. alternative Wertvorstellungen vertritt, sondern bewußte Gegenpositionen errichtet und diese u.U. auch aktivistisch durchzusetzen trachtet (z.B. Revolutionäre, Terroristen). Solche Kontrakulturen werden gewöhnlich durch Prozesse das Gruppendrucks und entsprechende Rechtfertigungs-Ideologien abgestützt.

## 4.4 Der „labeling approach"

*Differentielles
Verhalten der
Kontrolleure*

Der „labeling approach" verlagert durch die Konzentration seines Forschungsinteresses auf die Reaktionsprozesse seinen Erkenntnisgegenstand letztlich auf das **Verhalten der Kontrolleure**. Insofern steht das alte soziologische Thema der „sozialen Kontrolle" unter einer neuen Perspektive zur Debatte: hier vor allem mit dem Grundgedanken, daß Prozesse der Normsetzung, insbesondere jedoch der Normanwendung abweichendes Verhalten irgendwie „erzeugen". Die Schwerpunktverlagerung auf Definitions-, Reaktions- und Kontrollprozesse dürfte demnach zumindest partiell einen anderen (eventuell weiteren) Erkenntnisbereich einschließen als es die bisherige ätiologische Betrachtungsweise getan hat. Daher liegen hier bei genauerer Analyse keineswegs immer widersprüchliche Theorien vor, sondern Theoriestücke, die in einem Ergänzungsverhältnis zueinander stehen.

## 4.4.1 Normanwendung und Selektion

Die Soziologie abweichenden Verhaltens geht in ihrer ätiologischen Variante üblicherweise von gegebenen sozialen (bzw. rechtlichen) Normen aus und versucht aufgrund dieser Normbasis Abweichungen vom Konformitätszentrum zu erklären. Die Entstehung und Veränderung sozialer Normen bleibt dabei ausgeklammert und wird einem eigenen Forschungsbereich zugewiesen (vgl. hierzu Opp 1983; Vanberg 1984). Nun suggeriert jedoch die Ausgangsbasis „gegebene Normen" eine „Gestaltfestigkeit", die in der Wirklichkeit unserer Normenwelt keineswegs immer gegeben ist. Diese Frage einer möglichen Plastizität und Relativität sozialer Normen ist insbesondere für die **Art und Weise der Normanwendung** von Bedeutung. In dem Maße nämlich, in dem Normen labil, diffus und inkonsistent sind, entstehen Spielräume für variable Normanwendung (vgl. Rubington/Weinberg 1981), so daß die herkömmliche ätiologische Forschung im Ausmaß der **normativen Labilität** ergänzt, im Extremfall durch eine Analyse von Selektionsprozessen der Normanwendung ersetzt werden muß. Normen sind dann besonders variabel, inkonsistent und labil, also in hohem Maße auslegungsfähig, wenn es sich um sozial weniger bedeutsame Abweichungsformen handelt und wenn das soziale System, das als Bezugsinstanz fungiert, durch ein hohes Maß an Komplexität, Intransparenz, Pluralität und Innovation gekennzeichnet ist. In allen diesen Fällen werden Probleme der Zuordnung und des Ermessens, der Willkür und der Selektion, der individuellen (partikularistischen) Beurteilung, insofern auch der Rechtsunsicherheit, besonders gravierend sein.

*Bedingungen normativer Labilität*

Fragen wir nun, welche **Selektionsprozesse** bei der Normanwendung hauptsächlich stattfinden. Die Selektion kann sich beispielsweise auf die Handlung selbst beziehen (Unterschlagung, Nacktbaden), und es gilt auch hier, daß Kontrollorgane überwiegend dann eingreifen, wenn ein Delikt „schwerwiegend" ist. (Was schwerwiegend ist, wird wiederum durch das allgemeine Normsystem sowie durch die besondere Sicht der Kontrollorgane hinsichtlich der Einhaltung dieser Normen bestimmt). Zum zweiten wird sich die Selektion auf die besonderen Merkmale des Täters oder auf Verdächtige bzw. auffällige Umstände im Umfeld des Betroffenen richten. Empirisch bestätigt sind hierbei Trends im Anschluß an frühe Untersuchungen von Short/Nye (1957), daß zerrüttete Familienverhältnisse, unvollständige Familien sowie Schichtzugehörigkeit wichtige Auslesefaktoren darstellen. Die Tatsache, daß die Kriminalitätsrate in den Unterschichten höher liegt als etwa in der Mittelschicht, könnte daher (auch bzw. zusätzlich) dadurch erklärt werden, daß Personen aus dem Unterschichtbereich in erhöhter Weise Gefahr laufen, in die Fänge der Polizei zu geraten

*Selektionsprozesse*

*Schicht-Selektions-These*

bzw. durch Gericht abgeurteilt zu werden. Die Schicht-Selektions-These, die manchen unkritischen Labeling-Ideologen als willkommener Grund zur Verunglimpfung des Normen- und Instanzenapparates diente und wohl auch am besten zu marxistischen Vorstellungen von Klassenjustiz paßt, ist mittlerweile differenzierteren Aussagen gewichen. Allerdings dürfte nach wie vor gelten, daß Personen in oberen Sozialschichten wirkungsvollere „Auffangnetze" im Kontrollprozeß einsetzen können (z.B. den besseren Anwalt, einleuchtendere Rechtfertigungen, Einwirkung auf Kontrollorgane usw.) und daß sie ohnehin mehr an solchen Formen abweichenden Verhaltens beteiligt sind, die komplexer, also schwerer durchschaubar sind, und die deshalb vielfach eine inkonsistente Zuordnungskomponente aufweisen.

Labeling und Attribution

Während die meisten Studien der Labeling-Schule über Selektionsprozesse bei empirischen Generalisierungen vom Typ der Schicht-Selektions-These haltmachen, sollte künftig mehr als bisher das vorhandene Wissen über das Zustandekommen von **Alltagshandlungen** einbezogen werden. Hierbei denken wir weniger an phänomenologische Studien im Umkreis des symbolischen Interaktionismus, sondern an sozialpsychologische Befunde, wie sie in den „impliziten Persönlichkeitstheorien" oder in der Attributionsforschung verfügbar sind (vgl. zur Anwendung: Wiswede 1979). So existieren z.B. eine empirisch bereits geprüfte Theorie der Zuschreibung von Verantwortlichkeit sowie weitere theoretische Konzepte zur Erfassung von Prozessen der Selbst-Zuschreibung.

## 4.4.2 Stigmatisierung und abweichende Karriere

Nach der Vorstellung des „labeling-approach" **erzeugen oder verstärken** soziale Reaktionen abweichendes Verhalten. Bevor man eine solche Möglichkeit ins Auge faßt, muß man zunächst erkennen, daß soziale Reaktionen vielfach das Gegenteil bewirken: nämlich abweichende Handlungen abzuschwächen oder zu unterbinden. Auch muß man sehen, daß in vielen Fällen gerade die Nicht-Reaktion abweichendes Verhalten begünstigt oder verstärkt: Ein Individuum, das Steuern hinterzogen, Schecks gefälscht, die Ehefrau betrogen hat, fühlt sich in seinem Verhalten solange ermutigt, bis die Steuerprüfung ins Haus steht, die Polizei aufkreuzt oder die Ehefrau aufmerksam geworden ist.

Etikettierungs-effekte

Es ist also zunächst festzuhalten, daß die Vorstellung des labeling-approach lediglich unter besonderen Bedingungen sowie für bestimmte Formen sozialer Reaktionen gilt. Ein verstärkender Effekt ist etwa dadurch möglich, daß deviante Personen durch die besondere Form der Reaktion (z.B. Gefängnisstrafe) mit anderen Devianten in Berührung kommen (etwa im Gefängnis), die Modelle künftigen abweichenden Verhaltens abgeben. Auch könnte durch die Tatsache, daß ein Individuum „vorbestraft" ist, eine Etikettierung wirksam werden, die die Handlungsspielräume dieses Individuums einengt (indem es z.B. nur noch sehr schwer Arbeit findet).

Primäre und sekundäre Devianz

Dies betrifft Fälle primärer Devianz (Lemert), die durch **sekundäre Devianz** überlagert wird. Sekundäreffekte dieser Art sind dann die Folge ganz bestimmter gesell-

208

schaftlicher Reaktionen und Rollenzuschreibungen auf Primärereignisse, die durch vorausgegangene Normverstöße repräsentiert sind. Lemert (1972) macht im übrigen darauf aufmerksam, daß das Primärereignis gelegentlich marginal sein kann und oftmals auf ein „auffälliges Ereignis" reduziert wird. In Fällen der „ascribed deviance" (Mankoff) liegt jedoch noch nicht einmal ein solches Ausgangsereignis vor: Es genügt die Existenz **bestimmter Merkmale** einer Person (z.B. Rassenzugehörigkeit, Blindheit, Obdachlosigkeit), um in eine deviante Position abgedrängt zu werden. Lediglich für solche Fälle gilt, daß Personen, die negativ bewertete Merkmale haben und/oder die vom gewohnten Menschenbild abweichen, in den Sog einer abweichenden Rolle geraten (können).

*Abweichende „Karriere"*

Im Hinblick auf abweichende „Karrieren" sind vielfach **Stadienmodelle** entwickelt worden, die die Verstrickung des Individuums im devianten Prozeß deutlich machen sollen. Bekannt geworden ist das Modell des **Devianzkorridors** von Rubington/ Weinberg (1983):

*Devianzkorridor*

- imputed act: Die Person lebt in einer Gruppe, in der Merkmale/Handlungen als deviant angesehen werden.
- definition: Von dieser Person nimmt man an, daß sie offensichtlich deviant ist.
- deviant status: P wird typisiert und erhält einen devianten Status zugeschrieben.
- official process: P's Handlungen werden offiziell registriert; er wird ein offizieller Fall für verschiedene Kontrollinstanzen.
- subculture: Diese Vorgänge drängen P aus einem konventionellen Leben heraus, in ein organisiert deviantes Dasein hinein.
- deviant identity: Schließlich definiert sich P selbst im Sinne des labeling, übernimmt den devianten Status, spielt die abweichende Rolle.

Die Kritik an solchen und ähnlichen Verlaufsmodellen ist vielfältig. Zunächst ist fraglich, ob Karriereprozesse der beschriebenen Art **alle** Stadien in der genannten Reihenfolge durchlaufen müssen. Auch ist der deterministische Charakter solcher Phasentheorien mehr als problematisch. Die Labeling-Schule entwirft damit nämlich ein ziemlich düsteres Bild vom Stigmatisierten, der als Opfer gesellschaftlicher Definitionsprozesse in ein unausweichliches Netzwerk des Labeling verstrickt ist. Die Mitwirkung des Individuums, die Möglichkeiten des Individuums, sich aus den Labelingprozessen zu befreien oder sich ein positives Image zu verschaffen, bleiben außer Betracht. Auch mag es Prozesse des **De-labeling** (Trice/Roman) geben, die eine „Entdramatisierung" der Karriere bewirken, also einer etwaigen Eskalation gegenläufig sind.

*Labeling und De-labeling*

Empirische Untersuchungen scheinen darauf hinzuweisen, daß Stigmatisierung als unabhängige Variable beim Zustandekommen abweichender Karrieren sicherlich eine Rolle spielt (z.B. Brusten/Hohmeier 1975; Gove 1980; Darley/Fazio 1980), daß dieser Faktor jedoch in sehr viel komplexeren Wirkungsketten gesehen werden muß und nur in manchen Fällen von erheblicher Bedeutung ist. Daran ändern auch die immer wieder strapazierten Fallstudien nichts, in denen drastisch gezeigt wird, welche Teufelskreise der Verstrickung gelegentlich in der Tat möglich sind.

### 4.4.3 Abweichende Rolle und Identität

*Abweichende Rolle*

Im Rahmen der Labeling-Schule wird betont, daß Individuen im Verlaufe einer devianten Karriere eine **„abweichende Rolle"** übernehmen oder daß ihnen eine solche Rolle aufgestülpt wird. Mit dem Begriff der sozialen Rolle, wie er hier verstanden wird, dürfte gemeint sein, daß Dritte gegenüber einer Person in bestimmter Weise reagieren, daß sie etwa diese Person stigmatisieren oder ein ganz bestimmtes Verhalten voraussagen, ohne daß dies eine normative Erwartung ist (vgl. Opp 1974, 184). Dies deutet an, daß hierbei ein vom üblichen Rollenbegriff – Erwartungen qua Position – differenter Begriff eingeführt wird, der insbesondere in der Tradition des symbolischen Interaktionismus wurzelt. Rolle ist hierbei eher ein **Typisierungsschema** im Sinne eines „stereotypen Systems" oder auch Vorurteils: Personen werden aufgrund eines oder weniger Merkmale im Sinne impliziter Persönlichkeitstheorien eingestuft (Jud bleibt Jud, Rothaarige sind irgendwie falsch, Homosexuelle sind auch sonst nicht normal, Arbeitslose sind nur arbeitsscheu usw.). Eine solche Rolle generalisiert im Sinne der Lerntheorie: ein „typischer" Homosexueller, ein „typischer" Schizophrener, ein „typischer" Querulant usw. Durch die fehlenden Möglichkeiten, in konformen Rollenzusammenhängen zu wirken, kommt es zur **Einengung des Handlungsspielraums**: Der Deviante wird demnach aus etlichen Rollenverbindungen herausgedrängt, in anderen kann er lediglich mit erhöhten Aufwendungen (z.B. demonstrativen Konformitätsleistungen) verbleiben. Aus der abweichenden Partialrolle wird damit eine Totalrolle; alle übrigen Rollenbereiche des Individuums geraten in den Sog dieser neu definierten Rolle. Im Sinne eines Vergleichsniveaus für Alternativen erscheint dann das Angebot einer devianten Rolle attraktiver und ertragreicher. Von hier an wird die „Drift" (Matza) wirksam, die eine Rückkehr zum Konformitätszentrum immer kostspieliger gestaltet.

*Drift in die abweichende Rolle*

Auch der hier erwähnte Sachverhalt ist nicht nur mit Hilfe phänomenologischer Analysen wissenschaftlich zugänglich. Zusätzlich wäre dabei wieder die sozialpsychologische Attributionsforschung einzubeziehen sowie die Theorie stereotyper Systeme mitsamt der Vorurteilsforschung, ferner die Schematheorie und die Selbstkonzept-Forschung. Da sich die genannten Zuschreibungsprozesse in starkem Maße auch mit der Analyse **sozialer Minoritäten** und deren Gefährdung durch soziale Ausgrenzung berühren, wären hier übergreifende Perspektiven wünschenswert.

*Soziale Minoritäten*

*Selbstzu-schreibung*

Gleiches gilt für die Thematik der **Selbstzuschreibung**. Von Vertretern der Labeling-Schule wird behauptet, daß Personen nach erfolgter Rollenzuschreibung ihre „Identität" verändern und nach Maßgabe der devianten Rolle neu bestimmen. Das Individuum beteiligt sich dann selbst am Labeling-Prozeß, indem es sich selbst stigmatisiert (self-labeling). (Vorzügliche phänomenologische Analysen dieses Prozesses der Identitätsveränderung stammen von Goffman und Matza). Möglich ist auch eine Veränderung einzelner Rollenidentitäten oder Teil-Selbste, indem das Individuum versucht, in verschiedenen Rollenbereichen mit unterschiedlichen Maßstäben zu leben. Ob und inwieweit dies gelingt, ist eine Frage der Neutralisierung auftretender Inkompatibilitäten zwischen den einzelnen Rollen- und Selbstbereichen.

Hin und wieder enthält die Selbststigmatisierung auch den Keim der Rückkehr zu einer konformen Rolle. (Bin ich wirklich ein Versager? Bin ich wirklich nicht mehr zu normaler Arbeit fähig? Bin ich wirklich ein Verrückter?). Ähnlich heilsame Wirkungen sagt man Selbstetikettierungen nach, die in einem „Zugeben" bestehen (z.B. ich bin wirklich alkoholabhängig), und die die Voraussetzung für eine erfolgreiche Therapie (und damit auch für ein De-labeling) schaffen können.

*Rückkehr zum Konformitäts- zentrum*

### Relevanz für den wirtschaftlichen Bereich

Zunächst könnte man im ökonomischen Bereich an den Sektor „Wirtschaftskriminalität" denken (Beispiele: Scheckfälschung, Unterschlagung, Verstoß gegen das Wettbewerbsgesetz, Bestechung). Das Besondere dieses Sektors ist, daß Dunkelziffer und Grauzone besonders ausgeprägt sind. So wäre etwa die Frage zu thematisieren, ob und inwieweit Erscheinungen der sog. „Schattenwirtschaft" hier einzubeziehen sind. Traditionellerweise stand für die „White-Collar-Kriminalität", die am ehesten wohl mit dem Arsenal der Anomietheorie (bzw. Chancenstrukturtheorie) erklärt werden kann, die Frage zur Debatte, ob hier die soziale Kontrolle ausreiche und ob Sanktionen in angemessener Form vermittelbar sind und auch greifen. Beim letzteren hat man einige Zweifel, da diese Art von Kriminalität (z.B. Unterschlagung, Scheckfälschung, Umweltdelikte usw.) im oberen Schichtbereich häufiger vorkommt, so daß Verschleierungs- und Ausweichstrategien hier effizienter wirken dürften.

Aber auch abgesehen von diesem Sonderbereich der Wirtschaftskriminalität ist abweichendes Verhalten in wirtschaftlichen Zusammenhängen von Relevanz. Denken wir etwa an das Verhalten in gesellschaftlichen Organisationen, die das Management vor besondere Probleme der Zielabstimmung und der Kontrolle stellen: Cliquenbildung im Betrieb, abweichende Zielvorstellungen zwischen Abteilungen, zwischen Gruppen oder Personen, Machtmißbrauch, Intrigen, Alkohol am Arbeitsplatz, „Dienst nach Vorschrift" u.v.a. Auch im Konsumbereich sind abweichende Verhaltensweisen präsent: das Betrachten obszöner Filme, unerlaubter Genuß von Süßigkeiten durch Kinder, zu aufwendige Lebensführung, unangemessene Kleidung, Alkoholismus und Drogenkonsum usw.

Auch gesamtökonomisch ist es von Belang, daß sich die Mitglieder einer Gesellschaft bei der Erstellung ihrer ökonomischen Leistungen nach bestimmten Normen richten. Sonst könnte es nur allzu leicht geschehen, daß das Leistungsprinzip unter Verletzung von Regeln umgangen wird. Dies würde eine Entkoppelung von Leistung und Ergebnis bewirken.

## Literaturempfehlungen

**Akers, R. L:** Deviant behavior. Belmont [3]1984
**Amelang, M:** Sozial abweichendes Verhalten. Berlin 1986
**Bellebaum, A.:** Abweichendes Verhalten. Paderborn 1984
**Lamnek, S.:** Neue Theorien abweichenden Verhaltens. München 1994

**Lamnek, S.:** Theorien abweichenden Verhaltens. München [6]1996

**Opp, K.D.:** Abweichendes Verhalten und Gesellschaftsstruktur. Neuwied/Berlin [2]1974

**Wiswede, G.:** Soziologie abweichenden Verhaltens. Stuttgart [2]1979

## Kontrollfragen:

1. Diskutieren Sie unterschiedliche Definitionen von Abweichung.
2. Welche Typen abweichenden Verhaltens können nach Merton unterschieden werden? Stellen Sie den Zusammenhang zwischen dieser Typologie und der Anomietheorie her.
3. Welche Rolle spielen Gruppenprozesse bei der Entstehung und dem Verlauf einer abweichenden Karriere?
4. Welche Theorie erscheint Ihnen bei der Erklärung von Wirtschaftskriminalität am tragfähigsten?

# B. Grundfragen der Makrosoziologie

## 1. Soziale Kultur

### Plan des Kapitels

In diesem Kapitel werden wir uns mit dem Konzept der Kultur befassen. Wir tun dies zunächst auf einem Umweg, indem wir das Verhältnis kultureller Formung zu den natürlichen Ausgangsbedingungen – kurz: das Verhältnis zwischen Natur und Kultur – diskutieren. Dabei werden wir zeigen, daß die natürlichen Lebensbedingungen – wie ökologisch-geographische Faktoren, biologisch-physische Vorgaben sowie die demographischen Bedingungen der Bevölkerungsentwicklung – lediglich **Rahmenbedingungen** abgeben, die der kulturellen Überformung und Durchformung erhebliche Spielräume belassen. Vereinfacht gesagt: Die natürliche Umwelt **potenziert**; die Kultur dagegen **realisiert**. Auch diese Prozesse der kulturellen Realisation sind im weitesten Sinn unter Aspekten des **sozialen Lernens** zu sehen. Lernen ist damit gewissermaßen auch für die makrosoziologische Betrachtungsweise das überwölbende Thema.

Der Begriff der „sozialen Kultur", wie er hier gebraucht wird, ist nicht identisch mit einem umgangssprachlichen Begriff (jemand hat „Kultur" im Sinne von „verfeinerter Lebensart"), auch nicht mit einem eher philosophisch-historischen Begriff (die „griechische Kultur") und schließlich auch nicht mit einem humanistisch überhöhten Kulturbegriff (Kultur als etwas „Erhabenes"). Der heute von Soziologen meistverwendete Kulturbegriff entstammt vielmehr der amerikanischen „cultural anthropology" und wird dort vorzugsweise mit **dem Wertsystem einer Gesellschaft** identifiziert. Darin eingelagert finden wir soziale „Bedeutungen", Symbole, Zielsysteme, Glaubensinhalte usw. Sie werden als „funktionaler Befehlsstand" (Kluckhohn), als „Pilotstelle" (Popper) oder – mißverständlicher – als „Führungssystem" (Gehlen) einer Gesellschaft angesehen. Insofern stellt diese „Leitstelle" als **ideelle Kultur** (Wert-, Glaubens- und Symbolsystem) die Entsprechung zur **materiellen Kultur** (Sozialverhalten, Institutionen, Organisationen) dar. Faßt man beide Aspekte zusammen, so bezieht sich Kultur auf den **Lebensstil** innerhalb einer Gesellschaft.

**Lebensstile** stehen auch im Vordergrund neuerer kultursoziologischer Konzepte (z.B. Bourdieu 1982). Dort bezeichnet der sozio-kulturell geprägte Habitus den Zusammenhang zwischen Klassenposition, Bildungspartizipation, Kulturkonsum und Lebensstilen (vgl. Kap. 5). Allerdings gerät der Kulturbegriff bei Bourdieu, tendenziell auch bei Elias, wieder in die Nähe „verfeinerter Lebensart" (man „hat" Kultur), was eine engere und spezifischere Verwendung dieses Wortes impliziert (Elias spricht übrigens von „Zivilisation"). Die kultursoziologische Beschäftigung mit Lebensstilen bewegt sich häufig auch auf einer deutungswissenschaftlichen Ebene. Ältere Versuche dieser Art stammen von Veblen, Rüstow, Sorokin, Freyer und Riesman, neuere von Elias, Bourdieu, Beck und Schulze, sämtlich sozialmorphologische Diagnosen der zeitgenössischen Gesellschaft.

Der Ausdruck „soziale Kultur", den wir in der Überschrift verwenden, soll die enge Verbundenheit von Gesellschaft und Kultur signalisieren. Eine abgelöste Behandlung von Kultur und die kategoriale Trennung von Kultur und Gesellschaft dürfte in vielen Zusammenhängen problematisch sein, da Kulturelles und Gesellschaftliches – wie Lipp es ausdrückt – ineinander „verschachtelt" sind (vgl. Lipp/Tenbruck 1979; Neidhardt et al. 1986). Neuerdings beobachtet man eine Inflationierung des Begriffs: als Industriekultur, Organisationskultur, Unternehmenskultur, Freizeitkultur usw., was die Verwendung des Kulturbegriffs manchmal erschwert, weil unterschiedliche oder unklare Kulturkonzepte zugrundegelegt werden.

Nach der Erörterung der „natürlichen" Rahmenbedingungen folgen wir in unserer Darstellung der Leitlinie des funktionalistischen Ansatzes und behandeln Kultur (mit Parsons) vorwiegend als „Wertsystem einer Gesellschaft", obgleich wir uns bewußt sind, daß wir damit nicht alle Facetten eines „reichhaltigeren" Kulturbegriffs erfassen. Im zweiten Abschnitt dieses Kapitels interessiert uns hierbei insbesondere das Ausmaß kultureller Spielräume. Wir zeigen dabei, daß es bedeutsame Unterschiede in der Festlegung von Werten und Normen in verschiedenen Gesellschaften gibt. Dem folgt der Versuch, die wichtigsten Kriterien zu entwickeln, nach denen Gesellschaften unter diesem kulturellen Aspekt verglichen und unterschieden werden können. Danach wollen wir uns kurz mit der Frage befassen, wie Werte entstehen, auf welche Weise sie sich weiterentwickeln und welches die wichtigsten Trends des heutigen Wertwandels sind.

## 1.1 Natürliche Rahmenbedingungen

### 1.1.1 Ökologische Bedingungen

*Geographie und Ökologie*

Die **geographische Lage** und die **ökologische Beschaffenheit** eines Landes gehören zu jenen Rahmenbedingungen, in denen Gesellschaften existieren und variieren. So ist es z.B. nicht gleichgültig, ob es sich um eine Insel handelt, ob das Land gebirgig oder flach ist, ob es sich um ein großes, u.U. unwirtliches Land handelt, welche Bodenschätze vorhanden sind usw. Bedingungen wie diese sind oftmals die Erklärungsbasis für Kriege; die Verfügung über Rohstoffe ist häufig der wichtigste Grund für wirtschaftliches Wohlergehen. Die Bodenbeschaffenheit samt Klima sowie die Möglichkeiten der künstlichen Bewässerung – man spricht von „hydraulischen Kulturen" – sind wichtige Voraussetzungen kultureller und wirtschaftlicher Entwicklung.

*Klima als Rahmenbedingung*

Ein häufig „vergessener" Faktor ist das **Klima** eines Landes. Abgesehen von möglichen Bodenerträgen, abgesehen auch von den Möglichkeiten der Bewässerung übt das Klima einen wichtigen Einfluß auf viele sozial relevante Größen aus (Huntington 1915; Hellpach 1935): so z.B. auf Krankheiten und Sterblichkeit, auf die Sozialmentalität (insbesondere Arbeitsmentalität) bis hin zur Strukturierung des Alltags.

Toynbee (1946) hat darauf aufmerksam gemacht, daß eine kulturelle Entwicklung am ehesten dort stattfinden wird, wo ein mittleres Maß an ökologischen Widrigkeiten

214

auftritt, also nicht dort, wo keinerlei Anreiz zur Veränderung natürlicher Vorbedingungen besteht; auch dort nicht, wo die Bedingungen zu hart sind, um auf die Dauer erfolgreich bestehen zu können. Entscheidend sei vielmehr ein **mittlerer „Herausforderungscharakter"** (challenge), der die Entwicklung einer Hochkultur begünstige. In der Tat läßt sich gut vorstellen, daß eine gesteigerte Motivation zur Bewältigung und Beherrschung von Natur dann besteht, wenn kulturelle und technologische Anstrengungen in gewisser Weise notwendig, jedoch zugleich auch lohnend und aussichtsreich sind.

*Anreiz zur kulturellen Entwicklung*

Im allgemeinen neigen Soziologen und Kulturanthropologen dazu, die in diesem Kapitel angesprochenen geographisch-ökologischen Bedingungen zu vernachlässigen. Ihr Einfluß sei – gemessen an ideologisch-kulturspezifischen Faktoren – verhältnismäßig gering; zwischen natürlichen Ausgangsbedingungen und faktischen Kulturmustern sei keinerlei direkte Verbindungslinie herzustellen. Eine gegenteilige Auffassung vertritt Lenski (1973; 1978; vgl. auch Lenski/Lenski 1974), der davon ausgeht, daß der größte Teil der Varianz zwischen verschiedenen Kulturen sowie die wesentlichsten Linien der kulturellen Evolution sich durch das Zusammenwirken genetischer, ökologischer und technologischer Faktoren erklären läßt. Obgleich das historische Material, das Lenski zum Beweis seiner These heranzieht, beeindruckend ist, lassen sich differenziertere Kulturmuster und Sozialstrukturen keineswegs als direkter Ausdruck technologischer oder ökologischer Voraussetzungen begreifen. „To ignore the role of geographic factors altogether… is to commit a sociological error. But to give them more significance than they warrant in each particular situation is to commit an error equally serious" (Bierstedt, 1974, 67).

*Stellenwert natürlicher Rahmenbedingungen*

Zum grundsätzlichen Verständnis dieses Zusammenhangs schlagen wir vor, die natürlichen Ausgangsvoraussetzungen kultureller Entwicklung als **Rahmenbedingungen** zu behandeln, und zwar in dem Sinne, daß sie äußere Begrenzungen (constraints) für bestimmte **Möglichkeitsspielräume** eröffnen. Unter den gleichen oder ähnlichen Rahmenbedingungen können sich somit in bestimmten Grenzen durchaus unterschiedliche Kulturmuster entwickeln:

*Möglichkeitsspielräume unter gleichen Rahmenbedingungen*

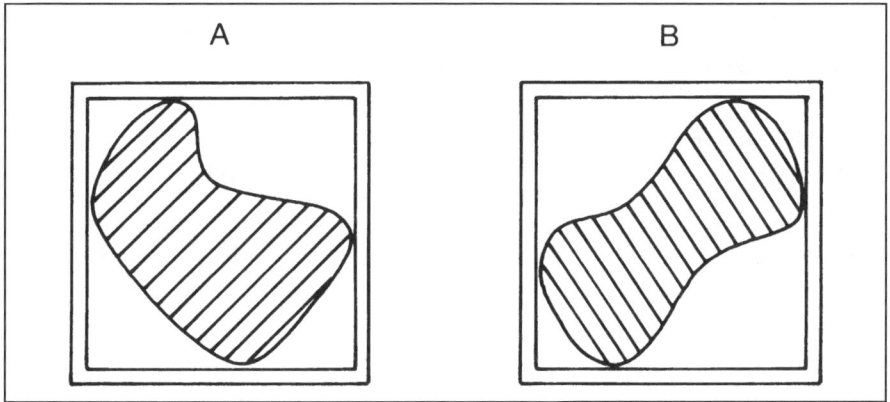

**Abb. 17:** Gleiche Rahmenbedingungen – unterschiedliche Kulturmuster

215

Bisher sind wir unausgesprochen davon ausgegangen, daß die Natur als Rahmenbedingung kultureller Entfaltung in Erscheinung tritt. Nun muß der **umgekehrte Einfluß** thematisiert werden: nämlich die Frage, in welchem Ausmaß kulturelle Aktivitäten – insbesondere unter Mitwirkung hochtechnisierter Möglichkeiten – die ökologischen Gegebenheiten verändern. Dies berührt die gegenwärtig hochaktuelle Ökologiedebatte. Wir sind in einer Entwicklungsphase, in der Eingriffe in die Umwelt des Menschen die Gefahr schwerer ökologischer Schäden hervorrufen – bis hin zu Gefährdungen des ökologischen Gleichgewichts. Gewiß: Auch früher haben Menschen ihre Umwelt verändert, und dies hatte unerwünschte Nebenfolgen; man denke etwa an die Ausrottung des Großwilds und an die Verkarstung ganzer Landstriche durch planloses Abholzen. Doch heute sind die möglichen Gefährdungen durch die sich immer weiter ausdehnende „Machbarkeit der Sachen" (Hans Freyer) drängender und globaler geworden. Zwar hat sich der Mensch auf der einen Seite von der Natur unabhängiger gemacht; andererseits entstehen neue Abhängigkeiten durch Folgewirkungen, die wir eben erst im Begriff sind, in ihrer Tragweite richtig einzuschätzen.

## 1.1.2 Biologische Bedingungen

Auch **biologisch-anthropologische** Rahmenbedingungen definieren den Umkreis dessen, was kulturell möglich ist; auch hier gilt: Biologische Faktoren potenzieren (Möglichkeitsraum) – die kulturelle Umwelt (Wirklichkeitsraum) realisiert. Dies zielt zunächst auf das, was man mit einem recht ungenauen Ausdruck als „Natur" des Menschen bezeichnet. Obgleich nun spezifische Annahmen über eine angebliche **„Natur des Menschen"**, sei sie nun als eigennützig, als aggressiv oder nach Harmonie strebend vorgestellt – oftmals fragwürdig sind, ist die „naturhafte" Basis des Menschen sicherlich im Rahmen der „cultural anthropology unterschätzt worden. Demgegenüber neigen die Vertreter der Ethologie (z.B. Konrad Lorenz) oder der Soziobiologie (z.B. Wilson) zu einer Überschätzung des biologischen Faktors.

---

**Der Mensch sei von Natur aus:**
- egoistisch, auf Eigennutz bedacht;
- ein soziales Wesen, auf Gemeinschaft angewiesen;
- nach Harmonie mit seiner Umwelt strebend;
- zur Selbstverwirklichung bestimmt;
- zur Arbeit bestimmt (verdammt);
- ein Mängelwesen;
- ein Wesen, das nach Lustmaximierung (Belohnungsmaximierung) strebt;
- ein nachahmendes Wesen.

---

**Übersicht 33:** Behauptungen über die Natur des Menschen

Gewiß: Erbanlagen, Hormonausstattung, Körperbaumerkmale usw. wirken sicherlich in einer verwickelten und indirekten Weise auf das Verhalten ein; sie erklären insbesondere auch drastische Formen der sozialen Abweichung. Auch sind Faktoren wie Rassenzugehörigkeit, Geschlecht, Alter usw. Vorgaben, die **keine beliebigen Spiel-**

**räume** zulassen. So kann man z.B. die Staatsführung nicht den Fünfjährigen überlassen oder das Gebären der Kinder nicht den Männern übertragen. Aber meist sind diese Vorgaben nicht so konkret, daß die kulturellen Regelungen mit ihnen definiert sind. Solche Merkmale wie Rassenzugehörigkeit oder Hautfarbe sind vielmehr Stimuli, denen sich kulturelle Reaktionen **überlagern**. Unterschiede in den Verhaltensweisen oder Lebensbedingungen lassen sich dann eher auf der Basis von Vorurteilen oder Stereotypisierungen erklären und sind keineswegs das direkte Ergebnis bestimmter genetischer oder hormoneller Ausgangsbedingungen. Es zeigt sich demnach, daß naturbedingte Merkmale **kulturell** überformt und durchformt werden, so daß soziale Bewertungen und Rollenzuschreibungen jene natürlichen Vorgaben auch bis zur Unkenntlichkeit verändern können. Kultur erweist sich damit – nach einem berühmten Wort Malinowskys (1944) – als das „Wider- Natürliche".

*Kulturelle Überformung*

In ähnliche Richtungen zielte bereits Freuds Kulturtheorie: Nach ihm ist Kultur ein Resultat sublimierter Triebströmungen, die nicht unmittelbar ausgelebt, sondern kulturell verlagert werden. Elias' Kulturauffassung – er verwendet den Ausdruck „Zivilisation" – weist den gleichen Weg: „Menschen sind nicht von Natur aus zivilisiert, aber sie haben von Natur aus eine Anlage, die unter bestimmten Bedingungen eine Zivilisierung, also eine individuelle Selbstregulierung momentaner trieb- und affektbedingter Verhaltensimpulse oder deren Umleitung von den primären auf sekundäre Ziele hin und ggf. auch deren sublimatorische Umgestaltung möglich macht" (Elias, 1979).

*Kultur als Sublimierung*

Ähnlich wie im Falle der ökologischen Rahmenbedingungen erweist sich auch das Verhältnis von Natur und Kultur als umkehrbar. So, wie wir heute bestimmte Hunderassen züchten, wird in Konturen sichtbar, daß wir in einer absehbaren Zukunft durch Erfolge der Mikrobiologie und Gentechnologie Erbanlagen steuern können. Die „Machbarkeit der Sachen" wird damit größer, ohne daß immer klar ist, wohin uns dies führt.

*Rückwirkung auf biologische Rahmenbedingungen*

## 1.1.3 Demographische Bedingungen

Gleichfalls eine Art „natürliche Bedingung" ist der „demographische Faktor": die **Bevölkerungsstruktur** und die **Bevölkerungsentwicklung**. Malthus nahm an, daß sich – wie allgemein in der Natur – Menschen unbeschränkt vermehren würden, wenn dem nicht bestimmte Grenzen im Nahrungsmittelangebot gegenüberstünden. Er unterstellt dabei, daß die Bevölkerung dazu neige, sich in **geometrischer Progression** zu vermehren, während die Nahrungsmittelproduktion sich lediglich in **arithmetischer Progression** steigern lasse.

*Demographische Rahmenbedingungen*

*Malthus' Theorie*

Obgleich Malthus' Theorie kurz- und mittelfristig nicht zutraf – sie entstand vor allem unter dem Eindruck des Elends breiter Volksschichten in der Frühphase der Industrialisierung – und die Nahrungsmittelproduktion unter dem Einfluß technologischer Innovationen doch wesentlich schneller gewachsen ist, als dies zunächst angenommen wurde, sind die Arbeiten von Malthus unter langfristiger Perspektive nach

*Historische Relativierung*

wie vor aktuell. So meint etwa K. Davis (1959, 313), daß seit Malthus' Tagen die theoretische Behandlung des Themas stagniere. Neuere bevölkerungswissenschaftliche Einschätzungen (z.B. seit Mackenroth 1953) gehen daher auch von **historisch begrenzten Bevölkerungsgesetzen** aus, die je nach Bedingungskonstellation zu unterschiedlichen generativen Verhaltensmustern führen.

*Phasen der Bevölkerungsentwicklung*

Der Entwicklungszyklus im Zuge der Industrialisierung läßt sich anhand eines **fünfstufigen Phasenschemas** beschreiben, das mit mehr oder weniger deutlichen Verschiebungen in allen Gesellschaften zu finden ist, die den Industrialisierungsprozeß durchlaufen:

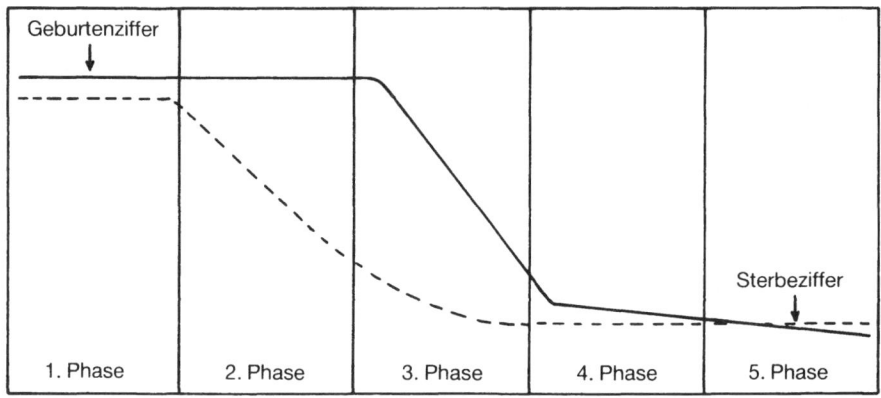

**Abb. 18:** Phasen der Bevölkerungsentwicklung (Quelle: Siebel, 1974, S. 276)

*Fünf Entwicklungsphasen*

Die **erste Phase** kennzeichnet die vorindustrielle, agrarische Gesellschaft. Hohe Geburtenziffer und hohe Sterberate infolge häufiger Krankheiten, fehlender Hygiene und unzureichender Ernährung halten sich die Waage. Während der **zweiten Phase** zu Beginn der Industrialisierung nimmt die Sterbeziffer durch wirksamere Medikamente, weitergehende Hygiene, auch durch bessere Ernährung drastisch ab, so daß sich das Bevölkerungswachstum beschleunigt. In der **dritten Phase** findet nun unter dem Einfluß neuer Wertorientierungen (z.B. dem Übergang zur Kleinfamilie) eine Änderung des generativen Verhaltens statt. In der **vierten Phase** ist zunächst ein gewisses Gleichgewicht mit geringer Wachstumsrate erreicht. In den „fortgeschritteneren" Ländern scheint sich sogar eine Entwicklung anzudeuten, die die Reproduktionsrate der Bevölkerung in Frage stellt (**Phase 5**).

*Bevölkerungsexpansion*

Soziale Probleme entstehen sowohl durch die **Bevölkerungsexpansion** sowie auch durch rapiden **Bevölkerungsrückgang**. In einigen der volkreichen Entwicklungsländer der Erde (z.B. in Kenia und in Indien) erleben wir nach wie vor eine ungebremste Bevölkerungsexpansion (analog etwa der Phase 2). Die Gründe für diese Beharrung sind vielfältig: religiöse Traditionen, Statuszuwachs durch die Zahl der männlichen Nachkommen, Nachweis der Zeugungsfähigkeit, Hoffnung auf ökonomische Versorgung usw. Diese „Gratifikationen" sind offenbar so gewichtig, daß auch finanzielle Anreize kaum attraktiv erscheinen; auch lassen sich Zwangsmaßnahmen (z.B. Sterilisation) in Demokratien nicht ungefährdet durchsetzen. Dennoch besteht hier ein sozialer Sprengstoff ersten Ranges, ganz abgesehen davon, daß wirtschaftliche Entwicklungen im Keim erstickt, Notlagen noch vergrößert werden.

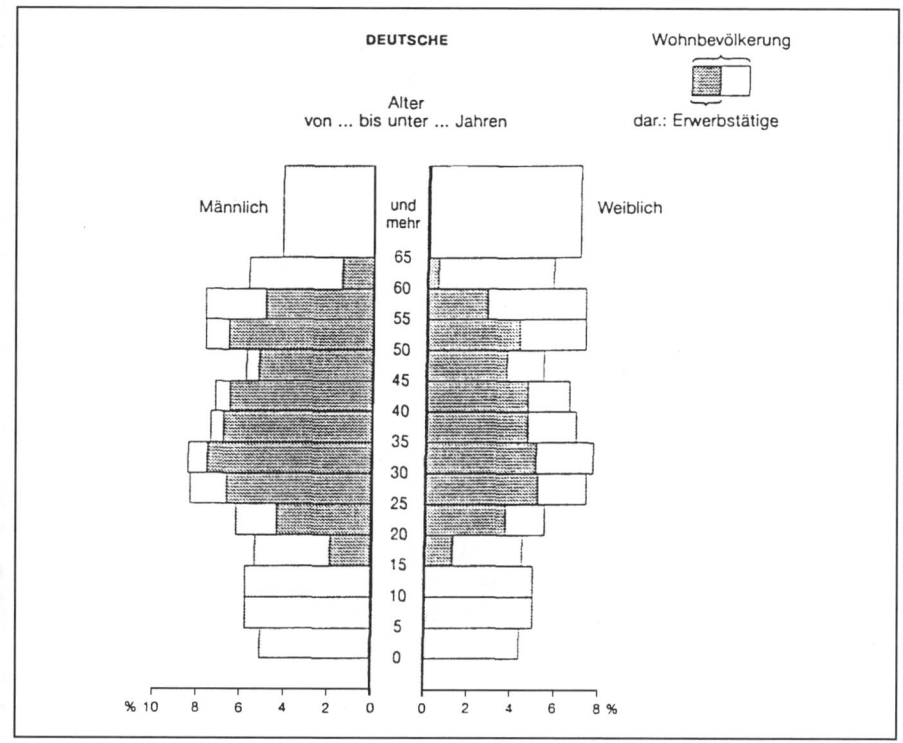

**Abb. 19:** Deutsche Bevölkerungsstruktur sowie Erwerbstätige 1994 nach Altersgruppen. Quelle: Stat. Bundesamt 1996

Soziale Probleme entstehen jedoch auch durch **Bevölkerungsschwund**. Die Gründe – etwa für die Bundesrepublik – sind ebenfalls klar: Emanzipation der Frau mit veränderter Rollendefinition, Berufstätigkeit von Frauen, Problem der Betreuung von Kindern, Priorität von Wohlstand und Konsum, Zukunfts- und Existenzangst, veränderte Einstellung zur Sexualität, Leitbild der Ein- oder Zwei-Kinder-Familie, allgemeine Kinderfeindlichkeit usw. Hier wirkt also eine Vielzahl von Faktoren zusammen, die insgesamt einen Geburtenrückgang bewirken. Dazu kommen verbesserte Techniken der Geburtenkontrolle, so daß „ungewollte" Kinder seltener werden. Die resultierenden Probleme lassen sich nur andeuten: veränderte Ausbildungsstrukturen, rückläufiges Wirtschaftswachstum, Überalterung der Bevölkerung, reduzierte Absatzmärkte, Gefährdung des sog. Generationenvertrages (Rentenfinanzierung) etc. Im Vergleich mit Nachbarländern, die diese Entwicklung nicht vollziehen, könnte damit auch eine Einbuße wirtschaftlicher und politischer Macht verbunden sein. Im

*Bevölkerungs-schwund*

Weltmaßstab stellt sich das Problem dar als wachsende **Disparität** zwischen bevölkerungsexpandierenden armen Ländern und bevölkerungsschrumpfenden reichen Ländern.

*Steuerung des demographischen Faktors*

Im Unterschied zu den biologischen und ökologischen Rahmenbedingungen erweist sich der demographische Faktor als **variabler**: Er kann eher bewußt und willentlich beeinflußt werden. Die medizinisch-technischen Möglichkeiten dazu sind jedenfalls gegeben, auch wenn sie gerade in den übervölkerten Ländern wenig genutzt werden. Sofern man auf Zwangsmittel der Steuerung verzichten will, bleibt lediglich die Überlegung, Anreizsysteme zu entwickeln, um ein ökonomiegerechteres Bevölkerungswachstum sukzessive zu erreichen (z.B. finanzielle Anreize, Vorteile in der Wohnungsbeschaffung etc.).

## 1.2 Kulturelle Spielräume

### 1.2.1 Kulturelle Relativität

*Plastizitätsthese*

Entgegen den Annahmen der Tierverhaltensforschung (Ethologie), entgegen auch der Überzeugung der Soziobiologie unterstellt die moderne Soziologie – hier meist beeinflußt durch die Befunde der „cultural anthropology" – die weitgehende **Plastizität des Menschen** in bezug auf seine kulturelle Formung. Dieser Vorgang der **Enkulturation**, der Prägung des Menschen durch Kultur, ist wie das Werk eines Bildhauers zu verstehen, das dieser aus einer plastischen Ausgangsmasse formt. Auch in einer solchen Metapher sollte bedacht sein, daß die Beschaffenheit des Rohmaterials den Umkreis der Möglichkeiten begrenzt und potenziert, wenn auch keineswegs realisiert.

*Kulturelle Relativität*

Die dieser Plastizitätsvorstellung komplementäre Idee ist die einer **kulturellen Relativität**, d.h. aus der Plastizität natürlicher Vorgaben wächst die prinzipielle Möglichkeit einer weitgehenden Beliebigkeit kultureller Regelungen. Nach Vorstellungen, wie sie insbesondere Kroeber und Kluckhohn für die „cultural anthropology" entwickelt haben, trifft die Kultur aus dem Universum vieler, weitgehend unbegrenzter Möglichkeiten eine mehr oder weniger beliebige Auswahl möglicher Verhaltensregeln (patterns). Die Ausgangselemente dieses Selektionsprozesses werden

*Kulturelles Wertsystem*

hierbei im **kulturellen Wertsystem** gesehen: Werte bilden den Bezugsrahmen für die soziale Organisation der Kultur (und damit auch für das wissenschaftliche Verständnis von Kulturen).

Bevor wir nun diese Wertbasis sozialer Kultur näher untersuchen, wollen wir noch einen Moment bei der genannten Relativitätsthese verweilen und sie ein wenig differenzierter betrachten. Wir sahen bereits, daß es gewisse Ausgangsbedingungen gibt, die es nicht gestatten, daß in Kulturen ganz und gar beliebige Regelungen (patterns) getroffen werden. Da sind einmal bestimmte biologische Vorgaben (Geschlecht, Alter, Rassenzugehörigkeit, genetische Ausstattung usw.), des weiteren bestimmte geographische Ausgangsbedingungen (Klima, Bevölkerungsdichte usw.). Diese Faktoren grenzen den Umkreis kultureller Regelungen ein, auch wenn unterschiedliche Konkretionen nach wie vor möglich sind (vgl. Abb. 17).

Aber auch über solche Vorgaben hinaus gibt es Zwänge verschiedener Art (hauptsächlich ökonomische Zwänge), die der Kultur zugleich **bestimmte Problemlösungen** abverlangen. Gesellschaften machen nämlich mit großer Wahrscheinlichkeit unter ganz verschiedenen Bedingungen durchaus ähnliche Erfindungen (Verhaltensregelungen, Institutionen), weil diese für die weitere erfolgreiche Entwicklung notwendig werden, soll anders das System nicht regredieren. Diese Idee der **kulturellen Konstanten** oder der **evolutionären Universalien** weist also darauf hin, daß in einem sehr allgemeinen und oftmals lediglich formalen Sinn die Grundmuster zur Lösung dieser Evolutionsprobleme durchaus ähnlich sind. So kommt es z.B. nach Parsons zur Herausbildung von vier **kulturellen Grundmustern**: *Kulturelle Konstanten*

*Evolutionäre Universalien*

(**1**) einem **Orientierungsmechanismus**: beginnend mit einer Religion; *Kulturelle Grundmuster*
(**2**) einem **Kommunikationsmechanismus**: beginnend mit der Sprache;
(**3**) einem **Organisationsmechanismus**: beginnend mit dem Verwandtschaftssystem;
(**4**) einem **Technologiemechanismus**: beginnend mit Werkzeugen.

Erst danach entwickeln sich **sekundäre Muster**, z.B. generelle und universelle Normen, ein System sozialer Schichtung sowie ein spezifisches „Wir-Gefühl" samt der Verteidigung des eigenen Wertsystems. *Sekundäre Kulturmuster*

Die Aneignung von Kultur hat zwei wichtige Implikationen. Eine erste besteht darin, daß kulturelle Regelungen allmählich den Charakter von **Selbstverständlichkeiten** annehmen, so wie der Wasserfall, den man nicht mehr hört, weil er immer rauscht. Sie werden kaum noch hinterfragt, und gelegentlich werden sie für eine **Art von Natur** gehalten: Werte und Normen gelten dann als Ausdruck der einzig natürlichen Lebensäußerung. Damit in enger Verbindung steht die zweite Implikation, die bereits vorhin mit dem Prinzip der Verteidigung des eigenen Wertsystems angesprochen wurde: die **Höherbewertung der Eigenkultur**. Sumner definiert diesen **Ethnozentrismus** als „a view of things in which one's own group is the center of everything, and all others are rated with reference to it" (Sumner 1906, S. 111). *Kultur als „Zweitnatur"*

*Ethnozentrismus*

Diesem Ethnozentrismus (vgl. auch zur Theorie sozialer Identität, A2) unterliegen gerade auch sog. entwickelte Kulturen, die ihre eigenen Maßstäbe sowie den eigenen Lebensstil zur Plattform der Beurteilung und zur Meßlatte der Einschätzung anderer Gesellschaften verwenden (auch Soziologen sind hiervon oftmals nicht ausgenommen). Dennoch sind einige Auswirkungen des Ethnozentrismus durchaus konstruktiv (positiv-funktional) zu sehen: Er verstärkt die Einheit, die Stabilität und den Zusammenhalt der Gruppe (Kultur, Nation); durch ein gewisses Maß an Patriotismus und Nationalismus werden Moral, Kampfgeist und Leistungswille gestärkt. Andererseits können insbesondere in übersteigerten Ausformungen negative (negativfunktionale) Konsequenzen entstehen: die Förderung von Konflikten durch die Ausbildung von Ideologien, Verstärkung von Differenzen bis hin zur Polarisierung, vermindertes Verständnis für andere Kulturen und Lebensstile, verbunden mit einer Re- *Auswirkungen des Ethnozentrismus* duzierung interkultureller Kontakte, gipfelnd in autistischer Feindseligkeit, Minimierung des interkulturellen (auch des ökonomischen) Austauschs mit allen Nachteilen kultureller und wirtschaftlicher Isolierung.

## 1.2.2 Kultur und Wertsystem

*Wertsystem als Wirkungszentrum*

Kroeber und Kluckhohn (1952) sehen die „essence of selectivity" der Kultur im **sozialen Wertsystem** verankert. Dieses bildet gewissermaßen den funktionalen Befehlsstand, aus dem heraus auch die Ausgestaltung von Normen und Institutionen stattfindet sowie die Elemente der materiellen Kultur ihren Stellenwert erhalten. Insofern stellen wir diesem Abschnitt die klassische Definition von Kluckhohn voran: „a value is a conception, explicit or implicit, distinctive of an individual or characteristic of a group, of the desirable which influences the selections from available modes, means and ends of action" (Kluckhohn 1965, 395). Sozial geteilte Verhaltensziele sind sodann die Spiegelungen oder kognitiven Repräsentationen dieser Werte auf der Ebene der Akteure.

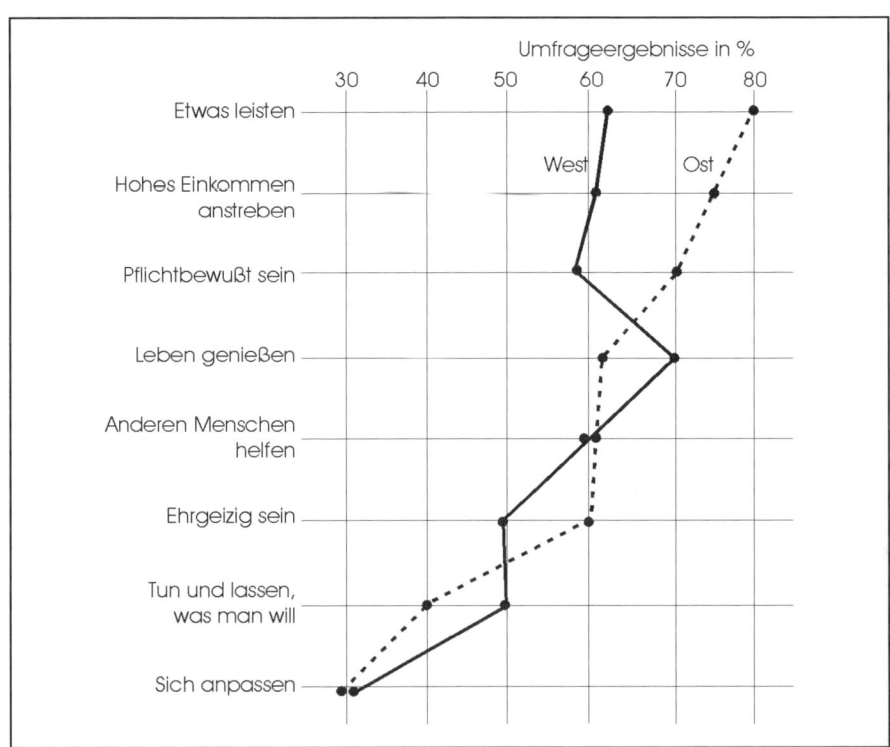

**Abb. 20:** Wertpräferenzen deutscher Jugendlicher (Quelle: Institut für Empirische Psychologie, 1995, Umfrage unter Jugendlichen im Alter von 16 bis 29 Jahren)

Ein Beispiel für solche kognitiven Repräsentationen sind die üblichen Befragungen über bestimmte Präferenzen. Fallgruben sind hierbei jedoch: Die Äußerungen müssen nicht immer den tatsächlichen Präferenzen entsprechen. Außerdem werden bestehende Segmente Jugendlicher eingeebnet.

Es gibt nun mehrere Möglichkeiten, **differentielle Wertsysteme** zu unterscheiden, so wie man auch auf dieser Basis ganze Kulturen mehr oder weniger angemessen beschreiben kann. Einige Unterscheidungen beruhen auf der Tatsache, daß Werte (und Normen) entweder allmählich „gewachsen" sind und daher etwas Quasi-Natürliches darstellen oder aber mehr oder weniger bewußt „gemacht" wurden und dem Zweck-Kalkül überantwortet sind. Tönnies' berühmt gewordene Unterscheidung zwischen „Gemeinschaft" (auf „Gefühl" beruhend) und „Gesellschaft" (auf „Kalkül" basierend) illustriert diesen Gedanken (ähnlich auch Sorokins Unterscheidung in „familistic" und „contractual"). Eine andere zentrale Unterscheidung stammt von Howard Becker (1950): Er trennt zwischen **„sacred" und „secular societies"** in dem Maße, in dem sakrale, religiös institutionalisierte Wertregelungen dominieren bzw. in dem diese religiös verankerten Werte (etwa im Sinne von Zweckmäßigkeitsvorstellungen und Rationalitätsgeboten) säkularisiert, also gegenüber der religiösen Basis weitgehend funktionell autonom geworden sind (zum Prozeß der Säkularisierung vgl. Abschn. 6).

*Differentielle Wertsysteme*

*Gemeinschaft und Gesellschaft*

*Sakrale und säkularisierte Kulturen*

Riesman (1950) unterscheidet – auf der Basis einer historischen Stufenfolge – zwischen **traditionsgeleiteten**, **innengeleiteten** (stark verinnerlichte Werthaltungen) und **außengeleiteten** (häufig wechselnde Anpassungsformen) Kulturen (ähnlich auch Piers/Singer 1963 in **Schuldkulturen** auf der Basis internalisierter Kontrolle, und **Schamkulturen** auf der Grundlage externer Kontrollinstanzen; ähnlich auch Sorokin in **ideationelle, idealistische und sensualistische** Kulturen, wobei in letzteren hauptsächlich äußere Sinnesreize als verhaltensstimulierend gelten). Häufig verwendet wird auch eine Unterscheidung von Linton (1936) in Kulturen, die den Statuserwerb entweder auf **„ascription"** (Abstammung, Herkunft) oder aber auf **„achievement"** (persönliche Leistung und Fortkommen) zurückführen.

*Innen- und Außenleitung*

*„ascription" vs. „achievement"*

Eine mehrdimensionale Taxonomie zur Beschreibung ganzer Kulturen gibt T. Parsons (1951) mit seinen „pattern variables". Im einzelnen geht es dabei um folgende **Orientierungsalternativen**:

*„pattern variables"*

(1) **affektivity vs. affective neutrality**: Dabei handelt es sich um die Frage, ob Individuen ihr Verhalten in unkontrollierter Weise auf die Befriedigung expressiver gegenwärtiger Bedürfnisse ausrichten oder ob sie – etwa im Sinne des „deferred gratification pattern" – diese Bedürfnisse zurückstellen oder übergeordneten Zielen unterwerfen können.

*Affektivität/ Neutralität*

(2) **collective orientation vs. self orientation**: Dabei handelt es sich um die Frage, ob kollektive Interessen – etwa das Wohl des größeren Ganzen – im Vordergrund stehen oder aber die Verfolgung privater, eigennütziger Anliegen. Für Marktgesellschaften dürfte das individualistische (egoistische) Orientierungsmuster typischer sein als für sozialistische Gesellschaften; ebenso wird in größeren Sozial-

*Kollektiv-/ Individualorientierung*

gebilden das Ausmaß der Kollektivorientierung abnehmen. Bekanntlich ist dieser Gegensatz zwischen Individualismus und Kollektivismus oftmals ideologisch überhöht („Du bist nichts, dein Volk ist alles").

*Partikularismus/Universalismus*

(3) **particularism vs. universalism**: Diese Unterscheidung ist auf den Umstand gemünzt, daß Normen und Werte entweder lediglich ganz bestimmte Kategorien, Gruppen oder Sozialschichten betreffen oder aber universalistisch sind, d.h. für alle Geltung beanspruchen. Ein Beispiel sind partikularistische/universalistische Rechtsnormen; einige Kritiker der Rechtsanwendung sind z.B. der Meinung, daß auch in modernen Gesellschaften partikularistische Elemente der „Klassenjustiz" zu finden sind. Ein anderes Beispiel sind Preise, die erst ausgehandelt werden müssen oder die je nach Bezugsgruppe variieren können, gegenüber feststehenden Preisen, über die nicht diskutiert werden kann.

*Zuschreibung/ Erwerb*

(4) **ascription vs. achievement**: Diese von Linton entlehnte Unterscheidung zielt darauf ab, ob ein Objekt für den Handelnden aufgrund seiner sozial vordefinierten Eigenschaften (z.B. das Merkmal der Herkunft, der Rasse, der Abstammung) oder aber aufgrund seiner Leistungsergebnisse relevant ist. Diese Unterscheidung ist außerordentlich wichtig für die Schichtungskriterien, die in einer bestimmten Gesellschaft zur Anwendung gelangen. Im allgemeinen nimmt man an, daß askriptive Komponenten der Bewertung heute von geringer Bedeutung sind; jedoch führt diese Annahme gelegentlich zu einer Unterschätzung dieser Faktoren (z.B. soziale Herkunft), die entscheidende Rahmenbedingungen für „achievement" (z.B. beruflichen Erfolg) abgeben (vgl. Abschnitt 5).

*Diffusität/ Spezifizität*

(5) **diffuseness vs. specificity**: Hierbei geht es um die Frage, ob Sozialbeziehungen oder Institutionen funktional diffus und wenig spezifiziert sind bzw. ob sie in klar abgegrenzte, spezifische Rollenmuster einmünden, die nicht miteinander vermengt sind. Diese Differenzierungstendenz hat zur Folge, daß sich aus multiplen und noch weitgehend unbestimmten Institutionen satellitenartig neue Institutionen auslagern. So war etwa früher die Familie zugleich Träger der Ausbildungsfunktion, die als Haushalt auch Produktionsaufgaben zu übernehmen hatte. Diese Funktionen wurden später ausgegliedert: an die Schule, an die Betriebe usw.

## 1.2.3 Kulturen im Vergleich

*Vergleich ganzer Gesellschaften*

Obwohl beim Vergleich ganzer Gesellschaften (vgl. zur Gesamtproblematik: Scheuch 1982; Przeworski/Teune 1970) vor allem sozialstrukturelle Merkmale im Vordergrund stehen – besonders häufig z.B. Lebensstandard, Lebensstil, Freizeit/Arbeitszeit, Urbanisierungsrate, Alphabetisierung, Mobilitätsrate, Schichtungsstruktur, politisches System, politische Beteiligung, Industrialisierungsgrad, Einkommensver-

*Interkultureller Vergleich*

teilung, Geburtenrate, Bevölkerungsstruktur usw. –, so kommt dem spezifisch **interkulturellen Vergleich** schon deshalb eine große Bedeutung zu, weil auch die Gegenüberstellung struktureller Merkmale (z.B. Geburtenrate, Scheidungsrate) letztlich auf kulturellen **Werthaltungen** basiert. Selbst Vergleiche des Lebensstandards sind

*Kultureller Kontext des Vergleichs*

nicht ohne den Bedeutungszusammenhang des Lebensstils und damit des Wertsystems bestimmter Gesellschaften aussagekräftig. Feststellungen der Art wie: „Die Franzosen haben einen geringen Hygienestandard" oder: „Die Japaner haben eine spartanische Wohnzimmereinrichtung" sind deshalb durch den besonderen **Bedeutungszusammenhang** zu relativieren und zu interpretieren, den diese Merkmale im kulturellen Kontext besitzen.

Schon bei der Frage: „Was soll eigentlich verglichen werden?" stoßen wir auf das hier bedeutsame Problem der Auswahl **relevanter Gesichtspunkte**; sie können durchaus das Ergebnis recht ethnozentrischer Perspektiven sein. Dies gilt selbst bei **quantitativen Größen**, die im Prinzip besser vergleichbar sind (z.B. Arbeitszeit, Mobilitätsrate), wirkt sich jedoch bei **qualitativen Sachverhalten** (z.B. Lebensstil, Empathie, Konformität) in noch stärkerer Weise aus, so daß die Vergleichbarkeit problematisch und die Beurteilung normativ zu werden droht. Hinzu kommt der Umstand, daß Gegenüberstellungen oftmals in recht pauschaler Form erfolgen (westlich vs. östlich, sozialistisch vs. kapitalistisch, agrarisch vs. industriell) und daß univariate Vergleiche (z.B. Geburtenrate) vorherrschen, während der Vergleich von Zusammenhängen (z.B. zwischen Erziehung und politischer Orientierung) zu den Ausnahmen gehört. *Auswahl der Vergleichskriterien*

Die gängige Methodik von „cross-cultural-studies" – nämlich entweder nach **Gemeinsamkeiten** oder nach **Verschiedenheiten** zu suchen – scheitert daher oftmals daran, daß Unvergleichbares verglichen wird und daß das Ausmaß von Gemeinsamkeit/Verschiedenheit auf der Basis eben des eigenen Wertsystems festgestellt und interpretiert wird. Am Beispiel: Kann man Daten über die Arbeitszufriedenheit in verschiedenen Ländern vergleichen, wenn man gleichzeitig weiß (oder wissen sollte), daß der kulturelle Bedeutungszusammenhang von „Arbeit" in verschiedenen Ländern durchaus unterschiedlich ist? Aus dieser Überlegung läßt sich schließen, daß Vergleiche lediglich innerhalb **ähnlicher Kulturkreise** unproblematisch sind, bei denen der **gleiche Bedeutungshorizont von Sachverhalten** vermutet werden kann. *Kulturelle Bedeutungsunterschiede*

Es wird daher häufig kritisiert (vgl. Geertz 1997, Matthes 1992, Peoples/Bailey 1994), daß herausgegriffene kulturelle Elemente verglichen werden, ohne den Kontext zu übernehmen, der ihnen Bedeutung verleiht. Vergleiche sind also lediglich im Kontext der Kulturwertbedeutung (Max Weber) jeweiliger Merkmale durchzuführen.

Kulturvergleiche unterliegen oftmals auch der irrigen Vorstellung, alles, was nichtwestliche Gesellschaften betrifft, aus der Kernzone der sozialwissenschaftlichen Betrachtung zu verlagern und hierbei lediglich das Besondere dieser Gesellschaften (Rest der Welt) gegenüber dem westlichen (Normalfall) herauszustellen. Der undifferenzierte konvergenztheoretische Glaube, die gesamte Welt würde sich dem Modell moderner westlicher Gesellschaften bruchlos anpassen, ist jedoch längst erschüttert (vgl. Abschn. 6).

Vielfach sind für einzelne Länder bestimmte **Wertcharakteristiken** herausgearbeitet worden. Dabei galt die besondere Aufmerksamkeit den sog. generellen Wertvorstellungen, aus denen dann spezifischere Werte, die man dann auch als **Einstellungen** bezeichnen könnte (vgl. hierzu Rokeach 1973), abgeleitet werden können. Am bekanntesten ist wohl R. M. Williams' Liste der fünfzehn wichtigsten Werte der amerikani *Wertcharakteristik* schen Gesellschaft (1970). Hierzu gehören vor allem Leistungs- und Erfolgsstreben, Aktivität und Arbeitsamkeit, Effizienz und praktisches Denken, Fortschrittsglaube, der Glaube an Gleichheit und Freiheit, materieller Komfort usw. In solchen Listen ist viel Widersprüchliches enthalten; auch dürften die herausgehobenen Merkmale für die meisten der anderen westlichen Gesellschaften ebenfalls gelten. Substantieller erscheinen uns hier partielle Vergleiche, wie sie in verschiedenen interkulturellen Studien angestellt worden sind (z.B. das Ausmaß von Konformität und Gehorsam, Einstellungen zur Geisteskrankheit usw.). Hofstede (1980) ermittelte faktorenanalytisch zentrale Vergleichsdimensionen wie „power-distance" (Respekt, Abstand), „uncertainty avoidance" (Regelbezogenheit, Stabilität), „individualism/collectivism" (Handlungsspielraum, persönliche Wahlentscheidung), „femininity/masculinity" (Kooperationsbereitschaft, Harmonie vs. Betonung von Reichtum und Karriere), ein Differenzierungsmuster, das sich vor allem auch beim interkulturellen Vergleich wirtschaftlicher Organisationen bewährt hat (vgl. Hofstede 1991; Schwartz 1994). Als besonders stabil erwies sich dabei die Dimension „individualism-collectivism", die schon bei Parsons' „pattern variables" thematisiert und die insbesondere zur Erklärung wirtschaftlicher Entwicklung herangezogen wird (vgl. 3. Kapitel A 1.2).

*„individualism-collectivism"*

Schließlich erweist sich der Vergleich ganzer Gesellschaften auch dann als schwierig, wenn eine Nation selbst recht heterogen ist. Dies macht auf den Umstand aufmerksam, daß eine bestimmte Gesellschaft u.U. mehrere **Teil- oder Subkulturen** umfaßt, die z.T. abweichende Wertsysteme aufweisen. Dies sind etwa ethnische Gruppen (z.B. in den Vereinigten Staaten, die hier keineswegs immer als „Schmelztiegel" gewirkt haben), regionale Subkulturen (die z.B. durch Sprache, Umgangsformen oder Konsumgewohnheiten voneinander getrennt sind), Schichten als Subkulturen (sofern sie ein bestimmtes Schichtbewußtsein entfalten und sich durch stärkeren internen Interaktionsbezug ausweisen), altersspezifische Subkulturen (etwa der „Jugendlichen", die einen eigenen Lebensstil und partiell abweichende, hier oftmals tolerierte Wertvorstellungen entwickeln, oder aber der „Alten", die oftmals aus „normalen" Interaktionsbezügen abgedrängt werden).

*Subkulturen*

*Merkmale von Subkulturen*

Wenn wir hier das (partiell) **abweichende Wertsystem** im Rahmen einer Gesamtkultur in besonderer Weise herausstellen, so reicht dieses Merkmal noch nicht aus, um das Auftreten einer Subkultur zu erklären. Wichtig ist vielmehr auch, daß die Anhänger dieses unterschiedlichen Wertsystems häufig miteinander interagieren. Oftmals wird diese verstärkte Interaktion und damit die Ausbildung einer Subkultur gefördert durch das Bewußtsein einer **gemeinsamen Problemlage**, z.B. behindert zu sein oder einer rassischen Minderheit anzugehören. Des weiteren ist eine Reihe empirischer Fragen zu klären: Wie stark ist die Abweichung und auf welche Bereiche bezieht sie sich? (Selten ist die Abweichung total; sie betrifft oftmals lediglich periphere Bereiche und expressive Lebensäußerungen). Inwieweit kommt es zu eigenständigen Formen der Institutionalisierung (z.B. religiöse Organisationen)? Inwieweit ist die Subkultur in das Gesamtsystem integriert bzw. integrierbar? (Diese Frage ist von großer Bedeutung etwa für das Gastarbeiterproblem.) Inwieweit kann die Globalkultur als „einigendes Band" angesehen werden? (So sind z.B. die Vereinigten Staaten subkulturell außerordentlich differenziert, jedoch bleibt der „American way

*Integrationspotential*

of life" quer durch alle Subkulturen ethnischer, religiöser, schichtspezifischer und regionaler Art durchaus erhalten). Oder aber: Worin besteht eigentlich das einigende Band? In einer gemeinsamen Religion, Tradition, Problemlage, Sprache usw.? (So hat etwa „Englisch" als Amtssprache für Indien eine durchaus integrative Funktion.) Schließlich ist auch die Frage zu klären, ob und inwieweit die Existenz solcher Subkulturen für eine Gesellschaft positive oder negative Auswirkungen hat. Die positivste Folge ist sicherlich der **Pluralismus der Wertsysteme**, der für den Einzelnen auch eine Vielzahl von Optionen bereitstellt. Möglicherweise kann sich in einer solchen Gesellschaft auch Toleranz gegen Andersdenkende und gegenüber anderen Lebensstilen eher durchsetzen als in Gesellschaften, deren Wertsystem „wie aus einem Guß" beschaffen ist.

*Pluralismus der Wertsysteme*

Negative funktionale Folgen sind jedoch u.U. die Auflockerung des Sozialgebildes in mehr oder weniger unverbunden bleibende Teilsysteme (vgl. Luhmann 1984) und damit ein Defizit an Integration, vielfach auch die Ausbreitung eines Sub-Ethnozentrismus („Wir Bayern") und eines besonderen „Wir-Gefühls" („Wir Türken"), die das Aufkommen gegenseitiger Feindbilder begünstigen (vgl. auch zum Konzept der sozialen Identität Kap. A 2.2.5). Im allgemeinen gilt, daß eine Subkultur um so weniger in das Gesamtsystem integrierbar sein dürfte, je abweichender und exklusiver das Wertsystem ist und je mehr Lebensbereiche dieses Wertsystem erfaßt.

Insofern ist die Idee einer **multikulturellen Gesellschaft** oftmals nicht ohne Friktionsstörungen zu realisieren. So kennen wir zahlreiche Staatengebilde, in denen mehrere **Nationalitäten** „Rassen" oder Glaubensgemeinschaften koexistieren und unter bestimmten Bedingungen (z.B. Verfall der staatlichen Autorität) zu Spaltungserscheinungen neigen (vgl. die ehemalige Sowjetunion, das ehemalige Jugoslawien). Ein anderes Problem liegt im Falle der Immigration vor: Auch hier entstehen situationsspezifisch unterschiedliche Muster der Integration und Assimilation; häufig wird zunächst ein verstärkter Anpassungsprozeß beobachtet, dem später – evtl. sogar erst in der Folgegeneration – eine Rückbesinnung auf autochthone Werte und Identitäten folgt. Die bisherigen Ergebnisse zur Erklärung der Entstehung und Veränderung ethnischer Gemeinschaften, Identitäten und Abgrenzungen legen nahe, daß multikulturelle Gesellschaften im Sinne einer lediglich kulturellen Differenzierung ohne Ungleichheits- und Ausgrenzungsstatus kaum denkbar sind (vgl. Heckmann 1992). Multikulturelle Gesellschaften sind daher zumeist von Spannungslinien durchsetzt, die situationsspezifisch manifest werden und gelegentlich eskalieren (vgl. B 4). Andererseits werden auch gesellschaftliche oder wirtschaftliche Konfliktsituationen, die ganz andere Ursprünge haben, auf Minderheiten verlagert; man spricht insofern von einer **Ethnisierung sozialer Konflikte**.

*Multikulturelle Gesellschaft*

*Ethnisierung sozialer Konflikte*

## 1.2.4 Kultur und Wertewandel

Man kann den **Wandel von Wertvorstellungen** im Rahmen „sozialen Wandels" erörtern, obgleich dort eher strukturelle Veränderungen im Vordergrund stehen. Die Sicht kann hierbei entweder vergangenheitsorientiert sein – man versucht etwa zu

*Wertewandel*

zeigen, wie sich in den letzten Jahrhunderten die Wertvorstellungen geändert haben –, oder aber man betont denjenigen Wertewandel, der sich in der Gegenwart zu vollziehen scheint und der unsere nähere oder fernere Zukunft bestimmen wird. Dieser letzteren Frage wollen wir uns jetzt kurz zuwenden (vgl. zur Gesamtproblematik Klages/Kmieciak 1979; Klages 1984, 1988).

*Werte und Einstellungen*

Die Analyse des Wertewandels steht vor gewissen Schwierigkeiten, die gegenwärtig sämtlich noch nicht ganz ausgeräumt sind. Zunächst ließe sich behaupten, daß Veränderungen auf der **Einstellungs**ebene mit einem Wandel grundlegender Werte verwechselt werden. Die vorliegenden Befunde scheinen jedoch nicht den Eindruck zu bestätigen, daß sich die gegebenen Wandlungsprozesse lediglich auf der Einstellungsebene abspielen, da unterschiedliche Lebensbereiche (z.B. Konsum und Freizeit, Arbeit und Führungsgeschehen) in durchaus ähnlicher Weise betroffen sind.

*Werte als Epiphänomen*

Zum zweiten ist der Zusammenhang zwischen Wertewandel und einer Änderung **materieller Bedingungen** ungeklärt. Wertewandel könnte nämlich nicht die Ursache, sondern die Folge bestimmter materieller oder struktureller Veränderungen sein (z.B. Versorgungsniveau, Demokratisierung des Luxus, engmaschigeres soziales Netz, Änderungen im Bildungssystem). In diesem Falle wäre der Wertewandel lediglich Reflex, bloßes Epiphänomen materieller Veränderungen (vgl. zu dieser Auffassung Lenski 1978). Auch wenn dies nicht oder nicht zur Gänze der Fall sein sollte, bleibt das Zusammenspiel zwischen **Ideal**faktoren (den Werten) und den **Real**faktoren (den strukturellen Randbedingungen) weitgehend unklar.

*Wertewandel im Lebenszyklus*

Zum dritten besteht der Einwand, daß der Wandel von Wertvorstellungen eher mit verschiedenen Rollenstadien des **Lebenszyklus** zusammenhänge. Diese Vermutung, daß Wertewandel nur lebenszyklisch stattfinde, wäre allerdings nur dann zu bestätigen, wenn die Kohorte der Jugendlichen nach einer vorübergehenden Periode der Koketterie (etwa mit alternativen Werten) einmündet in die „alten" Werte, insbesondere dann, wenn der Ernst des Berufslebens beginnt. Auch wenn die vorliegenden Befunde einer solchen Lebenszyklus-These zumindest teilweise zu widersprechen scheinen (vgl. Klages 1987; Yankelovich et al. 1985), bleibt die Schwierigkeit bestehen, lebenszyklisch bedingte Wertveränderungen aus dem Kontext allgemeiner Wertwandlungsprozesse, in die sie eingelagert sind, herauszulösen.

*Thesen zum Wertewandel*

Wenden wir uns nun der **inhaltlichen** Diskussion zu. Diese leidet u.a. daran, daß einige der hierbei diskutierten Trends empirisch relativ gut nachgewiesen sind, während andere Kennzeichnungen gegenwärtig noch recht impressionistisch erscheinen. Grundsätzlich lassen sich die folgenden Konzeptionen unterscheiden:

- die These vom **Werteverfall** bzw. Werteverlust. Als Beispiel: die von Noelle-Neumann (1978) vertretene Auffassung eines verblassenden „puritanischen Ethos" und eines damit zusammenhängenden Verfalls der Arbeitsmotivation;
- die These der eindimensionalen **Wertsubstitution**. Das bekannteste Beispiel ist hier die von Inglehart (1977, 1990) formulierte Postmaterialismus-These;
- die These eines **mehrdimensionalen Wertewandels**. Beispiele hierfür sind die Konzepte von Klages (1984) oder Pawlowsky (1986), wobei der Wertewandel als

Verschiebung von Werten auf zwei oder mehreren getrennten Dimensionen angesehen wird (ein „klassisches" Beispiel für eine analoge Konzeptualisierung sind die „pattern variables" von Parsons, wie wir sie schon kennengelernt haben).

Ungeachtet einer solchen Aufteilung, die sich im übrigen nicht durchgängig aufrechterhalten läßt, wollen wir mehr exemplarisch diejenigen Konzepte des Wertewandels behandeln, die heute von Soziologen am meisten diskutiert werden. Es ist dies zunächst die **Postmaterialismus-These** von Inglehart (vgl. 1977; 1990) mitsamt dem darauf basierenden empirischen Forschungsprogramm, sodann die **Individualisierungsthese** von Beck (1986), die **Autonomiethese** von Klages (1984, 1988) sowie die These von der **Erlebnisgesellschaft** von Schulze (1992). Die Thesen von Beck, Inglehart und Schulze gehören eher zum oben beschriebenen Typ der Wertsubstitution; die Thesen von Klages zur Perspektive eines mehrdimensionalen Wertewandels.

Wenden wir uns zunächst der Konzeption Ingleharts zu. Sie besagt in ihrer allgemeinsten Form, daß materialistische Wertvorstellungen (z.B. Einkommenserzielung, Besitzausweitung) sog. **postmaterialistischen Werten** Platz machen und daß dieses Verhaltensmuster insbesondere bei jüngeren Befragten auszumachen ist. Die Postmaterialismus-These, die sowohl den Arbeitsbereich wie auch den Konsumbereich berührt – dort jedoch vermutlich qualitativ andere Auswirkungen haben dürfte – wird von Inglehart mit zwei Hypothesen sowie einer psychologischen Theorie begründet. Die Hypothesen lauten:

*Postmaterialistische Werte?*

(1) **Knappheits-Hypothese**: Menschen halten diejenigen Dinge für besonders wertvoll, die knapp sind. Analog zum ökonomischen Grenznutzenprinzip sei zu folgern, daß Personen, die in materiellem Wohlstand aufwachsen, den Wohlstandsgütern dann auch geringeren Stellenwert einräumen.

(2) **Sozialisations-Hypothese**: Entscheidend für das Wertemuster von Individuen seien insbesondere die ersten Sozialisationsphasen, die sog. „formative years". So erklärt sich, daß Personen, die in diesen Lebensjahren in Kargheit und Entbehrung aufgewachsen sind, stärkere materielle Bedürfnisse und Sicherheitsmotive entwickeln als Personen, die nie etwas anderes kennengelernt haben als wirtschaftlichen Wohlstand und die von Konsumgütern gleichsam ständig umzingelt sind.

Inglehart findet mit seinen Behauptungen eine gewisse Abstützung in einer psychologischen Bedürfnistheorie, nämlich der von Maslow (1970): Diese Theorie der **Bedürfnishierarchie** behauptet das unterschiedliche Bedeutungsgewicht bestimmter Bedürfnisse in Abhängigkeit der Erfüllung dieser Bedürfnisse; es komme zu einer Verschiebung der jeweils dominierenden Bedürfnisse in der Reihenfolge: Existenzbedürfnisse, Sicherheitsbedürfnisse, soziale Bedürfnisse, Wertschätzungsbedürfnisse (sämtlich Restitutionsbedürfnisse, die der Sättigung unterliegen) bis hin zum sog. Selbstverwirklichungsbedürfnis und dem Bedürfnis nach Transzendenz (die Wachstums- oder Expansionsbedürfnisse darstellen).

*Werte und Bedürfnisse*

*Expansions-bedürfnisse*

Die – in der neuesten Arbeit Ingleharts (1990) deutlich relativierte – Bezugnahme auf diese (empirisch vielfach gescheiterte, wohl im wesentlichen auch humanistisch gemeinte) Theorie ist im übrigen nicht sonderlich glücklich, zumal die gewählten Begrifflichkeiten (Selbstverwirklichung, Wertschätzung etc.) sehr unpräzise sind und Deutungsbeliebigkeiten implizieren. Allerdings macht der Rekurs auf Maslow deutlich, daß prinzipiell auch Regressionen stattfinden können: Bei bedrohtem Wohlstand (z.B. Wirtschaftskrise, drohende Arbeitslosigkeit) werden überwundene „materialistische" und existenzerhaltende Bedürfnisse (z.B. nach Sicherheit) wieder dominant.

*Empirische Forschung*

Inglehart Ansatz ist vielfach vorgeworfen worden, er sei einseitig und simplifizierend; der gleiche Vorwurf läßt sich wohl auch gegen andere Wertewandel-Studien vorbringen. Immerhin ist die Postmaterialismus-These Gegenstand subkultureller und interkultureller Untersuchungen gewesen und hat insofern durchaus eine gewisse differentielle Bestätigung erfahren (vgl. jedoch methodenkritisch: Jagodzinski 1981 u.a.). Ein Defizit des Ansatzes besteht jedoch nach wie vor darin, daß er deutlichere Konturen aufweist, was die Abkehr von materiellen Wertvorstellungen betrifft, jedoch vage und diffuse Ausprägungen dessen beinhaltet, was an die Stelle dieser materialistischen Wertbasis tritt. Aber vielleicht manifestiert sich diese Diffusität hier auch auf der Objektebene: Streben nach Autonomie und Selbstverwirklichung, nach Alternativen und sublimierten Lebensstilen, sind auch seitens der Beteiligten vielfach unklar, ambivalent und explorativ; die Suche nach Neuem hat noch ungewisse Konturen.

Die zweite Wertewandelthese, die wir hier aufgreifen, geht auf Klages (1984, 1988) und seine Mitarbeiter zurück. Der Wertewandel vollzog sich nach seinen empirischen

*Wertewandel im Überblick*

| abnehmend ← (Pflicht und Akzeptanz) | zunehmend → (Selbstentfaltung) | |
|---|---|---|
| **Bezug auf die Gesellschaft** ⎱ Disziplin Gehorsam Leistung Ordnung Pflichterfüllung Treue Unterordnung Fleiß Bescheidenheit | Emanzipation Gleichbehandlung Gleichheit Demokratie Partizipation Autonomie ⎰ | individualistische Gesellschaftskritik |
| | Genuß Abenteuer Spannung Abwechslung Ausleben ⎰ | Hedonismus |
| **Bezug auf das individuelle Selbst** ⎱ Selbstbeherrschung Pünktlichkeit Anpassung Fügsamkeit Enthaltsamkeit | Kreativität Spontaneität Ungebundenheit Eigenständigkeit ⎰ | Individualismus |

**Übersicht 34:** Aspekte des Wertewandels (nach Klages 1984, S. 18)

230

Untersuchungen vor allem in der Periode von 1965 bis 1975 in der Form eines Wertewandelschubs. Hierbei erfolgte ein Übergang von traditionellen **„Pflicht- und Akzeptanzwerten"** hin zu Selbstentfaltungswerten. Disziplin und Fügsamkeit wurden ersetzt durch einen Hang nach Auflockerung kollektiver Zwänge und durch Zielvorstellungen von **Autonomie, Selbstverwirklichung** und **Individualisierung**.

*Autonomiewerte im Vormarsch*

Die gegenwärtige Situation ist nach Klages durch die **Koexistenz** zwischen alten und neuen Werten gekennzeichnet. Anhand der Ausprägung zweier Dimensionen werden vier Grundmuster (Wert-Typen) konstruiert (vgl. Abb. 21).

*Koexistenz-These*

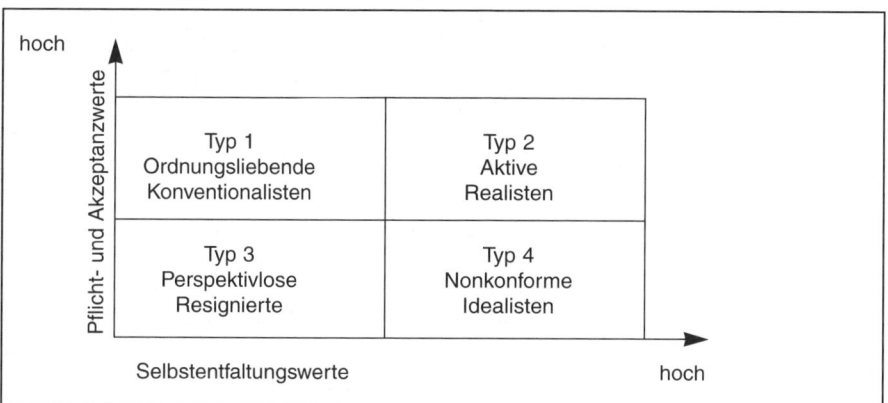

**Abb. 21:** Eine Typologie der Werthaltungen (nach Klages)

Den einzelnen Typen werden bestimmte Verhaltenstendenzen (z.B. in bezug auf politisches Interesse, utilitaristisches Anspruchsdenken, Leistungsbereitschaft, Umweltbewußtsein) zugeschrieben. Der Werttypus des „aktiven Realisten" dürfte nach Klages am ehesten eine Wertsynthese verkörpern, in der Individuen einerseits ihre Sachaufgaben (funktionale Erfordernisse) erfüllen, andererseits jedoch auch ihre persönlichen Fähigkeiten bei weitgehender Autonomie entwickeln können.

Im Hinblick auf die hier vorgenommene Segmentierung bewegt sich die Wertewandeldiskussion in die Richtung der neueren **Lebensstil-Analyse** (vgl. 5.2.7). Auch dort wird der Gedanke verfolgt, daß das Tempo des Wertewandels in bestimmten Segmenten oder „Milieus" unterschiedlich stark ausgeprägt ist und Wertewandel dort auch inhaltlich-qualitativ Verschiedenes bedeuten mag (vgl. Hradil 1987). Nichtsdestoweniger scheint auch die Vorgehensweise von Klages noch außerordentlich simplifizierend; der Anspruch einer mehrdimensionalen Wertewandel-Analyse wird u.E. kaum eingelöst. Auch hier bleibt das Verhältnis zwischen Idealfaktoren und dem Einfluß mehr oder weniger gestaltungsmächtiger Realfaktoren weitgehend ungeklärt. Zusammenhänge mit religiösen Werthaltungen (und deren Derivaten) bleiben außer Ansatz, obgleich Forschungsergebnisse zeigen, daß weltanschauliche und lebensstilbildende Verhaltens- und Denkmuster nicht ohne Rekurs auch auf solche Wertvorstellungen rekonstruierbar sind. Auf diese Weise bleibt auch der Ansatz von Klages

*Wertewandel und Lebensstil*

pointillistisch und deutungswissenschaftlich multivalent. Ferner besteht nach wie vor eine deutliche Diskrepanz zwischen den weitgehend spekulativ und impressionistisch wirkenden Behauptungen des Wertewandels und den Schwierigkeiten, durch Zeitreihenstudien handfeste empirische Belege dafür zu gewinnen.

*Empirie-Defizit der Wertewandelforschung*

*Individualisierungsthese*

Die dritte Wertewandelthese – Tendenz zur **Individualisierung** –, die wir hier kurz behandeln, wurde von Ulrich Beck in seinem Buch zur „Risiko-Gesellschaft" formuliert (1986). Gewöhnlich wird dieses Konzept nicht im Rahmen der Wertewandelforschung diskutiert, da es auch andere Implikationen hat – insbesondere im Sinne der Ent-Schichtung von Gesellschaft – jedoch scheinen sich in der Individualismus-These einige Erscheinungsformen auch des Wertewandels zu bündeln. Beck sieht in der fortschreitenden Individualisierung die Herauslösung aus traditionellen Gemeinschaftsbindungen – ein Schlüsselmotiv der Soziologie seit langem und insofern auch kein neues Thema – die jedoch in der Gegenwart mit verstärkten Anonymisierungs- und Autonomisierungsprozessen einhergeht. Die Aufhebung der Gemeinschaftsbindungen wird von Beck in verschiedene Lebensbereiche hinein verfolgt: die Entwicklung der Familie, der Geschlechter-Rollen, der Bildungswege, der Arbeitsverhältnisse, bis hin zu neueren Privatisierungstendenzen im Konsum- und Freizeitbereich.

*Aufhebung der Gemeinschaftsbindungen?*

*Dimensionen der Individualisierung*

Individualisierung hat hierbei eine motivationale, eine sozialkritische und eine sozialstrukturelle Dimension. **Motivational** insofern, als individualistische Tendenzen vor allem im Leistungsbereich unter Wahrung von Ego-Interessen zur Antriebskraft des zeitgenössischen Verhaltens werden. **Sozialkritisch** insofern, als mit dem Begriff der Individualisierung vor allem auch Aspekte des Rückzugs, der Vereinzelung, Vereinsamung, der Isolierung und damit des Orientierungsverlustes mitgemeint sind – auch hier Themenbereiche, die von Tönnies bis Freyer und von Sorokin bis Riesman Kernpunkte der kulturkritischen Analyse gewesen sind. Der **sozialstrukturelle** Aspekt schließlich betrifft die Veränderung bisheriger Sozialmilieus und klassenkultureller Lebensformen, die einer sozial isolierten, individuellen Biographie-Planung Platz machen. Die fortgesetzte Individualisierung zerstöre nun die gemeinschaftsstiftenden Sozialgebilde durch die „Aufhebung der lebensweltlichen Grundlagen eines Denkens in traditionellen Kategorien von Großgruppen und Gesellschaften", Ständen, Klassen oder Schichten (Beck 1986, 117). Dies führe zwangsläufig zu einer **„Entstrukturierung"** der Gesellschaft, deren sichtbarster Ausdruck Prozesse der Entschichtung seien.

*Entstrukturierung der Gesellschaft?*

*Eröffnung von Optionen*

Die Kernaussage besteht insofern in der Behauptung wachsender individueller Wahl- und Entscheidungsmöglichkeiten, wobei diese **Eröffnung von Optionen** zwangsläufig, unfreiwillig und keineswegs aufgrund einer etwaigen Entscheidungsfreiheit erfolgt (Beck/Beck-Gernsheim 1993). Dies bedeutet:

● die Freisetzung von Individuen aus traditionellen Bindungen (Milieu, Familie, Geschlechtsrollen);
● die Erosion traditioneller Werte, insbesondere familistischer Wertvorstellungen (wie z.B. Versorgungsehe);
● zunehmende normative Unverbindlichkeit, Pluralismus und Werte-Relativismus.

232

Diese Veränderungen führen – nach Beck – zu zunehmend individualistischen Lebensstilen und wachsender biographischer Instabilität, zu einem Verlust der biographischen Perspektive der Dauerhaftigkeit, zu einer Art **De-Standardisierung** des Lebensablaufs.

*De-Standardi-sierung des Lebensablaufs*

Auf der Handlungsebene wird ein zunehmender Wahl- und Entscheidungsbedarf konstatiert, der sich aus der Zunahme biographischer Optionen ergibt. Was sich auf den ersten Blick als Freiheit im Sinne einer **„Multioptionsgesellschaft"** (Gross) darbietet, hat seine Kehrseite: Isolation, Vereinsamung, Sicherheitsverlust, „Entbettung" aus sozialen Zusammenhängen. Individualisierung meint – wiederum nach Beck – die Auflösung und Ablösung industriegesellschaftlicher Lebensformen durch andere, in denen die Einzelnen ihre Biographie selbst herstellen, inszenieren müssen. Wurde noch vor Jahrzehnten die Auflösung von „Gemeinschaft" (im Sinne Tönnies') beklagt, so stünden wir jetzt vor der Zersetzung von „Gesellschaft" (vgl. die Ausführungen zur Postmodernen Gesellschaft in Punkt 6 dieses Kapitels).

*„Multioptions-gesellschaft"*

Das Vorliegen von Individualisierungs-Tendenzen wird von den meisten Soziologen sicherlich nicht bestritten, doch gibt es zweifellos zahlreiche Facetten, Ausdrucksformen und Konkretionen einer solchen Individualisierung, die mit diesem Begriff nur vage abgedeckt sind. Auch ist unklar, welche zeitliche Erstreckung dieser Prozeß hat und wann der eigentliche Individualisierungsschub einsetzt. Kultursoziologisch könnte sicherlich auch demonstriert werden, daß es in der Vergangenheit keinen unilinearen Prozeß der Individualisierung gegeben hat, sondern epochale Individualisierungsschübe, die durch Ent-Individualisierung abgelöst wurden. Und schließlich: Der Zusammenhang zwischen Idealfaktoren (Wertvorstellungen) und Realfaktoren (soziale Strukturen) wird zwar angesprochen, jedoch ist über die wechselseitigen Wirkungen wenig ausgesagt. Ähnliches gilt auch für wirtschaftssoziologische Untersuchungen des Kreises um Hofstede (1980), der einen positiven Zusammenhang zwischen Individualisierungs-Index und wirtschaftlichem Wachstum ermittelt. Auch hierbei ist nicht klar, ob die Individualisierung der Lebensstile das wirtschaftliche Wachstum bedingt oder ob das Umgekehrte der Fall ist: Wirtschaftliches Wachstum führt zu steigender Individualisierung. Sofern die Beobachtungen der japanischen Szene im Hinblick auf wachsende Individualisierungstendenzen zutreffen, dürfte die letztere Kausalbeziehung an Plausibilität gewinnen.

*Individualisie-rungsschübe*

Eine vierte kulturspezifische These zum Wertewandel betrifft Gerhard Schulzes **„Erlebnisgesellschaft"** (1992). Schulze – wie vor ihm bereits Riesman (1958), Scitovsky (1977) und Bourdieu (1982) – verweist darauf, daß das konstitutive Prinzip der Knappheit für prosperierende Gesellschaften abgelöst werde durch das Prinzip des Überflusses. Der dominante Verhaltensstil sei die Suche nach Erlebnissen durch ein besonderes Situationsmanagement, in dem Waren, Reisen, Kontakte, Veranstaltungen, Szenen usw. zu Instrumenten erlebnisrationalen Handelns werden. „Erlebe Dein Leben" lautet der kategorische Imperativ des Zeitgenossen; nicht mehr: „Tue Deine Pflicht" oder „Werde was im Leben". Das **Projekt des schönen Lebens** hat „keinen bestimmten Kurs, doch impliziert es zumindest einen bestimmten Selbstbezug des

*„Erlebnisgesell-schaft"*

*Projekt des schönen Lebens*

Menschen. Er achtet darauf, wie er erlebt, und er versucht, die Umstände so zu arrangieren, daß er es schön findet."

Dies ist keineswegs immer der Fall. Es gab und gibt Gesellschaften mit anderen Selbstverständlichkeiten: Leben als Überleben; Leben als Dienen, Pflicht, Selbstaufopferung; Leben als Existenz mit metaphysischem Bezug. Bei solchen Lebensauffassungen ergeben sich schöne Erlebnisse allenfalls als Nebeneffekt, ohne zentrales Lebensziel zu sein. „Erlebnisrationalität bringt eine Besonderheit unserer Gesellschaft auf den Begriff" (Schulze 1992, 40). Dies bleibt nicht ohne **handlungstheoretische** Implikationen. Von einer Maximierung des Erlebnisnutzens – orientiert am Kosten-Nutzen-Vergleich verschiedener Alternativen auf der Basis subjektiver Werterwartungen – kann im Rahmen der Erlebnisrationalität deshalb kaum gesprochen werden, weil gerade das erlebnisorientierte Verhalten nicht abwägend erfolgt, sondern eher spontan inszeniert wird: „Mal sehen, was rauskommt!" Erlebnisnutzen ist daher – Schulze zufolge – zu ungreifbar und stark situationsabhängig, mal tolles Erlebnis, mal langweilig. Auch sind die Konsequenzen höchst unsicher; es fehlt die Kalkulationsgrundlage für halbwegs rationales Handeln.

*Handlungstheoretische Implikationen*

Schulze identifiziert fünf **soziale Milieus**, die sich nach Stiltyp, Lebensalter und Bildung unterscheiden: das Niveaumilieu, das Harmoniemilieu, das Integrationsmilieu, das Selbstverwirklichungsmilieu, sowie das Unterhaltungsmilieu (vgl. die alternativen Milieustudien des SINUS-Instituts, s. Kap.5). Bereits bei dieser Differenzierung zeigt sich jedoch – was auch gegen Beck bereits geltend gemacht wurde –, daß es kaum gerechtfertigt ist, über alle Milieus hinweg durchgängig eine Erlebnisorientierung anzunehmen. So dürfte eine etwaige Erlebnisorientierung im Niveaumilieu psychisch-qualitativ kaum mit der Erlebnismentalität der Rockszene vergleichbar sein. Außerdem muß man Segmente ausklammern, für die nach wie vor (oder wieder!) Knappheit ein beherrschendes Lebensthema ist. Es gibt nämlich **Zaungäste der Wohlstandsarena**; und ihre Zahl ist wohl im Steigen begriffen.

*Zaungäste der Wohlstandsarena*

### Relevanz für den wirtschaftlichen Bereich

In diesem Kapitel wurde das Zusammenspiel von natürlichen Rahmenbedingungen mit kulturellen Einflüssen diskutiert. Ökologische Ausgangsbedingungen sind mit ökonomischen Möglichkeiten sehr eng verbunden; umgekehrt ist der Einfluß ökonomischer Faktoren auf die Umwelt – man denke an den teilweisen Gegensatz zwischen Ökonomie und Ökologie – ein höchst aktuelles Thema, das uns noch beschäftigen wird. Gleichermaßen sind demographische Bedingungen von höchster Relevanz für die Möglichkeit des Wirtschaftswachstums; insofern stellen uns expandierende Bevölkerungszahlen ebenso vor ökonomische Probleme wie schrumpfende Geburtenziffern. Auch ist die Kenntnis der demographischen Entwicklung von besonderer Wichtigkeit für wirtschaftliche Planungen, seien sie nun Sache des Staates (z.B. Rentenversicherung) oder seien sie Sache der Unternehmer (z.B. Absatzplanungen).

In den Mittelpunkt unserer Betrachtung über „Soziale Kultur" stellten wir den Begriff des sozialen Wertsystems. Insbesondere interessierte uns hierbei die Frage der kulturellen Verschiedenheiten und des kulturellen Vergleichs auf der Basis differentieller Wertsysteme. Die besondere Bedeutung dieser kulturellen Verhaltensmuster wird z.B. deutlich im Hinblick auf internationale Unternehmenstätigkeit, die sich vor einem kulturspezifischen Hintergrund zu bewähren hat. Da geht es einmal um nationale Stereotype, um Vorbehalte gegen ausländische Einflüsse, um die Furcht vor Überfremdung usw. Zum anderen spielt die Akzeptanz bzw. die Integration bestimmter importierter Organisationsformen im Ausland eine entscheidende Rolle. Dabei geht es beispielsweise um die Frage, inwieweit bestimmte Organisationsformen, Modelle der Arbeitsstrukturierung oder Führungsstile, die sich hierzulande als leistungs- und zufriedenheitsfördernd erwiesen haben, transformiert werden können. Desgleichen ist im Bereich des internationalen Marketing seit langem bekannt, daß Marketingstrategien, die sich auf dem einheimischen Markt bewährt haben – z.B. bestimmte Güter, Produktvarianten, Absatzformen, Werbeappelle etc. – in fremden Ländern auf Akzeptanzschwierigkeiten stoßen.

Ähnlich geht es mit Projekten der Entwicklungshilfe. Die Entwicklungsländerproblematik zeigt uns immer wieder, daß im Hinblick auf den Export bestimmter Problemlösungen Akzeptanz- und Integrationsschwierigkeiten bestehen. Die Frage der Kompatibilität mit bestimmten Entwicklungsschritten sowie mit bestehenden kulturellen Mustern muß immer wieder aufs Neue gestellt werden.

Schließlich sind Fragen des Wertewandels von zentraler Bedeutung für die Zukunft der Volks- und Privatwirtschaft. Wenn von einem veränderten Arbeitsethos die Rede ist, so wäre eine Konsequenz, künftig in Betrieben neue Anreizsysteme zu entwickeln. Wenn Lebensstile sich verändern und die Freizeit neue Gewichtung als eigenständiger Ort der Selbstverwirklichung erhält, dann sind solche Tendenzen von größter Bedeutung für die künftige Verlagerung von Absatzmöglichkeiten. Insofern ist die wirtschaftswissenschaftliche Behandlung solcher Fragen auf eine Perspektive angewiesen, die nicht nur die engere Umwelt des eigenen Marktes zu analysieren und zu beobachten, sondern auch gesamtgesellschaftliche Faktoren des äußeren Kontextes in das Kalkül einzubeziehen hat.

## Literaturempfehlungen

**Archer M. S.**: Culture and agency. The place of culture in social theory. Cambridge ²1996.
**Beck, U.**: Risikogesellschaft. Frankfurt 1986 (¹²1996).
**Harris, M.**: Kulturanthropologie. Frankfurt/New York 1989.
**Inglehart, R.**: Kultureller Umbruch. Wertewandel in der westlichen Welt. Frankfurt/New York 1990 (Studienausg. 1995).
**Klages, H.**: Wertorientierungen im Wandel. Frankfurt/New York 1984.
**Lipp, W., Tenbruck, F. H. (Hg.)**: Kultursoziologie. Schwerpunktheft der KZfSS 31, Opladen 1979.
**Matthes, J. (Hg.)**: Zwischen den Kulturen? Die Sozialwissenschaften vor dem Problem des Kulturvergleichs. Göttingen 1992.

**Neidhardt, F. et al. (Hg.):** Kultur und Gesellschaft. Sonderheft der KZfSS 27, Opladen 1986.

**Peoples, J., Bailey, G.:** Humanity. An introduction to cultural anthropology. Minneapolis et al. 1994.

## Kontrollfragen

1. Welche natürlichen Rahmenbedingungen sind mitbestimmend für die Ausformung kultureller Muster?
2. Welche Kriterien können beim Vergleich von Gesellschaften angelegt werden?
3. Welche Aspekte des Wertewandels werden behauptet und wie lassen sich diese auf einen Nenner bringen?
4. Was verstehen Sie unter Ethnozentrismus?
5. Wie beurteilen Sie die Individualisierungsthese?
6. Welche Beziehungen sehen Sie zwischen der Postmaterialismus-These und der sog. Erlebnisgesellschaft?

# 2. Soziale Ordnung

**Plan des Kapitels**

Wir haben uns bisher mit der kulturellen Überformung natürlicher Ordnung befaßt, und eine erste Antwort auf die Frage nach sozialer Ordnung könnte so lauten: Weil es **Werte** gibt, die von vielen oder von allen geteilt werden, entsteht Ordnung. Aber die Tatsache, daß Menschen bestimmte Ziele verfolgen, bedeutet nicht automatisch, daß sie dies „geregelt" tun, daß sie sich an bestimmte Regeln halten.

Warum – so fragt schon Thomas Hobbes – ist Gesellschaft nicht ein „Krieg aller gegen alle"? Wie kann man das **geordnete Nebeneinander und Miteinander** der Menschen erklären? Wie kann man gewährleisten, daß menschliches Verhalten sich an bestimmten Regeln und Zielsetzungen orientiert? Dieses Problem der Ordnung im gesellschaftlichen Zusammenleben ist seit Jahrhunderten ein entscheidendes, für Talcott Parsons gar **das** entscheidende Problem der Soziologie. Folgt man Hayek, so ist es letztlich auch das entscheidende Kernproblem der Ökonomie.

Nachdem wir die wesentlichen Konzepte zur Lösung dieses Kernproblems behandelt haben, wenden wir uns explizit sozialen **Normen und Institutionen** zu. Exemplarisch greifen wir dabei drei Institutionen heraus, die im Hinblick auf ihre ökonomische Relevanz untersucht werden: die Religion, das Eigentum, die Familie. Die eingehendere Behandlung der Institution „Wirtschaft" bleibt dabei dem dritten Hauptteil des Buches vorbehalten.

## 2.1 Modelle der Ordnung

### 2.1.1 Das anthropologische Modell

Das Problem der Erklärung sozialer Ordnung scheint nun zunächst darin zu bestehen, zu zeigen, wie die Existenz von Regeln des Zusammenlebens aus einem gedachten „Naturzustand" des Menschen abgeleitet werden kann. Selbstverständlich kann man daran zweifeln, daß es so etwas wie eine ursprüngliche Menschennatur überhaupt gibt. Zu viele philosophische und soziologische Systeme sind bereits daran gescheitert, daß sie Aussagen vom „Wesen" oder von der „wahren" oder von der „ursprünglichen" Natur des Menschen gemacht haben, wobei man sich offenbar einen vollkommen gesellschaftslosen, nichtsozialisierten Menschen vorstellte. Aber es scheint doch, daß wir dem Problem nicht dadurch ausweichen können, daß wir für alle vergangenen Zeiten eine prästabilisierte Ordnung annehmen. Irgendwann ist der infinite Regreß zu Ende, und wir müssen im Hinblick auf das Ordnungsproblem Farbe bekennen.

*„Natur" des Menschen*

Gehlen (1955) versucht in seiner „Philosophischen Anthropologie" Ordnung als Kompensation eines **Instinktverlusts** zu deuten. Nach Gehlen ist der wesentliche Unterschied zwischen Tier und Mensch darin zu sehen, daß der im Tierreich intakte Instinktmechanismus verkümmert ist und nur noch in rudimentärer Form wirksam werden kann. Aus diesem Grund sei der Mensch zwar nicht antriebslos – Triebe und Bedürfnisse sind weiterhin voll wirksam – aber eben weitgehend **orientierungslos**: Er habe als **Mängelwesen** kein fertiges Instinktschema, das ihm angemessenes Verhalten aufzeigt, kein gefestigtes und angepaßtes Verhaltensmuster, auf das man sich verlassen kann. Um dieses Vakuum zu füllen, benötige der Mensch also besondere Orientierungshilfen, Verankerungspunkte angemessenen oder richtigen Verhaltens, die ihm die „Natur" in Form eines intakten Instinktmechanismus nicht mehr liefern könne. In dieser Situation seien soziale Normen und Institutionen die Kompensationsform dieses Mangels, und der Mensch als instinktverkümmertes „Mängelwesen" errichte sich ein **künstliches Regelungssystem** besonderer Art, das den biologischen Mangel kompensieren soll.

*Mensch als „Mängelwesen"*

Ist dies nun eine Erklärung für das Entstehen sozialer Normen und Institutionen? Doch wohl nur eine sehr unvollkommene Erklärung, denn selbst wenn wir der Vorstellung vom Menschen als „Mängelwesen" folgen, so erklären wir dadurch noch nicht, weshalb und auf welche Weise gerade diese Art von Kompensation erfolgt ist. Thesen vom Typ „X ist angewiesen auf Y" erklären längst noch nicht, wieso Y existiert oder entsteht. Das anthropologische Modell greift demnach zu kurz, um das Ordnungsproblem zu lösen.

### 2.1.2 Das funktionalistische Modell

Talcott Parsons versucht die Lösung des Problems der Ordnung dadurch anzugehen, daß er den Prozeß der Anpassung des Menschen an die sozialen und kulturellen Erforderrnisse näher beschreibt. Im **Prozeß der Sozialisation** werde der Mensch mit den Erfordernissen von Kultur und Gesellschaft konfrontiert; hier verwandle sich seine „Natur" und er wachse hinein in eine geregelte Welt, wobei diese Regeln ihm zunächst als etwas „Fremdes" – als äußerer Zwang – gegenüberstehen, später jedoch gewissermaßen in Fleisch und Blut übergehen. Ein gemeinsames System von Werten und Normen, das von den Individuen weitgehend akzeptiert und internalisiert werde, verhindere demnach, daß es zum chaotischen Kampf aller gegen alle komme. Auf

*Internalisierung und Institutionalisierung*

dem Wege der Internalisierung und der Institutionalisierung von Werten, Normen und Rollen komme es damit zur Deckungsgleichheit von Systemerfordernissen einerseits und jener verwandelten Menschennatur (vgl. Parsons 1951).

In Wahrheit dürfte dieser Ansatz jedoch eine **Scheinlösung** des Problems sein, da hier ein bestehendes Ordnungssystem bereits vorausgesetzt wird, das ja durch das Ordnungsproblem erst erklärt werden soll. Genau genommen handelt es sich bei einem solchen Erklärungsversuch um eine Art Tautologie: Ordnung entsteht deshalb, weil vorgängig bereits Ordnung besteht. Insofern kann das Spannungsverhältnis zwischen den sog. natürlichen Handlungsantrieben und den Gegebenheiten der sozialen Steuerung immer mit dem Argument hinwegerklärt werden, der Mensch wachse eben in diese Ordnung hinein und werde sich mehr oder weniger gut damit abfinden müssen. Das eigentliche Problem der Erklärung sozialer Ordnung besteht aber nach dem vorhin Gesagten darin, die **Entstehung** von Ordnung aus dem Zustand der Unordnung heraus zu erklären.

Will man im Rahmen der funktionalistischen Analyse die primäre Entstehung von Ordnung begreiflich machen, so muß man sich offensichtlich eines andere Erklärungsschemas bedienen. Nach funktionalistischer Vorstellung wird nicht nur den handelnden Menschen, sondern auch ihren Regelungssystemen und Sozialgebilden eine besondere Anpassungsfähigkeit zugeschrieben, die dem Erreichen bestimmter Ziele (Gleichgewicht, Wachstum, Differenzierung, Überleben) förderlich ist. Das

*Ordnung als Selektionsprozeß*

Entstehen zweckmäßiger Ordnungen kann dann als ein **Prozeß natürlicher Selektion** (siehe hierzu: Stinchcombe 1968; Elster 1987) beschrieben werden: Bestimmte Regelungssysteme haben um so eher die Chance sich durchzusetzen, je leistungsfähiger sie sind. Anders formuliert: Bestimmte Institutionen haben sich zunächst zufallswahrscheinlich entwickelt; lediglich die gesellschaftsfördernden (positiv-funktionalen) Institutionen hatten jedoch die Chance zu überleben. Allmählich entstanden **zwangsläufig zweckmäßige Ordnungsmuster**, und Kulturen, die solche Institutionen nicht entwickelt haben, sind untergegangen.

*Quasi-Biologische Selektion*

Wie kann man nun ein solches Erklärungsmodell beurteilen? Für einige **elementare Regelungssysteme** (z.B. Töten in der Eigengruppe, Inzest-Tabu u.ä.) wäre ein Selektionsprozeß der beschriebenen Art in der Tat einleuchtend. Als genereller Erklärungsanspruch dürfte der quasi-biologische Selektionsmechanismus jedoch entschieden zu kurz greifen (vg. Back 1971; Elster 1987; Wiswede/Kutsch 1978). Zwar sind Selektionsprozesse durch unterschiedlich effiziente Ordnungsformen für die Entwicklung von Gesellschaften zweifellos von Bedeutung, jedoch dürften diese nicht dem Grundmuster darwinistischer Auslese folgen, sondern eher der Selektionskraft des Lernens: vor allem auch durch Einsicht und Tradierung. Dennoch dürfte die Vorstellung, daß bestehende Institutionen ihre Superiorität allein durch ihre Existenz erwiesen hätten, so nicht haltbar sein. Dazu ist der Verdrängungswettbewerb vermutlich zu ineffizient (vgl. Etzioni 1994). Auch können wenig rationale und z.T. ineffiziente Strukturen durch den Einsatz von Machtmitteln länger am Leben erhalten werden, als es den Selektionsgesetzen entspricht.

*Selektionskraft des Lernens*

---

**Welches sind die Ursachen des befriedeten und geregelten Zusammenlebens vieler Einzelner?**

**Antwort 1:** Menschen finden seit eh und je immer schon Ordnung vor, die sie dann verinnerlichen.

**Antwort 2:** Dem Menschen ist die Idee der Ordnung angeboren; eine Neigung zu regelgebundenem Handeln entspricht seiner Natur.

**Antwort 3:** Nur solche Gesellschaften konnten überleben, die im Selektionsprozeß die Idee der Ordnung entwickelt und realisiert haben.

**Antwort 4:** Indem eigennützige Individuen in freie Tauschbeziehungen treten, wird auf höherer Ebene unbeabsichtigt eine Ordnung geschaffen, die auf Prinzipien des freien Spiels der Kräfte beruht.

**Antwort 5:** Menschen erkennen, daß regelloses Dasein zu chaotischen Verhältnissen führt; folglich schließen sie eine Art Vertrag, dessen Regeln sich jeder kraft Einsicht unterwirft.

**Antwort 6:** Menschen gewinnen durch physische oder durch geistige Überlegenheit Macht über andere Menschen und zwingen ihnen ein Regelsystem auf, das dann für alle verbindlich ist.

**Übersicht 35:** Einige Antworten zum Ordnungsproblem

*Antworten zum Ordnungsproblem*

## 2.1.3 Das utilitaristische Modell

Adam Smith sah eine andere Lösung unseres teilweise noch offenen Problems. Nach ihm ist das Prinzip „Jeder ist sich selbst der Nächste", also die Anerkennung des Selbstinteresses der Menschen einerseits und die gesellschaftliche Integration ihrer Handlungen andererseits durchaus kein Gegensatz; vielmehr würde – vermittelt durch ein Netzwerk von Tauschbeziehungen – auf höherer Ebene eine **„spontane Ordnung"** entstehen, die von den handelnden Individuen keineswegs beabsichtigt oder in besonderer Weise angestrebt wird, sondern die sich gewissermaßen als **nichtintendiertes Nebenergebnis egoistischer Handlungen** ergibt. Wir hätten also mit der Denkgewohnheit zu brechen, Ordnung stets als beabsichtigtes Ergebnis ordnungsstiftender und planender Instanzen zu interpretieren. In diesem Sinne gibt es eine spontane Ordnung auch ohne bewußte Organisation, die lediglich durch den Mechanismus gegenseitiger Anpassung bewirkt wird. Dies ist die Kernidee des sog. „Marktmechanismus" sowie der Grundgedanke des ökonomischen Liberalismus. Der Gesellschaftsprozeß wird hier als ein in sich rückgekoppelter Kreislauf verstanden, und dies in moralischer, wirtschaftlicher und technologischer Hinsicht.

*Idee der spontanen Ordnung*

Dieser Grundgedanke der Ökonomie, daß sich soziale und wirtschaftliche Ordnung auch ohne planende Instanz auf dem Wege des Marktmechanismus herausbilden und einpendeln kann, setzt einen neuen Akzent in unserer Diskussion. Ordnung als „Nebenprodukt" eigeninteressierten Handelns basiert nach dieser „utilitaristischen Lösung" darauf, daß beim sozialen Austausch jeder Akteur dem anderen Nutzen bringt – obgleich er dies gar nicht beabsichtigt, denn er ist ja nur auf sein eigenes Wohlergehen bedacht, aber ihm bleibt durch seine Austauschhandlung gar nichts anderes übrig, als dem Vorteil des anderen zu dienen, um sein eigenes Wohlergehen zu fördern. Wenn ich also für mich Gutes tun will – so lautet die Argumentation – so muß ich wohl oder übel auch für andere Gutes tun. Dieses **„Prinzip der unsichtbaren Hand"** (Adam Smith) besagt demnach, daß jeder seine eigenen Interessen verfolgt, sein persönliches Wohl zu fördern sucht und genau dadurch dem Allgemeinwohl am besten dient. Die Verfolgung jeweils eigener Ziele müsse folglich nicht notwendigerweise zu einem unerträglichen Kampf aller gegen alle führen, da das Prinzip des Austauschs von Leistung und Gegenleistung automatisch ein funktionsfähiges Regelsystem hervorrufe.

*Utilitaristisches Prinzip*

*Prinzip der „unsichtbaren Hand"*

Demnach ergibt sich auf den ersten Blick, daß ein geregeltes Zusammenleben der Menschen wahrscheinlich auch für den Einzelnen stets von Vorteil ist. Denn ein wesentlicher Vorteil sozialer Ordnung – eine Art Abrüstungsvorteil – liegt darin begründet, daß das Eigentum produktiv im freien Austausch mit anderen genutzt werden kann, anstatt einen Teil der Ressourcen zur Abwehr einer anarchischen Umwelt einsetzen zu müssen. Die Geltung von Regeln und das Regelbewußtsein verschaffen zusätzlich das Gefühl der Sicherheit; die Akteure können gegenseitig enttäuschungsfeste Erwartungen bilden. Regeln sind also etwas Vorteilhaftes, weil und insofern man weiß, daß auch der andere sich daran halten wird. Demgegenüber ist ein Kampf aller gegen alle ein – wie es Hobbes ausdrückt – „erbärmliches Leben", das durch die ständigen Übergriffe anderer zu einem für alle schlechten Ergebnis führen würde.

*Abrüstungsvorteil sozialer Ordnung*

Das utilitaristische Erklärungsschema erweist sich zunächst lediglich bei der Lösung von **Koordinationsproblemen** als tragfähig. Ein typisches Problem dieser Art ist etwa die Regelung des Rechts-Links-Verkehrs oder die Beachtung von Verkehrsampeln (hier wären u.U. die „Kosten" der Nichtbeachtung hoch, der Ertrag des Abweichens gleich Null). Keineswegs gilt dies jedoch für Situationen, die dem Typ des **Gefangenen-Dilemmas** entsprechen (vgl. zur Bedeutung dieser spieltheoretischen Situation für die Theorie der Institutionen: Buchanan 1975; Raub/Voss 1981; Vanberg 1982, 1984; Schotter 1981). Dieses Dilemma wird auf der nächsten Seite in Form der uns bereits bekannten Matrix-Darstellung skizziert (vgl. auch A 2).

*Lösung von Koordinationsproblemen*

Das Dilemma besteht nun im folgenden: Wenn beide Partner, egoistischen Motiven folgend, jeweils die bestmögliche Alternative wählen (Übersicht 36), dann ist das Gesamtergebnis für beide Partner ungünstig. Nur wenn beide Akteure die „schlechtere" Alternative wählen – also leugnen – dann ist das Ergebnis für die Dyade relativ günstig. Das psychologische Problem ist dabei, daß niemand weiß, wie sich der andere verhält: A hat bestimmte Hypothesen über das Verhalten von B und muß daran zwei-

*Utilitaristisches Dilemma*

Zwei Verdächtige werden getrennt; beide haben noch nicht gestanden. Im amerikanischen Strafrecht gilt die Besonderheit, daß ein Angeklagter gegen den anderen Angeklagten Kronzeuge sein kann und damit z.T. Haftverschonung erhält.
Gesteht nun ein Verdächtiger, so wird er als Kronzeuge gegen seine Komplizen verwendet. Er selbst erhält in diesem Fall nur 3 Monate Gefängnis, sein Komplize aber 10 Jahre. Gestehen beide nicht, erhalten sie eine Gefängnisstrafe von je einem Jahr; gestehen beide, erhalten sie eine Gefängnisstrafe von je 8 Jahren.

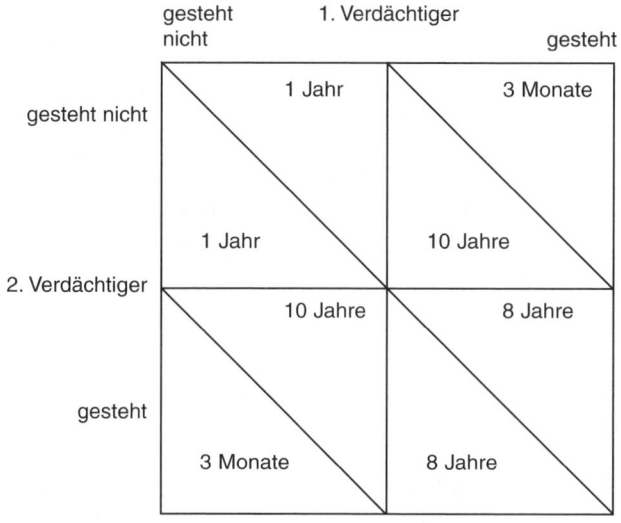

**Übersicht 36:** Prisoner's-Dilemma-Spiel

feln, daß B sich solidarisch verhalten wird, ob er also ein halbwegs günstiges Gesamtergebnis dem besten Einzelergebnis vorziehen wird.

Von außen betrachtet ist es in dieser Situation „vernünftig", wenn alle Akteure sich bestimmten Regeln unterwerfen, von denen sie genau wissen, daß auch der Partner sie einhalten wird. In einem solchen Falle ist der Gesamtnutzen der Partner höher. Innerhalb des Systems gibt es jedoch für die Akteure kein Motiv, die „Beachtung von Regeln" als die vorteilhaftere Strategie zu betrachten. Die vorteilhaftere individuelle Vorgehensweise besteht darin, die Strategie „Nichtbeachtung von Regeln" zu wählen, unabhängig von den Vermutungen, was der andere tun wird. Denn das Einlassen auf eine normative Ordnung erfordert bereits das Vertrauen, daß sich auch der andere an diese Norm hält. Kooperatives Verhalten setzt also Vertrauen voraus, nämlich das Vertrauen darin, daß sich der andere ebenfalls kooperativ verhält, denn: Wählt A das kooperative Verhalten, B jedoch die „günstigere" Alternative, dann erzielt A das ungünstigere Ergebnis (vgl. auch A 2.1.3).

Daraus wäre abzuleiten, daß eigennütziges Verhalten und eine hierauf aufbauende spontane Ordnung der „unsichtbaren Hand" **keine stabilen Regelungssysteme** hervorbringt. Dies ist zugleich der theoretische Nachweis für die Erfahrungstatsache, daß Märkte nicht immer funktionieren, daß private Sanktionen qua Marktmechanismus nicht ausreichen, um Ordnung zu stiften und dauerhafte Normen zu generieren, sondern durch zentrale Sanktionen ergänzt werden müssen. Dies bedeutet freilich nicht, daß der Markt als Ordnungsprinzip „versagt" – die Erfahrung zeigt eher das Gegenteil –, sondern daß Märkte lediglich durch zusätzliche oder übergeordnete Regelungssysteme bzw. **Kooperationsmechanismen** (s. A 2) funktionsfähig bleiben.

## 2.1.4 Das Vertragsmodell

Das utilitaristische Dilemma besteht also darin, daß es in Anwendung des Gefangenen-Dilemmas keine logische Möglichkeit gibt zu erklären, wie z.B. „Gesetze", „Eigentumsrechte" oder „Verhaltensregeln" aus dem eigeninteressierten Verhalten der Menschen entstehen können. Denn es kann nicht ausgeschlossen werden, daß einige Individuen ihre Ziele gewaltsam und unter Mißachtung von Regeln verfolgen. In einer solchen Lage muß das Individuum Zeit und Anstrengung auf drei verschiedene Aktivitätsbereiche lenken:

- auf den Erwerb und die Produktion eigener Güter,
- auf die Enteignung und Übervorteilung anderer Personen,
- auf die Abwehr von Enteignungsversuchen anderer.

*Korrekturen am utilitaristischen Modell*

Natürlich ist dies ein ineffizienter Zustand, aber nur aus der Außen-Sicht und nur, wenn man den **durchschnittlichen** Vorteil **aller** Beteiligten im Auge hat. Lediglich durch die Außen-Perspektive könnte die Einsicht zustande kommen, daß es für jeden ertragreicher ist, wenn er sich auf eine gewisse Ordnung einläßt. Wir sahen, daß solche „Einsichts"-Lösungen in der Tat bei Koordinationsproblemen naheliegend sind. Auch ist unbestreitbar, daß im Zuge des Ausbaues einer Sozialordnung bewußt intendierte Handlungen bestimmte Ordnungsformen erzeugen und gestalten können, wie sie im Zusammenhang mit geplantem sozialen Wandel oftmals entstehen. Die gesamte soziale Ordnung jedoch als bewußten Gestaltungsprozeß zu begreifen, schiene ein wenig kühn. Nichtsdestoweniger sah Hobbes dies als Lösung des Problems an, wenn er unterstellt, daß Ordnung gleichsam als „Gesellschaftsvertrag" zustande komme: Die Akteure sind bereit, untereinander eine Art Vertrag zu schließen und ihre Macht an einen souveränen Herrscher („Leviathan") zu übertragen. Auf diese Art lassen sich auch Beitrag und Mitgliedschaft in sozialen Organisationen erklären. In Form einer Art Zusammenlegung von Ressourcen erfolgt der Einsatz des Einzelnen in einen Gesamtpool, in der Hoffnung, daß der auf ihn entfallende Anteil des Gesamtertrages größer sein werde als der Gewinn, der kraft separater Anstrengung möglich wäre.

*Ordnung als Gesellschaftsvertrag*

*„Leviathan"*

*Grenzen des Vertragsmodells*

Hobbes' Vertragslösung ist jedoch gleichfalls inkonsequent, weil es für den Einzelnen überhaupt nicht rational ist, sich auf einen „Gesellschaftsvertrag" dieser Art einzulassen. Denn selbst wenn A auf die Vertragstreue von B, C oder D vertrauen könnte, ist er doch nicht sicher, ob beispielsweise E sich nicht durch Regelbruch Vorteile verschafft. Deshalb wird er versuchen, ob er nicht durch abweichendes Verhalten

– also unter Umgehung der Regeln – seinen relativen Vorteil – möglicherweise zu Lasten der anderen – vergrößern kann. Es kann für ihn also vorteilhaft sein, als einziger zu stehlen, auch wenn alle anderen das Eigentum respektieren (vgl. Schotter, 1981, 11). Verfügt man dann über diese Vorteile, so könnten die zugewachsenen Ressourcen dazu verwendet werden, die anderen zu neuer „Verteilungsgerechtigkeit" zu zwingen oder überhaupt die Regeln des Zusammenlebens neu zu definieren.

Ein weiterer Rettungsversuch aus dem utilitaristischen Dilemma besteht in der Annahme, daß die beteiligten Individuen **längerfristige Perspektiven** haben. Unsere Diskussion in Kap. A 2.1.3 zeigte bereits, daß Individuen oftmals an länger andauernden Interaktionsbeziehungen interessiert sind, so daß es sich sehr schnell rächt, den anderen zu übervorteilen. Allerdings setzt auch dies neben dem größeren Zeithorizont gewisse Einsichtsprozesse voraus. Diese könnten jedoch aus Lernvorgängen hervorgehen. Die Erwartung einer Fortsetzung von Interaktionsbeziehungen ist nach Axelrod (1987) die eigentliche Triebfeder wachsender Kooperation: Nur weil und insofern die Gesellschaftsmitglieder an längerfristig stabilen und auf Dauer ertragreichen Interaktionsbeziehungen interessiert sind, entsteht die Neigung, auf kurzfristig erreichbare Vorteile zu verzichten (Weniger abstrakt und am Beispiel formuliert: Ein Händler wird einen Laufkunden eher betrügen als einen Käufer, den er als Stammkunden gewinnen will).

*Zeithorizont des Interaktions-geschehens*

*Evolution der Kooperation*

In der Tat zeigen empirische Ergebnisse aus Spielsituationen, daß „Spielzüge" meist mit einem Kooperationsangebot beginnen: Der Spieler wählt zunächst eine kooperative Strategie, die erst bei Ausbleiben der kooperativen Antwort in eine rivalisierende Strategie verwandelt wird. Individuen neigen also dazu, Interaktionsbeziehungen kooperativ zu starten und danach Gleiches mit Gleichem zu vergelten („tit-for-tat"). Die „**Evolution der Kooperation**" (Axelrod) könnte in der Tat auf der Basis eines Minimums institutioneller Voraussetzungen erklärt werden. Allerdings reicht dies Prinzip u.E. nicht aus, um das Entstehen sozialer Ordnung insgesamt zu erklären.

*„tit for tat"*

| Generalhypothese: | In einer ungeplanten Interaktions-Situation (Marktsituation) sind keine (oder nur geringe) institutionelle Voraussetzungen erforderlich, um kooperative Handlungen einzuleiten. |
|---|---|
| Subhypothesen: | 1. Der Kooperationsgrad variiert mit der Häufigkeit der Interaktion (experimentell: Dauer der Spielrunden). |
| | 2. Besteht die Erwartung bzw. der Wille zu fortdauernder Interaktion, tendiert der Akteur dazu, zuerst die Strategie der Kooperation zu wählen. |
| | 3. Jede Response folgt dem Muster des „Tit-for-tat" |
| | 3.1 Wenn ein Akteur nicht kooperiert, wird der Partner häufiger nicht kooperieren. |
| | 3.2 Wenn ein Akteur kooperiert, wird der Partner häufiger gleichfalls kooperieren. |
| | 4. Je mehr Interakteure beim ersten Mal (Zug) Kooperation gewählt haben, desto höher ist der durchschnittliche Kooperationsgrad in der Gruppe während der gesamten Interaktionssequenz. |

**Übersicht 37:** Einige Implikationen der Kooperationstheorie (nach Axelrod 1987)

Eine gleichfalls moderne Variante der Vertragstheorie bietet Buchanan (1985; vgl. auch Brennan/Buchanan 1985; Opp 1983) im Rahmen der „Konstitutionellen politischen Ökonomie". Danach sind Akteure nicht nur damit beschäftigt, Güter zu produzieren, sondern auch damit, den eigenen Besitzstand zu verteidigen oder den Besitz anderer Akteure anzugreifen. Ein Gleichgewicht kommt nur dann zustande, wenn sich die Grenzkosten der Eroberungsaufwendungen und die Grenzkosten der Verteidigungsanstrengungen die Waage halten. Die Position kann dann nur noch über

eine Art **Abrüstungsabkommen** verbessert werden. Vereinbarungen über einen friedlichen Tauschhandel bei Wahrung von **Eigentumsrechten** können dann dazu führen, Kosten für Angriff und Verteidigung einzusparen.

Im Sinne des Gefangenendilemmas kann allerdings auch hier nicht ausgeschlossen werden, daß einige Akteure sich nicht an diese Vereinbarung halten. Dies erfordert wiederum einen Kontrollapparat, also den Einsatz **sozialer Macht**, um zu gewährleisten, daß die eigenen Rechte gewahrt bleiben.

## 2.1.5 Das Machtmodell

Das „missing-link" in der bisherigen Argumentation fällt uns sofort auf, wenn wir überlegen, daß die Diskussion explizit oder implizit vom **Gedanken der Freiwilligkeit** ausging: Personen treten freiwillig in Austauschbeziehungen ein; Personen schließen freiwillig Verträge usw. „Freiwilligkeit" selbst ist jedoch ein Zustand, der Ordnung voraussetzt, diese selbst aber nicht ausreichend erklären kann. Die Argumentation bleibt also fragmentarisch, solange wir nicht das **Phänomen der sozialen Macht** in unser Kalkül einbeziehen. Das utilitaristische Prinzip bleibt ein Torso, solange wir dieses Prinzip im luftleeren Raum absoluter Gleichheit und Gleichberechtigung ansiedeln. Diese Gleichheit und Gleichberechtigung hat es in Gesellschaften nie gegeben und wird es vermutlich auch nie geben (vgl. Kap. 5). Stets und überall besteht in Austauschbeziehungen ein **Machtgefälle** hinsichtlich verfügbarer Ressourcen.

Diese Ressourcen basieren in primitiven Gesellschaften zunächst auf physischer Gewalt, also auf körperlicher Überlegenheit; hinzu kommen mit der Entwicklung des menschlichen Erfindungsgeistes die geistige Überlegenheit sowie der Besitz und Einsatz von „Technologie". Beide Formen manifestieren sich in verschiedenen Bereichen: als militärische Stärke, als religiöser Einfluß, als ökonomische Macht. Gerade religiöse Macht – etwa als Priesterherrschaft – dürfte ein primärer Kulturträger sein. Dabei verfügen die Priester nur über „delegierte" Macht; die eigentliche Macht wird von Gott (oder den Göttern) abgeleitet. Die Befolgung bestimmter Normen oder Rituale, die nicht nur den Austausch zwischen Gott und Mensch, sondern auch die Beziehung der Menschen untereinander regeln, dient dann dazu, die Götter „günstig zu stimmen", damit etwa der ersehnte Regen fällt. Ganz in diesem Sinne läßt sich zeigen, daß zentrale Wertsysteme der meisten Kulturkreise zunächst auf religiösen Vorstellungen beruhen, auch wenn sie später säkularisiert werden und ihre Gestalt wandeln. Immer auch neigen die Machthabenden dazu, ihren Einfluß gewissermaßen als gottgewollt zu rechtfertigen, ihn demnach als „legitime Herrschaft" im Sinne Max Webers auszulegen. Stets tendieren Machthabende auch dazu, das bestehende Regelsystem – also Normen und Werte einer Gesellschaft oder Gruppe – **im Sinne ihrer Interessen** zu interpretieren und zu modifizieren. Macht garantiert also Ordnung, auch wenn man die Legitimität dieser Macht bezweifeln kann: Personen können mit oder gegen ihre Einwilligung dazu gezwungen werden, bestimmten Regeln zu folgen; und wenn sie es nicht tun, dann stehen Sanktionen bereit: als Bestrafung regelwidrigen Verhaltens.

*Macht und Interesse*

Es ist also die **Furcht vor äußerer Sanktionsgewalt,** die die Ordnung sichert und erst sekundär die freie Nutzenkalkulation oder die Einsicht der Mitglieder einer Gesellschaft. Dies gilt vor allem für den Übergang vom Naturzustand in den „Kultur"zustand; aber auch im Falle einer prästabilisierten Ordnung reicht das utilitaristische Prinzip des Marktes meist nicht aus, sondern muß ergänzt werden durch **zusätzliche Regeln**, die verhindern, daß die soziale Ordnung zur „Ellenbogengesellschaft" denaturiert. So muß beispielsweise die Bereitstellung der öffentlichen Güter – Güter des Gemeinbedarfs – durch ein zusätzliches Zwangssystem garantiert werden (z.B. durch die Einbehaltung von Steuern). Je größer nämlich die positive Differenz zwischen sozialem und individuellem Nutzen ist, um so eher wird das Prinzip des Marktes versagen, so daß staatliche Kontrolle eingreifen muß.

*Ordnung durch Sanktionsgewalt*

*Sanktionsgewalt als Korrektiv*

Ferner ist zu sehen, daß der Markt nur funktionsfähig bleibt, solange bestimmte Spielregeln – z.B. das Rechtssystem, die Norm des „fair play" usw. – gelten, die sich erst im Laufe der Zeit herausbilden und die der Staat zum Teil auch durch **ordnungspolitische Maßnahmen** setzt. Außerdem weiß man seit langem, daß marktwirtschaftlichen Systemen durch allmählichen Verdrängungswettbewerb eine Tendenz zur sukzessiven Aufhebung des Konkurrenzprinzips innewohnt. In diesem Falle „bemächtigt" sich die Macht des Marktes: Austauschrelationen werden asymmetrisch, d.h. der Gedanke der Freiwilligkeit des Gebens und des Nehmens geht verloren; die Idee des Marktes wird durch Macht pervertiert (vgl. Olson 1985 sowie 3. Kap. Abschn. C). Einziges Gegenmittel ist dann die Gegenmachtbildung: auf dem Arbeitsmarkt durch Sozialgesetzgebung oder Gewerkschaften, auf den Anbietermärkten durch Gesetze gegen unlauteren Wettbewerb oder gegen Konzentrationstendenzen marktbeherrschender Unternehmen. Wir erkennen damit abschließend, daß Ordnungsformen vom Typ des Marktes und vom Typ der Freiwilligkeit nicht ohne zusätzliche Sanktionsmacht stabil sein können. Damit scheint es unausweichlich, die **Macht als primäres Ordnungsprinzip** zu begreifen, auch wenn wir dabei unterstellen, daß in jeder konkreten Gesellschaft die „unsichtbare" und die „sichtbare Hand" zusammenwirken.

*Ordnungspolitische Maßnahmen*

*Macht als primäres Ordnungsprinzip*

Eine solche Sichtweise bedeutet nicht ein grundsätzliches Abrücken vom individualistischen (bzw. utilitaristischen) Erklärungsprinzip. Denn auch das Verhalten der Sanktionierer (der Machthabenden) unterliegt letztlich dem Prinzip des Eigennutzes. Unsere theoretische Skizze ist daher nicht die Widerlegung des utilitaristischen Ansatzes, sondern **dessen Erweiterung**. Wir vermerken ferner, daß ein solches Modell mit Vorstellungen übereinstimmt, die wir im mikrosoziologischen Bereich im Rah-

*Sanktionen als*
*Ordnungsstifter*

men von Lern- und Sozialisationsprozessen entwickelt haben (vgl. dort 1.1). Hier fanden wir ebenfalls, daß Menschen im Sozialisationsprozeß zunächst durch äußere Sanktionen – externe Belohnungen und Bestrafungen – kontrolliert werden und erst später diese Kontrollen verinnerlichen. Mit Hilfe des Machtprinzips gelingt es uns also, eine **strukturgleiche Antwort** auf die Frage nach der Ordnung im gesellschaftlichen Zusammenleben zu finden, ganz gleich, ob wir diese Ordnung als Problem des Übergangs vom Naturzustand des Menschen zum Zustand geregelten Zusammenlebens sehen oder als Sozialisationsproblem: als Frage, warum sich Menschen in unserer Gesellschaft häufiger regelkonform als abweichend verhalten.

## 2.2 Norm und Institution

### 2.2.1 Norm und Sanktion

*Soziale Normen*

Bisher hatten wir ganz allgemein von Regeln oder Regelsystemen gesprochen. Im folgenden werden wir genauer zwischen Normen und Institutionen unterscheiden, wobei der Institutionsbegriff vom Begriff der **sozialen Norm** abgeleitet ist: Institution wird hier verstanden als in sich zusammenhängendes Normsystem, das um zentrale Werte (und Funktionen) der Gesellschaft gruppiert ist. Normen gelten dabei als die „richtigen", d.h. sozial vorgeschriebenen Wege der Zielverwirklichung (vgl. Merton 1968), die festlegen, „was in einer gegebenen Situation geboten oder verboten ist" (R. König 1969, 980). Dabei hat es sich in der Soziologie eingebürgert, Begrifflichkeiten wie Konvention, Sitte, Recht, Moralvorschrift usw. unter den Oberbegriff der sozialen Norm zu stellen.

*Funktion*
*sozialer Normen*

Die Funktion sozialer Normen wird darin gesehen, daß sie **Verankerungspunkte der Orientierung** bieten, die **Koordination des Verhaltens** gewährleisten, die **Stabilisierung von Verhaltenserwartungen** begünstigen und damit die Voraussetzung zur **Berechenbarkeit des Verhaltens** liefern (vgl. Luhmann 1969; Eichner 1981; Koleman 1991). Wie wir im letzten Abschnitt zeigen konnten, ist jedoch der Hinweis auf die bedeutsame Funktion und Zweckmäßigkeit der Normen noch kein Nachweis für die Entstehung sozialer Normen.

Im Hinblick auf den Entstehungszusammenhang sollte zumindest zwischen drei verschiedenen Typen sozialer Normen unterschieden werden:

*Typologie*
*sozialer Normen*

- instrumentelle Normen
- Validierungs-Normen
- Herrschafts-Normen

Da sind zunächst **instrumentelle Normen**, deren Einführung und Einhaltung von (nahezu) allen Beteiligten als zweckmäßig angesehen wird (z.B. Verkehrsregelungen, DIN-Norm). Sie sind am ehesten mit utilitaristischen und kontraktuellen Ordnungsmodellen vereinbar. Daneben sind Normen häufig die Antwort auf **unsichere Situationen** (z.B. Was sollte man in dieser Situation anziehen? Wie gestalte ich mein Le-

246

ben gottgefällig?). Dieser Normtyp steht auch im Zentrum sozialpsychologischer Experimente. Bekanntlich glaubte man, mit dem Aufweis von Unifikations- und Konformitätsexperimenten (vgl. A 2.3) ein Paradigma zur Entstehung sozialer Normen gefunden zu haben, ohne zu sehen, daß dies lediglich ganz spezielle Normbereiche betrifft. Und schließlich finden wir das soziale Leben mit solchen Normen durchsetzt, die das spezifische Interesse bestimmter Personen oder Personengruppen widerspiegeln und die Ausdruck **sozialer Machtprozesse** sind (z.B. Rechte des Kapitalgebers, Zulassungsbeschränkungen für Berufsgruppen). Dieser Normtyp schien uns am ehesten mit dem im vorigen Abschnitt beschriebenen Machtmodell vereinbar. Natürlich können Normen gelegentlich die „Rubriken" wechseln: Kleidungsnormen haben oft eine instrumentelle Komponente (z.B. Sportkleidung, wärmende Kleidung); sie mögen andererseits auch Unsicherheit abbauen (z.B. Welches Kleid ist „passend"?); und sie können darüber hinaus Aspekte von Herrschaft widerspiegeln (z.B. Kleidervorschriften im Ständestaat).

Eine Theorie sozialer Normen hat sich jedoch nicht nur mit der Frage ihrer Entstehung zu befassen – eine Frage, die wir durch die Diskussion mehrerer Ordnungsmodelle im vorigen Kapitel zumindest vorläufig zu beantworten suchten –, sondern muß sich darüber hinaus mit der **Wirkung sozialer Normen** auf das Verhalten der Gesellschaftsmitglieder befassen. Es geht also um die Frage, in welcher Weise soziale Normen auf das Verhalten einwirken, oder anders: warum Menschen sich mehr oder weniger normgerecht (konform) verhalten. Wie erinnerlich, handelt es sich hier um eine Frage, die uns in mikrosoziologischem Zusammenhang schon wiederholt beschäftigte: Dort ging es einmal um die Frage, weshalb Menschen im Gruppenzusammenhang zur Konformität mit Gruppennormen neigen. Zum anderen beschäftigten wir uns mit dem Problem, weshalb sich Menschen (mehr oder weniger) rollenkonform verhalten. Und wir erinnern uns zugleich an Colemans Hinweis (Coleman 1991), daß die Einhaltung von Normen „soziales Kapital" darstellt, aus dem die Vertrauensbasis für die Produktivität einer Gesellschaft hervorgeht.

*Wirkung sozialer Normen*

Im makrosozialen Zusammenhang hat zumindest seit Durkheim immer wieder der Gedanke eine Rolle gespielt, daß soziale Normen als reales Etwas, als „soziale Tatsachen" verstanden werden müssen, die auf den Einzelnen im Sinne externer Kontrolle einen gewissen Zwang ausüben. Diese Vorstellung, die Durkheim wohl zu sehr in die Form eines **Gegensatzes von Individuum und Gesellschaft** kleidete – Durkheim selbst hat später auch den Begriff des Zwanges durch den der Verhaltensregel („obligation") ersetzt – übersieht, daß ein erheblicher Teil der Verhaltensnormen bereits in frühkindlichen Phasen der Sozialisation verinnerlicht (vgl. A 1.2) und damit zum Bestandteil der Person wird. Ob und in welchem Ausmaß internalisiert wird, hängt mit bestimmten Verstärkungsfolgen zusammen (vgl. Scott 1971). Je mehr soziale Normen internalisiert sind, desto überflüssiger werden externe Kontrollen, die die Einhaltung eben dieser Normen gewährleisten. Man kann sich dies so vorstellen, daß neben der Norm auch die Kontrollinstanz verinnerlicht wird: Durch den Vorgang der Internalisierung ist der „Sanktionsherr" (gleichsam als Über-Ich) ins Innere der Person verlagert worden und wirkt sodann – statt von außen als externe Variable – aus dem Inneren des Individuums selbst (z.B. als Gewissen, als Schuldgefühl). Auf

*Normen als „soziale Tatsachen"*

*Internalisierung von Normen*

dem Wege der Habitualisierung kann das Befolgen der Norm zur Selbstverständlichkeit, zur bloßen Gewohnheit werden, die ein quasi-natürliches Verhalten ausdrückt. Wie Homans (1972) hervorhebt, kann damit auch das Befolgen der Norm belohnenden Charakter annehmen, so daß wir uns von der Vorstellung des Zwanges immer weiter entfernen. Foucault (1991) entwirft auf Grund solcher Internalisierungsprozesse das Zerrbild einer **Disziplinargesellschaft**, die als Anstalt lautlosen Zwanges funktioniere, als solche jedoch nicht erkannt wird.

*Externe und interne Kontrolle*

Werden jedoch Normen nicht auf dem Wege der Internalisierung oder der Gewohnheitsbildung wirksam, so ist die Durchsetzung der Norm lediglich durch äußere Sanktionen möglich. Wenn es z.B. einer Mehrzahl von Personen noch nicht „in Fleisch und Blut" übergegangen ist, sich beim Autofahren anzuschnallen, dann müssen äußere Sanktionsmittel (z.B. Bußgeld) angewandt werden. Solche Sanktionen variieren über eine ganze Skala möglicher Handlungen, von der Todesstrafe für Mord bis hin zum mißbilligenden Blick des Lehrers gegenüber dem schwätzenden Schüler. Im allgemeinen gilt: Je wichtiger die Einhaltung einer Norm für eine Gesellschaft ist, desto strikter wird die Sanktion sein und desto expliziter ist das Kontrollsystem institutionalisiert (z.B. durch Satzungen, durch Gesetze etc.). (Vgl. zur Kontrollproblematik A 4).

*Dimensionalität von Normen*

Diese wenigen Bemerkungen mögen nun auch genügen, den Begriff der Norm als **variaten Begriff** zu verstehen (vgl. hierzu Gibbs 1981; Vanberg 1984). Damit ist gemeint, daß die verschiedenen Definitionskriterien, die üblicherweise für den Normbegriff angeführt werden (vgl. Eichner 1981; Lautmann 1971), als **Variablen** gelten sollten, die der empirischen Überprüfung offenstehen. Als solche Variablen kämen u.a. in Betracht:

**(1)** der Internalisierungsgrad einer Norm;
**(2)** die Sanktionsladung einer Norm;
**(3)** der Konsens im Hinblick auf die Norm;
**(4)** die Legitimität einer Norm.

*Normstrukturen*

Daneben kann der Zusammenhang zwischen verschiedenen Normen thematisiert werden. Auch diese Zusammenhänge sind empirisch als Variablen zu fassen: etwa die Anordnung von Normen in einer Hierarchie, die Konsistenz der Normen untereinander, mögliche Konflikte zwischen Normen, die Bündelung von Normen zu einer Institution usw.

## 2.2.2 Institution und Organisation

*Begriff der Institution*

Der Begriff der **Institution** ist in der Soziologie keineswegs einhellig bestimmt und hat seinen Sinn seit Spencer (über Fouconnet, Mauss und Durkheim bis Sorokin und Parsons) verändert. Homans (1972) empfiehlt deshalb gar, den Institutionsbegriff überhaupt zu meiden, solange sich die Soziologen noch nicht darüber klar geworden sind, ob z.B. die Kirche oder aber die Religion als Institution gelten soll. In der Tat meint dieser Begriff in seinen gängigsten Bedeutungen einmal eine Form der Organisation oder Assoziation, zum anderen ein bestimmtes normatives Ordnungsmuster. Es besteht allerdings eine deutliche Tendenz, den Begriff in diesem letzteren Sinne zu verwenden, nämlich als Betätigungsmodelle, die sich um zentrale Werte oder Funktionen der Gesellschaft gruppieren, also **Normkomplexe mit formeller Ausgestaltung**. Dabei lassen sich dann bestimmte Organisationsformen den jeweiligen Institutionen zuordnen, z.B.:

*Institutionen als Normkomplex*

| **Institution:** | **Organisationen:** |
|---|---|
| Religion | Kirchen etc. |
| Wirtschaft | Betriebe etc. |
| Rechtssystem | Gerichte etc. |
| Bildungssystem | Schulen etc. |
| Regierung | Parlamente etc. |

Dennoch bleibt der Institutionsbegriff vage, wenn solch heterogene Sachverhalte darunter subsumiert werden sollen wie: Familie, Eigentum, Religion, Wirtschaft usw. Der (zweifellos etwas diffuse) Grundgedanke dabei bleibt jedoch der, daß in nahezu allen Gesellschaften sich bestimmte Normkomplexe um zentrale Grunderfordernisse ranken (z.B. Regelung der Verwandtschaftsbeziehungen, Regelung der Eigentumsverhältnisse, Regelung der Produktion und Verteilung von Gütern usw.) und daß in diesen Ordnungsmustern Gemeinsamkeiten und Verschiedenheiten zum Ausdruck gelangen.

Der abgeleitete Begriff der **Institutionalisierung** bezieht sich auf den Prozeß der gesellschaftlich verbindlichen Formalisierung und Normbindung bestimmter Verhaltensweisen, etwa in der Form von Gesetzen, Verordnungen, Satzungen, die jedoch auch kraft Tradition weitergereicht und wirksam werden können. In fortgeschrittenen Gesellschaften vollzieht sich diese Institutionalisierung häufig auf dem Wege der **Bürokratisierung** (im Sinne Max Webers): Solche Sozialgebilde erfahren danach zunehmende Bedeutung, die durch eine Instanzenhierarchie für formalisierte Sachentscheidungen nach zweckrationalen Kriterien gekennzeichnet sind. Die hier angesprochene formellere Ausgestaltung ganzer Gesellschaftsteile kann jedoch auch als (negativ funktionale) Verkrustung wirken wie die „ägyptischen Verhältnisse" einer ritualisiert-traditionsgeleiteten Gesellschaft: Sie kann sich veränderten Anforderungen der Umwelt nicht mehr genügend anpassen. Man spricht in solchen Fällen von **institutioneller Sklerose**.

*Institutionalisierung*

*Bürokratisierung*

## 2.2.3 Zentrale Institutionen

Die zentrale Institution, auf die wir in diesem Buch abheben wollen, ist die **Wirtschaft**. Wir tun dies im dritten Hauptabschnitt noch ausführlicher; in diesem Kapitel streifen wir exemplarisch lediglich einige der bedeutsameren Institutionen im Hinblick auf ihre Relevanz für den wirtschaftlichen Bereich.

Da ist zunächst die **Familie** zu nennen, die mit ihrer Regelung von Verwandtschaftsbeziehungen eine primäre ordnungsstiftende Kraft darstellt und wichtige soziale Funktionen zu übernehmen hat: die Regelung sexueller Beziehungen, die Aufzucht der Kinder und deren Sozialisation, die Möglichkeit des Rückzugs in Gestalt einer Art „Gegenstruktur" zur Gesellschaft, die Versorgung und Beheimatung älterer Menschen (letzteres funktioniert allerdings in „individualistischen" Gesellschaften angesichts des Rückzugs auf die Kernfamilie nicht mehr bruchlos). Im Rahmen des Haushalts – des organisationalen Korrelats zur Familie – oblag der Familie früher auch die Produktionsfunktion, die erst später weitgehend an die Betriebe delegiert wurde. Heute ist der haushaltlich-familiale Bereich wiederum das Absorbtionszentrum informeller Arbeit, die dem produktiven Kernbereich (der betrieblichen Arbeit) wesentliche Anteile entzieht, andererseits jedoch Freiräume der eigenständigen Arbeitsgestaltung eröffnet.

Zum zweiten ist die Familie als Haushalt Basis für Konsumentscheidungen, meist auch für Verwendungsaktivitäten (z.B. gemeinsamer Urlaub etc.). Auf diese Weise ist die Familie als Gruppe von wesentlicher Bedeutung für den Gesamtbereich der Konsumtion. Der familiale Lebensstil wird damit zur Vorgabe für das Angebot, das der Markt bereitzustellen hat. Perspektiven der Familienplanung (Zahl der Kinder, Anschaffungsvorhaben, Berufstätigkeit, Ausbildungsgänge usw.) sind daher von unmittelbarem oder mittelbarem Einfluß auf das gesamte Wirtschaftsleben.

In Ländern mit hohen Geburtenzahlen ist die Familiengröße nach wie vor ein Hinderungsgrund für wirtschaftliche Entwicklung (wenn vielleicht auch ein Garant für große Märkte: „viele Mäuler sind zu stopfen"). Solange jedoch eine starke Abhängigkeit der Eltern von den Kindern besteht – zumindest einer der Söhne soll ja später einmal die Familie ernähren –, dürfte dieser Bevölkerungsdruck nicht nachlassen. Umgekehrt könnten niedrige Geburtenzahlen in entwickelten Ländern wirtschaftliche Probleme ganz anderer Art entstehen lassen; denken wir nur an schrumpfende Konsumgütermärkte oder an Fragen der Rentenfinanzierung (vgl. zur demographischen Entwicklung B 1.1.3).

Betrachten wir exemplarisch als weitere zentrale Institution das **Eigentum** – auch hier wieder in seiner Bedeutung für den wirtschaftlichen Bereich. Von vielen Ökonomen – denken wir hier etwa an die Theorie der Eigentumsrechte (Alchian/Demsetz 1973) – wird Eigentum und die daraus fließenden **Eigentumsrechte** mit dem Eigennutzprinzip in Verbindung gebracht: Dem Eigennutzaxiom entspricht die durchaus realistische Annahme einer im Grundsatz positiven Einstellung der Menschen zum Eigentumserwerb und zum Eigentumsschutz. Der Mensch bleibt also auf Eigentum angewiesen, weil er sonst keinen direkten Einfluß auf die Früchte seiner Arbeit hät

te. Die Sicherung von Eigentumsrechten ist daher zweifellos eine jener Situationen, die die Ordnung von Gesellschaft einerseits gewährleistet und andererseits auch immer wieder gefährdet. Es ist naheliegend, daß Personen um so eher an der Geltung solcher Rechte interessiert sind, je mehr sie selbst am Eigentum beteiligt sind. Der Ruf nach Ordnung wird also von jenen am lautesten erhoben werden, die besonders am Schutz ihres Besitzstandes Interesse haben (vgl. zur Eigentums-Problematik auch im dritten Kap. B 2).

Die Frage der Eigentumsrechte betrifft alle bestehenden Wirtschaftsordnungen. Die insbesondere seitens des Marxismus vertretene Idee des Gemeineigentums hat sich – im Sinne von Sozialisation – nicht sozialisieren lassen, offenbar aufgrund des tendenziell eigennützigen Verhaltens des Menschen sowie seiner Neigung, im Hinblick auf die Nutzung solcher Güter eine „Trittbrettfahrer-Position" einzunehmen (vgl. 4.2). Im Gegenteil: Je mehr der Gedanke des Privateigentums in den Hintergrund gedrängt wurde, desto eher gingen solchen Wirtschaftssystemen entscheidende Antriebe des ökonomischen Verhaltens verloren: Leistungsmotivation, Initiative, Prestige- und Anerkennungsstreben, Erfindungsgeist und Kreativität. North/Thomas (1973) sind daher der Meinung, daß es vor allem Eigentumsrechte waren, die für den säkularen Anstieg des Wohlstands in den westlichen Ländern verantwortlich zeichnen.

*Idee des Gemein-eigentums*

Eine dritte Institution wollen wir hier noch exemplarisch herausgreifen, die auf den ersten Blick wenig Zusammenhang mit dem wirtschaftlichen Bereich aufzuweisen scheint: die **Religion**. Ihre Funktionen wurden verschiedentlich herausgestellt, u.a. von Max Weber, Luhmann und Luckmann. Sie bestehen im wesentlichen in der Ordnungsstiftung, Hoffnungsstiftung und in der Herrschaftssicherung. Der Beitrag zur **Ordnungsstiftung** ist zunächst unmittelbar einleuchtend: Wie Parsons und vor ihm Max Weber gezeigt haben, ist das Wertsystem einer Gesellschaft am Beginn der sozio-kulturellen Entwicklung meist ein rein religiöses System („sacred" im Sinne von Becker); ob und inwieweit eine Säkularisierung stattfindet, ist eine Frage weiterer Entfaltungsbedingungen (vgl. hierzu etwa die Entwicklung in christlichen und islamischen Ländern). Die ordnungsstiftende Leistung ist damit die Vorgabe bestimmter Ziele, die als gottgefällig gelten. Sie dienen dann auch dazu, Unerklärbares erklärbar zu machen (Horror-Vacui-Prinzip) sowie die Tatsache des Todes erträglicher oder sogar erstrebenswert erscheinen zu lassen. Betrachtet man dieses Horror-Vacui-Syndrom als eine Form kognitiver Dissonanz, dann kann das Entstehen von Religion dadurch erklärt werden, daß diese hervorragend dazu geeignet ist, kognitive Dissonanz zu reduzieren. In dieser Weise dient die Religion damit auch der **Hoffnungsstiftung:** In einer Welt, die sonst nichts zu bieten hat, besteht zumindest der Hoffnungsschimmer einer besseren Welt im Jenseits (hier wird die Wert-Erwartungs-Theorie zu einer Wert-Hoffnungs-Theorie). Daß diese Idee auch zur **Herrschaftssicherung** dient und genutzt werden kann, ist nicht lediglich für Gesellschaften evident, die durch eine Herrschaft der Priesterkaste oder von Ayatollas gekennzeichnet sind. Wenn soziale Normen (z.B. die des Korans) und insbesondere auch Statuszuweisungen (Geburt in eine bestimmte Kaste) religiös legitimiert und stabilisiert sind und nicht hinterfragt werden, dann bedarf es für die staatliche Instanz keinerlei zusätzlicher Kontrollgewalt.

*Die Religion als Institution*

*Funktion der Ordnungs-stiftung*

*Funktion der Hoffnungs-stiftung*

*Funktion der Herrschafts-sicherung*

Die Ausrichtung einer Gesellschaft auf das Jenseits hat deutlich andere ökonomische Implikationen als dies für säkularisierte, auf das Diesseits orientierte Kulturen der Fall ist. Max Weber hat in seinen religionssoziologischen Schriften die Verbindungslinie zwischen **Religion und Wirtschaft** aufgezeigt; hier am Beispiel der okzidentalen Entwicklung. Weber konnte deutlich machen, daß die Ratio des Kapitalismus durch die Wirksamkeit bestimmter Glaubensinhalte, nämlich des calvinischen Puritanismus und des lutherischen Pietismus mitbedingt wurde. Die Entstehung der mo-

*Religion und Wirtschaft*

*Religion und die Ratio des Kapitalismus*

dernen Wirtschaftswelt ist damit auch Ausdruck einer ins Diesseits verlagerten Transzendenz, und der Erwerb, der materielle Erfolg wirtschaftlichen Tuns, ist nichts anderes als der göttliche Gunstbeweis, der allein den Zugang ins Paradies verheißt. Auch wenn diese Wertverlagerung im Zuge der Säkularisierung solch religiöser Rechtfertigung nicht mehr bedurfte, so gilt jener Wandel von **Kontrollüberzeugungen** (in der Sprache der Handlungstheorie) als wesentliche Vorbedingung des „take-off" (Rostow), der den Ausbruch aus traditionellen Strukturen bewirkte und die Hinwendung zu modernen, industriellen Wirtschaftsformen ermöglichte.

*Religion als retardierender Faktor*

So wie die religiöse Wertverlagerung im okzidentalen Bereich eine Diesseits-Kultur förderte, die den enormen Aufschwung zu kapitalistisch-industrialisierten Strukturen begünstigte, erweist sich in anderen Kulturen der religiöse Faktor eher als retardierendes Moment der wirtschaftlichen Entwicklung. Insofern trägt die Religion gerade in jenen Ländern auch zu einer **Stabilisierung des Elends** bei, insbesondere wenn man an Vorstellungen festhält, daß Kinderreichtum ein göttlicher Gunstbeweis sei und daß die gegebenen Verhältnisse als gottgewollt hinzunehmen seien.

## Relevanz für den wirtschaftlichen Bereich

Die Frage nach der sozialen Ordnung ist insofern ein ökonomisches Problem, als auch der wirtschaftliche Bereich – gewissermaßen als Subsystem der Gesellschaft – der Ordnung und Steuerung bedarf. Insofern steht die Frage nach der Wirtschaftsordnung und nach dem überwölbenden Gesellschaftssystem im Vordergrund volkswirtschaftlicher, vor allem auch wirtschaftspolitischer Diskussion. Dabei begegnen wir dann wiederum den beiden zentralen Ordnungs- und Steuerungsprinzipien, dem „Markt" und dem „Plan", mit ihren jeweiligen Möglichkeiten und Grenzen rationaler Steuerung.

Hier hat sich gezeigt, daß auch marktwirtschaftliche Ordnungsformen auf rein utilitaristischer Grundlage nicht funktionieren können, wenn keine externen Rahmenbedingungen gesetzt werden. Insofern sind soziale Normen – beginnend bei Regeln der Fairneß und der ausgleichenden Gerechtigkeit bis hin zu rechtlichen Vorschriften – von außerordentlicher Wichtigkeit für das ökonomische Geschehen, das innerhalb solcher Normen kanalisiert wird. Bedenken wir ferner, daß auch unser wirtschaftliches Handeln nicht nur dem Zweck-Mittel-Kalkül unterliegt, sondern von sozialen Normen entscheidend mitbeeinflußt wird. Denken wir etwa an Gruppennormen im Betrieb, an Normen des Umgangs mit Geld, an Normen und Standards, die das Konsumverhalten beeinflussen, an Moden usw.

Normkomplexe mit formellerer Ausgestaltung hatten wir als Institution bezeichnet. Obgleich die Wirtschaft selbst eine Institution ist, mit der wir uns später noch explizit befassen wollen, konnten wir andeuten, in welcher mannigfachen Form Querverbindungen zwischen den einzelnen Institutionen und hier zumal zum wirtschaftlichen Bereich bestehen. So versuchten wir einige der wichtigsten Verbindungslinien zwischen den Institutionen Familie, Eigentum, Religion und Wirtschaft aufzuzeigen.

## Literaturempfehlungen

**Blau, P.M. (Hg.):** Theorien sozialer Strukturen. Opladen 1978
**Broom, L. et al.:** Sociology. A core text with adapted readings. New York [7]1981 (NA 1990)
**Coleman, J.S.:** Foundations of social theory. Cambridge et al. 1990 (dt. 1991)
**Esser, H.:** Soziologie. Allgemeine Grundlagen. Frankfurt/New York 1993 ([2]1996)
**Opp, K.D.:** Die Entstehung sozialer Normen. Tübingen 1983
**Schotter, A.:** The economic theory of social institutions. Cambridge 1981
**Vanberg, V.:** Markt und Organisation. Tübingen 1982

## Kontrollfragen

1. Wie ist das Vertragsmodell der Gesellschaft zu beurteilen?
2. Welche Arten von Normen sind zu unterscheiden?
3. Kennzeichnen Sie das Verhältnis von Norm und Sanktion!
4. Welche Zusammenhänge sehen Sie zwischen den Institutionen „Religion" und „Wirtschaft"?
5. Welche Bedeutung haben Eigentumsrechte für die Entwicklung von Gesellschaften?

# 3. Soziale Systeme

### Plan des Kapitels

Dieses Kapitel gilt einer besonderen Form sozialer Struktur, nämlich derjenigen, die durch starke **Interdependenz ihrer Teile** geprägt ist. Insofern sind soziale Systeme ein Teil des **Gegenstandsbereichs** der Soziologie. Unter anderem Aspekt wird jedoch die Systembetrachtung zur allein angemessenen **Perspektive** soziologischen Denkens erklärt. Diese Ausweitung zum dominanten Forschungsparadigma gründet auf zwei Argumenten: der **Komplexitätsthese**, wonach soziale Sachverhalte durch Interdependenz und Kontextabhängigkeit in ihrer Komplexität so gestaltet sind, daß sie durch einfache bivariate Beziehungen nicht dargestellt werden können; des weiteren der **Emergenzthese**, wonach soziale Sachverhalte auf höherem Aggregatniveau neue Eigenschaften herausbilden, die aus ihren einzelnen Bausteinen nicht ableitbar sind. Im Grunde geht es bei dieser Emergenzvorstellung um den Satz: „Das Ganze ist mehr als die Summe seiner Einzelteile." Kritiker der Emergenzthese weisen freilich darauf hin, daß die einzelnen Komponenten komplexer Aggregatzustände sehr wohl die Basis der Erklärung abgeben sollten, daß jedoch zusätzlich die besondere Art der Beziehungen (Interrelationen) zwischen den Elementen zu berücksichtigen sei.

Da die Systemtheorie sich mittlerweile vielfach von empirischen Bezügen abgekoppelt hat, sind wir bei unserer kurzen Darstellung sehr darauf bedacht, die Grenzen dieser Perspektive im Auge zu behalten. Wir werden daher den Grad der Systemisierung sozialer Sachverhalte als empirische Variable ansehen. Sodann beschäftigen wir uns mit Eigenschaften, die üblicherweise sozialen Systemen zugeschrieben werden und streifen hierbei kurz die Systemtheorien von Parsons, Luhmann und Habermas. Abschließend diskutieren wir etwas ausführlicher das Gleichgewichtskonzept der Systemtheorie und befassen uns mit jenen Mechanismen, die nach Auffassung der funktionalistischen Systemtheorie zur Erhaltung eines Gleichgewichtszustandes beitragen. Ein kleiner Exkurs ist hierbei auch der Betrachtung gleichgewichtsferner Zustände gewidmet.

## 3.1 Charakteristik sozialer Systeme

### 3.1.1 System und Systemisierung

*Struktur und System*

Während „Struktur" ganz allgemein als **Ordnungsbegriff** verstanden wird (Struktur = geordnetes Ganzes, Anordnung zu einem bestimmten Muster), bezeichnet der Ausdruck „System" eine besonders geartete Struktur: nämlich ein geordnetes Ganzes, **dessen Teile miteinander in Wechselbeziehung stehen**, und zwar derart, daß jede Veränderung eines Elementes auf andere Elemente des Systems fortwirkt. In dieser Weise ist etwa von einem „ökologischen System" die Rede, wobei häufig angenommen wird, daß ein Eingriff bzw. eine Störung an beliebiger Stelle kaleidoskopartige Änderungen des Gesamtgefüges zur Folge hat. Ein Paradebeispiel für Systeme, deren Teile in Wechselbeziehungen (Interdependenz) stehen, ist auch der Organismus: Die Organe des menschlichen Körpers, ja selbst die einzelnen Zellverbände stehen in bestimmten Austauschbeziehungen mit anderen Organen bzw. Zellverbänden; und Eingriffe in diese Struktur bewirken eine Veränderung dieses komplexen Zusammenwirkens.

*Interdependenz der Teile*

Die Kennzeichnung sozialer Strukturen bzw. sozialer Gebilde (z.B. einer Dorfgemeinschaft, einer sozialen Gruppe oder einer ganzen Gesellschaft) als **soziale Systeme** hat zur Voraussetzung, daß die jeweiligen Einheiten des Systems in der Tat miteinander in Wechselbeziehung stehen. Nun könnte man diese Frage auch als empirisches Problem sehen: als Frage nämlich, **inwieweit** in gesellschaftlichen Strukturen tatsächlich Interdependenz der Teile auftritt. Zunächst ist durchaus plausibel anzunehmen, daß Systeme vom Typ des Organismus im gesellschaftlichen Bereich **Grenzfälle der Systemisierung** darstellen. Nach unserer Auffassung kommt es also vor, daß bestimmte strukturelle Teile oder Einheiten in das größere Ganze nur mäßig integriert sind. Einige von ihnen führen als „Kongerenzen" (Sorokin) eine Art „Eigenleben" und stehen mit anderen „Systemteilen" in keinerlei Austauschbeziehung.

*Systemisierungs-grad*

Wenn also **Systemisierung als empirisches Problem** angesehen wird, dann ist es auch möglich, mäßig oder nicht integrierte oder nicht integrierbare Teile solcher Gebilde empirisch zu fassen (z.B. die Integration von türkischen Fremdarbeitern in die bundesdeutsche Gesellschaft; die Integration einer neuen Erfindung in die bisherige Technologielandschaft usw.). Darüber hinaus erscheint die These, daß nämlich jede Veränderung eines Elements auf andere Elemente des Systems fortwirkt, gewisser-

254

maßen als Maximalforderung. Auch bei Organismen ist dies eine empirisch extreme Annahme: Wenn ich mir den Finger verstauche, so hat dies vermutlich kaum irgendwelche Auswirkungen auf die Milz. Die Frage nach dem Grad und der Art der jeweiligen Interdependenz erweist sich demnach für jede Theorie sozialer Systeme als **empirisches Problem**. Nur die Tatsache, daß Systemtheoretiker selten mit empirischer Forschung befaßt sind, läßt sie dies gelegentlich aus dem Auge verlieren.

*Interdependenz als empirisches Problem*

Damit sind die empirisch vorkommenden Fälle fehlender oder mangelhafter Systemisierung noch nicht erschöpft. Im einzelnen kommen in Betracht:

- das Bestehen von unabhängigen Teilen im System (Kongerenzen);
- die Distanz zwischen Systemteilen, die die Interdependenz abblocken;
- die Konkurrenz der Teilsysteme um knappe Ressourcen;
- das Streben der Teilsysteme nach Autonomie infolge partieller Zielabweichung;
- mangelnde Gegenseitigkeit zwischen Systemteilen, insbesondere unter dem Einfluß sozialer Macht.

Eine weitere Frage ist die nach den Einheiten oder **Elementen des Systems**. Darüber besteht in verschiedenen Theorien sozialer Systeme häufig keine Einigkeit. Als Einheiten kämen in Betracht: Personen, Gruppen, Institutionen, Handlungen, Rollen, Teilsysteme usw. Die meisten soziologischen Systemtheorien gehen von relativ abstrakten Einheiten aus, z.B. von sozialen Rollen. Das System ist dann darstellbar als Netzwerk verschiedener Rollenbeziehungen. Andere Systemtheorien reflektieren auf Handlungen bzw. Interaktionen: Systeme stellen dann Netzwerke miteinander verflochtener Handlungen bzw. Interaktionsbezüge dar. Die inhaltliche Konkretisierung der Interdependenz wird meist durch die Beziehungen der Reziprozität und der Komplementarität hergestellt (vgl. hierzu Gouldner 1984). **Reziprozität** meint die gegenseitige Äquivalenz der Beziehungen, z.B. im Falle marktlicher Austauschbeziehungen. **Komplementarität** meint die Abstimmung der einzelnen Beziehungen untereinander, dergestalt, daß z.B. die Rollenpflichten des Einen die Rollenrechte des Anderen darstellen (vgl. 2. Kap. A 3). Es ist einleuchtend, daß durch einen solchen Ansatz die Mikroebene mit der Makroebene verbunden wird; auch sind mit dieser Sicht bestimmte Theorien (etwa die Exchange-Theorie und die Systemtheorie) durchaus kompatibel oder auch komplementär: Ihre Verbindung wird möglich durch den Begriff des **sozialen Netzwerks**.

*Elemente des Systems*

*Systeme als Netzwerke*

*Reziprozität und Komplementarität*

Allerdings stellen soziale Netzwerke im Verständnis der Netzwerk-Analytiker eine Art Nebenschauplatz dar: Sie beziehen sich eher auf informelle Strukturen, auf nichtinstitutionalisierte Sozialbeziehungen, die sich der funktionalistischen Perspektive nicht so recht fügen (vgl. Burt 1980, Pappi 1987).

*Soziale Netzwerke*

Auch sind empirische Grenzen der Interdependenz im Hinblick auf **Autonomietendenzen** der Teile oder Teilsysteme zu beachten (Gouldner 1984). Nicht in allen Teilen des Systems ist der Gedanke der Reziprozität verwirklicht; manche Elemente des Systems zeigen ein hohes Maß an autonomer Eigendynamik. Dies ist auch ein zentraler Aspekt in Luhmanns Systemtheorie (1984): Die funktionale Ausdifferenzie-

*Funktionelle Autonomie*

rung operativ geschlossener Subsysteme. Auf diese Weise führen bestimmte Systemteile ein abgetrenntes Dasein, wie es etwa für manche bürokratische Systeme und Organisationen typisch ist (vgl. auch Sorokins „Kongerenzen"). Funktionelle Autonomie ist dabei bestimmt durch die Wahrscheinlichkeit, daß ein Systemteil die Abtrennung vom System überlebt und sein Eigenleben behält. Tendenzen zur funktionellen Autonomie werden im allgemeinen in der **Eigendynamik** gesellschaftlicher Prozesse gesehen. Allerdings läßt sich diese Neigung zur Abschottung und Verselbständigung vielfach auf die Interessen derjenigen zurückführen, die das Teilsystem repräsentieren. Der Gedanke der Eigendynamik wird uns unter einem etwas verlagerten Aspekt an späterer Stelle noch interessieren (vgl. 3.1.4).

*Eigendynamik*

## 3.1.2 Interpenetration von Systemen

*Kulturelles, soziales und personales System*

Parsons geht von einer Trias aus, die er als kulturelles System, soziales System und personales System gegenüberstellt. Das kulturelle System ist das System der Werte und Normen, die über den **Prozeß der Institutionalisierung** in das soziale System eingehen. Das personale System ist das System der individuellen Bedürfnisse, Motivationen und Interessen. Über den **Prozeß der Internalisierung** (von Werten und Normen) werden Inhalte des kulturellen Systems in das personale System transformiert. Auf diese Weise kommt es zur Deckungsgleichheit der Teilsysteme: Im sozialen System wird das institutionalisiert, was Normen und Werte den Gesellschaftsmitgliedern „vorschreiben". So wird gewährleistet, daß Individuen das „wollen", was sie „sollen": Individuelle Motivationen werden nach Maßgabe der kulturellen Werte und Normen umgeformt.

*Kongruenz der Teilsysteme*

*Interpenetration der Teilsysteme*

Natürlich ist dies ein „idealtypischer" Wechselbezug; das (empirisch nie realisierbare) Ergebnis gleicht dem harmonischen Bild einer problemlosen und konfliktfreien Entsprechung. Parsons findet im übrigen, daß die über Institutionalisierung und Internalisierung zustandekommende Kongruenz der Teilsysteme die uralte Frage nach dem Ursprung der Ordnung erklärt. Diesen Anspruch unterstreicht auch Münch (1976), wenn er – in Anknüpfung an Parsons – von einer „**Interpenetration" der Teilsysteme** spricht. Doch ist der Hinweis auf die Zauberformel „Interpenetration" nur eine Scheinlösung des Problems der Ordnung. Vielmehr geht es um die ätiologisch weitergreifende Frage, wieso es denn eigentlich zur Institutionalisierung kommt, durch welche Prägekräfte Internalisierung stattfindet. Hier sind wir auf jene Antworten verwiesen, die wir bereits im Kapitel über soziale Institutionen zu geben versuchten. Dort fanden wir, daß Ordnung in der genetischen Abfolge zunächst vornehmlich über Prozesse sozialer Macht inszeniert, später dann durch ein Sanktionssystem abgesichert wird. Die flinke Welterklärungsformel „Interpenetration" in der Intention von Parsons oder Münch erklärt also keineswegs die Tatsache der sozialen Ordnung. Sie verdeckt zudem den Blick auf die soziologisch höchst wichtigen Aspekte fehlender Kongruenz, die keineswegs immer als bloße Störungen oder lästige Konflikte interpretierbar sind, sondern durchaus auch Aspekte konstruktiven sozialen Wandels sein können.

256

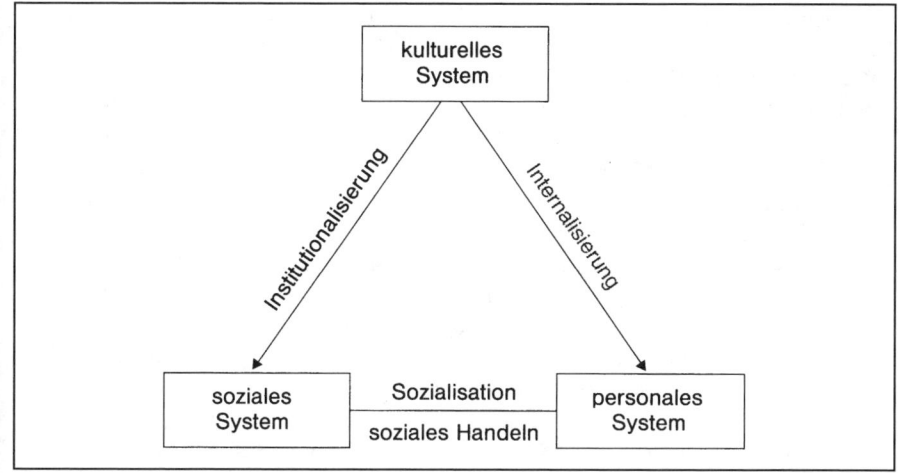

**Abb. 22:** Durchdringung von Systemen

Einen etwas anders gelagerten Interpenetrationsbegriff finden wir bei Luhmann (1984). Auch hier wird das Verhältnis zwischen Person und sozialem System unter dem Aspekt der Interpenetration begriffen. Durch diesen ermöglichen sich zwei Systeme wechselseitig dadurch, daß sie in das jeweils andere ihre vorkonstituierte Eigenkomplexität einbringen. Auf diese Weise gehört der Mensch gewissermaßen zur Umwelt sozialer Systeme, da der Mensch als System komplexer ist als jede soziale Einheit. Wir kommen auf diesen Sachverhalt noch einmal zurück, wenn wir uns an späterer Stelle mit dem Verhältnis zwischen System und Umwelt etwas genauer beschäftigen.

## 3.1.3 Eigenschaften von Systemen

Soziale Systeme sind eine Teilklasse allgemeiner Systeme; auf der Metaebene ist daher eine allgemeine Systemtheorie von Theorien **sozialer Systeme** abzuheben (vgl. Luhmann 1984).

*Soziale Systeme*

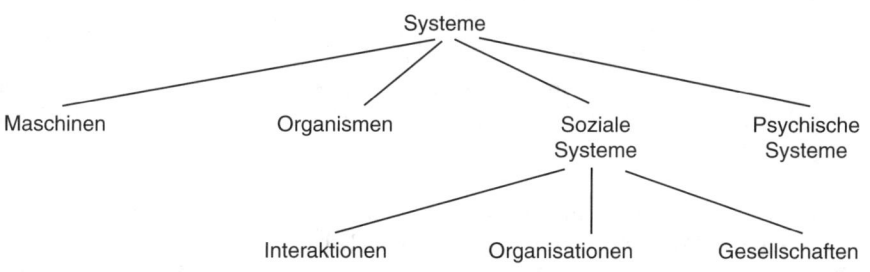

Relativ allgemeine Systemtheorien stammen von Biologen und Technologen. So formuliert z.B. von Bertalanffy (1949) die Grundlagen einer allgemeinen Systemtheorie auf der Basis eines Konzepts des Fließ-Gleichgewichts. Prototyp solcher Systeme sind Organismen. In der Tat ist das organizistische Paradigma der Modellfall auch der

*Organizistisches Paradigma* meisten Theorien sozialer Systeme. Bei Spencer wird diese Analogie fast zur **Homologie:** Soziale Institutionen erscheinen gewissermaßen als die „Organe" der Gesellschaft. Auch für Parsons ist der biologische Organismus die Leitvorstellung, wie die häufige Bezugnahme auf Henderson oder Cannon („wisdom of the body") beweist. Diese Systemtheorie entfernt sich damit vom ursprünglichen Anspruch, keine inhaltliche, sondern lediglich eine formale Analogie zu organischen Systemen zu sein. Gleiches gilt für Luhmanns Vorschlag, Gesellschaften als autopoietische Systeme zu betrachten; auch hier ist man an organischen Vorbildern orientiert, speziell an Prozessen, die in der lebenden Zelle ablaufen.

Der Gedanke sich selbst steuernder Systeme ist sodann ganz allgemein in bestimmte kybernetische Systemkonzepte eingegangen. Diese Konzepte sind auf zielgerichtete Systeme ausgerichtet und lenken die Aufmerksamkeit auf Prozesse der **Rückkoppelung**, der Informationsspeicherung und des rationalen Entscheidungshandelns.

*Kybernetische Systeme* Sie haben daher vorwiegend normativ-technologischen Charakter. Als Merkmale solcher kybernetischer Systeme werden u.a. herausgestellt:

- **Selbstregulierung:** ein Prozeß, durch den ein System sich bei Einflüssen aus der Umwelt ohne Außensteuerung selbst erhält (z.B. eine Badewanne, in der der Wasserstand auch bei zufließendem Wasser gewährleistet wird);
- **Anpassung:** ein Prozeß, der über die Selbstregulierung hinaus auch den Sollwert je nach Umweltbedingungen korrigiert (z.B. ein Thermostat);
- **Lernfähigkeit:** zukünftiges Verhalten kann durch Erfahrungen (Konsequenzen bisheriger Abläufe) modifiziert werden (vgl. hierzu 3.3.4);
- **Ultrastabilität:** die Möglichkeit, sich auf ein verändertes Gleichgewicht einzupendeln. Dies ist bereits im Begriff des Fließgleichgewichts angelegt; möglich sind jedoch auch Gleichgewichtssprünge (Übergreifen in einen neuen Gleichgewichtszustand);
- **Multistabilität:** die Eigenschaft des Systems, sich an vielfältige Umweltänderungen anpassen zu können (z.B. verschiedene Subsysteme, etwa die Abteilungen eines Betriebes, die sich auf spezielle Subumwelten beziehen, etwa Teilmärkte);
- **Rückkopplung:** dadurch werden Abweichungen von Sollwerten korrigiert, und zwar durch Veränderung des Inputs oder Outputs.

*Kybernetische und soziale Systeme* Konsequente Anwendungen des kybernetischen Systemkonzepts auf soziale Systeme sind bislang nicht erfolgt. Jedoch wird in zahlreichen älteren und neueren Theorien sozialer Systeme stillschweigend davon ausgegangen, daß soziale Systeme auszugs-

258

weise oder zur Gänze die beschriebenen Eigenschaften haben, ohne dabei zu prüfen, ob und in welchem Umfang und aus welchen Gründen dies tatsächlich der Fall ist.

## 3.1.4 Autopoietische Systeme

In den 80er Jahren vollzog sich innerhalb der soziologischen Systemtheorie eine „Wende", die in zwei verschiedene Richtungen eingeleitet wurde. Gemeinsam ist dieser neueren Entwicklung, daß sie durch die (oftmals etwas bedenkenlose) Übernahme biologisch-kybernetischer Konzepte befruchtet wurde. Dabei handelt es sich einmal um das Konzept „dissipativer Strukturen", das sich an die Forschungen Prigogines anschließt. Unter **dissipativen Strukturen** versteht man Zustände, die in relativ weiter Entfernung vom Gleichgewichtszustand auftreten. Diese Idee, die in engem Zusammenhang mit chaostheoretischen Überlegungen steht, wird in Deutschland insbesondere von Bühl auf soziale Systeme übertragen (vgl. etwa Bühl 1990), um damit bestimmte Grenzsituationen sozialen Wandels und sozialer Krisen theoretisch zu deuten.

*Dissipative Strukturen*

Das zweite biologische (kybernetisch inspirierte) Konzept geht auf Maturana und Varela zurück: die Vorstellung **selbstreferentieller, autopoietischer Systeme**. Diese Sicht wurde von Luhmann (1984) in die soziologische Systemtheorie eingeführt und übt – trotz ihres weitgehend fehlenden empirischen Gehalts – auf viele Soziologen der Gegenwart offenbar eine Art magischer Wirkung aus. Wir wollen uns daher in kurzen Zügen mit dieser „Theorie" befassen.

*Selbstreferentielle Systeme*

Nach Maturana (1980, 52 f.) kann ein autopoietisches System definiert werden als „dynamisches System, das als zusammengesetzte Einheit durch ein Netzwerk von Komponenten definiert wird, die (a) durch ihre Interaktionen das Netzwerk der Produktion, das sie selbst hervorgebracht haben, rekursiv regenerieren, und (b) dieses Netzwerk als eine Einheit realisieren, indem sie seine Grenzen in dem Raum, in dem sie existieren, festlegen und präzisieren". Solche Systeme sind „geschlossen" und „offen" zugleich: in bezug auf „Selbstreferenz" und strukturelle Identität sind sie geschlossen, im Hinblick auf die Umwelt sind sie dagegen offen. Prototyp eines solchen sich selbst reproduzierenden Systems ist die (biologische) Zelle; nur für sie trifft das Modell auch im empirischen Sinne zu, während dies bei mehrzelligen Organismen und erst recht bei Sozietäten aller Art außerordentlich fragwürdig bleibt. Die logische Begründung der Auffassung, Gesellschaften seien als autopoietische Systeme zu interpretieren, ist also, wie Bühl (1987, 226) es ausdrückt, „auf jeden Fall weit hergeholt".

*Autopoietische Systeme*

Der konstitutionelle Unterschied zwischen biologischen und sozialen Systemen wird von Luhmann nun darin gesehen, daß soziale Systeme auf der Basis von **„Sinn"** konstituiert sind. Das System würde aufhören zu existieren, wenn es die Elemente, aus denen es besteht, nicht mit „Anschlußfähigkeit" (Aufrechterhaltung von Sinn) versehen und auf diese Weise reproduzieren könnte. Diesen Sinnzusammenhang stiften die Elemente des sozialen Systems; diese sind **Kommunikationen** in der sinnstif-

*Kommunikation und Sinnstiftung*

tenden Einheit von **Information, Mitteilung** und **Verstehen**. Kommunikation wird hier in einem übergreifenden Verständnis gebraucht, geht also über engere Begrifflichkeiten der Kommunikationsforschung hinaus und schließt auch ein interpretatives Verständnis menschlicher Interaktion ein. Gesellschaft – so heißt es bei Luhmann – „ist das autopoietische Sozialsystem per excellence. Gesellschaft betreibt Kommunikation, und was immer Kommunikation betreibt, ist Gesellschaft. Die Gesellschaft konstituiert die elementaren Einheiten (Kommunikationen), aus denen sie besteht, und was immer so konstituiert wird, wird Gesellschaft, wird Moment des Konstitutionsprozesses selbst" (1984, 555). Kommunikation ist damit die Elementareinheit der Selbstkonstitution, die eigentlich autopoietische Kategorie (für das System Wirtschaft sind „Zahlungen" die Entsprechung zur Kommunikation; vgl. Luhmann 1987).

*Kommunikationen als Elementareinheiten*

*Werden Kommunikationen durch Kommunikation erzeugt?*

Autopoietische Systeme vom Typ der Zelle erhalten sich über die chemische Selbstreproduktion ihrer molekularen Bestandteile. Ähnliches gelte nach Luhmann für soziale Systeme: Dort werde Kommunikation gewissermaßen durch Kommunikation erzeugt. Ist dies aber tatsächlich der Fall? Kommunikationen erzeugen selbst **gar nichts**, auch keine Folgekommunikationen; sie werden vielmehr von Menschen erzeugt (vgl. auch: Martens 1991; Bohnen 1994). Und weil Kommunikationen von Individuen produziert werden, können soziale Systeme nicht als Selbstreproduktionszusammenhänge von Kommunikationen aufgefaßt werden. Ein angemessenes Verständnis solcher Vorgänge kann nur dann gewonnen werden, wenn man die sozialen Mechanismen aufzeigt, nach denen sich der Fortgang der Kommunikation vollzieht (vgl. Bohnen 1994, 300). Mit solchen Fragen beschäftigt sich üblicherweise die Kommunikationsforschung. Was hier für die Anschlußkommunikation gilt, tritt noch sichtbarer bei der Erst-Kommunikation zutage. Der kommunikative Akt „Holen Sie mir bitte mal meine Aktentasche!" gründet nicht auf einer vorausgegangenen Kommunikation, und erst recht nicht wird er durch eine solche in direkter Weise „erzeugt".

*Verlust des empirischen Bezugs*

Versucht man, die Luhmannschen „Festlegungen" wissenschaftstheoretisch zu verorten, so handelt es sich – nach Luhmanns Verständnis und dem seiner Gläubigen – keineswegs um eine Analogie bzw. ein Paradigma, dessen Fruchtbarkeit sich in der Entwicklung erklärungskräftiger Aussagen mit empirischem Bezug ausweisen müßte. Vielmehr geht es um eine ontologische Festsetzung, die weder Widerspruch noch empirische Einschränkungen duldet. Der Universalitätsanspruch selbstreferentieller Systeme schließt im übrigen auch Erkenntnissysteme (also die Arbeit des Wissenschaftlers) mit ein, was die Theorie-Empirie-Beziehung neu definiert: Der Gegenstand der Soziologie wird nicht mehr als Weltausschnitt betrachtet, der gewissermaßen von außen analysiert wird; soziologisch muß man mit der Reflexion über Gesellschaft zugleich über sich selbst reflektieren. Dies bedeutet eine Auflösung der Trennung von Objektebene und Metaebene, wie sie für ein empirisch-analytisches Verständnis von Wissenschaft konstitutiv ist. Es ist einleuchtend, daß eine solche Sicht eine andere wissenschaftstheoretische Position begründet, in der z.B. tautologische Aussagen – etwas mit sich selbst erklären – nicht nur zulässig, sondern systemnotwendig auftreten. Die System-Metaphysik hat sich damit endgültig in den Elfenbeinturm begeben und die Brücken zur Realität durch einen erkenntnistheoretischen Kunstgriff vollends abgebrochen. „Es ist schon erstaunlich, in welchem Ausmaß eine Theorie inzwischen zur herrschenden Ideologie geworden ist, die so weit von der Realität entfernt ist, wie die neuere Systemtheorie" (Münch 1990, 388).

Fragen wir nun, wie aus dieser unfruchtbaren Perspektive auszubrechen ist, ohne einige wichtige Grundgedanken preiszugeben. Uns scheint, daß dies auf zweifachem Wege möglich ist. Denken wir etwa an den **Markt als Ordnungsform**, so dürften hier Bezüge zur Thematik selbstorganisierender Systeme naheliegen. Es geht um das Prinzip der „unsichtbaren Hand" (Adam Smith), das auf den ersten Blick verblüffen muß: Scheinbar chaotische, höchst eigennützige Verhaltensweisen der Marktteilnehmer führen – da jeder mit seinem Vorteil zwangsläufig auch den Vorteil anderer bewirkt – auf der Ebene des Systems zu einem geordneten Ganzen, auch wenn diese Harmonie gelegentlich stark gefährdet wird (vgl. im Rückblick unsere Erörterung zum Thema sozialer Ordnung, B 2 sowie im Vorblick auf das 3. Kapitel zur Problematik der Gefährdungen des Marktes B 2).

Zum zweiten hat das neuerdings wieder stärker beachtete Konzept der **Eigendynamik sozialer Prozesse** eine erkennbare Verwandtschaft zur These der Selbstreferentialität, ist jedoch längst nicht so voraussetzungsvoll. Logisch herzuleiten sind eigendynamische Prozesse durch das Prinzip der Autokatalyse (Selbstverstärkung): Autokatalyse findet statt, wenn das Vorhandensein einer Substanz die weitere Erzeugung dieser nämlichen Substanz fördert. Techniker nennen das **Rückkopplung**; Lerntheoretiker würden von **Verstärkung** reden. Auf diese Weise könnten bestimmte Aspekte sozialer Ungleichheit erklärt werden: z.B. ergibt sich für den (fiktiven) Fall anfänglicher Gleichheit aus kleinen Unterschieden im Sparverhalten eine Selbstverstärkung bestimmter Vermögenskonzentrationen.

Eigendynamische Prozesse sind im gesellschaftlichen Raum des öfteren zu beobachten. Mayntz/Nedelmann (1987) stellen sie exemplarisch an eskalierenden Prozessen dar: an der Entwicklung terroristischer Gruppen, an Stigmatisierungseffekten, beim Bankrott, an der Lohn-Preis-Spirale oder am „bürokratischen Teufelskreis" (Crozier). Das Problem der Eigendynamik kann m.E. – ganz ohne Zuhilfenahme mystischer Prinzipien – durchaus in reduktionistischer Weise erklärt werden: nämlich durch das **Verhalten der beteiligten Individuen**. Eigendynamik zeigt sich nämlich bereits im dynamischen Interaktionsprozeß. Nehmen wir das Beispiel des Streits. A beleidigt B. Dieser antwortet in Form einer Überreaktion. Diese ist für A wiederum der Stimulus für allmählich ausufernde Reaktionsformen: Der Interaktionsprozeß eskaliert, nicht nur quantitativ, er nimmt möglicherweise auch qualitativ neue Formen an. Ähnlich funktioniert die sog. „Kontrollspirale": A führt gegenüber einer Personengruppe G kontrollierende Maßnahmen ein, die G's Wahlfreiheit begrenzen. G antwortet mit Reaktanz, mit dem gleichzeitigen Bestreben, der Kontrolle zu entgehen. Die intensivierte Suche nach Kontrollmeidung seitens G führt bei A zu verstärktem Zwang, die Kontrolle weiter zu verschärfen bzw. zusätzliche Kontrollmechanismen einzubauen. Das Interaktionsverhalten führt insofern zu einem sich wechselseitig verstärkenden Prozeß (Kontrollspirale).

Die von Mayntz/Nedelmann aufgeführten Beispiele lassen sich ohne große Schwierigkeiten durch wechselseitig infektiöse Prozesse begreifen, die auf der Systemebene wie eine Eigendynamik des Systems in Erscheinung treten. Sie lassen sich aber durchaus anhand der gleichen Mechanismen erklären, wie sie auch bei inflationären Rückkoppelungsprozessen etwa im Rahmen des kollektiven Verhaltens (Gerüchte, Börsencrash) auftreten und durch ihren Ausuferungseffekt gewisse chaotische Züge anzunehmen scheinen. Damit nähert man sich auch wieder der Perspektive, die soziale Systeme unter dem Gesichtspunkt einer Entfernung von Gleichgewichtszuständen untersucht.

Ein anderer Aspekt des Geschehens, der manchmal mit dem Begriff der Eigendynamik umschrieben wird, betrifft den Umstand, daß sich im Vollzug gesellschaftlichen Handelns die Randbedingungen ständig ändern, so daß das Folgeverhalten unter jeweils neuen strukturellen Voraussetzungen (z.B. Einengungen) stattfindet. Dies ist gemeint, wenn man davon spricht, daß Strukturen (z.B. Organisationsstrukturen) eine Art **Eigenleben** entfalten, indem sich als (möglicherweise nicht-intendierte) Folge des Handelns neue Strukturelemente „anlagern", die die Randbedingungen für das Folgeverhalten abgeben und hierbei oft als „constraints" wirken. Auch die sog. **Emergenz** ist oft nichts anderes als eine Veränderung von Randbedingungen.

*„Eigenleben"*

## 3.1.5 System und Umwelt

*Identität und*
*Differenz*

Bei Parsons und stärker noch bei Luhmann spielt der Gedanke einer Abgrenzung von Systemen eine tragende Rolle. Denn als System beschreibbar ist lediglich, was sich von anderem unterscheidet, sich von seiner Umgebung abhebt, seine **Identität** aufrechterhält und seine **Differenz** zur Umgebung bewahrt. Damit muß das Verhältnis zwischen System und Umwelt näher bestimmt werden. Im Konzept der „funktionalen Erfordernisse", auf das wir gleich noch genauer zurückkommen, entspricht dieser Problemkreis der „Adaption", der vorwiegend vom ökonomischen Teilsystem wahrgenommen wird (Beherrschung und Umwandlung der Natur). Dabei ist „Umwelt" oftmals ein recht diffuser Begriff („alles, was nicht System ist"); auch bleibt vielfach ungeklärt, ob das System einseitig einem Umweltdeterminismus unterliegt (totale Anpassung an Umweltbedingungen und Umweltänderungen) oder ob – und in welchem Ausmaß – das System umgekehrt auf die Umwelt einzuwirken vermag. Im Mikro- und Mesobereich sind die Charakteristika der Umwelt leichter einzufangen als im Falle von „Gesellschaft"; so ist z.B. die Umwelt einer Organisation (etwa eines Betriebes) konkreter zu charakterisieren. Auch wird man zwischen nicht-systemischer und systemischer Umwelt unterscheiden müssen: Bestimmte Elemente der Umwelt sind ihrerseits Systeme (z.B. im Falle der Organisation: andere Organisationen).

*Kontingenz-*
*problem*

Luhmanns erste Systementwürfe (1971 ff.) sind insbesondere der Klärung des Verhältnisses von System und Umwelt gewidmet. Sein Interesse gilt zunächst nicht der Binnenstruktur sozialer Systeme, sondern deren Außenbeziehungen; aufgrund der System-Umwelt-Differenz handelt es sich typischerweise um eine Theorie offener

Systeme, deren zentrale Probleme die der externen Differenzierung sowie der Grenzerhaltung sind. Dabei stellt sich das Problem der formalen Struktur unter dem Aspekt des „Sinns"; Soziale Systeme sind nach Luhmann auf der Basis von „Sinn" konstituiert. Erst durch diesen „Sinn" werden Ereignisse und Sachverhalte zu Systemelementen. Die soziale Umwelt ist komplex, weil und insofern sie nicht mehr sinnvoll rekonstruierbar ist. Im System dagegen vollzieht sich die **Reduzierung von Komplexität**. Sinn wird also hier zur Grundbedingung eines systemischen Zusammenhanges von Interaktionen. System und Umwelt sind durch Sinn abgegrenzt: Intersubjektiv geteilter Sinn grenzt systemspezifisch ab, was als sinnvoll und was als sinnlos zu gelten hat (vgl. Luhmann 1984; Willke 1991). Die Selektions- und Ordnungsfunktion von Sinn zeigt sich etwa, wenn Dinge „aus dem Zusammenhang gerissen" werden oder wenn Verhalten sinnlos (z.B. unzusammenhängendes Sprechen) oder sinnwidrig ist. Soziale Systeme sind – nach diesem Verständnis – **sinnkonstituierte** Gebilde; sie werden durch die Ausformung abgrenzbarer Sinnstrukturen recht eigentlich zur Existenz gebracht. Soziale Systeme sind aber auch **sinnkonstituierende** Einheiten: sie erzeugen „Sinn". In dieser Sicht sind Sozialsysteme in einer doppelten Weise auf der Basis von Sinn organisiert; sie sind selbst Extrakt dieses Sinns, verweisen jedoch auf andere Sinnzusammenhänge, die das System produziert.

*Komplexitäts-reduktion*

*Systeme als sinnkonstituierte und sinnkonsti-tuierende Gebilde*

Der erste Teil der Aussage enthält die Behauptung, daß „Sinn" Ordnung stiftet. Ist diese Annahme plausibel? Zu diskutieren wäre auch die umgekehrte Aussage: Durch Ordnung entsteht Sinn. Wie soll der Handelnde wissen, was sinnvoll ist, ohne sich dabei an einer vorgängigen Ordnung zu orientieren? Anhand von Beispielen: Gelächter auf Begräbnissen ist sinnwidrig auf der Basis bestimmter sozialer Normen (die z.B. bei einem hinduistischen Begräbnis nicht gelten). Sinnlose Aneinanderreihung von Silben ist nur deshalb sinnlos, weil sie den Bezug zur sprachlichen Syntax verloren hat. Ordnung ist demnach für alle reproduktiven Prozesse vorgängig; Sinn leitet sich von Werten (und den diese repräsentierenden Symbolen und Bedeutungen) ab. Sinnstiftung kann dann lediglich in Form innovativen Verhaltens (z.B. Religionsstiftung, politische Ideologie) das System verändern. Die lediglich reproduktiven Sinnerhaltungsprozesse der Beteiligten sind jedoch vom Wertesystem einer Gruppe oder Gesellschaft abhängig. Wir werden daher den Sinn von „Sinn" nicht erschließen können, ohne auf das Wertesystem einer Gesellschaft zu rekurrieren und die **Lernprozesse** zu verfolgen, aufgrund derer die Handelnden in einem System bestimmte Dinge als bedeutungsvoll und zusammenhängend interpretieren.

*Sinn und Ordnung*

*Sinnstiftung als Lernprozeß*

Neben der Problematisierung sozialer Strukturen unter dem Aspekt des „Sinns" stehen Systeme unter dem Zwang einer **Reduzierung von Komplexität**. Die „Welt" als konkrete Totalität ist kein System. Komplexität in diesem Sinne heißt: Es sind weit mehr Möglichkeiten vorhanden, als realisiert werden. Komplexität führt zum **Selektionszwang**: einzelne Möglichkeiten werden negiert, andere selegiert. Diese Sichtweise erinnert an unsere früheren Überlegungen zur Selektion, die durch die kulturelle Prägung vorgenommen wird: Auch hier ging es um eine Vielfalt von Möglichkeiten, um eine weitgehend plastische Ausgangsmasse, die je unterschiedlicher kultureller Formung unterliegt. Auch der kulturelle Prozeß („Kulturwerdung") ist als Se-

*Reduzierung von Komplexität*

lektivität zu verstehen, als (weitgehend) beliebige Auswahl aus prinzipiell viel reichhaltigeren Möglichkeiten.

*Systemkom-
plexität*

Die Umwelt ist daher immer komplexer als das System. Nun gewinnt das System mit zunehmender Differenzierung an **Eigenkomplexität**. Wie gelingt nun aber die Reduktion von Weltkomplexität bei gleichzeitiger Zunahme der Eigenkomplexität des Systems? Die Systemkomplexität ist eine andere als die Weltkomplexität; im Gegensatz zu dieser ist sie nicht chaotisch, sondern organisiert und durch sinnhafte Strukturen charakterisiert.

*Konvergenz-
theorie*

Von hier aus gibt es sicherlich einige Fragen, die einen empirischen Bezug aufweisen. Beispielsweise ist man in der organisationssoziologischen Konvergenztheorie von der Frage ausgegangen, inwieweit die Binnenstruktur eines sozialen Systems (hier die Organisation) in irgend einer angebbaren Weise mit der Struktur der Umwelt verknüpft ist (Typische Fragestellung etwa: Sind bei turbulenter Umwelt hochgradig formalisierte Organisationsstrukturen möglich?). Auch auf der Makro-Ebene läßt sich beispielsweise die Nationbildung sowie der dabei erfolgende Hang zur Abgrenzung mit systemtheoretischen Metaphern beschreiben. Oftmals freilich bietet die systemtheoretische Sprache keinen Erklärungsgewinn. So ließen sich Vorgänge der Nationbildung auch vor dem Hintergrund einer Theorie sozialer Identität abbilden.

## 3.1.6 System und Lebenswelt

*Ausweitung
systemischer
Strukturen*

Der Ausdruck Systemisierung, den wir eingangs als empirischen Begriff zur Erfassung von Art und Grad tatsächlicher Interdependenzen einführten, läßt sich auch historisch verwenden. Er bezeichnet dann im evolutionären Sinn die Ausweitung systemischer Strukturen in modernen, komplexen und differenzierten Gesellschaften. Man beachte, daß der Begriff des Systems hier nicht auf der analytischen Ebene, sondern gewissermaßen essentialistisch verwendet wird.

*Kolonialisie-
rungsthese*

Nach Habermas (1981) geht die Steigerung der Steuerungskapazität in Gesellschaften zu Lasten der Lebenswelt: Immer mehr lebensweltliche Bezüge werden systemisiert. Dies ist der Grundgedanke der These einer Entkoppelung von System und Lebenswelt mit der Folge einer **Kolonialisierung von Lebenswelt** durch Systeme. Dabei wird auch auf der Metaebene unterstellt, daß für diese Bereiche – Lebenswelt und System – jeweils unterschiedliche Theorien gelten.

Der bei Husserl entlehnte Begriff der Lebenswelt, der in der phänomenologischen Soziologie seit Schütz eine tragende Rolle spielt und dort die verständliche und selbstverständliche Alltagswelt und das jederzeit greifbare und geteilte Alltagswissen umgreift, wird bei Habermas als Bezugsgröße für „kommunikatives Handeln" verstanden: „Kommunikativ handelnde Subjekte verständigen sich stets im Horizont der Lebenswelt" (Habermas 1981, 1, 107). In diesem „Kontext von Verständigungsprozessen" ereignet sich Lebenswelt, und die Ausbreitung instrumenteller Rationalität durch Netzwerke unüberschaubarer und durch direktes Verstehen kaum zugänglicher

264

Systeme erodiert die natürliche Lebenswelt der Menschen. So kommt es zu Konflikten an den Nahtstellen von System und Lebenswelt mit der Folge einer Fragmentierung des Alltagsbewußtseins und seiner Kolonialisierung durch die Systeme.

Dabei ist auch die kritische Dimension dieses Gedankens angesprochen, die zugleich Handlungsanweisungen impliziert: der Kolonialisierungstendenz sei entgegenzuwirken. Die auftretende Entfremdung des Menschen von seiner auf vitalen Überlieferungen beruhenden Alltagskommunikation müsse durch eine Wiedervereinigung von System und Lebenswelt aufgehoben werden. Dieser etwas romantisch wirkende Gedanke ist nur in dieser sprachlichen Verpackung neu. Anklänge an Tönnies' Unterscheidung von **„Gemeinschaft"** und **„Gesellschaft"** sind unübersehbar. Auch Hans Freyer (ein Soziologe, der heute wegen seiner NS-Vergangenheit nur ungern zitiert wird) hat ein ähnliches Konzept entwickelt (1955): Er unterschied zwischen **primären Systemen** (die auf gewachsenen Strukturen basieren, überschaubar sind und eine gewisse Naturgrundlage aufweisen) und **sekundären Systemen**, deren Strukturen künstlich sind, nicht naturgewachsen, nicht evolutionär, sondern „gemacht", konstruiert, strategisch geplant. Auch Freyer sieht im historischen Auswuchern sekundärer Systeme gesellschaftliche Verfallserscheinungen und Pathologien, die letztlich darauf beruhen, daß Menschen sich eine Umwelt schaffen, die künstlich, unzugänglich und widernatürlich ist. Der Mensch lebe in hochgradig vermittelten Strukturen, sein Verstand und seine Gefühlswelt seien nicht dazu geschaffen, das Verhalten komplizierter Sozialsysteme und die damit einhergehenden Rückkoppelungen zu begreifen.

*Sozialkritische Dimension der Kolonialisierung*

Einen verwandten – aber etwas anders gelagerten – Gedanken liefert Polanyi (1978) mit seiner **Transformationsthese**: Nach seiner Auffassung differenziert sich das ökonomische System aus seiner Einbettung in soziale (lebensweltliche) Zusammenhänge heraus und „kolonialisiere" sodann die Gesellschaft, indem sie diese mit ökonomisch-rationalen Verhaltensweisen und Strukturen denaturiere: Das ökonomische Subsystem werde damit zum Supersystem und wirke wie ein funktionaler Befehlsstand (vgl. im 3. Kapitel).

*Transformationsthese*

## 3.2 Mechanismen sozialer Systeme

### 3.2.1 Funktionale Erfordernisse

Nach Parsons hat jedes soziale System die folgenden zentralen Probleme zu lösen:

*Problemlösungsbereiche*

(**1**) adaptation: Beziehung zur Umwelt
(**2**) goal attainment: Zielkoordinierung
(**3**) integration: Systemisierung der Mitgliedschaftsbeziehungen
(**4**) pattern maintenance: Verfestigung des Erprobten

*AGIL-Schema*

Auf der Basis dieser vier Grundfunktionen – sie sind als AGIL-Schema bekannt geworden (vgl. 1. Kap. C 1) – wird der Stellenwert sozialer Sachverhalte in einen je

*Funktion als Wirkung*

spezifischen funktionalen Bezug gesetzt. Der Begriff der **Funktion** wird dabei häufig lediglich als Wirkung – hier speziell als Wirkung auf das soziale System – beschrieben; andererseits schwingt bei „Funktion" die Dimension der „Möglichkeit" mit (z.B.: die Schule hat die Funktion, den Grad der Bildung zu vermehren oder eine „angemessene" Berufsausbildung zu gewährleisten).

*Funktionalistisches Paradigma*

In grober Annäherung läßt sich das funktionalistische Konzept in der folgenden Weise beschreiben: Man untersuche den Beitrag, den ein soziales Element (z.B. die Familie, das Scheidungsrecht) zum Gelingen des Ganzen stiftet und hat damit den Schlüssel zur Einsicht in die Bedeutung sowie die Existenz dieses Elementes in der Hand. Die Frage nach der Funktion ist daher eher eine Frage des „wozu", weniger des „warum". Damit steht die Erklärungsleistung der funktionalistischen Analyse zur Debatte. Falls der Funktionalismus nämlich beansprucht, Erklärungen im Sinne der kausalen Analyse zu liefern, muß er logisch zwingend zeigen, daß die Wozu-Frage in die Warum-Frage einmündet. Wie Hempel (1959) und Nagel (1956) gezeigt haben, ist es zumindest unbefriedigend, daß etwas durch die Folgen seiner selbst erklärt wird.

*Selektion struktureller Elemente*

Die naheliegendste Lösung dieses Problems scheint die Annahme eines **Selektionseffektes** zu sein (vgl. Stinchcombe 1968). Auch Parsons bringt das funktionale Grunderfordernis der Adaptation ausdrücklich mit Darwins Prinzip der natürlichen Auslese in Verbindung (vgl. Parsons 1971, 56). Die Existenz sozialer Institutionen, z.B. der Familie oder des Eigentums, wäre demnach durch eine Art Selektionsprinzip zu erklären: Weil und insofern sich die Strukturelemente eines sozialen Systems bewährt haben, werden sie beibehalten; nicht bewährte Elemente werden funktionslos und gehen verloren. Man beachte im übrigen: Das quasi-biologische Selektionsprinzip legt hier eine analoge Schlußfolgerung zugrunde wie die behavioristische Lerntheorie. Auch hier werden erfolgreiche Handlungen beibehalten, erfolglose gehen verloren. Malewski (1977) hat daher den Vorschlag gemacht, eine **verallgemeinerte Lerntheorie** für die Verstärkung ganzer Funktionskomplexe anzuwenden. Die genaue Verknüpfung zwischen einer auf Handlungen konzentrierten Lerntheorie und einer auf Strukturen bezogenen Selektionsthese wäre indes noch zu leisten (vgl. hierzu: Kap. 2.1.2).

*Funktionale Äquivalente*

Obgleich nun die Überführung eines quasi-biologischen Selektionsprinzips in den sozialen Bereich problematisch ist (vgl. Nisbet 1967; Back 1971; Wiswede/Kutsch 1978; Mayntz 1995), hat die funktionale Analyse zunächst einige Plausibilität. So läßt sich z.B. das „Überleben" der Institution Familie zweifellos vornehmlich damit erklären, daß diese Untereinheit zentrale Funktionen der Gesellschaft wahrgenommen hat und daß sie offensichtlich dazu besser in der Lage war als mögliche **funktionale Äquivalente** (z.B. Wohngemeinschaften). Ähnlich ließe sich hinsichtlich der Institution „Eigentum" argumentieren: Eigentumslose Gesellschaften können nicht erfolgreich operieren, weil die Früchte eigener Leistung nicht mehr zurechenbar sind (vgl. Kap. 2.2.3).

Schwieriger wird es freilich mit sozialen Elementen, die nicht zentrale Institutionen einer Gesellschaft sind. Befassen wir uns etwa mit Sachverhalten wie „Todesstrafe",

„Scheidungsrecht" oder „Berufstätigkeit von Müttern", so sind hinsichtlich deren Funktionalität verschiedene Urteile möglich. Diesem Sachverhalt versuchen Merton (1968, dt. 1995) und Levy (1952) dadurch Rechnung zu tragen, daß jeweils **positiv funktionale** (eufunktionale) und **negativ funktionale** (dysfunktionale) Folgen sozialer Elemente unterschieden werden. Die eufunktionalen Wirkungen der „Berufstätigkeit von Müttern" wären etwa: berufliche Integration und Emanzipation, Förderung von Außenkontakten usw., die dysfunktionalen Wirkungen wären z.B.: Vernachlässigung der Erziehung von Kindern, defizitäre Versorgung des Haushalts etc. Mertons Vorschlag, hinsichtlich der Funktionalität sozialer Elemente eine Art Bilanz aufzustellen und sodann den „Saldo" zu errechnen, zeigt jedoch schon das ganze Dilemma der funktionalen Betrachtungsweise. Die Frage nämlich, wie man positive oder negative Funktionalität, zumal unter dem Aspekt des sozialen Wandels, einwandfrei feststellen kann, bleibt höchst problematisch. Auch drängt sich uns der Verdacht auf, daß die anspruchsvolle Rede von der Funktionalität bzw. Dysfunktionalität sozialer Sachverhalte oftmals lediglich verschleierte Werturteile beinhaltet.

*Eufunktionen und Dysfunktionen*

*Saldo der Funktionalität*

## 3.2.2 Systemisches Gleichgewicht

Nagel (1956) hat gezeigt, daß die funktionalistische Analyse nur bei der Untersuchung zielgerichteter Systeme angewendet werden kann, die zur **Selbstregulierung** neigen. Der Grundgedanke findet sich schon bei Pareto: Der Zustand der in das System eingehenden Elemente und der zwischen ihnen auftretenden Beziehungen sei in der Weise charakterisiert, daß jede kleine Veränderung eines der Elemente Veränderungen in allen anderen zur Folge haben wird, die den Umfang jener ersten Veränderung **zu verringern tendieren**. Wenn also Störungen im System auftreten, dann wirken die übrigen Systemteile in die Richtung einer Minimierung dieser Störung. Solche Störungen sind (nach Parsons) um so gewichtiger:

*Systemstörungen*

- je höher das relative Ausmaß der Störung ist (z.B. Inflationsrate),
- je größer die Zahl der betroffenen Bereiche (z.B. Wirtschaftszweige),
- je höher der funktionale Beitrag des gestörten Bereichs (z.B. Zulieferbetrieb).

Eine Re-Integration im Sinne der Beibehaltung eines (dynamischen) **Gleichgewichts** ist um so wahrscheinlicher:

*Re-Integration*

- je geringer die Störung ist (Kombination der obigen Variablen);
- je elastischer (flexibler, anpassungsfähiger) das System ist;
- je höher die Effizienz der Kontrollmechanismen ist.

An dieser Sichtweise sind zwei Dinge problematisch. Zunächst ist die Definition des sozialen Systems als „selbstregulierend" im Sinne einer Minimierung von Störungen fragwürdig, da nicht bekannt ist, ob und in welchem Ausmaß Gesellschaften als zu einem Gleichgewicht hintendierende Systeme angesehen werden können. Der Begriff des Gleichgewichts bleibt unklar; denkbar sind stabile und labile Gleichgewichte (z.B. ein Gleichgewicht auf der Spitze oder ein Gleichgewicht in der Mulde),

*System und Gleichgewicht*

offene und geschlossene Gleichgewichte, stabile und ultrastabile Gleichgewichte, Fließgleichgewichte usw. Die Versicherung vieler Soziologen, es handele sich bei Gesellschaften um Systeme im Fließgleichgewicht oder um ultrastabile Gleichgewichte, können wir glauben oder auch nicht; die diesbezüglichen Festlegungen entsprechen der Unbekümmertheit, mit der Sozialwissenschaftler der systemtheoretischen Schule Begrifflichkeiten der Biologie (Fließgleichgewicht, dissipative Strukturen usw.) für soziale Systeme beanspruchen (vgl. zum Verhalten von Systemen in gleichgewichtsfernen Zuständen: Bühl 1990).

*Re-integrierende*
*Mechanismen*

Der zweite problematische Punkt ist die Annahme, bestimmte **re-integrierende „Mechanismen" des Systems** zu postulieren. Spannungen und Störungen leiten eine Tendenz zum Ungleichgewicht in der Input-Output-Bilanz zwischen Systemeinheiten ein, und geheimnisvolle „Mechanismen" sorgen nach diesem Konzept angeblich dafür, daß daraufhin „naturnotwendig" das Gleichgewicht wieder hergestellt wird (es sei denn, ein bestimmter Schwellenwert außerhalb der „safe-limits" wird überschritten: dann gerät das System aus dem Gleichgewicht). Der Tendenz zur Desintegration wird also begegnet durch re-integrierende Mechanismen, die im System gewissermaßen „eingebaut" sind. Doch was sind diese „Mechanismen" eigentlich? Smelser (1959) gibt einige vage Hinweise: Neue Ideologien können so wirken, Organisationen wie etwa der Staat vermögen dies zu leisten, Betriebe können sich anpassen usw. Also verbergen sich hinter den Mechanismen die Institutionen und deren Organisationsformen? Möglicherweise insbesondere jene, die „hauptamtlich" integrierend wirken (z.B. die Kirchen, die Aktivitäten der Sozialarbeit, die Wettbewerbsordnung usw.)? Wir vermuten, daß sich hinter der hypostasierenden Betrachtung systeminhärenter „Mechanismen" individuelle und kollektive Akteure (z.B. Verbände) verbergen, die in irgendeiner Weise dazu motiviert sind, Stabilität oder Integration, Gleichgewicht und Harmonie wiederherzustellen, sei es, weil sie von Berufs wegen damit befaßt sind oder sei es, weil sie ihre eigenen Interessen (z.B. Erhaltung der Machtpositionen, Steigerung der Leistung) dabei verfolgen. Dies gilt unbeschadet der Tatsache, daß verschiedene soziale Strukturen in unterschiedlichem Maße dazu geeignet sind, Umweltstörungen aufzufangen. Beispielsweise sind Organisationen mehr oder weniger elastisch oder starr und rigide; im allgemeinen sind Marktsysteme flexibler als Plansysteme; und lange Planungsperioden schränken die möglichen Optionen ein. Alles dies sind strukturelle Merkmale, die die Elastizität und Reagibilität von Systemen charakterisieren, ohne daß dabei besondere „Mechanismen" bemüht werden müßten. Daneben sind auch bestimmte Traditionen und Lernerfahrungen von Belang. Ob z.B. eine Inflationsrate von 20 % oder eine Arbeitslosenquote von 10 % systemauflösend wirkt, hängt von einer Vielzahl institutioneller Gegebenheiten und individueller Reaktionen ab.

*„Lernfähigkeit"*
*von Systemen*

Die Metaphysik der „Mechanismen" geht aber noch weiter. Entsprechend den kybernetischen Vorstellungen von der **Lernfähigkeit von Systemen** – zukünftiges Verhalten könne durch Erfahrungen (Konsequenzen bisheriger Abläufe) modifiziert werden – sind auch viele Analytiker sozialer Systeme der Auffassung, daß diese (also z.B. auch ganze Gesellschaften) lernfähig seien. So ist etwa Habermas (1981) der Meinung, daß man hierzu eine Lerntheorie benötige, die auf Makrophänomene zu-

268

geschnitten sei. Wir erfahren allerdings nicht, wie solche „übersubjektiven Lernprozesse" im einzelnen aussehen und wie eine solche Theorie formuliert werden könnte. Habermas liebäugelt dabei mit bestimmten Konzepten der kognitivistischen Entwicklungspsychologie vom Typ Piaget, der im Verlaufe des kindlichen Sozialisationsprozesses bestimmte Stadien der kognitiven Entwicklung unterschieden hat (vgl. A 1).

Es ist also nicht klar, wie Lerntheorien, die der psychischen Entwicklungslogik folgen und das Verhalten von Individuen betreffen, auf Makrophänomene angewendet werden können. Es fragt sich auch, ob eine solche „kollektivistische" Anwendung überhaupt notwendig ist. Hinter der holistischen Sprechweise von der Lernfähigkeit sozialer Systeme könnte sich nämlich nichts anderes verbergen als die simple Tatsache, daß Sozialsysteme **letztlich durch Individuen repräsentiert sind, die in unterschiedlichem Maße und an unterschiedlich zentralen Stellen im System Lernprozesse initiieren.** Definiert man demnach als Einheiten sozialer Systeme lernfähige Individuen, so löst sich das „Geheimnis" lernfähiger Systeme einfach durch die Tatsache, daß Personen innerhalb dieses Systems anhand bestimmter Erfahrungen lernen und daß lernfähige Individuen bestimmte Entwicklungen inszenieren, die beispielsweise eine Rationalitätsanreicherung des Systems bewirken. Webers, Elias' und Habermas' Rationalität moderner Sozialsysteme und Parsons' „höhere Formen der Anpassungskapazität" sind damit m.E. nichts anderes als **geronnene Ergebnisse individueller Entscheidungsprozesse,** die auf je spezifischen individuellen Lernvorgängen basieren. Die Institutionalisierung von Rationalität heißt nicht, daß das System lernfähig war – was immer dies bedeuten mag – sondern heißt: Systeme sind durch Individuen repräsentiert, die bestimmte Lernprozesse initiieren, die dann durch **Sprache und Tradition** festgehalten (u.U. institutionalisiert) und weitergereicht werden.

*Initiierung von Lernprozessen*

*Tradierung von Lernprozessen*

## 3.2.3 Steuerung sozialer Systeme

Auf die Systemtheorie gründen sich Hoffnungen, eine Art sozialkybernetischer Kontrolle systeminhärenter Prozesse zu ermöglichen. Auch sollte man von der Theorie sozialer Systeme eigentlich erwarten, daß sie Ereignisse wie den Niedergang sozialistischer Ordnungen, Probleme des Umbruchs, Aspekte der Umwandlung von sozialistischen Plangesellschaften in heterarchische, marktorientierte Gesellschaften, Probleme der Vereinigung divergenter politischer und ökonomischer Strukturen zu analysieren vermag. Auf der Abstraktionsebene, auf der Systemtheorien gewöhnlich entwickelt werden, ist man jedoch meist weit von einer praktisch handhabbaren **Kontrolltheorie** (im Sinne der Systemsteuerung) entfernt.

*Kontrolle sozialer Systeme*

Dies ist natürlich auch darauf zurückzuführen, daß für den Systemtheoretiker „irgendwie" alles mit allem zusammenhängt (vgl. Willke 1993), und dies scheint den Steuerungsgedanken doch recht weit einzuschränken.

Aus systemtheoretischer Sicht bestehen insbesondere die folgenden Steuerungsprobleme:

(1) **Reduktion von Komplexität**, insbesondere durch symbolisch generalisierte Steuerungsmedien (z.B. Geld) oder Techniken (z.B. Übernahme einer generalisierten Regelstruktur zur Computernutzung).

(2) Durch politische Steuerung werden möglicherweise Ziele erreicht; die **nicht-intendierten Nebenfolgen** dieser Steuerung können jedoch mehr Probleme erzeugen als sie löst (z.B. Ausbau von Sozialleistungen kann die Leistungsbereitschaft unterminieren). Es sind also stets die nicht-intendierten Folgen geplanten politischen Verhaltens zu berücksichtigen.

(3) Bei gesteigerter Differenzierung entsteht **zusätzlicher Integrationsbedarf** (z.B. Wie lassen sich Wissenschaftssystem, Berufssystem und politisches System aufeinander abstimmen?).

(4) Wie kann man die **funktionelle Autonomie** (Gouldner) der Teilsysteme, die möglicherweise durch jeweils unterschiedliche Rationalität gekennzeichnet sind, einschränken? (z.B. fungieren die Technik, die Ökologie, die Sozialarbeit oder der Kulturbetrieb nach unterschiedlichen Rationalitätserwägungen, so wie auch in einer Organisation die einzelnen Abteilungen eigene Zielsysteme entwickeln).

(5) Wie kann man umgekehrt die **zu enge Bindung** der Teile an das Ganze vermeiden? (Problem der Übersteuerung; vgl. Etzioni 1975). So wird man versuchen, in komplexen Gesellschaften eher durch dezentralisierten Konsens zu steuern, als durch zentrale Kontrolle.

Dies alles deutet darauf hin, daß die Idee der Planbarkeit (etwa durch eine Zentralinstanz) durch die Vorstellung der Selbststeuerung abgelöst werden muß. Etzioni (1975) unterscheidet „overmanaged societies" (die an einer zu engen Bindung der Teile an das Ganze leiden) von „drifting societies", bei denen die „funktionelle Autonomie" (Gouldner) so ausgeprägt ist, daß sie auseinanderdriften und insofern integrativer Elemente bedürfen. Zwischen Autonomie und Effizienz besteht demnach eine kurvenlineare Beziehung.

Schon Ashby (1951) vermutete, daß die Anpassungsfähigkeit (Adaptabilität) von Systemen umso höher ist, je lockerer die Teilsysteme miteinander verbunden und je unabhängiger die Subsysteme untereinander handlungsfähig sind (vgl. auch Bühl 1990). Lose gekoppelte Systeme (Ashby) sind in besonderem Maße flexibel im Sinne längerfristiger Adaptabilität. Dezentralisierte Strukturen vom Typ der „losen Kopplung" (Heterarchien), die dem **Steuerungsmechanismus des Marktes** eher unterliegen als dem des Plans, dürften daher für komplexere Systeme im Sinne der Adaptabilität effizienter sein, da hier – wenn auch vom Prinzip der unsichtbaren Hand geleitet – Selbstregulierungsprozesse eher stattfinden oder (zumindest partiell) bewußt inszeniert werden können (indem Rahmenbedingungen der Selbststeuerung geschaffen werden).

Planwirtschaftliche Eingriffe führen meist zu Problemen der Übersteuerung. Dies bedeutet, daß zentrale Instanzen erstens überlastet werden – die Aufblähung des Kontrollapparates ist die Folge – und daß zweitens die Kontrolle von oben immer nur einige wenige (und nicht immer die relevanten) Kontrollparameter erfassen kann. (Im Mikrobereich hatten wir einen analogen Sachverhalt herausgestellt: nämlich die kommunikative Überlegenheit **dezentraler** Strukturen insbesondere bei komplexeren Entscheidungen). Perfekte Planung oder Kontrolle setzt damit auch perfekte Voraussicht voraus, und die Anmaßung dieses Wissen kann bei „falscher" Selektion die Systementwicklung eher hemmen als fördern (vgl. Hayek 1975). Dieser Sachverhalt gibt einen wichtigen Hinweis auf die Tatsache, daß Reformen in sozialistischen Plansystemen meist von marginaler Wirkung bleiben. Die Folge ist, daß solche Systeme kaum reformfähig sind, sondern eher durch revolutionäre Prozesse in heterarchische Strukturen umgebaut werden müssen.

Grenzen systemischer Steuerung gründen auch auf wachsender Komplexität der betreffenden Systeme, ein Sachverhalt, den Habermas in seinem Begriff der „**neuen Unübersichtlichkeit**" eingefangen hat. Diese Unübersichtlichkeit wird auch als Kennzeichen **postmoderner Zustände** verstanden, die ein steuerndes Eingreifen oft deshalb obsolet machen, weil die möglichen unerwünschten Nebenfolgen sozialen Handelns (infolge der interdependenten Vernetzung aller Teile) die beabsichtigten Wirkungen in den Schatten stellen. Auf diese Aspekte, die unter dem Stichwort „**reflexive Modernisierung**" diskutiert werden, kommen wir im Kapitel über sozialen Wandel noch etwas ausführlicher zurück. *Neue Unübersichtlichkeit*

*Reflexive Modernisierung*

### Relevanz für den wirtschaftlichen Bereich

Systemtheoretische Ansätze werden im wirtschaftswissenschaftlichen Bereich nur zögernd angewandt, offenbar deshalb, weil sie sich mit der individualistischen Forschungstradition der Ökonomie kaum vertragen. Dennoch sind verschiedene Gebiete auszumachen, in denen systemtheoretisches Denken in besonderem Maße Fuß gefaßt hat; wir greifen wiederum zwei Bereiche heraus. Die betriebswirtschaftliche Organisationstheorie arbeitet – ähnlich wie auch die Organisationssoziologie – weitgehend mit einem solchen Forschungsparadigma. Organisationen werden als „soziale Systeme" aufgefaßt; und in der Tat lassen sich Begrifflichkeiten wie „Systemziele" oder „Überleben des Systems" usw. hier sehr viel eher konkretisieren und operationalisieren als auf der abstrakteren Ebene ganzer Gesellschaften. Auch der organisationssoziologische Strukturalismus sowie verschiedene Konzepte zur Kontingenz verraten ihre Nähe zu systemtheoretischen Ansätzen. Wir werden uns damit zu einem späteren Zeitpunkt noch näher befassen.

Im Rahmen der Erforschung von Marktbeziehungen gerät neuerdings die systemtheoretische Perspektive gleichfalls in den Vordergrund. Ausgangspunkt sind hier die Reziprozitätskalküle der einzelnen Akteure; die Verbindung zwischen individueller und kollektiver Perspektive wird durch den Begriff des Netzwerks hergestellt. Auch im Marketing-Bereich erfaßt man neuerdings z.B. Distributionskanäle und Beziehungen innerhalb dieser Kanäle als Abläufe innerhalb sozialer Systeme. Die theoretische Fruchtbarkeit solcher Bemühungen ist allerdings umstritten.

## Literaturempfehlungen

**Buckley, W.:** Sociology and modern systems theory. Englewood Cliffs/N.J. 1967
**Luhmann, N.:** Soziale Systeme. Frankfurt 1984 ([4]1993)
**Merton, R. K.:** Social theory and social structure. New York/London 1968 (dt. 1995)
**Münch, R.:** Theorie sozialer Systeme. Opladen 1976
**Parsons, T.:** The social system. New York [3]1968 (NA 1991)
**Willke, H.:** Systemtheorie. Stuttgart/New York [4]1993

## Kontrollfragen

1. Worin besteht der Unterschied zwischen sozialen Strukturen und sozialen Systemen?
2. Welche Merkmale werden sozialen Systemen üblicherweise zugeschrieben?
3. Welche zentralen Problemlösungsbereiche sozialer Systeme sieht Parsons? Nennen Sie Beispiele aus dem wirtschaftlichen Bereich.
4. Geben Sie eine individualistische Erklärung für die Lernfähigkeit sozialer Systeme.
5. Was versteht man unter „autopoietischen" Systemen?
6. Welche Wirkung haben „lose gekoppelte" Systeme im Hinblick auf die Adaptabilität?
7. Worin besteht die Eigendynamik sozialer Prozesse?

# 4. Sozialer Konflikt

### Plan des Kapitels

Während der Funktionalismus dazu neigt, ein Gesellschaftsbild zu entwickeln, das von Harmonie- und Gleichgewichtsvorstellungen erfüllt ist und in dem soziale Konflikte lediglich Friktionsstörungen darstellen, die durch geheimnisvolle Systemmechanismen tendenziell eliminiert werden, geht die sog. Konflikttheorie davon aus, daß die Gesellschaft im wesentlichen als **Konfliktfeld** dargestellt werden muß. Dahrendorf (1958) glaubt daher, das Konfliktmodell einem Gleichgewichtsmodell gegenüberstellen zu können. Konflikte sind nach dieser Vorstellung die **Essenz gesellschaftlicher Strukturen**; ihre Marginalisierung durch den Funktionalismus beraube uns daher des zentralen Erkenntnisobjektes soziologischer Forschung.

Wir wollen deshalb in diesem Kapitel zunächst einen Blick auf verschiedene Formen des sozialen Konflikts werfen und uns sodann mit den wichtigsten Ursachen und Funktionen von Verteilungskonflikten befassen. Anschließend interessiert uns die Frage nach dem Verhältnis von **Macht und Konflikt**. Wir behandeln sodann mögliche **Spannungslinien** in der Gesellschaft aufgrund unterschiedlicher Interessenlagen und untersuchen zum Abschluß Fragen der Interessenwahrnehmung und der Verbandsbildung.

## 4.1 Konflikt und Gesellschaft

### 4.1.1 Formen des Konflikts

Zunächst ist zwischen **intrapersonellen** und **interpersonellen Konflikten** zu unterscheiden. Intrapersonelle Konflikte spielen sich im Innern des Indivduums ab; wir sprechen auch von kognitiven oder psychischen Konflikten. Ein besonders wichtiger Typ eines solchen intrapersonellen Konflikts ist der **Entscheidungskonflikt:** Das Individuum muß sich zwischen zwei oder mehreren Alternativen entscheiden. Solche Konflikte sind häufig **sozial-induziert:** Motiv-Norm-Konflikte (ein Bedürfnis widerspricht einer Norm), Norm-Norm-Konflikte (soziale Normen widersprechen sich), Rollenkonflikte (soziale Rollen, die das Individuum gleichzeitig wahrzunehmen hat, enthalten widersprüchliche Erwartungen).

*Entscheidungs-*
*konflikte*

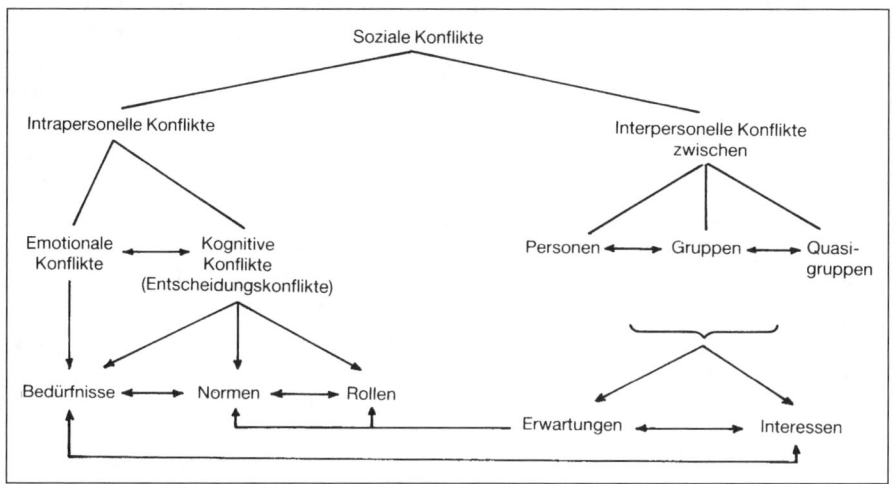

**Übersicht 38:** Formen sozialer Konflikte

Interpersonelle Konflikte bestehen zwischen verschiedenen Personen, Gruppen oder Quasi-Gruppen. Hinsichtlich anderer Personen besteht häufig ein Erwartungskonflikt (bestimmte Personen erwarten etwas von mir), hinsichtlich anderer Gruppen oftmals ein Normenkonflikt (verschiedene Gruppen, denen ich angehöre oder angehören möchte, haben unterschiedliche Normen), bezüglich anderer Quasi-Gruppen dagegen oftmals ein Interessenkonflikt (die Landwirte haben andere Interessen als die Organisationen des Handels, die Arbeitnehmer haben andere Interessen als die Arbeitgeber).

*Interpersonelle*
*Konflikte*

Soziologisch relevant sind der **Normenkonflikt** und der **Interessenkonflikt**. Ein Normenkonflikt entsteht durch drei verschiedene Situationen:

*Normenkonflikte*

● durch unklare oder fehlende Normen: Dies sind die sog. anomieerzeugenden Situationen;

273

- durch besonders zahlreiche und/oder restriktive Normen: Dies führt zu besonderen Belastungssituationen;
- durch widersprüchliche Normen: Dies führt zu Normkonflikten im engeren Sinne.

Normkonflikte im engeren Sinne betreffen unterschiedliche Normen zwischen verschiedenen Kulturkreisen, Unterschiede von militärischen gegenüber religiösen Normen, Normen des Familienlebens gegenüber Normen des Geschäftslebens, Normen der Mittelschicht gegenüber Normen der Unterschicht usw. Je pluralistischer eine Gesellschaft ist und je höher die Zahl der möglichen Bezugsgruppen in einer Gesellschaft, desto wahrscheinlicher ist das Auftreten von Normkonflikten.

*Interessen-*
*konflikte*

Der zweite, soziologisch vermutlich noch wichtigere Konflikttyp ist der **Interessenkonflikt**. Unterschiedliche Interessen zwischen verschiedenen Personen, Gruppen oder Quasi-Gruppen führen deshalb zum Konflikt, weil in diesem Interessengegensatz knappe Ressourcen (z.B. Einkommen, Prestige, Macht) zur Disposition stehen. Ein solcher Interessenkonflikt ist daher entweder ein **Zielkonflikt** (A will X, z.B. mehr Wirtschaftswachstum; B will Y, z.B. mehr Umweltschutz) oder aber ein **Verteilungskonflikt** (A will X, z.B. die Bohrrechte für ein Erdölvorkommen, B will X gleichermaßen oder zumindest einen Anteil daran).

*Zielkonflikte*

*Verteilungs-*
*konflikte*

Beim Zielkonflikt geht es also um unterschiedliche Zielvorstellungen von Personen, Gruppen oder Quasi-Gruppen, sei es aufgrund verschiedener Interessenlagen oder auch Wertprioritäten (z.B. Zielsetzungen zwischen verschiedenen Abteilungen eines Unternehmens, die Zielvorstellungen unterschiedlicher Parteien). Beim Verteilungskonflikt geht es meist um den Anteil an einem bestimmten „Kuchen" (z.B. Sozialprodukt, Mehrwert, Macht). Dieser Verteilungskonflikt ist von besonderer Schärfe, wenn das Begehren (die Wunschintensität) der beteiligten Gruppen sich auf die gleichen Objekte (z.B. den Geschäftsgewinn) richtet, der Verteilungskampf ein Null-Summenspiel ist (d.h. ein Zugewinn des einen zu Lasten eines anderen gehen muß) und nur schwach institutionalisierte Normen über distributive Gerechtigkeit bestehen. Dieser Typ des Interessenkonflikts wird uns im zweiten Teil dieses Kapitels noch genauer beschäftigen.

## 4.1.2 Ursachen des sozialen Konflikts

*Monothemati-*
*sche Konflikt-*
*theorien*

Die kurzen Ausführungen über verschiedene Formen des sozialen Konflikts zeigen bereits, daß die Ursachen solcher Konflikte vielfältig sein können. Nichtsdestoweniger herrscht in der theoretischen Soziologie häufig die Ansicht vor, daß es eine primäre Ursache für das Auftreten sozialer Konflikte gebe. Als solche Ursachen werden angesehen: die unterschiedliche Verfügungsgewalt über Produktionsmittel (Marx), die konfliktträchtige Natur des Menschen (Simmel), der Gegensatz von Herrschenden zu Beherrschten (Dahrendorf), der technische Fortschritt (Lenski), um nur einige prominente Beispiele zu nennen.

Die Frage nach der „einen" Ursache sozialer Konflikte kann sich sinnvollerweise nur auf einen bestimmten Konflikttypus richten. So ist z.B. für einen Normkonflikt der

274

| Soziologe | Konflikt-dimension | Genese des Konflikts | Art des Konflikts | Lösung des Konflikts |
|---|---|---|---|---|
| Parsons | | mangelnde Integration und Internalisierung | pathologisches Abweichen von Individuen | Reintegration |
| Marx | | Antagonismus zwischen Kapital und Arbeit | Klassenkämpfe | Revolution: Aufhebung des Privateigentums |
| Dahrendorf | | Herrschaft | Gruppenkonflikt in Herrschafts-verbänden | Konflikt-regulierung |

**Übersicht 39:** Grunddimensionen sozialen Konflikts nach verschiedenen soziologischen Schulen (Quelle: Seifert 1978, S. 30, leicht mod.)

---

**Bedingungen, die das Auftreten von Verteilungskonflikten begünstigen:**

- Grad der Asymmetrie von Interaktionsbeziehungen (Machtasymmetrie);
- hohe Wunschintensität im Hinblick auf bestimmte Ressourcen;
- Ausmaß der Knappheit der begehrten Ressourcen;
- fehlende Kompensationsfähigkeit hinsichtlich der Ressourcen;
- starkes Gefühl relativer Deprivation.

**Bedingungen, die die friedliche Regulierung von Verteilungskonflikten begünstigen:**

- Erwartung der Beteiligten, daß eine friedliche Lösung möglich ist;
- starke und universalistische Normen über distributive Gerechtigkeit;
- weitgehend symmetrische Machtmittel zwischen den Konfliktparteien;
- geringe Stereotypisierung und Emotionalisierung des Konflikts;
- Grad der Institutionalisierung von Lösungsmustern.

**Übersicht 40:** Ursachen und Folgen von Verteilungskonflikten

---

**Pluralismus der Sozialstruktur** und eine dadurch bedingte Verflechtung des Individuums in verschiedene Sozialbezüge ursächlich. Für einen Zielkonflikt sind **unterschiedliche Wertsysteme** (bzw. unterschiedliche Präferenzen und Prioritäten) der Beteiligten ausschlaggebend. Für Interessenkonflikte sind gleichgerichtete **Wünsche** (die gleiche Frau, dasselbe Land, ein möglichst hoher Anteil am Gewinn usw.) im Hinblick auf knappe Ressourcen ursächlich, verbunden freilich mit den jeweils geltenden Verteilungsregeln. Dabei gibt es eine Menge von Faktoren, die das Auftreten von Konflikten begünstigen: Grad der Asymmetrie von Interaktionsbeziehungen, hohe Wunschintensität im Hinblick auf die Ressourcen, Ausmaß der Knappheit der begehrten Ressourcen, fehlende Kompensationsmöglichkeit hinsichtlich der Ressourcen, starkes Gefühl relativer Deprivation (d.h. das Gefühl, benachteiligt zu sein). Theorien der Genese sozialer Konflikte sollten daher zunächst klären, welcher Typ von Konflikt angesprochen ist und welche Randbedingungen sein Auftreten begün-

*Auftreten und Regulierung von Verteilungskonflikten*

275

stigen. Eine gleiche Vorgehensweise wird für die Frage empfohlen, in welcher Weise die Regulierung von Konflikten möglich ist.

Eine wichtige Unterscheidung, die auf unterschiedliche Ursachen sozialer Konflikte hinweist, geht auf Galtung (1965) zurück, nämlich die Unterscheidung zwischen verhaltensinduzierten und strukturinduzierten Konflikten (vgl. auch Giddens 1988). Als **verhaltensinduziert** gelten alle Konflikte, die auf die Persönlichkeitsstruktur, d.h. auf die jeweiligen Einstellungen und Präferenzen und die hieraus resultierenden konfliktrelevanten Verhaltensweisen zurückgehen. Als **strukturinduziert** gelten dagegen alle Konflikte, die durch den besonderen Charakter der Sozialstruktur (z.B. krasse soziale Ungleichheit, Rassismus, Totalitarismus) auftreten. Häufig spricht man hier auch von **Spannungslinien** (cleavages), die sich als latente Konflikte gewissermaßen durch die Tiefenstruktur einer Gesellschaft ziehen, auch auf der Ebene kleinerer sozialer Einheiten (z.B. Ungereimtheiten der Hierarchie, das Stab-Linie-System usw.). Im einzelnen erweist es sich als schwierig, solche strukturellen Spannungslinien zu identifizieren, da sie oftmals lediglich latente Konflikte beinhalten, die nur unter besonderen zusätzlichen Bedingungen manifest werden. So ist z.B. das indische Kastensystem solange nicht konfliktträchtig, wie es religiös verankert und in starkem Maße internalisiert ist. Ein Gefühl relativer Deprivation unterer Sozialkasten wird daher nicht auftreten.

*Verhaltensinduzierte Konflikte*

*Strukturinduzierte Konflikte*

Häufig resultieren soziale Konflikte (oder Krisen, soziale Unruhen) aus enttäuschten Erwartungen. Gemeint ist, daß sich die tatsächlichen Verhältnisse (z.B. die Versorgungslage eines Landes, die Entwicklung eines Krieges) nicht im Gleichklang mit bestimmten Erwartungen entwickeln. Auch ist denkbar, daß Erwartungen und Hoffnungen stimuliert werden, die nicht eingehalten werden können und daher zu Frustrationen führen. Dies sind Anwendungsfälle verschiedener Konzepte zur relativen Deprivation. Eine gut ausformulierte **Deprivationstheorie**, die das Auftreten von politischer Gewalt erklären kann, stammt von Gurr (1970). Soziale Deprivation kennzeichnet einen Zustand subjektiver Benachteiligung (etwa im Sinne equity-theoretischer Vorstellungen). Soziale Deprivation tritt häufig auch bei kollektiven Akteuren auf und ist ideologischer Verzerrung ausgesetzt. Wir begegnen diesem Ansatz deshalb noch im Kontext der Revolutionstheorien (vgl. 6.2.2).

*Deprivationstheorien*

---

1. Die Heftigkeit eines sozialen Konflikts (sowie das Potential kollektiver Gewalt) variiert mit der Intensität und dem Umfang relativer Deprivation.
2. Die Intensität der relativen Deprivation variiert mit der durchschnittlich wahrgenommenen Diskrepanz zwischen erwarteten und realisierten Werten (Ansprüchen).
   a) Die Erhöhung der Werterwartungen ohne gleichzeitige Steigerung der Wertrealisierung verstärkt die relative Deprivation.
   b) Die Verminderung der Wertrealisierung ohne gleichzeitigen Rückgang der Werterwartungen verstärkt die relative Deprivation.
3. Die Intensität der relativen Deprivation variiert mit der durchschnittlichen Bedrohung der Wertklasse, auf die sich die erforderliche Diskrepanz bezieht.
4. Die Intensität der relativen Deprivation variiert nach dem Beginn der Diskrepanz kurvenförmig (endet also möglicherweise in Resignation).

**Übersicht 41:** Theorie der relativen Deprivation (nach Gurr 1970)

In etwas anderer Akzentsetzung versuchen Weede (1986) und Opp (1993) im Rahmen des Rational-Choice-Ansatzes **Wert-Erwartungs-Theorien** auf die Konfliktproblematik anzuwenden. Es geht hierbei um die Frage, ob es Individuen als aussichtsreich ansehen, durch konfliktäres Verhalten (z.B. Protest, Bürgerinitiativen, Rebellion) ein bestimmtes Ziel (Wert) zu erreichen bzw. ein blockiertes Ziel wieder zu erschließen. Wichtige Variablen sind hierbei die wahrgenommene Instrumentalität des Verhaltens – also die Überlegung, ob solche Aktionen erfolgreich sein werden –, utilitaristische Rechtfertigungen sowie das gleichgerichtete Verhalten anderer (z.B. Beteiligung an Protestmärschen).

*Wert-Erwartungs-Theorien*

„Revolutionäre" Aspekte kennzeichnen auch **Radikalisierungstendenzen**, wie sie z.B. bei posttotalitären Gesellschaften auftreten (z.B. Radikalisierung, Rowdytum, Ausuferung der Kriminalität, Ausschreitungen). Ein Gegenwartsbeispiel sind Radikalisierungserscheinungen in Ostdeutschland und in anderen post-sozialistischen Ländern. Dafür gibt es naheliegende Gründe:

*Radikalisierung*

- Aufgestaute Reaktanz durch vorausgegangene Unterdrückung und rigide äußere Kontrolle (etwa im Sinne der Voraussagen der Reaktanztheorie);
- Zusammenbruch äußerer Haltstrukturen, die durch klar gesetzte Funktions- und Aufgabenverteilung gegeben waren und nunmehr als Strukturverlust (auch Autoritätsverlust, auch Traditionsverlust) empfunden werden (etwa im Sinne der Containment-Theorie abweichenden Verhaltens);
- Aufkommen übersteigerter Erwartungen, die erst langfristig eingelöst werden können, einstweilen jedoch enttäuscht werden müssen, zumal die Verhältnisse sich in der Übergangsphase auch noch objektiv verschlechtern.

## 4.1.3 Funktionen sozialer Konflikte

Auf den ersten Blick sind die Auswirkungen sozialer Konflikte überwiegend negativ (dysfunktional) für das betroffene Sozialsystem, nämlich:

- Friktionsverluste durch das Austragen von Konflikten und damit Verschwendung von Ressourcen;
- die Durchsetzung des jeweils Stärkeren (nicht unbedingt des legitim Berechtigten);
- die Gefährdung der bestehenden Ordnung mit der Gefahr der Desintegration;
- die Polarisierung, Emotionalisierung und Eskalierung von Gegensätzen;
- die Förderung des Gegeneinanders statt einer Stärkung von Solidarität und Integration.

*Dysfunktionale Folgen sozialer Konflikte*

Jedoch hat bereits Simmel (und später Coser 1965) darauf aufmerksam gemacht, daß Konflikt und Konfliktaustragung für eine Gesellschaft auch positive funktionale Folgen haben können. Hier sind zu nennen:

- Manifeste Konflikte verhindern die Verkrustung der Gesellschaft und leiten häufig sozialen Wandel ein, der zu einer besseren Verteilungsgerechtigkeit führt;
- Manifeste Konflikte entschleiern falsche Harmonievorstellungen, machen auf Spannungslinien in einer Gesellschaft aufmerksam und führen diese aus ihrer Latenz heraus, indem sie ausgetragen werden.
- Konflikte zwischen bestimmten Parteien fördern den Wettbewerb und stärken daher die Leistungsmotivation der Beteiligten.

Der wichtigste Gesichtspunkt bei Simmel und bei Coser dürfte der sein, daß zwischen Konflikt und Stabilität nicht unbedingt ein Gegensatz hergestellt werden muß.

*Konflikt und Stabilität*

Der Konflikt kann vielmehr unter bestimmten Bedingungen gerade das Mittel sein, Stabilität und Gleichgewicht auf hoher Ebene der Anpassungsfähigkeit wiederherzustellen. Hierin liegt wohl auch der Kerngedanke Cosers (1965, 1969), der – an Simmel anknüpfend – die eufunktionalen Folgen von Konflikten hervorhebt. Allerdings trägt Cosers Konflikt-„Theorie" überwiegend dazu bei, das Konfliktgeschehen in das Gefüge der strukturell-funktionalen Theorie einzubeziehen und damit für die Theorie gewissermaßen unschädlich zu machen (vgl. Dahrendorf 1972). Gewiß: Die dadurch bewirkte „Entpathologisierung" des Konflikts ist mit dem Funktionalismus prinzipiell kompatibel. Um so prekärer wird jedoch das Gleichgewichtsproblem der funktionalistischen Schule. Es verstärkt sich mit der Einsicht, daß Konflikte eine ständige Gefahrenquelle für systemische Gleichgewichte darstellen und daß Cosers Entpathalogisierung nur auf solche Konflikte gemünzt sein kann, bei denen in der Tat die eufunktionalen Folgen die dysfunktionalen überwiegen, wobei die negativen Wirkungen ein bestimmtes Ausmaß nicht übersteigen dürfen.

*Solidarisierung durch Konflikt*

Coser weist im übrigen (im Einklang mit den Ergebnissen der Kleingruppenforschung) darauf hin, daß soziale Konflikte, die durch externe Einflüsse zustande kommen (z.B. durch andere Gruppen, andere Länder, andere Religionsgemeinschaften), die Solidarität und Kohäsion nach innen erhöhen können. Ähnliches gilt auch für politische Konflikte; schließlich ist bekannt, daß Machtinhaber sich gelegentlich in externe politische oder militärische Konflikte stürzen, um von ihren inneren Problemen abzulenken und die Solidarität im eigenen Lande zu erhöhen. Externe Konflikte können daher innere Interessengegensätze abbauen und das Gefühl sozialer Identität steigern. Freilich stehen dem die Kosten der Konfliktaustragung und eine mögliche Desintegration im externen System gegenüber.

## 4.2 Konflikt und Interesse

### 4.2.1 Macht und Konflikt

*Beziehung zwischen Herrschaft und Konflikt*

Konflikttheorien werden häufig in engem Zusammenhang mit der **Machtproblematik** gesehen (vgl. Dahrendorf 1972, 1994; Holm 1970). So leitet sich etwa für Dahrendorf der soziale Konflikt aus einem Gegensatz zwischen „Herrschenden" und „Beherrschten" her: Überall dort, wo Herrschaft existiert, da entstehen auch Konflikte. Eine solche Perspektive erweist sich aus zweifachem Grunde als kurzsichtig.

Erstens ist in pluralistischen Gesellschaften der Gegensatz zwischen „Herrschenden" und „Beherrschten" außerordentlich komplex und partikularisiert (vgl. hierzu Kap. 4.2.3 sowie 5.1). Zum zweiten führt Macht keineswegs immer zu Konflikten (vgl. Scheuch 1973), zumindest dann nicht,

● wenn Macht als legitim angesehen wird (legitime Herrschaft);
● wenn Gehorsam internalisiert oder habitualisiert ist;
● wenn Fügsamkeit belohnend bzw. instrumentell ist.

Auch entstehen Konflikte nicht ausschließlich durch Macht oder Machtausübung. Sie können durch ganz andere Ursachen entstehen, z.B.:

● durch sozialen, insbesondere etwa technologischen Wandel;
● durch Akkulturation, d.h. die Berührung verschiedener Kulturkreise;
● durch unterschiedliche Bezugssysteme (Bezugsgruppen, Rollenzusammenhänge).

Konzentriert man sich auf den Interessenkonflikt, so ist der Zusammenhang zwischen Macht und Konflikt enger. Als Objekt des Interesses erscheint auch die Macht selbst als begehrenswert, daneben jedoch auch Güter, Privilegien, Ansehen usw. In Anlehnung an eine Theorieskizze von Kurt Holm (1970) können wir aus solchen Objekten des Begehrens ein bestimmtes Interesse ableiten. Gewichten wir dieses Interesse mit der subjektiven Bedeutung, die diese Güter (z.B. Sozialprestige, Einfluß) für die jeweiligen Personenkreise haben, so sprechen wir von Interessenintensität. Gewichten wir nun wiederum diese Interessenintensität mit den Ressourcen, die zur Erreichung der Ziele eingesetzt werden (Machtmittel), dann bestimmen wir die Durchsetzungskraft einer Person, einer Gruppe oder eines Verbandes. Dieser Durchsetzungsmacht steht die Durchsetzungs- oder Verweigerungsmacht rivalisierender gesellschaftlicher Gruppen gegenüber. *Macht und Interesse* *Durchsetzungs- und Verweigerungsmacht*

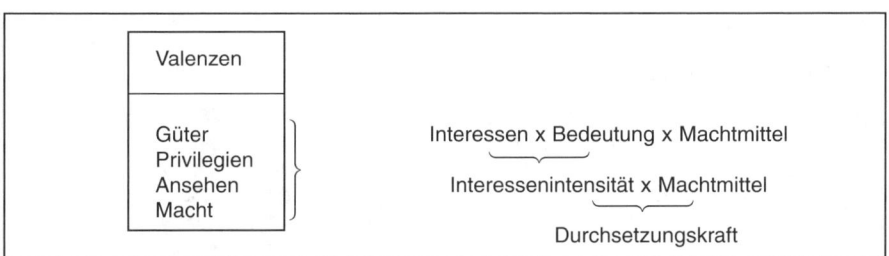

**Übersicht 42:** Macht und Interesse

Wichtig ist also, daß im Interessen- bzw. Verteilungskonflikt die Macht sowohl als Objekt des Interesses in Betracht kommt, wie sie auch bei der Realisierung der Ziele (Valenzen) als Mittel (als Instrument) eingesetzt werden kann.

Coleman (1991) betont, daß Individuen ein unterschiedliches Interesse an bestimmten Ereignissen haben, daß die verfügbaren Ressourcen jedoch diesem Interessenmuster nicht entsprechen müssen. Der Akteur wird demnach durch Tausch solche Ressourcen erwerben, mit denen er seine Interessen optimal verfolgen kann (vgl. unsere Ausführungen zum **Coleman-Modell** in A 2). Macht basiert dabei auf **Handlungsrechten,** d.h. dem Konsens darüber, daß der Inhaber solcher Rechte über die Ausführung der betreffenden Handlung ohne Einwendung Dritter entscheiden darf. Handlungsrechte erleichtern den Akteuren, ihr Interesse an Ereignissen durchzusetzen.

*Handlungs-rechte*

So, wie man von seinen Rechten mitunter keinen Gebrauch macht, werden Machtmittel im Konfliktfall häufig nicht angewendet, sondern z.B. lediglich explizit oder implizit angedroht. Oftmals genügt es, Macht als potentielle Macht im Zustand der Latenz zu belassen. Denn es ist zu berücksichtigen, daß der Einsatz von Macht kostspielig ist. Als **„Kosten der Macht"** (Harsanyi 1962) kommen in Betracht:

*Kosten der Macht*

**(1)** Der Machthabende muß u.U. den „Realitätsbeweis" antreten. Man merkt dann, daß seine Machtmittel vielleicht doch nicht so effizient sind.

**(2)** Der Machtausübende verliert an Sympathie, insbesondere wenn die Machtausübung wenig legitim erscheint und die Mittel der Machtausübung auf Ablehnung stoßen.

**(3)** Die Anwendung von Macht fördert Gegenstrategien (Gegenmacht), Ausweichtendenzen (Vermeidungslernen) sowie Reaktanz (Trotzreaktionen bis hin zur Rebellion).

**(4)** Sofern die Macht nach Ansicht der Betroffenen illegitim eingesetzt wurde, führt sie allenfalls zum Gehorsam, nicht dagegen zur Akzeptanz. Es sind also ständige Kontrollkosten notwendig, um die Einhaltung der aufoktroyierten Bedingungen zu gewährleisten.

Wiswede (vgl. die Darstellung bei Fischer/Wiswede 1997, 475) formuliert eine **Kostentheorie sozialer Macht:**

---

1. O ist in dem Maße motiviert, Machtressourcen einzusetzen, je bedeutsamer die erwarteten Ziele sind und je höher die mit der Machtausübung verbundenen Effizienzerwartungen sind.
2. O wird im Ausmaß dieser Motivation Machtressourcen im Rahmen ihrer relativen Verfügbarkeit/Erreichbarkeit einsetzen.
3. Bei Verfügbarkeit mehrerer alternativer Machtressourcen wird O die relativ kostengünstigsten Ressourcen einsetzen. Außerdem wird O dahin tendieren, Machtgrundlagen zu transformieren, so daß sie trotz der entstehenden Transformationskosten kostengünstiger sind.
4. Machtgrundlagen unterscheiden sich in ihren Entstehungs- und Ausübungskosten. Im allgemeinen ist legitime und/oder institutionalisierte Macht kostengünstiger als illegitime Macht, so daß eine Tendenz zur Umwandlung besteht. Im allgemeinen ist Bestrafungsmacht kostenintensiver als Belohnungsmacht, insbesondere dann, wenn sie realisiert werden muß.
5. Die Machtkosten des O steigen im Ausmaß der tatsächlichen/vermeintlichen Widerstands- und Gegenmachtbildung. Die Gegenmachtbildung hängt davon ab, welche Machtressourcen P zu mobilisieren bereit und in der Lage ist, sowie welche Koalitionsmöglichkeiten für P bestehen.

---

**Übersicht 43:** Eine Kostentheorie sozialer Macht

Kostenüberlegungen gelten auch im Hinblick auf **Drohungen** und **Versprechungen**. Im allgemeinen sind Drohungen kostengünstiger, weil sie u.U. im Zustand der Latenz gehalten werden können und nicht realisiert werden müssen. Popitz bringt es auf den Punkt: „Im Falle von Konformität sind Drohungen billig, Versprechungen teuer. Im Falle der Nicht-Konformität sind Drohungen teuer, Versprechungen billig." (Popitz, 1992, 91).

*Drohungen und Versprechungen*

## 4.2.2 Spannungslinien

Die Interessengegensätze erscheinen bei Verteilungskonflikten häufig **dichotomisiert**; aber da es Interessengegensätze auf verschiedenen Ebenen gibt, können die in Betracht kommenden Dichotomien zahlreich sein. Insofern gibt es Spannungen zwischen Kapital und Arbeit, Linken und Rechten, Protestanten und Katholiken, Kaufleuten und Ingenieuren usw. Dabei sind Konflikte zwischen **gleichartigen** und zwischen **ungleichartigen Gruppierungen** zu unterscheiden. Ein Beispiel für die ersteren sind Anbieter oder Parteien, zwischen denen Wettbewerb stattfindet; ein Beispiel für die letzteren sind Konflikte zwischen Management und Belegschaft oder zwischen Kirche und Staat. Auch wenn Interessengegensätze in diesen Konfrontationen oftmals dichotomisiert erscheinen – sie sind dies oftmals lediglich unter dem Einfluß polarisierender Ideologien –, so sind die Interessen selten ganz und gar entgegengesetzt. So besteht etwa zwischen Regierung und Wirtschaft ein erheblicher Vorrat an gemeinsamen Interessen; selbst beim Gegensatz von Kapital und Arbeit dürfte eine gemeinsame Interessensphäre auffindbar sein, auch wenn sie lediglich im Erhalt des Unternehmens besteht.

*Interessen-gegensätze und Spannungslinien*

*Polarisierung*

Aus den genannten Gründen – der Mehrdimensionalität von Gegensätzen sowie der Einschränkung von Gegensätzlichkeit – sind vereinfachende Gegenüberstellungen von „Herrschenden" und „Beherrschten" als der „eigentlichen" Grundlage des sozialen Konflikts empirisch gesehen höchstens Grenzfälle, die selbst in krassen Militärdiktaturen der Differenzierung bedürften. Läßt man eine solche Dichotomie dennoch als Modellvorstellung gelten, so läßt sich folgendes aussagen: Das Interesse der „Herrschenden" ist tendenziell konservativ, auf Erhaltung oder Erweiterung der Macht gerichtet. Die Herrschenden entfalten daher vor allem **Kräfte der Beharrung**. Diese Annahme läßt sich durch eine entsprechende Verhaltenshypothese stützen: Wenn Menschen Privilegien haben, dann neigen sie zu Verhaltensweisen, die der Sicherung dieser Privilegien dienen, sowie zu Denkweisen, die der Rechtfertigung dieser Privilegien dienen (vgl. Malewski 1977). Umgekehrt ist das Interesse der „Beherrschten" auf Veränderung gerichtet, auf Überwindung bestehender Verhältnisse, auf eine Umverteilung von Gütern und Privilegien. Die Beherrschten entfalten daher **Kräfte der Veränderung**.

*Kräfte der Beharrung*

*Kräfte der Veränderung*

Da es zahlreiche Machtasymmetrien innerhalb der Gesellschaft gibt, ist diese Modellvorstellung sehr beschränkt tauglich, um tendenzielle Kräfte der Beharrung und der Veränderung zu identifizieren. Dies wird auch deutlich durch die Annahme multipler Spannungslinien (cleavages), die die Gesellschaft in jeweils unterschiedlichen

*„cleavages"*

Ebenen in unterschiedliche Teile spaltet (z.B. Konfliktlinie zwischen Religionen, zwischen Rassen, zwischen Landsmannschaften, Vorliegen unterschiedlicher Zugangschancen zu Produktionsmitteln, zu Arbeitsplätzen etc.). Solche Spannungslinien werden insbesondere dann disruptiv, wenn einer dieser Gegensätze dominant wird oder sich die sozialen Trennungslinien überlagern (vgl. Lipset/Rokkan 1967, die von ökonomischen, kulturellen und ethnischen Spannungen ausgehen).

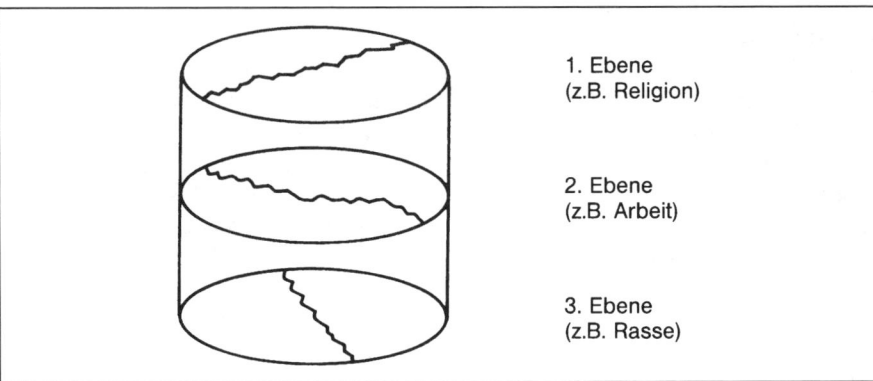

**Abb. 23:** Spannungslinien auf verschiedenen Ebenen

Überlagern sich die Trennungslinien nicht, so diffundiert die Gesamtspannung in zahlreiche Einzelspannungen, die für die betroffenen Individuen zu jeweils unterschiedlichen Ergebnissen führen. Aus diesem Grunde ist es für Gesellschaften im allgemeinen konfliktmindernd, wenn die Interessengegensätze auf möglichst verschiedenen Ebenen (z.B. Wirtschaft, Politik, Religion, Rassenzugehörigkeit, Sprache, Geschlecht, Alter) bestehen und ausgetragen werden. In solchem Falle können sich die Gegensätze am ehesten **neutralisieren**, und die Konfliktfolgen werden wahrscheinlich nicht eskalieren. Dies wird vor allem dadurch gewährleistet, daß Personen in verschiedenen Rollenzusammenhängen und Bezugskontexten agieren, die situations- und rollenspezifisch unterschiedliche Interessenlagen ausweisen und jeweils verschiedene Kompromisse verlangen.

*Neutralisierung von Spannungslinien*

*Soziale Konflikte: Eine Theorieskizze*

> Ein manifester (Verteilungs-)konflikt wird umso eher auftreten,
>
> - je stärker die **relative Deprivation** des Individuums oder der Gruppe ist (Deprivationsbedingung);
> - je konsistenter die **Deprivationslinien** sind (Cleavage-Bedingung);
> - je stärker die **Konsequenzerwartung** ist, daß konfliktäres Verhalten **instrumentell** für das Erreichen solcher Ziele ist, hinsichtlich derer die Deprivation besteht;
> - je stärker die **Effizienzerwartung** ist, sich in der Konfliktsituation mit den gegebenen Machtressourcen durchsetzen zu können.

**Übersicht 44:** Wahrscheinlichkeit des offenen Konflikts

Verbinden wir nun das Cleavages-Argument mit den Vorstellungen zur relativen Deprivation (z.B. Gurr) und zur wahrgenommenen Instrumentalität (z.B. Muller), wie sie im Rahmen der Wert-Erwartungs-Theorie formuliert wurden, so können wir die Theorieskizze unserer vorausgegangenen Überlegungen (4.1.2) so bündeln, wie es die Übersicht 44 zeigt.

## 4.2.3 Interessen und Verbände

Es ist an der Zeit, daß wir uns mit dem **Begriff des Interesses** ein wenig näher beschäftigen, zumal die Konfliktproblematik so unlösbar mit diesem Begriff zusammenzuhängen scheint. Erstaunlicherweise ist dieser Terminus trotz der frühen Studien von Theodor Geiger und Robert McIver wenig zentral; er scheint allein im Zusammenhang mit der Verbandsproblematik (vgl. Heinze 1984; Offe 1973) eine tragende Rolle zu spielen. Mit Geiger (1949) verstehen wir unter einem Interesse die Tatsache, daß Gefühl, Wille und Wünsche einer Person/Gruppe auf irgendein Ziel gerichtet sind. Interessen lassen sich demnach an bestimmten **Bedürfnissen, Motiven oder Wünschen** von Personen festmachen; sie sind meist **rollenspezifisch**, d.h. an die Träger ganz bestimmter sozialer Positionen (z.B. Bauer, Arbeitnehmer, Unternehmer, Verkäufer usw.) gebunden. Sie sind ferner mit **sozialen Vergleichsprozessen** verknüpft; d.h. daß Interessen nicht nur einem vordergründigen Eigennutz-Prinzip folgen, sondern häufig im Sinne distributiver Gerechtigkeit empfunden, formuliert und begründet werden.

*Grundlagen sozialer Interessen*

Wichtige Unterscheidungen bestehen insofern, ob Interessen latent oder manifest, diffus oder eindeutig, allgemein oder spezifisch, heterogen oder homogen sind. Die bedeutsamste Frage der soziologischen Interessenforschung dürfte darin bestehen, ob man ein – jenseits subjektiven Empfindens – objektives, „wahres" Interesse einer bestimmten Personengruppe annehmen kann und an welchen Kategorien man ein solches Interesse festmachen soll. Dies impliziert meist ein bestimmtes Vorverständnis über die angemessene Verteilung, bestimmte normative Vorstellungen über Verteilungsgerechtigkeit oder aber den Rückgriff auf sog. „wahre" Bedürfnisse des Menschen, die im Verteilungsprozeß irgendwie berücksichtigt werden müssen. Bekanntlich ist Marx' Vorstellung von den Arbeitern als eine Klasse „an sich" von solchen Vorstellungen über objektive Klasseninteressen getragen.

*Objektives und subjektives Interesse*

Konzentriert man sich auf faktisch auftretende, manifeste Interessen, dann ist der **Vorgang der Verbandsbildung** dadurch erklärbar, daß gleichsinnige Interessen mehrerer Personen bzw. Positionsinhaber vorliegen, zumal wenn die Chance wahrgenommen wird, durch Bündelung dieser gleichgerichteten Interessen die eigene Schlagkraft zu erhöhen. Diese Zusammenfassung von Interessen ist um so eher erreichbar, je eindeutiger, konsistenter und homogener diese Interessen in Erscheinung treten. Die Verbandsstärke erscheint im wesentlichen als Produkt von Interessenhomogenität und Durchsetzungsmacht. So ist z.B. ein Bauernverband stark, weil das Interesse der Bauern relativ homogen ist und die Bauern politisch über eine starke Lobby verfügen.

*Verbandsbildung*

Verbände werden oftmals als **intermediäre Instanzen** dargestellt. Damit meint man einmal, daß es zwischen Basis und Spitze vermittelnde Ebenen gibt, zum anderen auch ganz allgemein, daß die politische und gesellschaftliche Landschaft heutiger komplexer Gesellschaften pluralistisch, interventionistisch und instanzenartig geregelt ist (multiple Konkordanzdemokratie). In einem etwas ausgeweiteten Sinne spricht Perrow (1991) von der **Organisationsgesellschaft** unserer Tage, und Coleman (1991) wird nicht müde zu betonen, daß das eigentlich konstitutive Element moderner Gesellschaften nicht Individuen sind, sondern **korporative Akteure**. Danach sind Machtkonzentrationen auf verschiedenen Ebenen des gesellschaftlichen Gefüges zu finden; die Machtverteilung ist kein Problem des Alles-oder-Nichts; auch sind die Machtgrundlagen unterschiedlich: politisch, wirtschaftlich, kirchlich, militärisch, durch Medien usw. Man spricht auch von einer Partikularisierung der Macht, wie sie für moderne pluralistische Gesellschaften typisch sei.

Einige Soziologen betonen die Implikationen einer solchen Pluralismustheorie und werfen ihr Naivität vor. Denn die Pluralismusthese geht von einem Gleichgewicht zwischen Verbänden aus und fordert die adäquate Vertretung aller in der Gesellschaft auftretenden Interessen. Die Realität ist jedoch vielmehr eine weitgehende **Asymmetrie der Interessenvertretung** in und zwischen Verbänden. Zwar ist es richtig, daß die Gründung eines bestimmten Verbandes meist auf der Gegenseite gleichfalls die Organisierung von Interessen provoziert – man spricht von der „Dynamik der Gegenverbandsbildung" (Götz Briefs) oder von der Entstehung einer „countervailing power" (Galbraith) – wie dies etwa im Bereich von Kapital (Arbeitgeberverbände) und Arbeit (Gewerkschaften) geschehen ist. Doch ist die optimistische Vorstellung einer **gegengewichtigen Machtbildung**, daß nämlich jede organisierte Macht von Interessen quasi-automatisch die Organisierung von Gegenmacht hervorruft, nicht immer stimmig; sie ist nämlich an bestimmte Bedingungen gebunden, die überhaupt eine Verbandsbildung ermöglichen (vgl. Dahrendorf 1959; 1994; Olson 1968; 1985).

Nach Dahrendorf (1959) gibt es eine Reihe von Voraussetzungen, die erfüllt sein müssen, um eine Quasi-Gruppe (Inhaber gleicher oder ähnlicher Positionen) in eine Interessengruppe umzuwandeln: Verfügung über Ressourcen, Besetzung von Positionen mit geeigneten Positioninhabern, Möglichkeiten der Koalition, Vorhandensein von Gruppenkohäsion und solidarischem Bewußtsein sowie die Möglichkeit, Interessen homogen zu artikulieren. Daraus ist schon ersichtlich, daß zahlreiche Interessen in der Gesellschaft nicht verbandsmäßig vertreten werden. Auch werden Individuen, selbst wenn sie gemeinsame Interessen haben, diese nicht optimal fördern, insbesondere dann nicht, wenn die verbandsmäßige Artikulierung von Interessen Kollektivgüter betrifft, für die das **Ausschlußprinzip** nicht gilt (Olson 1968). Nach der Vorstellung Olsons wird das einzelne Mitglied dazu neigen, nur so viel Kosten zur Beschaffung eines Gutes zu übernehmen, wie es seinem individuellen Nutzen entspricht. Demnach wird sich das Individuum keineswegs dazu entschließen, einem Verband beizutreten (und hierbei Kosten zu übernehmen), sondern lieber „Trittbrettfahrer" sein (z.B. in den Genuß von Lohnerhöhungen zu kommen, ohne Mitglied der Gewerkschaft zu sein).

Aus den genannten Gründen kann es auch in einer verbändedemokratischen Gesellschaftsform durchaus zu schieflastigen Verbandsbildungen und einseitigen Machtkonzentrationen kommen. Wie Offe (1973) in seiner **Disparitätentheorie** gezeigt hat, führt dies zu einer neuen gesellschaftlichen Spannungslinie: zur Disparität organisierter und nichtorganisierter (bzw. nicht organisierbarer) Interessen. Das gesellschaftliche Kräfteverhältnis reflektiert dann nur jenen Ausschnitt des gesamten Interessenspektrums, das – verursacht durch Bedingungen, die die Organisierung begünstigen – einen gewissen organisatorischen Bündelungsgrad erreicht hat. Auch bedeutet dies, daß letztlich nur solche Interessen durchsetzbar sind, die **konfliktfähig** sind. Nach Offe sind dies vor allem Gruppierungen, die zur Leistungsverweigerung antreten oder diese glaubhaft machen können (z.B. die Fluglotsen, der öffentliche Dienst usw.). Diese und ähnliche Vorstellungen hat später auch Olson (1985) entwickelt, der eine Lähmung marktwirtschaftlichen Geschehens durch die Bildung von **Verteilungskoalitionen** vermutet (vgl. hierzu im 3. Kap. B).

*Disparitätentheorie*

*Konfliktfähige Interessen*

Die Disparitätentheorie hat zu der Überlegung geführt, ob Macht und Ohnmacht in unserer gegenwärtigen Gesellschaft tatsächlich noch durch den Gegensatz von Kapital und Arbeit bestimmt werden und nicht vielmehr eher durch den Gegensatz von organisierten und nichtorganisierten Interessen oder anders: zwischen Organisationen und dem Rest der Gesellschaft. Diese Spannungslinie wurde als „neue soziale Frage" (vgl. etwa Becker 1982) vor allem in den siebziger Jahren stark diskutiert. Wir sehen in diesem Disparitäteneffekt vor allem ein Problem, das sich anderen Konfliktlinien unserer Gesellschaft überlagert und insofern eine zusätzliche Dimension in der Lokalisierung sozialer Konflikte liefert. Diese Einsicht wird sich noch vertiefen, wenn wir uns im nächsten Abschnitt mit Aspekten sozialer Ungleichheit befassen.

*„Neue soziale Frage"*

### Relevanz für den wirtschaftlichen Bereich

Da Konflikte meist Verteilungskämpfe um knappe Ressourcen sind, ist der soziale Konflikt häufig ein ökonomischer Konflikt. Betrachten wir z.B. die zuletzt angesprochenen Verbände, so fällt uns auf, daß viele dieser Interessengruppen ökonomische Verbände darstellen: Gewerkschaften, Unternehmerverbände, Bauernverbände, berufsständische Vereinigungen usw. Von besonderer Brisanz ist hierbei der traditionelle Konflikt „Kapital vs. Arbeit", aber wie wir gesehen haben, ist damit nur **eine** der möglichen Spannungslinien unserer Gesellschaft angedeutet. So ist die Wirtschaftspolitik aufgerufen, zwischen den einzelnen Interessengruppen auszugleichen und möglicherweise auch nichtorganisierten Interessen Gehör zu verschaffen.

Aber auch Konflikte, die nicht primär Verteilungskonflikte sind, haben eminente ökonomische Konsequenzen und bieten erheblichen wirtschaftspolitischen Zündstoff. Denken wir dabei etwa an Kulturkonflikte, bei denen Gesellschaften mit unterschiedlichem ökonomischen Entwicklungsstand oder unterschiedlichem ökonomischen System aufeinanderprallen. Oder betrachten wir Konfliktsituationen, wie sie aus Innovationen erwachsen, in neuerer Zeit insbesondere durch das Vordringen der Mikroelektronik.

Auch im einzelwirtschaftlichen Geschehen spiegelt sich das Konfliktgeschehen wider. Im externen System von Betrieben geht es um Konflikte mit Konkurrenten oder Geschäftspartnern. Im internen System, also im betrieblichen Binnenraum, finden wir wieder den Gegensatz zwischen Kapital und Arbeit, zwischen leitenden und nichtleitenden Angestellten, zwischen Kaufleuten und Technikern, zwischen Vorgesetzten und Untergebenen, innerhalb und zwischen verschiedenen Arbeitsgruppen oder Abteilungen usw. Mit solchen Fragen haben wir uns an späterer Stelle noch näher zu befassen.

## Literaturempfehlungen

**Bonacker, T.:** Konflikttheorien. Opladen 1996
**Bühl, W. L.:** Theorien sozialer Konflikte. Darmstadt 1976
**Coser, L. A.:** Theorie sozialer Konflikte. Neuwied 1965
**Dahrendorf, R.:** Der moderne soziale Konflikt. München 1994
**Nollmann, G.:** Konflikte in Interaktionen, Gruppe und Organisation. Opladen 1997
**Seifert, M. J.:** Sozialer Konflikt. Frankfurt 1978
**Weede, E.:** Konfliktforschung. Opladen 1986

## Kontrollfragen

1. Welche Konfliktformen sind von besonderem soziologischen Interesse?
2. Erklären Sie das Prinzip des Ausgleichs von Spannungslinien!
3. Was besagt die Disparitätentheorie?
4. Erklären Sie Olsons Theorie kollektiver Güter mit Begriffen der Rollenanalyse!

## 5. Soziale Ungleichheit

### Plan des Kapitels

In diesem Kapitel werden wir uns mit Aspekten sozialer Ungleichheit beschäftigen. Merkmale der Ungleichheit gibt es viele: Da ist die **Mitgift der Natur** (Geschlecht, Rasse, Statur, Persönlichkeitsmerkmale, Gesundheit), meist überformt von **sozialen Bedeutungszuweisungen und Wertvorstellungen**. Da sind Dinge, die man im Leben erwerben kann (Geld, Macht, Ansehen oder dies alles zusammen). Alle diese Sachverhalte wurden früher unter dem Aspekt der **sozialen Schichtung** zusammengefaßt, aber ein Blick auf die (nichtmarxistische) Literatur zu Status, Schicht und Mobilität zeigt, daß dort eher die Dimension „Ansehen" und „Prestige" eine Rolle zu spielen scheint als etwa der Faktor Macht.

Schon Max Weber unterschied eine **Eigentumsschichtung** aufgrund der jeweiligen ökonomischen Situation, die die Lebensbedingungen des Einzelnen bestimmt, die **Prestigeschichtung** als Ausdruck einer sozialen Situation, die wesentliche Aspekte des Lebensstils umgreift, sowie die **Machtschichtung** als Ausfluß der jeweiligen politischen Situation, die das Ausmaß des sozialen Einflusses widerspiegelt. Bereits Weber machte darauf aufmerksam, daß diese Dimensionen je nach gesellschaftlicher Situation zusammenfallen können, dies jedoch keineswegs müssen.

Wir werden daher die in der Schichtungsproblematik ein wenig in den Hintergrund getretene **Machtdimension** hier zuerst aufgreifen und setzen damit die Diskussion der Machtproblematik fort, die uns bereits unter der Überschrift „Macht und Konflikt" im vorigen Abschnitt interessierte. Sodann wollen wir uns mit dem Konzept der **sozialen Schichtung** bzw. Klassenbildung beschäftigen. Dabei zeigt sich, daß der schichtungssoziologische Zugang unter heutigen Bedingungen nicht mehr den gesamten Erscheinungsbereich sozialer Ungleichheit erschließen kann.

## 5.1 Soziale Macht

### 5.1.1 Macht und Herrschaft

Nach Max Weber bedeutet Macht „jede Chance, innerhalb einer sozialen Beziehung den eigenen Willen auch gegen Widerstreben durchzusetzen, gleichviel, worauf diese Chance beruht" (Weber 1972). An dieser Definition ist bemerkenswert, daß der Widerstand nicht vorausgesetzt wird; es heißt ausdrücklich: **auch** gegen das Widerstreben. Also ist nach dieser begrifflichen Bestimmung der Fall möglich, bei dem ein Individuum ohne Widerstand Folge leistet, z.B. aus Fügsamkeit, aus Konformität, aus Zweckmäßigkeitserwägungen heraus. Ferner ist an dieser Definition zu beachten, daß Weber völlig offen läßt, welche Basis die hier ausgeübte Macht hat („gleichviel, worauf diese Chance beruht"); diese könnte sein: physische Stärke, ökonomische Ressourcen, politische Entscheidungsgewalt usw.

*Machtbegriff*

Demgegenüber bedeutet **Herrschaft** (auch: Autorität) im Sinne von Weber eine institutionalisierte Form der Macht, wobei der Anspruch der „Herrschenden" als rechtmäßig anerkannt wird. Herrschaft unterscheidet sich also nach soziologischer Auffassung insbesondere durch zwei Gesichtspunkte von sozialer Macht: Die Macht muß erstens **institutionalisiert** sein und sie muß zweitens als **legitime Machtausübung** anerkannt sein. Als Typen solcher Herrschaft unterscheidet Weber die **rationale Herrschaft**, bei der die Legitimation von legalen, „gesatzten" Ordnungen abgeleitet wird, die **traditionale Herrschaft**, die auf dem Glauben an die Geltung überlieferter Sozialformen basiert, und die **charismatische Herrschaft**, die aus dem Glauben an die Führungseigenschaft oder Heiligkeit bestimmter Personen hervorgeht.

*Formen der Herrschaft*

Nun kann man diesen begrifflichen Unterschied zwischen Macht und Herrschaft auch empirisch fassen und dabei fragen, in welchem Ausmaß eine bestimmte Machtform institutionalisiert ist oder in welchem Ausmaß die Macht Legitimation erfährt (vgl. Hondrich 1983, 78 ff.). So ist z.B. die Frage, ob und in welchem Grade eine nichtdemokratische Regierung als legitime Herrschaft anzusprechen sei, ganz offen-

*Institutionalisierung und Legitimierung*

287

sichtlich erstens ein Problem der Definition von Legitimität (z.B. Akzeptanz durch die Bevölkerung) und zweitens eine Frage des Akzeptanzgrades, möglicherweise auch ein Problem der Akzeptanzgründe (z.B. Akzeptanz qua Tradition, qua Bewährung, qua Verfahren). In demokratischen Staaten erscheint die Frage der Legitimität von Regierungen im allgemeinen unproblematischer, da die Legitimität durch besondere Anwendungsregeln gewährleistet wird (vgl. Luhmann 1969).

*Funktionen der Herrschaft* Als **Funktionen der Herrschaft** werden üblicherweise herausgehoben (vgl. etwa Siebel 1974):

- **Wertsetzung und Wertstabilisierung:** Dies betrifft einmal die Festigung oder Veränderung bestimmter Werte und Traditionen wie auch die Festlegung von Prioritäten (z.B. Abwendung der Inflation, Beseitigung der Arbeitslosigkeit, Maßnahmen für den Umweltschutz etc.);
- **Normsetzung und Norminterpretation:** Aufgrund der entwickelten Präferenzen können in bestimmtem Umfang und innerhalb institutioneller Grenzen Normen verändert (z.B. Gesetzesänderungen) oder neu gesetzt (z.B. ein neues Gesetz) oder anders interpretiert werden (z.B. bestimmte Formen der Rechtsauslegung und Rechtsanwendung);
- **soziale Kontrolle:** d.h. die Überprüfung und Überwachung des Handelns von Personen, die zur Erfüllung der gesatzten Normen verpflichtet sind. Es geht also insbesondere darum, abweichendes Verhalten zu verhindern bzw. zu sanktionieren;
- **soziale Sanktionierung:** Es gehört zur Funktion von Herrschaft, auf die Nichteinhaltung bestimmter Normen auch zu reagieren (z.B. das Kartellamt einzuschalten, den Staatsanwalt einschreiten zu lassen), um einer eventuellen Norm-Erosion vorzubeugen, Gesellschaftsmitglieder vor Übergriffen zu schützen und (z.B. durch eindeutige Verurteilung und Bestrafung) auch eine gewisse abschreckende Wirkung auszuüben;
- **Koordinierung und Integration:** In hochdifferenzierten Gesellschaften ist es notwendig, individuelle Einzelpläne miteinander zu koordinieren. Diese Koordinierungs- und Integrationsleistung kann entweder weitgehend dem Marktmechanismus überlassen bleiben (wobei hier gewisse Rahmenbedingungen erst geschaffen werden müssen und obgleich zahlreiche Eingriffe seitens des Staates nach wie vor notwendig sind) oder aber durch besondere Planungsinstanzen (am deutlichsten etwa in sozialistischen Gesellschaften) versucht werden.

## 5.1.2 Grundlagen der Macht

*Macht als Verfügung über Verstärker* In einem allgemeinsten Sinne bedeutet Macht die Verfügung über Ressourcen, lerntheoretisch: **Verfügung über Verstärker** (Adams 1965), d.h. Sanktionsmittel: die Möglichkeit, zu belohnen oder zu bestrafen (Beispiel: So kann etwa der Staat bestimmte Bereiche der Wirtschaft subventionieren, andere dagegen mit Steuern belegen. Oder: Der Vorgesetzte hat die Möglichkeit, den Untergebenen zu belohnen, ihm etwa eine Gehaltserhöhung zukommen zu lassen oder zu bestrafen, etwa ihn in eine andere Abteilung zu versetzen). Dabei spielt es eine entscheidende Rolle, worauf die Macht im einzelnen beruht.

Die Diskussion über die Grundlagen der Macht (bases of social power) geht quer durch verschiedene Sozialwissenschaften (Soziologie, Politologie und Sozialpsychologie). Die Herrschaftstypologie Webers (rational, traditional, charismatisch) gibt hier erste Anhaltspunkte, ebenso seine Unterscheidung zwischen **formaler Autorität** (qua Satzung bzw. Position) und **personaler Autorität** (qua Funktion oder Eigenschaften). Etzioni (1971) trennt zwischen Macht durch **Gewalt** (etwa durch physische Stärke), durch **Nutzen** (der Machtausübende stiftet mit seinem Handeln einen bestimmten Ertrag) und durch **Überzeugung** (der Machtbeeinflußte akzeptiert einsichtsvoll die Machtausübung).

*Formen der Macht*

Wichtig scheint uns in genetisch-historischer Sicht der Hinweis zu sein, daß soziale Macht ursprünglich wohl auf **physische Gewalt** zurückgeht – das „Recht" des Stärkeren über den physisch Unterlegenen – und daß erst spätere Modifizierungen im Hinblick auf Legitimität und Institutionalisierung diesen Grundcharakter der Macht verändern. Am Beispiel: Vordemokratische Regierungen sind meist durch physische Macht (bzw. ihrem Korrelat: militärische Macht) in ihre Position gelangt. Auch im Falle schlimmster Krisen, Katastrophen und Revolutionen regrediert die Macht und Herrschaftsausübung wieder zu physischer Gewalt: Es regiert der Terror.

*Physische Gewalt*

In der Sozialpsychologie sind andere Kataloge möglicher Machtgrundlagen unterschieden worden (vgl. Cartwright 1959; French/Raven 1959). Sie lassen sich letztlich lerntheoretisch als „**Macht durch Belohnung**" und als „**Macht durch Bestrafung**" auffassen, wobei letztere insofern „kostspieliger" ist, als sie einen Attraktionsverlust des Macht-Ausübenden bedeutet und ständiger Kontrolle bedarf. French und Raven formulieren diesbezüglich u.a. die folgenden Hypothesen:

*Einige Folgen der Machtausübung*

- Belohnungsmacht erzeugt steigende Attraktion von A (Machtausübender) und geringe Resistenz/Reaktanz von B
- Bestrafungsmacht erzeugt fallende Attraktion von A und hohe Resistenz/Reaktanz von B
- In dem Maße, in dem Bestrafungsmacht legitimiert werden kann, verringert sich der Attraktionsverlust von A sowie die Resistenz/Reaktanz von B.

Auch Homans (1968) geht generell davon aus, daß die Macht von A über B um so größer ist, je mehr Ressourcen A zur Verfügung hat, um B zu belohnen oder zu bestrafen. Eine asymmetrische Machtbeziehung liegt vor, wenn B auf die von A gewählte Verstärkungsart angewiesen ist, A jedoch seinen Verstärkungsmodus selbst festsetzt (Adams/Romney 1959). Emerson (1962) betont, daß Macht nicht nur eine Funktion von A's Machtmitteln ist, sondern auch von B's **Abhängigkeiten** und Alternativen (vgl. A 2). Blau (1964) definiert Macht von vornherein als **asymmetrischen Austauschprozeß**: Nach ihm entsteht Macht, wenn Austauschprozesse ins Ungleichgewicht geraten. Macht ist dann eine allgemeine soziale Belohnung für den Überlegenen, die die Austauschbilanz wieder ins Gleichgewicht bringt. Nehmen wir

*Macht als asymmetrischer Austauschprozeß*

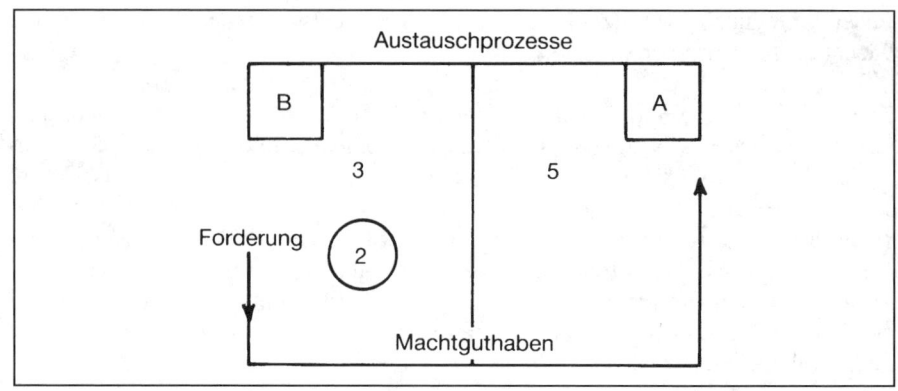

**Abb. 24:** Macht als Austauschprozeß

beispielsweise an, A habe im Austauschprozeß fünf Belohnungseinheiten zu bieten, auf die B angewiesen ist. B kann lediglich drei Belohnungseinheiten im Gegenzug anbieten, so daß eine (einstweilen nicht einzutreibende) Forderung (Machtguthaben) von zwei Einheiten bestehen bleibt (vgl. Abb. 24). Auf diese Weise wird nicht nur die Macht des Gläubigers über den Schuldner plausibel, sondern auch beispielsweise die Tatsache, daß in einer Liebesbeziehung derjenige der Abhängigere, der Machtunterlegene ist, der den anderen mehr liebt (vgl. die Ausführungen über soziale Interaktionen in A 2). Dort hatten wir bereits betont, daß Interaktionsmodelle gewöhnlich vom Grundgedanken freien Austauschs und völliger Reziprozität ausgehen; faktisch sind jedoch Interaktionsbeziehungen meist asymmetrisch und implizieren bestimmte Formen der Abhängigkeit. Macht ist insofern ein **Interaktionsmedium** (aus der Sicht von Parsons) bzw. ein **Kontrollinstrument** zur Verbesserung der Interaktionsergebnisse (aus der Sicht der Exchange-Theorien).

*Soziales Kapital*

Macht stellt sich damit als Guthaben für die Verbesserung künftiger Interaktionserträge dar. Solche Guthaben werden neuerdings – vor allem von Bourdieu (1982) und Coleman (1991) – als **soziales Kapital** bezeichnet. Dieses entsteht als Erwartung und Verpflichtung in Interaktionsbeziehungen sowie in Gruppen (z.B. freiwilligen Vereinigungen). Der Prototyp des sozialen Kapitals besteht – wie auch bei Blau – darin, daß ein Akteur einem anderen einen Dienst erweist, der diesen verpflichtet. Seine rationale Kalkulation ist dabei, vom anderen gewissermaßen einen Schuldschein erhalten zu haben, den er bei Gelegenheit – auch in anderer „Währung" – einlösen kann, wenn er seinerseits auf einen Dienst angewiesen ist (Coleman 1991). Gelingt es einer Person, daß zahlreiche andere ihr verpflichtet sind, so wächst deren soziales Kapital; sie gerät also in eine vorteilhafte Machtposition. **Handlungsrechte** erleichtern es den Akteuren, ihr Interesse an Ereignissen durchzusetzen.

*Machtbedürfnisse*

Macht ist – genau genommen – in zweifacher Weise ein begehrtes Gut. Zunächst ist Macht **aufgrund von Machtbedürfnissen** (die sicherlich sozial gelernt oder zumindest sozial überformt sind) belohnend: Menschen haben in unterschiedlichem Grade das Bedürfnis, Macht auszuüben (die Messung des Machtbedürfnisses erfolgt übli-

290

cherweise durch die sog. Machiavellismus-Skala). Zum zweiten – und insbesondere – ist die Ausübung von Macht **durch positive Konsequenzen belohnend**: Verfügung über andere, Verfügung über sich selbst (z.B. Autonomie), Verfügung über Status, Verfügung über Sachen (z.B. Produktionsmittel, Konsumtionsmittel). Macht pflegt also das Faktum der bloßen Einflußnahme zu transzendieren und viele andere Lebensbereiche ebenfalls zu erfassen. Allerdings wird die Ausübung von Macht (insbesondere im Falle nichtlegitimierter Macht) von einigen negativen Konsequenzen begleitet, die wir unter dem Aspekt der **„Kosten der Macht"** (Harsanyi) bereits angesprochen haben: Attraktionsverlust, Kontrollkosten, Entwicklung von Gegenmacht, von Resistenz, von Reaktanz. Denn für den Macht-Betroffenen bedeutet die Ausübung von Macht immer auch eine Einbuße an Freiheit (vgl. Popitz 1992). *Belohnende Konsequenzen der Macht*

*Machtkosten*

Vielfach wirkt Macht in depersonalisierter Form. Dies geschieht bereits, wenn bestimmte Machtstrukturen institutionalisiert sind und eine Art Eigendynamik entwickeln. Auf einer konkreteren Ebene findet eine solche Umwandlung von Macht z.B. dadurch statt, daß Macht nicht durch Personen und Gruppen in direkter Weise ausgeübt, sondern der „Maschinerie" überantwortet wird und dadurch gewissermaßen als Sachzwang in Erscheinung tritt. Insofern spricht man auch von **struktureller Macht**. Am deutlichsten läßt sich dies im Arbeits- und Betriebsbereich demonstrieren: Die im Betrieb vorfindbaren technologischen Strukturen und Prozesse zwingen den Arbeitenden bestimmte Aktivitäten auf, ohne daß von außen her Anweisungen oder Sanktionen erfolgen müssen. Die Macht ist dann gleichsam an die Maschinerie delegiert, und diese depersonalisierte Macht ist ein wesentlicher Faktor der Kontrolle am Arbeitsplatz, ohne daß dies in sichtbarer Weise „**soziale** Kontrolle" wäre. *Strukturelle Macht*

Die Ausübung von Macht unterliegt in größeren Sozialzusammenhängen einschränkenden Rahmenbedingungen: Da sind zunächst **strukturelle Grenzen** (z.B. vorhandene Hierarchien, Zugangssperren etc.) sowie **normative Grenzen** (z.B. Normen über Verteilungsgerechtigkeit, Gesetze und Verordnungen, Normen des „anständigen", „fairen" Verhaltens). Diese Grenzen sowie die mögliche Gegenmachtbildung der Machtbetroffenen sorgen dafür, daß Machtbedürfnisse nicht eskalieren. *Strukturelle und normative Rahmenbedingungen*

Freilich muß gesehen werden, daß der Mächtigere in bestimmtem Ausmaß auch die **Definitionsmacht** bezüglich der Gültigkeit und Anwendbarkeit solcher Normen hat; dies bis hin zur Änderung von Gesetzen (z.B. Ermächtigungsgesetz) oder zur Beugung des Rechts (z.B. beim „Volksgerichtshof"). Allerdings sollte deutlich werden, daß ein erheblicher Teil dieser Definitionsmacht durchaus als Funktion legitimer Herrschaft angesehen werden kann: neue Scheidungsgesetze etwa oder Verordnungen für den Umweltschutz usw. *Definitionsmacht*

## 5.1.3 Bereiche der Macht

Die Frage, worauf sich die Macht bezieht, auf welchen Ausschnitt des gesellschaftlichen Lebens der Einfluß sich vollzieht (scope, range of power), kann durch mehrere *Einflußbereiche*

Aspekte geklärt werden. Eine erste Dimension ist die **Anzahl der beherrschten Personen und Gruppen**, eventuell gewichtet nach funktionaler Bedeutung, nach pragmatischem Kalkül oder nach emotionaler Abhängigkeit (z.B. Personen, die mir nützen/nichts nützen; der Vorgesetzte, von dem ich abhängig bin; die Frau, die ich liebe/die mir gleichgültig ist usw.). Nach Mulder (1960) kann als Tendenz unterstellt werden, daß das Individuum die psychische, soziale und ökologische Distanz zu den mächtigeren Gruppenmitgliedern zu vermindern sucht. Wenn P Macht über Personen in Schlüsselpositionen hat – Macht über Mächtige –, dann kann also Macht lawinenartig anschwellen und in mehrere Machtbereiche diffundieren.

*Diffusion von Macht*

Eine zweite Dimension wäre der **Verhaltensausschnitt**, innerhalb dessen die Macht wirksam wird. Ein seltener Fall ist totale Macht und totale Unterwerfung, etwa im Sinne bedingungsloser Kapitulation oder Abhängigkeit. Der häufigere Fall ist bereichsspezifische Macht (z.B. der Vorgesetzte hat wenig oder nur indirekten Einfluß auf das Familienleben). Aufgrund unterschiedlicher Machtgrundlagen und zum Zweck der Begrenzung werden bestimmte Bereiche bewußt getrennt: Legislative und Exekutive, Kirche und Staat, Militär und Politik, Wirtschaft und Politik usw. Hier gibt es natürlich kaum eine „wasserdichte" Abschottung; vielmehr muß empirisch angenommen werden, daß wirtschaftliche Macht, militärische Macht, religiöse Macht usw. ihrerseits wiederum den politischen Bereich beeinflussen. Ob und inwieweit dies geschieht, ob z.B. die Politiker ins Schlepptau der Militärs oder der Großgrundbesitzer geraten und gewissermaßen als deren Erfüllungsgehilfen auftreten, ist eine empirische und keine apriorische Frage. Als Tendenz gilt allenfalls, daß Personen oder Gruppen, die Macht in einem funktional bedeutsamen Teil der Gesellschaft errungen haben, dazu neigen werden, diese Macht auch auf andere Bereiche auszudehnen (vgl. Elias 1970; Popitz 1992).

*Ausmaß der Macht*

Die Frage des Machtbereichs kann auch im **Ausmaß möglicher Verhaltensänderung** beantwortet werden: Es ist ein Unterschied, ob eine Person oder Gruppe zu nahezu jeder Verhaltensweise veranlaßt werden kann (z.B. auch einem Mord) oder ob hier nur Akzente verändert werden können (z.B. Verstärkung des ohnehin schon vorhandenen Wohlwollens). Die mögliche Beeinflussung ist natürlich um so leichter, je geringer die Abweichung vom ursprünglichen Standort des Machtbetroffenen ist.

Auch die **Zeitdauer** der Macht ist eine Frage des Ausmaßes von Macht. Da die Machtausübung von Ressourcen und Kosten abhängt und seitens des Machtabhängigen Machtstrategien entwickelt werden können, erweist sich Macht häufig als instabil. Die wichtigsten Komponenten der Stabilisierung sind hier die Institutionalisierung und Legitimierung von Macht, also die Umwandlung von Macht in Herrschaft. Herrschaft wird dann ihrerseits wieder stabilisiert durch Bewährung.

*Institutionalisierung und Legitimierung von Macht*

Schließlich kann auch das **geographische Gebiet** zum Maßstab des Machtbereichs gemacht werden (meist identisch mit Macht über Personen, die in einem bestimmten geographischen Gebiet wohnen). Je größer dieses Gebiet ist, desto schwieriger wird es beispielsweise, heterogene Bevölkerungsteile zu kontrollieren (z.B. Sowjetunion). Im Zuge des Föderalismus wird ein Teil der Herrschaftsfunktion bewußt delegiert; al-

*Territoriale Macht*

lerdings führt dies oftmals zu übertrieben partikularistischen Entwicklungen (siehe Schweiz) und zu Autonomiebestrebungen, die die Integration wieder in Frage stellen.

Eine wichtige Unterscheidung bezieht sich auf die Trennung zwischen **formeller und informeller Macht**. Während die formelle Macht, hier meist als Autorität bzw. Herrschaft bewußt gesteuert und institutionell verankert wird – das Amt eines Ministers, die Funktion des Werkmeisters, die Rolle des Vertriebschefs –, entwickelt sich informelle Macht völlig ungeplant und lautlos im Verborgenen. So hat etwa die Frau des amerikanischen Präsidenten u.U. mehr Macht als sein engster Minister. Auch hat möglicherweise die Sekretärin des Chefs mehr Macht als sein direkter Untergebener. Auf diese Weise läßt sich z.B. zeigen, daß die tatsächliche (empirische) Machtstruktur in Organisationen keineswegs immer dem Organisationsplan und der darin formulierten Hierarchie entspricht, sondern sich zum Teil ganz andere Machtstrukturen ergeben haben. Auch beim Studium der Machtverteilung in Gemeinden läßt sich diese „Doppelbödigkeit" sozialer Machtstrukturen nachweisen.

*„Doppelbödig-keit" von Machtstrukturen: informelle Macht*

## 5.1.4 Verteilung von Macht

Nachdem wir gezeigt haben, daß sich Macht lediglich als segmentäre Macht durchsetzt, muß die Frage nach der Verteilung der sozialen Macht beantwortet werden. Für soziale Organisationen hat man hier ein Meßinstrument entwickelt, die sog. Kontrollkurve (vgl. 3. Kap. B 1), die uns Auskunft darüber gibt, daß die Macht in Organisationen – wie schon Michels in seinem ehernen Gesetz der Oligarchie vermutete – oligarchisch verteilt ist. Auch für andere Sozialeinheiten, wie etwa für die **Macht in Gemeinden** oder die **Machtverteilung in der Familie** liegen empirische Ergebnisse vor, die vor allem auch den beachtlichen Anteil informeller Machtausübung bestätigen. Bei Betrachtung der **Gesellschaft als Ganzes** liegt der Fall schwieriger. Für komplexe pluralistisch-korporativ ausdifferenzierte moderne Industriegesellschaften des westlichen Typs dürfte gleichfalls ein **abgestuftes oligarchisches Konzept** gelten, das nach vielen Kriterien (vor allem nach Machtbereichen) differenziert und modifiziert werden muß. Jedenfalls läßt sich zeigen, daß die Rede von den „Herrschenden" in hochkomplexen Gesellschaften, die von zahlreichen intermediären Instanzen durchzogen sind, an der differenzierten Wirklichkeit vorbeigeht und empirische Forschungen zur Machtproblematik eher verhindert als fördert.

*Macht in Organisationen*

*Machtverteilung in der Gesamt-gesellschaft*

In der Soziologie werden vor allem drei Konzepte diskutiert, um das Problem der empirischen Verteilung von Macht in Gesellschaften anzugehen. Da sind zunächst marxistische Ansätze **(power-structure approach)**, für die ökonomische Macht (hier: Verfügung über Produktionsmittel) allein entscheidend ist. Die kapitalistische Klasse sei wegen ihrer ökonomischen Macht auch in der Lage, den Staat zu kontrollieren, dem hier lediglich eine kapitalistische Erfüllungsfunktion zugeschrieben wird. Obgleich diese Thesen mittlerweile im Zuge neomarxistischer Forschungen „nachgebessert" worden sind, dürften sie in ihrer Anwendbarkeit auf den Extremfall ganz bestimmter historischer Situationen gemünzt und für die meisten gegenwärtigen Gesellschaften unangemessen sein.

*Marxistische Ansätze*

| | |
|---|---|
| *Eliteansatz* | Der sog. Eliteansatz (**power-elite-approach**) unterscheidet drei Ebenen der Macht in der gegenwärtigen amerikanischen Gesellschaft (C. W. Mills 1959): die Machtelite, die in Top-Positionen die Fäden in der Hand hält, sodann die mittleren Ebenen (insbesondere hohe Verwaltungsbeamte, Wirtschaftskapitäne usw.) und schließlich die breite Masse, die vergleichsweise machtlos in Erscheinung tritt. Dabei versucht Mills deutlich zu machen, daß die Mitglieder der Elite miteinander in ständigem Austausch stehen, um durch diese Austauschprozesse in einer Vielzahl verschiedener Bereiche Macht zu gewinnen. Zapf (1965) zeigte für die Bundesrepublik, daß die Kanäle des Austausches zwischen Teileliten begrenzte Muster und keineswegs allseitige Verbindungen aufweisen. Überhaupt vollzieht sich eine weitgehende **Trennung in Teileliten** aufgrund unterschiedlicher Maßstäbe und Wirkungsbereiche (Versäulung). Die gesamte Elite der bundesdeutschen Gesellschaft „gleicht deshalb eher einer Vielzahl miteinander verwobener Kreise als einer um einen Mittelpunkt gruppierten Einheit" (Endruweit 1983, 148). |
| *„Versäulung" von Eliten* | |

*Pluralismusthese*

Die Bildung von Teileliten wird schließlich auch durch die Pluralisierung gesellschaftlicher Bereiche begünstigt. Die sog. Pluralismusthese (**pluralist-approach**) betont daher entweder den Wettbewerb zwischen Eliten verschiedener Bereiche oder aber die Tendenz zur Abschottung (compartmentalization) der einzelnen Eliteteile. Wichtig ist hierbei, daß nicht alle Eliten auch Macht-Eliten sind: Die Macht des Kunstkenners beschränkt sich etwa darauf, selektive Beurteilungen über Kunstwerke und Künstler abzugeben; die Macht der Münchner „Schickeria" kann sich lediglich dadurch äußern, daß sie Zugangssperren errichtet und damit definiert, wer alles „dazu gehört". Einflußreiche und mächtige Eliten sind meist weniger auffällig; von ihnen hört man erst dann, wenn Verfilzungen aufgedeckt werden oder wenn informelle Kanäle der Machtausübung plötzlich ans Tageslicht kommen.

*Eintrübungen gleichgewichtiger Interessenwahrung*

*Korporativer Pluralismus*

Die Pluralismusthese, die vor allem im Umkreis des Struktur-Funktionalismus entstanden ist, geht davon aus, daß der Abbau zentraler Macht und der Aufbau segmentärer und intermediärer Macht – zwischen Regierung und Gesellschaftsmitgliedern – eine gleichgewichtige Wahrung der Interessen aller beteiligten Gesellschaftsgruppen erlaube. Wir hatten im letzten Kapitel (vgl. 4.3) bereits Anlaß, diese **naive Pluralismusthese** einzugrenzen. Denn einmal wird dem einzelnen Individuum oder einer bestimmten Gruppe ein Organisationszwang aufgebürdet. Andererseits erweisen sich zahlreiche Interessen in unserer Gesellschaft als überhaupt nicht organisationsfähig, so daß der Automatismus gegengewichtiger Machtbildung mit einem Fragezeichen versehen werden muß. Auch wenn dieses Problem gelöst sein sollte, so ist die differentielle Schlagkraft von Organisationen oder Verbänden keineswegs identisch mit der „wahren" Interessenlage in einer Gesellschaft (wie immer diese auch definiert werden mag). Von hier aus ergeben sich dann auch höchst asymmetrische Einflußnahmen auf den politischen Bereich. So versuchen etwa die Wirtschaftsverbände, das Marktgeschehen in ihrem Sinne umzubiegen und unerwünschten Sanktionen dadurch auszuweichen, daß bestimmte Problemlösungen auf die politische Ebene verlagert werden. Der Pluralismus unserer Tage ist ein korporativ durchsetzter Pluralismus mit vielerlei Verzerrungserscheinungen und keineswegs die Erfüllung wohlfeiler Harmonievorstellungen (vgl. Olson 1985; Coleman 1991).

294

## 5.2 Soziale Schichtung

### 5.2.1 Status und Statusinkonsistenz

Jemand hat einen bestimmten „sozialen Status": Dies heißt in der Umgangssprache nichts anderes, als daß er einer ganz bestimmten **sozialen Schicht** zugehört. Die nachfolgende Übersicht (44) zeigt die systematische Einordnung des Statusbegriffes und seine Abgrenzung gegenüber dem Begriff der sozialen Position im Gefüge der Sozialstruktur. Status ist demnach der Anteil positionaler Merkmale, der einer Bewertung in Dimensionen wie: höher/niedriger, schöner/häßlicher, besser/schlechter, mächtiger/ohnmächtiger usw. offensteht.

*Status und Schicht*

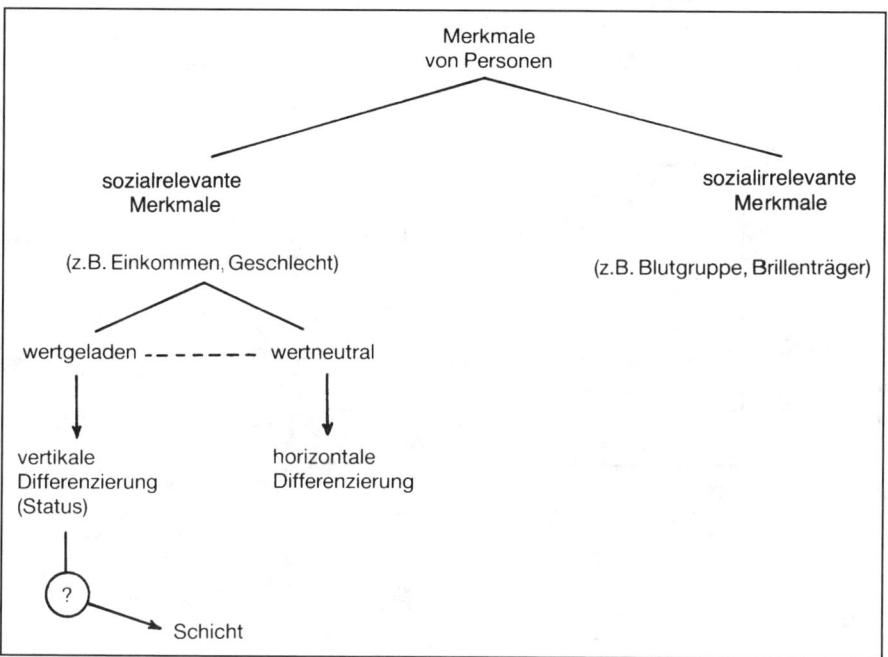

**Übersicht 45:** Status und Schicht

Dabei können auch Merkmale, die wertneutral erscheinen, unter bestimmten Umständen mit positiven oder negativen Bewertungen „aufgeladen" werden: Geschlecht, Alter, Gesundheit, Religionszugehörigkeit, ethnische Zugehörigkeit, körperliche Behinderung, Mutterschaft usw. Bestimmte periphere Merkmale (z.B. eine besondere Frisur oder die Kleidung) können hierbei in ihrer Signalwirkung zu bestimmten Bedeutungträgern werden.

Der Zusammenhang zwischen **Status und Schicht** läßt sich dann so herleiten: Personenmehrheiten mit gleichem oder ähnlichem Status oder Statusprofil bilden eine soziale Schicht. Nun gibt es zumindest in der Umgangssprache den Status schlechthin (Totalstatus) oder eine Reihe verschiedener Einzelstatüs: z.B. den Einkommens-

*Statusmerkmale*

status, den Bildungsstatus, den beruflichen Status, den Status der Herkunft usw. Im allgemeinen stellt man sich vor, daß sich der Gesamtstatus einer Person als Summe oder Integration der Einzelstatüs ergibt. Schwierigkeiten bestehen lediglich dann, wenn Individuen in den einzelnen Statusbereichen auf unterschiedlicher Höhe rangieren. Diesen Fall bezeichnet man als **Statusinkonsistenz** (Lenski 1954) oder als **Statusinkongruenz** (Malewski 1967).

*Statusin-konsistenz*

Nach Lenski ist die Statusinkonsistenz einer Person um so höher, je unterschiedlicher der Rang ihrer Merkmale ist (Rangdefinition). Nach Malewski ist Statusinkonsistenz um so mehr gegeben, je mehr die Merkmalsausprägungen der jeweiligen Person von den Erwartungen abweichen, die die Interaktionspartner bezüglich der Ausprägungen dieser Merkmale haben (Erwartungsdefinition). Stärkere Verhaltensrelevanz dürfte die Erwartungsdefinition haben (vgl. auch: Strasser/Hodge 1986).

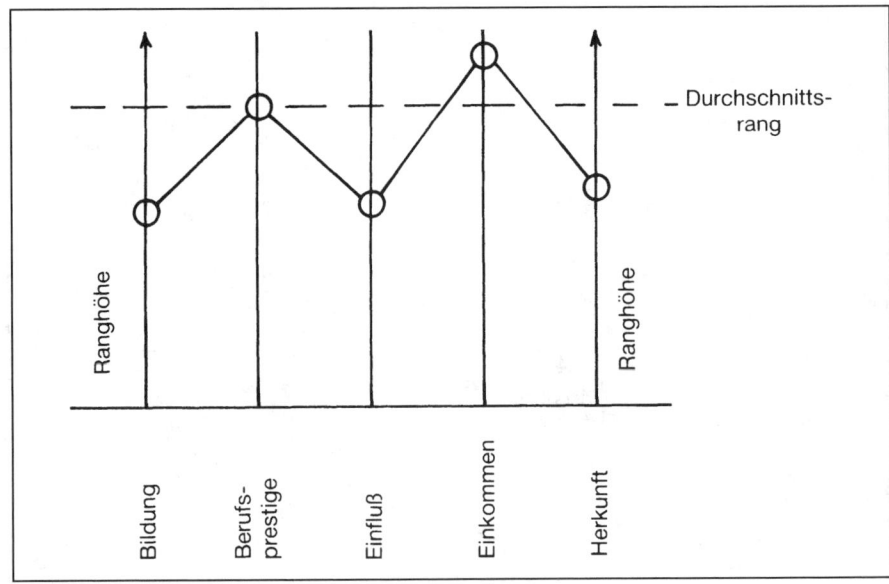

**Abb. 25:** Beispiel für Statusinkonsistenz

Eine Implikation der Theorie der Statusinkonsistenz ist die Annahme, daß das Individuum bestrebt ist, seine Ränge möglichst **auf die gleiche Ebene**, und zwar auf die Ebene des höchsten Teilranges zu bringen (Maximierungsthese, z.B. Homans, Malewski). Dies setzt natürlich Möglichkeiten der Anhebung voraus. Einige Statusdimensionen (Alter, Geschlecht, Hautfarbe) sind nicht änderbar. Auch ist die Änderung von Faktoren mit unterschiedlichen „Kosten" verbunden, die höher sein können als der Gewinn durch die Erhöhung des Defizitmerkmals. Außerdem spielt die Visibilität (soziale Sichtbarkeit) der einzelnen Merkmale eine entscheidende Rolle. Während man seine Hautfarbe kaum verbergen kann, läßt sich die sozial niedrige Herkunft leichter vertuschen oder uminterpretieren („trotz einfachster Verhältnisse …"). Auch ist das Individuum in der Lage, durch besondere Leistungsanstrengungen

*Reduzierung von Status-inkonsistenz*

296

oder durch demonstratives Konsumverhalten Defizitfaktoren in den Hintergrund treten zu lassen (oftmals fallen sie aber gerade dann auf, z.B. bei den „nouveaux riches"). Immerhin sagt die Theorie **kompensatorisches Verhalten** voraus: Das Individuum wird dort kompensieren, wo der Effekt der Kompensation am größten erscheint und wo die Kosten der Kompensation am niedrigsten liegen (dabei ist es ohne weiteres möglich, das Konzept der Statusinkonsistenz aus allgemeineren Verhaltenstheorien abzuleiten, insbesondere aus der Theorie der kognitiven Dissonanz; vgl. zu einem solchen Versuch: Geschwender 1967).

*Kompensations-effekte*

Die zweite Implikation der Theorie ist, daß **unterschiedliche Ausprägungen** von Statusinkonsistenz zu verschiedenen Verhaltensweisen führen. Hier gibt es eine umfangreiche Literatur, die bestimmte Inkongruenz-Typen als unabhängige Variablen für das Auftreten bestimmter Verhaltensweisen ansehen (z.B. E, P > B für rechtsradikale Einstellung; B > E für liberale Einstellung). Die Verhaltensweisen, die mit solchen Konstellationen angeblich erklärt werden sollen, reichen von Attentaten bis hin zum Selbstmord, von demonstrativem Konsumverhalten bis zu Streßsymptomen, vom Rückzug aus sozialen Interaktionen bis hin zur Unzufriedenheit mit dem Leben. Die (meist schwachen) Korrelationen deuten an, daß solche Merkmale der Inkonsistenz nur über ein Netzwerk sozial-struktureller Brechungen und subjektiver Interpretationen Einfluß auf das faktische Verhalten gewinnen (vgl. zur Kritik Doreian/Stockman 1969).

*Statusinkonsistenz und Verhalten*

## 5.2.2 Schichtkristallisation

Eine weitere Implikation der Theorie der Statusinkonsistenz ist, daß sich bei häufigem und unsystematischem Vorliegen von inkonsistenten Merkmalen homogene Sozialschichten kaum ausbilden können. Nur wenn die Statusfaktoren ungefähr auf gleicher Ranghöhe liegen, wenn ein Gesamtstatus kein nivelliertes Kunstprodukt des Durchschnitts ist, sondern sich „wie aus einem Guß" darstellt, wird es zur **Schichtkristallisation** (Landecker) kommen.

*Schichtkristallisation*

Der Ausdruck Schichtkristallisation reflektiert hier auf den Umstand, daß in einer Gesellschaft soziale Schichten mehr oder weniger deutlich in Erscheinung treten. Den höchsten Kristallisationsgrad erreichen **soziale Kasten**: Hier ist das Individuum in einen bestimmten Sozialrang qua Geburt hineindefiniert; es kann lediglich hoffen, im nächsten Leben in einer höheren Kaste das Licht der Welt zu erblicken. Gleichfalls hohe Kristallisationsgrade wiesen mittelalterliche **Ständegesellschaften** auf, bei denen der Austausch zwischen verschiedenen Ständen (etwa Heirat) zu den seltenen Ereignissen gehörte und bei denen die Zugehörigkeit durch ganz bestimmte äußerlich sichtbare Merkmale (z.B. Kleiderordnungen) signalisiert wurde.

*Kastengesellschaft*

*Ständegesellschaft*

Die „**Klassengesellschaft**" des beginnenden Industriezeitalters strukturiert das traditionelle Bild ländlicher oder städtischer „Ständegesellschaft" kaleidoskopartig um; immerhin lassen sich noch fest auskristallisierte und unterscheidbare Sozialschichten voneinander abheben. Spätestens nach vollendeter Industrialisierung jedoch tritt ein Effekt auf, den man üblicherweise als **Entschichtung** und – mißverständlicher – als

*Klassengesellschaft*

*Entschichtung*

Nivellierung bezeichnet. Geiger sprach von einer „Klassengesellschaft im Schmelztiegel" und Schelsky gar von einer „nivellierten Mittelstandsgesellschaft". Für diesen Gesellschaftstyp schien der Klassenbegriff nicht mehr so recht zu passen, und auch der – geologischen Vorstellungen entlehnte – Begriff der **Schichtung** (social stratification) scheint gegenwärtig seine Bedeutung zu verlieren. Dies hängt wohl auch mit der Tatsache zusammen, daß die vormals bedeutsamere vertikale Differenzierung der Gesellschaft teilweise von einer eher **horizontalen Differenzierung** abgelöst wird. Dies ist auch der Kern der neueren **Entstrukturierungsthese** (z.B. Berger 1986; Beck 1986; Hradil 1987).

*Horizontale Differenzierung*

Die Beurteilung der Frage, ob und inwieweit es in einer Gesellschaft tatsächlich zur Auskristallisation relativ homogener Soziallagen kommt, die man als konkrete Schichten bezeichnen könnte, ist an eine Reihe empirischer Bedingungen gebunden. Ein wichtiger Punkt hierbei ist die **Korrelation der Einzelstatūs**: Ist sie gering (hohe Statusinkonsistenz), dann werden sich auch kaum Schichten profilieren können, es sei denn, einer der Einzelstatūs ist allein ausschlaggebend (z.B. das Einkommen). Ein weiterer Faktor ist der **Zuschreibungsanteil** (ascribed); in dem Maße, in dem Statūs erworben werden können, wird ein Austausch zwischen Rängen stattfinden und die Inkonsistenz begünstigen. Auch wird die Heterogenität hinsichtlich der Rangeinstufung dadurch gefördert, daß in pluralistischen Gesellschaften oftmals unterschiedliche Maßstäbe über die **Werthaltigkeit der Einzelmerkmale** bestehen. Zusätzlich trägt der Abbau von Schichtbarrieren und Zugangschancen zur Verwischung klarer Konturen bei. Wenn nämlich in einer Gesellschaft **Schichtbarrieren** existieren – meist durch Herrschaftsverhältnisse inszeniert –, so kristallisieren sich Sozialschichten bevorzugt innerhalb der Spannbreite solcher Barrieren aus.

*Schichtbarrieren*

Die Tendenz zur Schichtkristallisation ist ferner abhängig vom **Ausmaß der Nivellierung**, d.h. dem Abstand von oben nach unten. Je größer dieser Abstand ist, desto weiträumigere Möglichkeiten der Kristallisation entstehen (vgl. Ossowski 1962). Allerdings führt eine Vielzahl von Klassen oder Schichten eher dazu, daß Verwischungen und Zurechnungsprobleme auftreten. Wenn nur wenige Schichten vorliegen (etwa ein Zwei- oder Dreiklassensystem), dann werden Polarisierungen und klar voneinander getrennte Standorte und Lebensstile besser zu lokalisieren sein. Auch ist die Ausbildung eines homogenen Schichtbewußtseins dann wahrscheinlicher.

*Ursachen der Schichtkristallisation*

Fassen wir zusammen. Schichtkristallisation (Stratifikation) tritt in einer Gesellschaft um so eher auf,

- je höher die Korrelation der einzelnen Statūs ist;
- je dominierender einer dieser Einzelstatūs ist;
- je sichtbarer ein Status im Hinblick auf sozialrelevante Umwelten ist;
- je einheitlicher die Wertvorstellungen der Gesellschaftsmitglieder im Hinblick auf die Statusmerkmale sind;
- je ausgeprägter die Schichtbarrieren in dieser Gesellschaft sind;
- je größer die Spannweite der sozialen Ungleichheiten ist;
- je stärker ein differentielles Schichtbewußtsein ausgebildet ist.

298

Demnach ist die Frage, ob und inwieweit eine historisch gegebene Gesellschaft geschichtet ist oder nicht, ein empirisches Problem der hier aufgeführten Randbedingungen. Nun pflegt man allerdings soziale Schichten und Schichtzugehörigkeit der einzelnen Gesellschaftsmitglieder auch dann zu ermitteln, wenn „objektive" und homogene Schichtungen kaum auszumachen sind. Der Forscher folgt hier seiner **eigenen Konstruktion von Schicht**, indem bestimmte quantitative und qualitative Merkmale erfaßt und bewertet werden. Schicht wird damit zu einem **hypothetischen Konstrukt**. Der Forscher geht dabei etwa wie folgt vor: Er untersucht zunächst die wertungsrelevanten Merkmale, die als „Faktoren" oder Determinanten sozialer Schichtung fungieren könnten (z.B. Herkunft, Rassenzugehörigkeit, Einkommen, Bildungsgrad, Berufsprestige usw.), gewichtet diese Merkmale mit bestimmten Punktwerten und ermittelt dann additiv einen bestimmten Indexwert der Schichtzugehörigkeit. Die ersten Anregungen zu solchen mehrdimensionalen Ansätzen stammen von Pareto und von Geiger; die wichtigsten neueren Indizes sind der „Index of social position" von Warner, der „Index of social class" von Hollingshead sowie der „Scheuch-Index". Der letztgenannte – hier auf die Bundesrepublik bezogen – enthält Merkmale der wirtschaftlichen Lage (z.B. Einkommen, Index der Wohlstandsgüter), der Berufszugehörigkeit (Index des Sozialprestiges von Berufskreisen) sowie des kulturellen Niveaus (z.B. Schulbildung, Indexniveau des Lesens usw.).

*Schicht als hypothetisches Konstrukt*

*Schicht-Indizes*

Diese und ähnliche Verfahren setzen sich der Kritik der inhaltlichen Mehrdeutigkeit aus. Diese Mehrdeutigkeit ist abhängig von der Anzahl der Merkmalsausprägungen und der Spannbreite der Einzelskalen. Insbesondere in den mittleren Statusbereichen kann damit die Inkonsistenzproblematik zur nivellierenden Fallgrube der Messung werden. Die Zurechnung einer Person zur unteren Mittelschicht beispielsweise und die Zurechnung einer anderen Person zur gleichen Schicht mag damit völlig unterschiedliche Merkmalskombinationen repräsentieren. Insofern muß sich eine solche Vorgehensweise unter dem genannten Aspekt den Vorwurf gefallen lassen, Schichtung als Kunstprodukt der Methode zu behandeln, indem die empirische Beziehung zur Realität nur auf dem Umweg über ein relativ abstraktes hypothetisches Konstrukt herzustellen ist.

## 5.2.3 Schichtbewußtsein

Andere Forschungsansätze zur Messung sozialer Schichtung setzen daher bei den **Vorstellungsbildern** an, die bestimmte Personen oder Gruppen – etwa in Form der Selbst- und Fremdeinschätzung – über soziale Schichten haben (vgl. zu diesem Vorgehen: Centers 1955).

Die Problematik des Schichtbewußtseins bzw. Klassenbewußtseins ist von Marx bis Geiger und von Ossowski bis Mayer vielfach diskutiert worden. Meist ist der Klassenbegriff auch mit einer bestimmten Bewußtseinsform in Verbindung gebracht worden: etwa mit dem Bewußtsein der Verschiedenartigkeit der sozialen Lage, dem Bewußtsein der Abhängigkeit, dem Bewußtsein der eigenen Interessenlage. Auch Marx sagt, daß eine Klasse im vollen Sinne des Wortes erst dann entsteht, wenn die Mit-

*Schicht- und Klassenbewußtsein*

glieder der Gruppe das Klassenbewußtsein verbindet, das Bewußtsein gemeinsamer Interessen, sowie die psychische Bindung, die aus dem Klassenantagonismus entsteht. Im Ausmaß des Klassenbewußtseins erwachse dann aus der „Klasse an sich" eine „Klasse für sich".

*Ursachen des Schichtbewußtseins*

Das Schichtbewußtsein – also das Bewußtsein, das Menschen von Sozialschichten haben sowie die Vorstellung, wo sie selbst einzureihen sind – ist abhängig vom Bestehen jener Voraussetzungen, die auch für die Schichtkristallisation relevant sind. Sprechen diese Bedingungen für geringe Kristallisation, so ist auch die Ausbildung eines homogenen Schichtbewußtseins unwahrscheinlich (dem entspricht z.B. die Beobachtung, daß sich die meisten Befragten in relativ diffuser Form der Mittelschicht zuordnen). Jedoch dürfte das Schichtbewußtsein noch von weiteren Faktoren abhängen, nämlich:

- von der Internalisierung differentieller, schichtspezifischer Werte und Normen;
- vom Vorhandensein gemeinsamer Problemlagen;
- von der Deutlichkeit, mit der sich eigene Interessen definieren lassen;
- von der Erwartung, Interessen und Ziele (durch die Anwendung von Macht) durchsetzen zu können;
- von der Häufigkeit (Seltenheit) der Interaktion mit schichteigenen (schichtfremden) Personen;
- von der Identifizierung gegnerischer Gruppierungen;
- vom „normativen" Charakter bestimmter Schichtlagen („Mittelschicht" als „beliebteste" Lage).

*Schichtbewußtsein und Lebensstil*

Ob und inwieweit aufgrund eines hochentwickelten Schichtbewußtseins auch differentielles Verhalten auftritt – schichtspezifisches Verhalten etwa , ist auch eine Frage differentieller Lebensumstände und Lebensstile. Diese können jedoch – etwa aufgrund tradierter Vorstellungen – auch dann bestehen, wenn das Schichtbewußtsein gering ist oder verschüttet wurde. Ob eine Bevölkerungsgruppe – als „Klasse" oder „Stand", als Lebensstilgemeinschaft, als Randgruppe oder Minorität mit gleichen Problemlagen oder auch als „Elite" eine „demographische Identität" (Goldthorpe) besitzt oder nicht, ist keine Frage bestimmter Ressourcenverteilungen allein, sondern letztlich davon abhängig, ob und inwieweit die Interaktionskreise so beschaffen sind, daß soziale Identität (im Sinne der Theorie Tajfels) vorliegt (vgl. A 2).

*Demographische Identität*

*Bewußtsein von Arbeitern*

Einen Teilaspekt des Schichtbewußtseins beleuchten die verschiedenen **Studien zum Arbeiterbewußtsein** (Bewußtsein von Industriearbeitern). Das Fazit dieser Untersuchungen (vgl. Kudera et al. 1979) scheint anzudeuten, daß hier von homogenen Klassenlagen auch aus der kognitiven Perspektive der Beteiligten keine Rede mehr sein kann. Den faktischen Differenzierungen der Arbeiterschaft im strukturellen Bereich entspricht – wenn auch keineswegs spiegelbildlich – ein höchst unterschiedliches Bewußtsein, das lediglich situationsspezifisch bei gleicher subjektiver Betroffenheit homogenisiert werden kann.

Wenn Begriffe des Klassen- und Schichtbewußtseins angesichts inkonsistenter Ungleichheitsstrukturen obsolet geworden sind, sollte sich die soziologische Analyse

300

eher auf „Ungleichheitsbewußtsein" konzentrieren. Damit meinen wir weder die Verortung von Individuen im sozialen Raum noch die Einstufung in eine bestimmte soziale Schicht, sondern das Bewußtsein, im Hinblick auf bestimmte Ziele (z.B. Chance, eine Wohnung zu bekommen; Aussicht, den Arbeitsplatz zu behalten; Möglichkeit, einen reichen Mann zu heiraten) ungleich zu sein bzw. ungleich behandelt zu werden. Dabei spielt es natürlich eine ausschlaggebende Rolle, ob die Ungleichheit als legitim oder als nicht-legitim angesehen wird. Als legitim empfundene Unterschiede (z.B. das Einkommen eines anderen, der dafür aber auch angestrengter arbeitet) werden hingenommen; als illegitim betrachtete Ungleichheiten werden vom Betroffenen als distributive Ungerechtigkeit interpretiert. Wenn wir recht sehen, sind die Strukturmuster sozialer Ungleichheit heute subtiler und differenzierter; entsprechend scheint jedoch auch das Bewußtsein für (als illegitim empfundene) Ungleichstellung gestiegen zu sein. Ein Beispiel dafür ist die immer häufiger reklamierte Einlösung der „Gleichberechtigung" der Frauen in verschiedenen Lebensbereichen. Wir werden hierauf noch zurückkommen, wenn wir „neue Ungleichheiten" unter etwas systematischerem Aspekt diskutieren.

*Ungleichheits-
bewußtsein*

## 5.2.4 Theorien sozialer Schichtung

Theorien der sozialen Schichtung befassen sich mit der Frage, warum es in jeder uns bekannten Gesellschaft so etwas wie Schichtung – oder allgemeiner: soziale Ungleichheit – gibt. Parsons (1968) suggeriert zunächst, daß die Beantwortung dieser Frage einfach sei; weil es **Werte** gibt und weil Individuen Objekte (auch soziale Objekte) nach Wertkriterien einstufen und in eine Rangordnung bringen: deshalb gebe es soziale Schichtung. Diese Argumentation weist Ähnlichkeiten mit einer früheren Feststellung Schmollers auf, daß differentielle Macht- oder Eigentumsverteilung auf die allgemeine psychologische Tatsache zurückzuführen sei, daß „gewertet" wird.

*Ursachen
sozialer
Ungleichheit*

Nun ist Parsons' Kürzel „Schichtung gibt es, weil gewertet wird" am Rande einer Tautologie, denn Schichtung wird ja auch so definiert, daß hier werthaltige Kriterien, nämlich die differentielle Verfügung über Belohnungen oder Privilegien unter den Schichtbegriff zusammengefaßt werden. Davis und Moore (1945) versuchen deshalb in ihrer **funktionalistischen Schichtungstheorie**, Parsons' Ansatz näher zu spezifizieren. Die Verfasser fordern in ihrem Theorieentwurf eine Erklärung der **universellen Notwendigkeiten**, die in jedem sozialen System Schichtung verursachen und fragen sodann, warum verschiedene Positionen mit **unterschiedlichem Prestigewert ausgestattet** sind und wie bestimmte Personen **in diese Positionen gelangen**. Diese Frage sei nicht gleichgültig, da die Pflichten einer Position verschieden angenehm für Individuen wären und weil auch die Fähigkeiten der Individuen für die entsprechenden Positionen ungleich verteilt seien. Es bedürfe daher eines Anreizsystems sowie eines **Modus' der Belohnungsverteilung**, der schließlich Bestandteil der sozialen Ordnung würde und damit Schichtung verursache.

*Funktiona-
listische Schich-
tungstheorie*

Die Ranghöhe einer Person oder einer Klasse von Personen wird damit bestimmt durch die **relative Bedeutsamkeit** (funktionale Bedeutung) der jeweiligen Position sowie die **relative Knappheit** jeweiliger Bewerber. Unterschiedliche Schichtungssysteme sind dann nach dieser Theorie auf unterschiedliche Determinanten für „Wichtigkeit" und „Knappheit" zurückzuführen. Die zentrale Hypothese der Theorie läßt sich demnach wie folgt explizieren: Der Rang einer sozialen Position ist um so höher,

- je geringer die Zahl der fähigen und motivierten Bewerber ist;
- je höher die funktionale Bedeutung der jeweiligen Position ist.

*Schichtung als Marktmechanismus*

Mit dem ersten Teil der Argumentation können wir uns sehr schnell einverstanden erklären. Soziale Schichtung wird hier gewissermaßen als **Marktmechanismus** eingeführt: Macht, Eigentum und Prestige gleichsam als Entgelt für die Bereitschaft und Fähigkeit, bestimmte anspruchsvolle Positionen angemessen auszufüllen. Natürlich ist das Marktmodell faktisch nicht immer erfüllt: Wie Buckley, Wrong u.a. hervorheben, ist die Selektion uneingeschränkt nur möglich, wenn Positionen dem Wettbewerb voll offenstehen. Diese Voraussetzung impliziert **Chancengleichheit**, während die Ungleichheit sozialer Chancen auch das **Ergebnis** sozialer Schichtung sein kann. Als Grundgedanke scheint uns jedoch das Marktmodell zumindest für „offene" Gesellschaften einen durchaus bedeutsamen Teil an Erklärung zu liefern.

*Funktionale Bedeutung sozialer Positionen*

Strittiger ist der zweite Teil der Hypothese, der von der **funktionalen Bedeutung** einer Position ausgeht. Die umfangreiche Kritik an dieser Schichtungstheorie setzt gerade an diesem Punkt an (vgl. etwa Tumin 1953). Es sei nicht ohne weiteres möglich, diese funktionale Bedeutung überhaupt zu messen. Mögliche Indikatoren wären etwa: Grad der Abhängigkeit anderer Personen von der Fokalposition, Folgen, die sich durch Ausfall oder Nichtbesetzung einer Position ergeben usw. Sicherlich ist einschbar, daß ein Chirurg hier höher rangiert als etwa ein Hilfsarbeiter. Aber in den mittleren Bereichen wird es außerordentlich schwierig, z.B. zu entscheiden, wer die größere funktionale Bedeutung hat: ein Künstler oder ein Tapezierer, ein Zirkusdirektor oder ein Biochemiker, ein Fluglotse oder ein Minister. Es fragt sich daher, ob das Merkmal der funktionalen Bedeutung im Rahmen des hier vorgeschlagenen Marktmodells überhaupt notwendig ist.

Deshalb tritt in der späteren Diskussion, etwa bei Simpson (1956), das implizit bei Davis/Moore angelegte Marktmodell stärker in den Vordergrund. Nach diesem Modell, das wir um die Machtdimension erweitern, wäre soziale Schichtung das Resultat aus **Angebotsmacht** und **Nachfragemacht**. Die Angebotsmacht ist ihrerseits das Resultat der Anzahl der Bewerber, der Fähigkeiten und ihrer Motivation, sowie der Mobilität (eingeschränkt durch differentielle Zugangschancen). Die Nachfragemacht ist ihrerseits das Resultat des Bedarfs, der Technologie, des Wachstums sowie der Tradition. Die Interaktion zwischen Angebotsmacht und Nachfragemacht ist ferner abhängig von der jeweiligen Organisationsstärke sowie von Restriktionen institutioneller Regelungen.

*Angebotsmacht und Nachfragemacht*

Auch hier zeigt sich nun, daß der Marktmechanismus allein nicht ausreicht, um soziale Ungleichheit zu erklären. Der fehlende „Faktor" ist allerdings keineswegs die funktionale Bedeutsamkeit. Spätestens dann nämlich, wenn die Machtüberlegenheit des Anbieters oder des Nachfragers – aus welchen Gründen auch immer diese bestehen mag – ins Spiel gelangt, wird das „freie Spiel" der Kräfte zugunsten einer Asymmetrie von Tauschbeziehungen verformt. Wir benötigen also alternativ oder zumindest zusätzlich eine **Machttheorie der sozialen Schichtung**, ohne dabei dem Machtkonzept die alleinige Erklärungslast aufzubürden. Solche Theoriefragmente sind in der Soziologie zahlreich zu finden, etwa bei Ossowski, Malewski, Dahrendorf, Eisenstadt, Blau, Hondrich oder Elias.

*Machttheorie sozialer Schichtung*

Machttheoretische Ansätze zur Erklärung der sozialen Schichtung finden sich bereits in frühen Überlagerungstheorien, etwa bei Gumplowicz oder bei Rüstow: Hier geht es um die Überlagerung bestimmter Populationen im Sinne der Unterdrückung durch erobernde, meist nomadische Gruppen. Ein solcher Ansatz erklärt fraglos die Entstehung der frühen Staatsbildungen und gibt erste Hinweise auf Herrschafts- und Unterordnungsverhältnisse im Sinne einer Klassenbildung von Privilegierten und Unterprivilegierten, er erklärt jedoch nicht, warum z.B. die erobernden Stämme das Prinzip der sozialen Differenzierung ihrerseits bereits mitbrachten, die nichts mehr mit Überlagerung zu tun haben. Andere machttheoretische Ansätze sind daher auch weit komplexer, z.B. Lenskis vielbeachteter Versuch (1966). Lenski führt zur Erklärung sozialer Schichtung – er spricht von **sozialen Verteilungssystemen** – eine Vielzahl von Konstanten (über die „Natur" des Menschen) und Variablen ein (sie reichen von Umweltbedingungen über den Grad externer Bedrohung bis hin zur Ratio und der Stellung des Militärs und den persönlichen Idiosynkrasien der politischen Führer). Das Modell scheint aber letztlich auf eine Art technologischen Determinismus hinauszulaufen (vgl. Wiehn 1970; Wiswede/Kutsch 1978), in dem das politische Subsystem zwar den Verteilungsmodus bestimmt, jenes jedoch durch das wirtschaftliche Subsystem beeinflußt, dieses nun wiederum durch den Stand der Technik determiniert wird (ausführlich zu dieser Theorie: Weede 1995).

*Überlagerungsprinzip*

*Soziale Verteilungssysteme*

Neben der „Überlagerungstradition" ist auch die **marxistische Tradition** nach wie vor lebendig (vgl. etwa: Wright 1985, der ein neomarxistisches Klassenmodell vorstellt, das auf dem Ausbeutungskonzept beruht). Die Marx'sche Theorie (die an anderer Stelle dieses Buches genauer dargestellt ist, vgl. Kap. 4 sowie Kap. 6 zur Herausbildung der einzelnen Klassen im historischen Prozeß) hat zumindest den großen Vorteil, Gesellschaftstheorie „aus einem Guß" zu sein: sie ist zugleich eine Theorie der gesellschaftlichen Entwicklung, der sozialen Macht, des sozialen Konflikts und der sozialen Ungleichheit. Auch wenn wir heute vieles an dieser Theorie kritisch sehen – z.B. ihren Ökonomismus, die Reduzierung der Machtdimension auf die Verfügung über Produktionsmittel, ihren Historizismus, die logisch widerlegbare Arbeitswertlehre usw. – und sie aus diesen Gründen möglicherweise ganz verwerfen, so bleibt dennoch das Kriterium unterschiedlicher Ressourcengewalt im Produktionsbereich eine wichtige, wenn vielleicht auch nicht mehr die zentrale Spannungslinie unserer Gesellschaft. Selbst wenn sie ein Faktor von Gewicht bleibt, so ist sie heute nicht mehr in der Lage, das multiple System von Ungleichheit in komplexen Gesellschaften zu begründen und auf ein simples antagonistisches Modell zu reduzieren.

*Marxistische Schichtungstheorie*

Neuerdings wird überhaupt bezweifelt, ob die herkömmliche Forschungstradition zur sozialen Schichtung in der Lage sei, soziale Ungleichheiten unter heutigen Bedingungen noch angemessen zu erklären. Trotz gelegentlich aufflackernder Diskussion um die funktionalistische Schichtungstheorie und trotz der verschiedentlichen Wiederbelebungsversuche marxistischer oder post-marxistischer Klassentheorien (vor allem in Polen und in Deutschland), werden solche Forschungstraditionen teilweise als steril empfunden. Dies hat sicherlich mit dem Umstand zu tun, daß der Schichtbegriff mittlerweile ebenso fragwürdig geworden ist wie der Klassenbegriff. Ungleichheit, die als vertikale Ungleichheit verstanden wird und homogene Lebensverhältnisse beschreiben soll, entstammt möglicherweise einem eher historischen Verständnis.

Neue Ungleichheiten haben in unserer Gesellschaft an Bedeutung gewonnen, die sich in das herkömmliche Muster der Klassen- und Schichtungsmodelle nur schwerlich fügen: Randgruppenprobleme, Geschlechterdisparität, Altersprobleme, Bildungsunterschiede und -ausrichtungen, Konfliktfähigkeit, Möglichkeiten der Organisierung, Art der Teilhabe am Produktionsprozeß usw. Kreckel (1983, 1992) spricht daher von **Schwachstellen der Ungleichheitsforschung**, und sein Vorschlag geht u.a. dahin, den Disparitäten mehr Aufmerksamkeit zu schenken, die die gegenwärtige Entwicklung des Arbeitsmarktes begleiten. Daher wird zu überlegen sein, ob nicht neuere Vorstellungen zur **„Arbeitsmarktsegmentierung"** – unterschiedliche Lagen und Chancen im Arbeitsbereich – an die Stelle älterer Schichtmodelle treten sollten.

## 5.2.5 Schichtungsstrukturen und Schichtungsmodelle

Das Denkmodell der meisten Schichtungstheoretiker dürfte die **Pyramide** sein: einige wenige an der Spitze; eine entsprechend breite Basis.

Konkrete Schichtungsstrukturen ließen sich nun danach differenzieren, inwieweit sie dem Idealtyp der Pyramide entsprechen. Schon bei angenommen antagonistischen Verhältnissen (Freier/Sklave; arbeitend/nichtarbeitend; besitzend/besitzlos usw.) reduziert sich die Pyramide in die blockartige Gegenüberstellung zweier Klassen.

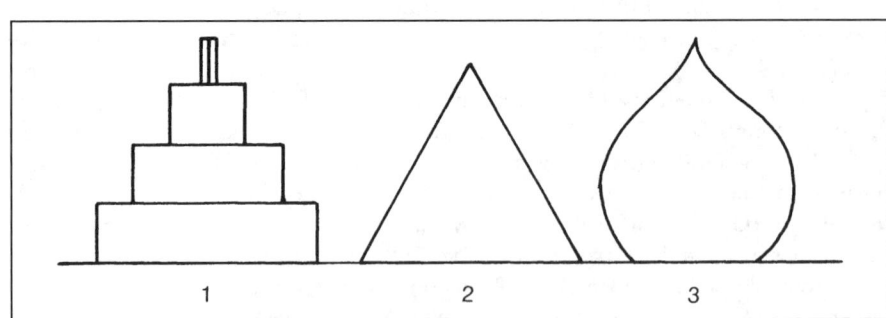

**Abb. 26:** Die Pyramidenvorstellung von Schichtung

Verfolgt man den jeweiligen Statusaufbau historisch (vgl. hierzu insbesondere Ossowski 1962, Bolte/Hradil 1988), so ergibt sich für die **ländliche Feudalgesellschaft** des Mittelalters folgender Statusaufbau:

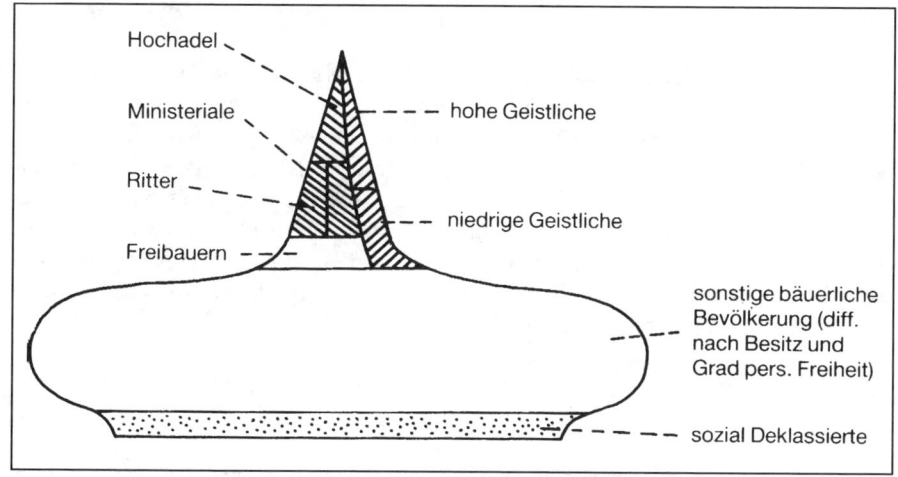

**Abb. 27:** Hauptgruppen im Statusaufbau der ländlichen Feudalgesellschaft
(nach Bolte/Hradil 1988, 84)

Bedeutsame Abweichungen davon gibt es in der **mittelalterlichen Stadtgesellschaft;** hier erfährt die „Pyramide" entscheidende Veränderungen (vgl. Abb. 28).

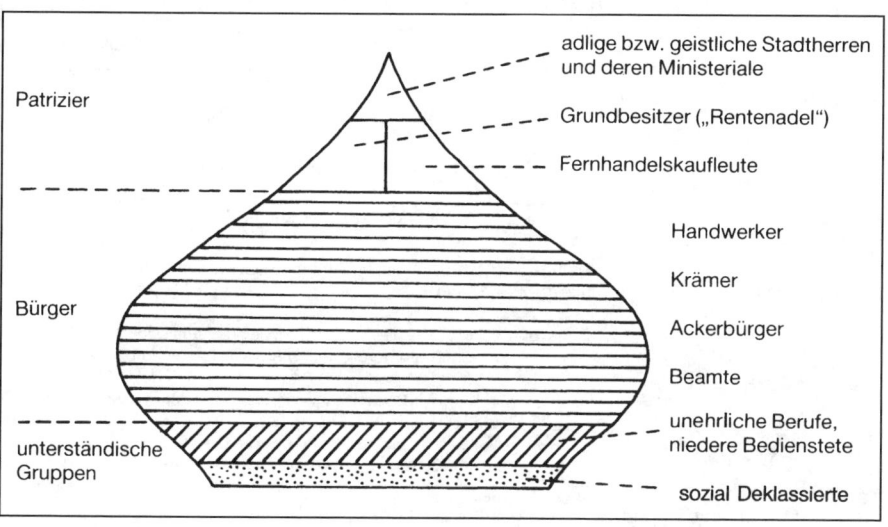

**Abb. 28:** Hauptgruppen im Statusaufbau der mittelalterlichen Stadt
(nach Bolte, Hradil 1988, S. 84)

Dieser „Mittelstandsbauch", der schon für die mittelalterliche Stadt erhebliche Differenzierung im intermediären Bereich erbrachte, wird in der Phase des **Frühkapitalismus** teilweise wieder eingeebnet und durch neue Strukturgesetzlichkeiten bestimmt. Freilich dürfte selbst zu dieser Epoche das Klassenspektrum kaum so undifferenziert gewesen sein, wie es Marx und seine Adepten herausgestellt haben.

Neuere Schichtmodelle kennzeichnen das Statusgefüge etwa der Gesellschaft der Bundesrepublik durch zahlreiche **Verwerfungen**; im wesentlichen kehrt jedoch die **„Zwiebelgestalt"** im Statusaufbau als Idealtypus zurück. Allerdings ist die Zuordnung (z.B. „untere Mitte") vergleichsweise abstrakter als die Zuordnung einer mittelalterlichen Ständegesellschaft (etwa: Krämer, Ackerbürger). Dies hängt mit gewissen Entschichtungsprozessen zusammen, die wir weiter oben unter dem Begriff der Schichtkristallisation bereits diskutierten. Dort fanden wir, daß in der gegenwärtigen Gesellschaft jene Randbedingungen kaum vorliegen, die zur Auskristallisation festumrissener, homogener Schichtlagen führen.

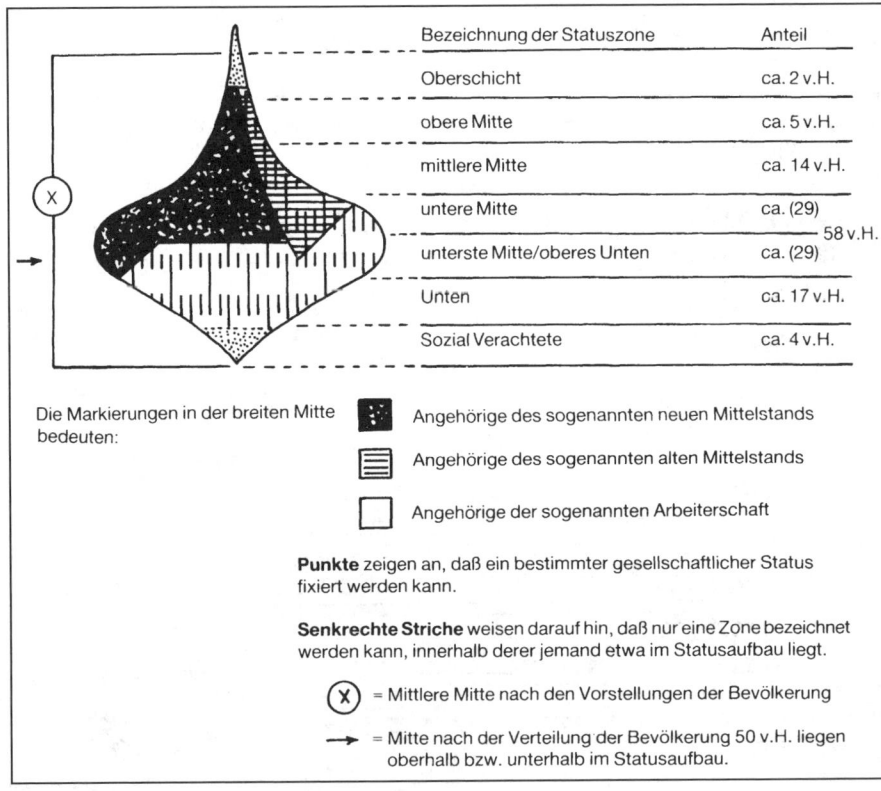

**Abb. 29:** Statusaufbau und Schichtung der Bevölkerung der Bundesrepublik
(nach Scheuch 1961, entnommen aus Bolte, Hradil 1988, S. 220)

Im Zusammenhang mit der hier unterstellten Schichtdekristallisation wird vielfach die sog. **Nivellierungsthese** vertreten, wobei Nivellierung als Teilaspekt einer generellen Entstrukturierung gesehen wird. Danach wird behauptet, daß unsere „Klassengesellschaft im Schmelztiegel" (Theodor Geiger) insbesondere in den mittleren Bereichen eine immense Ausuferung erfahren habe, die eine Differenzierung nach vertikalen Kriterien kaum mehr ermögliche. Dieser These wird widersprochen durch eine Reihe von Soziologen, die eine solche Nivellierung lediglich als Oberflächenphänomen ansehen, während die **Tiefenstruktur** unserer Gesellschaft nach wie vor von erheblichen Klassengegensätzen durchzogen sei.

*Nivellie-rungsthese*

Die Argumentation läßt sich also auf zwei **gegensätzliche Thesen** reduzieren:

**These 1:** Die Differenzierung in unserer Gesellschaft ist nicht mehr hauptsächlich durch die vertikale Dimension bestimmt. Eine weitgehende Statusdekristallisation hat zu einer Nivellierung der Klassengrenzen und -gegensätze geführt. Abstufungen der Macht, des Eigentums und des Prestiges liegen nur noch graduell vor.

*Pro ...*

---

- Geschrumpfte Einkommensdisparitäten (allerdings zeigt ein Blick auf den Gini-Koeffizienten, daß die Einkommensstruktur in der Bundesrepublik zumindest in den letzten zwei Jahrzehnten ziemlich konstant geblieben ist, sich neuerdings sogar spreizt).
- Verringerung der absoluten Vertikaldistanz (allerdings ist schwer nachzuweisen, inwieweit die Abstände von oben nach unten sich in der Tat verringert haben).
- Angleichung der Konsumchancen. Dies betreffe sowohl formale Zugangschancen als auch die allgemeine Teilhabe am Lebensstandard.
- Aufblähung und horizontale Differenzierung des Mittelbaues: horizontale Differenzierung als „neue Ungleichheit".
- Inkonsistenzen der Schichtdimensionen und daraus resultierende Statusinkonsistenz.
- Rechtliche, politische und soziale Gleichstellung.
- Ausbreitung allgemeiner Verhaltensmuster (z.B. Konsumnormen), insbesondere auch durch die nivellierende Kraft des Mediums Fernsehen.
- Dominanz sozialer Milieus (statt sozialer Schichten), die sich vor allem durch unterschiedliche Lebensstile unterscheiden.

**Übersicht 46:** Argumente für die Nivellierungsthese

---

**These 2:** Von einer Nivellierung von Klassengrenzen und -gegensätzen kann keine Rede sein, auch wenn diese durch Ideologie und Strategie eingeredet wird. Ganz im Gegenteil: Die Schere zwischen Arm und Reich öffne sich weiter. Lebenschancen und Lebensbelastungen differieren angesichts der „neuen Armut" nach wie vor: Insbesondere sei die Langzeitarbeitslosigkeit die Schleuse in Armut und soziale Ausgrenzung.

*und contra*

Die **Bilanz der bisherigen Indizien** für oder gegen die Nivellierungsthese scheint darauf hinzudeuten, daß die Nivellierungstendenz wohl stark überschätzt worden ist. Zu Recht besteht der Begriff lediglich als **historische Tendenz** gegenüber sehr krassen Zuständen der Vergangenheit. Für die Entwicklung der letzten Jahrzehnte ist das

*Bilanz der Nivellierungs-these*

- Gleichgebliebene, partiell sogar gestiegene Einkommensdisparitäten, also nach wie vor Bestehen signifikanter Einkommensunterschiede;
- Aufkommen sog. „neuer Ungleichheiten" im Zuge der Neustrukturierung der Gesellschaft (vgl. 5.2.6).
- Aufkommen der „neuen Armut": dauerhaft Arbeitslose, Rentner und Sozialhilfeempfänger mit Einkommen in der Nähe des Existenzminimums;
- Erhöhtes Ausmaß an Autonomie („Verfügung über sich selbst") der sozial höher Gestellten, insbesondere der oberen Schichten. Es sei fraglich, ob eine zunehmende Differenzierung in der Horizontalen mit einer Nivellierung gleichgesetzt werden kann;
- Es gebe trotz gewisser Angleichungstendenzen nach wie vor Beharrungstrends im Hinblick auf subkulturell ausgeformte Lebensstile;
- Trotz ähnlicher Besitzniveaus (z.B. Ausstattung der Haushalte mit Technisierungsgütern) verzeichne die Konsumforschung unterschiedliches Verwendungsverhalten;
- Die Sozialisationsforschung ermittle nach wie vor ein schichtspezifisch unterschiedliches Sprach- und Sozialisationsverhalten (Sozialisationsstile);
- Im Freizeitbereich gebe es eher Angleichungstendenzen; im Hinblick auf die Stellung im Arbeitsprozeß jedoch blieben Ungleichheiten nach wie vor bestehen.

**Übersicht 47:** Argumente gegen die Nivellierungsthese

Bild zum Teil widersprüchlich. Besonders bedeutsam erscheint uns hier das Argument der **horizontalen Differenzierung**, die noch keine Nivellierung bedeuten muß (vgl. zum Konzept des Lebensstils 5.2.7). Außerdem suggeriert der Begriff der Nivellierung allzuleicht einen **Zustand**, der allenfalls tendenziell – und auch dies nicht einmal sehr eindeutig – realistisch sein dürfte. Aus der historischen Dimension herausgenommen und als Zustandsbild proklamiert, erscheint die Nivellierungsthese daher nicht aussagekräftig, sondern eher irreführend.

Die Tatsache, daß soziale Ungleichheit heute nicht mehr allein nach vertikalen Kriterien erfaßbar erscheint, gibt Anlaß, bisherige Schichtungsmodelle (vgl. Abb. 26), die sämtlich Variationen einer Pyramide sind, zu überdenken. Nach Vorstellungen von E. Shils (1975) sollte Ungleichheit in der heutigen Industriegesellschaft nicht mehr nach den „klassischen" Kategorien vertikaler Rangordnung („oben", „unten"), *Zentralität und Peripherie* sondern besser nach Dimensionen der **Zentralität und Peripherie** beschrieben werden. Kreckel (1983), der die Ungleichheit in unserer heutigen Gesellschaft primär durch die besondere Stellung des Einzelnen im Arbeitsmarkt bestimmt sieht, wendet dieses Prinzip von Zentralität und Peripherie in einem Konzept konzentrischer Kreise an. Nach dieser Vorstellung wird zwischen Kernbereichen und Randbereichen des Arbeitssektors unterschieden; darin werden die wesentlichsten Aspekte sozialer Ungleichheit gesehen.

*Arbeitsmarkt-segmentierung* Der Kernbereich ist damit definiert als Bereich hoher Qualifikation und relativ hohen, stabilen Status'; in den Außenbereichen wird der Status niedriger und vor allem labiler. Es ist dies vor allem der „sekundäre Arbeitsmarkt" mit hoher Fluktuation, geringer Qualifikation, eingeschränkten Arbeitschancen, geringer Sicherheit und geringem Organisationsgrad. Diese und ähnliche Überlegungen haben Eingang gefunden in neuere Konzepte der Arbeitsmarktsegmentierung (vgl. im dritten Kapitel).

308

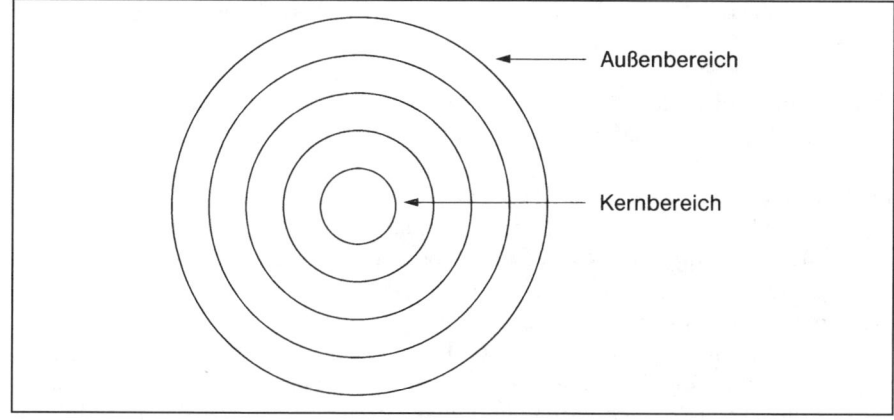

**Abb. 30:** Ungleichheit als System konzentrischer Kreise

Gegen das Zentrum-Peripherie-Modell wird geltend gemacht (Hradil 1985, Strasser 1987), daß der Differenzierung der Peripherie keine solche des Zentrums entspreche. Dies suggeriere die uneingeschränkte Dominanz nur **eines** Kräftezentrums. Ganz allgemein wird an der Hochstilisierung von Modellen der Arbeitsmarktsegmentierung – stellvertretend für Schichtungsmodelle – die Übergeneralisierung kurzfristiger Tendenzen der Arbeitsmarktgestaltung kritisiert (Giddens 1987). Denn auch diese sei nur **eine** Ungleichheitslinie unter anderen. Bestimmte Formen sozialer Ungleichheit seien keineswegs primär durch die Arbeitssituation und Arbeitsposition geprägt. Sichtbar werde dies durch den Umstand, daß auch die Lage der Nicht-Arbeitenden (vom Luxusrentner bis zum Sozialhilfeempfänger) große Spannbreiten der Ungleichheit aufweise.

*Kritik an Modellen der Arbeitsmarktsegmentierung*

Überhaupt scheinen Statuszuweisungen den Abschied vom klassischen Schichtungsmodell nahezulegen. Beck, Hradil und andere haben in diesem Zusammenhang darauf hingewiesen, daß es hier zu einer Wiederbelebung **askriptiver Merkmale** der Statuszuweisung komme. Diese seien weder explizit vorgegeben und formell legitimiert, noch in irgendeiner Weise institutionalisiert. Solche extraqualifikatorischen Merkmale sind z.B.: Vorurteile, Auftreten, persönliche Bekanntheit, Beziehungen usw. Gerade die bei der Analyse sozialer Netzwerke offenbar gewordene starke Wirkung sogenannter schwacher Verbindungen (etwa bei der Erlangung von Positionsgütern, insbesondere Arbeitspositionen; vgl. Granovetter 1974) führe zu einer „neoständischen Askriptivität" (U. Beck) und damit zu einem „Rückfall" in vorindustrielle Statuszuweisungen.

*Abschied vom Schichtungsmodell?*

## 5.2.6 Die „neuen Ungleichheiten"

In den vergangenen Abschnitten ist deutlich geworden, daß „alte" Ungleichheiten abgelöst oder überlagert werden von **neuen Disparitäten** in den verschiedensten Lebensbereichen. Dies bedeutet z.B. eine Verabschiedung herkömmlicher Schichtungsmodelle und -theorien, die insbesondere auf eine All-Ursache sozialer Ungleichheit reflektieren.

Wir folgen bei der Erörterung neuer Ungleichheiten zunächst einer Systematik, die Hradil (1987) gegeben hat. Dort werden unterschieden:

*Neue Disparitäten*

**(1)** Neue **Dimensionen** sozialer Ungleichheit: Während die „alten" Dimensionen der Ungleichheit (Geld, Bildung, Prestige, Macht), die im wesentlichen auf Aspekte der Erwerbstätigkeit und des Berufslebens konzentriert waren, zweifellos ihre Bedeutung behalten, treten neue Disparitäten hinzu: ungleiche Wohnbedingungen, ungleiche Behandlung von Männern und Frauen, Deutschen und Gastarbeitern, ungleiche Organisierbarkeit von Interessen etc.

*Zugang zu „neuen Werten"*

**(2)** Neue **Ursachenfelder** für soziale Ungleichheit: Neben ökonomischen Ursachen (z.B. Besitz an Produktionsmitteln) treten Aspekte, die aus sozialen Interaktionen resultieren: z.B. Verfügung über Beziehungsnetze, Zugangschancen zu öffentlichen Gütern, zu Positionsgütern, Zugang zu Gütern, in denen „neue Werte" realisiert werden können. Auch werden Ressourcen wichtig (z.B. die Verfügung über Zeit), die bisher in der Ungleichheitsforschung keine Rolle spielten.

*Wiederbelebung askriptiver Merkmale*

**(3)** Neue **Statuszuweisungsmechanismen:** Wie im vorigen Abschnitt bereits betont, kommt es zu einer Wiederbelebung leistungsfremder Zuweisungskriterien, die mit industriegesellschaftlichen Vorstellungen unvereinbar sind und den Behauptungen der Modernisierungstheorien zuwiderlaufen. Es geht um eine Revitalisierung askriptiver Merkmale wie: Geschlecht, Alter, Geburtszeitpunkt, Wohnort, Familienstand, Nationalität usw., die als Aspekte der Ungleichheit bislang eher unter horizontalen Gesichtspunkten gesehen wurden. Hinzu kommen Stigmatisierungsprozesse aufgrund weitgehend beliebiger Merkmale (z.B. Dialekt zu sprechen, Ostdeutscher zu sein, „türkisch" auszusehen).

*Inkonsistenzen der Ungleichheit*

**(4)** Neues **Gefüge sozialer Ungleichheit:** Die Diskussion um das Thema Statusinkonsistenz zeigte bereits deutlich, daß in komplexen Gesellschaften der Lebenszusammenhang von Individuen kaum durchgängig in positive/negative Positionen einteilbar ist. Auch gibt es diskriminative Merkmale, die nicht einwandfrei nach vertikalen Dimensionen verortbar sind. Zwar kommen Anhäufungen von Benachteiligungen (strukturelle Defizite, die einander überlagern), vor, insbesondere bei Randgruppen (Obdachlose, unqualifizierte Gastarbeiter, Sozialhilfeempfänger); der Normfall ist jedoch durch Statusinkonsistenz und durch wachsende Pluralisierung der Lebensstile gekennzeichnet. Die deterministischen Vorstellungen von Sozialstruktur und Lebensstil stoßen daher auf immer größere Schwierigkeiten: Wir verzeichnen eine wachsende Loslösung der Lebensweise von äußeren Lebenslagen.

*„Neue Unübersichtlichkeit"*

Bedeutet dies nun eine „Entstrukturierung" (Berger) der Gesellschaft? Wir vermuten eher, daß es sich um Prozesse der **Neustrukturierung** auf komplexerer Ebene handelt, die für den Betrachter zunächst ein etwas verworrenes Bild vermittelt, das man gelegentlich auch als „neue Unübersichtlichkeit" (Habermas) charakterisiert hat. Hradil (1987) versucht, auf der theoretischen Ebene diese Unübersichtlichkeit auf einen handlungstheoretischen Nenner zu bringen. Soziale Ungleichheiten bestünden in

310

unterschiedlichen Chancen, die es bestimmten Gesellschaftsmitgliedern besser als anderen erlauben, ihre eigenen Lebensziele zu erreichen. Die Kombination besserer und schlechterer Handlungsbedingungen sei dabei nicht unbegrenzt, sondern kristallisiere in bestimmten sozialen Lagen oder sozialen Milieus aus. Damit stehen wir wieder vor dem Problem der **Schichtkristallisation:** Im Ausmaß der Inkonsistenz, Pluralisierung und Individualisierung von Lebensumständen muß der Grad an Homogenität sozialer Schichten erst empirisch ermittelt werden. Außerdem ist zu thematisieren, daß die Handlungsressourcen sowie die Handlungsziele selbst dem sozialen Wandel unterliegen, so daß „Begünstigte" und Privilegierte bei verlagerten Präferenzen (z.B. im Rahmen des Wertewandels) sehr schnell zu den Deprivierten werden können. Außerdem ist die Formulierung von Lebenszielen selbst von sozialen Lagebedingungen imprägniert.

*Lebensziele und Lagebedingungen*

In das Thema „neue Ungleichheiten" ist durch gegenwärtig stattfindende politische Entwicklungen Bewegung geraten. Wichtige Strukturveränderungen werden dabei durch die **Globalisierung** eingeleitet, die durch eine Verschärfung des weltweiten Wettbewerbs um Arbeitsplätze zumindest die ungelernten und angelernten Arbeitskräfte in den wohlhabenden Ländern gefährden dürfte (Wood 1994; Weede 1997). Vor allem werden die westlichen Länder gezwungen sein, entweder – nach angelsächsischem Vorbild – eine größere **Lohnspreizung** in Kauf zu nehmen oder aber eine erhöhte **Arbeitslosigkeit** hinzunehmen.

*Globalisierung und Arbeitsplätze*

## 5.2.7 Schichtung und Lebensstil

Im Zusammenhang mit der Differenzierungs- und Ungleichheitsforschung wird neuerdings das **Lebensstil-Konzept** revitalisiert (vgl. für einen Überblick H. P. Müller 1989, 1992). Dieses Konzept spielt bereits bei einigen Klassikern eine zentrale Rolle:

*Lebensstil-Konzept*

- so bei Max Weber mit seinem Begriff der „Lebensführung", der vor allem die Funktion hat, vormoderne, religiös imprägnierte Verhaltensformen von „modernen" Lebensweisen abzuheben;
- so etwa bei Georg Simmel als „Formgleichheit innerer und äußerer Erscheinungen", die aus dem Streben des Menschen nach Identität erwachse;
- etwa bei Thorstein Veblen, der bestimmte Lebensstile (z.B. demonstrative Muße oder demonstrativen Konsum) als Formen expressiven Verhaltens ansieht, die sozialen Erfolg in sichtbarer Weise symbolisieren sollen;
- oder etwa bei Maurice Halbwachs, der mit seinem Begriff des „genre de vie" neue Arbeitsfelder konsumsoziologischer Forschung erschloß.

Auch in der neueren Entwicklung werden Lebensstile häufig als Konsummuster aufgefaßt. So sprechen z.B. Lipset und Zetterberg (1956) von **Konsumschichten**, die sich im Stil und in der Lebensweise voneinander unterscheiden, ohne auf ökonomische Größen (z.B. Einkommen) direkt rückführbar zu sein. In ähnlicher Weise erfaßt Sobel (1981) Lebensstile über Konsum, wobei bestimmte idealtypische Lebensstile

*Konsumschichten*

(visible success, maintenance, high-life, home-life) an Konsumpräferenzen festgemacht werden. Featherstone (1987) betrachtet Lebensstile als Aspekt der Konsumkultur und betont auf der Basis der Individualisierungstendenz die **Pluralisierung von Lebensstilen**, die homogene Konsumschichten immer unwahrscheinlicher werden lasse.

*Messung von Lebensstilen*

Auf dem Wege zu effizienterer Marktsegmentierung ist eine Anzahl weiterer Typologien entstanden (vgl. etwa Wells/Tigert 1971), in denen das Konzept des Lebensstils als intervenierende Variable zwischen „harten" ökonomischen Bedingungen und tatsächlichem Konsumverhalten aufgefaßt wird. Lebensstile werden hierbei über Aktivitäten, Interessen und Meinungen (AIO-approach) gemessen. Ein anderer Meßvorschlag stammt von Mitchell (1983), der vor allem auf den Wertewandel abhebt. Seine Typologie (VALS = values and life-styles) basiert auf einer eklektischen Kombination der Bedürfnishierarchie von Maslow und der Persönlichkeitstypologie von Riesman (inner-directed vs. other-directed). Am Wertewandel-Konzept orientiert ist

*„soziale Milieus"*

auch der Ansatz des SINUS-Instituts, wobei Lebensstile als **„soziale Milieus"** begriffen werden. Diese Milieus werden über Wertorientierungen, Alltagsbewußtsein und sozialen Status erfaßt. Ähnlich verfährt Schulze (1993), der die Erlebnisgesellschaft (vgl. B 1.2.4) nach unterschiedlichen sozialen Milieus zu differenzieren sucht. Freilich wird hier der Begriff des sozialen Milieus nicht im Sinne homogener Lebensgemeinschaften (z.B. Arbeitermilieu) – also im Sinne demographischer Identität – verstanden, sondern eher als abstraktes Konstrukt einer Cluster-Analyse.

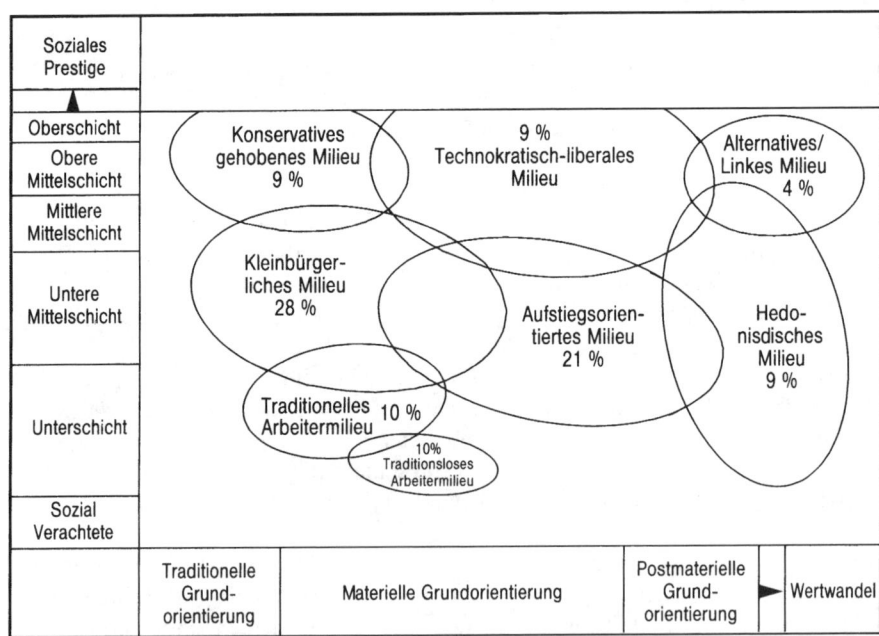

**Abb. 31:** Soziale Milieus in der Bundesrepublik: Soziale Stellung und Grundorientierung (Quelle: **Sinus** Institut Heidelberg)

312

Für die Betrachtung sozialer Ungleichheit sind die bisher skizzierten Ansätze sicherlich insofern fruchtbar, als sie den Blick für verschiedene Stil-Optionen eröffnen – auch bei gleichen oder ähnlichen „Soziallagen". Gegenüber dem klassischen Schichtungsmodell öffnen sich diese Versuche auch dem Konzept der unterschiedlichen „Lebenswelten"; zusätzlich sind sie sensibler für Wert- und Einstellungswandel (vgl. Müller 1992). Allerdings werden traditionelle Disparitäten der Soziallage durch Pluralisierungs- und Individualisierungsprozesse nicht abgelöst, sondern lediglich überlagert, allenfalls abgeschwächt. Fragen der Selbstinszenierung im Rahmen des Lebensstil-Konzepts bieten daher lediglich eine **ergänzende Perspektive** zum Konzept sozialer Ungleichheit, nicht dagegen dessen Verabschiedung. Insofern bleibt der Zusammenhang zwischen sozial-strukturellen Ausgangsbedingungen und der Ausbildung bestimmter Lebensstile weiterhin ungeklärt.

*Stil-Optionen*

Einen theoretisch anspruchsvollen, wenn auch etwas eigenwilligen Versuch der Verknüpfung zwischen objektiver Lage und subjektiv oder subkulturspezifisch ausgeformten Lebensstilen unternimmt Bourdieu (1982) mit seinem klassentheoretischen Ansatz. Die Akteure einer Gesellschaft werden in zwei aufeinanderbezogenen „Räumen" verortet: dem „Raum der sozialen Positionen" und dem „Raum der Lebensstile". Die Kombination beider Räume wird als **„sozialer Raum"** bezeichnet.

*Lebensstil und Lebenslage*

*Bourdieus „sozialer Raum"*

Der **Raum sozialer Positionen** beruht auf der differentiellen Verfügung über **ökonomisches Kapital** (Einkommen, Vermögen), **soziales Kapital** (z.B. soziale Beziehungen) und **kulturelles Kapital** (z.B. Bildung, Geschmack). Dabei kommt es zur Differenzierung sozialer Klassen nach drei Dimensionen: dem Kapitalvolumen (z.B. Einkommenshöhe, Bildungsgrad), der Kapitalstruktur (die jeweiligen Ausprägungen der Kapitalien) und der Entwicklung beider Größen im Zeitablauf (z.B. im Rahmen einer Karriere). Der **Raum der Lebensstile** ist dagegen durch spezifische Praktiken gekennzeichnet, die über die Art der Güterverwendung eine bestimmte Geschmackskultur signalisieren und symbolisieren. Hier berührt sich die Konzeption Bourdieus mit bestimmten konsumsoziologischen Annahmen (vgl. Wiswede 1972; Hörning 1970; Scheuch 1975) wonach die Art der Güterverwendung (z.B. „Kennerschaft") in Wohlstandsgesellschaften in stärkerem Grade soziale Differenzierung reflektiere als Unterschiede in den Besitztatbeständen (vgl. 3. Kap. B 3.1.2).

*Kapitalformen*

*Raum der Lebensstile*

Der Zusammenhang zwischen Klassenstruktur („Raum sozialer Positionen") und Geschmackskultur („Raum der Lebensstile") ist nicht direkt bzw. „deterministisch", sondern wird über den **„Habitus"** vermittelt. Habitus steht hier für ein hypothetisches Konstrukt, das zwischen objektiver Situation und Lebensstil gewissermaßen als intervenierende Variable fungiert. Der Habitus repräsentiert also ein kognitives Konstrukt; in der Psychologie würde man von einem „kognitiven Schema" im Sinne eines Wahrnehmungs-, Denk- und Interpretationsschemas sprechen.

*„Habitus"*

Das kognitive Schema wird letztlich durch die Randbedingungen der Klassenstruktur konstituiert; es bringt jedoch Handlungsformen hervor, die einen spezifischen Lebensstil (Geschmackskultur) begründen und die – gleichsam rückkoppelnd – die Klassenstruktur reproduzieren. Diese Reproduktion gelingt im Ausmaß der **„Di-**

**stinktion"**, d.h. der Möglichkeit der Aneignung, Abgrenzung und Identitätsbildung. Von hier aus wären interessante Verbindungslinien zur Theorie sozialer Identität zu ziehen (vgl. Kap. A 2), die sich gleichfalls mit „Strategien der Distinktheit" befaßt; ferner zum Konzept der (nicht beliebig vermehrbaren) Positionsgüter (vgl. S. 417), das ja gleichfalls Distinktionsmechanismen und -verluste hervorhebt. Geschmackskultur kann in diesem Sinne als **Positionsgut** angesehen werden. Die „herrschenden Klassen versuchen die Distinktionsdistanz aufrechtzuerhalten: durch Extravaganzen in Bildung, Kultur und Mode – Lüdtke (1989) spricht von „expressiver Ungleichheit" – oder durch Schließung von Zugangschancen (z.B. Eliteschulen, Clubs etc.).

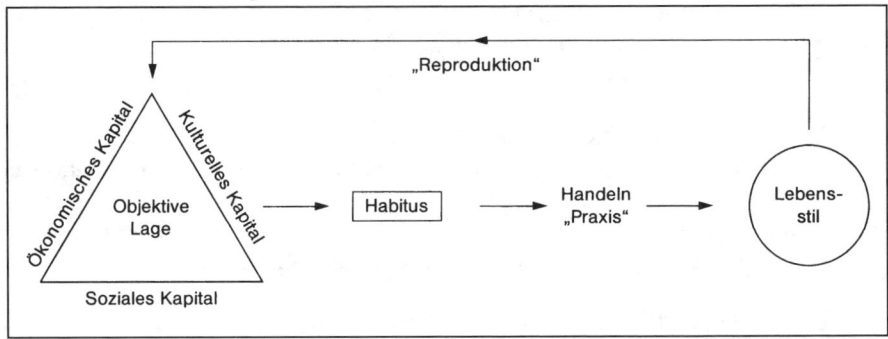

**Abb. 32:** Explikation einiger Zusammenhänge von Bourdieus Theorie

Allerdings bestehen im Hinblick auf die empirische Umsetzung des Lebensstil-Konzepts noch erhebliche Probleme. Die üblichen Lebensstil-Segmentierungen sind zwar vielfach empirisch „griffig", also etwa für spezifische Zwecke der Marktsegmentierung geeignet, verfahren jedoch weitgehend eklektisch und theorielos. Die etwas sperrige Theorie Bourdieus arbeitet dagegen vorwiegend mit exemplarischem Anschauungsmaterial und hat daher im empirischen Bereich Defizite. Allerdings macht dieser Ansatz deutlich, daß die isolierte Erforschung von Lebensstilen kein ersatzloses Kompensat der Analyse sozialer Ungleichheit sein kann, das – wie es Bourdieu vorschwebt – auf die Realitäten strukturbedingter Lebenslagen rückbezogen sein muß. Andererseits – so sah es vor nahezu einem Jahrhundert bereits Simmel – wird die determinierende Kraft objektiver Lebenslagen angesichts der Pluralisierung von Lebensstilen immer geringer. Bourdieus Konzept scheint geeignet, zwischen den Extrempositionen – **Fortbestand der Klassengesellschaft** einerseits und **Auflösung sozialer Strukturierung** im Gewande individualistischer Optionen andererseits – zu vermitteln, auch wenn diese Vermittlungsposition auf der Folie sozialen Wandels empirisch erst verortet werden muß.

## 5.2.8 Schichtung und Mobilität

Mobilität stellt gewissermaßen den **dynamischen Aspekt** sozialer Schichtung dar. Die klassische Mobilitätsforschung ist recht eng der vertikalen Schichtungsvorstellung – man denke an „Aufstieg" und „Abstieg" – mit überschaubaren Schichtungsdimensionen verpflichtet. In dem Maße, in dem solche Strukturmuster undeutlicher und/oder komplexer werden, wird auch die Mobilitätsproblematik vielschichtiger; insbesondere scheint sie mit **Individualisierungstendenzen** verknüpft, die soziale Mobilität vorwiegend an Einzelschicksale und individuelle Laufbahnmuster binden.

*Mobilität und Individualisierung*

Befassen wir uns jedoch zunächst mit einigen Grundbegriffen und beginnen mit einer kurzen Systematik der Bewegungen: **Regionale Mobilität** oder Wanderungen („Migration") sind zunächst nicht im Zusammenhang mit der Schichtungsproblematik zu sehen. **Horizontale Mobilität** bezeichnet eine Form sozialer Mobilität, indem hierbei die Position innerhalb der Sozialstruktur (gewissermaßen seitlich) gewechselt wird. Das Augenmerk der Mobilitätsforschung richtet sich jedoch primär auf die **vertikale Mobilität**, die als Aufstiegs- oder als Abstiegsmobilität in Erscheinung tritt. Nach der Reichweite ist zwischen **individueller Mobilität** – auf das persönliche Schicksal bezogen – und **kollektiver Mobilität** – z.B. Aufstieg einer ganzen „Berufsgruppe" – zu unterscheiden. Zu letzterer kommt es vor allem durch technologische Veränderungen im Hinblick auf „funktionale Beiträge" oder auch dann, wenn kollektiv bestimmte Anforderungsbarrieren entstehen oder fallen. Schließlich wird häufig zwischen **intergenerativer Mobilität** (innerhalb der Generationenfolge) und **intragenerativer Mobilität** (innerhalb einer Generation) unterschieden. Die Intergenerationsmobilität ist Ansatzpunkt für Messungen der Mobilitätsrate, vor allem im Rahmen sozialer Entwicklungsprozesse und im internationalen Vergleich.

*Systematik der Bewegungen*

*Mobilität im internationalen Vergleich*

Die **Ursachen sozialer Mobilität** sind vielfältig. Allgemein läßt sich zunächst aussagen, daß Mobilität lediglich in „offenen" Gesellschaften mit geringer Schichtkristallisation stattfinden kann. Ferner dürfte von Bedeutung sein, inwieweit Mobilitätschancen und Mobilitätskanäle institutionalisiert sind. Eine Theorie sozialer Mobilität, die die wichtigsten Ursachen sozialen Aufstiegs und Abstiegs systematisch zusammenfaßt, hatten wir im Anschluß an Lipset und Zetterberg (1956) bereits formuliert (vgl. C 2 des 1. Kap.), als es uns um die exemplarische Vorstellung einiger Theorien mittlerer Reichweite ging. Die wichtigste Linie dieses Theorievorschlags ist die Vorstellung, daß die Mobilitätsrate in einer Gesellschaft das Ergebnis zweier Faktorenbündel ist, von denen das eine mit der **Beschaffenheit der sozialen Struktur** (z.B. Verschiebungen der Wirtschafts- und Berufsstruktur, Veränderungen des Bildungssystems usw.) zu tun hat, das andere mit **Aspekten des Sozialverhaltens** (z.B. Aufstiegsmotivation, Leistungsbereitschaft, Fähigkeiten).

*Mobilitätstheorie*

Ungeachtet der strafferen und generalisierten Formulierung der Mobilitätstheorie können wir zahlreiche Variablen identifizieren, die soziale Mobilität begünstigen. Als **Faktoren der Sozialstruktur** kommen in Betracht:

*Mobilität als abhängige Variable: Ursachen sozialer Mobilität*

- der Grad der Schichtkristallisation;
- der Anteil erwerbbarer Statuspositionen;
- Verschiebungen innerhalb der Wirtschafts- und Berufsstruktur;
- offene Mobilitätskanäle, fehlende Barrieren;
- ein leistungsorientiertes und marktgerechtes Bildungssystem.

Als **Faktoren des Sozialverhaltens** kommen in Betracht:

- Bereitschaft und Fähigkeit, bestimmte Bildungswege zu beschreiten;
- hohe Leistungs- und Aufstiegsmotivation;
- die (Effizienz)Erwartung, daß ein Aufstieg überhaupt möglich ist;
- die (Konsequenz)Erwartung, daß Leistung durch Aufstieg belohnt wird;
- die Überlegung, daß die Erträge des Aufstiegs die Kosten des Aufstiegs (z.B. Streß) übersteigen.

*Horizontale Mobilität*

Bisher haben wir uns bei unseren Überlegungen wesentlich durch den Gedanken leiten lassen, als sei in unserer Gesellschaft die Frage der vertikalen Mobilität vorrangig. Entsprechend unseren Vorstellungen über Entschichtung und Schicht-Dekristallisation dürfte hingegen die Bedeutung vertikaler Prozesse in unserer Gesellschaft abnehmen, **horizontale Mobilität** dagegen häufiger auftreten. Positionsänderungen sind dann von der Rangordnung her nicht mehr eindeutig bestimmbar, analog zum Prinzip der Statusinkonsistenz häufig multivalent. Wenn schon die „objektive" Einschätzung solcher Bewegungen im sozialen Raum schwierig ist, so bleibt für die subjektive Empfindung des Aufstiegs (oder Abstiegs) genügend Spielraum der Ausdeutung. So ist z.B. bei einem Wechsel der Firma oder bei Versetzungen nicht immer klar, ob dieser als Aufstieg oder als Abstieg interpretiert werden kann. Das Individuum wird – schon aus Gründen kognitiven Selbstschutzes – wohl eher zur erstgenannten Attribution neigen.

*Mobilitäts-Inkonsistenz*

Neben der Schwierigkeit der subjektiven Ausdeutung führt das Vorhandensein multipler Ungleichheitsdimensionen im Zusammenhang mit „neuen Ungleichheiten" gelegentlich dazu, daß Personen sich auf der Rangskala **einer** Dimension nach oben bewegen (z.B. Karriere machen), während sie auf einer anderen Ungleichheitsdimension Einbußen erleben (z.B. geringere Zeitressourcen, Gefährdung der Gesundheit). Solche gegenläufigen Bewegungen scheinen für komplexe Gesellschaftskonstellationen nicht untypisch; sie entsprechen bestimmten Optionen, die das Erreichen von Zielvorstellungen um den Preis anderer, alternativer Ziele einschließen. Wachsende Inkonsistenzen im Statusgefüge können die Folge sein.

Von einer Theorie sozialer Mobilität sollte man – über die bereits diskutierten Hypothesen hinaus – auch einige Auskünfte über die **Folgen bzw. Auswirkungen unterschiedlicher Mobilitätsraten** erwarten. Auch hier läßt sich zunächst grob zwischen Auswirkungen auf die Sozialstruktur einerseits und Konsequenzen für die jeweils betroffenen Individuen andererseits unterscheiden. Im Hinblick auf die **Sozialstruktur** dürfte gelten (wobei die meisten der aufgezeigten Beziehungen auch umkehrbar sind):

Je höher die soziale Mobilität in einer Gesellschaft ist,

*Mobilität als unabhängige Variable:*

- desto geringer die Schichtkristallisation (et vice versa);
- desto offener die Schichtungsstruktur (e.v.v.);
- desto diffuser die Schichtungsstruktur;

316

- desto geringer die Chance, daß sich soziale Unterschiede institutionalisieren lassen;
- desto schnellere Modernisierung der Lebensstile (i.S. der Entkrustung traditioneller Strukturen);
- desto höher der Grad und die Rate des Wirtschaftswachstums;
- desto höher die Wahrscheinlichkeit, daß soziale Positionen leistungsgerecht besetzt werden;
- desto höher die Effizienz der Arbeitsteilung.

*Folgen sozialer Mobilität*

An diesen und ähnlichen Hypothesen ist – neben der Tatsache der Umkehrbarkeit – zu kritisieren, daß sie häufig kaum überprüfbar sind, da sich der Einfluß der Mobilität nicht isolieren läßt. Auch wäre es interessant zu wissen, welche Arten der Mobilität zu welchen sozialen Veränderungen führen (häufig wird nämlich lediglich die Berufsmobilität betrachtet).

Als Auswirkungen hoher Mobilität auf das **Sozialverhalten** werden häufig genannt:

- eine Erhöhung von Statusinkonsistenz, die motivational wirkt,
- die Senkung der Kohäsion von Sozialbeziehungen (durch häufig wechselnde Bezugsgruppen),
- die Stimulierung der Leistungs- und Geltungsmotivation;
- die Begünstigung von Streß und seelischen Belastungen;
- die Eröffnung der Chance eigenverantwortlichen Erfolgs oder Mißerfolgs.

Bedeutsam ist, daß in einer Gesellschaft mit hohen Mobilitätschancen die Rate derjenigen, die dem Gefühl **relativer Benachteiligung** ausgesetzt sind, hoch ist. Man bedenke, daß bei der Annahme einer Null-Summen-Situation jeder Aufstieg den Abstieg eines anderen bedeutet. Ist die Bedingung des Null-Summen-Spiels nicht gegeben, dann ist ein Aufstieg aller, etwa im Zuge gesteigerter Bildungschancen, kein relativer Vorsprung mehr (vgl. Hirsch 1980). Nach Mizruchi (1964) deuten Amerikaner den Aufstiegs-Mißerfolg gewöhnlich als individuelles Versagen, während der Europäer öfter dazu neigen dürfte, das „System" dafür verantwortlich zu machen (Vielleicht liegt in dieser Attribution eine wesentliche Ursache für die oftmals rätselhafte Stabilität der amerikanischen Gesellschaft).

Im ganzen neigt der westliche Beobachter dazu, die Folgen sozialer Mobilität für günstig zu halten. Viele Auswirkungen dürften jedoch ambivalent sein oder auch nach Erreichen eines Schwellenwertes der Mobilität ins Negative umschlagen. Schon Marshall und Sorokin haben daher bei der Beurteilung der Mobilitätsfolgen als allgemeines Denkmodell eine Art kurvilineare Beziehung unterstellt, wobei die jeweilige Art der Mobilität jedoch differenziert und die Folgen (z.B. für das Individuum oder für das Sozialsystem) im einzelnen problematisiert werden müßten. Als negative Auswirkungen **zu niedriger Mobilität** lassen sich z.B. ausmachen: auf der Verhaltensebene Lethargie, auf der Strukturebene Verkrustung. Als negative Auswirkungen **zu hoher Mobilität** lassen sich z.B. ermitteln: auf der Verhaltensebene Streß, auf der Strukturebene Strukturlosigkeit.

*Kurvilineare Mobilitätsfolgen*

## Relevanz für den wirtschaftlichen Bereich

Zunächst scheint es, als habe das Problem sozialer Ungleichheit in seiner wirtschaftlichen Bedeutung in dem Maße abgenommen, wie von homogenen Klassenlagen (z.B. Arbeiter, Arbeitnehmer) nicht mehr gesprochen werden kann. Jedoch konnten wir zeigen, daß trotz erheblicher Schichtdekristallisation das Ausmaß tatsächlicher Nivellierung außerordentlich überschätzt wurde und überdies einer zunehmenden horizontalen Differenzierung kaum Rechnung trägt.

Für den wirtschaftlichen Bereich bedeutet dies zunächst ein Doppeltes. Nach wie vor rankt Ungleichheit sich um die berufliche Position, die Status, Macht und Lebenschancen zu wesentlichen Anteilen bestimmt. Zum anderen ist diese berufliche Position unter heutigen Bedingungen zunehmender Arbeitsmarktsegmentierung eingebunden in je spezifische Marktbedingungen, die das Ausmaß der Ungleichheit und die Gefährdung von beruflichen Positionen stärker bestimmen als in früheren Epochen.

Die veränderte Situation spiegelt sich in miniaturisierter Form auch in den wirtschaftlichen Betrieben. Zwar haben sich dort etablierte Hierarchien weit eher erhalten können – schon wegen der Nicht-Geltung demokratischer Prinzipien und trotz vorhandener Tendenz zu Partizipation und Mitbestimmung – jedoch sind auch hier infolge wachsender Differenzierung und Professionalisierung eindeutige Zuordnungen kaum noch möglich, die statusgemäße Einstufung der Merkmalsklasse „Arbeiter" oder gar „Arbeitnehmer" kaum sinnvoll, weil hier durchaus Heterogenes unter einem Dachbegriff zusammengefaßt wird, der nicht mehr tragfähig genug ist, um Aspekte vor allem auch „neuer Ungleichheiten" abzubilden.

Mit verschwimmenden Schichtgrenzen werden auch Aussagen über schichtspezifisches Verhalten (z.B. Konsumentenverhalten, Lebensstile etc.) fragwürdig und lassen kaum trennscharfe Konturen einer nach diesem Kriterium konzipierten Marktsegmentierung erkennen. Es hat sich daher für diese und ähnliche Fragestellungen als sinnvoller erwiesen, je nach Untersuchungszweck lediglich bestimmte Schichtdimensionen, z.B. Einkommensschichtung oder Bildungsschichtung als unabhängige Variable zur Erklärung sozial-spezifischen Verhaltens heranzuziehen. Auch die neuerliche Aufbereitung des Lebensstil-Konzepts könnte hier fruchtbar sein.

## Literaturempfehlungen

**Berger, P.A.:** Entstrukturierte Klassengesellschaft? Opladen 1986
**Berger, P.A., Hradil, S. (Hg.):** Lebenslagen, Lebensläufe, Lebensstile. Göttingen 1990
**Bolte, K.M., Hradil, S.:** Soziale Ungleichheit in der Bundesrepublik Deutschland. Opladen [6]1988
**Giesen, B., Haferkamp, H. (Hg.):** Soziologie der sozialen Ungleichheit. Opladen 1987
**Hradil, S.:** Die Erforschung der Macht. Stuttgart 1980

**Hradil, S.:** Sozialstrukturanalyse in einer fortgeschrittenen Gesellschaft. Opladen 1987

**Kreckel, R. (Hg.):** Soziale Ungleichheiten. Soziale Welt, Sonderband 2. Göttingen 1983

**Kreckel, R.:** Politische Soziologie der sozialen Ungleichheit. Frankfurt/New York 1992

**Müller, H.-P.:** Sozialstruktur und Lebensstile. Frankfurt 1992

**Popitz, H.:** Prozesse sozialer Macht. Tübingen 1992

**Sofsky, W., Paris, R.:** Figurationen sozialer Macht. Frankfurt 1994

**Strasser, H., Goldthorpe, J. H. (Hg.):** Die Analyse sozialer Ungleichheit. Opladen 1985.

## Kontrollfragen

1. Welche Aspekte der Ungleichheit führen zu sozialer Schichtung?
2. Warum werden die Folgen hoher sozialer Mobilität oftmals ambivalent beurteilt?
3. Diskutieren Sie einige Ursachen und Folgen hoher Schichtkristallisation!
4. Welche Beziehungen bestehen zwischen Macht und Schichtung?
5. Diskutieren Sie verschiedene Formen und Grundlagen sozialer Macht sowie sozialer Herrschaft!

# 6. Sozialer Wandel

### Plan des Kapitels

In diesem Kapitel thematisieren wir die Frage nach den **Ursachen und Folgen des sozialen Wandels**. Gesellschaften, gesellschaftliche Strukturen und Prozesse, das Verhalten der Gesellschaftsmitglieder: All dies unterliegt beständigem Wandel – mal langsamer, wie in nahezu stationären, traditionellen Gesellschaften, mal schneller, wie in Gesellschaften, die den Aufbruch ins Industriezeitalter vollziehen –, und Weniges an diesem Wandel (vielleicht zu wenig?) ist geplant und in vorausschauendes Handeln einbezogen.

Soziale Wandlungsvorgänge sind sehr eng mit **Fragen wirtschaftlicher Entwicklung** verbunden. Zunächst konzentrieren wir uns jedoch auf einige allgemeinere Fragen. Wir versuchen zuerst **Begriff, Inhalt und Formen** des sozialen Wandels kritisch abzuklären. Hierbei werden wir uns auch in besonderer Weise mit den möglichen Fehlerquellen und Fallgruben einer Erforschung dieses Wandels befassen. Danach werfen wir einen Blick auf die wichtigsten **Theorien sozialen Wandels**, die in der bisher vorliegenden Form jedoch fast zu allgemein und zu abstrakt erscheinen, um beispielsweise die tiefgreifenden strukturellen Veränderungen unserer heutigen sozialen Landschaft verständlich zu machen. Wir gewinnen jedoch durch die Erörterung dieser allgemeinen Ansätze möglicherweise eine geeignete Plattform, um in einem der späteren Kapitel Fragen des wirtschaftlichen Wandels, insbesondere die Folgen der Industrialisierung und Technisierung fundierter und konkreter angehen zu können.

## 6.1 Dimensionen sozialen Wandels

### 6.1.1 Inhalt und Formen des Wandels

*Begriff des sozialen Wandels*

Der **Begriff des sozialen Wandels** wurde von Ogburn (1922) eingeführt, um ältere Begriffe wie „Fortschritt", „Evolution" oder „Entwicklung" abzulösen, die als wertgeladene Begriffe (Fortschritt) in Erscheinung treten oder bereits spezifische Muster und „Programme" sozialer Veränderung (Entwicklung) zu implizieren scheinen. Dessen ungeachtet erfreuen sich gegenwärtig Begriffe wie „Evolution" (angesichts der Renaissance des Evolutionismus) und der „Modernisierung" (mit Bezug auf neuere Konzepte der Modernisierungsforschung) einiger Beliebtheit.

*Inhalt des Wandels*

Zunächst ist zu fragen, was sich im einzelnen verändert, wenn von sozialem Wandel die Rede ist. Die **Gesellschaft insgesamt** oder lediglich **Teile** von ihr? Das **materielle System** (z.B. die ökonomischen Verhältnisse) oder das **ideelle System** (z.B. Wertewandel)? **Soziale Strukturen** (ökonomische Strukturen, demographische Strukturen, soziale Ungleichheit usw.) oder **soziales Verhalten** (Einstellungen, Motive, Persönlichkeitsstrukturen und so fort)? Obgleich neuerdings Fragen des Wertewandels wieder stärkere Beachtung finden (vgl. Klages 1984, 1988; Inglehart 1977, 1990; vgl. auch 2. Kap. B 1), liegt der Schwerpunkt der Analyse sozialen Wandels bei den strukturellen Veränderungen.

*Formen sozialen Wandels*

Häufig wird auch nach Wandlungen **innerhalb eines sozialen Systems** und **Wandlungen des Systems selber** unterschieden (vgl. Parsons). Das Problem hierbei ist, daß es schwierig sein mag, zu ermitteln, ob und unter welchen Umständen der Wandel eines Teilsystems, etwa des Systems sozialer Schichtung oder aber eine lediglich partielle Modernisierung als Wandel im System oder als Wandel des Systems beschrieben werden kann. Dies ist wohl vor allem eine Frage der Perspektive und der Einschätzung von Folgewirkungen.

Zunächst dürfte es daher nützlich sein, verschiedene Formen des sozialen Wandels zu unterscheiden, etwa nach folgenden Kriterien:

- nach ihrer **Bedeutung**: in periphere (z.B. Moden, Fluktuationen, Konjunkturschwankungen) und bedeutendere (z.B. Demokratisierung der politischen Struktur);
- nach ihrem **Umfang**: in partielle (z.B. lediglich die ökonomische Struktur betreffend) oder totale Wandlungsvorgänge (z.B. durchgängige Modernisierung);
- nach ihrem **Auftreten**: in evolutionäre (langfristig und allmählich) und revolutionäre Veränderungen (abrupt, explosiv);
- nach der **Steuerung**: in geplanten und ungeplanten Wandel (wobei auch bei Planungen das Problem der ungewollten Nebenfolgen auftaucht);
- nach den **Ursachen**: in unifaktorielle (z.B. Folgewirkungen einer neuen Religion) und multifaktorielle Veränderungen (z.B. die mannigfachen Ursachen der Industrialisierung);
- nach ihren **Folgen**: in eufunktionalen Wandel (der das System fördert) und in dysfunktionalen Wandel (der dem System abträglich ist), was jedoch offensichtlich

nur dann als Kriterium taugt, wenn ein Fixpunkt (Gleichgewichtspunkt) des Systems mitgedacht wird.

Nach der **Zeitperspektive** lassen sich ferner bestimmte Verlaufsformen unterscheiden, die als mehr oder weniger „typisch" für gesellschaftliche Entwicklungen angesehen werden. In Anknüpfung an Moore (1973) und Wiswede/Kutsch (1978) wollen wir folgende idealtypische Verläufe unterscheiden:

*Verlaufsformen des Wandels*

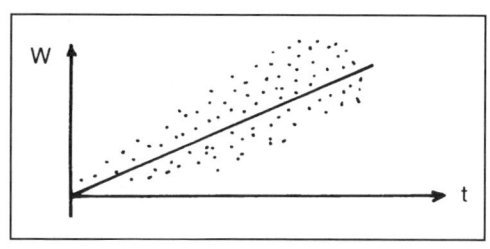

**Abb. 33a:**
linearer Verlauf
(z.B. Tendenz der Säkularisierung, Differenzierung, Rationalisierung usw.)

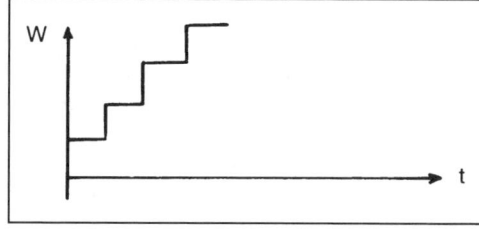

**Abb. 33b:**
stufenförmiger Verlauf
(z.B. Entwicklungssprünge durch Auftreten neuer Erfindungen, Zivilisationsstufen)

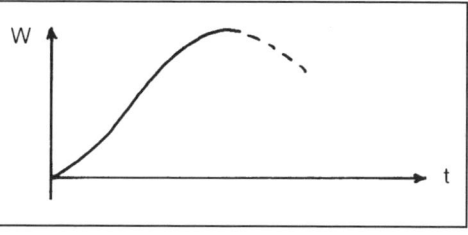

**Abb. 33c:**
s-förmiger Verlauf
(z.B. abnehmende Grenzerträge, wirtschaftliches Wachstum, Bevölkerungsentwicklung)

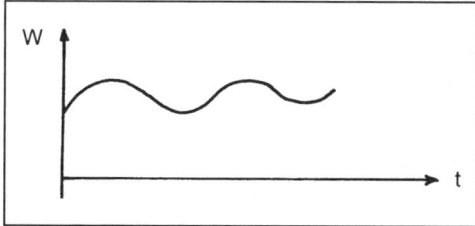

**Abb. 33d:**
zyklischer Verlauf
(z.B. Konjunkturschwankungen, Wellen, kultureller Auf- und Niedergang)

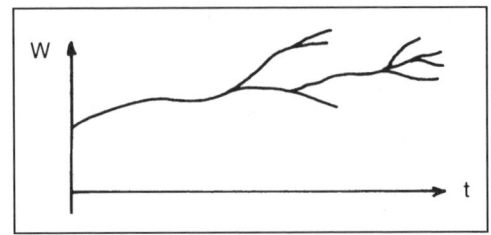

**Abb. 33e:**
multilinearer Verlauf
(komplexe Entwicklungsverläufe in Analogie zum Stammbaum organischer Entwicklung, auch als „branching-tree"-Modelle bekannt)

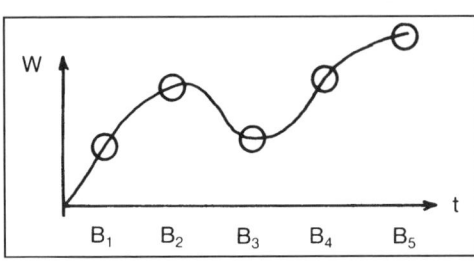

**Abb. 33f:**
sequentieller Verlauf
(unterschiedliche Rahmenbedingungen lassen nur für bestimmte Sequenzen systematische Verlaufsformen zu)

Faktisch gilt, daß alle genannten Verlaufsformen vorkommen können, und zwar unter jeweils unterschiedlichen Bedingungen. Der zuletzt genannte sequentielle Ansatz (Bedingungsansatz) subsumiert solche Möglichkeiten: Er geht davon aus, daß bestimmte Trends verschiedenen Ausgangslagen folgen, die durch unterschiedliche Bedingungen definiert sind. In diesem Ansatz kommen die übrigen Verlaufsformen als spezielle Möglichkeiten vor.

Schwierigkeiten der Einschätzung ergeben sich vor allem auch dadurch, daß beobachtete Trends die jeweilige Kurvencharakteristik von vornherein nicht erkennen lassen. So ist z.B. die S-Kurve zu verschiedenen Zeitpunkten durch die folgenden Phasen gekennzeichnet:

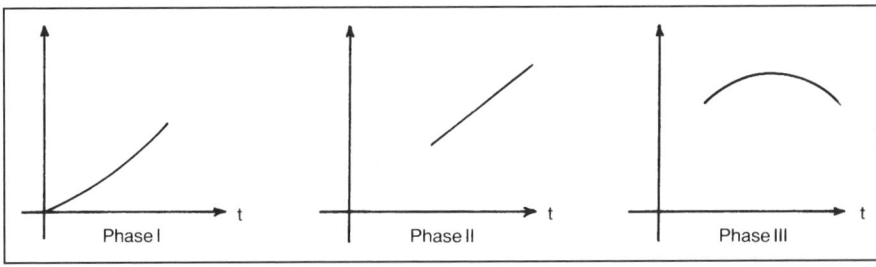

**Abb. 34:** Phasen eines s-förmigen Verlaufs

Erst durch eine Betrachtung (oder Prognose) „in the long run" wird die genaue Verlaufsform sichtbar. Da jedoch über die Zeitdauer der vollen Entfaltung oftmals nichts bekannt ist und solche Kurven auch durch besondere Ereignisse atypisch verlaufen

322

können – z.B. steiler und flacher, längere Verweilzeit beim Aufschwung usw. – ist die Ad-hoc-Annahme ganz bestimmter Verlaufscharakteristiken oftmals problematisch.

## 6.1.2 Trendaussagen und Typologien

Nach Ansicht des historischen Partikularismus, wie er im Rahmen der Soziologie etwa von Nisbet und neuerdings von Giddens, Touraine und Boudon vertreten wird, gibt es für die Entwicklung von Gesellschaften keine sinnvollen, das Spezifische und Partikulare transzendierende Ereignisse. Langfristige Trends würden eher von Beobachtern als vom Material geliefert. So betont auch Smelser (1995) das Dilemma zwischen der unvermeidlichen theoretischen Unbestimmtheit historischer Wandlungsprozesse und unserem Wunsch, wissenschaftliche Erklärungen eines solchen Wandels zu geben. Nichtsdestoweniger lassen sich, insbesondere auf dem Wege von primitiven zu entwickelten Gesellschaften, durchaus einige evolutionäre Trends ausmachen, die unstrittig sein dürften. Mit Lenski (1978) mag hier genannt werden: *Historischer Partikularismus*

*Evolutionäre Trends*

- **Zunahme der menschlichen Bevölkerung.** Zunahme auch der Wachstumsrate;
- dauerhafter Trend der **Expansion des Menschen** in neue Gebiete und Umwelten;
- **Fortschritt der Technik** (trotz Unterbrechungen und lokaler Umschwünge);
- **Wachstum der Produktion** von Waren und Dienstleistungen;
- Anwachsen des **Ausmaßes der Komplexität** sozialer Strukturen.

Das Anwachsen der Komplexität war auch das Thema vieler älterer Evolutionstheorien; in modifizierter Form spielt sie wieder bei Luhmann eine beherrschende Rolle. Für den Neo-Evolutionismus amerikanischer Prägung (Parsons, Smelser, Alexander u.a.) ist an die Stelle der Komplexisierung die **Differenzierung** getreten. Dieser Begriff knüpft einmal an Spencers Vorstellung einer zunehmenden Organ-Differenzierung im biologischen Sinne an, verweist andererseits jedoch vor allem auch auf Durkheims Ideen zur Arbeitsteilung. Gemeint ist die Aufspaltung einer sozialen Rolle oder Institution in zwei oder mehrere, die unter sich ändernden Bedingungen effizienter arbeiten. Dies erfolgt nicht lediglich in der ökonomischen Sphäre, sondern betrifft viele Bereiche: die Religion, den Regierungsapparat, das Arbeitsleben, die organisationale Gestaltung der Institutionen usw. Die Differenzierungsthese wird uns im Zusammenhang mit evolutionstheoretischen Aussagen noch etwas näher beschäftigen (vgl. 6.2.1). Insbesondere geht es um die Frage, ob sich trotz beobachtbarer Prozesse der **Entdifferenzierung** an dieser These festhalten läßt (vgl. Mayntz 1995). *Komplexität*

*Differenzierung*

Neben dieser Tendenz zur Differenzierung fungiert häufig auch die **Rationalisierung** als „Generalnenner" der wirtschaftlichen Entwicklung (Weber, Ginsberg, Elias, Habermas), hier insbesondere im Rahmen moderner Handlungstheorien. Max Weber und neuerdings Habermas zeigen sehr deutlich auf, daß die okzidentale Entwicklung und – wie Parsons sagen würde – das gesamte System moderner Gesellschaften – durch die Anreicherung mit **zweckrationalen Komponenten** charakterisiert ist. Dies gelte sowohl auf der Ebene des Verhaltens wie auch auf der Ebene sozialer Struktu- *Rationalisierung* ren, die durchgängig rationaler, planbarer, beherrschbarer angelegt sind. So ist sicherlich richtig, daß diese Tendenz im Zusammenhang mit der Bürokratisierung und Verwissenschaftlichung einen Grundzug der Entwicklung moderner Strukturen darstellt. Allerdings ist oftmals zweifelhaft, in welchem Ausmaß und in welcher Durchdringung menschliches Verhalten dadurch rational wird. Häufig wird a-rationales Verhalten nachträglich „rationalisiert", weil starke Rationalitätsnormen bestehen (vgl. hierzu Kap. 3, A 2). Ferner treten – möglicherweise als Reaktion gegen die rigide Umzingelung des Menschen mit rationalen Strukturen – **irrationale Gegenströmungen** auf, die kaum noch als vorübergehende Friktionsstörungen eines im großen und ganzen ungetrübt verlaufenden Trends bagatellisiert werden können: Okkultismus, neue Sekten, Astrologie, Aussteigerbewegungen, militante Systemverächter usw.

*Neue Irrationalität*

Einen weiteren Entwicklungstrend, vor allem in neuerer Zeit, sieht Beck (1986) mit seiner **Individualisierungsthese**. Obgleich die behaupteten Implikationen der Individualisierung auch struktureller Art sind – z.B. in die Richtung einer „Entstrukturierung" der Gesellschaft zielen – hatten wir diese These in den Zusammenhang des Wertewandels gestellt (vgl. B 1) und dort bereits kritisch diskutiert. Auch hier fanden wir, daß Individualisierung nach Art und Inhalt unterschiedliche Formen annehmen kann, daß historisch „Individualisierungsschübe" auftreten und daß von einer ungebrochenen Trendentwicklung nur bei sehr großzügiger Auslegung des historischen Materials die Rede sein kann.

*Individualisierungsthese*

Ähnliches gilt für die neuerdings häufig bemühte **Globalisierungsthese**, eine moderne Spielart der Konvergenzthese, die vielerlei Facetten aufweist: politische, kulturelle, soziale, wirtschaftliche, ökologische (vgl. Featherstone et al. 1995; Beck 1997), wobei die Perspektive häufig auf die wirtschaftlich-technische Dimension verkürzt wird: Unterordnung im Hinblick auf Erfordernisse des Weltmarktes, das „global-village" weltweiter Konzerne und Computervernetzungen. Universalismus und Partikularismus finden sich jedoch parallel in vielen Gesellschaften: neue Medien, McDonalds, Blue Jeans, Banken, Börsen auf der einen Seite, Re-Islamisierung, sektenhafte Abkapselung, Rückbesinnung auf Lokales, Beachtung der eigenen kulturellen und sozialen Identität auf der anderen Seite. Es handelt sich dabei um eine Art Doppelbewegung. Auf der einen Seite schreitet die Verwestlichung voran, aber gerade dadurch werden sich die Menschen paradoxerweise erst ihrer eigenen regionalen Identität bewußt. Robertson (1995) versucht diese Ambivalenz in einer Wortverbindung von Globalisierung und Lokalisierung zu charakterisieren, indem er von „Glokalisierung" spricht.

*Globalisierungsthese*

*Globalisierung und Lokalisierung*

Ähnlicher Beliebtheit wie die hier behaupteten Trends, die nie so ungebrochen und ungetrübt verlaufen, wie die Evolutionstheoretiker dies gerne hätten, erfreuen sich zahlreiche Typologien und Stadienmodelle, bei denen gleichfalls oftmals übersehen wird, daß die angeblich einander ausschließenden Gegensätze fortgesetzt gegenwärtig sind, wenn auch vielleicht in unterschiedlichem Einschmelzungsverhältnis. Die meisten der hier genannten Dichotomien oder Trichotomien lassen sich daher ohne Informationsverlust als graduelle Trendaussagen auffassen.

324

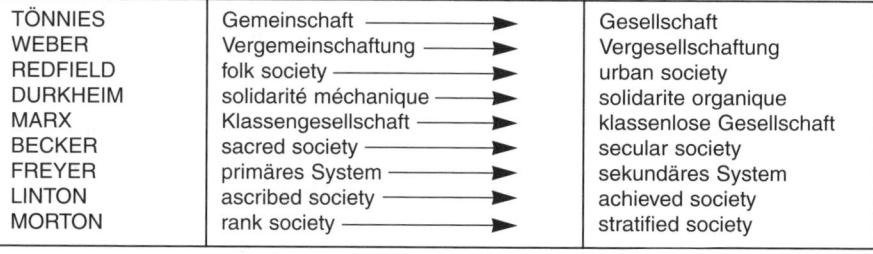

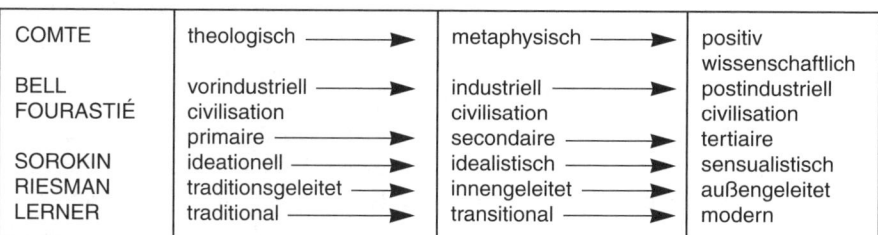

**Übersicht 48:** Dichotomien und Trichotomien sozialen Wandels

Auch lassen sich die **„pattern variables"** von Parsons (vgl. 2. Kap. B 1) in Trend-aussagen umformulieren: Die vorwiegend affektiven, kollektivbezogenen, partikula-ristischen, askriptiven und diffusen Strukturen (in vorindustriellen Zuständen) wer-den unter dem Einfluß der Modernisierung in affektiv neutrale (rationale), selbst-bezogene, universalistische, leistungsabhängige und sehr spezifische (differenzierte) Strukturen verwandelt. Diese Taxonomie hat immerhin den Vorteil, daß sie die Ein-dimensionalität eines einzigen Kriteriums vermeidet und die Charakterisierung eines **multidimensionalen Entwicklungsprofils** gestattet. Wie Kluckhohn (1963) ver-merkt, bleibt jedoch auch dieser Kriterienkatalog letztendlich der Denktradition „Ge-meinschaft und Gesellschaft" verhaftet – läßt sich damit also wieder auf **eine** Dicho-tomie reduzieren.

## 6.1.3 Fallgruben und Meßprobleme

Bereits die kurzen Erörterungen über Begriff, Inhalt und Formen sozialen Wandels lassen erkennen, daß dieser Forschungsbereich außerordentlich problematisch sein kann. Es ist also notwendig, daß wir uns mit den wichtigsten Schwierigkeiten befas-sen, die mit der Anwendung dieses Konzepts und einiger seiner Implikationen ver-bunden sind (vgl. zu dieser Diskussion: Wiswede/Kutsch 1978; 1979).

Die **Fallgrube der Eindimensionalität** wurde bereits im vergangenen Abschnitt deutlich: Es geht darum, daß sich aus dem Insgesamt vorhandener und möglicher, sich teilweise überlagernder, hin und wieder auch ambivalenter Entwicklungstrends für jeden Forscher etwas „Passendes" herauslesen läßt. Sozialer Wandel erscheint im Hinblick auf seine Analyse und Deutung offensichtlich genügend plastisch, um das historische Material dem Zugriff der jeweils gewählten Belichtung gefügig zu machen. Auch die imposanten historisch-morphologischen Entwürfe (wie die von Elias oder Schulze) können aus dieser einseitigen Deutungsperspektive nicht ausbrechen.

*Historizismus*

Die **historizistische Fallgrube** besteht in der Annahme einer vollkommenen Determiniertheit der Geschichte (vgl. zur Kritik des Historizismus: Popper 1957; sowie unsere Ausführungen im 1. Kap. B 1). In ähnlicher Weise ist gelegentlich von einer teleologischen, finalistischen oder eschatologischen Ausrichtung der Forschung die Rede. Gemeint ist, daß ein gedachter (oder vorher „gewußter") Zielzustand, sei es nun die Katastrophe oder sei es das Paradies, sei es die klassenlose Gesellschaft oder die voll entfaltete „moderne" Gesellschaft, im Sinne eines deterministischen Systems interpretiert wird. Der Historizismus ist aus zwei Gründen nicht haltbar: Einmal gibt es keine logische Erklärung, die begründbar machen könnte, daß zukünftige Ereignisse kausale Wirkungen auf erklärungsbedürftige Sachverhalte in der Gegenwart haben. Zum anderen ist das Determinationsgefüge einer strikten Evolutionslinie schon deshalb durchbrochen, weil jede historische Konstellation durch unterschiedliche Randbedingungen gekennzeichnet ist, die sich nicht immer voraussehen lassen und insofern als „Zufälle" wirken.

*Organizismus*

Die **organizistische Fallgrube** beruht auf möglicherweise ungerechtfertigten Homologie- oder Analogieschlüssen zu biologischen Systemen. Zwar behaupten moderne Evolutionstheoretiker, die hier benannte Fallgrube zu vermeiden, indem die Organismusanalogie nur noch formal, nicht dagegen inhaltlich beschworen würde. Wir sahen jedoch, daß der Funktionalismus die Aufgabe der kausalen Analyse nur bewältigen kann, wenn er inhaltliche, d.h. substantielle Prinzipien (Homöostase, Selektion) als gültig übernimmt. Damit kann die beschriebene Fallgrube allerdings nicht vermieden werden.

*Ethnozentrismus*

Die **Fallgrube des Ethnozentrismus** besteht darin, daß insbesondere die eigene Gesellschaft und ihr jeweiliger Entwicklungsstand zum Maßstab der Beurteilung gemacht werden. Dabei erfolgt die Einstufung meist aus einer weitgehend unangemessenen Generalisierung westlicher (oft amerikanischer) Erfahrungen und Interessenlagen. Diese Fallgrube ist ganz besonders typisch für die meisten Vertreter der Modernisierungsforschung (kritisch hierzu Hörning 1976; Wiswede/Kutsch 1979; Touraine 1986). Dabei wird – wiederum evolutionistisch – vorausgedacht, worin ein voll entwickeltes „modernes" System „eigentlich" besteht. Aus dieser Sicht könnten alle faktischen Gesellschaften einfach danach skaliert werden, welche Entwicklungsstufe sie gegenwärtig noch haben und inwieweit sie als „Nachzügler" aufzufassen sind. Begrifflichkeiten wie „transitorische Systeme" (Smelser, Parsons) oder „partielle Modernisierung" (Bendix, Rüschemeyer) oder „Schwellenländer" kennzeichnen diese Sichtweise.

*Linearitäts- annahme*

Die **Fallgrube der Linearität** in unseren Vorstellungen sozialer Entwicklung bestimmt auch die sog. Konvergenz„theorie" (z.B. Kerr 1966): Nach dieser Konvergenzthese werden auch bei Einschlagen verschiedener Entwicklungspfade ähnliche oder gleiche Gesellschaftsstrukturen zu erwarten sein, da dem Industrialismus Strukturgesetzlichkeiten immanent seien, die auf eine allmähliche Eliminierung ganz bestimmter Alternativen und Optionen hinauslaufen. „Konvergenz" ist auch hier wieder ein simplifizierend-deutungswissenschaftliches Muster, das aus dem vorhandenen Material empirisch keineswegs zwingend herauszulesen ist. Viele neuere Entwicklungen passen nicht in das Lieblings-Schema der Modernisierungstheorie. Der Zusammenbruch sozialistischer Systeme ist ein Beispiel. Ein anderer „unpassender" Sachverhalt ist die Rückbesinnung auf Traditionalismus und autochthone Werte, verbunden mit einer Revitalisierung sozialer und kultureller Identität (z.B. die Re-Islamisierung), die nicht sämtlich als Störung eines ansonsten ungebrochenen Verlaufs angesehen werden können. Schon eher werden diese Formen des „neuen Traditionalismus" als **Produkt des Modernisierungsprozesses** anzusehen sein, als Reaktion, als eine Art Gegenmodernisierung.

*Gegen-
modernisierung*

Neben den verschiedenen Fallgruben bestehen hinsichtlich der Erfassung sozialen Wandels **erhebliche Meßprobleme**. Da ist zunächst ein Auswahlproblem: Welche Kriterien sollen zur Erfassung des sozialen Wandels – und damit möglicherweise zum internationalen Vergleich – herangezogen werden? Ist z.B. die Einführung des allgemeinen Wahlrechts ein Kriterium für die Wandlung eines politischen Systems zur Demokratie? Eine wichtige Frage bleibt ferner die Ermittlung und quantitative Umsetzung solcher Wandlungsvorgänge, die überwiegend qualitativer Natur sind. Gewiß läßt sich leicht verfolgen, ob z.B. die Urbanisierungsrate, die Alphabetisierungsrate usw. zugenommen hat oder nicht; viel schwieriger dagegen ist es, den Demokratisierungsgrad einer Gesellschaft oder die Zunahme der Außenlenkung von Individuen zu bestimmen.

*Messung
sozialen
Wandels*

Während die Erfassung des vergangenen Wandels faktisch bereits aufgetretene Entwicklungsvorgänge einbegreift und insofern Ex-post-Erklärungen erfordert, die meist leichter beizubringen sind, ist die Analyse künftiger Entwicklungslinien ein Geschäft, das sich häufig zwischen Prognose und Prophetie (im Sinne Poppers) bzw. zwischen wissenschaftlicher und unwissenschaftlicher Futurologie abspielt. Der wichtigste Typ dabei verwendeter Techniken ist die Trend-Extrapolation (oftmals im Sinne „sich selbst korrigierender Regelkreise" formuliert), wobei man annimmt, daß Entwicklungstendenzen, die sich schon bisher abgezeichnet haben, sich auch in die Zukunft hinein fortsetzen oder gar verstärken werden. Der Hinweis auf mögliche Kurvenverläufe sozialer Wandlungsvorgänge (vgl. Abb. 33) mag zeigen, daß ein solches Verfahren nur in sehr begrenzten Fällen gerechtfertigt ist und daß die Neigung zum Denken in **linearen Verläufen** uns oftmals in die Irre führt.

*Prognose und
Prophetie*

## 6.1.4 Postmoderne und Reflexive Moderne

„Moderne" wurde – zumindest in der älteren Modernisierungsforschung – vorwiegend im Sinne der Aufklärung verstanden: bestimmt durch Rationalismus, Säkularisierung, Fortschrittsglauben, Technokratie, Wissenschaftsgläubigkeit. Daß diese Grundsäulen einer so definierten Moderne erschüttert sind, wurde bereits in den sechziger Jahre in den kritischen Beiträgen zur Modernisierungsforschung herausgestellt. Dort tauchen berechtigte Zweifel auf, ob es **einen** Entwicklungsweg gibt, **eine** verbindliche Form der Moderne, Zweifel auch darüber, ob die Gleichsetzung von „modernization" und „westernization" sowie die Herabstufung anderer Länder als „Nachzüglergesellschaften" nicht Ausdruck einer ethnozentrischen Perspektive waren (vgl. im vorigen Abschnitt).

*„moderniza-tion" und „we-sternization"*

Auf diese Weise kündigt sich bereits in den siebziger Jahren ein Umdenkungsprozeß an, der Modernisierung nicht mehr zum Gegenstand vergleichender Betrachtungen zwischen Nationen macht, sondern der den Blick nach innen richtet und über das „Projekt Moderne" (Habermas) reflektiert. Dabei wird dieses Projekt vielfach als „Auslaufmodell" gehandelt und demgegenüber eine „Postmoderne", „andere Moderne" oder eine „reflexive Moderne" beschworen. Am rigorosesten erfolgte dies durch französische Sozialphilosophen, die der Postmoderne zugerechnet werden.

*Moderne als Auslaufmodell?*

*Merkmale der sog. Postmoderne*

Der Ausdruck **Postmoderne** – ursprünglich im Bereich der Architektur entstanden und erst durch Etzioni (1968) für die Soziologie „hoffähig" gemacht – bezeichnet dabei höchst verschiedenartige Sachverhalte, die im wesentlichen um folgende Entwicklungstendenzen kreisen:

- Beschleunigte Auffächerung, Heterogenisierung und Pluralisierung der modernen Kultur („Ende der Gesellschaft aus einem Guß");
- Auflösung sozialer Strukturen (Entstrukturierung, Entbettung), das angebliche „Ende des Sozialen";
- Rationalismus, Fortschrittsglaube, Technokratie und Wissenschaftsgläubigkeit werden zunehmend obsolet („Ende der Aufklärung");
- Zunehmende Differenzierung, Pluralisierung und Relativierung von wertanschaulichen Orientierungen, Wertsystemen, Einstellungen, Lebensstilen, Biographien und Sozialbeziehungen;
- Grenzen der Steuerbarkeit und Beeinflußbarkeit unübersichtlich gewordener Sozialsysteme;
- Hervortreten nicht-linearer Entwicklungen, die den Fortschrittsglauben erschüttern und Prognosen erschweren;
- Globalisierung, in deren Folge die Souveränität und Abgrenzbarkeit der Staaten durch transnationale Akteure und ihre Interessen unterlaufen und querverbunden werden;
- Ausbreitung nicht-berechenbarer Gefahren in verschiedenen Lebensbereichen („Risikogesellschaft") und damit ein Vertrauensverlust in die etablierten Institutionen der Gesellschaft.

Von den „Postmodernisten" wird offenbar unterstellt, daß im Zuge weitergehender Modernisierung ein **qualitativer Sprung** entsteht, der eine völlig neue gesellschaftliche Situation schaffe, die u.U. auch mit den Mitteln orthodoxer Wissenschaft nicht mehr angemessen analysiert werden könne. Das Votum für „postempiristische Forschung" scheint diesen Qualitätssprung zu begleiten: Die Bedingungen der Postmoderne ließen sich angeblich nur in „extrascientific terms" charakterisieren (vgl. Harvey 1989; Lash 1990). Ganz ähnlich hatte schon Touraine (1986) für eine Veränderung sozialen (soziologischen) Denkens plädiert, einen „anderen" Gesellschaftsbegriff gefordert sowie eine Loslösung von angeblich antiquierten Konzepten wie „Institution" oder „Sozialisation" empfohlen. Noch extremere Positionen konstatieren nicht nur ein „Ende des Sozialen", sondern auch das Ende der Soziologie, zumindest in der Form, in der sie bisher betrieben wurde. In diesem Fahrwasser wird dann auch die gesamte Forschungslogik und Forschungstechnik in Frage gestellt, ohne genau zu artikulieren, welche erkenntnistheoretische Position an ihre Stelle treten könnte.

*„Ende des Sozialen"?*

Giddens (1995) versucht eine Interpretation der neuzeitlichen Gesellschaftsentwicklung, die sich nicht als postmodern oder antimodern ausweist, sondern als **„Hochmoderne"**, die lediglich als Zuspitzung gewisser Probleme, als Radikalisierung bestimmter Kernprozesse in Erscheinung tritt, was jedoch keineswegs zu einer prinzipiell neuen, nachmodernen Ordnung führt. Giddens Begriff der **reflexiven Moderne** bezieht sich im wesentlichen darauf, soziale Praktiken ständig im Hinblick auf Informationen über diese Praktiken zu überprüfen und zu verbessern, die Wissensbestände also diesen Kernprozessen anzupassen. Dies ist eine Position der „weitergehenden Modernisierung", wie sie etwa auch von Zapf (1991) vertreten wird; danach ist Modernisierung ein prinzipiell unabgeschlossener Prozeß politischer Reformen sowie technischer und sozialer Innovationen.

*Reflexive Moderne*

Einen radikaleren Begriff der reflexiven Modernisierung vertritt Ulrich Beck (1993; 1994, 1997). Darunter versteht Beck ein Zweifaches: die **Gefährdungen der Risikogesellschaft** durch unvorhergesehene Nebenfolgen industriegesellschaftlicher Entwicklungsdynamik einerseits und das sukzessive **Bewußtwerden dieser Entwicklungsdynamik** durch das Medium „gesellschaftlicher Selbstkritik", die durch das Ansteigen von Optionen auch die Gestaltbarkeit gesellschaftlicher Verhältnisse durch handelnde Individuen aufdeckt andererseits. Denn in der „neuen Moderne" (Beck) wachsen die Reflexions- und Wahlmöglichkeiten der Individuen gegenüber den institutionellen Vorgaben. Aber diese **„Entbettung" des Sozialverhaltens** aus gesicherter institutioneller Einbindung ist nicht nur im Sinne von Entfaltung und Individualisierung positiv zu verstehen, sondern führt zu Orientierungsschwierigkeiten, Widersprüchlichkeiten, Verlust allgemeinverbindlicher Bezugssysteme, Gefährdungen der Identität. Zurück bleibt ein Individuum, das aus den verbindlichkeitsstiftenden Institutionen entlassen wird: ohne institutionelle Orientierung, ohne Chance des Rückgriffs auf vorgegebene Ordnungs- und Orientierungsmuster.

*Gefährdungen der Risikogesellschaft*

*„Entbettung" des Sozialverhaltens*

Auf der strukturellen Ebene untergrabe die moderne Gesellschaft ihre industriegesellschaftlichen Gestalten von Klasse, Schicht, Beruf, Rolle, Organisation und damit gewisse Voraussetzungen, durch die allein gesellschaftliches Fortschreiten möglich sei. Reflexive Modernisierung kennzeichnet damit auch ein Drittes: ein Stadium, in dem **Modernisierung die Modernisierung untergräbt**. Nach Beck führt dies zwangsläufig zu einer Systemkrise, zu einem Zusammenbruch der Basisinstitutionen. Sein Modell der reflexiven Modernisierung erweist sich damit als neue Variante einer „Theorie" (oder Ideologie), die betont, daß das gegenwärtige System an seinen inneren Widersprüchen scheitern muß. Wir bezweifeln solche Prognosen. Denn wie kommt es, daß gerade das sog. kapitalistische System immer wieder Untergangsprognosen ausgesetzt war, sich aber durch verschiedene Metamorphosen, Innovationen und Anpassungsprozesse durchaus als lebensfähig erwiesen hat?

*Zusammenbruch der Basisinstitutionen*

## 6.2 Theorien sozialen Wandels

### 6.2.1 Die evolutionistische Perspektive

*Neo-Evolutionismus*

Die neueren evolutionistischen Ansätze (vgl. Parsons 1960, 1961, 1964, 1966, 1971; Smelser 1968, 1994; Luhmann 1971, 1975, 1984; Schmid 1983) betrachten sich keineswegs als Neuauflage des Sozialdarwinismus eines Spencer und versuchen sich von substantiellen Analogien weitgehend zu distanzieren. Wir haben schon betont, daß diese Distanzierung kaum überzeugen kann und daß der Evolutionismus zahlreichen Fallgruben, die wir im vorigen Kapitel aufgezeigt haben, erliegt.

*Biologisches Evolutionskonzept*

Das **biologische Evolutionskonzept**, das hier Pate stand, dürfte auf sozio-kulturellen Wandel nicht ohne weiteres übertragbar sein, weil zentrale Voraussetzungen dieses Konzepts im sozialen Bereich nicht erfüllt sind. So verläuft hier die Variation keineswegs zufallsgesteuert, sondern häufig gerichtet, nämlich durch kognitive Prozesse der Einsicht und der Planung. Außerdem findet der Selektionsprozeß bei der gesellschaftlichen Evolution (hier vor allem: der Differenzierung) nicht nur durch langdauernde Vorgänge der Veränderung in der Generationenfolge statt, sondern durch Lernprozesse in horizontaler Weise. Mayntz (1995) weist daher mit Recht darauf hin, daß eine selektive Ausscheidungskonkurrenz und damit Umweltselektion vorwiegend durch Marktmechanismen stattfindet, die – soweit sie fehlen (z.B. durch das Sozialprinzip) – Bremsfaktoren einer solchen Selektion darstellen dürften.

Auch die Omnipotenz des **Differenzierungsprinzips** muß offenbar neu überdacht werden. Münch (1995) und Wagner (1996) haben neuerdings darauf aufmerksam gemacht, daß der Differenzierungsbegriff auch in der Evolutionstheorie überschätzt wird. Offenbar gibt es Funktionseinheiten sozialer Systeme, die nicht durch Differenzierung entstanden sind. Systemprozesse würden durch Elemente mitgesteuert, die von außen in die Funktionssysteme hineingetragen werden. Außerdem ließen sich in vielerlei Bereichen Prozesse der **Entdifferenzierung** beobachten. Trotz solcher Abweichungen gibt es jedoch starke Gründe, an der Differenzierungsthese zumindest im Sinne einer Trendaussage festzuhalten (Alexander 1982; Mayntz 1995).

*Prozesse der Entdifferenzierung*

Auch im Hinblick auf die mit der Differenzierungsthese verbundene Annahme einer steigenden Komplexität hat es Irritationen gegeben, weil damit die Vorstellung einhergeht, es gäbe eine der sozialen Evolution innewohnende Antriebskraft in Richtung Komplexität. In einem Gedankenexperiment läßt sich jedoch zeigen, daß die Steigerung von Komplexität auch ohne eine solche Antriebskraft erklärt werden kann. Nehmen wir an, Entwicklungstendenzen beginnen mit einem unteren Komplexitätsniveau und nehmen wir weiter an, daß bei jedem Entwicklungsschritt die Komplexität gleich bleiben, zunehmen oder abnehmen kann. Da der Komplexität nach „unten" hin Grenzen gesetzt sind – simplexer als simplex ist nicht möglich –, sie nach oben hin jedoch offen bleibt, wirkt sich dieser Prozeß so aus, daß die größte realisierte Komplexität die Tendenz hat, mit der Zeit anzusteigen.

*Komplexizitäts-steigerung*

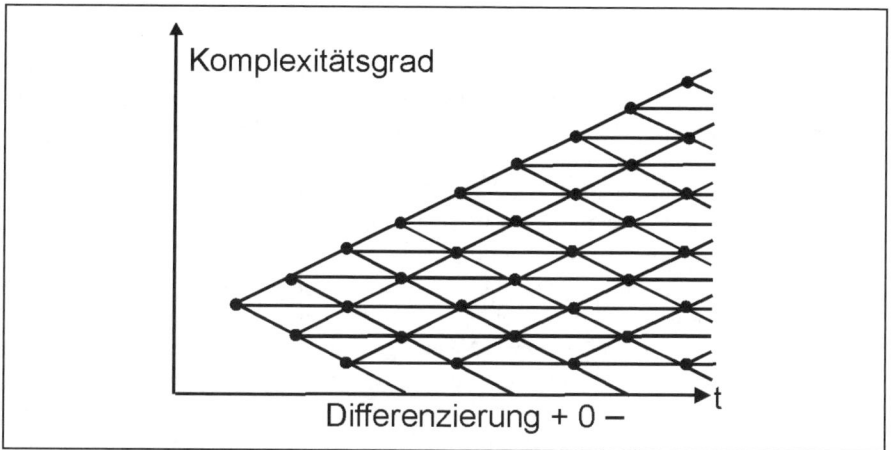

**Abb. 35:** Komplexitätsentwicklung im Zeitablauf

Ein Beispiel aus dem sozialen Bereich wäre eine Gemeinschaft, die insofern immer wohlhabender wird, als zwar bei den einzelnen Familien das Einkommen größer oder kleiner werden oder gleichbleiben kann, während das Spektrum der Einkommen jedoch immer breiter wird.

Nach dieser Vorklärung versuchen wir nun, zwei mittlerweile klassische Positionen zur Evolutionstheorie sozialen Wandels darzustellen, notgedrungen wiederum in stenographischer Kürze. Dabei folgen wir zunächst der Argumentationslinie von Parsons, der davon ausgeht, daß Komplexität für ein System vorteilhaft ist, und daß aus diesem Grund ein Selektionsdruck in Richtung höherer Komplexität auf das System einwirkt. Die Kernaussagen faßt Übersicht 49 auf der Folgeseite zusammen.

*Selektionsdruck in Richtung höherer Komplexität*

Diese abstrakte Entwicklungs-„Theorie" findet ihren systematischen Platz in der strukturell-funktionalen Systemtheorie (vgl. 3.2), hat jedoch darüber hinaus auch Eingang in verschiedene Konzepte der Modernisierungsforschung gefunden. Schon Ogburn (1922) begründete ja eine Tradition, in der Diskontinuitäten bzw. Disparitäten – hier im Sinne eines Nachhinkens des ideellen gegenüber dem materiellen System (cultural lag) – eine besondere Rolle spielen. Eisenstadt (1971), Smelser (1968)

*„cultural lag"*

(1) Damit Gesellschaften höhere Niveaus der Anpassungskapazität erreichen können, müssen sie sich **differenzieren** (Differenzierungsthese). Differenzierung erscheint als Mittel, die Autonomie, Effizienz und Flexibilität sozialer Strukturen zu steigern.

(2) Differenzierungsleistungen wirken zunächst als Störungen des systemischen Gleichgewichts, zumal Differenzierungstendenzen innerhalb des Systems unterschiedlich ablaufen werden, so daß **Diskontinuitäten** der Entwicklung die Folge sind.

(3) Re-integrierende Mechanismen sorgen für den Ausgleich dieser Spannungen und Diskontinuitäten, indem sie die Störung minimieren, den Ausgleich der unterschiedlichen Differenzierungstendenzen innerhalb der Struktur bewirken und somit das **Gleichgewicht** (auf höherer Ebene der Anpassungskapazität) wiederherstellen.

**Übersicht 49:** Parsons' Evolutionsperspektive

oder Heintz (1974) legen Modelle vor, die eine ähnliche Grundstruktur der Argumentation aufweisen; zentrale Begrifflichkeiten sind auch hier „systemisches Gleichgewicht", „Disparität einzelner Systemteile" sowie das „Differenzierungskonzept".

Dennoch sind die funktionalistischen Erklärungsversuche sozialen Wandels nicht sehr informativ (zur Kritik: Cancian 1960, Mayntz 1969). Abgesehen davon, daß diese „Theorie" mehr ein globaler Deutungsversuch als eine Formulierung nomologischer Hypothesen ist, kann sie lediglich einen bestimmten Typ sozialen Wandels erklären: nämlich denjenigen, der zu einem gedachten – operational wohl kaum fixierbaren – **Gleichgewicht zurückführt**. Dabei würde ein Blick auf die Entwicklung der biologisch-kybernetischen Systemtheorie zeigen, daß lediglich in gleichgewichtsnahen Zuständen *Fluktuationen* unterdrückt werden, während mit wachsender Entfernung vom Gleichgewicht kritische Werte auftreten können, die entweder zum Chaos führen oder aber völlig neuartige (sogar komplexere) Strukturen entwickeln. Auch dies zeigt wieder deutlich, daß die Annahme linearer Entwicklungen begrenzte Aussagekraft hat. Da die Entwicklungspfade chaostheoretisch nicht vorhersehbar sind, bleiben sie dem empirischen Zugriff weitgehend entzogen.

*Fluktuationen*

Während Parsons bei seinem Differenzierungsgedanken von einer ständigen Durchdringung der einzelnen Teilsysteme ausgeht – wir erinnern hier an den Begriff der Interpenetration im Sinne von Parsons und Münch – steht bei Luhmann eher der Gedanke einer weitgehend funktionellen Autonomie der Teilsysteme im Vordergrund. Diese These einer **funktionellen Ausdifferenzierung operativer Subsysteme** (z.B. Wirtschaft, Recht, Technik) ist allerdings nach unserer Auffassung eher als empirisches Problem zu relativieren: Art und Grad des Austauschs zwischen Teilsystemen sind empirisch zu ermitteln.

*Funktionelle Ausdifferenzierung operativer Subsysteme*

Nach Luhmanns erstem Systementwurf (vgl. 1971) bezieht sich Evolution auf die Organisierung der **Leistungsfähigkeit sinngesteuerter Selektionskriterien**, die die faktische Evolution von Systemen bedingen. Dabei sind drei Mechanismen angesprochen:

*Luhmanns Ansatz*

(1) die **Variation** als Überschuß von Möglichkeiten. Aufgrund der sinnverwertenden Eigenschaften sozialer Systeme übersteigt die Variationsbreite jedoch das fak-

tisch Vorliegende und bezieht im Sinne der Planung von Evolution auch das Mögliche mit ein. Dies transzendiert den biologischen Variations- bzw. Mutationsbegriff.

**(2)** die **Selektion** als sinnhafte Auswahl von Möglichkeiten aufgrund der Komplexität von Welt (vgl. 3.1.5) und den eingeschränkten Fähigkeiten des Menschen zu bewußter Erlebnisverarbeitung des allzu Komplexen. Diese Funktion wird durch Systembildung (Systemisierung, Komplexitätsreduktion) gewährleistet.

**(3)** die **Stabilisierung** als Etablierung bewährter Möglichkeiten (ähnlich der „pattern maintenance" bei Parsons) durch die Stabilisierung der Differenz zwischen System und Welt.

Auch hier gilt, was wir bereits bei der Erörterung der Systemperspektive Luhmanns (B 3) kritisch anmerkten: Hier wird eine „Supertheorie" angeboten, die kaum in falsifizierbare Hypothesen umgemünzt werden kann. Denn wir erfahren in dieser Theorie nicht, wann und unter welchen Bedingungen Selektions- und Stabilisierungsleistungen auftreten und unter welchen Voraussetzungen Komplexität in welcher Weise reduziert wird.

Noch inhaltsleerer wird die Analyse sozialen Wandels im Rahmen der Konzeption **autopoietischer Systeme** (Luhmann 1984). Im umgreifenden Sinne ließe sich der Prozeß des Systemwandels unter dem Aspekt der Autopoiesis als fortlaufende Selbstorganisation und rekursive Selbstproduktion beschreiben. Da das System unter diesem Aspekt auf sich selbst rückbezogen bleibt, entsteht auch hier das Problem, daß Sachverhalte mit sich selbst erklärt werden: Autopoiesis als tautologische Leerformel. Aber selbst wenn Ausschnitte des gesellschaftlichen Wandels als Prozesse der Selbstorganisation und Selbstproduktion beschrieben werden könnten, ist mit dem Begriff der Autopoiesis die gesamte Bandbreite der Wandlungsmechanismen einer Gesellschaft niemals abzudecken (vgl. Bühl 1987, 235).

*Autopoiesis und sozialer Wandel*

## 6.2.2 Konfliktorientierte Theorien sozialen Wandels

Konfliktorientierte Theorien sozialen Wandels haben mit den systemtheoretischen Ansätzen gemeinsam, daß sie oftmals gleichermaßen von **strukturellen Spannungen** ausgehen. Allerdings sind die Vorstellungen über den Ausgleich solcher Spannungen durchaus verschieden. Konflikttheoretiker sehen solche Spannungslinien nicht als vorübergehende Störung an, die quasi-automatisch einen Mechanismus zur Wiederherstellung der Harmonie betätigt. Der Konflikt ist hier vielmehr der Motor sozialen Wandels; unterschiedliche Auffassungen bestehen lediglich darüber, worin der Konflikt im einzelnen besteht und wo die verschiedenen Spannungslinien zu identifizieren sind.

*Konflikt als Motor des sozialen Wandels*

Der historische Materialismus geht vom bestimmenden Einfluß der gesellschaftlich vermittelten materiellen Verhältnisse auf das soziale Geschehen aus und erklärt die Ursachen sozialer Entwicklung einseitig aus dem jeweiligen Stand der Produktivkräfte (vgl. Tjaden 1970). Danach tritt eine neue Episode sozialer Revolution immer

*Historischer Materialismus*

dann ein, wenn auf einer gewissen Entwicklungsstufe die **materiellen Produktivkräfte** mit den **vorhandenen Produktionsverhältnissen** in Widerspruch geraten
(vgl. hierzu kritisch: 1. Kap. A 2; 2. Kap. B 4).

Die Ursache des gesellschaftlichen Wandels liegt demnach darin, daß die Produktivkräfte sich schneller ändern als die gesellschaftlichen Verhältnisse, die von Menschen
entsprechend der Entwicklungsstufe der materiellen Produktivkräfte – dies sind insbesondere die Eigentumsverhältnisse – eingegangen werden.

Im Sinne des **dialektischen Schemas der Entwicklung** führt dieses Spannungsverhältnis zum Klassenkampf. Ausgehend von der klassenlosen Urgemeinschaft (Frage:
Gab es diese wirklich?) entsteht durch (körperliche) Unterwerfung zunächst die Skla-
venhaltergesellschaft (Gegensatz: Sklave/Freier), sodann die feudalistische Gesellschaft (Gegensatz: Feudalherr/Leibeigener), darauf die kapitalistische Gesellschaft
(Gegensatz: Kapitalist/Lohnabhängiger) und schließlich als Endzustand die wiederum klassenlose sozialistisch-kommunistische Gesellschaft (Frage: Ist hier dann das
Gesetz der Dialektik aufgehoben?).

Die Macht- und Konfliktproblematik bildet auch das Zentrum zahlreicher weiterer
Theorien, die nicht unbedingt dem historischen Materialismus verpflichtet sind (z.B.
Mosca, Lenski, Dahrendorf). Die wichtigsten Fragestellungen sind dabei: Welchen
Einfluß hat Macht auf sozialen Wandel? Lassen z.B. die Mächtigen Wandlungen zu?
Unter welchen Bedingungen? In welchen Formen? In welchem Ausmaß können sie

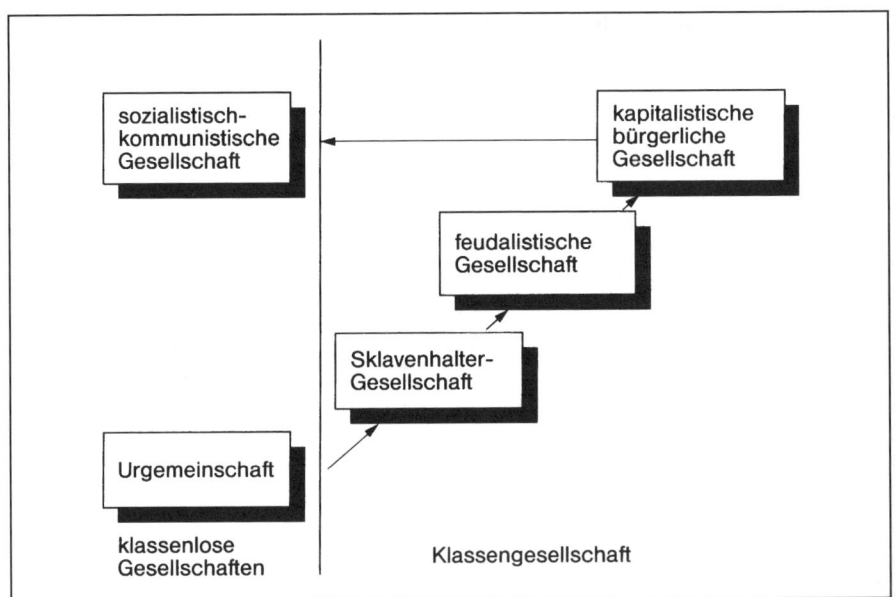

**Abb. 36:** Marxistische Vorstellungen der gesellschaftlichen Entwicklung (nach Reimann et al.
1984).

334

Wandel verhindern oder einleiten – an welchen Formen des sozialen Wandels sind sie selbst interessiert? Welchen Einfluß hat sozialer Wandel auf bestehende Machtstrukturen und jeweilige „Machthaber"? Treiben z.B. veränderte Sozialbeziehungen neue Eliten nach oben? Die Beantwortung solcher Fragestellungen ist gerade für eine politisch orientierte Soziologie von äußerstem Interesse, jedoch verbleiben die vorliegenden Konzepte meist innerhalb der Umklammerung ideologischen Vorurteils.

Von besonderem Interesse erscheint uns hierbei Lenskis Konzeption sozialen Wandels (1978, 1983). Lenski behauptet in seiner Theorie, die er als ökologisch-evolutionäre Analyse begreift, daß die grundlegenden Transformationen sozialer Struktur Ergebnis des Zusammenwirkens von **genetischen, umweltbedingten und technologischen Faktoren** seien, nicht dagegen das Ergebnis ideologischer Faktoren (z.B. Änderungen im Wertsystem) oder irgendeiner inneren Dynamik der sozialen Struktur selbst. Ein solches Konzept hat mit marxistischen Analysen zumindest gemeinsam, daß es sich als „materialistisches" Konzept begreift. Der Wandel von Wertsystemen etwa, auf den Vertreter einer mehr „idealistischen" Tradition so viel Wert legen – Wandlungen etwa im religiösen Bereich; das Auftreten neuer Ideologien –, sei nach dieser Auffassung mehr als Reflex, als Folge gegenüber den hier auftretenden strukturellen Problemen zu sehen.

*Lenskis Ansatz*

Da heute genetische und ökologische Bestimmungsfaktoren (vgl. B 1) in dem hier gemeinten Sinne vernachlässigt werden können, wird man technologischen Faktoren die größte Bedeutung beimessen müssen. In der Tat scheint Lenski einer **Art technologischem Determinismus** zuzuneigen: der Vorstellung nämlich, daß wesentliche Anstöße und Konfliktlinien letztlich durch neue Technologien ausgelöst werden, die erst sekundär soziale Auswirkungen entfalten. Auch wenn wir einer solchen Ein-Faktor-Theorie von vornherein skeptisch gegenüberstehen, so entspricht es durchaus der Alltagsbeobachtung, daß gesellschaftliche Veränderungen wesentlich durch Veränderungen des technologischen Systems mitbedingt sind. Wir brauchen dabei nur an die sozialen Umwälzungen im Zuge der Industrialisierung zu denken und haben uns angesichts aktueller Strukturveränderungen lediglich die Folgen der Mikroelektronik vor Augen zu halten, um zu sehen, daß technologische Herausforderungen einen wichtigen Stimulus für sozialen Wandel darstellen.

*Rolle der Technik*

Eine im dramatischen Sinn konflikttheoretische Perspektive bieten sogenannte Revolutionstheorien (z.B. Johnson 1964, Davies 1962, vgl. auch Gurr 1970). Hier geht es freilich um abrupten sozialen Wandel, nicht um Evolution, sondern um **Revolution**, im Sinne der Rebellion, des Aufstandes, des Bürgerkrieges etc. Für Johnson (1964) steht am Beginn des revolutionären Prozesses ein ungleichgewichtiges soziales System, genauer: eine Dissynchronisierung von Wertsystem und adaptiven Grundmustern. Systemische Ungleichgewichte (unterschiedlichster Art) sind überhaupt das Grundmuster systemtheoretischer Perspektiven zur Konfliktgenese und damit auch des sozialen Wandels durch Krisen (vgl. Bühl 1990).

*Revolutionärer Wandel*

Davies entwickelt demgegenüber eine eher sozialpsychologische Perspektive, die dem bereits beschriebenen Konzept der relativen Deprivation (Gurr 1970; Runciman

*Wert-Erwartungs-Ansatz*

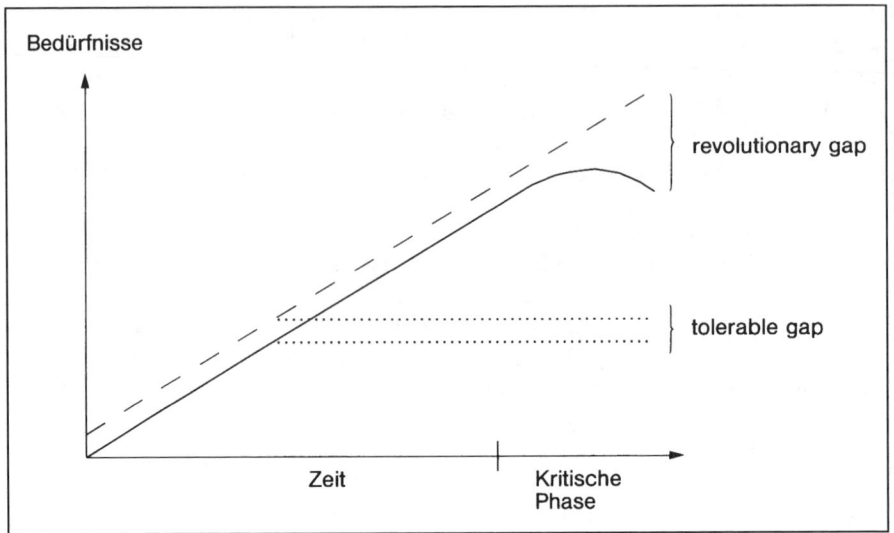

**Abb. 37:** Diskrepanz zwischen Erwartung (gestrichelt) und Erfüllung

1966) ähnelt. Die Theorie geht von einem Zusammenhang zwischen erwarteter Bedürfnisbefriedigung, tatsächlicher Bedürfnisbefriedigung sowie der **antizipierten Diskrepanz zwischen Erwartung und Erfüllung** aus. Wird diese Antizipation mit der Folge der Frustration eine Kollektiverscheinung, dann werden breite Bevölkerungsteile dazu veranlaßt, gegen die bestehenden Verhältnisse zu rebellieren.

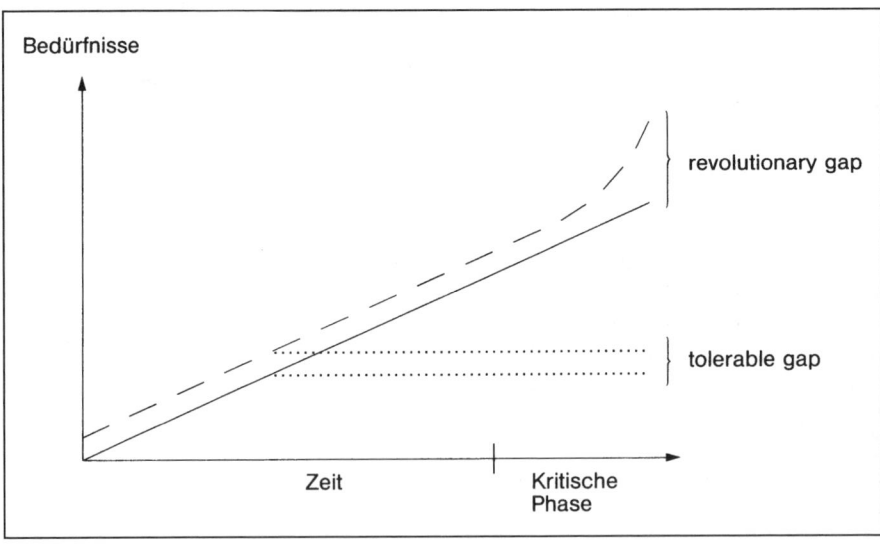

**Abb. 38:** Sprengkraft inflationärer Erwartungen

336

Das Modell beruht auf der Annahme, daß der tatsächlich erreichte Standard (z.B. die Versorgungslage eines Landes) gegenüber den erstrebten bzw. den erwarteten Zuständen ins Defizit gerät. Andererseits könnten jedoch auch Erwartungen gegenüber den tatsächlichen Möglichkeiten inflationieren (z.B. durch Ansteckwirkungen seitens anderer Länder, durch politische Versprechungen). Solche entfesselten Erwartungen sind dann gleichfalls ein Auslöser für soziale Unruhen oder Krisenerscheinungen.

Hier wird die Ebene strukturalistischer Erklärungen bereits verlassen, zugunsten einer Perspektive, die Erwartungen (und deren Enttäuschung) in den Vordergrund rückt. Eine Ableitung aus der Wert-Erwartungstheorie liegt nahe.

## 6.2.3 Verhaltensorientierte Perspektiven

Die dritte der hier herausgestellten Theorieströmungen versucht die vorwiegend strukturalistischen Perspektiven explizit zugunsten eines Paradigmas zu verlassen, das den **Menschen als Träger und Betroffenen** sozialen Wandels wieder in den Mittelpunkt der Analyse rückt. Es handelt sich also um eine Forschungsperspektive, die der Tradition des methodologischen Individualismus verpflichtet ist. So sieht etwa Boudon (1986) sozialen Wandel im Sinne von Verschiebungen aggregierter Effekte sozialen Handelns. Entscheidend ist hierbei wiederum die **Mikrofundierung** makrosoziologischer Aussagen, d.h. die Forderung nach einer Rückbindung solcher Erklärungen an soziales Handeln und damit an das Tun und Lassen konkreter Akteure (vgl. Mayntz 1995, 143). Ähnlich sieht Giddens (1984) den Wandel sozialer Strukturen durch Änderungen der „modalities of structuration" bedingt, die in Interaktionsprozessen der Handelnden gründen. Der **Strukturationsansatz** soll hierbei bewirken, die Dichotomie zwischen Statik und Dynamik zu durchbrechen und zugleich den Dualismus von Handeln und Struktur zu überwinden.

*Lerntheoretischer Ansatz*

Eine andere Sichtweise des gleichen Prozesses ist **lerntheoretisch** begründet. Der wichtigste lerntheoretische Beitrag stammt von Kunkel (1969). Grundannahme des von ihm ausgewählten Verhaltensmodells ist, daß die meisten Verhaltensweisen durch differentielle Verstärkung (vgl. A 1) gelernt werden, wobei die im Rahmen einer Gruppe oder Gesellschaft „erwünschten" Verhaltensweisen belohnt, andere nicht belohnt und wiederum andere bestraft werden. Dabei kann die Eigenart der sozialen Struktur danach differenziert werden, ob sie – gewissermaßen als diskriminativer Stimulus – die Auftretenswahrscheinlichkeit eines Verhaltens verstärkt oder ob dies nicht der Fall ist. Das hier gewählte Modell führt somit zu dem Schluß, daß, wenn Verhalten zu ändern ist, Änderungen zuerst bei den **Verhaltenskonsequenzen** auftreten müssen.

*Wandel durch verstärkende Konsequenzen*

So werde etwa eine Innovation dann akzeptiert und dann beibehalten, wenn sie in der Folge verstärkende Konsequenzen hat. Wenn man etwa in einem sozialen System Neuerungen einführen will, so könnte man zunächst Belohnungen für innovative Aktivitäten an die Führer oder Eliten verteilen, die wiederum ein Belohnungspotential besitzen, mit dem sie innovatives Verhalten der anderen Mitglieder des sozialen Sy-

337

stems belohnen. Werden beispielsweise Bemühungen um Erfolg und Auszeichnung im Rahmen des Sozialisationsprozesses nie verstärkt, so können sich keine diskriminierenden Stimuli für „Leistungsverhalten" herausbilden. Auch wird beispielsweise manuelle Arbeit von niemandem geschätzt, wenn sie von aversiven Stimuli begleitet ist, z.B. von Spott, und wenn die Erfahrung zeigt, daß Personen, die schwer arbeiten, die Früchte ihrer Arbeit weitgehend verloren haben. Manuelle Arbeit werde demnach lediglich dann häufiger auftreten, wenn die Bedingungen geändert werden, unter denen Arbeit stattfindet.

Die Theorie Kunkels hat sich im Rahmen der Erklärung wirtschaftlicher Entwicklungsströmungen als außerordentlich fruchtbar erwiesen. Allerdings läßt sich zeigen, daß der Informationsgehalt der Theorie erweitert werden kann, wenn man sich hier nicht lediglich einer behavioristischen Lerntheorie anvertraut, sondern auch die Prinzipien des kognitiven Lernens in die Analyse einbezieht (Wiswede 1983). Die Grundstruktur einer solchen Theorie könnte daher wie folgt aussehen:

---

**(1)** Menschliches Verhalten findet in einem je spezifischen sozialen Kontext statt: es ist kontextabhängig. Der soziale Kontext bestimmt weitgehend Umfang und Richtung von Lernprozessen. Diese Lernprozesse erfolgen gemäß den Mechanismen elementaren und komplexen Lernens (vgl. A 1).

**(2)** Nach Maßgabe dieser Kontextabhängigkeit werden solche Verhaltensweisen begünstigt, für die Personen (oder Gruppen von Personen) belohnende Konsequenzen erwarten (z.B. Zuwachs an Privilegien). Einige dieser Konsequenzen verändern die sozialen Strukturen, verändern damit auch wieder den Kontext für das Folgehandeln der Gesellschaftsmitglieder.

**(3)** Diejenigen Personen oder Gruppen haben den stärksten Einfluß auf sozialen Wandel (bzw. die Verhinderung sozialen Wandels), die über die größten Ressourcen (Macht) verfügen und/oder an strategischer Stelle fungieren und/oder die Modelle nachahmenswerten Handelns abgeben.

---

**Übersicht 50:** Ein lerntheoretisches Modell sozialen Wandels

*Ökonomischer Ansatz*

Der lerntheoretische Ansatz der Erklärung sozialen Wandels – zumal in der behavioristischen Version Kunkels – hat sehr viele strukturelle Gemeinsamkeiten mit der Perspektive, die die Vertreter des **Rational choice** an Entwicklungsprozesse herantragen. Danach werden sich mit fortlaufender Entwicklung (insbesondere im Rahmen der Modernisierung) solche Verhaltensweisen als überlegen durchsetzen, die (tendenziell) rational sind. Dieses Selektionsprinzip gilt nicht nur für die Entwicklung rationaler Verhaltensmuster, sondern auch für **Institutionen**. Solche Institutionen haben eine stärkere Überlebenschance, die am ehesten bestimmten Rationalitätsgeboten entsprechen (z.B. rationale Organisation, rationaler Markt, rationaler Haushalt, rationales Recht). Wir sehen hier nicht nur Parallelen zu Max Webers Vorstellungen zur kapitalistischen Entwicklung (vgl. im nächsten Kapitel), sondern auch zur funktionalistischen Perspektive im Hinblick auf Adaptabilität, bei der der Rationalitätsgedanke gleichfalls eine zumindest implizite Rolle spielt.

*Kontrolle: Realität oder Illusion?*

Unter handlungstheoretischem Aspekt dürfte es ferner nützlich sein, das Konzept der **Kontrollüberzeugung** in die Überlegungen einzubeziehen. Es geht um die Frage, ob

338

und inwieweit die beteiligten Individuen – insbesondere diejenigen, die sich in strategisch wichtigen Positionen befinden (z.B. change agents) – die Überzeugung haben, durch eigenes Einwirken Dinge verändern zu können (vgl. das handlungstheoretische Modell in A 1). Etzionis „aktive Gesellschaft" (1968) betont in diesem Sinne die Machbarkeit und Planbarkeit, während neuere Überlegungen zur Postmoderne oder zur reflexiven Moderne (Giddens, Beck) oder der figurationssoziologische Ansatz von Elias eher eine gewisse Resignation bekunden: Weitgehende Indeterminiertheit, unüberschaubare Nebenfolgen, neue Unübersichtlichkeit, Nicht-Linearität usw. würden die Spielräume aktiv-planenden Eingreifens in starkem Maße begrenzen. Aus dieser Sicht wären die auf subjektiver Ebene etwa vorhandenen Kontrollüberzeugungen eher **Kontrollillusionen**. Uns scheint jedoch diese resignative Haltung genauso einseitig und ideologisch wie die fortschrittsgläubige Ideologie der unbegrenzten Machbarkeit.

### Relevanz für den wirtschaftlichen Bereich

Die zuletzt herausgestellte verhaltenstheoretische Perspektive hat unseres Erachtens besonderen Erklärungswert im Hinblick auf Probleme des wirtschaftlichen Wachstums, insbesondere auch im Hinblick auf die Entwicklungsländerproblematik. Man muß deutlich sehen, daß Probleme des sozialen Wandels sehr eng mit dem Fragenkreis der wirtschaftlichen Entwicklung verbunden sind; aus diesem Grunde sind auch zentrale Theorien des sozialen Wandels (etwa die von McClelland oder Kunkel) in erster Linie als Modelle der wirtschaftlichen Entwicklung konzipiert, die dann als Theorien sozialen Wandels generalisiert wurden (vgl. im dritten Kapitel).

Daß gesellschaftliche Entwicklungsströmungen nicht nur im makrosozialen Zusammenhang – hier als allgemeine wirtschaftliche Entwicklung, als Wachstumsproblematik, als Planungsauftrag für sozio-ökonomischen Wandel – von Relevanz sind, sondern auch für den einzelwirtschaftlichen Bereich, braucht nicht besonders betont zu werden. So sind Wandlungen des gesellschaftlichen Klimas von besonderem Interesse für unternehmerische Entscheidungen. Pessimistische oder optimistische Zukunftserwartungen beeinflussen einen Großteil des unternehmerischen Handelns. Auch das Verbraucherverhalten bleibt eingespannt in solche Entwicklungstrends. Veränderte Verbrauchereinstellungen und Wertungen in diesem Bereich sind daher von entscheidender Bedeutung für künftige Absatzmöglichkeiten. Auch Wandlungen im Arbeitsbereich erscheinen von hier aus außerordentlich bedeutungsvoll für die Zukunft unserer Industriegesellschaft. Dabei ist es gleichermaßen wichtig, welche strukturellen Änderungen (z.B. als Konsequenz veränderter Arbeitsstrukturen im Gefolge neuer Technologien) oder aber welche Veränderungen von Werthaltungen auftreten (beispielsweise eine Veränderung des Arbeitsethos, eine zunehmende Privatisierung sowie eine Umwertung des Freizeitbereichs).

Obgleich uns also die Theorien des sozialen Wandels – vor allem wegen ihrer Abstraktheit – ein wenig enttäuscht haben: Probleme des sozialen Wandels sind von eminenter Bedeutung für den wirtschaftlichen Bereich. Dies trifft die Volkswirtschaft als Ganzes; es betrifft aber auch die einzelwirtschaftliche Perspektive: Jeder Betrieb hat den Blick nicht nur auf den engeren Kontext des eigenen Marktgeschehens zu werfen, sondern darüberhinaus ein Gespür für gesamtwirtschaftliche und damit auch gesamtgesellschaftliche Wandlungstendenzen zu entwickeln.

## Literaturempfehlungen

**Berger, J.:** Die Moderne – Kontinuitäten und Zäsuren. Göttingen 1986
**Boudon, R.:** Theories of social change. Cambridge/Oxford 1986
**Giddens, A.:** The consequences of modernity. Stanford/Cal. 1990
**Müller, H.-P., Schmid, M.:** Sozialer Wandel. Modellbildung und theoretische Ansätze. Frankfurt 1995
**Schmid, M.:** Theorie sozialen Wandels. Opladen 1982
**Strasser, H., Randall, S. C.:** Einführung in die Theorien des sozialen Wandels. Darmstadt/Neuwied 1979
**Wiswede, G., Kutsch, T.:** Sozialer Wandel. Darmstadt 1978
**Zapf, W. (Hg.):** Theorien des sozialen Wandels. Berlin/Köln 1969

## Kontrollfragen

1. Welche universellen Entwicklungstrends werden in der soziologischen Literatur behauptet?
2. Welche Verlaufsform gilt für a) die Bevölkerungsentwicklung, b) wirtschaftliches Wachstum, c) Saisonveränderungen, d) Wertewandel, e) technische Entwicklung, f) Rollendifferenzierung?
3. Worin bestehen die Grenzen der funktionalistischen Erklärung sozialen Wandels?
4. Haben die gängigen Theorien sozialen Wandels Antworten auf die Frage, welches die gesellschaftlichen Auswirkungen der Mikroelektronik sein werden?
5. Was haben Lernprozesse mit sozialem Wandel zu tun?
6. Stellen Sie zwischen „neuen Ungleichheiten" und „sozialem Wandel" Zusammenhänge her.

# Drittes Kapitel: Soziale Aspekte der Wirtschaft

# A. Wirtschaft als Teilbereich der Gesellschaft

## 1. Makro-Ebene: Die Wirtschaftsgesellschaft

### 1.1 Wirtschaft und Gesellschaft

### 1.1.1 Einbettung der Wirtschaft

Wirtschaftliche Bezüge im soziologischen Denken sind explizit oder implizit meist mitgedacht: bei Marx mit seiner Betonung des Ökonomischen, bei Weber mit seinen historischen Untersuchungen zur Entstehung und Entfaltung des Kapitalismus, bei Simmel mit seinen Überlegungen zum Tausch als Konstitutionsprinzip sowohl wirtschaftlicher wie auch gesellschaftlicher Prozesse, bei Durkheim mit seinen Studien zur Arbeitsteilung mit ihren Auswirkungen auf die gesellschaftliche Differenzierung.

Dennoch ist die Gegenüberstellung **„Wirtschaft und Gesellschaft"** konstitutiv für ein Programm besonderer Art (vgl. Granovetter 1985; Swedberg 1986; Granovetter/Swedberg 1992). Der analytische Fokus dieses Ansatzes ist weniger die Frage, wie Wirtschaft als Institution funktioniert und wie wirtschaftliches Verhalten erklärt werden kann. Vielmehr geht es um die folgenden Problembereiche (Heinemann 1987, 11):

*„Wirtschaft und Gesellschaft" als Paradigma*

- Wie gestaltet sich das Verhältnis der Wirtschaft zu anderen gesellschaftlichen Lebensbereichen?
- Welche Rolle spielt die Wirtschaft im Kontext gesamtgesellschaftlicher Prozesse?
- Welches sind die sozial relevanten Dimensionen ökonomischer Sachverhalte?

Die sog. **Neue Wirtschaftssoziologie** knüpft an die Sicht der Klassiker an und betont den Aspekt der **Einbettung** des wirtschaftlichen Geschehens in gesellschaftliche Zusammenhänge. Diese Sichtweise ist natürlich keineswegs „neu", sofern man sich an den Klassikern wie Karl Marx, Emile Durkheim, Max Weber oder Georg Simmel orientiert, für die die Verflechtung von Wirtschaft und Gesellschaft ohnehin ein zentrales Thema war. Die Neuformierung der Wirtschaftssoziologie (vgl. Himmelstrand 1992; Granovetter/Swedberg 1992; Swedberg 1993; Smelser/Swedberg 1994) war vielmehr als Gegenbewegung zur Dominanz neo-klassisch-ökonomischer Erklärungen wirtschaftlicher Tatbestände gedacht, wie sie im übrigen auch bei vielen Rational-choice-Theoretikern zu finden sind. Es geht in den neueren Ansätzen darum, alternative Erklärungsmodelle zu entwickeln, die die Besonderheit der Einbettung und der Vernetzung wirtschaftlicher Akteure in soziale und kulturelle Beziehungsmuster herausarbeiten. Dabei liegt das Augenmerk auf der Verknüpfung **ökonomischer Faktoren** (wie Nutzen oder Marktmechanismen) mit **sozialen Faktoren** (wie Werten, Institutionen, Machtkonstellationen, sozialen Netzwerken), die hierbei nicht als bloße Handlungsrestriktionen verstanden werden.

*Einbettung des wirtschaftlichen Geschehens*

## 1.1.2 Wirtschaft als System

*Wirtschaft als Subsystem*

Neuere Bestimmungen des Verhältnisses von Wirtschaft und Gesellschaft fassen die Wirtschaft als **Teilsystem der Gesellschaft** auf. Diese Sichtweise geht auf Polanyi (1978; Orig. 1944) zurück, der die Ausdifferenzierung der Wirtschaft aus dem Gesamtverband gesellschaftlicher Zusammenhänge als historischen Prozeß begreift. Innerhalb traditionaler Gesellschaftsstrukturen finden wir eine „embedded economy", die mit dem Aufkommen der „bürgerlich-kapitalistischen Marktökonomie" zunehmend aus dieser Einbindung herausgelöst wird (disembedded economy). Nach erfolgter Ausdifferenzierung der Wirtschaft als eigenständiges System komme es nun zu einer Art **umgekehrter Kolonialisierung** der Gesellschaft durch das übermächtig werdende System Wirtschaft: Auch die Gesellschaft gestalte sich nach ökonomisch geprägtem strukturellen Muster: Waren zuvor die wirtschaftlichen Beziehungen in soziale Beziehungsnetze eingebettet, so sind nunmehr die sozialen Beziehungen in das Wirtschaftssystem integriert (vgl. Polanyi 1978). Dieser imperialistische Zugriff auf die gesellschaftliche Dimension hat bei Polanyi – ähnlich wie auch Habermas' verwandte Theorie von der Kolonialisierung der Lebenswelt durch die Übermacht rationaler Systeme – sozialkritische Züge: die Verformung der Gesellschaft nach Maßgabe der Marktgesetze, die „Kommodifizierung" der Güter, d.h. die Verwandlung der Güter in eine „Warenwelt", die Infiltration „ökonomischer" Einstellungen und Werthaltungen auf viele oder gar alle Lebensbereiche (Dies wäre auf der Meta-Ebene sicherlich ein willkommener empirischer Hinweis für den „ökonomischen Ansatz" in der Soziologie, der gleichermaßen imperialistische Ansprüche geltend macht).

*Einbettung der Wirtschaft*

*„Kommodifizierung"*

Weniger an sozialhistorischen und sozialkritischen, sondern eher an integrativ-systemtheoretischen Aspekten interessiert ist die mittlerweile klassische Studie von Parsons/Smelser (1956, 1972; vgl. auch Martinelli/Smelser 1990). Ausgangspunkt ist zunächst das uns bekannte **AGIL-Schema** (vgl. 2. Kap. B 3) sowie die diesen Funktionen zugeordneten Teilsysteme:

*Funktion der Teilsysteme*

- für den **Wertebereich** das kulturelle Teilsystem mit der Funktion der Bewahrung und Aufrechterhaltung allgemeiner Wertemuster (latency).
- für den **Normenbereich** das soziale Teilsystem mit der Funktion der Integration sozialer Handlungen (integration).
- für den **Zielbereich** das personale Teilsystem mit der Funktion der Motivbildung und Zielorientierung (goal attainment).
- für den **Mittelbereich** das organische Teilsystem mit der Funktion der Anpassung von Mitteln und Ressourcen an die Umwelt (adaptation).

*Systemdifferenzierung*

Die Besonderheit der weiteren Systemdifferenzierung ist nun, daß jedes dieser Teilsysteme seinerseits wiederum die vier Grundfunktionen (AGIL) erfüllen muß (Abb. 39).

Dies geschieht auf dem Wege weiterer Systembildung, wobei Wirtschaft als Subsystem der Gesellschaft angesehen wird: desjenigen Subsystems, das vorwiegend mit der Aufgabe der „adaptation" betraut ist (daneben steht z.B. für G das politische Subsystem). Auch unterhalb dieser Ebene kommt es wieder zur Ausdifferenzierung von

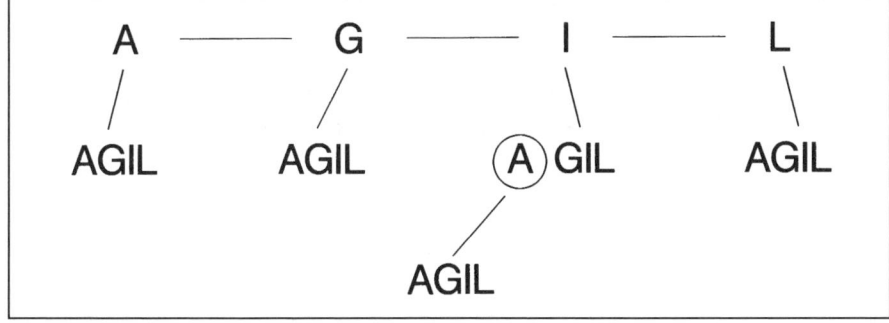

**Abb. 39:** Wirtschaftsrelevante Systemdifferenzierung

vier Subsystemen (nach dem gleichen Muster): A bezeichnet (auf dieser dritten Ebene) das ökonomische Subsystem der Kapitalbildung, G kennzeichnet das Subsystem der Produktion und Distribution, I steht für die ökonomischen Faktorkombination im Rahmen organisatorisch-unternehmerischen Handelns und L charakterisiert das ökonomische Subsystem der Erhaltung und Förderung physischer und psychischer Ressourcen und Handlungsantriebe.

Sicherlich dient ein solch differenziertes Schema der systematischen Orientierung und erfüllt damit gewisse heuristische Funktionen. Auch wird durch das hier verfolgte Prinzip der Über- und Unterordnung innerhalb verschiedener Systemebenen die systemische Verflochtenheit sowie der funktionale Bezug bestimmter Strukturen und Handlungen sichtbar. Dennoch bleibt das ganze Gerüst recht formal und einem für Parsons insgesamt typischen „Kästchen-Denken" verpflichtet. Die Fruchtbarkeit eines solchen Ansatzes steht und fällt mit der Möglichkeit, mittels dieses Kategorienschemas auch empirisch einlösbare Aussagen machen zu können. Dies erscheint im Rahmen des Ansatzes von Parsons und Smelser am ehesten bei der Analyse der verschiedenen Interdependenzen zwischen den gesellschaftlichen Teilsystemen gelungen, wenngleich auch hier die taxonomiegeleitete Analyse empirisch oft nicht weiterverfolgt wird. *Inter-dependenzen*

Der dritte „moderne" Versuch einer systemtheoretischen Einbettung des Verhältnisses von Wirtschaft und Gesellschaft stammt von Luhmann (1987). Luhmann schließt hierbei an seiner Auffassung der Gesellschaft als eines „autopoietischen Systems" an, die wir bereits im Hauptteil kurz vorgestellt und kritisiert hatten (vgl. 2. Kap. B 3). Auch die Wirtschaft ist nach Luhmann ein soziales System; auch sie besteht demnach aus „Kommunikationen" als zentralen Elementen. Diese sind allerdings speziell durch das **Kommunikationsmedium Geld** inszeniert: dadurch, daß sich mittels Geld eine bestimmte Art kommunikativen Handelns systematisieren läßt, nämlich **Zahlungen**. Ein funktional ausdifferenziertes Wirtschaftssystem liegt also dann vor, wenn wirtschaftliches Verhalten sich an Zahlungen orientiert. Das eigentlich wirtschaftsimmanente Medium ist folglich nach Luhmann das Geld; die Entsprechung auf der Handlungsebene sind „Zahlungen". Da auch dieses System als autopoietisch *Wirtschaft als autopoietisches System*

345

angesehen wird, sind Zahlungen dann auch jene Elemente des Systems Wirtschaft, die dieses System ständig produzieren und reproduzieren muß. „Aufgrund ihrer monetären Zentralisierung ist die Wirtschaft heute ein streng geschlossenes, zirkuläres, selbstreferentiell konstituiertes System insofern, als sie Zahlungen vollzieht, die Zahlungsfähigkeit (als Gelderwerb) voraussetzen und Zahlungsfähigkeit schaffen" (Luhmann 1987, 103).

*„Zahlungen" als kommunikatives Handeln*

Auch bei diesem medientheoretischen Ansatz fällt wieder die essentialistische Bestimmung des „Wesens" der Wirtschaft auf, die wir bereits bei der Erörterung des Luhmannschen Systemansatzes kritisierten und die einer analytisch-empirischen Erfassung sozialer und wirtschaftlicher Systeme im Wege steht (und die sie wohl auch nicht beabsichtigt). Denn wenn man Wirtschaft als ein sich auf der Grundlage von Zahlungen selbst reproduzierendes System begreift, kann man systemtheoretisch nur versuchen, dieses System – nach Münchhausens Art – aus sich selbst heraus zu erklären (vgl. Türk 1987, 54). Wer also die hier verfolgte System-Metaphysik und die darin beschlossene spezifische Wissenschafts- und Erkenntnistheorie nicht mitvollziehen will, kann aus Luhmanns Ansatz eigentlich nur einen Definitionsvorschlag entnehmen: eine **definitorische** Abklärung, was Wirtschaft als System ausmacht. Selbst auf diesem Boden führt Luhmanns Perspektive zu einer ausgesprochen monetaristischen Sicht (vgl. Fürstenberg 1988; Türk 1987). Wirtschaften ohne entwickeltes Geldsystem (z.B. reine Tauschwirtschaften, alternative Ökonomien) wären dann aus dem Bereich der Wirtschaft auszuklammern, definitorisch dem Zugriff des Forschers verschlossen.

*Monetarische Sicht*

Bei Luhmann hat sich also die systemtheoretische Perspektive vollends in eine unfruchtbare Sackgasse begeben (vgl. auch die diesbezügliche Kritik von Münch 1990 sowie Offe 1990). Dies hängt nicht in erster Linie damit zusammen, daß diese Sichtweise fremdartig und für Ökonomen in keiner Weise nachzuvollziehen ist, sondern mit ihrer **empriefernen Perspektive**, die den Boden längst unter den Füßen verloren hat (vgl. unsere Kritik im 2. Kap. B 3) und wohl auch nicht mehr sucht.


## 1.2 Entwicklung der Industriegesellschaft

### 1.2.1 Phasen der Entwicklung

Wir befassen uns einleitend mit einigen Prozessen, die zum gegenwärtigen Zustand unserer Wirtschaftsgesellschaft geführt haben. Entscheidend ist hier der Vorgang der **Industrialisierung**, den wir als besonderen Fall **sozialen Wandels** (vgl. B 6 des vorigen Kapitels) ansehen (vgl. hierzu und zu folgendem: Kutsch/Wiswede 1986 sowie Wiswede/Kutsch 1978).

*Industrialisierungsprozeß*

Unter Industrialisierung versteht man üblicherweise den Übergang von einer vorwiegend durch landwirtschaftliche Produktion und Handarbeit getragenen agrarischen Gesellschaft zu einer auf maschineller und fabrikmäßiger Produktion beruhenden Industriegesellschaft, wobei es sich um einen langfristigen, diskontinuierlichen Prozeß beschleunigten Wachstums handelt, der gleichzeitig mit einem tiefgreifenden Strukturwandel verbunden ist (vgl. hierzu Zündorf 1981, 213). Diese Diskontinuität wird gelegentlich mit dem Ausdruck „industrielle Revolution" wiedergegeben, die natürlich nicht mit einer politischen Revolution verglichen werden kann; in diesem Sinne ist „industrielle Revolution" sehr wohl eine Evolution, wenn auch mit verschiedenen „Quantensprüngen".

Im Zusammenhang mit der Frage der Industrialisierung sind die folgenden Themenkreise relevant:

- die wichtigsten Voraussetzungen oder Vorbedingungen der Industrialisierung;
- die wesentlichsten Ursachen der Industrialisierung;
- die einzelnen Phasen des Industrialisierungsprozesses;
- die Rolle des Staates im Industrialisierungsprozeß;
- die wichtigsten Konsequenzen der Industrialisierung;
- die Problematik der Industrialisierung von Entwicklungsländern.

Die wichtigsten Voraussetzungen des Industrialisierungsprozesses dürften in folgenden Bereichen liegen: *Vorbedingungen der Industrialisierung*

– **politische Vorbedingungen**, z.B. die französische Revolution mit der Folge der Zerstörung der alten feudalen Gesellschaftsordnung und der damit gegebene Aufstieg des Bürgertums (vgl. Nisbet 1969);
– **ökonomische Vorbedingungen**, insbesondere ein Mindestmaß an Effizienz in einigen zentralen Sektoren der vorindustriellen Wirtschaft (Infrastruktur, angemessenes Angebot an Arbeitskräften, aufnahmefähige Märkte usw.), so daß sich das Potential der Industrialisierung entfalten kann;
– **kulturelle Vorbedingungen**, insbesondere die Kompatibilität der bestehenden Wertsysteme mit den Ansprüchen und Zielsetzungen des industriellen Systems, sowie die Bereitschaft zu neuen Wertorientierungen, die der neuen Produktionsform angemessen sind.

Es ist im einzelnen schwierig, zwischen Voraussetzungen und Ursachen des Industrialisierungsprozesses zu unterscheiden. Wiswede und Kutsch (1978, 37 f.) sehen mindestens die folgenden Antezedenzbedingungen, die diesen Prozeß initiiert haben: *Ursachen der Industrialisierung*

– die **Persönlichkeitsauffassung** der vorreformatorischen im Gegensatz zur calvinistischen Version des Christentums und deren Aufwertung von Beruf, Arbeit und Leistung als „gottgefälliges Werk";
– Veränderung der **vorherrschenden Philosophie**, insbesondere die veränderte Persönlichkeitsauffassung der Renaissance und der Aufklärung;
– **rationale Staatsverwaltung** und merkantilistische Volkswirtschaft mit der Folge der Machtkonzentration in Verbindung mit einem konkurrierenden Pluralismus der europäischen Staaten;
– **demokratische Revolutionen** in England und Frankreich sowie die damit verbundene politische Freisetzung von Initiative und Mobilität der Bevölkerung;

- **kumulative Innovationen** im technischen Bereich, „Schlüsselerfindungen" und deren Einführung auf breiter Front (z.B. die Erfindung des mechanischen Webstuhls und insbesondere die Erfindung der Dampfmaschine) sowie dadurch ermöglichte neue Organisationsformen, z.B. die Fabrik als angemessene Betriebsform;
- die **Aufwertung von Arbeit und Beruf** durch die mittelalterliche Kaufmanns- und Handwerkerschaft sowie der Kampf um persönliche Freiheit und Berufsverbandsfähigkeit.

Die Auflistung dieser „Faktoren" oder „Hintergründe" ließe sich sicherlich fortsetzen. Jedenfalls wird sichtbar, daß die westliche Industrialisierung keinem monokausalen Erklärungsmuster folgt, sondern einem höchst komplexen Bedingungsgefüge unterschiedlicher Faktoren und historischer Konstellationen unterworfen war.

*Webers Kapita-*
*lismus-These*

Die bisher vorgelegten theorieorientierten Konzepte unterscheiden sich in ihrem Allgemeinheitsgrad. Max Webers Erklärungsskizze (1965) sieht zwei Hauptfaktoren der Entwicklung zum Kapitalismus: die Entwicklung des **rationalen, berechenbaren Rechtssystems** (kalkulierbares Recht) sowie eine nicht-dualistische **universalistische Ethik** (nicht-dualistisch bezieht sich hier darauf, daß die Unterschiede zwischen Binnenmoral, z.B. zwischen Verwandten und Außenmoral, wo alles erlaubt ist, schwinden). Die Hintergrundbedingung für die Entwicklung der nicht-dualistischen Ethik einerseits und der Ratio des Kapitalismus ist die puritanische Ethik und die hierin wurzelnde innerweltliche Askese. Weber macht deutlich, daß im Protestantismus, zumal in den extremeren Formen des Calvinismus oder Puritanismus, wirtschaftliche Arbeit ein „gottgefälliges Werk" sei, Leistung und Erfolg in der diesseitigen Welt als Indikator auch für die jenseitige Welt gelte: materieller Erfolg gewissermaßen als Eintrittskarte in das Paradies. Die Erfüllung innerweltlicher Pflichten wird zum legitimen Mittel, gottgefällig zu leben, und der materielle Erfolg solchen Handelns gilt als göttlicher Gunstbeweis.

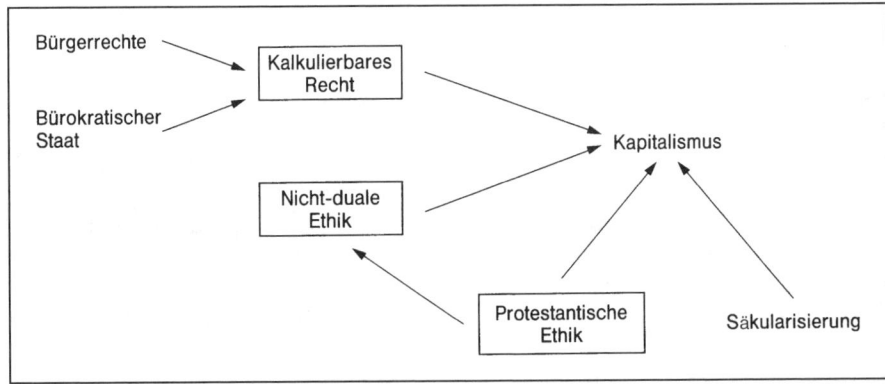

**Abb. 40:** Webers Erklärungsskizze der Entstehung des Kapitalismus

McClelland (1961) legt eine Verallgemeinerung des historisch eingebundenen Modells von Weber vor. Er unterstreicht, daß nicht nur protestantisch orientierte Verhaltensweisen wirtschaftlichen Erfolg begünstigen, sondern daß verschiedene Anfangs- *McClellands* bedingungen zu hoher Leistungsmotivation führen können. Die zentrale These ist, daß *Sozialisations-* protestantischer (puritanischer) Glaube nur dann Kapitalismus hervorbringe, wenn er *modell* zu bestimmten **Erziehungsstilen** führe und wenn diese Sozialisationstechniken zu verstärkter Leistungsmotivation und folglich zu mehr Wirtschaftswachstum Veranlassung geben. Entscheidend sind demnach leistungsstimulierende Erziehungsstile, die jedoch auch anders als durch protestantische Werte initiiert werden können. Ergänzend ist darauf hingewiesen worden, daß der Umstand eine Rolle spielt, ob und in welchem Ausmaß die Handelnden bestimmte Ergebnisse ihren eigenen Anstrengungen zuschreiben („mastery complex": der Glaube, die Umwelt aktiv und selbstverantwortlich ändern zu können) oder ob sie annehmen, ihre eigene Umwelt nicht kontrollieren zu können (geringe Effizienzerwartung im handlungstheoretischen Modell).

Eine neuere Bestandsaufnahme der vorliegenden empirischen Forschungen zu diesem Erklärungsansatz (Lea et al. 1987) zeigt nur schwache und keineswegs konsistente Korrelationen zwischen projektiven Leistungsmaßen und wirtschaftlichem Er- *Empirische* folg, auch im Entwicklungsländerbereich. Auch ist weitgehend ungeklärt, wieso die *Belege* Erhöhung des Leistungsbedürfnisses einiger relevanter Personen ausgerechnet zu jener spezifischen Form des Leistungsverhaltens (nämlich Kanalisierung in unternehmerische Zielsetzungen) geführt hat. Und schließlich bleibt weitgehend ausgeklammert, ob die Entwicklung der Leistungsmotivation als Ursache wirtschaftlicher Entwicklung oder aber als deren Folge angesehen werden muß.

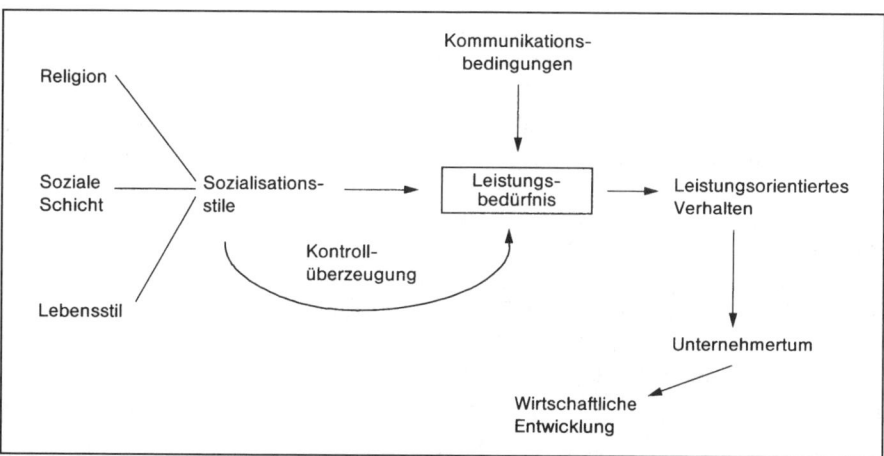

**Abb. 41:** McClellands Erklärungsskizze wirtschaftlicher Entwicklung

Auf einer noch höheren Allgemeinheitsstufe steht die Theorie wirtschaftlicher Entwicklung von Kunkel (1970), die uns bereits als allgemeines Modell der Erklärung sozialen Wandels beschäftigt hat (vgl. 2. Kap. B 6). Wie erinnerlich, schließt Kunkel *Lerntheoreti-* daß wirtschaftliche Entwicklung durch systematische Änderung der Faktoren begün- *scher Ansatz* stigt wird, die zum Aufbau neuer und zum Abbau alter Verhaltensweisen beitragen.

Das von ihm als zentral angesehene Verstärkungsprinzip weist also darauf hin, daß bei jedem wirtschaftlichen Wandel Änderungen zunächst bei den **Verhaltenskonsequenzen** auftreten müssen. Allerdings bleiben hierbei die entscheidenden Randbedingungen, die die Verschiebung solcher Verstärkungskontingenzen erklären können, ausgeblendet. Zwar verfügen wir mit Kunkels Ansatz (mitsamt der möglichen Ergänzungen durch kognitive Konzepte und durch Einbeziehung der Theorie des Modell-Lernens) über ein hinreichend allgemeines Schema, wie wirtschaftliche Entwicklung sich durch sukzessive Lernprozesse vollzieht, doch erfahren wir wenig über die Beschaffenheit des „neuen Lernmilieus" und dessen eigentliche Ursachenkonstellationen.

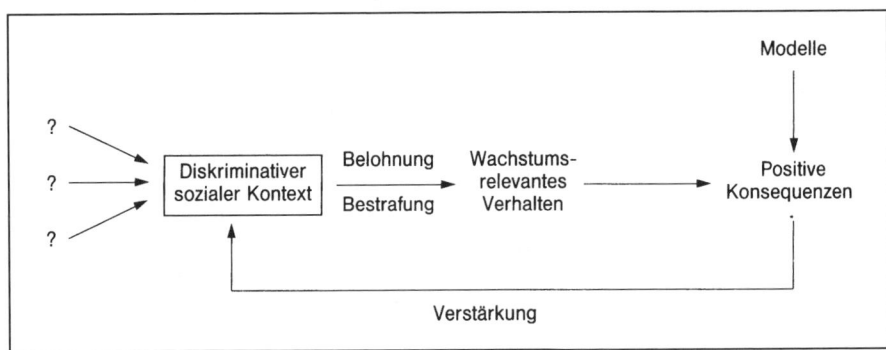

**Abb. 42:** Kunkels Ansatz zur Erklärung wirtschaftlicher Entwicklung

*Phasen-*
*„theorien"*

Vielfach sind zur Beschreibung des Industrialisierungsprozesses **„Phasentheorien"** vorgeschlagen worden. Ein prominentes Beispiel ist hier etwa Rostow (1966): Angelpunkt seiner Analyse ist vor allem die im vorigen Abschnitt besprochene Phase des „take off": des eigentlichen wirtschaftlichen Aufschwungs. Diese Phase sei erreicht, wenn ein „sich selbst erhaltendes Wachstum" gesichert ist.

Andere Phasentheorien sind Ableger und Varianten der Dichotomien oder Trichotomien sozialen Wandels, z.B. die Stufenfolge „vorindustriell-industriell-postindustriell" (Bell), „traditional-transitional-modern" (Lerner) oder „civilisation primaire-secondaire-tertiaire" (Fourastié) oder bestehen in der Anwendung der „pattern variables" (Parsons) auf Entwicklungsprozesse, wobei die Entwicklungsrichtung so gesehen wird:

| **traditional** (vorindustriell) | | **modern** (industriell) |
|---|---|---|
| Affektivität | ⟶ | affektive Neutralität |
| Kollektivbezogenheit | ⟶ | Selbstbezogenheit |
| Partikularismus | ⟶ | Universalismus |
| Zuschreibung | ⟶ | Leistung |
| Diffusität | ⟶ | Spezifität |

Allerdings scheint das evolutionistische Paradigma allzusehr dem Gedanken **linearer** **Entwicklungsprozesse** verpflichtet. Dieses „lineare Paradigma" ist angesichts zahlreicher Anomalien – z.B. Prozesse der Entdifferenzierung und der Funktionsverschmelzung, Wiederbelebung askriptiver Tendenzen beim Statuserwerb – längst brüchig geworden. Auch die Vorstellungen des „step-by-step" (necessary-condition-model) – man müsse erst eine bestimmte Entwicklungsstufe erreichen, um die nächste vollziehen zu können – sind durchaus fragwürdig geworden. Dies zeigt sich deutlich am Auftreten „abweichender" Fälle, z.B. Japan, das von einer agrarisch-feudalen Ausgangslage ohne erkennbare „ordentliche" Zwischenschritte zu einer „modernen" Industriegesellschaft wurde, die gleichwohl von traditionalen Strukturen abgestützt wird. Umgekehrt scheinen Prozesse der Spezialisierung und Individualisierung zwar wirtschaftliches Wachstum einzuleiten, können jedoch mit fortschreitender Entwicklung zu dysfunktionalen Entwicklungen werden.

*Zweifel an der Linearität*

Für die historische Entwicklung der westlichen Gesellschaft ist das Konzept von Fourastié aufschlußreich, weil es die **sektoralen Verschiebungen** der Erwerbspersonen demonstriert und gleichzeitig eine Entwicklungshypothese mit Blick auf die Zukunft enthält (vgl. auch bereits C. Clark 1940). Ausgangspunkt ist die Feststellung, daß der vorwiegend agrarische (primäre) Wirtschaftssektor an Bedeutung verloren habe, zunächst wegen eines Ansteigens des sekundären Sektors (industrielle Produktion), der sich gleichfalls einem Sättigungspunkt nähere, während unsere gegenwärtige Gesellschaft durch ein Dominieren des Dienstleistungsbereichs (tertiärer Sektor) gekennzeichnet sei. Ein Blick auf die gegenwärtige Entwicklung der Erwerbsstruktur (vgl. Abb. 43) zeigt in der Tat, daß diese Verschiebung immer noch stattfindet.

*Sektorale Verschiebungen*

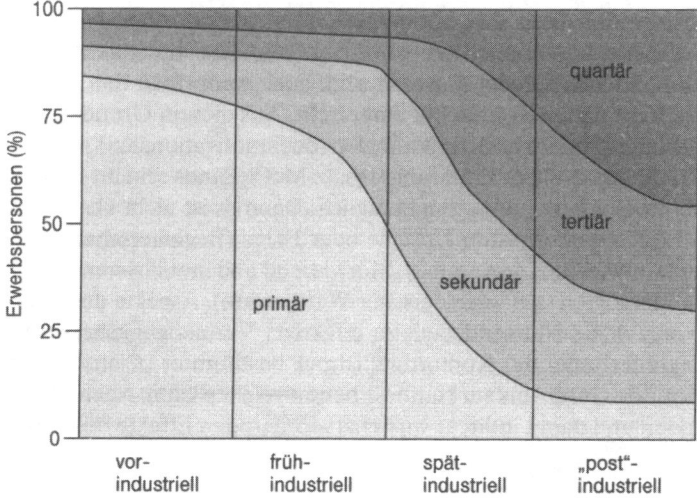

*Verschiebungen der Erwerbsstruktur*

**Abb. 43:** Sektorale Verschiebung der Erwerbspersonen in der Industriegesellschaft

351

*Quartärer*
*Sektor*

Die Statistiken sind hier oft ein wenig problematisch, da der Begriff „Dienstleistungen" in unterschiedlicher Weise verwendet wird. Auch wird gelegentlich zusätzlich ein **quartärer Sektor** (bei Bell 1975 sogar ein quintärer Sektor) unterschieden. Diese Begriffe werden uneinheitlich benutzt; im allgemeinen versteht man unter dem quartären Bereich den Sektor der Verarbeitung und Verbreitung von Information und Wissen, Analyse und Forschung, Koordination und Kontrolle (vgl. Dicken/Lloyd 1984).

*Postindustrielle*
*Gesellschaft*

Mit Blick auf das Anwachsen des tertiären Sektors wird vielfach von **postindustrieller Gesellschaft** gesprochen (Bell 1975; Touraine 1972). Bell und Touraine gehen davon aus, daß in der postindustriellen Gesellschaft die Akkumulation von Kapital nicht mehr die entscheidende Antriebskraft ist, sondern die soziale Organisation des Erwerbs und die Verbreitung von **Wissen und Information**. Die neue Triebfeder des Fortschritts sei demnach die Wissensproduktion.

*Grenzen der*
*Tertiarisierung*

Die Rede von der postindustriellen Gesellschaft mag allerdings insofern ein wenig voreilig sein, weil gerade der Ursprungsort der Wissensproduktion eben jener sekundäre Sektor ist, den man hier einer „überholten Phase" zuordnet. Das zunehmende Schwergewicht des Tertiärsektors könnte man nämlich „auch als Industrialisierungsprozeß sui generis auffassen, um so mehr, als die hierbei angewendeten Produktionsmethoden, Organisationsformen und sozialstrukturellen Anpassungen durchaus den Grundlinien bisheriger Rationalisierungsprozesse folgen" (Fürstenberg 1977, 219). Ein wichtiger Aspekt scheint uns der zu sein, daß gerade die bedeutsamen Züge jener angeblich postindustriellen Gesellschaft durch die Erweiterung und Differenzierung des industriellen Systems charakterisiert sind und von ihm seine Prägekraft beziehen. Auch die postindustrielle Gesellschaft kann nicht durch Ent-Industrialisierung erreicht werden (Etzioni 1983; Bühl 1984); sie setzt vielmehr die volle Entfaltung des industriellen Systems voraus. Die Gesetzmäßigkeiten des Postindustriellen werden **industriell** bestimmt; Etzioni und Kahn sprechen daher von einer „Re-Industrialisierung", Kern und Schumann (1984) von einer „Neo-Industrialisierung" (vgl. auch Kutsch/Wiswede 1986). Die **Neo-Industrialisierung** infiltriert dabei auch den tertiären Sektor, an dem der technische Fortschritt – Rationalisierung durch Mikroelektronik zumal – zunächst schlecht angreifen konnte. Diese Rationalisierungsresistenz wird zusehends brüchig, so daß für die hier Beschäftigten künftig die größten Freisetzungsquoten anfallen werden. War der sich aufblähende tertiäre Sektor bisher das Auffangbecken für freigesetzte Arbeitskräfte im sekundären Bereich, so ist künftig nicht zu erwarten, daß dauerhaft expansive Beschäftigungsbereiche – etwa im quartären Sektor – erschlossen werden können (vgl. die Ausführungen über neue Produktionstechniken in Abschn. B 1.1).

*Neo-Industriali-*
*sierung*

## 1.2.2 Probleme der Entwicklungsländer

*Besonderheiten*
*der Entwick-*
*lungsländer*

Die historische Besonderheit der kapitalistischen Entwicklung in den westlichen Ländern ist auf die Entwicklungsländerproblematik nicht übertragbar. Dies gilt einmal für die strukturellen Ausgangsbedingungen wie auch für die den Aufschwung tragende Motivationsbasis. Die puritanische Ethik als ein möglicher Auslöser – so wie sie Max Weber beschrieben hat – dürfte ein singuläres Ereignis hauptsächlich für die nordeuropäischen Länder gewesen sein, auch wenn man den „Export" dieser Ethik in die Vereinigten Staaten mit einbezieht. Aus diesem Grunde müßte man in den Entwicklungsländern nach funktionalen (oder motivationalen) Äquivalenten suchen. Auch der generellere Erklärungsansatz McClellands scheint für die Entwicklungsländerproblematik nur bedingt tauglich. Denn es ist nicht klar, ob die Entstehung von Leistungsmotivation Ursache oder Folge (Begleiterscheinung) der wirtschaftlichen Entwicklung gewesen ist. Motivierend und mobilisierend wirken freilich bestimmte Ideologien (z.B. ideologischer Wettbewerb), Aspekte des Nationalismus (z.B. die vorgebliche Notwendigkeit zu effektiver Verteidigungsbereitschaft gegen äußere Angreifer) oder der Konformitätsdruck bestimmter „Clans" (so etwa in Japan), der ein Wir-Gefühl bis zur Nation-Ebene bewirken kann. Auch wird auf die disziplinierenden und damit indirekt wirtschaftsfördernden Effekte des militärischen Umfeldes hingewiesen: „Zur Vorbereitung des Industrialismus ist militärische Ausbildung nach preußischem Muster jedenfalls weit nützlicher als calvinistische Glaubenssätze es noch im günstigsten Falle sein können" (Dahrendorf 1965, 68). Freilich hat dies oft eine Verlagerung des Wachstums in den militärischen Bereich zur Folge, mit recht zweifelhaften Auswirkungen auf den eigentlich produktiven Sektor (vgl. die frühere UdSSR).

*Funktionale Äquivalente*

Entscheidend ist, daß für die **Entwicklungsländer** ganz andere Rahmenbedingungen gelten als für den historisch in Zentraleuropa ablaufenden Prozeß. Da gibt es unterschiedliche strukturelle und individuelle Voraussetzungen, überlagert von Prozessen der Diffusion und Akkulturation, wie sie im Rahmen des Kulturkontaktes auftreten. Da gibt es ferner die wichtige Rolle der Eliten, die als Agenten sozialen Wandels fungieren, diesen jedoch auch verhindern oder in ganz bestimmte Richtungen drängen können. Insofern ist oft auf die zentrale Rolle der Regierungen hingewiesen worden, die wirtschaftlichen Wandel steuern und ein bestimmtes Modernisierungstempo initiieren. In diesem Zusammenhang ist auch die Frage des Kolonialismus und seiner Folgewirkungen von besonderer Bedeutung. Dabei ist umstritten, ob koloniale Strukturen die Entwicklung begünstigt oder eher verhindert haben. Letzteres behaupten die sog. **Dependenztheorien** (vgl. zusammenfassend und kritisch: Weede 1985), die eine noch wachsende Abhängigkeit von den „ausbeutenden" Ländern konstatieren.

*Entwicklungs-voraussetzungen*

*Dependenz-theorien*

Dependenztheoretische Forschungsprogramme (z.B. Galtung 1975; Emmanuel 1972) wollen insofern die Stagnation sowie ungleiche Einkommensverteilungen in den Entwicklungsländern auf deren Abhängigkeit (Dependenz) von den entwickelten westlichen Industrienationen zurückführen. Die Theorie von Galtung behauptet u.a., daß „vertikaler Handel" die Grundlage dieser Dependenz sei. Unter vertikalem Handel versteht Galtung, daß die armen Länder lediglich Rohstoffe exportieren (und verarbeitete Produkte importieren), wobei die Produktion von Rohstoffen keine stimulierende Wirkung auf die technische Entwicklung und die Bildung von Humankapital habe. Ein Akzeptieren solcher und ähnlicher Theorien würde die „Schuld" an der Unterentwicklung der Dritten Welt den entwickelten Industrieländern aufbürden; aufgrund „ungleichen Tauschs" (Emmanuel) bedeute dies, daß die armen (südlichen) Länder immer ärmer und die reichen (nördlichen) Länder immer reicher werden.

*Ungleicher Tausch*

Wallerstein (1979) und Bornschier (1980) betonen in diesem Zusammenhang die Rolle multinationaler Konzerne: Durch die Verdrängung inländischer durch ausländische Investitionen, Entkapitalisierung durch Gewinntransfer oder Manipulationsmöglichkeiten beim konzerninternen Austausch wirken Direktinvestitionen multinationaler Konzerne für die wirtschaftliche Entwicklung eher retardierend. Wie Weede (1985) demonstriert, stehen jedoch die verschiedenen Dependenztheorien bei Berücksichtigung entsprechender Kontrollvariablen auf recht schwachen Füßen. Nach diesem Autor ist auch nicht auszuschließen, daß sich die angeblich ausgebeuteten Entwicklungsländer bei einem Abbruch der Wirtschaftsbeziehungen zum kapitalistischen Westen wohl noch schlechter stellen würden.

*Voraussetzungen der Modernisierung*

Unabhängig von der Frage wirtschaftlicher Dependenzen müssen im Hinblick auf **Modernisierungsvoraussetzungen** zahlreiche Faktoren oder Vorbedingungen angesprochen werden: der Grad der Urbanisierung etwa, der städtische Strukturen gewährleistet; die Alphabetisierung mitsamt einem modernen Erziehungswesen; Möglichkeiten, den technischen Fortschritt (z.B. auch die Massenmedien) zu nutzen; sich wandelnde Familienstrukturen etc. Ein diesbezügliches Ablaufmodell, das mit empirischen Daten weitgehend verträglich ist, stammt von Lerner (1958):

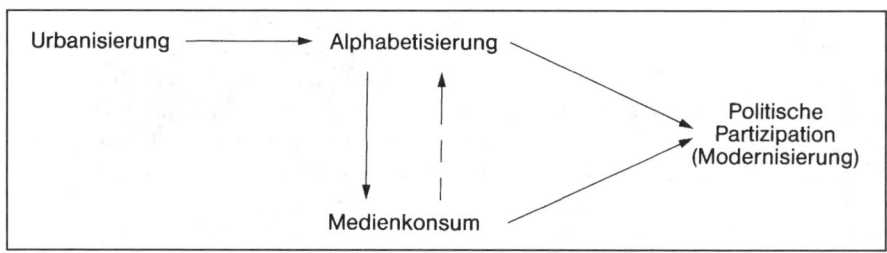

**Abb. 44:** Modernisierungsvoraussetzungen (nach Lerner 1958)

*Schwelle technologischer Kompetenz*

Im Hinblick auf die Möglichkeiten, den technischen Fortschritt zu nutzen, sind viele Länder noch unterhalb der **Schwelle technologischer Kompetenz**, was zu weiteren Diskrepanzen zwischen hochtechnisierten und „unterentwickelten" Ländern führen dürfte. Dabei liegt eines der wichtigsten Probleme darin, trotz allen Drucks auf Modernisierung Fragen der Kompatibilität, Stabilität und Kontinuität im Hinblick auf gesellschaftliche Strukturen sowie Fragen der Akzeptanz durch die Bevölkerung zu beachten, und das Anspruchsniveau im Hinblick auf Konsumziele angesichts inflationärer Erwartungshaltungen nicht vorschnell zu hoch zu schrauben.

*Modellwirkungen*

Ein wichtiger Effekt besteht darin, daß erfolgreiche oder wohlhabende Länder durch ihre Ansteckwirkung Nachahmungseffekte auslösen. Nachahmenswert (im Sinne des Modell-Lernens) sind vor allem solche Aspekte des Verhaltens, deren belohnender Charakter evident erscheint und die insbesondere mit positiven Konsequenzen wirtschaftlicher Prosperität zu tun haben. Weniger nachahmenswert erscheinen dagegen solche Aspekte des Verhaltens, die eher mit Strafreizen verbunden sind (z.B. mühevolle Arbeit, langes Warten auf die Früchte des Wohlstands). Wir vermuten eine Dissoziation der Modellnachahmung in der Weise, daß Lernprozesse in den weniger entwickelten Ländern durch die differentielle Attraktivität des Gesamtverhaltens lediglich die Imitation solcher Verhaltensmuster nahelegen, die als Wohlstandsgüter bereits „Früchte des Wachstums" sind (vgl. Wiswede 1995). Sollte sich dies bewahrheiten, würde der Nachahmungseffekt sich hier geradezu als Fessel des Wachstums erweisen. Ähnliche Effekte – freilich noch ohne Bezug auf das Konzept des Modell-Lernens – vermutete schon R. Nurkse (1953), indem er unter Bezugnahme auf Duesenberrys' „Demonstrationseffekt" einen „circulus vitiosus" wirtschaftlicher Entwicklung vermutete: dergestalt, daß die armen Länder durch unangemessene Demonstration vorgeblichen Reichtums dazu tendieren, arm zu bleiben oder immer ärmer zu werden. Ähnliche Schwierigkeiten dürften bei der allzu raschen Übernahme westlicher Konsum-Muster durch vormals sozialistische Staaten auftreten. Die Folge ist eine Anspruchsinflation durch ausufernde Erwartungen, wie wir sie bereits beim Studium des sozialen Konflikts und des revolutionären Wandels kennengelernt haben (vgl. 2. Kap. B 4, 6).

*Demonstrationseffekt*

Zu den zentralen strukturellen Voraussetzungen wirtschaftlicher Entfaltung in den Entwicklungsländern gehört auch die **Regierungsform** sowie die Beschaffenheit und Interessenlage der jeweils **herrschenden Eliten**. Vielfach wird die These vertreten, daß Demokratisierung und Wirtschaftswachstum in Entwicklungsländern miteinander unvereinbar seien (Inkompatibilitätsthese), wobei ein hohes politisches Partizipationsniveau niedrigere wirtschaftliche Zuwachsraten erzeuge (vgl. Weede 1985, 1990). Der Grundgedanke liegt in Folgendem: Die demokratisch befragten Bürger eines Landes werden sich eher für sofortigen Konsum entscheiden und notwendige Zukunftsinvestitionen hintanstellen. Denn normalerweise kann man nicht davon ausgehen, daß die Bevölkerung einen „delay of gratification" akzeptiert, etwa als Ausdruck puritanischer Ethik (oder eines funktionalen Äquivalents). Auch werden sich drastische und unpopuläre Maßnahmen, die indirekt das wirtschaftliche Wachstum fördern sollen (z.B. Zwangssterilisationen), in einer abwählbaren Demokratie nicht durchsetzen lassen.

*Wirtschaftswachstum und Demokratisierung*

Auch für die Entwicklungsländerproblematik ist eine undifferenzierte **Konvergenzthese** längst obsolet geworden. Weder die afrikanischen, noch die asiatischen, noch die lateinamerikanischen Länder haben die soziale und politische Geschichte Westeuropas wiederholt (vgl. Touraine 1986, 16). Auch ist für viele Entwicklungsländer durch die **Auflösung der „zweiten Welt"** eine neue Situation entstanden. Einige der neuen Staaten sind selbst zu Entwicklungsländern geworden. Zudem ist durch diese Auflösung die Möglichkeit verloren, die beiden Supermächte gegeneinander auszuspielen und aus diesem Konflikt zu profitieren (vgl. Opitz 1991).

*Grenzen der Konvergenz*

Ein anderes Dilemma besteht in **Umweltbelastungen** durch wildwüchsige Industrialisierung. Im allgemeinen sind für die Entwicklungsländer die Chancen der Selbstkorrektur gering, weil man geneigt ist, Umweltschutz als Luxus der reichen Welt abzutun. Etwa auftretende Folgen können z.T. externalisiert werden, so daß eine gewisse einzelstaatliche Rationalität darin besteht, den Umweltschutz zu vernachlässi-

*Entwicklungsländer und Umweltschutz*

gen, die gleichwohl in eine globale Irrationalität einmündet. Legitimatorische Begründungen sind leicht beizubringen. Sie bestehen in dem Hinweis auf den Umwelt-Raubbau der „ersten Welt" in der Vergangenheit, wobei auch das Verhalten der Industrienationen in der Gegenwart – zögerliche Umwelt-Maßnahmen unter dem Druck wirtschaftlicher Lobbies – kaum Modellwirkungen ausstrahlen dürfte.

## 1.3 Krisen der Industriegesellschaft

Vielfach werden Krisen unserer Wirtschaftsgesellschaft diagnostiziert, wobei die Spannbreite der Einschätzung von vorübergehenden „Anpassungsschwierigkeiten" bis hin zu „Endzeit-Szenarien" reicht.

*Krise der Wachstumsgesellschaft*

Eine erste Krise betrifft die **Wachstumsgesellschaft**. Wirtschaftswachstum ist als „Wert an sich" fragwürdig geworden; gefordert wird ein selektives und gezügeltes, qualitatives Wachstum, das die Lebensqualität steigert, also eine Abkehr von rein quantitativen und expansionistischen Bestrebungen. Grenzen des Wachstums werden dabei insbesondere in drei Bereichen gesehen:

- **Ökonomische Grenzen des Wachstums:** Das Erreichen des oberen Bereichs der S-Kurve des Wachstums impliziert breitflächige Marktsättigung und begrenzte Innovationsfähigkeit des Konsumsektors.
- **Ökologische Grenzen des Wachstums:** Dabei geht es einmal um die Erschöpfung von Ressourcen, zum anderen jedoch auch um die Erosion von Umwelt, verbunden mit der partiellen Einbuße von Lebenschancen, bis hin zu Schwellenwerten, ab denen sich die Lebensbedingungen durch ökonomisches Wachstum eher verschlechtern als verbessern. Insofern greift ungezügeltes Wachstum die Basis dessen an, worauf Wachstum eigentlich gründet.
- **Soziale Grenzen des Wachstums:** Hier wird die These vertreten (Hirsch 1980), daß sich bei hohem Wohlstand die Wünsche der Verbraucher immer mehr den positionalen Gütern (z.B. begehrte Grundstücke, persönliche Dienstleistungen) zuwenden, die der industriellen Massenproduktion nicht zugänglich sind und deshalb auch nicht für alle verfügbar sein können. Das Refugium der Abhebungsmöglichkeiten wird immer kleiner, der Grenznutzen des Wohlstandes damit immer geringer.

*Krise der Arbeitsgesellschaft*

Eine zweite Krise betrifft die **Arbeitsgesellschaft**. Obgleich noch vor wenigen Jahren einige Soziologen das Ende der Arbeitsgesellschaft prognostizierten, steht heute eher umgekehrt fest, daß das Schicksal unserer Gesellschaft gegenwärtig vor allem an der angemessenen Bewältigung von Arbeitslosigkeit und der weiteren Sicherung von Arbeit hängt. Ein grundsätzlicher Widerspruch scheint darin zu bestehen, was man das **Arbeitsparadoxon** der modernen Industriegesellschaft genannt hat: Die Tatsache nämlich, daß institutionelle Arbeit knapp wird, daß jedoch die Menge wünschenswerter, nicht mehr geleisteter Arbeit ständig wächst. Ein Teil dieser notwendigen Arbeiten liegt brach, ein anderer geht im **informellen ökonomischen Sektor** auf (z.B. haushaltliche Eigenproduktion, Selbstversorgungswirtschaft, Selbsthilfeökonomie). Die Entwicklung des informellen Arbeitssektors scheint zumindest eine vorläufige Antwort auf dieses Spannungsverhältnis zu sein. Allerdings muß auch deutlich gesehen werden, daß die Ausbreitung dieser Aktivitäten dem produktiven Kernbereich wiederum Arbeit entzieht, so daß von hier aus die ursprüngliche Problemlage wieder verschärft wird. Ähnliches gilt für andere Ausweichformen, die zusammenfassend häufig als **Parallelwirtschaft** bezeichnet werden. Hierzu gehört auch die sog. Schattenwirtschaft (Grauzonenbeschäftigung), die zwar ein Element der Elastizität in den Arbeitssektor einbringt, jedoch durch Umgehung von Steuern und Sozialabgaben volkswirtschaftlich eine zusätzliche Belastung darstellt. Die oftmals geforderte Flexibilisierung des Arbeitsbereichs kann dann zur Verschärfung jenes Gegensatzes beitragen, der gegenwärtig bereits den **dualen Arbeitsmarkt** beherrscht: gesicherte, hochbezahlte und qualifizierte Tätigkeiten für die Kernbelegschaft, niedrig bezahlte, weniger qualifizierte und unsichere Arbeit für die Randbelegschaft (vgl. B 1.1.2 zur Thematik der Arbeitslosigkeit).

Eine dritte Krise betrifft die **Wettbewerbsgesellschaft**. Die Funktionsfähigkeit des Marktes wurde aus verschiedenen Gründen bereits häufig in Frage gestellt: bereits von Schumpeter, für den die Entwicklung zum Großunternehmen eine Tendenz zur Planwirtschaft zu beinhalten schien; von Galbaith, der angesichts verselbständigter Technostrukturen von Großunternehmen nur noch sehr eingeschränkt von Marktwirtschaft sprechen wollte; von Lindblom, der eine relativ unkontrollierte Sphäre des wirtschaftlichen Bereichs sieht, die den Politikern Bedingungen für Wachstum und Vollbeschäftigung stellen kann und sich dadurch mehr und mehr aus dem demokratischen System herausbewegt; von Olson, der betont, daß etablierte Unternehmen dazu neigen, den Wettbewerb zu ihren Gunsten auszuschalten. In Interessenverbänden, Kartellen oder Gewerkschaften versuchen daher die Beteiligten – so Olson – sich gegen den „eisigen Wind des Wettbewerbs" abzuschotten (vgl. B 2.1.1 zum Thema der Gefährdung des Marktes); von Etzioni, der betont, daß die Integration von Wirtschaft und Gesellschaft nicht allein auf dem Eigennutzprinzip gründen könne, das vielmehr die Fähigkeit unterminiere, eine Marktwirtschaft aufrechtzuerhalten (vgl. A 2.2 zum Thema „Rationalität und Moralität").

*Krise der Wettbewerbsgesellschaft*

Eine vierte Krise betrifft die **Leistungsgesellschaft** bzw. die **Wohlfahrtsgesellschaft**. Während noch vor einigen Jahren die Leistungsgesellschaft mit ihrer Überbetonung des Leistungsprinzips heftig kritisiert wurde, steht heute eher die Behauptung eines allgemeinen **Leistungsverfalls** im Vordergrund. Die Argumente sind dabei recht unterschiedlich: Die bestehenden Gesellschaftsstrukturen seien überhaupt nicht in der Lage, Verteilungsgerechtigkeit nach Leistungskriterien zu gewährleisten (Offe 1970; Lutz 1962; vgl. auch Hondrich et al. 1988); der „exzessive" Wohlfahrtsstaat belohne Untüchtigkeit, Anspruchsmentalität sowie „Cleverness" und zeige damit deutlich die Grenzen der Wohlfahrtsgesellschaft auf; „Entartungen" des Marktes in Form korporativer Ballungen mit der Folge von Wettbewerbsbeschränkung, Bürokratisierung und Formalisierung von Abläufen verhinderten das volle Durchgreifen des Leistungsprinzips. Neben diesen eher strukturellen Argumenten steht die Behauptung eines Wertewandels (vgl. im 2. Kap. B 1.2), der durch die Aufwertung von Freizeitinteressen, zunehmender Erlebnisrationalität und gesteigerter Selbstverwirk-

*Krise der Leistungsgesellschaft*

lichungstendenzen die ehemals vom puritanischen Ethos getragene Leistungsbereitschaft eher reduziere als stimuliere.

Wie eingangs bemerkt, bewegen sich die Einschätzungen und Lösungsvorschläge für die hier nur kursorisch aufgezählten Krisenerscheinungen im Spektrum pragmatischer Bewältigungsstrategien im Sinne von Reformen und Innovationen einerseits bis hin zu resignativen Szenarien andererseits, die aufzeigen, daß marktwirtschaftliche Demokratien an ihren eigenen Widersprüchen scheitern müssen. Letzteres berührt sich mit modernisierten Varianten der Spätkapitalismus-Doktrin, die auch als „Theorie" des sog. **Dritten Weges** jenseits von Kapitalismus und Sozialismus den Aufbruch in eine „andere Moderne" (Beck) ankündigt (kritisch hierzu 2. Kap. B 1.2).

*„Theorie" des sog. Dritten Weges*

## 2. Mikro-Ebene: Wirtschaftsbezogenes Handeln

### 2.1 Zur Frage rationalen Handelns

### 2.1.1 Formen der Rationalität

*Wirtschaft und Rationalität*

Einige Soziologen (so etwa Habermas) haben den Bereich „Wirtschaft" in der Weise ausgegrenzt, daß dieser durch „rationales Handeln" charakterisiert sei. Eine solche Festlegung ist u.E. in keiner Weise sinnvoll, denn: Rationales Handeln gibt es zweifellos auch jenseits wirtschaftlicher Bezüge in anderen gesellschaftlichen Lebensbereichen. Andererseits ist auch das Wirtschaftsleben mit zahlreichen a-rationalen und irrationalen Komponenten durchsetzt, die Rationalität gelegentlich zur Farce oder lediglich zur rechtfertigungsideologischen Verschleierung werden lassen.

*Substantielle Rationalität*

*Formale Rationalität*

Bevor wir uns jedoch auf den Begriff der Rationalität einlassen, müssen wir genauer klären, was wir darunter verstehen wollen. Ausgangspunkt ist zunächst die klassische Unterscheidung Webers zwischen Wertrationalität und Zweckrationalität. Unter Wertrationalität versteht Weber eine Art **substantieller Rationalität**, wobei Aussagen über die „Rationalität" der verfolgten Ziele gemacht werden. Zweckrationalität reflektiert dagegen auf die Handlungsmaxime; es geht darum, aus der Menge von Handlungsmöglichkeiten diejenigen auszuwählen, die dazu geeignet sind, gegebene Ziele in höherem Grade zu verwirklichen. Insofern ist ein **formaler Rationalitätsbegriff** angesprochen: Ein so verstandenes Rationalprinzip ist nicht inhaltlich bestimmt, sondern wird als formales Durchführungsprinzip verstanden, das eine bestimmte Präferenzstruktur sowie Nutzenmaximierung als Zielsetzung voraussetzt (vgl. McKenzie/Tullock 1978).

*Empirische Aspekte substantieller Rationalität*

Was ist der empirische Hintergrund dieser Rationalvorstellungen? In beiden Fällen könnte man Zweifel darüber anmelden, ob mit der Formulierung solcher Prinzipien überhaupt etwas über die Realität ausgesagt werden soll. Betrachten wir zunächst die substantielle Rationalität, die insbesondere seitens der ökonomischen Forschung inhaltlich als **Nutzenmaximierung** (im Sinne des Eigennutzes) interpretiert wird. Insofern besteht die Annahme, daß menschliches (ökonomisches) Verhalten empirisch am ehesten durch die Vorstellung des **Eigennutzes** (Verfolgen des Eigeninteresses) beschreibbar und erklärbar ist. Wollten wir beispielsweise auch altruistisches Verhalten nutzentheoretisch „erklären" – etwa als Maximierung der Nutzenfunktion durch einen Altruisten – so wäre unsere Vorgehensweise tautologisch: Es handelt sich dann um eine rein analytische Aussage; welche Ziele auch immer bestünden, so seien sie im Lichte des Eigennutzes zu interpretieren (so behauptet etwa auch Homans, daß es nichts Eigennützigeres gebe als den Altruisten, der es sogar noch verstünde, von seinem Egoismus abzulenken). Schließen wir dies aus, argumentieren also, daß der Mensch (per saldo, der Tendenz nach, selektiv) zum Eigennutz neige und daß diese Neigung im sozialen und wirtschaftlichen Handeln auch immer wieder durchschimmere, so ist eine Aussage über substantielle Rationalität gemacht, die eine Verhaltenstendenz gleichsam als anthropologische Konstante beschreibt. Eine solche Aussage – die sich auch evolutionstheoretisch oder anthropologisch abstützen ließe – wäre u.E. akzeptabel, zumal sie auch mit unseren Vorstellungen über soziale Lernvorgänge ganz gut übereinstimmt. (Dies ist ja im übrigen – wie wir gesehen haben – die Basis des „ökonomischen Ansatzes" in der Soziologie). Freilich ist eine solche Festlegung für die psychologische (und wahrscheinlich auch mikrosoziologische) Feinanalyse etwas grobschlächtig; sie ersetzt differenzierte Motivationsstrukturen durch ein simples Eigennutzmotiv und versucht damit sämtliches Verhalten zu erklären.

Welche empirische Bedeutung hat nun der Begriff der formalen Rationalität? Zunächst entstammt dieses Verständnis von Rationalität der formalen **Entscheidungslogik**, erfüllt also eher die Vorstellung eines normativen Anratens: Bei der Verfolgung deiner Ziele solltest du deine Mittel rational einsetzen! Insofern steht auch der Begriff des „wirtschaftlichen Verhaltens" unter diesem Doppelaspekt: Einmal bezeichnet er ein besonders effizientes, eben wirtschaftliches Verhalten, zum anderen – und dies ist unsere Version in Anlehnung an den Begriff des „sozialen Verhaltens" – lediglich das menschliche Verhalten im ökonomischen Kontext. Allerdings wird deutlich, daß Soziologen (und auch manche Ökonomen) dieser formalen Rationalität doch empirischen Gehalt abgewinnen. Man könnte insofern etwa behaupten, daß die Knappheit der Ressourcen einen bestimmten **Rationalitätsdruck** (z.B. sparsame Verwendung) begründet. Auch könnten verhaltenswirksame Wertvorstellungen existieren, die einen sozialen Druck auf rationales Verhalten (im Sinne eines sozial erwünschten Verhaltens) ausüben. Zum dritten könnten bestimmte Ausbildungsformen, die rationale Entscheidungsregeln einüben (z.B. das Studium der Entscheidungstheorie), das empirische Auftreten rationaler Verfahrensweisen begünstigen. Und schließlich mag die Rationalität strukturell begründet sein – Luhmann spricht von **Systemrationalität** – die zwar durch Individuen begründet wurde, rückkoppelnd jedoch dem einzelnen ein ganz bestimmtes Verhalten aufnötigt – z.B. Computerprogramme, Fertigungsstrukturen, Fließbandanordnungen, Verfahrensregeln, Musterlösungen – und damit eine Form der Rationalität „erzwingt", die der formalen Rationalität schon recht nahe kommen mag. Dies ist auch der Hintergrund des Rationalisierungsgedankens, wie er die historische Entwicklung der okzidentalen Strukturen begleitet.

## 2.1.2 Grenzen der Rationalität

Wird nun das soziale und wirtschaftliche Verhalten immer rationaler? Auch wenn die genannten Verhaltenstendenzen auftreten, auch wenn durch strukturelle Gegebenheiten und normative Erwartungen ein gewisser Druck im Hinblick auf zweckrationales Verhalten entstehen kann, so ist doch das Ausmaß tatsächlich gegebener Rationalität eine durchaus empirische Frage, und man sollte sich durch den Fetisch der Rationalität nicht vom äußeren Schein blenden lassen. Schon Max Weber unterschied neben dem wertrationalen und zweckrationalen Handeln **gewohnheitsmäßige, affektgebundene und traditionsorientierte** Handlungsweisen. Auch wenn wir davon ausgehen können, daß traditionsgeleitetes Verhalten unter heutigen Bedingungen sich auf dem Rückzug befindet, so weist uns die psychologische Forschung auf den Stellenwert emotional-affektiver Verhaltenskomponenten ebenso hin, wie auf die Wirkung von Gewohnheiten. Die Bedeutung dieser Verhaltensformen ist ganz besonders im Bereich des Konsumverhaltens herausgestrichen worden (vgl. Katona 1958; Wiswede 1972), dürfte jedoch auch im Organisationsbereich eine nicht zu unterschätzende Rolle spielen. Die Unterstellung von Rationalität ist vielmehr ein wohlgepflegter Mythos der Theorie wie auch der Praxis (vgl. Meyer/Rowan 1977), der überwiegend der Rechtfertigung, Selbstdarstellung und Abschirmung dient.

*Nicht-rationale Verhaltensweisen*

Aber auch bei Handlungen mit hoher kognitiver Beteiligung läßt sich feststellen, daß Individuen nicht nach den Regeln der Logik, nicht nach den Gesetzmäßigkeiten der Statistik und der Wahrscheinlichkeitsrechnung entscheiden, sondern nach Prinzipien der **Psycho-Logik**, die erheblich von diesen Gesetzmäßigkeiten abweichen (vgl. die sog. Anomalien, 1. Kap. C 2.4). Dies machen Kahneman und Tversky (1979) in ihren empirischen Studien zu tatsächlichen Entscheidungsverhalten deutlich, die sie in ihrer „prospect theory" zusammengefaßt haben. Nach diesen und ähnlichen Befunden aus dem Feld der Informationsverarbeitung und der Urteilsheuristiken scheint sich die Vermutung der interpretativen Soziologie zu bestätigen, wonach Individuen im allgemeinen nach sehr vereinfachten Denkschablonen und kognitiven Schemata verfahren, die sich oftmals recht weit von einer vorgefaßten Rationalität entfernen. Dabei bestimmen der soziale Kontext sowie das Bezugssystem („framing") über Art und Grad der Rationalität (vgl. Tversky/Kahneman 1986).

*„prospect theory"*

*„framing"*

Auch Überlegungen zum Prinzip der „constrained choice" (vgl. Elster 1987) weisen auf Grenzen der faktischen Realisierung rationalen Entscheidungsverhaltens hin. **Strukturelle Vorgaben** beschränken die Handlungsmöglichkeit der Entscheidungsalternativen oftmals in einer Weise, die Rationalität zum Restphänomen macht. Gewiß gilt, daß strukturelle „constraints" auch systemrationale Komponenten enthalten können, die in das Verhalten eingehen, ohne daß dabei rationale Entscheidungsprozesse erfolgen. Andererseits muß man aber gewahr sein, daß strukturelle Kontextbedingungen oftmals von rationalen Prinzipien sehr weit wegführen: Man denke etwa an ritualistisch-bürokratische Strukturen oder an wildwüchsige, illegitime Machtstrukturen, die keineswegs zwangsläufig den Pfad der Rationalität repräsentieren.

*„constrained choice"*

360

Manchmal hat das Individuum auch keine Neigung zu rationalem Handeln. Frank (1990) und Elster (1990) unterscheiden irrationales Handeln „mit Bedauern" und „ohne Bedauern". Im erstgenannten Fall stellt das Individuum sich schlechter und würde im Wiederholungsfall rationaler handeln. Bei irrationalem Verhalten „ohne Bedauern" kommt es zu einer **bewußten Abweichung** von der ökonomischen Rationalität. Beobachtungen zeigen, daß Akteure entgegen den Vorhersagen der ökonomischen Theorie freiwillig Kosten auf sich nehmen oder aber günstige Gelegenheiten zur Nutzenmaximierung nicht wahrnehmen. Sie würden erneut so handeln, auch wenn sie auf die Irrationalität ihres Handelns aufmerksam gemacht worden sind (z.B. Hilfeleistung, Verteilung nach Gerechtigkeitsregeln, Stimmabgabe bei Wahlen, Nicht-Bestechlichkeit usw.). Dies verweist auf die triviale Tatsache, daß Individuen häufig nach moralischen Standards handeln.

*Irrationales Handeln „mit Bedauern"*

*Irrationales Verhalten „ohne Bedauern"*

## 2.2 Rationalität und Moralität

Einige Soziologen – insbesondere diejenigen, die zum sog. kommunitaristischen Lager gerechnet werden – unterstellen mindestens zwei Kategorien von Handlungsdeterminanten: **Nutzen und Moral**. Der Kommunitarismus betont zunächst die soziale Einbettung wirtschaftlichen Geschehens (vgl. Granovetter 1985); und der Unterschied zur sog. liberalen (ökonomischen) Theorie liegt im angenommenen Ausmaß, in dem soziale Normen menschliches Verhalten determinieren, und zwar sowohl in anonymen Situationen (allgemeine soziale Normen) wie auch in nicht-anonymen Situationen (z.B. im Rahmen sozialer Interaktion). Der Mensch habe neben dem Bedürfnis nach Nutzenmaximierung auch ein Bedürfnis nach moralischer Bindung und Verpflichtung. Fragen der Moral, der Normen und der Gerechtigkeit werden dabei als sozial-integrative Strategien diskutiert (vgl. Etzioni 1994; Baurmann 1996). Die Integration der Gesellschaft wie auch das Funktionieren der Marktwirtschaft könne auf Nutzenerwägungen **allein** nicht gründen; im Gegenteil: „Je mehr die Menschen das neoklassische Paradigma zum Leitsatz für ihr Verhalten machen, desto mehr wird die Fähigkeit unterminiert, eine Marktgesellschaft aufrechtzuerhalten" (Etzioni 1994, 446). Denn materielle Anreize könnten vorhandene moralische Bindungen eher zerstören als festlegen. Sozialpsychologen bezeichnen dies als Korrumpierungs-Effekt.

*Nutzen und Moral*

Natürlich leugnen auch Anhänger des Rational-choice-Konzepts keineswegs die Bedeutung sozialer Normen für das Entscheidungshandeln der Akteure. Allerdings werden Normen hier meist in das rationale Kalkül einbezogen. So ist etwa von Opp (1991) vorgeschlagen worden, ein etwaiges schlechtes Gewissen – bei Übertretung internalisierter Normen – als psychische Kosten aufzufassen und in das Kostenkalkül sich rational verhaltender Akteure mit aufzunehmen. Wie Kirchgässner (1991) betont, ist diese Vorgehensweise jedoch dazu geeignet, jegliches Verhalten zu erklären, so daß sie einwandsimmun und damit nicht falsifizierbar ist. Dies gilt jedoch nicht, wenn das Vorliegen psychischer Kosten unabhängig vom Verhalten gemessen wird. Dies allerdings spräche für eine „duale Lösung".

*Gewissen als Kostenfaktor*

*Soziale Normen als zweiter Erklärungsstrang*

Wir stehen also dem Gedanken positiv gegenüber, neben abwägender Rationalität einen zweiten Erklärungsstrang in die Diskussion aufzunehmen: die Neigung des Menschen, sich in bestimmten Situationen nach sozialen Normen (z.B. altruistische Normen, Gerechtigkeitsvorstellungen) zu richten. Moral ist dabei eine Teilklasse sozialer Normen. Nicht alle Normen sind moralischer Natur; einige sind moralisch neutral (z.B. instrumentelle Normen), andere sind gegen die Moral gerichtet (z.B. Normen einer kriminellen Bande). Die Tatsache, daß insbesondere Normen des Moraltyps hier im Vordergrund stehen, verweist auf die integrative, gemeinschaftserhaltende und solidarisierende Kraft, die der **Kommunitarismus** solchen Normen zuschreibt. Allerdings scheint diese Gegenströmung zur Rationalität selbst nicht ohne normativen Anspruch aufzutreten: als Rückkehr zu sozial-romantischen Vorstellungen von „Gemeinschaft". Allerdings ließe sich der Vorwurf der Ideologie auch gegen die „liberale" Schule richten: Sofern nämlich ihr Eintreten für Rationalität auch als soziale Norm interpretiert werden kann.

*Kommunitarismus*

*Rationalität als variater Begriff*

Entscheidet man sich im realwissenschaftlichen Sinn für die duale Lösung – Rationalität und Moralität – so ist es zunächst notwendig, Rationalität als variaten Begriff einzuführen: Je nach Situation und Handlungstyp wäre graduell mit mehr oder weniger Rationalität zu rechnen (so auch Etzioni 1994). Auch die Bereitschaft, bestimmten Normen zu folgen, ist von dem Ausmaß abhängig, in dem das Individuum solche Leitlinien als verbindlich erachtet. Nicht umsonst hatten wir in dem von uns vorgeschlagenen handlungstheoretischen Modell – in Anknüpfung an Ajzens (1988) Theorie geplanten Verhaltens (vgl. A 1.3) – zwei Hauptstränge von Verhaltensdeterminanten unterschieden: Einstellungen (als Produkt aus Verstärkerwerten und Erwartungen) sowie sozialer Druck (als Produkt aus Normpräsenz und der Bereitschaft des Individuums, sich normkonform zu verhalten). Die dritte Variable, nämlich Kontrollüberzeugungen (bzw. Effizienzerwartungen) mag hier einmal ausgeklammert sein.

*Nutzenerwägungen und moralische Verpflichtungen*

Interessant sind nun Fälle, in denen sich Nutzenerwägungen und moralische Verpflichtungen im Widerspruch befinden. Stellen wir uns etwa vor, das Individuum beabsichtige eine Steuerhinterziehung oder ein Betrugsmanöver: Hier könnte die Nutzen/Kosten-Kalkulation günstig, die moralische Kalkulation jedoch ungünstig ausfallen. Im handlungstheoretischen Modell lassen sich solche Konflikte durchaus operationalisieren und einer Lösung zuführen. Gewisse Schwierigkeiten bestehen allerdings bei der Behandlung internalisierter Normen, die ja z.T. bereits in die Präferenzstruktur des Individuums eingehen.

Auch muß man die mögliche Verknüpfung von Nutzen und Moral als Verhaltensdeterminanten grundsätzlicher reflektieren (vgl. zu folgendem: Fetchenhauer 1997), wobei drei Modelle denkbar sind:

*Modelle der Verknüpfung*

- **Simultane** Berücksichtigung von Nutzen und Moral: etwa mittels Regressionsanalysen, in denen die moralische Bewertung wie auch die Nutzenvariablen simultan untersucht werden. Dies unterstellt (wie im übrigen auch das Ajzen-Modell) die Kompensierbarkeit der einzelnen Variablen (möglich ist allerdings auch

362

die Ausführung der Handlung in einer Konfliktsituation, wobei aus dissonanztheoretischen Gründen zu erwarten ist, daß die Wahrnehmung von Moral und die Einschätzung des Nutzens miteinander interagieren werden).

- Moral als **Epiphänomen**: Die Erklärung des Verhaltens folgt allein dem Nutzenprinzip; aber der Akteur findet eine Grundlage, sein Verhalten zu legitimieren oder zu rechtfertigen. Dabei kann man häufig auf vorfabrizierte Legitimierungsstrategien zurückgreifen, für die auch soziale Unterstützung bereitsteht.
- Moral als **Filter**: Hier dient die Moral als „Wachposten": Das Verhalten wird nur dann ausgeführt, wenn das Individuum sich zuvor von der ethischen Legitimierbarkeit dieses Verhaltens überzeugt hat. Erst dann gelangen Nutzenerwägungen ins Spiel. Ein solches Filtermodell übersieht jedoch, daß eine in Erwägung gezogene Handlung bereits das Resultat von – in dieser ersten Phase möglicherweise noch nicht sehr elaborierten – Nutzenüberlegungen darstellt.

Es ist nicht notwendig, sich grundsätzlich für eines der genannten Modelle zu entscheiden; vielmehr dürften sie unter spezifischen Randbedingungen (z.B. Stärke der internalisierten Norm, individuelle Betroffenheit, Bedrohlichkeit der Situation, Verfügbarkeit von Rechtfertigungsmöglichkeiten) situationsspezifisch Gültigkeit beanspruchen. Auch die Art der zur Anwendung gelangenden Rationalität dürfte sehr stark vom Anteil normativer Determinanten abhängen. „Die hier entwickelte Sichtweise lautet, daß normativ-affektive Faktoren die Informationen, die gesammelt werden, die Art und Weise wie diese Informationen verarbeitet werden, die Schlüsse, die gezogen werden, die Optionen, die in Betracht gezogen werden, und die Optionen, die schließlich gewählt werden, in einem großen Maße determinieren." (Etzioni 1994, 181).

Dieses Zitat weist auch auf einen „vergessenen" Strang der Verhaltensdeterminierung hin, der bei Max Weber noch einen ausgewiesenen Platz hatte: die Rolle von Affekten, Emotionen, Stimmungen und Gewohnheiten. Die in der Soziologie diskutierten Handlungsmodelle – auch das Ajzen-Modell – gehen mehr oder weniger explizit von der Vorstellung geplanten, überlegten, intentionalen Verhaltens aus. Wie wir bei der Diskussion des Verhaltens in Organisationen (B 1.2.3 dieses Kapitels) noch genauer zeigen werden, ist auch im wirtschaftlichen Raum der Anteil solch kalkulativer Handlungen begrenzt. Wir blenden somit bei der Mikrofundierung sozialer Sachverhalte die affektiv-emotionale Schiene weitgehend aus, obgleich wir von den Psychologen wissen müßten, daß hier oftmals die Haupttriebfeder des Verhaltens zu finden ist. Bei stark affektiv-emotionaler Besetzung oder bei hoher Aktivierung funktionieren kalkulative Verhaltensmuster und Informationsverarbeitungsprozesse verkürzt und werden oftmals bis zur Unkenntlichkeit verzerrt.

*Anteil kalkulativer Handlungen*

## Literaturempfehlungen

**Granovetter, M., Swedberg, R. (eds.):** The sociology of economic life. Boulder et al. 1992

**Heinemann, K. (Hg.):** Soziologie wirtschaftlichen Handelns. Sonderheft 28 der KZfSS. Opladen 1987

**Hillmann, K. H.:** Allgemeine Wirtschaftssoziologie. München 1988

**Krause, D.:** Ökonomische Soziologie. Stuttgart 1989

**Kutsch, T., Wiswede, G.:** Wirtschaftssoziologie. Stuttgart 1986

**Martinelli, A. M., Smelser, N. J. (eds.):** Economy and society. Overviews in economic sociology. London 1990

**Smelser, N. J., Swedberg, R. (eds.):** The Handbook of economic sociology. Princeton/N.J. 1994

**Swedberg, R. (ed.):** Explorations in economic sociology. New York 1993

## Kontrollfragen

1. Bestimmen Sie das Verhältnis zwischen Wirtschaft und Gesellschaft aus der Sicht
   a) Max Webers, b) Polanyis, c) Luhmanns!
2. Worin besteht McClellands Ansatz zur Erklärung wirtschaftlicher Entwicklung?
3. Was bedeutet „vertikaler" Handel für die Entwicklungsländerproblematik?
4. Welche Krisenerscheinungen werden für die moderne Wirtschaftsgesellschaft behauptet?
5. Worin besteht das „Neue" an der „Neuen Wirtschaftssoziologie"?
6. Worin bestehen die Grenzen des Konzepts rationalen Verhaltens?

# B. Soziale Aspekte wirtschaftlicher Teilbereiche

## 1. Soziale Aspekte der Produktion

### 1.1 Makro-Ebene: Die Arbeitsgesellschaft

### 1.1.1 Strukturwandel der Arbeit

Die wichtigste Linie struktureller Entwicklung im Arbeitsbereich war aus klassischer, ökonomischer und soziologischer Sicht die der fortwährenden Arbeitsteilung. Ausgehend von Spencers Vorstellungen, daß ein Organismus um so höher stehe, je differenzierter er ist, hängt nach Durkheim die Arbeitsteilung mit einem höheren Anpassungsniveau zusammen. Arbeitsteilung ist in den globaleren gesellschaftlichen Prozeß der **Rollendifferenzierung** in der Weise eingewoben, daß sie als Form einer spezifischen Rollendifferenzierung, nämlich auf der Grundlage einer rational orientierten produktiven Aktivität, in Erscheinung tritt. Der neuzeitliche Aspekt der Arbeitsteilung ist am sinnfälligsten am Programm des „scientific management" abzulesen. Dabei wird der gesamte Ablauf des Arbeitsprozesses künstlich in Teile zerlegt, rechnerisch in seine Teile aufgelöst und konstruktiv wieder künstlich zusammengesetzt, so daß der „technische Fortschritt" in Form angewandter Ingenieurtechnik hier optimal ansetzen kann.

*Arbeitsteilung und Rollendifferenzierung*

Die Arbeitsteilung ist damit einmal die Grundlage gesteigerter Produktivität, zum anderen jedoch – im Sinne einer unorganischen Fragmentierung von Arbeitsprozessen – ein **psycho-soziales Problem** für die betroffenen Arbeitenden. Friedmann (1952) hat dargestellt, daß die Zerteilung der Arbeitsverrichtungen viele Menschen daran hindere, vorhandene Fähigkeiten zu solidarischer Zusammenarbeit freizusetzen. Hinzu kommen die weitgehende Trennung von Planungs-, Fertigungs- und Kontrollprozessen und damit eine Trennung von Denken und Ausführen in der Arbeit, die jenen Prozeß der Fragmentierung verstärken. Die Auswirkungen für den betroffenen Menschen liegen auf der Hand: das Gefühl, nur noch ein „Rädchen im Getriebe" zu sein, wachsende „Entfremdung", steigende Unzufriedenheit mit dem Arbeitsinhalt sowie eine Demotivation der Arbeitenden angesichts partikularer und fragmentarischer Arbeitsvollzüge.

*Fragmentierung*

*Entfremdung*

In neuerer Zeit ist insbesondere der Einfluß technologischer Änderungen im Sinne fortlaufender **Mechanisierung** und **Automatisierung** diskutiert worden (Kern/Schumann 1977, 1984). Diese Untersuchungen deuten an, daß die Auswirkungen verschiedener Mechanisierungs- und Automatisierungsstufen auf die Einstellungen und das Verhalten der Arbeitenden zumindest nicht einheitlich sind. Einige Autoren zielen auf die wachsende Entfremdung durch schrumpfende Variabilität der Arbeit, andere postulieren einen Trend der Polarisierung in einerseits höherqualifizierte und andererseits dequalifizierte Arbeitnehmer, wiederum andere beschreiben zunehmende Entfremdungstendenzen im Rahmen fremdbestimmter Arbeit, wobei die Herrschaft nicht mehr unmittelbar von Menschen, sondern von Maschinen und komplizierten Apparaturen ausgeübt werde (sogenannte strukturelle Macht).

*Automatisierung*

*Polarisierung und Segmentierung*

365

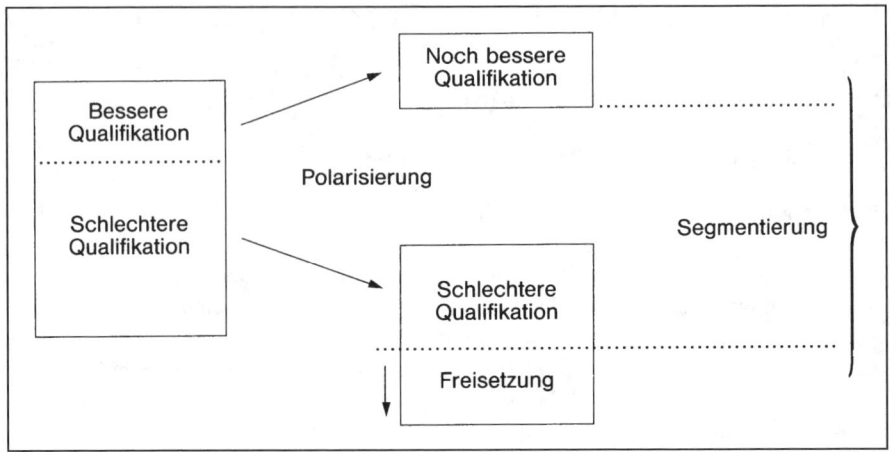

**Abb. 45:** Polarisierung und Segmentierung im Arbeitsbereich

*Das Ende der Arbeitsteilung*

*„Neuer Rationalisierungstyp"*

Allerdings sollte dieses düstere Bild unseren Blick auf mögliche **Gegentendenzen** nicht verdecken. Unter dem Stichwort „Das Ende der Arbeitsteilung" werden Gegenkräfte sichtbar, die das unilineare Paradigma der Rationalisierung durch Arbeitsteilung in bestimmten Teilbereichen modifizieren. Insofern ist in jüngeren Darstellungen von einem „neuen Rationalisierungstyp" die Rede: Er sei gekennzeichnet durch seinen strategischen Bezug auf gesamtbetriebliche Prozesse, auf zwischenbetriebliche Zusammenhänge sowie auf die Technik als „elastisches Potential": Die neue Art von Rationalisierung sei nicht im Sinne der Fragmentierung von Arbeit zu verstehen, sondern eher im besonderen Zugriff zur Ganzheitlichkeit, bezogen auf systemische Zusammenhänge. Diese Vorstellung berührt sich mit den Untersuchungen von Kern und Schumann (1984), die unter veränderten ökonomischen Rahmenbedingungen in verschiedenen Industriezweigen das Aufkommen **„neuer Produktionskonzepte"** beobachtet haben, die mit den bisher geläufigen Entwicklungsformen nicht mehr eindeutig beschrieben werden konnten. Worum handelt es sich im einzelnen? Die grundlegende Beobachtung der Autoren bestand darin, daß sich mit dem gegenwärtig stattfindenden Rationalisierungsschub in einigen prosperierenden Sparten industrieller Produktion (Automobilbau, Werkzeugmaschinenbau, Großchemie) Chancen einer umfassenden Professionalisierung der Arbeit eröffnen. Dabei werden drei Tendenzen sichtbar:

*Professionalisierung*

- die Tendenz einer Rücknahme heteronomer Industriearbeit und die Eröffnung autonomer Handlungsspielräume;
- die Tendenz einer nachlassenden Durchschlagskraft tayloristischer Prinzipien als Leitlinie industrieller Rationalisierung;
- die Möglichkeit, auch **mit** dem Prozeß gegenwärtiger Rationalisierung eine Emanzipationsperspektive zu entwickeln.

Die (optimistischen) Befunde von Kern und Schumann haben einige Kritik herausgefordert (vgl. Malsch/Seltz 1987; darin vor allem die Beiträge von Lutz, Braczyk,

366

Schmidt): insbesondere die Beschränkung auf die Lieblingsbranchen „Autoindustrie" und „Maschinenbau"; die Ausblendung von Herrschaftsbeziehungen; die Möglichkeit, durch Informatisierung des Produktionsprozesses Kontrolle auszuüben, die die angebliche Autonomie obsolet mache; die Ableitung schlanker und globaler Thesen aus engem empirischen Material.

*Das Ende vom Ende der Arbeitsteilung?*

Neuere empirische Studien zur Soziologie der Arbeit (SOFI Forschungsbericht zur empirischen Trendanalyse industrieller Rationalisierung; Schumann et al. 1994; sowie der Sammelband „Umbrüche gesellschaftlicher Arbeit": Beckenbach/vanTreeck 1994) werfen ein differenzierendes Licht auf die weitere Entwicklung. Zumindest läßt sich die Globaleinschätzung einer Rücknahme der Arbeitsteilung und einer Befreiung von den Fesseln tayloristischer Glaubenssätze nicht undifferenziert aufrechterhalten. Ein gewisses Fazit läßt sich in der Weise ziehen, daß Prozesse der von Kern und Schumann beschriebenen Art sich lediglich partikular und inselartig vollziehen, in vielen Bereichen sich nur zögerlich oder gar nicht ausbreiten und von manchen Gegentendenzen begleitet sind, die bestehende Optionen wieder einschränken. Selbst wenn ein gewisser Grad an Autonomie, Partizipation und Selbstgestaltung bereichsspezifisch beobachtet werden kann, dürfte sich die Arbeitswelt in anderer Hinsicht entscheidend verengen, da die neuen Produktionskonzepte von ihrer Intention her primär nicht auf die Humanisierung der Arbeitswelt gerichtet sind, sondern im Rahmen des unternehmerischen Effizienzstrebens eher arbeitsplatzvernichtend wirken.

Wie dem auch sei: Die aufgezeigten empirischen Befunde zeigen an, daß das unilineare Interpretationsmuster der Subsumtionsvorstellung oder des Taylorismus als Leitlinie auch moderner Entwicklungen zumindest zweifelhaft geworden ist. Ob diese Befunde allerdings ausreichen, einen arbeits- und industriesoziologischen Paradigmenwechsel einzuleiten, darf bezweifelt werden. Dazu erscheinen diese Entwicklungstendenzen doch zu komplex; wir deuten einige davon in Folgendem an.

Neben den angesprochenen Aspekten systemischer Rationalisierung und neuer Produktionskonzepte kreist die neuere Diskussion um Begriffe wie: **Informalisierung** der Struktur von Arbeitsaktivitäten; neue und flexible, häufig deregulierte Beschäftigungsverhältnisse (samt der Differenzierung des informellen Sektors der Schattenwirtschaft); Renaissance handwerklicher und kleinbetrieblicher Produktionsformen; ganzheitlicher Leistungsanspruch; **soziale Rationalisierung**, die Richtung, Form und Inhalt der technischen und ökonomischen Rationalisierung bestimmt; Lockerung technik-deterministischer Strukturen mit der Folge flexibler Spezialisierungen usw. Ein besonders zentraler Aspekt dieser Entwicklungen besteht in einer **Subjektivierung von Arbeit** (Baethge 1991): Damit ist zunächst gemeint, daß durch die Eröffnung arbeitsorganisationaler Handlungsspielräume die am Implementierungsprozeß beteiligten Akteure mit ihren jeweiligen Interessen, Wünschen und Optionen in den Vordergrund rücken. Zum anderen wird sichtbar, daß nicht mehr vorrangig die Erwerbsarbeit die persönliche Identität der Individuen bestimmt, sondern eher umgekehrt: Zunehmend werden persönliche Ansprüche, Vorstellungen und Forderungen im Arbeitsvollzug geltend gemacht; nicht Kolonialisierung der Lebenswelt durch das System, sondern eher umgekehrt eine **Kolonialisierung des Systems** durch Indivi-

*Soziale Rationalisierung*

*Subjektivierung von Arbeit*

*Kolonialisierung des Systems*

dualisierungstendenzen. Daß das System hier ein zähes Eigenleben entfaltet – häufig durch die Eigendynamik der Systemzwänge legitimiert – wird an jenen Grundwidersprüchen deutlich, die in der Konfrontation „gewandelte Werte – erstarrte Strukturen" (Strümpel) aufgezeigt sind. Gemeint ist insbesondere, daß veränderte Ansprüche und Motivationen im Arbeitsbereich durch erstarrte Arbeitsstrukturen (auch Führungsmuster) nicht eingelöst werden können.

Vordringen von Gruppenarbeit

Ein anderes Beispiel neuer Entwicklungstendenzen ist das Vordringen von **Gruppenarbeit**, kooperativer Formen der Zusammenarbeit, auch des Gedankens der Teamarbeit, zumal unter dem Aspekt japanischer Modelle, die den Gedanken des „Wir-Gefühls" und des „Gruppengeistes" – in Japan im Clangeist verwurzelt – in seiner motivationalen Bedeutung und seinem verpflichtenden Charakter betont haben. Von hier aus werden neuerdings wiederum überschaubare Strukturen (z.B. die soziale Welt der Kleinbetriebe) favorisiert, die – analog zu Tönnies' Trennung zwischen Gemeinschaft und Gesellschaft – den Gedanken der Gemeinschaft als Gegensatz zu instrumentalistischen Sozialordnungen revitalisieren. Dabei hat es auch zahlreiche Versuche gegeben, diesen Gedanken der „Kleinstruktur" durch Dezentralisierungstendenzen und durch Schaffung sozialer Identität in Großbetrieben umzusetzen (vgl. die MIT-Studie). Allerdings scheinen uns Zweifel angebracht, ob es sich bei einem solchen Prozeß tatsächlich um eine echte Hinwendung zu „gemeinschaftlichen Strukturen" im Sinne von Tönnies handelt. Ein solches Bemühen scheint uns eher der Versuch zu sein, die Idee der „Gemeinschaft" selbst zu instrumentalisieren, sie also im Dienste von „Gesellschaft" nutzbar zu machen. Soweit man dies gelten läßt, läge in der Idee der Gruppenarbeit sogar eine Pervertierung des Gemeinschaftsgedankens im Schlepptau gemeinschaftsferner Ziele.

„lean production"<br><br>Globalisierung des Wirtschaftslebens

Gleichfalls am japanischen Modell orientiert verläuft die neuere Diskussion um „**lean production**", häufig im Zusammenhang mit der Debatte um die **Globalisierung des Wirtschaftslebens** (vgl. die MIT-Studie: Womack et al. 1992). Diese Debatte trifft die deutsche Industriesoziologie relativ unvorbereitet (vgl. die zusammenfassende Würdigung bei Braczyk/Schienstock 1994). Aus diesem Grunde wurde dieser Problembereich zunächst als weitere Facette im Rahmen „neuer Produktionskonzepte" behandelt, was problematisch sein dürfte. Bei den neuen Produktionskonzepten geht es eher darum, Chancen eines neuen Kompromisses zwischen Kapital und Arbeit aufzuzeigen und einer Entfremdung durch die Fragmentierung von Arbeit mit Hilfe solcher Maßnahmen entgegenzuwirken, die sich durch antitayloristische und antifordistische Nutzungsstrategien moderner Produktionstechnologie ergeben. „Lean production" (im Sinne der MIT-Studie) ist von der Idee her anders gelagert und in ihren Auswirkungen viel dramatischer: Sie lenkt den Blick auf Managementprobleme im Zusammenhang mit globaler Wettbewerbsfähigkeit. Die **Globalisierung** der wirtschaftlichen Konkurrenzbeziehungen bewirkt starke Anpassungszwänge in den Betrieben im Zuge internationalen Wettbewerbs. Insofern erzwingt die Globalisierung „schlankere" Produktionsformen und zwangsläufig eine Reduzierung des sozialen Netzes. Wettbewerbsfähigkeit und Verschlankung sind dann gewissermaßen Legitimationsformeln für die Freisetzung von Arbeitskräften. Insofern sind die Auswirkungen von „lean production" radikaler noch als die vertraute Rationalisierungsdebatte und bedeuten eine Subsumtion anderer Art: engere Grenzen für Aushandlungsprozesse, deutlichere Spreizung der Löhne, stärkere Arbeitsplatzgefährdung, Entstehen neuer Risiken, neue Asymmetrien der Macht zu Lasten der abhängig Beschäftigten.

Dies deutet an, daß die Globalisierung im Zuge internationaler Verzahnung das Problem **sozialer Ungleichheit** eher verschärfen wird. Vielfach besteht die Option dann lediglich in der Entscheidung für mehr Arbeitslosigkeit oder eine krassere Spreizung der Einkommen.

*Ende des Taylorismus?*

## 1.1.2 Arbeitsbezogene Konflikte

Industrielle Konflikte können als strukturelle Widersprüche zwischen technologisch-industrieller Entwicklung einerseits und bestehender Sozialstruktur andererseits angesehen werden (vgl. hierzu: Lutz/Schmidt 1977, Müller-Jentsch 1997). In einem anderen und engeren Sinne lassen sich industrielle Konflikte auch als Interessengegensatz verstehen, etwa im Sinne der „industrial relations" als Auseinandersetzung im Machtkampf zwischen Arbeitnehmern und Arbeitgebern im Rahmen der Verbandsdynamik (vgl. etwa: Dubin 1959; Miller/Form 1980) oder der Implikationen der Marx'schen Theorie: als Ausdruck des Klassengesetzes zwischen **Kapitaleignern und Lohnabhängigen.** Hier wird betont, daß sämtliche Konfliktlinien sich „letztlich" auf die „fundamentale Tatsache" der Lohnabhängigkeit reduzieren lassen (strukturelle Asymmetrie zwischen Kapital und Arbeit).

*„industrial relations"*

*Strukturelle Asymmetrie*

In marxistischer Tradition wurde im Rahmen der Theorie der **reellen Subsumtion** bzw. der sog. „labour process debate" behauptet, daß Technik und Rationalisierung allein der Logik der Kapitalverwertung folge; alles werde der Zielsetzung der Produktivkraftentwicklung unterworfen. Mit Taylors „wissenschaftlicher Betriebsführung" sowie der modernen industriellen Technik verfüge das Management über geeignete Methoden und Mittel zur nahezu lückenlosen Kontrolle des Arbeitsprozesses (Braverman 1977). Dieser ökonomische Determinismus klingt wie eine Verschwörungstheorie; ihr richtiger Kern liegt allerdings in rein ökonomischen Überlegungen im Hinblick auf den „teuren" und „sensiblen" Produktionsfaktor Arbeit und dem hinter diesem Faktor stehenden Menschen, der im Produktionsprozeß immer entbehrlicher zu werden scheint.

*„labour process debate"*

Allerdings zeigt sich immer deutlicher, daß die Idee der strukturellen Asymmetrie zwischen Kapital und Arbeit nicht durch die marxistische Mehrwerttheorie (vgl. zur Mehrwerttheorie: Becker 1972; Popper 1980; Kutsch/Wiswede 1986) zu verstehen ist, sondern faktisch lediglich dadurch, daß der **Einsatz der Produktionsfaktoren** vorwiegend durch das Kapitalinteresse gesteuert wird (vgl. Priore 1980; Offe 1984). Während das Kapitalinteresse zumindest auf einer abstrakten Ebene noch relativ eindeutig bestimmt werden mag, dürfte die Bestimmung des **„Arbeitnehmerinteresses"** heute außerordentlich schwierig geworden sein, insbesondere wohl deshalb, weil die Kategorie des Arbeitnehmers soziologisch diffus geworden ist – wie Offe es

*Kapital und Arbeit*

einmal sagte (1984): ähnlich wie die Kategorie des Mehrwertsteuerzahlers. Auch wird deutlich, daß innerhalb der Arbeitnehmerschaft (und auch innerhalb der Gewerkschaften) heute unterschiedliche Vorstellungen über das Arbeitnehmer-Interesse bestehen. So konkurrieren auf Arbeitnehmerseite heute vor allem die folgenden Zielsetzungen: höhere Löhne, sichere Arbeitsplätze, bessere Sozialleistungen, humanere Arbeitsbedingungen, attraktivere Arbeitsinhalte, mehr Autonomie am Arbeitsplatz usw. Durch die breitflächige Arbeitsplatzgefährdung sind freilich Humanisierungsanliegen in den Hintergrund geraten.

*Arbeitnehmer-interessen*

Lediglich auf genereller Ebene lassen sich Spannungsfelder unterscheiden, die die arbeitenden Menschen immer wieder herausgefordert haben, die jedoch historisch unterschiedliches Gewicht einnehmen (vgl. Fürstenberg 1977):

- das **Verwertungs**interesse: die Lohnfrage;
- das **Erhaltungs**interesse: die Sicherheitsfrage;
- das **Gestaltungs**interesse: die Autonomiefrage.

Die unterschiedlichen Interessenlagen können sicherlich in dieser Form klassifiziert werden, jedoch muß man immer sehen, daß sie sehr differenziert in Erscheinung treten je nach Hierarchie, Berufsbild oder Branche, daß sie sich wandeln je nach ökonomischer Situation und konjunktureller Lage und daß sie abgestuft nach individuellen Merkmalen wie Motivation, Zufriedenheit und Lebenszusammenhang auftreten.

Dennoch sind antagonistische Vorstellungen wirksam, soweit sie im **Bewußtsein von Arbeitnehmern** vorhanden sind und soweit sie in direkter Form als „Interessenvertretungen" institutionalisiert und dadurch ideologisch verkrustet werden. In dieser Weise ist der Gegensatz von Arbeit und Kapital ein Dauerthema in der gesellschaftlichen Entwicklung der sogenannten kapitalistischen Gesellschaft, und die Entwicklungsphasen – beginnend in der Konstitutionsphase des industriellen Systems über die Arbeiterbewegung, Sozialgesetzgebung, Gewerkschaftsbildung bis hin zu Themen der paritätischen Mitbestimmung – sind am ehesten als schrittweiser **Interventionismus** zu begreifen, als Versuch, strukturelle Asymmetrien zu reduzieren.

*Interventionis-mus zur Redu-zierung struktu-reller Asymme-trie*

Natürlich kann man diese interventionistischen Strategien als Kaschierungsversuche denunzieren, so wie es marxistische Autoren zu tun pflegen (vgl. statt vieler: Oppolzer 1976, 19 ff): Versuche der Restauration des morbiden Systems „Kapitalismus", um die strukturelle Asymmetrie zu verdecken, die wahren Machtverhältnisse zu verschleiern und den Lohnabhängigen sozial-therapeutisch zufriedenzustellen, indem man ihm lediglich einen Anteil am Konsumwohlstand sichert, ihn jedoch von der tatsächlichen Verfügungsgewalt über Produktionsmittel fernhält. Immerhin hat sich – und dies geben auch Marxisten mit einem gewissen Erstaunen immer wieder zu – das kapitalistische System als viel zäher erwiesen, als sie dachten, so daß der Gedanke naheliegt, daß die interventionistischen Strategien doch einen wesentlichen Teil der Sprengkraft absorbiert haben, die Marx im kapitalistischen System vermutete und die ihn zu seiner historischen Prophezeihung der Aufhebung aller Klassengegensätze – welche Utopie! – ermunterten. Mehr noch: Sprengkraft ist eher in den real existierenden sozialistischen Gesellschaften manifest geworden, die offenbar weniger Anpassungsleistungen erbringen konnten.

Immerhin: Die Fehlbeurteilung dieses Gegensatzes durch die marxistische Soziologie sollte uns nicht dazu veranlassen, in wohlfeile Harmonievorstellungen zu verfallen und sich einer Ideologie des „Wir-sitzen-ja-doch-alle-im-gleichen-Boot" kritiklos auszuliefern. Wichtige Konfliktlinien in Betrieb und Organisation sowie – übergreifend – in der Gesellschaft sind nach wie vor durch ein keineswegs restlos auflösbares **Spannungsverhältnis zwischen Kapital und Arbeit** definiert – allein schon deshalb, weil es immer sachlich begründete Interessengegensätze bei der Verteilung des Unternehmerertrages geben wird –, und zentrale Institutionen unseres wirtschaftlich-gesellschaftlichen Zusammenlebens sind nach Entstehung und Funktion nur durch dieses Spannungsverhältnis zu verstehen. Dies schließt nicht aus, daß auch im Arbeitsbereich andere Machtgrundlagen bestehen als die Verfügung über Produktionsmittel – auch neomarxistische Autoren (z.B. Wright 1985) sehen das mittlerweile so – und daß andere Konflikte bedeutsamer werden als solche, die durch das Verhältnis zwischen Kapital und Arbeit verursacht sind (vgl. 2. Kap. B 4).

*Arbeit und Kapital als Spannungslinie*

In der Tat zeigt sich, daß die vormals zentrale Spannungslinie zwischen Kapital und Arbeit auch im speziell ökonomischen Bereich überlagert oder gar abgelöst wird durch zahlreiche andere Konfliktfelder. Da sind neue Gruppierungen, zwischen denen Konflikte latent oder manifest bestehen, z.B. zwischen:

*Andere Konfliktfelder*

– Arbeitern unterschiedlicher Qualifikation;
– Angestellten verschiedener Hierarchie-Ebenen;
– Arbeitnehmern mit unterschiedlicher Absicherung;
– Arbeitslosen und Arbeithabenden;
– wirtschaftlichen und staatlichen Instanzen;
– Organisierten und Nichtorganisierten;
– Bürgerinitiativen und Staat bzw. Wirtschaft;
– weiblichen und männlichen Arbeitnehmern.

Und da werden neue Konfliktthemen virulent, beispielsweise:

*Neue Konfliktthemen*

– Ökologie vs. Ökonomie (Rendite);
– Sozialstaat vs. Leistung/Wettbewerb;
– kollektive vs. individuelle Orientierung;
– Umverteilung der Arbeit;
– unterschiedliche Rationalität von Teilsystemen;
– Mitbestimmung der Arbeitnehmer;
– Probleme des dualen Arbeitsmarktes;
– formelle vs. informelle Arbeit;
– Fragen des gesteuerten Wachstums.

Diese (recht beliebige) Auswahl zeigt immerhin, daß die holzschnitthafte Gegenüberstellung von Arbeit und Kapital wesentliche Konfliktlinien der modernen Wirtschaftsgesellschaft nicht mehr angemessen beschreibt. Hinzu kommt, daß durch die Institutionalisierung der **Mitbestimmung** sowie – hier auf die Beteiligung an Entscheidungsprozessen gemünzt – der **Partizipation** Gegenkräfte erwachsen sind, die angesichts der sinkenden Marktlagenmacht (vgl. B 2.1.2) vielfach wieder gefährdet erscheinen. Empirische Ergebnisse zur Mitbestimmung zeigen, daß strukturelle und technische Sachzwänge die Mitbestimmung weder fördern noch verhindern, sondern daß allein der politische Wille entscheidend ist. Trotz vieler Vorbehalte sind die Stellungnahmen (und Befunde) zur Effizienz der Mitbestimmung (Hondrich 1970, 1976; Säcker/Zander 1981) durchaus ermutigend, so daß die Befürchtungen oder Animositäten der Unternehmer gegenüber einer Ausweitung der Mitbestimmung oftmals nicht gerechtfertigt scheinen. Ein Grund für die positiven Auswirkungen mag darin liegen, daß Konfliktlösungen nach der Maxime der Betriebsverfassung mehr **integrative Elemente** enthalten als die Konfrontationsstrategien in Auseinandersetzung von Unternehmen und Gewerkschaften, wie man sie in vielen anderen europäischen Ländern vorfindet. Mitbestimmung scheint also ein Weg zu sein, dem **Konsensbedarf** des Wirtschaftslebens nachzukommen; und dabei kann sie umgekehrt das vorhandene **Konsenspotential** in den Betrieben nutzen (vgl. Berger 1992; Ortmann 1995).

*Mitbestimmung und Partizipation*

*Konsensbedarf des Wirtschaftslebens*

Andererseits wird mit Partizipation und Mitbestimmung ein Verhaltens- und Entscheidungspotential freigelegt, das in vielen Fällen noch nicht recht genutzt werden kann. Hier fehlt oftmals die „Sozialisation zur Mitbestimmung", die auch in vorgelagerten Bereichen (Familie und Schule) bereits eingeübt werden muß. Das Interesse an der Realisierung der betriebsverfassungsmäßigen Institutionen dürfte auch durch die gegenwärtige Lage auf dem Arbeitsmarkt nicht sonderlich gefördert werden: Die Angst vor dem Verlust des Arbeitsplatzes ist größer als die Motivation, für abstrakte Ziele im betrieblichen Bereich zu kämpfen. Auch hier gilt die Theorie der kollektiven Güter; Individuen pflegen sich nicht für etwas einzusetzen, dessen unmittelbarer Ertrag ihnen nicht selbst zufließt.

*Sozialisation zur Mitbestimmung*

Das zentrale Konfliktfeld im Arbeitsbereich ist heute die **Arbeitslosigkeit** bzw. die **Arbeitsplatzgefährdung**, die sich u.a. auch als Ausdruck jener anwachsenden Disparität zwischen primärem Arbeitssektor (Kernbelegschaft) und sekundärem Arbeitssektor (Randbelegschaft) darstellt. Befaßt man sich mit den entscheidenden Randbedingungen, die zur Arbeitslosigkeit führen, so scheinen hierbei insbesondere die folgenden Gründe von Bedeutung:

*Auslöser der Arbeitslosigkeit*

- **Grenzen des Wachstums:** Spätestens seit Beginn der 70er Jahre ist die Annahme eines unerschöpflichen Wachstumspotentials unhaltbar geworden. Energiekrise und Umweltkrise haben diesen Eindruck bestätigt;
- **Grenzen der Konsumfelderweiterung:** Tatsache ist, daß die Produktion nur sehr partiell grundsätzlich Neues hervorzubringen vermag, so daß elementare Kaufwellen breitflächig kaum auszulösen sind, sondern auf partielle Bereiche beschränkt bleiben. Dies sind die Konsequenzen einer gewissen Marktsättigung, insbesondere auf dem Sektor dauerhafter Gebrauchsgüter;
- **Folgen technischer Entwicklung:** Die immer weiter vorangetriebene Rationalisierung durch Automatisierung, insbesondere auch durch Ausbreitung der Mikro-

elektronik, führt nur in geringem Maße zu neuen Arbeitsplätzen, in sehr viel stärkerem Maße zur Rationalisierung alter Arbeitsplätze;

● **Disparitäten in der Bevölkerung:** Es gibt jenseits der sozioökonomischen und technologischen Entwicklung starke, z.T. auch noch ansteigende Disparitäten, die vor allem dadurch ausgelöst werden, daß bestimmte Personenkreise (z.B. Ausländer, Obdachlose, Sozialhilfeempfänger, Asylanten) kumulativ strukturellen Defiziten ausgesetzt sind, die die Eingliederung in den Arbeitsprozeß erschweren. Eine vergleichsweise massivere Defizitsituation besteht gegenwärtig für einen großen Teil der ostdeutschen Bevölkerung;

● **Globalisierung des Wirtschaftslebens:** Durch die Notwendigkeit, ausländischer Konkurrenz Stand halten zu müssen, wächst der Druck zu weitergehender Rationalisierung, mit der Absicht einer „schlankeren Produktion" (vgl. im Abschnitt 1.1.1), wobei steigende Gewinne ja gerade auch durch die Freisetzung von Arbeitskräften erzielbar werden.

Besonder sozialstrukturelle Bedingungen scheinen das Auftreten von Arbeitslosigkeit im Sinne **struktureller Defizite** zu begünstigen: mangelnde Qualifikation, nicht marktgängige Qualifikation, weibliches Geschlecht (hier wird oftmals die Rückzugsmöglichkeit in den Haushalt betont), ältere Arbeitnehmer, Ausländer, Vorbestrafte, Behinderte, Langzeitarbeitslose etc. (vgl. Brinkmann/Schober 1993).

*Strukturelle Defizite*

Die **Folgen-Diskussion** (vgl. hierzu: Kutsch/Wiswede 1978; Offe 1984; Pelzmann 1988; Winter-Ebner 1992) – vor allem auch im Hinblick auf persistente Arbeitslosigkeit – richtet sich einmal auf gesamtgesellschaftliche Zusammenhänge, zum anderen auf den mikrosozialen Kontext. Im Makrobereich wird die **soziale Desintegration** für Personengruppen mit strukturellen Defiziten vermerkt und Möglichkeiten der Wiedereingliederung, insbesondere durch flexiblere Formen der Arbeitsgestaltung sowie breitflächigere Mobilität der Beschäftigten eruiert. Jenseits dieser Fragen der Reintegration stellt endemische Arbeitslosigkeit für jede Gesellschaft aber auch ein brennendes politisches Problem mit möglicher sozialer Sprengkraft dar. Selbst wenn eine Solidarisierung der Arbeitslosen im Sinne destruktiver oder systemverändernder Tendenzen gegenwärtig nur in Ansätzen sichtbar ist, bleibt die Ausgrenzung erheblicher Bevölkerungsteile durch Arbeitslosigkeit eine Frage, die offenbar keine einfache Musterlösung zuläßt. Auch das vielberedete Wort von der **„Umverteilung der Arbeit"** als einer gesellschaftlichen Notwendigkeit bleibt hier vage und stößt sich an etlichen sozialen und wirtschaftlichen Realitäten.

*Folgen der Arbeitslosigkeit*

*„Umverteilung der Arbeit"*

Im Mikrobereich stehen traditionellerweise die **psycho-sozialen Belastungen** im Vordergrund, die bei „echter" Arbeitslosigkeit häufig als gravierender empfunden werden als die unvermeidlichen finanziellen Einschränkungen. Ein Verlust der Arbeitsrolle führt im Ausmaß der Hochbewertung beruflicher Arbeit zu einer empfindlichen Rollenschrumpfung, die das Selbstwertgefühl in hohem Maße belastet, Identitätskrisen auszulösen vermag und zur Entstrukturierung der Lebenswelt beiträgt (vgl. Offe 1984; Pelzmann 1988; Wiswede 1995).

*Psycho-soziale Belastungen*

*Biographische Prozeßstrukturen* Neuere Ansätze rücken **biographische Prozeßstrukturen** in den Vordergrund und unterscheiden drei grundlegende Muster (Vonderach et al. 1992): Arbeitslosigkeit als „Biographieblockierung", als eigener „Biographieabschnitt" und als Übergang „zu neuen Biographieabschnitten und Lebensformen". Die weite Streuung der Muster weist auf eine Pluralisierung der Lebensführung in der Arbeitslosigkeit hin, so daß deterministische Modelle zunehmender Verstrickung an Bedeutung verlieren bzw. nur noch für bestimmte Segmente Geltung beanspruchen. Wir müssen davon ausgehen, daß die Institution der Erwerbsarbeit sich in einer Umbruchsituation befindet und die Vorstellung von Normal-Arbeitsverhältnissen mit bruchloser Erwerbsbiographie abgelöst werden muß, da in zunehmendem Maße von „perforierten Erwerbsverläufen" auszugehen ist. Arbeitslosigkeit kann angesichts dieser **institutionalisierten Diskontinuität** (Mutz et al. 1995) nicht mehr als Ausnahmesituation gedeutet werden. Auch dies ist ein – und sicher nicht der unwichtigste – Aspekt unserer „Risikogesellschaft" mit ihren institutionellen Auflösungserscheinungen und der „Entbettung" von Individuen aus sicheren Berufsbiographien, die einen reflexiveren Umgang mit der Erwerbsarbeit erfordern.

*Institutionalisierte Diskontinuität*

## 1.1.3 Soziale Dynamik technischer Entwicklung

Viele Theorien sozialen Wandels, die insbesondere auf das **unterschiedliche Entwicklungstempo** zwischen verschiedenen Strukturbereichen reflektieren, haben jene Sphäre der Technik im Blick, die den Vorreiter spielt und das gesamte soziale Gefüge in Spannung (oder ins temporäre Ungleichgewicht) bringt (vgl. 2. Kap. B 6). Marx' Diskrepanz zwischen Produktionsverhältnissen (sozio-ökonomisches Subsystem) und Produktivkräften (Stand der Technik) ist ein prominentes Beispiel solcher Vorstellungen; Lenskis Theorie des sozialen Wandels (und der sozialen Schichtung), die in einen technologischen Determinismus einmündet, ein anderes. Zahlreiche andere Soziologien, von Weber bis Habermas, von Touraine bis Blauner haben ähnliche Vorstellungen entwickelt, die der Technik die Auslöserrolle für soziale Spannungen und Konflikte zuweisen. Auch unter heutigen Gesichtspunkten deuten die empirischen Befunde auf einen gesellschaftlichen **„Modernisierungsrückstand"** im Bereich der politischen, sozialen und kulturellen Institutionen gegenüber dem Stand technologischer Entwicklung hin.

*Strukturelle Dissoziation*

Diese spezifische Form eines „cultural lag" (vgl. B 6.1.2) läßt sich im übrigen auch systemtheoretisch beschreiben. Nach Lange (1995) stellt die Technik ein teilautonomes soziales **Subsystem** dar, dessen dominierende Akteursrationalität technische Effizienz darstelle. Auch wäre u.E. denkbar, das technische System hier als Subsystem des ökonomischen Systems zu begreifen, möglicherweise mit partiellen **Kolonisierungstendenzen** seitens des technischen Systems. Obgleich die Annahme einer gewissen Eigenlogik technischer Systeme und technischer Entwicklung berechtigt sein mag, dürften die Effizienzkriterien des technologischen Systems mit denen des ökonomischen Systems zwar nicht kongruent, doch zumindest konvergent sein. Außerdem scheint es uns, daß jenseits dieser hier unterstellten Effizienzkriterien – die im übrigen je nach technischem Bereich auch jeweils unterschiedliche Akteurslogik im-

*Technik als teilautonomes soziales Subsystem*

374

plizieren können – ein gewisses **spielerisches Element** eine wichtige Begleitkomponente technischen Handelns darstellt, die als Ausdruck der Neugier- und Spielmotivation in Erscheinung tritt. Vielleicht ist es gerade auch die Schubkraft dieser spielerischen Komponente, die der Technik im Informations- und Kommunikationsbereich Verbreitung verschafft hat.

Werfen wir nun einen Blick auf die verschiedenen Topoi der Technikforschung. Diese hatte noch in den 70er Jahren einen deutlichen Schwerpunkt in der Debatte um **soziale Folgen der Technik**. Hier wurde versucht, Auswirkungen neuer technischer Entwicklungen auf die **Sozialstruktur** (z.B. veränderte Anforderungen an das Bildungssystem, Umschichtung sozialer Ungleichheit, Freisetzung von Arbeitskräften und breitflächige Arbeitslosigkeit) sowie auf das **Sozialverhalten** (z.B. Veränderung von Kontroll- und Handlungsspielräumen, Veränderungen des Bewußtseins von Industriearbeitern, veränderte Formen der Kommunikation) zu studieren. Diese Debatte um die Technikfolgenabschätzung ist eigenartig folgenlos geblieben, zumal sich auch gezeigt hat, daß pauschale Thesen zugunsten sehr differenzierter und oftmals ambivalenter Einschätzungen aufgegeben werden mußten: Es gibt nicht „die" Technik mit eindeutiger Entwicklungsrichtung und eindeutigen Folgen (allerdings: viele technische Entwicklungen „vernichten" Arbeitsplätze, vergleichsweise wenige dagegen schaffen neue Arbeitsplätze). Der Fokus der technik-soziologischen Betrachtung (vgl. für einen Überblick: Rammert 1993) verlagerte sich daher hin zu gesellschaftlichen Organisationsformen und Entscheidungsprozessen, in denen technische Entwicklung stattfindet (Warsewa 1993, 376).

*Soziale Folgen der Technik*

Auch die Einstellungen zur Technik sowie die Frage ihrer **gesellschaftlichen Akzeptanz** spiegeln die genannte Ambivalenz wider. Die entsprechenden empirischen Studien (Jaufmann/Kistler 1991) bestätigen differenzierende Urteile auch auf der Einstellungsebene und betonen die Bedeutung unterschiedlicher Lebensstile und Milieus für die Akzeptanz sowie auch die Art der Nutzung verschiedener Techniken nach divergenten „Technik-Kulturen". Insgesamt ergibt sich ein Bild „positiv getönter Skepsis" für die gegenwärtige Entwicklung: eher eine „Abnahme irrationaler Technikfreundlichkeit" statt einer Zunahme pauschaler vorurteilsbestimmter Technikfeindlichkeit, die ja vor dem Hintergrund humanistischer Erziehungsideale in Deutschland zumindest im geisteswissenschaftlichen Bereich durchaus eine gewisse Tradition hat. Eng verbunden mit der Frage der Technikakzeptanz ist auch die Frage nach der „Sozialverträglichkeit" von Technik. Im Gegensatz zu dem mittlerweile mit schärferen Konturen versehenen Begriff der „**Umweltverträglichkeit**" ist der Terminus Sozialverträglichkeit nach wie vor unklar, zumal verschiedene soziale Bezugssysteme in Betracht kommen. Vielfach bleibt der Begriff auf Gestaltung und Veränderung von Arbeitsbedingungen eingegrenzt; Benutzerfreundlichkeit wäre hier ein konkretes Subkriterium. Unklar ist, ob unter dem Begriff der Sozialverträglichkeit auch die Gefährdung von Arbeitsplätzen und eine möglichst sozialverträgliche, arbeitsplatzerhaltende Steuerung von Technik gemeint sein soll. Neuerdings wird insbesondere darauf hingewiesen, daß das steigende Innovations- und Implementierungstempo **neue Risikopotentiale** schaffe, die über rein technische Risiken (z.B. bei Kernkraftwerken) hinausgehen und die einen rationalen und reflexiven Umgang verlan-

*Gesellschaftliche Akzeptanz der Technik*

*Neue Risikopotentiale*

gen, sowie gewisse Anforderungen an die Beteiligungsfähigkeit und Gestaltungskompetenz der jeweils involvierten Akteure stellen.

*Erforschung der Technik-Genese*

Ein weiterer Topos technik-soziologischer Diskussion ist die Erforschung der **Technik-Genese**. Die vorherrschenden Theoreme sind in diesem Bezugsrahmen die **Rationalisierungsthese** (Technik als Ausdruck der Ökonomisierung, Standardisierung, Effizienzerhöhung) sowie die **Kulturalisierungsthese** (kulturelle Praktiken und Deutungsmuster beeinflussen Technikerzeugung und Technikverwendung). Es fragt sich an dieser Stelle, ob zwischen diesen „Thesen" entschieden werden muß (vermittelnd: Braun 1993) oder ob – unter jeweils unterschiedlichen Bedingungen – beide Annahmen Geltung beanspruchen. Auch im Hinblick auf die Frage, „wer oder was" den technischen Fortschritt steuert, kann es keine eindeutigen Antworten geben. Da gibt es **evolutionäre Entwicklungen**, die Technik-Genese in Begriffen wie Variation, Selektion und Diffusion angemessen beschreiben und die auf eine Auslese effizienter „Lösungen" hindeuten (nebenbei: was genau „effizient" bedeutet, ist manchmal nur durch soziale Konstruktionen und Interpretation herzuleiten). Da gibt es zum anderen jedoch intendierte Steuerung durch Akteure, die mit unterschiedlichen Interessen, Bedürfnissen und Ressourcen technische Entwicklungen inszenieren oder begleiten. „Der technische Wandel folgt weder einer Strukturlogik der Entwicklung, die außerhalb der Reichweite der Akteure liegt, noch bietet er sich umstandslos und unmittelbar als Manövriermasse für die Steuerungsintentionen der sozialen Akteure an. Zu seiner Analyse bedarf es m.E. eines theoretischen Rahmens, mit dem der technische Wandel im Zwischenbereich zwischen Steuerung und Evolution konzipiert werden kann" (Rammert, 1993, 170).

*Haushaltliche bzw. private Nutzung im Alltagsgeschehen*

Während das besondere Augenmerk technischer Innovation dem Produktionsbereich galt, sollte andererseits auch die Domäne haushaltlicher bzw. privater Nutzung im Alltagsgeschehen thematisiert werden. Hier wären Technikfolgen im Bereich privater Haushalte zu analysieren sowie bestimmte – auch kulturell geprägte – **Nutzungsmuster** mit Bezug auf Entwicklung und Ausbreitung von Technik (insbesondere der Informations- und Kommunikationstechniken) herauszuarbeiten. Rammert diskutiert Befunde, wonach es nicht primär auf die Eigenschaften bestimmter Techniken ankomme, die diese Nutzungsmuster bestimmen, sondern daß es sozial-kulturell geprägte Dispositionen (z.B. geschlechtsspezifisches Sozialverhalten, milieubedingte Deutungsmuster) seien, die variierende Formen der Aneignung und des Umgangs z.B. mit Computern erzeugen. Auch hier gehe es nicht ohne „soziale Risiken" (z.B. unterschiedliche Zugangsbarrieren, unkritische oder mißbräuchliche Nutzung), die höchst selektive Verwendungsmuster erkennen lassen. Allerdings wird durch Laiifizierung – wachsende Zugänglichkeit technischer Innovationen für alle Bildungsschichten durch starke Vereinfachung (z.B. automatische Kameras, Show-View bei Videorecordern) – gewissen Professionalisierungstendenzen entgegengewirkt.

*Kolonialisierung des Haushalts*

In der Tat könnte man auch hier im Bereich des Privaten von einer **Kolonialisierung der Lebenswelt** durch die Technik sprechen. Allerdings zeigt Braun (1993) in seinem Konzept der **Technik-Spirale**, daß wir uns mit immer größerer Selbstverständlichkeit immer raffinierterer Techniken bedienen und daß die Alltagswelt schier unbegrenzt für neue Techniken aufnahmefähig erscheint. Diese Rezeption gibt sich im Alltagsbereich relativ problemlos und wenig konfliktgeladen. Technische und kulturelle Entwicklungen seien hierbei durch einen selbstläufigen, beide Seiten steigernden (spiralförmigen) Prozeß aufeinander bezogen, in dem zunehmend raffiniertere Lebensstile den Einsatz kontingent raffinierter Techniken implizieren (und umgekehrt: indem die Verfügung über komplexe Technik subtilere Möglichkeiten des Lebensstils erlaubt).

## 1.2 Mikro-Ebene: Arbeit und Organisation

### 1.2.1 Die Organisation als System

Organisationen sind soziale Einheiten, die mehr oder weniger spezifische Ziele verfolgen und eine relativ formalisierte Struktur aufweisen. Genau genommen intervenieren Organisationen zwischen Mikro- und Makro-Ebene; manche Sozialwissenschaftler sprechen auch davon, daß Organisationen als intermediäre Instanzen auf einer **Meso-Ebene** angesiedelt sind. Coleman (1979; 1991) faßt Organisationen als **korporative Akteure** auf; diese seien ein konstituierendes Element moderner Gesellschaften. Deren Sozialstruktur könne als Beziehungsgeflecht zwischen natürlichen Personen nicht mehr angemessen beschrieben werden. Die Gesellschaft stelle sich vielmehr als eine „**Organisationsgesellschaft**" (Perrow 1991) dar, die durch Interaktion zwischen Organisationen sowie zwischen Organisationen und Individuen charakterisiert sei. Die Frage der Organisierbarkeit von Interessen (in Form von Interessenvertretungen) stellt sich hier auch mit Blick auf mögliche **Disparitäten** (vgl. B 5 des vorigen Kapitels) zwischen nicht-organisierten (auch: schwer organisierbaren) und organisierten Interessen (vgl. hierzu neuere institutionalistische Ansätze, z.B. Scott 1995).

*Organisationen als korporative Akteure*

*„Organisationsgesellschaft"*

Ökonomen (z.B. Coase 1937; Williamson 1990, 1996) haben die Entstehungsbedingungen von Organisationen untersucht und an der Frage nach jeweiligen Vorteilen von Märkten und Organisationen festgemacht (vgl. B 2.1.1 dieses Kapitels). Die Vorteile des jeweiligen Verteilungssystems hängen von der relativen **Höhe der Transaktionskosten** ab: Dort, wo die kollektive Produktivität höher ist als die Summe der Einzelproduktivitäten – dies gilt bereits beim Heben schwerer Lasten – ist es kostengünstiger, wenn ein Unternehmer permanent mit den gleichen Arbeitern und deren Kooperation Güter erstellt. Die Schaffung von Organisationen hilft auch das Problem des **Opportunismus** zu lösen. Dieser Begriff steht hier für die Tatsache, daß Menschen zur Drückebergerei oder zum Betrug neigen, eine Gefahr, der im Rahmen von Organisationen durch Hierarchien und Kontrollsysteme besser begegnet werden kann. Trotz vielerlei Nachteilen und Kosten der Organisation – man denke an unbewegliche Bürokratien, Kosten der Organisationsbildung, Instrumentalisierung von Menschen, Fragmentierung von Anforderungen usw. – liegen in der organisierten Kooperation zahlreiche Vorteile beschlossen: „Sie erlaubt die Aufspaltung von Problemen, sie vereinfacht die Entscheidungsfindung, kanalisiert Informationen und begrenzt die Zahl der Alternativen. Zielspezifität und Formalisierung haben die Funk-

*Vorteile von Märkten und Organisationen*

tion, die kognitiven Grenzen der einzelnen Akteure zu überwinden" (Scott 1986, 204).

Wir befassen uns in diesem Abschnitt mit wirtschaftlichen Organisationen, vor allem mit **Betrieben**. Etzioni (1961) versucht in seiner typologischen Analyse, Organisationen nach Art der Einbindung der Mitglieder einerseits (kalkulatives, moralisches und meidendes Engagement) und nach den jeweiligen Machtgrundlagen (Zwang, Belohnung, Normen) andererseits zu unterscheiden. Oblgeich in betrieblichen Organisationen ein kalkulatives Moment vorherrschen mag und die Bedeutung von Belohnungen im Vordergrund stehen dürfte, ist es evident, daß Betriebe eine bunte Mixtur sämtlicher Formen der Einbindung und sämtlicher Formen der Macht repräsentieren. Auch im Bereich wirtschaftlicher Betriebe müßte eine typologische Analyse differenzierend ansetzen, und manchmal sind selbst im Gesamtbetrieb Segmente (z.B. bestimmte Abteilungen, Fabrikation im Gegensatz zur Verwaltung) zu unterscheiden, die nach differentiellen Kriterien zu analysieren sind und die eine jeweilige Sonderproblematik aufweisen.

*Bunte Mixtur sämtlicher Formen der Einbindung*

Die Organisationsforschung hat sich unter verschiedenen Perspektiven (der Ökonomie, besonders der Betriebswirtschaftslehre; der Psychologie, vor allem der Organisationspsychologie; und der Soziologie, besonders der Industrie-, Arbeits- und Organisationssoziologie) mittlerweile zu einem Konglomerat interdisziplinärer Forschung entwickelt (vgl. Ortmann et al. 1997). Dabei wurde – oft in Analogie zu allgemeinsoziologischen Ansätzen – eine Reihe von Paradigmen entwickelt. So wurden Organisationen gesehen:

*Paradigmen der Organisationsforschung*

- als Hort rationaler Gestaltung,
- als Anordnung verschiedener Koalitionen,
- als Austragungsort von Spielen,
- als politische Arenen,
- als reflexive Strukturation,
- als symbolische Veranstaltungskomplexe.

Diese Perspektivenvielfalt können wir im Rahmen dieser Einführung nicht annähernd nachzeichnen; wir versuchen lediglich einen ersten Einblick in die wichtigsten Topoi der systemorientierten Forschung zu gewinnen.

Zu diesem Zweck folgen wir zunächst einer Aufteilung, die Richard Scott (1986) in Anknüpfung an Gouldner (1959) gegeben hat und erweitern diese Einteilung durch „moderne" systemtheoretische Ansätze (z.B. Luhmann 1987). Danach sind grundsätzlich vier Perspektiven bei der Untersuchung von Organisationen angewandt worden:

**(1)** Organisationen als rationale Systeme,
**(2)** Organisationen als natürliche Systeme,
**(3)** Organisationen als offene Systeme,
**(4)** Organisationen als autopoietische Systeme.

378

Betrachten wir zunächst Organisationen als **rationale Systeme**, eine Perspektive, die insbesondere durch die ökonomische Organisationstheorie nahegelegt wird. Kernbegriffe sind hierbei: Zielspezifität, Formalisierung, Effizienz. Der Grundgedanke besteht darin, möglichst rationale Strategien und rationale Strukturen in Organisationen zu etablieren: Durch Strukturen soll eine persistente (d.h. im wesentlichen dauerhafte und nicht an Personen gebundene) Rationalität erreicht werden. Als wichtigste „Schulen" sind hier zu nennen: das „scientific management" im Sinne Taylors auf der Ebene der Produktion; das „administrative management" im Sinne Fayols auf der Verwaltungsebene; Webers Bürokratietheorie (vgl. im nächsten Abschnitt), Simons Theorie administrativen Verhaltens. March/Simon (1958) rücken später von starren Maximierungsmodellen ab und sehen in Organisationen realistischerweise eingeschränkte Rationalität" verwirklicht: Man solle sich mit akzeptablen („satisficing") Lösungen, statt mit optimalen Ergebnissen zufrieden geben.

Betrachtet man Organisationen als **natürliche Systeme** (Gouldner), so werden die rational-formalen Vorgaben des Systems eher als blasse Folien gesehen, die durch informelle Verhaltensweisen und Strukturen überdeckt werden, so daß ein nur sehr lockerer und keinesfalls ein deterministischer Zusammenhang zwischen Rationalstruktur und faktischen Verhaltensweisen besteht. Zum anderen besteht der Kerngedanke dieser Perspektive im Mißtrauen gegenüber allen Formalisierungsbestrebungen: Informelle Strukturen seien die Puffer, ohne die starre Formalisierungen zum Scheitern verurteilt wären. Neben den Gemeinsamkeiten dieser Perspektive finden sich unterschiedliche Forschungsschwerpunkte und „Schulen": die Human-Relations-Schule um Mayo mit ihrem Aufweis informeller Gruppenstrukturen und -prozesse (vgl. 3. Kap. B 1.2.3), die Betonung der Analogie von Organisation und organischen Systemen im Sinne des Überlebens (vor allem in der strukturell-funktionalen Theorie sensu Parsons), interpretative Ansätze (z.B. Weick 1985), die die „Konstruktion der sozialen Wirklichkeit" im Sinne von Berger/Luckmann betonen; rollentheoretische Analysen (z.B. Katz/Kahn 1966), die Organisationen als aufeinander bezogene Rollensysteme begreifen und auch statt des formalen Vorgabe-Charakters die individuellen Gestaltungsmöglichkeiten solcher Rollen betonen; Konzepte der Organisationskultur (z.B. Schein 1985), die die Bedeutung sog. „weicher" Faktoren des Organisationsgeschehens (z.B. informelle Regeln, Symbole, Verhaltensstile) hervorheben; ideologie-kritische Konzepte (z.B. Meyer/Rowan 1977), die die Perspektive des rationalen Systems wohl am schärfsten kritisiert haben: Die Schaffung und Erhaltung von Organisationen folge rationalen Glaubensauffassungen und „Mythen", die den Legitimationshintergrund für die Anwendung rationaler Strategien abgeben. So würden z.B. Entscheidungsprozesse oftmals erst ex post rationalisiert (postdezisionale Rationalität), d.h. mit rationalen Kriterien begründet.

Betrachtet man Organisationen als **offene Systeme**, so wird hier ein Aspekt besonders betont, der bei den bisher angesprochenen Perspektiven zwar nicht ausgeblendet wurde, dort jedoch für die Erklärung der Strukturen und Prozesse in Organisationen nicht als besonders konstitutiv angesehen wurde. Diese dritte Perspektive, die den Begriff des offenen Systems aus der Biologie übernimmt, hat wiederum in zahlreichen Varianten in die Organisationstheorie Eingang gefunden: in verschiedenen kybernetischen Modellen; in der Vorstellung, daß die Überlebensfähigkeit und Elastizität von Systemen dadurch eher gewährleistet werden kann, daß sie intern „locker gekoppelte Subsysteme" (Ashby 1968) herausbilden; im Modell der Ressourcenabhängigkeit (z.B. Hannan/Freeman 1977; Pfeffer/Salancik 1978), in dem die relevante Umwelt der Organisation auf Möglichkeiten und Gefahren sondiert wird und entsprechende Anpassungsstrategien formuliert werden; in der Kontingenztheorie (z.B. Lawrence/Lorsch 1967), die je nach Umweltbeschaffenheit eine darauf abgestimmte Organisationsstruktur fordert; im (frühen) Organisationskonzept von Luhmann (1969), das insbesondere Aspekte der Abgrenzung zwischen System und Umwelt (System-Umwelt-Differenz) Aufmerksamkeit schenkte, wobei Probleme der externen Differenzierung sowie der Grenzerhaltung im Vordergrund standen; in Konzepte, die die „Einbettung" der Organisation in gesellschaftliche Zusammenhänge betonen (z.B. DiMaggio/Powell 1991) und darauf hinweisen, daß auch Organisationen auf supraorganisationale Institutionen zurückwirken. Hier setzt der neuere institutionalistische Ansatz der Organisationssoziologie an, der die eigentlich triviale Tatsache betont, daß Organisationen sich in der Gesellschaft befinden und daß zahlreiche institutionelle Interaktionen stattfinden (vgl. Scott 1995).

*Autopoietische Systeme*

Die vierte der angedeuteten Perspektiven betrachtet Organisationen als **autopoietische Systeme** (Luhmann 1988, zur Kritik vgl. Martens 1997). Die wichtigsten Grundgedanken selbstreferentieller Systeme hatten wir im zweiten Kapitel (B 3.1.4) ausführlicher diskutiert und kritisiert. Mit dieser Perspektive, die formale Organisationen als autopoietische Kommunikationszusammenhänge begreift, ist eine Reihe von Implikationen verbunden, die wir nicht nachvollziehen konnten. Als verwandte, jedoch weniger voraussetzungsvolle Konzepte hatten wir das Prinzip der Eigendynamik und der Autokatalyse diskutiert, deren Anwendung auf Organisationen durchaus erfolgversprechend sein dürfte. Eine solche Sichtweise berührt sich mit frühen institutionellen Ansätzen, die davon ausgingen, daß das übergeordnete Bedürfnis aller Systeme die Sicherstellung des Fortbestandes dieses Systems selbst ist; das System entwickle aus sich selbst heraus immer neue Mittel zu seiner Selbstverteidigung.

*Problematik der Organisationsziele*

Die Unterschiedlichkeit der einzelnen Perspektiven zeigt sich deutlich an einem zentralen Gegenstand systemtheoretischer Analysen, nämlich an der Problematik der **Organisationsziele**. Aus der Sicht des „rationalen Systems" sind Organisationsziele meist sehr klar formuliert; sie bestehen z.B. für wirtschaftliche Betriebe (Profit-Organisationen) in der Erzielung möglichst hoher Gewinne (Gewinnmaximierung bzw. satisficing profits). Auf der Systemebene muß man jedoch davon ausgehen, daß durch die Eigendynamik des Systems auch andere Zielvorstellungen (z.B. Überleben, Stabilität, Gleichgewicht) an Bedeutung gewinnen. Gelegentlich werden – auf dem Wege funktioneller Autonomie – Mittel zu Zielen, z.B. ein bestimmter Verwaltungsaufwand zum Selbstzweck. Aber es ist nicht nur die Widerspenstigkeit des Systems, die zu einer Verlagerung von Zielen führt. Auch auf der Ebene der Akteure kann die Frage des Zielsystems Widersprüchliches offenbaren. Es hat sich nämlich immer wieder gezeigt, daß formale Zielsetzungen zwar eine gewisse Prägekraft ausüben, daß aber die tatsächliche Zielverfolgung auch auf der Ebene der Eigentümer oder des Managements von solchen Maximen erheblich abweichen kann. So sind

*Verlagerung von Zielen*

z.B. bestimmte Personenkreise eher an der Erhaltung ihrer Machtposition interessiert als an der Steigerung von Gewinnen. Das Streben nach Größe, Wachstum und Umsatz kann gleichfalls zu einem autonomen Ziel werden; so weist etwa Baumol (1959) nach, daß das Streben nach Erhaltung oder **Erweiterung der Marktmacht** das Gewinninteresse überschatten kann.

Auch werden Ziele häufig konfligieren, und oft wird beobachtet, daß in einzelnen Segmenten oder Teilsystemen des Unternehmens (z.B. Abteilungen) differentielle Ziele verfolgt werden. Im Sinne des offenen Systems ergeben sich gerade durch die gesellschaftliche Einbettung von Organisationen gesellschaftliche oder ökologische Auswirkungen bestimmter Strategien der Zielerreichung, die z.T. mit dem Gewinnziel kollidieren können. Crozier/Friedberg (1979) betonen insofern, daß auch faktisch verfolgte Ziele letztlich das Ergebnis unterschiedlicher Interessenkonstellationen sein werden, die durch bestimmte Koalitionen geprägt sind. Meyer/Rowan (1977) verweisen darauf, daß Zielformulierungen oft nur ein Epiphänomen darstellen: Sie dienen dann eher der rituellen Selbstdarstellung, öffentlichkeitswirksamer Imagepflege oder der Rechtfertigung nach außen, sind daher vielfach nicht Handlungs**orientierungen**, sondern Handlungs**produkte**.

*Ziele und Interessen*

*Ziele als Epiphänomen*

## 1.2.2 Sozialstruktur der Organisation

Wenn in der Ökonomie von Strukturierung oder Organisationsstrukturen die Rede ist, so folgt man hierbei eher **technisch-ökonomischen** Gesichtspunkten der Anordnung, erst in zweiter Linie bestimmten **sozial-strukturellen** Überlegungen. Von formaler oder formeller Struktur spricht man dann meist im Sinne bestimmter Vorgaben oder **Plankonstrukte** (Organigramme), die die Entstehung und Veränderung der tatsächlichen Strukturen entscheidend mitprägen (vgl. Miller/Form 1980). Allerdings weichen die im Betrieb real vorfindbaren Strukturen immer ein wenig von diesen formalen Vorgaben ab, schon deshalb, weil Verhaltensweisen im Betrieb sich nicht ganz und gar formalisieren lassen (nur Roboter folgen genau den vorgegebenen Mustern). Freilich dürfen Strukturen nicht nur unter dem Aspekt ihrer Restriktivität (oder Repressivität) betrachtet werden: Sie schränken zwar Handlungsmöglichkeiten ein, ermöglichen es jedoch den Akteuren, unter bestimmten Randbedingungen kompetent und angemessen zu handeln, stellen insofern auch **Orientierungsmuster** und **Verankerungspunkte** des Handelns dar. Denken wir immer auch daran, daß Strukturen in Organisationen nicht nur das ungeplante Ergebnis sozialen Handelns sind, sondern durch reflexive Strukturation (Giddens) eine Hilfestellung bei Unsicherheit darstellen.

*Plankonstrukt und strukturelle Realität*

*Strukturen als Orientierungsmuster und Verankerung*

Natürlich hat es immer wieder Versuche gegeben, die formalen Vorgaben so restriktiv zu fassen, daß ein Abweichen vom akzeptierten Grundmuster höchstens in marginaler Weise möglich ist. Versuche dieser Art sind im technischen Bereich genaue Arbeitsvorgaben, die strikte Befolgung bestimmter Handgriffe am Fließband etc. Im Verwaltungsbereich sind ähnliche Formalisierungstendenzen bereits in Webers Bürokratiemodell verankert: das Bestreben, die im Verwaltungsbetrieb ablaufenden Prozesse zu entsubjektivieren (vgl. Übersicht 50).

*Prägekraft formaler Strukturen*

- hauptamtliches Personal, das gegen Geld entlohnt wird und fachlich geschult und geprüft ist;
- Trennung von Amt und Person, vor allem um Konflikte zwischen verschiedenen Lebenssphären zu vermeiden;
- hierarchische Über- und Unterordnung von Dienstposten im Instanzenzug sowie Staffelung von Weisungs- und Kontrollbefugnissen bzw. Gehorsams- und Berichtspflichten;
- Spezialisierung, d.h. abgegrenzte räumliche und sachliche Kompetenzen;
- Regelgebundenheit und damit Unpersönlichkeit, dadurch externe und interne Berechenbarkeit des Entscheidens;
- Schriftlichkeit und Aktenkundigkeit des Verkehrs mit der Möglichkeit der Nachprüfung und Kontrolle.

**Übersicht 51:** Webers Kriterien des Idealtypus der Bürokratie

*Kontrollspirale*

*Kontingenz-konzept*

Allerdings wächst durch allzu strikte formale Vorgaben auch die Tendenz des Individuums, durch Ausweichstrategien den allzu rigiden Restriktionen zu entgehen (Reaktanz). Verstärken sich solche Ausweichtendenzen, bedarf es wiederum stärkerer Kontrolle, so daß in der Folge eine Art **Kontrollspirale** entsteht (vgl. Merton 1968). Zum anderen wird die Organisationsstruktur durch allzu strikte Vorgaben unelastisch und kann sich Datenänderungen schlecht anpassen. Das Credo des sog. **Kontingenzkonzepts** war ja gerade, daß eine Organisation umso effizienter arbeiten kann, je besser die Übereinstimmung (fit) zwischen Systemen und ihrer Umwelt ist. Konkret: Eine Organisation kann sich eine bürokratisch-formalistische Struktur leisten, wenn die Umwelt statisch, homogen und sicher ist. Ist die Umwelt dagegen unsicher und turbulent – prekäre Absatzmärkte, schwindende Exportchancen, fluktuierende Finanzmärkte etc. – so muß das Ausmaß formaler Regelungen gering sein: die betriebliche Struktur muß sich Flexibilität, Reagibilität, dezentralisierte Entscheidungswege etc. erhalten. Dies gilt einmal im Sinne eines normativ-rationalen Postulats. Allerdings dürfte auch die faktische Situation in die angedeutete Richtung weisen: sei es durch bewußte Strategien der Kontingenz oder sei es durch Auslesemechanismen (Betriebe ohne Umweltanpassung gehen bankrott und verschwinden vom Markt). Freilich dürfte der angedeutete Zusammenhang schon deshalb nicht deterministisch sein, weil die einzelnen Systeme oftmals nur sehr locker miteinander verkoppelt sind. Außerdem ist davon auszugehen, daß die Organisation auf die sie regulierenden Außenstrukturen rekursiv zurückwirkt (DiMaggio/Powell 1991; Ortmann et al. 1997), ihnen also nicht nur rezeptiv ausgeliefert ist.

*Normstruktur einer Organisation*

Die Unterscheidung zwischen formellen und informellen Strukturen begegnet uns ständig, wenn wir Sozialstrukturen unter bestimmten Perspektiven betrachten. Wir folgen hierbei der Aufteilung, die wir bereits bei der Behandlung von Gruppenstrukturen aufgegriffen haben. So ist die **Normstruktur** einer Organisation einmal geprägt durch explizite Vorgaben und die diese stützenden Sanktionen. Die Erforschung von Organisationskulturen hat unseren Blick dafür geschärft, daß Organisationen sich u.a. auch dadurch unterscheiden, bestimmte Dinge wichtig zu nehmen und andere nicht. So legt man in einem Unternehmen mehr Wert auf Genauigkeit, Fleiß und Ordnung, in anderen ist es eher von Bedeutung, schnell und anpassungsfähig zu sein oder innovatives Verhalten zu zeigen. In bestimmten Organisationen dominieren

„Einzelkämpfer", in anderen legt man mehr Wert auf Kooperation und Teamfähigkeit.

Der zweite hier herausgegriffene Aspekt leitet sich aus der Normstruktur ab: die sog. **Rollenstruktur**. Sie ist geprägt durch jenen Satz von Erwartungen, die mit der Funktionsverteilung im Betrieb zusammenhängen und die die betriebliche Aufgabenstruktur repräsentieren. Zum anderen sind Rollenerwartungen auch durch informelle Strukturen gekennzeichnet, die über das Funktionale hinausgehen (z.B. Loyalitätserwartungen innerhalb einer Gruppe). Bereits im Kapitel über soziale Rollen (A 3 des zweiten Kapitels) hatten wir gesehen, daß Rollen manchmal relativ starr und formalistisch konzipiert sind und kaum Abweichungen von dieser Folie gestatten. Andererseits gibt es – worauf Büschges (zuletzt 1996) verschiedentlich hingewiesen hat – auch in Organisationen Freiräume der Rollenselbstgestaltung (Dreitzel), wobei zu vermuten ist, daß mit steigender Position in der Hierarchie solche Gestaltungsmöglichkeiten anwachsen, ja in gewisser Weise sogar im Erwartungsprofil eingebaut sind. Man denke etwa an den geringen Gestaltungsraum eines Fließbandarbeiters gegenüber den Spielräumen eines Managers, von dem letztlich nur eines erwartet wird: nämlich sein Ressort erfolgreich zu führen oder in einer Krisensituation das Unternehmen aus den roten Zahlen herauszubringen.

*Rollenstruktur einer Organisation*

Der dritte Aspekt sozialer Strukturen kann als **Kommunikationsstruktur** betrachtet werden. So ist die faktische Kommunikationsstruktur zum einen geprägt durch geplante Instanzenwege und formale Kommunikationskanäle, zum anderen jedoch auch durch Kommunikationsformen, die jenseits dieser „verordneten Wege" stattfinden. Manchmal werden die informellen Wege strategisch genutzt, und manchmal ist die Effizienz und/oder Machtposition von Beteiligten (z.B. Managern) stark davon abhängig, welche informellen Kontakte sie haben und wie sie diese nutzen. Soziologen und Sozialpsychologen haben sich vielfach auch mit der Frage befaßt, ob zentralisierte oder dezentralisierte Kommunikationsstrukturen überlegen sind. Für einfache Tätigkeiten dürfte eine hierarchisch-zentralisierte Struktur günstig sein, während bei komplexeren Tätigkeiten der Inhaber der zentralen Position meist überlastet ist. Im Hinblick auf Arbeitszufriedenheit gilt, daß eine durch den Abbau autokratischer Beziehungen gegebene Dezentralisierung der Kommunikationsbeziehungen die Bereitschaft zu positiven Affektbeziehungen erhöhen dürfte. Vielfach werden solche Affektstrukturen auf der Basis der soziometrischen Methode analysiert.

*Kommunikationsstruktur einer Organisation*

Auch die **Machtstruktur** des Betriebes spiegelt nicht nur die Verteilung von formellen Anordnungsbefugnissen im Sinne einer formalen Autorität wider, sondern auch informelle Macht, sei sie in Gestalt der Gegenmachtbildung, sei sie durch die besondere strategische Lage einer Relaisposition im Betrieb (z.B. Sekretärin, Pförtner) oder sei sie durch die besonderen Fähigkeiten des Individuums repräsentiert, Macht oder Autorität auch ohne offizielle Befugnis auszuüben (funktionale Autorität: durch die Ausübung funktional bedeutsamer Belange; personale Autorität: durch besondere Eigenschaften oder Ausstrahlung). So spricht man beispielsweise in der amerikanischen Führungsforschung von „headship" (als formale Vorgabe eines Vorgesetztenstatus) und „leadership" (als tatsächlich wahrgenommene Führungsfunktion).

*Machtstruktur*

Realität ist, daß die Machtverhältnisse in Betrieben nicht einem „demokratischen" Prinzip folgen, d.h. Vorgesetzte werden „vorgesetzt" und keineswegs gewählt (Ausnahmen z.B. bei manchen teilautonomen Gruppen).

Im Zusammenhang mit der Machtstruktur eines Unternehmens spricht man häufig von seiner **Hierarchie/Heterarchie**. Untersucht man den **Steilheitsgrad** von betrieblichen Hierarchien als abhängige Variable – Meßgrößen sind etwa die Kontrollspanne, die Zentralisation der Entscheidungsfindung, die Zahl der Hierarchieebenen etc. – so werden in der Literatur gewöhnlich die folgenden Einflußfaktoren genannt:

*Faktoren der Hierarchisierung*

Betriebsgröße, Technologie, Umwelt, Qualifikationsverteilung usw. Der wichtigste Faktor scheint hier die Betriebsgröße zu sein (vgl. Blau/Schoenherr 1971; Zündorf/Grunt 1980): Mit wachsender Betriebsgröße nimmt die Zahl der Hierarchieebenen degressiv zu, gleichfalls die Kontrollspannen aus den jeweiligen Hierarchieebenen. Interessant sind die Ergebnisse, wonach der relative Anteil des Verwaltungsapparates mit wachsender Betriebsgröße abnimmt, ein Resultat, das der gängigen Auffassung (und Parkinsons „Gesetz") zu widersprechen scheint. Die Erklärung für diesen Zusammenhang könnte darin liegen, daß trotz wachsenden Kontrollbedarfs durch breitere Kontrollspannen wieder bessere Planungsvoraussetzungen entstehen, wodurch der Verwaltungsapparat wieder „schlanker" werden kann.

Wenn auch steile formale Hierarchien – etwa im Sinne skalarer Organigramme – im allgemeinen faktisch relativ autokratische Strukturen bewirken, so kann doch die tatsächlich vorliegende Machtverteilung in erheblicher Weise von den formalen Vorgaben abweichen. Die Ursachen sind u.a. die folgenden:

*Gegenkräfte zur Hierarchisierung*

- Ausbildung informeller Macht;
- Bildung (und Institutionalisierung) von Gegenmacht;
- Delegation von Macht (an Untergebene);
- Eindringen externer Macht (z.B. politischer Macht);
- Durchschlagen der Marktverhältnisse (z.B. Arbeitsmarkt).

Auch engen starke formelle Strukturen, wie Bürokratie und technische Sachzwänge, den Entscheidungsspielraum für die Ausübung von Macht erheblich ein. Dies begrenzt auch den Spielraum **organisationaler Führung**; vielfach ist der Führende lediglich ein Lückenbüßer beim Auftreten kritischer Ereignisse. Andererseits wird Macht auch durch die Maschinerie selbst ausgeübt: Technostrukturen und -prozesse zwingen den Arbeitenden häufig bestimmte Verhaltensweisen auf, ohne daß Menschen Anweisungen geben oder Sanktionen bereitstellen müssen. Diese **strukturelle**

*Strukturelle Macht*

**Macht** ist sicherlich von Menschen ursprünglich inszeniert, entfaltet jedoch im Hinblick auf die tatsächlichen Abläufe dann als Technostruktur ein spürbares Eigenleben.

*Kontrollgraph*

Zur Beschreibung der (empirisch vorliegenden) Hierarchie von Organisationen dient üblicherweise der sogenannte **Kontrollgraph** (Tannenbaum/Kahn 1957), wobei die Mitglieder des Betriebs danach befragt werden, wie groß der Einfluß von Personen bzw. Positionsträgern auf die Entscheidung ist. Auf diese Weise konnte der Kreis um

Tannenbaum nachweisen, daß in fast allen industriellen Organisationen die Macht oligarchisch verteilt ist (dies vermutete übrigens schon R. Michels mit seinem „ehernen Gesetz der Oligarchie").

Im Zuge der Ausbreitung partizipativer Strukturen versuchte man in den letzten Jahrzehnten verstärkt, Hierarchien flacher zu gestalten. Die **betriebliche Mitbestimmung** sowie die verstärkte Praxis **partizipativer Führung** weisen in diese Richtung. Auch sind verschiedene Organisationsmodelle vorgeschlagen worden, die das strenge Gefüge skalarer Ordnung auflockern sollen (Modelle der Gruppenarbeit, teilautonome Arbeitsgruppen). Wir erinnern in diesem Zusammenhang daran, daß zentralistisch geführte Systeme im Hinblick auf ihre Anpassungsfähigkeit sehr schnell an Grenzen der Überforderung gelangen. Dies spricht für eine zunehmende Heterarchisierung organisationaler Strukturen, auch im Sinne **lose gekoppelter Subsysteme** (vgl. 2. Kap. 3.2.3). *Abbau von Hierarchie*

*Lose gekoppelte Subsysteme*

Freilich darf die Heterarchisierung organisationaler Machtstrukturen nicht im Sinne einer Einebnung und Harmonisierung des betrieblichen Geschehens gedeutet werden. Die Erforschung sozialer Machtverhältnisse in Organisationen (vgl. Sandner 1992) betonte zunächst koalitionstheoretische Ansätze (vgl. Crozier/Friedberg 1979; Friedberg 1995), wonach die Organisation als „Kampfplatz" wechselnder Koalitionen anzusehen sei. Im Rahmen der sogenannten **Mikropolitik** (vgl. Küpper/Ortmann 1988) wird die Perspektive in der Weise verlagert, daß Organisationsstrukturen und Organisationsregeln als Ressourcen, Bedingungen und Objekte politischer Prozesse aufgefaßt werden können. Diese politikorientierten Ansätze thematisieren den „täglichen Kampf" um Kontrolle und Macht, um Durchsetzung von Interessen und Strategien im Unternehmen, das hier gleichsam als **politische Arena** in Erscheinung tritt (vgl. Clegg/Dunkerley 1980; Friedberg 1995). *Die Organisation als politische Arena*

Neben dieser politikorientierten Perspektive, die den Betrieb als politisch-soziale Arena betrachtet, versucht ein anderes Paradigma die eher „weichen" Aspekte betrieblicher Strukturen zu thematisieren. Im Vordergrund steht hier der Begriff der **Organisationskultur**, wobei viele (vor allem der Betriebswirtschaftslehre nahestehende) Autoren glauben, daß die Organisationskultur im Sinne eines Führungsinstruments weitgehend beliebig gestaltbar sei. Sofern man sich eng am kulturanthropologisch-soziologischen Kulturkonzept orientiert, wie wir es im zweiten Kapitel (B 1.1) ausführlich dargestellt haben, so dürfte es sich beim Konzept der Organisationskultur um ein Muster von **Normen, Regeln** und **Werten** einer Organisation handeln, die vielfach mit Symbolgehalten aufgeladen sind und in der kognitiven Struktur (den sog. Interpretationsregeln) der Beteiligten ihren Niederschlag finden. Schein (1985) lokalisiert die Organisationskultur in der „Tiefenstruktur" einer Organisation; diese sei wesentlich geprägt vom Führungsstil einer Unternehmung. In gewisser Weise werden Organisationskulturen oder „Branchenkulturen" ein Reflex der Allgemein-Kultur sein, in die sie eingebettet sind. *Begriff der Organisationskultur*

Beim Begriff der Organisationskultur liegt der Akzent vorwiegend auf den **Bedeutungsstrukturen**, in die das Handeln der Akteure im Kontext konkreter Organisationen eingebettet ist. Von hier aus ergibt sich eine interessante Herausforderung an die **interpretative Soziologie**, um diesen Fragen auf eher phänomenologische Weise nachzugehen (vgl. Franzpötter 1997). Die bisherigen Konzepte zur Organisationskultur entstammen vorwiegend der Management-Literatur und scheinen dem Gedanken einer Machbarkeit von Organisationskultur nachzuhängen. Auch ist die Analyse von Organisationskulturen über verschiedene (relativ beliebig wirkende) typologische Betrachtungen kaum hinausgelangt.

### 1.2.3 Arbeitsverhalten in Organisationen

Während bisher Aspekte organisationaler Struktur im Vordergrund standen, interessieren uns nun Einstellungen und Verhaltensweisen der Akteure im organisationalen Kontext. Zwar ist es richtig, daß Strukturen in Organisationen recht engmaschig ausgelegt sind, so daß eine Vorstrukturierung möglichen Verhaltens gegeben ist, die die Verhaltensspielräume manchmal minimiert. Aber auch hier gilt das Konzept der **Dualität von Struktur** (Giddens 1988): Sie ist einmal Produkt des Handelns, zum anderen jedoch Medium des Handelns. Insofern wirkt Struktur nicht nur im Sinne der Einschränkung von Verhaltensmöglichkeiten (als „constraints"), sondern auch im Sinne der **Ermöglichung** organisierten Handelns. „Die tatsächliche Rolle der Formalstruktur einer Organisation ist es also nicht, Verhaltensweisen direkt zu bestimmen, sondern Verhandlungsspielräume für die Akteure zu strukturieren" (Friedberg 1995, 151).

*Konzept der Dualität von Struktur*

Das handlungstheoretische Modell, das uns bisher auf der Akteursebene begleitet hat, wird durch die formalen Vorgaben in Organisationen stark eingeschränkt. Trotz dieser Reduzierung von Verhaltensvariabilitäten gilt auch hier, daß für das Individuum bestimmte **Werte** (Valenzen) relevant sind, die als Folge seines Arbeitseinsatzes angestrebt werden (z.B. Erzielung von Einkommen, Karriere, Erfolgserlebnisse) und daß diese Werte (Ziele) oft als Zwischenziele instrumentell für das Erreichen von Endzielen sind (diesen Gedanken betont Vrooms Theorie der Arbeitsmotivation, 1967). Werte sind auch hier wieder mit **Erwartungen** verknüpft (z.B. der subjektiven Wahrscheinlichkeit, Abteilungsleiter zu werden). Neben diesen Konsequenzerwartungen sind jedoch beim Arbeitsverhalten auch die **Effizienzerwartungen** (Kontrollüberzeugungen) von besonderer Bedeutung (z.B. die subjektive Wahrscheinlichkeit, eine Aufgabe erfolgreich bewältigen zu können). Ferner ist das Arbeitsverhalten von sozialen Normen geprägt (z.B. Arbeitsmoral), die im organisationalen Kontext auch ganz spezifisch über Gruppeneinflüsse vermittelt werden.

*Wert-Erwartungs-Theorie*

Verhalten in Organisationen ist eingespannt in **interaktive Bezüge**. Auf abstrakter Ebene betrifft dies die Interaktion zwischen der Organisation (als korporativem Akteur) und den zugehörigkeitswilligen Organisationsmitgliedern. Das hier entstehende Austauschverhältnis ist vielfach in Kategorien von **Anreiz-Beitrags-Konzepten** (z.B. March/Simon 1958) beschrieben worden: Ein Mitglied ist dann zum Beitritt bzw. zum Verweilen motiviert, wenn seine Beiträge (inputs) die organisationalen Anreize (outcomes) nicht übersteigen, also gewissermaßen eine Art Gleichgewicht zwi-

*Anreiz-Beitrags-Konzepte*

schen beiden Größen besteht. Dies ist natürlich ein sehr einfaches Grundschema. Fruchtbarer ist hier z.B. eine Austauschtheorie vom Typ Thibaut/Kelley (vgl. A 1.2), die erklären kann, weshalb manche Individuen (z.B. solche mit geringem Vergleichsniveau für Alternativen) auch dann in einer Organisation verbleiben, wenn sie mit ihrer Mitgliedschaft relativ unzufrieden sind. Diese Theorie erklärt auch, weshalb insbesondere seitens der Arbeitnehmer Abhängigkeitsbeziehungen bestehen, die die Disponibilität des Arbeitsfaktors einschränken.

Der interaktive Bezug des Verhaltens in Organisationen setzt die Beachtung bestimmter Normen voraus, die entweder in der Gesamtorganisation, in bestimmten Abteilungen oder Arbeitsgruppen verankert sind, oft allerdings nicht explizit in Erscheinung treten. Besonders zentral sind Leistungsnormen, auch dahingehend, Restriktionen für Leistungsergebnisse zu definieren. Ferner besteht ein Kooperationsgebot, d.h. die Effizienz des Arbeitseinsatzes ist unter bestimmten Bedingungen an **kooperative Leistungen** gebunden. Ältere Vorstellungen im Rahmen der Human-Relations-Bewegung und neuere Konzepte zur Teamarbeit, zur Corporate-Identity und zur Gruppenarbeit bewegen sich im Kontext solch kooperativer Strukturen. Wie damals schon die Human-Relations-Bewegung (die im Rahmen der Hawthorne-Experimente gleichsam versehentlich zur „Entdeckung der Gruppe" führte), überschätzt man auch heute die Vorzüge der Gruppenarbeit und blendet mögliche Nachteile (z.B. social loafing) sowie die Problematik der Kooperationskosten aus (vgl. Fischer/Wiswede 1997). Außerdem versucht man mehr oder weniger erfolgreich, Identifikationsprozesse (z.B. Identifikation mit der Organisation, mit der Aufgabe) und Gruppenprozesse (z.B. Kohäsion, Involvement) zu steuern und damit zu instrumentalisieren.

*Kooperative Leistung*

Bereits bei der Erörterung der Rollenstruktur von Organisationen war einer der möglichen Ansatzpunkte, Organisationen als Netzwerk oder System aufeinanderbezogener Rollen zu begreifen (Katz/Kahn 1966). Solche Rollen sind nichts anderes als Bündel normativer Erwartungen, die mit einer organisationalen Position verbunden sind. Dieses Konzept eines „homo sociologicus" muß einer rationalen Konzeption (im Sinne des „homo oeconomicus") nicht unbedingt widersprechen, denn die Rollenvorschriften könnten aus **rationalen Vorgaben** bestehen (z.B. Effizienznormen, Verhaltenserwartungen, die die Erfüllung von rationalen Kriterien betreffen etc.). Allerdings gehen in diese Rollen Elemente ein, die mit Rationalität wenig zu tun haben oder ihr gar widersprechen (z.B. Loyalitätsnormen, Quotenregelungen). Außerdem wissen wir spätestens seit Meyer/Rowan, daß Rationalität vielfach erst ex post in das Geschehen eingebracht wird, wenn es etwa darum geht, bereits getroffene Entscheidungen rational zu begründen oder wenn es sich darum handelt, durch rational sich gebärdende Regelungen oder Verfahrensweisen bestimmte Handlungen zu legitimieren, die ganz andere Hintergründe haben mögen.

*Organisationen als Netzwerke aufeinanderbezogener Rollen*

Mit steigender Hierarchie entstehen immer größere Gestaltungsmöglichkeiten, ja sie werden z.T. sogar gefordert. Partizipative und delegative Muster betrieblicher Führung sind bewußt darauf angelegt, den Handlungsspielraum der Beteiligten zu erweitern, um damit kreative Potentiale freizulegen, Verantwortungsbewußtsein zu fördern und die Effizienzerwartungen zu stabilisieren. Engt man jedoch Handlungsspielräume dieser Art ein, so wächst u.U. die Unzufriedenheit, steigt die Rate reaktanter Verhaltensweisen und entsprechender Ausweichstrategien, um entgangene Freiheitsräume wiederzugewinnen. Auch erweisen sich Menschen als sehr erfinderisch, wenn es darum geht, verbleibende Gestaltungsmöglichkeiten jenseits der Rollenvorgaben und sonstiger normativer Erwartungen zu nutzen oder gar (in ihrem Sinn) auszuweiten. Darauf hatten wir bereits mit Verweis auf Möglichkeiten der **Rollenselbstgestaltung** hingewiesen. Auch zeigt die empirische Forschung, daß manchmal die Rollenvorschriften unklar formuliert sind (Rollenambiguität), was für die betreffenden Positionsinhaber zwar Unsicherheit und Risiko bedeuten mag, im guten Falle jedoch auch Spielraum für die eigene Interpretation der Rolle beläßt. Andererseits bestehen oftmals widersprüchliche Rollenerwartungen seitens unterschiedlicher Rollensender (Intra-Rollenkonflikt), die vom Individuum eine bestimmte Entscheidung verlangen (z.B. Kompromisse zu finden, nach der vermuteten Legitimität oder je nach Sanktionsgefahr zu entscheiden).

*Möglichkeiten der Rollenselbstgestaltung*

Wir sagten bereits bei der Erörterung der Anreiz-Beitrags-Theorie, daß Individuen nur dann organisationale Rollen übernehmen und beibehalten werden, wenn die Anreize die Beiträge (z.B. Arbeitseinsatz, Mühe, Zeit, Nerven) kompensieren oder übersteigen. Dieses Problem der Anreize wird meist unter dem Stichwort **Arbeitsmotivation** behandelt. Ein diesbezüglicher sozialer Wandel dürfte in einem „Stumpfwerden" externer Anreize liegen, was generell Thesen von einem „Verfall der Arbeitsmotivation" oder zutreffender: von einem lediglich **dosierten Arbeitsengagement** (Pawlowsky) angesichts stärker gewichteter Freizeitinteressen zu stützen schien. Immerhin kann eine Abstützung der Arbeitsmotivation durch puritanisches Ethos oder preußisches Pflichtgefühl heute nicht mehr tragfähig sein. Die Frage nach den angemessenen und zeitgemäßen Anreizmöglichkeiten für menschliches Arbeitsverhalten hat die Forschung zu zahlreichen Konzepten veranlaßt, in deren Mittelpunkt die Schaffung „**intrinsischer**" Motivation stand: Freude an der Arbeit selbst, Vermittlung von Erfolgserlebnissen, Selbstverwirklichung durch Arbeit. Damit sind allerdings wiederum nur einige **Segmente** angesprochen, insbesondere die Arbeit auf den höheren Ebenen der betrieblichen Hierarchie, in denen die Möglichkeit autonomer Gestaltung und attraktiver, abwechslungsreicher Arbeitsinhalte eher realisierbar erscheint. Etwas paradox mutet es an, daß diejenigen, denen Arbeit Spaß macht, dafür auch noch höher bezahlt werden.

*Dosiertes Arbeitsengagement*

*Intrinsische Motivation*

Wie Fürstenberg (1977, 32 ff) ausführt, wirkt die Arbeitsmotivation in aller Regel auch dadurch auf das Arbeitsverhalten ein, daß die dabei zutage tretenden Bedürfnisse zu „**Interessen**" transformiert werden. In diesen Transformationsprozeß werden allerdings bestimmte Bedürfnisse nicht eingehen – obgleich sie für den einzelnen sehr wohl ausschlaggebend sein können –, da die Interessenbildung selektiv nach der eigenen Einschätzung der Motivation erfolgt, die wiederum sehr stark von kollektiven Aktionen, z.B. von gewerkschaftlichen Strategien, her definiert wird. Auf diese Weise entstehen Spannungsfelder, in denen die Lohnproblematik einen Stellenwert erlangt, der ihr nach Maßgabe verschiedenartiger Motivationen im Arbeitsbereich kaum zukommt, zumal auf den höheren Ebenen der Hierarchie. Dies könnte

*Motivation und Interesse*

bedeuten, daß die Lohnproblematik in unserer Industriegesellschaft durch kollektive Aktionen und Interessenbündelung hochstilisiert worden ist und zumindest für eine erhebliche Zahl von Arbeitnehmern keineswegs eine solch zentrale Bedeutung hat, wie dies in lohnpolitischen Auseinandersetzungen ihren Ausdruck findet.

Auf diese Weise wird auch der **Anreizwert der Bezahlung** von der Problematik der **Angemessenheit von Löhnen** überschattet. Man beachte hierbei, daß Lohn und Gehalt nicht nur Faktoren der Kaufkraft sowie die Quelle des Lebensstandards darstellen. Die gleichfalls im Umkreis des Einkommens auftretenden Funktionen der Anerkennung, Symbolisierung und Stratifizierung machen deutlich, daß die Relevanz der Bezahlung weit über materielle und ökonomische Gesichtspunkte hinausgeht und wesentliche Aspekte sozialer Einstufung und individueller Selbstwertschätzung impliziert. Wichtig scheint hier vor allem das soziale Vergleichsniveau: Ungleichgewichtige Relationen im Vergleich mit signifikanten Anderen führen zu Spannungen im Sinne distributiver Ungerechtigkeit (vgl. 2. Kapitel A 2.1), mit der möglichen Folge sozialer Deprivation.

*Außerökonomische Aspekte des Einkommens*

Im engen Kontext mit der Motivationsproblematik steht die Frage der **Arbeitszufriedenheit**. Organisationspsychologische Forschungen zeigen oftmals erstaunlich hohe Werte ermittelter Arbeitszufriedenheit bei objektiv schwer zumutbaren Arbeitsbedingungen. Dies mag folgende Gründe haben:

*Validität von Zufriedenheitswerten*

- Individuen erleben ein **Spannungsverhältnis** zwischen Arbeitswunsch und Arbeitsrealität. Dieses wird durch kognitive Selbstheilungsprozesse (im Sinne der Dissonanztheorie) abgebaut: Es entsteht Zufriedenheit (auf diesen Sachverhalt haben bereits Friedmann 1952 und Dahrendorf 1957 hingewiesen: Friedmann spricht von „doppelter Entfremdung", Dahrendorf vom „Realismus des Sich-Abfindens").
- Individuen formulieren ein **niedriges Anspruchsniveau** oder senken dies aufgrund ihrer negativen oder restriktiven Arbeitserfahrung allmählich ab. Insbesondere wenn das Vergleichsniveau für Alternativen (im Sinne der Austauschtheorie) gering ist (z.B. geringe Chancen, einen besseren Arbeitsplatz zu finden) und wenn das soziale Vergleichsniveau entsprechend niedrig angesiedelt ist („anderen geht's noch schlechter"), wird Zufriedenheit die Folge sein.

Gleichlautende Zufriedenheitswerte können also auf unterschiedlicher Basis beruhen, u.a. auch das Ergebnis restriktiver Sozialisationserfahrungen im Arbeitsbereich sein. Die Zufriedenheitsforschung arbeitet mittlerweile mit unterschiedlichen Zufriedenheitskonstrukten (vgl. für einen neueren Überblick Fischer 1989). Eine Grundunterscheidung geht auf Homans zurück, der bereits zwischen **statischer** und **dynamischer Zufriedenheit** unterschied (1972). Die Zufriedenheit des alten Mütterchens sei mit der Zufriedenheit eines aktiven Managers wohl ebensowenig zu vergleichen, wie die Zufriedenheit eines sportlichen Wettkämpfers mit der einer Katze, die am Ofen sitzt und behaglich schnurrt. Resultiert die Zufriedenheit aus Leistungsergebnissen, die ihrerseits verstärkend auf das Verhaltensmuster einwirken, dann (und nur dann) besteht zwischen Leistung und Zufriedenheit ein kausaler (und zusätzlich ein rückkoppelnder) Zusammenhang.

*Statische und dynamische Zufriedenheit*

## Literaturempfehlungen

**Kern, H., Schumann, M.:** Das Ende der Arbeitsteilung. München 1984
**Kieser, A., Kubicek, H.:** Organisation. Berlin ³1992
**Malsch, T., Seltz, R. (Hg.):** Die neuen Produktionskonzepte auf dem Prüfstand. Berlin 1987
**Mayntz, R.:** Soziologie der Organisation. Reinbek ³1985
**Müller-Jentsch, W.:** Soziologie der industriellen Beziehungen. Frankfurt/New York ²1997
**Ortmann, G.:** Formen der Produktion. Opladen 1995
**Ortmann, G. et al. (Hg.):** Theorien der Organisation. Die Rückkehr der Gesellschaft. Opladen 1997
**Rammert, W.:** Technik aus soziologischer Perspektive. Opladen 1993
**Scott, W. R.:** Grundlagen der Organisationstheorie. Frankfurt/New York 1986
**Scott, W. R.:** Institutions and organizations. Thousand Oaks et al. 1995

## Kontrollfragen

1. Ist es berechtigt, in den sog. Neuen Produktionskonzepten eine Gegenbewegung zur fortschreitenden Arbeitsteilung zu sehen?
2. Inwiefern kann das Kolonialisierungskonzept auf die Technik-Entwicklung angewandt werden?
3. Was wird in der „labour-process-debate" behauptet?
4. Welche soziologischen Perspektiven sind bei der Analyse von Organisationen anwendbar? Für welche Problemstellungen sind sie jeweils fruchtbar?
5. Was versteht man unter der Einbettung von Organisationen in gesellschaftliche Zusammenhänge?
6. Welche handlungstheoretischen Aspekte sind für das Arbeitsverhalten in Organisationen zentral?

## 2. Soziale Aspekte der Koordination

### 2.1 Makro-Ebene: Die Marktgesellschaft

### 2.1.1 Markt und Plan

*Markt als Institution*

Die klassische Nationalökonomie hat sich vorwiegend mit sozialen Gebilden vom Typ des Marktes beschäftigt und durch diese Perspektive zweifellos auch gewisse Einseitigkeiten des Forschungsinteresses eingeleitet, die sich dann auch verschiedentlich dem Ideologieverdacht aussetzen mußten. Soviel ist richtig: Eine Soziologie des Marktes ist als wissenschaftliche Disziplin nur sinnvoll, weil und insofern ökonomische Prozesse nach „Gesetzen" des Marktes ablaufen, d.h. wenn überhaupt funktionsfähige „Märkte" vorhanden sind. Dies ist zumindest dort nicht der Fall, wo starre Organisationsformen bestehen, Tauschvorgänge auf der Basis der Freiwilligkeit nicht stattfinden, wo bürokratische Strukturen die Entfaltung der Marktkräfte verhindern, wo autokratische Führung den Ablauf wirtschaftlicher Vorgänge plant und kontrolliert. Allerdings sind Märkte bisher nie völlig verhindert worden. Entweder kommt es zu Ausweich-Tauschprozessen auf anderer Ebene (Markt der Beziehungen oder Gefälligkeiten) oder aber es bilden sich informelle (z.T. auch illegale) Märkte (z.B. Schwarzhandel), die natürlich ebenso Gegenstand der Marktsoziologie (-psychologie) sein können (vgl. hierzu und zu folgendem: Wiswede 1984).

Max Weber bezeichnet den Markt als **Idealtypus rationalen Gesellschaftshandelns**; nach ihm ist der rationale Tausch die „unpersönlichste praktische Lebensführung", in die Menschen miteinander treten können (Weber 1972). Während die traditionelle Tauschbeziehung Weber zufolge in ein dichtes und lockeres Netz partikularistischer Verpflichtungen und Loyalitäten eingebunden bleibt, stellt der Markt eine Form rationaler Vergesellschaftung dar, die nur das Ansehen der Sache kennt, nicht jedoch das Ansehen der Person, keine Brüderlichkeits- und Prioritätspflichten und keine urwüchsigen, von Gemeinschaftssinn getragenen persönlichen Beziehungen (vgl. Weber 1972, 383). Marktakteure agieren demnach lediglich in ihrer ökonomischen Funktion und werden nach ihren Ressourcen bewertet, nicht nach ihren sonstigen Merkmalen, z.B. Status, Hautfarbe, Nationalität (vgl. Kraemer 1997).

*Markt als Idealtyp*

*Markt als Form rationaler Vergesellschaftung*

Zetterberg (1962) versucht, die wesentlichen Strukturelemente sozialer Beziehungsnetze in zwei Klassen aufzuteilen: in solche, die den Charakter der „**Organisation**" und in solche, die den Charakter des „**Marktes**" haben (vgl. hierzu auch Heilbroner 1970; Albert 1967; Heinemann 1969; Scherhorn 1984, vor allem jedoch: Vanberg 1982). Das Kriterium ist hier, ob das betreffende Beziehungsnetz der Kontrolle durch eine gemeinsame Führung unterliegt (Typ der zentral organisierten Lenkung) oder nicht (Typ der dezentral-marktmäßigen Steuerung). Eine ähnliche Unterscheidung trifft Dahrendorf (1961) mit seiner Dichotomie von **Markt und Plan** als zwei Typen ökonomischer Rationalität (diese Unterscheidung ziehen wir wegen des sonst widersprüchlichen Begriffes des „organisierten Marktes" vor). Bei Steuerungssystemen vom Typ des Plans werden die Fragen der Produktion und der Distribution durch den Plan einer zentralen Stelle ex ante entschieden. Bei Steuerungssystemen vom Typ des Marktes wird die Koordination der einzelwirtschaftlichen Teilpläne nach dem Prinzip des „trial and error" (Heinemann 1969) erst ex post durch die Orientierung am Preismechanismus gewährleistet. Als wesentliche **Strukturelemente** des Marktes werden dabei herausgestellt (vgl. Heinemann 1976, 54 ff.):

*Markt und Plan*

(1) **Freiheit** und **Gleichrangigkeit** der Beziehungen, so daß das Prinzip der freien Austauschbarkeit realisiert werden kann, was auch die Möglichkeit der Ablehnung impliziert.

(2) Das Bestehen von **Vergleichsmöglichkeiten** in einer doppelten Hinsicht: Vergleich einer Sache mit einer anderen Sache sowie Vergleich von Personen, die eine Sache (oder eine ähnliche Sache) zu verschiedenen Bedingungen abgeben wollen.

(3) Das Bestehen eines **Kontroll- und Sanktionsmechanismus**, hier vor allem als finanzieller Sanktionsmechanismus, der ohne zentrale Führung auf der Grundlage finanzieller Anreize die Steuerung des Verhaltens der Marktteilnehmer ermöglicht.

Heinemann (1976, 55), der sich hierbei auf vergleichende kulturanthropologische Studien stützt (Malinowski 1922; Herskovits 1952; u.v.a.), sieht in primitiven Gesellschaften diese Strukturelemente nicht entwickelt: Es fehle die prinzipielle Möglichkeit, Beziehungen von Personen und Sachen zu negieren, es fehle an der Möglichkeit, unpersönliche Tauschbeziehungen aus familialen, politischen und religiösen Bedingungen herauszulösen, und es sei darüber hinaus keine Interessenverfolgung auf der Grundlage finanzieller Kontrollen und Sanktionen möglich. Der Erkenntniswert idealtypischer Vergleiche ist freilich begrenzt; dies schon deshalb, weil auch in sog. „primitiven" Gesellschaften bereits (konkrete) Märkte vorkommen, in denen existenznotwendige Güter gehandelt werden und wo auch die Entwicklung von Naturalgeld – gleichsam eine „dritte Ware" (Vieh, Eisenstäbe, Salz, Leder usw.) – bereits erste Komponenten überpersönlicher und abstrakter Kriterien des Austauschprozesses darstellen. Die nächste Stufe wäre dann – immer noch in sog. primitiven Gesellschaften – die Benutzung von Symbolgeld (z.B. Muscheln) im Sinne eines symbolischen Interaktionsmediums (vgl. Parsons 1978).

Die alternativen Lenkungsformen Markt und Plan, die wir hier in Anlehnung an Zetterberg und Dahrendorf herausgestellt haben, reflektieren einmal jene Aspekte, die wir im Kapitel über **„Soziale Ordnung"** bereits erörtert hatten (B 2), sowie auch die traditionelle Lehre von der **Wirtschaftsordnung**, die üblicherweise von zwei Koordinationssystemen oder Ordnungsmodellen ausgeht (etwa Eucken 1947): dem der kollektiven Bindung (Kollektivprinzip) und dem der individuellen Freiheit (Individualprinzip), die als Planwirtschaft (Verwaltungswirtschaft) und als Marktwirtschaft (Verkehrswirtschaft) in Erscheinung treten. In „gemischten" Wirtschaftsordnungen ist die Frage relevant, ob der Wettbewerb als genereller ökonomischer Koordinierungsprozeß oder lediglich als besondere „psychologische Technik" angesehen wird, die in den Dienst bestimmter ökonomischer Ziele (also auch planwirtschaftlicher

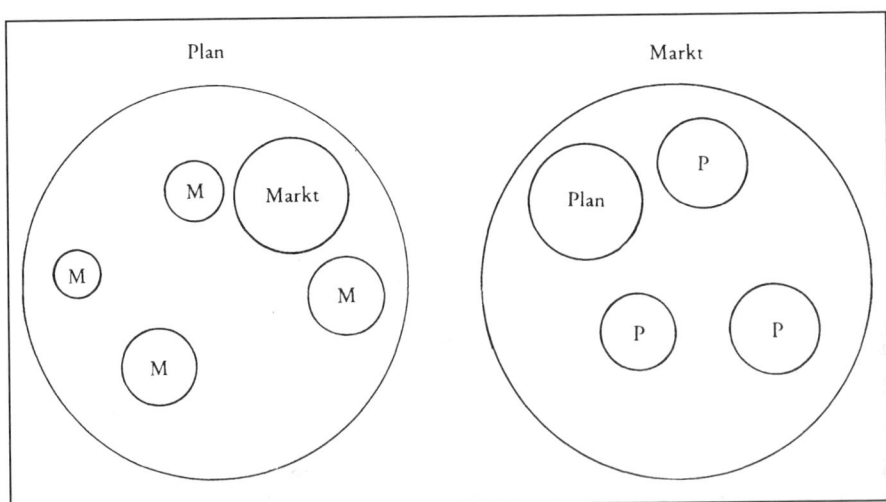

**Abb. 46:** Plan und Markt als Regelungssystem (Quelle: Wiswede 1984, S. 169)

Zielsetzungen) gestellt werden kann. In diesem letzteren Sinne spricht man in zentral geleiteten Plangesellschaften vielfach davon, daß in begrenzter Weise „Märkte" zugelassen oder erwünscht seien (vgl. Abb. 46).

Die ökonomische Theorie geht davon aus, daß ein System vollständigen Wettbewerbs eine **optimale Faktorallokation** liefert. Ein solches idealtypisches marktwirtschaftliches System soll danach in der Lage sein, bestimmte Wettbewerbsfunktionen optimal zu erfüllen. Dabei geht man häufig von verschiedenen Effizienzkriterien aus; die wichtigsten sind: Produktionseffizienz, Tauscheffizienz und optimale Produktionsstruktur. Es läßt sich zeigen, daß am Gegenpol die Planwirtschaft von einer Optimierung der genannten Effizienzkriterien weit entfernt ist. Eine solche am Idealtypus orientierte wirtschaftstheoretische Vorstellung müßte also zu dem Ergebnis gelangen, daß im Rahmen der genannten Effizienzkriterien die Marktwirtschaft einer Planwirtschaft überlegen ist. Auch läßt sich zeigen, daß neben der hier hervorgehobenen Allokationszielsetzung marktwirtschaftliche Systeme weit eher die Zielsetzung der wirtschaftlichen Freiheit garantieren als zentralistische Bürokratien, die zur Bevormundung des Bürgers neigen. Daher zieht man häufig Parallelen zwischen marktwirtschaftlichem System und politischer Demokratie. Insofern scheinen Demokratie und Marktwirtschaft kompatible Denkmodelle zu sein (vgl. jedoch z.B. von Hayek 1971; 1988, Weede 1989). *Effizienzkriterien des Marktes* *Demokratie und Marktwirtschaft*

Da in der Realität jedoch mehr oder weniger große **Abweichungen vom Idealtypus** des Marktes möglich sind – einen Teil dieser Abweichungen produziert die Dynamik des Marktgeschehens selbst –, ist das Argument einer grundsätzlichen Überlegenheit des Marktprinzips nicht so leicht zu belegen. Soweit man sich nämlich dabei an den jeweiligen Idealtypen ausrichtet, ist die Diskussion nicht sehr ergiebig, denn die Wirklichkeit zeigt, daß das Verhalten der Plan- oder Marktteilnehmer tendenziell dazu führt, daß die Strukturprinzipien der jeweiligen Systeme oft bis zur Unkenntlichkeit eingetrübt werden: Bürokratie, Bestechung, erlahmende Motivation, Ausweichstrategien usw. sind mögliche Gegenkräfte, die die Realisierung eines **Planes** vereiteln; Intransparenz, wettbewerbsverzerrende Marktstrategien oder Machtballungen sind mögliche Komponenten, die die Entfaltung des **Marktes** behindern. Deshalb wäre eine Soziologie des Marktes aufgerufen, die tatsächlichen Wirkungen der Realisierung der Lenkungssysteme auf der Basis bestimmter Voraussetzungen oder Randbedingungen zu analysieren. Diese Fragestellung ist wichtig etwa für die Beurteilung des Problems, ob und in welchem Umfang ein bestimmtes Lenkungssystem für eine Gesellschaft mit angebbaren Rahmenbedingungen (z.B. Infrastruktur, Stand der Produktion, Entwicklung der Leistungsmotivation) günstig ist oder nicht. *Eintrübungen des Ideals*

Der Hinweis auf vorliegende Randbedingungen im Hinblick auf die Effizienz von Markt und Plan sollte Anlaß zu der grundsätzlichen Frage geben, warum sich auch in marktwirtschaftlichen Systemen geplante Formen der Koordination und Ressourcenallokation finden lassen: nämlich wirtschaftliche Organisationen vom Typ der **Unternehmung**. Der Grund ist, daß die Organisation manchmal die kostengünstigere Koordinationsform darstellt: die unter Umständen höhere Produktivität organisierter Arbeit sowie geringere Transaktionskosten – Informationsbeschaffung über An- *Koordinationskosten*

393

gebote und Preisverhältnisse usw. – können das Entstehen „molekularer Einheiten" in marktwirtschaftlichen Systemen begünstigen (vgl. Coase 1937; Williamson 1981, 1996). Denn die Kooperation auf dem Markt ist ja nicht kostenlos, so daß vergleichsweise hohe Transaktionskosten für das Planprinzip sprechen können. Aber auch hier gilt, daß mit wachsender Größe zentralistische Formen der Organisation versagen. Je komplexer ein System wird, desto deutlicher treten die Schwierigkeiten der **Wissenszentralisierung** in Erscheinung. Dies läßt sich sowohl aus mikrosoziologischer wie auch aus makrosoziologischer Perspektive begründen. Mikrosoziologisch: Beim Studium zentralisierter und dezentralisierter Gruppenstrukturen zeigt es sich, daß dezentralisierte Strukturen mehr Zufriedenheit ihrer Mitglieder erzeugen und mit wachsender Komplexität und Aufgabenschwierigkeit an Effizienz gewinnen (vgl. 2. Kap. A 3). Makrosoziologisch: Bei der Analyse sozialer Systeme konnte demonstriert werden, daß die Systemsteuerung mittels hierarchisch-zentralistischer Instanzen bei wachsender Komplexität wegen Problemen der Kapazitätsüberlastung immer größere Schwierigkeiten macht (vgl. 2. Kap. B 3). In Anwendung dieser Einsichten auf Probleme der wirtschaftlichen Steuerung folgt die **Überlegenheit der Marktwirtschaft** aus der prinzipiellen Unmöglichkeit der Wissenszentralisierung.

*Schwierigkeit der Wissenszentralisierung*

Während die Vertreter der liberalen Schule (z.B. Hayek, Buchanan, Friedman) von der grundsätzlichen Überlegenheit des Marktes überzeugt sind, haben Gegner und Kritiker aus den unterschiedlichsten Gründen Zweifel an der Funktionstüchtigkeit des Prinzips der „unsichtbaren Hand" angemeldet. Da die Idee des Marktes, basierend auf Vorstellungen freier Verfügungsgewalt auch über Produktiveigentum immer schon mit dem Grundmuster „des kapitalistischen Systems" verbunden war, sind die Argumente gegen den Markt oft auch solche gegen den Kapitalismus (und umgekehrt). Dies gilt bereits für Marx' Prognose, daß der Kapitalismus an der Ausbeutung und Verelendung der proletarischen Massen scheitern müsse.

*Marktwirtschaft und Kapitalismus*

Aus heutiger Sicht werden die Gefährdungen des Marktes vor allem in folgenden Dilemmata gesehen:

- **Utilitaristisches Dilemma:** Am Beispiel des Gefangenen-Dilemmas läßt sich demonstrieren, daß das Prinzip der „unsichtbaren Hand" ohne einen zusätzlichen Mechanismus oder eine vorgegebene Vertrauensbasis nicht funktioniert (vgl. Kap. B 1). Ohne normative Einbettung ist es für den Akteur rationaler, die Regeln der Reziprozität zu verletzen. Lediglich bei Einbeziehung der Zeitperspektive – längerfristige Tauschbeziehungen sind erwünscht – kann sich Kooperation entwickeln (vgl. Axelrod 1987).

*Normative Einbettung*

- **Kollektivgutproblem:** Individuen sehen ohne zusätzliche Anreize oder Zwänge keine Notwendigkeit, die in jeder Gesellschaft unentbehrlichen Kollektivgüter zu beschaffen, da deren Nutzen nicht individuell zurechenbar wäre. Wenn niemand von der Nutzung solcher Kollektivgüter auszuschließen ist, werden Individuen dazu neigen, die „free-rider-Position" einzunehmen (vgl. Olson 1968).

*Beschaffung von Kollektivgütern*

- **Selbstauflösungstendenz:** In jedem Markt sind Kräfte am Werk, die aufgrund des Spiels freier Marktentfaltung zustande kommen, jedoch nach Etablierung auf die Abschaffung eben dieses Marktes drängen. Für den erfolgreichen Marktteilneh-

394

mer wäre es günstiger, sich außerhalb der Strukturgesetze des Marktes zu bewegen, also etwaige Konkurrenten auszuschalten und sich selbst eine Monopolstellung zu verschaffen (vgl. Olson 1985). Zwar benötigt die Marktwirtschaft den Wettbewerb, jedoch versucht jeder, ihm zu entkommen (vgl. auch Lindblom 1980). Das eigennützige Verhalten der Akteure führt demnach dazu, daß die Märkte durch Bildung von Verteilungskoalitionen immer stärker vermachten und damit ihre Steuerungsfunktion beim Ressourceneinsatz immer schlechter erfüllen (Olson 1985; vgl. auch Übersicht 54 auf S. 400). *Vermachtung des Marktes*

- **Rent-seeking:** Beim Streben nach hohen Profiten haben die Anbieter von Ressourcen das Bestreben, die Käufer zur Zahlung überhöhter Preise zu veranlassen oder zu zwingen (Der Ausdruck Rente wird hier nicht als Altersrente, sondern im Sinne einer Grundrente verstanden). Es kommt also zu einer Zunahme von Verteilungskämpfen um leistungsunabhängige Ertragsrenten. Die Marktgesellschaft verwandelt sich auf diese Weise in eine „rent-seeking society" (Buchanan et al. 1980). *„Rent-seeking society"*

- **Oligarchischer Wohlstand:** Während die Versorgung mit materiellen Gütern in der Marktwirtschaft demokratischen Wohlstand verbürgt, sind Güter mit Positionsaspekt (Positionsgüter, insbesondere auch „Positionen") nicht beliebig vermehrbar. Generell ist zu erwarten, daß die Nachfrage nach Positionsgütern zunimmt. Der Kampf um Positionsgüter führt jedoch zur Verschwendung von Ressourcen; jeder muß sich verstärkt bemühen, lediglich um seine relative Position zu halten (Hirsch 1980; vgl. auch Übersicht 52). *Kampf um Positionsgüter*

- **Parasitäre Alimentierung:** Durch die Ausbreitung der rational-kritischen Denkweise alimentiert und multipliziert der Kapitalismus die Intellektuellen, die nicht funktional in das Marktsystem integriert sind. Diese Geisteshaltung, die das System emotional nicht abstützen kann, führt durch ihre zersetzenden Tendenzen zu

---

*Soziale Grenzen des Wachstums*

- Demokratischer Wohlstand ist nur für beliebig vermehrbare materielle Güter erreichbar. Das Marktsystem war in dieser Hinsicht sehr erfolgreich: Es kommt zur Sättigung mit materiellen Gebrauchsgütern.
- Mit zunehmendem Wohlstand steigt die relative Nachfrage nach Gütern mit Positionsaspekt; damit verstärkt sich die Suche nach oligarchischem Wohlstand.
- Da viele dies tun und da Positionsgüter knapp sind und mit weiterer Nachfrage immer knapper werden, vermehrt sich der Gebrauchswert dieser Positionsgüter durch einsetzenden Überandrang.
- Der Einzelne verschärft seine Anstrengungen, beim Erwerb von Positionsgütern zu den „Ersten" zu gehören. Nur die „Frühreichen" kommen in den Genuß dieser Güter.
- Dies führt für den Einzelnen und das Gesamtsystem zu einem höheren, aber aufwendigeren Niveau. Um an Positionsgütern teilzuhaben, muß man sich auf die „Zehenspitzen" stellen (Zehenspitzen-Dilemma); man muß sich verstärkt abmühen, lediglich um seine relative Position beizubehalten.
- Die Folge dieses inflationären Prozesses und der Versuch, Positionsgüter über den Markt zu befriedigen, führen zu Waren-Fetischismus, Kommerzialisierung des Lebens und der Vernachlässigung der Nutzungsbedingungen. Reserven sozialer Verantwortung werden ebenso aufgezehrt wie Solidarität und Vertragstreue.
- Fazit: Der Markt geht an seinen eigenen Früchten und an seinem eigenen Erfolg zugrunde, indem er die Grundlagen beseitigt, auf denen er beruht.

**Übersicht 52:** Fred Hirschs „soziale Grenzen des Wachstums"

einem Nachlassen kapitalistischer Motivation (Schumpeter 1950). Eine gleichgerichtete Delegitimation wirtschaftlicher Abläufe und Notwendigkeiten liege in einigen Aspekten des Wertewandels (z.B. Streben nach Selbstverwirklichung, Partizipation, Gleichheitsideal) begründet, die unter anderem zur Unternehmerfeindlichkeit führen (Bell 1975).

Mit den unterschiedlichsten Begründungen werden also Gefährdungen oder Krisenerscheinungen in der Marktwirtschaft vorausgesagt, bis hin zur Prognose des Scheiterns der Idee der Marktregulierung (tendenziell z.B. bei Türk 1987 oder bei Lange 1989; diese Autoren scheinen das Thema „Staatsversagen" nicht zu kennen!). Die gegenwärtigen weltweiten Entwicklungen sprechen jedoch eher für ein generelles Scheitern planwirtschaftlich koordinierter Gesellschaften, gefolgt von dem Wunsch, marktwirtschaftliche Prinzipien zu nutzen. Dennoch sind die oben genannten Gefährdungstendenzen zweifellos wirksam, auch wenn die Ausgangsbedingungen jeweils unterschiedlich sind und Gegensteuerungsmaßnahmen unterschiedlich effizient erscheinen. Eine gewisse Dämpfung der Negativeffekte wird daher vielfach in gezielten staatlichen Eingriffen gesehen, so z.B. in der Wettbewerbsordnung oder in der Alimentierung sozial Schwacher, die dem Leistungswettbewerb nicht (oder noch nicht) gewachsen sind. In diesem Zusammenhang ist (nach Olson) auch zu bedenken, daß die spontane Bereitstellung von Kollektivgütern nur in sehr kleinen Gruppen – die in der Lage sind, überschaubare soziale Kontrolle zu gewährleisten – möglich ist, in größeren Sozialeinheiten jedoch nur durch ein Zwangssystem (nämlich Besteuerung) aufrecht zu erhalten ist. In dieser Sinngebung könnte man also sagen, daß Gefährdungen des Marktes nur bei Permissivität des Staates in Erscheinung treten; sie sind gewissermaßen Folge der Staatsuntätigkeit.

Andererseits sehen viele Sozialwissenschaftler (wie Buchanan, Friedman, Hayek, Tullock, Bernholz, Weede) gerade die wachsende Staatstätigkeit als für sinkende Wachstumsraten verantwortlich; sie verschlechtere die Effizienz der Marktwirtschaft. Der Grund wird darin gesehen, daß **„state failures"** gegenüber **„market failures"** bei der Ressourcen-Allokation stärker ins Gewicht fallen (dies wird wiederum mit der Unmöglichkeit der Wissenszentralisierung begründet). Eine weitere Ursache wird in zunehmenden Steuerlasten gesehen, die eine Umlenkung der Ressourcen in unproduktiven Besitz ermutige. Dabei würden Gesetze und Verordnungen Eigentums- und Verfügungsrechte so beeinträchtigen, daß unternehmerische Entscheidungen blockiert seien. Freilich ist eine Entscheidung darüber, ab welchem Schwellenwert staatliche Regelungen die Funktionsfähigkeit von Märkten herabsetzen und bis zu welchem Ausmaß sie deren Funktionieren eigentlich erst gewährleisten, wohl schwierig, weil sich hier empirisch feststellbare Wirkungszusammenhänge mit Wertentscheidungen mischen, die letztlich nur durch politischen Willen durchsetzbar sind. In westlichen Gesellschaften sind die extremen Beispiele sicherlich die USA für eine forcierte Ausrichtung am Marktsystem – mit allen „unsozialen" Auswirkungen für bestimmte Ausschnitte der Gesellschaft – und Schweden für ein System staatlicher Eingriffe mit allen Vor- und Nachteilen eines „Versorgungsstaates", die marktliche Regelungsmechanismen weitgehend lahmlegen. Was den Fall Schweden anbelangt, sind hier bereits Korrekturen erfolgt.

## 2.1.2 Markt und Macht

Wir versuchten zu zeigen, daß zwischen der Aussage, daß Individuen in Austauschbeziehungen einen möglichst hohen Nettogewinn zu erlangen versuchen, und der These, wonach **Reziprozität** in den jeweiligen Austauschverhältnissen eintreten werde, ein grundsätzlicher Widerspruch besteht. In grober Vereinfachung kann man diesen Widerspruch auch als Antagonismus zwischen (egoistischer) Motivation und (sozialer) Norm ansehen, so daß der Gedanke der Reziprozität hier vor allem als ein das Austauschverhältnis überlagerndes Prinzip angesehen werden muß. Im Widerstreit dieser Prinzipien geht dann die empirische Fragestellung in sehr verschiedene Richtungen: Welches sind die Faktoren, die das jeweilige Ausmaß an Wechselseitigkeit bestimmen? Wie wird der Gedanke der Reziprozität internalisiert? Was geschieht im Falle asymmetrischer Beziehungen? Diese und ähnliche Fragestellungen können unter soziologischen Gesichtspunkten wiederum unter verschiedenen Erkenntnisinteressen formuliert werden: Welches sind die Auswirkungen mangelhafter Wechselseitigkeit auf das soziale System? Entsprechen Ungleichgewichten in solchen Beziehungen bestimmte soziale Spannungslinien? Welche Folgen hat dies für das soziale System? Diese Fragestellungen führen geradewegs zur Untersuchung sozialer Konflikte und Machtverhältnisse, die als Resultat gestörter Austauschbeziehungen interpretiert (vgl. Bohnen 1971), jedoch keineswegs mit dem Hinweis auf systeminhärente Ausgleichsmechanismen aus der Analyse herausgehalten werden können (vgl. Swedberg 1986, 1987, 1993). *Asymmetrie marktlicher Interaktionen*

In der Marktsoziologie ist die Machtproblematik durch das marktkonstitutive Prinzip der Freiwilligkeit meist ausgeklammert worden. Aus der (u.E. verfehlten) Sicht von Habermas (1981) oder Luhmann (1988) ist die Macht lediglich im Subsystem „Politik" verankert, während sie in ökonomischen Tauschbeziehungen ausgeklammert bleibt (kritisch hierzu: Scheuch 1973, Swedberg 1987, Kraemer 1997). Macht kommt nämlich durch Austauschasymmetrien ins Spiel, nicht allein durch äußere Einflüsse des politischen Systems. Das Schubladendenken mancher Systemtheoretiker verdeckt den Blick auf die fundamentale Tatsache, daß Macht dem Marktgeschehen inhärent ist. Mit Rückgriff auf Blau, Emerson und Coleman (vgl. 2. Kapitel A 2.1) bleibt der Gedanke der Reziprozität und der Freiwilligkeit nur gewährleistet, wenn gleichgewichtige Interaktionsbeziehungen vorliegen; oder anders gesagt: Nur zwischen Gleichwertigen sind asymmetrische Austauschbeziehungen instabil. In dem Ausmaß, in dem Hierarchie und Ungleichheit Strukturelemente sind, also **Machtpositionen** vorliegen, verändern sich vorhandene Austauschbeziehungen bis hin zur Ergebnis- und Verhaltenskontrolle (Thibaut/Kelley 1959) des Interaktionspartners. Die Tauschtheorie und das Marktmodell könnten sich deshalb gleichermaßen dem Vorwurf aussetzen, ein harmonisches Bild gleichwertiger und gleichgewichtiger Interaktionsbeziehungen zu entwerfen, das der sozialen Wirklichkeit nicht entspricht. In ähnlich reduktionistischer Weise formuliert schon Böhm-Bawerk im Rahmen der alten ökonomischen Streitfrage „Macht oder ökonomisches Gesetz", daß Macht sich ausschließlich innerhalb der Marktgesetze äußere – analog analysieren etwa Blau (1964) oder Thibaut und Kelley (1959) ja ebenfalls Machtkonstellationen und -einflüsse im Rahmen austauschtheoretischer Prinzipien – und daß diese Macht aufgrund *Markt und Macht*

*Grenzen des Austauschgedankens*

der vorhandenen Gleichgewichtstendenzen keineswegs von Dauer sei. Dieser Hinweis auf die formale Gültigkeit ökonomischer Ablaufgesetze auch bei stärksten Einflüssen wirtschaftlicher Macht, erfüllt eher die Funktion der Abschirmung gegenüber der konkreteren Einbeziehung soziologischer Aspekte (vgl. Fürstenberg 1977, 51) und kennzeichnet deutlich die Isolierung der Markttheorie gerade von jenen Einflüssen, die für das Verhältnis der Marktvorgänge sozial relevant sind. Wahrscheinlich ist das Verhältnis zwischen Marktmechanismus einerseits und der Komponente sozialer Macht andererseits in einer Interdependenzbeziehung zu sehen: Machtelemente stoßen auf Schranken, die durch die Funktionsfähigkeit des jeweiligen Marktmechanismus gegeben sind. Andererseits stößt der Marktmechanismus auf die durch Macht gesetzten Grenzen, wobei die Marktform und ihre Ablaufmechanismen wiederum durch Machteinflüsse geformt und verändert werden.

Fragen wir nun, in welchen Formen sich Macht im Bereich des Marktes überhaupt äußert. Eine traditionelle Unterscheidung trennt zwischen **Macht im Parallelprozeß** (Macht der Wettbewerber untereinander, also etwa zwischen verschiedenen Anbietern oder auch Nachfragern) und im **Austauschprozeß** (Macht zwischen Interaktionspartnern), wobei uns hier hauptsächlich der letztgenannte Aspekt interessiert. Gäfgen (1967) schlägt in diesem Zusammenhang vor, zwischen vier Grundformen der Marktmacht zu unterscheiden:

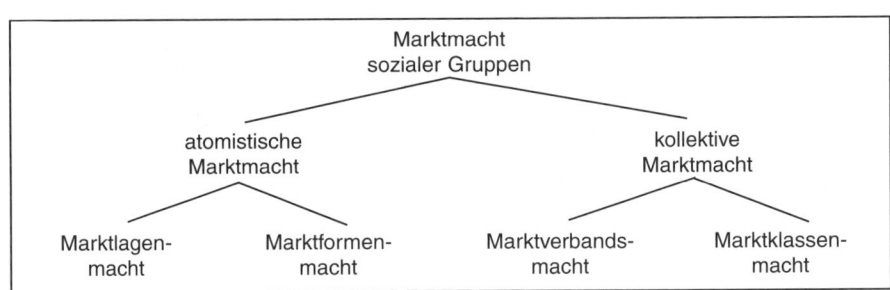

**Übersicht 53:** Formen der Marktmacht

**Marktlagenmacht** ist Ausdruck einer (partiellen oder totalen) Überschußnachfrage bzw. eines Überschußangebotes. Es handelt sich hier um den gleichen Aspekt, der die Rede von einem „Käufermarkt" oder einem „Verkäufermarkt" bestimmt. Gemeint ist, daß Situationen entstehen können, in denen Nachfrage- oder Angebotsengpässe gegeben sind, so daß die resultierende Knappheits- oder Überschußsituation machtbestimmte Aktivitäten auslösen kann. Historisch gilt, daß der Konsumgütermarkt sich generell in die Richtung eines **„Käufermarktes"** gewandelt hat, weil im Rahmen erweiterter Kaufkraft und der Verfügung über diskretionäre Gelder Ermessensspielräume der Disponibilität und Postponibilität auf der Nachfragerseite eingetreten sind, die zumindest tendenziell die „Macht der Verbraucher" (Katona 1962, in dem hier gemeinten Sinne) stärken. Für den Arbeitsmarkt gilt, daß sich im Zuge einer Verknappung der Arbeit (mit der Folge endemischer Arbeitslosigkeit) die Marktlagenmacht des **Arbeitnehmers** erheblich verschlechtert.

**Marktformenmacht** entsteht durch Konzentrationserscheinungen (meist auf der Anbieterseite), wobei wettbewerbseinschränkende Wirkungen eintreten können. Dies ist z.B. bei Monopolen der Fall, bei Oligopolen nur dann, wenn zusätzlich Absprachen stattfinden. (Die praktische Erfahrung – und neuerdings auch die ökonomische Theorie – zeigt gerade, daß Oligopole für den Verbraucher viel günstiger sein können als vollkommener Wettbewerb, zumal im Zustand der „Schlafmützen-Konkurrenz"). Im Falle des Arbeitsmarktes dürfte hier jene **„strukturelle Asymmetrie"** von Bedeutung sein, die durch die Tatsache bewirkt wird, daß der Wirtschaftsprozeß vor allem durch die Kapitalseite inszeniert und gesteuert wird (Priore 1980). Zu bedenken ist jedoch auch hier, daß unter bestimmten sozio-ökonomischen Bedingungen (z.B. dringende Suche nach spezifisch qualifizierten Areitskräften) die Marktlagenmacht stärker durchschlagen kann.

*Marktformen-*
*macht*

Während **Marktklassenmacht** eher informell durch eine Gleichrichtung von Präferenzen bzw. Verhaltensweisen entsteht (z.B. bei Moden), ist die **Marktverbandsmacht** Ausdruck organisierter Macht und tangiert meist den wirtschaftlichen und den politischen Bereich gleichermaßen. Wie wir gesehen haben (vgl. B 4), ist die Gleichgewichtigkeit mit dem Resultat des Interessenausgleichs in der sozialen Wirklichkeit nicht oder nur selten gegeben. Im Ausmaß dieser Ungleichgewichtigkeit besteht daher die (politische, ideologische oder rationale) Forderung nach Errichtung von **„gegengewichtiger Marktmacht"** (Galbraith), was quasi automatisch in Form einer „Dynamik der Gegenverbandsbildung" (Götz Briefs) geschehen kann, ein Mechanismus, der jedoch andererseits nur gewährleistet ist, wenn sich die jeweiligen Interessen im Sinne eines kollektiven Aktionismus als genügend organisierbar erweisen, um auf diese Weise „kollektiv die Leistung zu verweigern bzw. systemrelevante Leistungsverweigerung glaubhaft anzudrohen" (Offe 1977, 142). Außerdem läßt sich zeigen, daß Verteilungskoalitionen oftmals dysfunktional wirken (vgl. Olson 1985 bzw. Übersicht 54).

*Marktklassen-*
*macht*

*Marktverbands-*
*macht*

*Gegengewichti-*
*ge Marktmacht*

Wir erinnern in diesem Zusammenhang wiederum an unsere allgemeinen Überlegungen zur **Interessenwahrnehmung** und **Verbandsbildung** (in Kap. B 4). Insbesondere ging es dort um die Bedingungen, die kollektives Handeln von Personen gleicher Interessenlage begünstigen oder behindern. Olson (1968) argumentiert austauschtheoretisch, daß es zu gemeinsamem Handeln im Sinne einer Selbstorganisierung nur dann komme, wenn Individuen mit gleichartigen Interessen sich von kollektiven Gütern (z.B. ein unteilbarer Nutzenvorteil, der allen gemeinsam zugute kommt) einen Nutzenzuwachs versprechen, der höher als ihr Aufwand ist. Insofern folgert Olson, daß große latente Gruppen der Bevölkerung sich nur dann in Verbänden organisieren lassen, wenn diese Verbände ihren Mitgliedern neben den unteilbaren Kollektivgütern auch teilbare private Güter anbieten, deren Preis über den Mitgliederbeitrag bezahlt wird (vgl. Bernholz 1979), oder wenn die Mitgliedschaft erzwungen wird (dies wäre dann allerdings im Sinne Olsons kein Austauschverhältnis mehr). Dieser Sachverhalt, der insbesondere mit der zentralen Variable „Gruppengröße" verknüpft ist, steht nun z.B. der Artikulierung und Durchsetzung eines gemeinsamen Verbraucherinteresses im Wege, und sei es auch allein deshalb, weil alle Erfolge, die Verbraucherverbände erzielen, den Nichtmitgliedern ebenso zugute

*Kollektives*
*Handeln und*
*kollektive Güter*

kommen wie den Mitgliedern, die etwa Beiträge bezahlen oder verbraucherpolitisch in besonderem Maße engagiert sind.

*Arbeitnehmer-Interesse*

Es könnte zunächst scheinen, daß das **Interesse der Arbeitnehmer** homogener ist, sich leichter bündeln läßt. Schon früher hatte man an dieser Homogenität einige Zweifel, insbesondere was die soziale Position der Angestellten anbelangte. Nicht von ungefähr waren die Angestelltengewerkschaften den traditionellen Arbeiterge-werkschaften gegenüber im Nachteil. Aspekte **gesteigerter Heterogenität** (vgl. Offe 1984) zeigen sich jedoch auch im Bereich der Arbeiterschaft:

*Heterogenität des Arbeitneh-mer-Interesses*

- Arbeiter im primären oder im sekundären Arbeitsmarkt;
- Arbeiter in verschieden krisensicheren Branchen;
- Arbeiter höchst unterschiedlicher Qualifikation;
- Arbeitslose und Arbeitsbesitzende.

Forderungen wie die nach einer 35-Stunden-Woche sind Ausdruck des Bestrebens, innerhalb jener heterogenen Landschaft Zielvorstellungen anzubieten, die für möglichst alle Beteiligten erstrebenswert sind. Trotz dieses Bemühens bleiben Zielkonflikte unvermeidlich, denn Arbeitnehmer werden sich stets nur auf der Plattform ih-

---

1. „Es wird keine Länder geben, die eine symmetrische Organisation aller Gruppen mit einem gemeinsamen Interesse erlangen und die dabei durch umfassende Verhandlungen optimale Ergebnisse erzielen."
2. „Stabile Gesellschaften mit unveränderten Grenzen neigen dazu, im Laufe der Zeit mehr Kollusionen und Organisationen für kollektives Handeln zu akkumulieren …"
3. „Mitglieder von 'kleinen' Gruppen haben vergleichsweise große Organisationsmacht für kollektives Handeln, und dieses Mißverhältnis verringert sich mit der Zeit in stabilen Gesellschaften, aber es verschwindet nicht."
4. „Im Ergebnis vermindern Sonderinteressen und Kollusionen die Effizienz und das Gesamteinkommen der Gesellschaften, in denen sie wirken, und sie machen das politische Leben zwieträchtiger."
5. „Umfassende Organisationen mit weiten Interessen haben einigen Anreiz, die Gesellschaft, in der sie tätig sind, blühender zu machen, und einen Anreiz, Einkommen an ihre Mitglieder mit möglichst geringen sozialen Kosten umzuverteilen und solche Umverteilungen zu beenden, wenn der umverteilte Betrag im Verhältnis zu den sozialen Kosten der Umverteilung nicht erheblich ist."
6. „Verteilungskoalitionen treffen Entscheidungen langsamer als Individuen, und Unternehmen, die sie umfassen, neigen dazu, überfüllte Tagesordnungen und Verhandlungstische zu haben, und setzen häufiger Preise als Mengen fest."
7. „Verteilungskoalitionen verringern die Fähigkeit einer Gesellschaft, neue Technologien anzunehmen und eine Reallokation von Ressourcen als Antwort auf sich verändernde Bedingungen vorzunehmen, und damit verringern sie die Rate des ökonomischen Wachstums."
8. „Verteilungskoalitionen sind exklusiv, sobald sie groß genug sind, um erfolgreich zu sein, und sie versuchen, die Unterschiedlichkeit der Einkommen und Werte ihrer Mitgliedschaft zu begrenzen."
9. „Die Zunahme von Verteilungskoalitionen erhöht die Komplexität der Regulierung, die Bedeutung des Staates und die Komplexität von Übereinkommen, und sie ändert die Richtung der sozialen Evolution."

**Übersicht 54:** Gefahren von Verteilungskoalitionen (nach Olson 1985)

rer spezifischen Situation in diesen Zielen repräsentiert sehen. In dem Maße, in dem der Begriff „Arbeitnehmer" ein eher **unspezifischer Begriff** geworden ist, der auch als Konfrontationsbegriff gegen „Arbeitgeber" kaum mehr taugt, ist durch die Heterogenität des Arbeitsfaktors kein einheitlicher Markt mehr vorstellbar. Es ist einleuchtend, daß angesichts solcher Zielkonflikte auch das Selbstverständnis der **Gewerkschaften** gelitten hat und daß auch die Beitritts- und Mitgliedschaftsmotivation abnimmt. Ohnehin erleidet die gewerkschaftliche Verbandsmacht angesichts geringerer Marktlagenmacht der Arbeitnehmer sowie der tendenziell arbeitsplatzgefährdenden Globalisierung erhebliche Einbußen.

*Verbandsmacht der Gewerkschaften*

## 2.2 Mikro-Ebene: Das Marktverhalten

### 2.2.1 Geld und Eigentum

Wir erinnern daran, daß wir im Zusammenhang mit der Entstehung sozialer Ordnung bzw. sozialer Normen die Evolution von Eigentumsrechten studiert haben (2. Kap. B 1). Dort diskutierten wir das Entstehen von Eigentumsrechten unter Aspekten ihres Nutzens für Einzelne und für die Gesamtheit, insbesondere auch unter Einbeziehung der sog. **Transaktionskosten**: derjenigen Kosten, die u.a. daraus entstehen, den richtigen Tauschpartner zu finden, Informationen einzuholen, Angebote zu vergleichen usw.

*Eigentumsrechte und Transaktionskosten*

Das Marktsystem setzt Eigentumsrechte voraus, und zwar im wesentlichen auf der Basis des Privateigentums. Allerdings enthalten Marktsysteme gewisse Regelungen, die die Verfügungen über Eigentum einschränken, und diese Grenzen werden im wesentlichen über die sogenannten externen Effekte verursacht, die eliminiert oder – im ökonomischen Sinne – internalisiert werden müssen. Wir hatten an diesem Modell eine entscheidende Korrektur angebracht: Individuen verfügen über unterschiedliche Machtmittel (oder Ressourcen), um anderen externe Effekte aufzuzwingen oder eine Internalisierung von Effekten abzuwehren.

*Externe Effekte*

Eigentumsrechte werden umso relevanter, je knapper und begehrter die jeweiligen Güter sind. Hierbei kommt der **Ausschlußfunktion** eine tragende Rolle zu: die Möglichkeit, abgrenzbares und zurechenbares Eigentum gegen die Nutzung durch andere auszuschließen. Ohne gesicherte Verfügungsrechte entfallen bereits die Produktionsanreize, da niemand sich darauf verlassen kann, daß ihm das verbleibt, was er produziert hat (vgl. Tullock 1974). Zwar dürfte es zutreffen, daß die Idee des Gemeineigentums älter ist als die des Privateigentums von Individuen. Aber auch hier geht es um Abgrenzung und Ausschluß von Nutzungsrechten: hier nicht gegenüber anderen Individuen, sondern gegenüber anderen Stämmen oder Sippen (vgl. Weede 1990). Wie North (1988) gezeigt hat, ist der Übergang vom Jagen und Sammeln – also der Wandel vom nomadischen zum seßhaften Leben – auch von einer Revolutionierung der Eigentumsvorstellungen begleitet gewesen: „Sie war eine Revolution, weil dieser Übergang für den Menschen eine ganz grundlegende Verschiebung der Anreizstruktur bewirkte. Die Anreizveränderung ist in der Verschiedenheit der Eigentumsrechte in beiden Systemen begründet. Wenn die Subsistenzmittel im Ge-

*Ausschlußfunktion des Eigentums*

meineigentum stehen, so gibt es wenig Anreiz zum Erlernen einer besseren Technik oder zum Erwerb größeren Wissens. Im Gegenteil: Exklusive Eigentumsrechte, die dem Eigentümer etwas einbringen, bieten einen unmittelbaren Anreiz zur Erhöhung von Effizienz und Produktivität bzw. – allgemeiner gesprochen – zum Erwerb größeren Wissens und zur Aneignung neuer Verfahren." (North 1988, 93). Das marktwirtschaftliche System wird nun umso eher funktionieren, je größer die Verfügungsrechte über Güter ausgeprägt sind, und es wird umgekehrt schwerer zu Transaktionen kommen, je mehr Einschränkungen oder Auflagen mit dem Erwerb oder Besitz des betreffenden Gutes verbunden sind. So wird man z.B. am Kauf eines Fahrzeuges, das für hohe Geschwindigkeiten ausgelegt ist, weniger interessiert sein, wenn Geschwindigkeitsbegrenzungen bestehen oder häufige Stauungen auftreten. Restbestände freier Verfügung müssen also verbleiben, um das Marktsystem funktionsfähig zu halten. Das Marktsystem basiert demnach auf der **Idee des Privateigentums** und ist empirisch (auch historisch) mit dieser Idee gekoppelt.

*Privateigentum und Markt-system*

Während Eigentum an einer Sache lediglich die Möglichkeit sehr spezifischer Nutznießung gestattet, so bedeutet **Eigentum an Geld** die generalisierte Möglichkeit der Nutznießung unbestimmt vieler Dinge (vgl. Simmel 1989). Insofern betonen Weber, Simmel und Parsons die zentrale Rolle des Geldes als Erleichterung des rationalen Tauschs. Soziale Beziehungen würden versachlicht, wenn sie dem Maßstab des Geldes unterworfen werden. Geld wirke wie ein „Gelenksystem" gesellschaftlichen Austauschs (Simmel), als Generalnenner des Ressourcenaustauschs, wie ein „Joker aller Waren" (Gesell). Dabei fungiere Geld im Sinne der Kräfteersparnis und diene der effektiveren Allokation von Ressourcen.

*Geld als Generalnenner des Austauschs*

Ohne sich explizit auf Simmel zu beziehen, betrachtet Parsons das Geld im Rahmen der **Theorie symbolischer Tauschmedien** (1975) als Spezialfall einer umfassenden Klasse sozialer Tauschmedien, die als Katalysatoren des Austauschs dienen. Soziale Macht kann so wirken: A kann den B zwingen, eine (asymmetrische) Austauschbeziehung einzugehen; der Gedanke der Freiwilligkeit geht dabei freilich verloren. Soziale Rollen können als Austauschmedien gesehen werden: sie erleichtern den Interaktionsprozeß; man weiß, „woran man ist", was man vom anderen in jeweiligen Rollensituationen zu erwarten hat.

*Geld als soziales Tauschmedium*

Das zentrale Austauschmedium im Marktsystem ist das Geld, das es möglich macht, Güter unterschiedlichster Qualität quantifizierbar zu machen und rechenhaft zu handhaben. Marktfähig im wirtschaftlichen Sinne sind gewöhnlich nur geldwerte Güter, aber man muß sehen, daß viele Güter Warencharakter annehmen, indem sie dem Markt zusätzlich erschlossen werden: Sexualität gegen Geld, Berggipfel gegen Pauschalpreis, Träume gegen Drogen, die der Markt anbietet usw. Insgesamt werden immer mehr Güter der Warenwelt erschlossen, aber es verbleiben Refugien nicht marktfähiger Güter und Dienste oder zumindest solcher Güter, die nur begrenzt nach Marktmechanismen tauschbar sind (z.B. Positionsgüter).

Auf diese Weise fungiert das Geld als „institutionalisiertes Vermittlungs- und Kommunikationsinstrument sozialer Erwartungs- und Anspruchsstrukturen" (Heinemann

402

1969). Medien wie Geld wirken jedoch (nach Parsons) auch als Mechanismen der Interaktions**steuerung**: Verfügbarkeit und Teilhabe sind die Voraussetzung dafür, an bestimmten Interaktionen teilnehmen zu können. Nichtverfügbarkeit bedeutet Ausgrenzung und Nichtteilhabe an Interaktionen. Somit stellt das Geld in diesem Sinne eine abstrakte Kapazität dar, an Interaktionen zu partizipieren. Geld wirkt damit im Sinne der Differenzierung und Stratifizierung, indem es Verfügung über Ressourcen bedeutet, und damit Verfügung über sich und andere impliziert. Fürstenberg (1988) sieht daher das Geld nicht lediglich als Tauschmedium – als Wertmesser, gemeinsamer Nenner und Rationalisierungsnorm – sondern auch als Machtmedium im Sinne von Savignys „Vermögensmacht". Geld hat damit – jenseits seiner Rolle als Austauschmedium – eine wichtige Bedeutung als **generalisierter Verstärker** und vermittelt insofern die Chance, Interaktionen auf freiwilliger Basis einzugehen und Interaktionsprozesse aktiv zu steuern.

*Geld als Mittel der Interaktionssteuerung*

*Geld als generalisierter Verstärker*

Auf diesen Aspekt der **Generalisierung** haben Soziologen seit Weber und Simmel bis Luhmann und Heinemann nachdrücklich verwiesen. Geld kann die Verschiedenheit des Verschiedenen überbrücken (Luhmann 1988). Der Marktmodus ist gegenüber Reziprozitätsnormen generalisierbar, da er nicht auf die Aufrechterhaltung direkter Kommunikation zwischen vertrauten Tauschpartnern beschränkt bleibt, sondern die überpersönliche Kommunikation mit beliebigen anderen ermöglicht (vgl. Kraemer 1997, 35). Damit ist Geld eine Art universeller Verfügungschance, die Optionen offenhält. Aglietta (1993, 184) betont gleichermaßen die Bedeutung des Geldes in der „unbestimmten Potentialität" seiner Möglichkeiten (vgl. auch Aglietta/Orléan 1994). Allerdings findet die generalisierte Verfügbarkeit des Geldes auch ihre Grenzen: Gefühle (z.B. Liebe, Respekt) oder Gesundheit kann man nicht (oder nur begrenzt) kaufen, gleichermaßen verschließen sich viele Positionsgüter dem geldlichen Zugriff.

*Generalisierte Verfügbarkeit des Geldes*

Während das Geld in seiner Rolle als Tauschmedium und Machtmedium im Vordergrund stand und in Luhmanns Systemperspektive (qua „Zahlung") zur „raison d'être" wirtschaftlicher Systeme hochstilisiert wurde, bleibt eine vorwiegend sozialpsychologische Perspektive meist außer Ansatz, nämlich die, daß der Umgang mit Geld in eine Reihe **sozialer Normen** eingebettet ist. So sehen wir vielfach, daß Geld aus normativen Gründen als Tauschmedium ausscheidet oder stark eingeschränkt ist. In manchen Situationen ist Geld als Interaktionsmedium „unangebracht", z.B. im Falle des Schenkens: Geldgeschenke sind – außer bei besonderen Gelegenheiten – unüblich; sie signalisieren dem Empfänger Ideenlosigkeit, wenig Mühe (z.B. beim Aussuchen eines Geschenks), Nüchternheit usw.

*Normen im Umgang mit Geld*

Auch in anderen Situationen kann das Anbieten von Geld negative Attributionen wachrufen (z.B. die Absicht der Bestechung). Ferner ist es oftmals nicht üblich, bestimmte Dienste mit Geld auszugleichen (z.B. eine Einladung oder einen Gefallen, den jemand erweist). Es gibt Situationen, in denen das Anbieten von Geld eine bestehende Interaktionsbeziehung empfindlich stört und sogar zerstört. Eine eventuelle Gegenleistung kann nur auf anderem Wege (z.B. eine andere Gefälligkeit oder ein Geschenk) erbracht werden. Auch auf der „Nachfrageseite" gilt es vielfach als „unschicklich", Bezahlung zu erwarten oder zu fordern: etwa für ehrenamtliche Tätigkeit, für Hilfeleistung, für Gefälligkeiten etc. In manchem Kontext gilt es gar als „unfein", überhaupt von Geld zu reden. In einigen Kreisen gilt Geldorientierung gar als unfeine Gesinnung. Ob und inwieweit solche Effekte auftreten, ist natürlich Ausdruck gesellschaftlicher Konventionen, die interkulturell sehr verschieden ausfallen können. Von hier aus könnte man den Bogen wieder spannen von Veblens „feinen Leuten" bis hin zu Bourdieus „feinen Unterschieden".

## 2.2.2 Markt und Interaktion

Zur Kennzeichnung des Marktgeschehens kann man auf das Interaktionskonzept, sowie entsprechende Interaktionstheorien zurückgreifen (vgl. 2. Kap. A 2). Die ersten Anstöße hierzu entstammen der ökonomischen Theorie des Marktes sowie frühen soziologischen Versuchen einer Tauschtheorie (vgl. etwa Simmel) und zahlreichen ethnologischen Studien – wie Thurnwald, Malinowsky und Mauss – letzterer insbesondere mit seinem richtungsweisenden „Essai sur le don" (1923/24), die auch für nicht marktwirtschaftlich geregelte Tauschsysteme ermittelten, daß **„Geben" und „Nehmen"** ein universelles Prinzip darstelle, das breite Teile des sozialen Lebens von Naturvölkern durchzieht und für die Integration von Einzel- und Gruppeninteressen konstitutiv sei (vgl. auch Polanyi et al. 1957). Obgleich Polanyi und seine Mitarbeiter dieses Tauschsystem als „reciprocative" bezeichnen, durchzieht der Gedanke der **Reziprozität** den Sozialcharakter solcher Beziehungen nur in einer höchst indirekten, oft sehr verwickelten Weise. So könnte man zunächst vermuten, daß Leistungen vom Typ des Brautgeschenks oder der demonstrativen Vernichtung von Wertobjekten anläßlich zeremonieller Handlungen eher dem Typ des Transfers als des Tauschs (vgl. zu dieser Unterscheidung Boulding 1970) entsprechen, zumal direkte Formen der „Bezahlung" als sozial unpassend gelten. Vertreter des Austauschgedankens würden demgegenüber jedoch hervorheben, daß sich auch in solchen Transferleistungen Elemente der „Berechnung" finden lassen, die auf die besondere Logik des Gebens und Nehmens im sozialen Kontext rückführbar sind (vgl. Smelser 1968, 147) und Gegenleistungen auf anderen Ebenen entstehen lassen. Die Tatsache der Gegenleistung tritt wohl vor allem deshalb nicht immer hervor, weil diese qualitativ von der Ausgangsleistung völlig verschieden sein kann und keineswegs Zug um Zug erfolgen muß, sondern gewissermaßen gestundet werden kann. Diese **Dehnung der Zeitperspektive** verliert sich erst in dem Moment, in dem das „primitive Geld" als Ausdruck „gestundeter Gegenseitigkeit" (Georg Simmel 1958) ein Pfand darstellt, geeignet, jederzeit den Ausgleich herbeizuführen.

Obgleich wir bei marktwirtschaftlich geregelten Tauschsystemen über ein objektives, generalisierbares Tauschmedium, nämlich **Geld** verfügen, das als Ausgleichsmaßstab Güter zu einer quantifizierbaren „Ware" macht – „alles hat seinen Preis" –, ist es im Rahmen der soziologischen Analyse unumgänglich, den „Geldschleier" – zu durchstoßen und zu den sozialen Basismotivationen und Bedeutungsinhalten der jeweiligen Transaktionen vorzustoßen. Eine Anwendung des inhaltlich ausgeweiteten Exchange-Prinzips auf nicht-geldwerte bzw. immaterielle Güter (z.B. Sympathie, Si-

*„Do ut des"*

*Indirekte Reziprozität*

*Tausch und Transfer*

*Gestundete Gegenseitigkeit*

*Geld als Interaktionsmedium*

cherheit, Freude am Verhandeln usw.) erscheint jedoch auch deshalb notwendig, weil Interaktionsprozesse in „begleitende" Komponenten der Belohnung eingebettet sind, die u.a. durch die soziale Aufladung von Verkaufsinteraktionen bestimmt sind.

Die Idee, daß marktliche Interaktionen dem Gedanken der Reziprozität folgen, hat immer wieder Vorstellungen von Freiwilligkeit und Gerechtigkeit in Sozialbeziehungen entstehen lassen. Nun hatten wir jedoch gesehen, daß im Marktgeschehen – eher noch beim Arbeitsmarkt als beim Gütermarkt – zahlreiche Abhängigkeiten bestehen, die auch bei ungleichgewichtigen Interaktionsbeziehungen Tauschvorgänge entstehen lassen (vgl. die im Interaktionskapitel angesprochenen Modelle von Emerson oder Coleman). Die Tragfähigkeit des Austauschgedankens wird auch dadurch strapaziert, daß Interaktionen im Marktbereich oftmals sozial ausgedünnt sind, sich lediglich auf einer abstrakteren Ebene noch dem Prinzip des Ausgleichs fügen, unterschiedliche Ebenen des Austauschs umgreifen, vernetzte Beziehungen und unterschiedliche Zeitperspektiven (z.B. Güteraustausch gegen Zahlungsversprechen) implizieren. Dyadische Interaktionen „face-to-face" sind insofern für komplexe Marktvorgänge gerade **nicht** typisch. Denn für ein arbeitsteilig differenziertes Marktsystem sind lange, komplexe und indirekt vernetzte Handlungsketten eher der Regelfall.

*Tragfähigkeit des Austauschgedankens*

Dies hat dazu geführt, zwischen verschiedenen Ebenen oder Formen des Austauschs zu unterscheiden. Vielfach knüpft man deshalb an einen Vorschlag von Lévi-Strauss an, der zwischen „restricted exchange" und „generalized exchange" unterschied, wobei der erstgenannte Typ auf dyadisch-reziproke Beziehungen abstellt, der zweite dagegen auf komplexere Beziehungsmuster, „if the reciprocations involve at least three actors and if the actors do not benefit each other directly but only indirectly". (Ekeh 1979, 51 f.) Die sozialen Akteure bilden insofern ein System, in dem Individuen nicht unbedingt von ihren unmittelbaren Interaktionspartnern belohnt werden, sondern über verschiedene Stationen (also etwa $A \rightarrow B \rightarrow C \rightarrow A$ usw.). Solche Interaktionssysteme lassen sich dann auch auf höherer Aggregatebene anwenden, etwa auf der Ebene systemischer Interaktion oder etwa im Rahmen ökonomischer **Kreislaufmodelle**. Diese Modelle vermitteln zwischen mikrosozialen Aspekten des Verhaltens von Akteuren und den eher makrosozialen Perspektiven der systemischen Verknüpfung solcher Interaktionen (vgl. hierzu Coleman 1991). Solche Netzwerk-Modelle erfüllen damit allerdings eher eine heuristische Funktion, indem sich etwa zeigen läßt, daß soziale Systeme als komplexe Beziehungsmuster mit insgesamt ausgeglichenen Interaktionssequenzen angesehen werden können. Dabei sollte jedoch stets beachtet werden, daß in das Interaktionsgeschehen immer auch Anteile sozialer Macht eingeschmolzen sind, die das ungetrübte Bild „reinen" Austauschs stören.

*Komplexere Interaktionssysteme*

Um komplexe Interaktionsprozesse reibungslos aufrechtzuerhalten, sind häufig **zentrale Interaktions-Instanzen** vorgesehen (z.B. Banken, Clearing-Stellen). Außerdem sei wieder an die zentrale Rolle der sog. Austauschmedien erinnert. Insbesondere ging es dabei um das Geld als gemeinsamen Nenner wirtschaftlichen Tauschs, gerade im Falle komplexer Interaktionsbeziehungen. In gleicher Weise wirken marktrelevante soziale Rollen komplexitätsreduzierend (z.B. normative Erwartungen an Verkäufer oder Käufer). Im marktlichen Bereich lassen sich auch die **Werbung** und

*Interaktions-Instanzen*

die **Mode** als Austauschmedien einstufen. Sie erleichtern Austauschprozesse und vermindern Transaktionskosten in einem sonst unübersichtlichen Marktsystem. Andererseits werden durch mangelnde Glaubwürdigkeit etwa der Werbung oder durch inflationären Modewechsel neue Unübersichtlichkeiten geschaffen, die wiederum die Transaktionskosten erhöhen. Und schließlich: Märkte sind immer auch gefährdet, weil potente Anbieter dahin tendieren, den für sie relevanten Markt abzuschaffen.

## Literaturempfehlungen

**Albert, H.:** Marktsoziologie und Entscheidungslogik. Neuwied/Berlin 1967

**Buß, E.:** Markt und Gesellschaft. Eine soziologische Untersuchung zum Strukturwandel der Wirtschaft. Berlin 1983

**Heinemann, K. (Hg.):** Soziologie wirtschaftlichen Handelns. Sonderheft 28 der KZfSS. Opladen 1987

**Heinemann, K.:** Soziologie des Marktes. In: Reinhold, G. (Hg.): Wirtschaftssoziologie. München ²1997

**Hirschman, A.O.:** Entwicklung, Markt und Moral. Abweichende Betrachtungen. Frankfurt 1993

**Kraemer, K.:** Der Markt der Gesellschaft. Opladen 1997

**Kutsch, T., Wiswede, G.:** Wirtschaftssoziologie. Stuttgart 1986

**Lange, E.:** Marktwirtschaft. Opladen 1989

**Vanberg, V.:** Markt und Organisation. Tübingen 1982

**Wiswede, G.:** Marktsoziologie. In: Irle, M. (Hg.): Marktpsychologie als Sozialwissenschaft. Göttingen/Toronto/Zürich 1984

## Kontrollfragen

1. Welche Aspekte werden für ein (tatsächliches oder angebliches) Marktversagen geltend gemacht?
2. Unterscheiden Sie verschiedene Formen der Marktmacht und wenden Sie diese an
   a) auf den Konsumgütermarkt, b) auf den Arbeitsmarkt.
3. Welche Zusammenhänge sehen Sie zwischen der allgemeinen soziologischen Ordnungsproblematik und der Idee des Marktes?
4. Welche soziologischen Aspekte müssen beim Marketing berücksichtigt werden?
5. Wenden Sie die Austauschtheorie von Homans auf das Marktgeschehen an.
6. Welches sind mögliche dysfunktionale Folgen von Verteilungskoalitionen?

# 3. Soziale Aspekte der Konsumtion

## 3.1 Makro-Ebene: Die Konsumgesellschaft

### 3.1.1 Wandlungen des Konsumstils

Der Wandel der Konsumgesellschaft kann unter zwei verschiedenen Aspekten gesehen werden. Da sind einmal die wichtigsten **strukturellen Änderungen** ökonomischer und sozialer Art: Soziale Umschichtungen (z.B. Nivellierungs- und Demokratisierungstendenzen) und ökonomische Entwicklungen (z.B. Ausbreitung der Warenwelt, Konsumfelderweiterung, Einkommens- und Kaufkraftveränderungen) führen zu einer drastischen Veränderung der gesellschaftlichen Konsummuster. Zum anderen wäre auch die Perspektive des **sozio-kulturellen Wandels** anzulegen, wobei wir die Frage zu beantworten haben, welchen Grundmustern die Entwicklung konsumrelevanter Wertsysteme im Übergang von traditionellen zu modernen Gesellschaften im einzelnen folgt. Diese Perspektive wäre dann weiterzuführen, etwa mit der Fragestellung, wie sich solche Wertewandlungstendenzen in unserer gegenwärtigen Wohlstandsgesellschaft fortsetzen oder verändern (vgl. hierzu und zu folgendem: Wiswede 1984).

*Wandel der Konsumgesellschaft*

Fragen wir also zunächst nach der historischen Entwicklung bestimmter Verhaltensmuster im Konsumbereich. Wir können dabei nur einige wenige Entwicklungslinien stenografisch andeuten; auf ausgedehntere historische Studien sei daher verwiesen (vgl. etwa: Riesman et al. 1958; Wiswede 1972; Zahn 1964). Entscheidend scheint uns zunächst, daß der **Stellenwert des Konsums** in modernen, entwickelten Gesellschaften eine Bedeutungsverschiebung insofern erfahren hat, als mit der Steigerung von Produktionskapazitäten Absatzmärkte und Konsumbedürfnisse stimuliert werden mußten, um den Absatz der einmal produzierten Güter zu gewährleisten. Dabei sehen wir von der Tatsache ab, daß der historische Verlauf zunächst zeitweilig sogar eine Einschnürung des Konsumbereichs gegenüber traditionellen, sozial stark vorgeprägten, stabilen Konsummustern – bedingt durch die puritanisch-asketische Konsumgesinnung der arbeitsorientierten Kultur – mit sich gebracht hat. Für den weiteren ökonomischen Entwicklungsprozeß mit aufkommender Massenproduktion für einen möglichst breiten Markt ist ein asketischer Konsumstil, der sich am puritanischen Ethos des beginnenden Kapitalismus orientiert, ein durchaus systemschädigendes, dysfunktionales Element. Eine Wachstumsgesellschaft fordert Wachstumsbedürfnisse und einen hieraus resultierenden, von Mobilität und Wandel getragenen Verhaltensstil, um das durch die industrielle Massenproduktion ständig neu entstehende und expandierende Konsumpotential abzubauen. Hierzu ist ein ständiger Umbau der Werte notwendig – etwa die Entthronung des Sparens als eine Tugend –, eine stetige Neuorientierung, Folge- und Reaktionsbereitschaft, die der strikten Außenlenkung bedarf. Insofern glaubt Riesman (1958), in der „Verbraucherhaltung" den dominanten Verhaltensstil des Zeitgenossen zu sehen. Dem widerspricht zumindest teilweise, daß auch in der post-puritanischen Epoche der Arbeitsbereich einen wesentlichen Teil menschlicher Verhaltensenergie absorbiert und insofern noch die wichtigste Quelle des sozialen Prestiges und des Selbstwertgefühls darstellen dürfte.

*Stellenwert des Konsums*

*Konsumstil und Konsumgesinnung*

Der konsumrelevante historische Wandel berührt vor allem den Bereich der Güter und – ihnen zugeordnet – den Bereich der Bedürfnisse. Die wichtigsten Entwicklungstendenzen in der **Gütersphäre** lassen sich allgemein dem Begriff der Konsumfelderweiterung zuordnen; es sind dies vor allem: Die Denaturierung (Vorrang des „Gemachten" statt des „Gewachsenen"); die innere Differenzierung (trotz äußerer Normung), so daß sich Vielfalt häufig lediglich auf der Ebene psychisch marginaler Differenzierung vollzieht; die Expansion auf Gebiete, die vordem nicht als „konsumierbar" galten; der Siegeszug dauerhafter Güter (mit allen Implikationen angewachsenen Ermessensspielraums von Konsumenten); die Ausweitung der Mode (und anderer Akzelerationsprinzipien) auf nahezu alle Konsumgüter; die Aufladung der Güter mit sozialer und psychischer Symbolik, so daß diese zur dinglichen Hülle gesellschaftlicher Ambition und Mobilität werden und damit neue Ausdrucksmöglichkeiten und Lebensstile signalieren und symbolisieren (vgl. Zahn 1964). „What to wear, what to eat … all such choices … are decisions not only about how to act but who to be." (Giddens 1991, 81).

*Wandel in der Gütersphäre*

Die multidimensionale Ausweitung der Güterwelt sowohl in den quantitativen wie auch in den qualitativen Bereich hat wichtige Implikationen für die Entwicklung neuer und anderer **Bedürfnisse**. Schon Marx sah richtig, daß die Produktion (teilweise) die Konsumtion miterzeugt, „indem sie die erst von ihr als Gegenstand gesetzten Produkte als Bedürfnis im Konsumenten erzeugt" (Marx 1973, 14). Die Kulturanthropologie einerseits und die Lernpsychologie andererseits (A1) hat aufgezeigt, daß Bedürfnisse auf der Basis der jeweiligen kulturellen Lernumwelt weitgehend plastisch sind, so daß sie – nach einem Ausdruck Lewins – der Gegenstandswelt „nachzuwachsen" pflegen (dies etwa im Sinne moderner, kognitiver Anreiztheorien). Insofern bedarf auch jene Bedürfnis- und Motivationsforschung einer entscheidenden Korrektur, die von einem (natur)gegebenen Bauplan menschlicher Bedürfnisse ausgeht (z.B. Maslow 1970) und die – unbelastet vom Sachverhalt sozialkultureller Durchformung solcher Bedürfnisse – letztlich nur in eine ethnozentrische und chronozentrische Perspektive ausmündet (vgl. hierzu 2. Kap. A 1 über „soziales Lernen").

*Wandel im Bereich der Bedürfnisse*

Dies wiederum hat wichtige Konsequenzen für das **Marktgeschehen**. Je plastischer Bedürfnisse in Erscheinung treten, je mehr sich das Güterangebot auf viele Dimensionen erweitert, je subtiler und differenzierter die Möglichkeiten der symbolischen Aufladung dieser Güter sind, je größer auch die Wahlmöglichkeiten und Ermessensspielräume der Konsumenten werden, desto mehr schwindet die Marktsicherheit eines Konsumgutes, desto eher wird die „Machbarkeit" des Marktes zum Problem. Das Interaktionsgeschehen zwischen Anbieter und Nachfrager, die einander weitgehend anonym bleiben und sich nur an peripheren Stellen – nämlich in Verkaufsinteraktionen – noch treffen, ist – wie wir gesehen haben – höchst komplex und verläuft durch ein Netzwerk verschiedener und von Fall zu Fall höchst unterschiedlicher Brechungen, und keineswegs kann angenommen werden, daß starre und vorgegebene Motivations- und Bedarfslagen dieses Wechselspiel bestimmen. Es ist diese Plastizität der Konsumbedürfnisse, die für den Anbieter Problem und Chance zugleich darstellt.

*Wandel im Bereich des Marktes*

408

Die gegenwärtige Entwicklung in den „wohlhabenden" Ländern ist gekennzeichnet durch ein relativ hohes Ausstattungsniveau der Haushalte mit Technisierungsgütern. Dies bedeutet, daß sogenannte Gebrauchsgüter nur noch sektoral Ausdehnungschancen haben (z.B. PC's, Videogeräte, Videokameras etc.), während die meisten anderen Technisierungsgüter lediglich im Hinblick auf Ersatzbeschaffungen von Interesse sind. In einigen anderen Bereichen hat die „Qualitätsphase" ein neues Stadium erreicht: veredelte Natürlichkeit, teure Schlichtheit ist wieder gefragt. Auch diese Tendenzen sind freilich nicht so wachstumsträchtig, daß sie echte Anstöße zu neuem wirtschaftlichen Aufschwung geben könnten, der die Nachkriegsära so gekennzeichnet hat. Auf diese Weise ist auch jenes Grundmuster ständig steigenden Lebensstandards durch eine neue Phase abgelöst worden, in der seit 1980 kaum positive Zuwachsraten des realen Verbrauchs zu verzeichnen sind.

*Ausstattung der Haushalte*

Ein wichtiger struktureller Aspekt der jüngeren Entwicklung ist das **Anwachsen der Freizeit**. Es geht dabei nicht nur um eine Veränderung der Freizeitquantität, sondern auch um einen Wandel der Freizeit**qualität**: was Freizeit für den einzelnen bedeutet. In einer Epoche, in der Freizeit nur Raum ließ für die Verrichtung naturbedingter Notwendigkeiten – Sexualität, Schlafen, Essen usw. – gilt Freizeit nur als Restgröße, als „Zugabe". Der Gegensatz zur Arbeit hieß Faulheit (nicht etwa Freizeit!), und Muße galt als verdächtige Verhaltensweise, die nur einer bestimmten, sehr eng umgrenzten Gesellschaftsschicht – den „feinen Leuten" oder der Bohème – als „sonderbares" Verhalten zugebilligt wurde. Scitovsky (1977) sieht in der Nachwirkung solcher Vorstellungen, die wesentlichen Gründe für die „Unfähigkeit zum Genießen", eine „Fessel" die der Konsument der **Erlebnisgesellschaft** (Schulze, 1992) schließlich abgestreift hat.

*Freizeit: Quantität und Qualität*

Aufgrund eigener empirischer Untersuchungen (Szallies/Wiswede 1991; Wiswede/Engelmann 1997) finden wir, daß die heutige Generation diese Genußmoralität („neuer Hedonismus") sowie eine verstärkte Gegenwartsorientierung bereits weitgehend sozialisiert und verinnerlicht hat. Insbesondere scheinen es drei zentrale Wertwandeltendenzen zu sein, die das zeitgenössische Konsumverhalten prägen:

- **Hedonisierung**: sie reflektiert auf die sog. Erlebnis- und Genußorientierung des Konsumenten. Dazu gehört eine verstärkte Orientierung am Hier und Jetzt. Güter und Dienstleistungen werden danach beurteilt, in welcher Weise sie dazu beitragen können, ein „schönes", erlebnisreiches Leben zu realisieren. Dies äußert sich im typischen Erlebnisangebot: Infotainment, Actionfilme, Illustrierte, Rockkonzerte, Abenteuerreisen, Geländeautos. Auch der Kaufvorgang kann Ziel dieser Erlebnissuche sein (z.B. begleitende Modenschauen, Jazzkonzerte, Edelimbiß).

  *Hedonisierung*

- **Sublimierung**: sie kennzeichnet einen Übergang vom Denken in Kategorien des Lebens**standards** zu solchen des Lebens**stils**. Lebensstil kennzeichnet eher die Unterschiede im Bereich der Verwendung der Güter. Dieses Verwendungsverhalten – die richtige Art, mit den Gütern des Lebens umzugehen, das Gefühl für kleine Unterschiede – signalisiert am ehesten die Kultivierung des Geschmacks, und die Kennerschaft tritt an die Stelle bloßen Besitztums.

  *Sublimierung*

- **Individualisierung**: sie bedeutet im Konsumkontext, daß Individuen sich in ihrem Konsumverhalten aus familialen und kollektiven Einbindungen herauslösen und

  *Individualisierung*

individuell einzigartigen Konsum auf höchstem Niveau praktizieren wollen, dies jedoch durch bestehende oder erwartete Einkommensbeschränkungen nicht breitflächig umsetzen können, so daß sie zwangsläufig Akzente setzen müssen. Insofern gibt es Domänen selektiven Luxus neben Bereichen kalkulierter Bescheidenheit. Man hat diese Lebensstil-Inkonsistenz in der Metapher vom „**hybriden Verbraucher**" unserer Tage zu charakterisieren versucht.

*Der „hybride Verbraucher"*

Es ist interessant, daß die gegenwärtigen empirischen (Längsschnitt-)Untersuchungen zum Wandel des Verbraucherverhaltens in die gleiche Richtung zeigen, die von einigen der prominenteren soziologischen Deutungsversuchen unserer gegenwärtigen Gesellschaftsentwicklung vorgezeichnet wurden: die Hedonisierungsthese als Teilaspekt in Schulzes Analyse der **Erlebnisgesellschaft**, die **Gesellschaft der feinen Unterschiede** im Verständnis von Bourdieu und die konsumtive Individualisierung als Facette von Becks Risikogesellschaft (vgl. 2. Kap. B 1.2.4 sowie 5.2.7).

*Zweiter Wertewandel?*

Im Zusammenhang mit Einkommenseinbußen – zumindest für einige Segmente – hat man bereits von einem **zweiten Wertewandel** gesprochen, der eine Abkehr von postmaterialistischen Gesinnungen bedeuten könnte. Unsere empirischen Ergebnisse sprechen eher für ein Modell der Wohlstandsentwicklung, wie es D. Yankelovich (1994) entwickelt hat: In einer ersten Phase ist der Wohlstand noch neu, gehört also nicht zu den Selbstverständlichkeiten. Ein ständiger Begleiter ist die Furcht, der Überfluß sei nicht von Dauer; so bleibt die Werteordnung überwiegend konservativ und traditionell. Die zweite Phase ist durch einen sprunghaften Optimismus gekennzeichnet; Werte wie Hedonismus, Erlebnisorientierung und Individualismus breiten sich aus; das Streben nach Selbstausdruck und Selbstverwirklichung steht im Mittelpunkt. Die dritte Phase ist durch Grenzen des Wachstums oder durch Einbrüche in der Einkommensentwicklung gekennzeichnet. Arbeitslosigkeit und Senkung der Realeinkommen durch höhere steuerliche Belastung und Einschränkung von Sozialleistungen sind für diese dritte Entwicklungsphase charakteristisch. Dennoch trotzt der eingetretene Wertewandel dieser neuen Entwicklung. Selbst der Zwang, materielle Ansprüche zurückschrauben zu müssen, läßt die Menschen ihre neuen Wertorientierungen nicht aufgeben. Im Gegenteil: Der Versuch, auch unter schwierigen Umständen diese veränderten Orientierungen **beizubehalten** und zu bewahren, ist eines der auffälligsten Kennzeichen des Wohlstandseffekts in dieser dritten Phase. Um dies zu ermöglichen, bedarf es individualisierender Selektivität, einer Art „lean-consumption".

## 3.1.2 Sozio-kulturelle Differenzierungen

*Konvergenzen und Divergenzen*

Die unreflektierte Übernahme der Konvergenztheorie, verbunden mit Aspekten der Globalisierung, wird oft als zunehmende Angleichung der Konsummuster und als Auflösung interkultureller Differenzierung interpretiert. Als sichtbare Zeichen dieser Vereinheitlichung gelten z.B. die McDonaldisierung, die Ausbreitung von Blue Jeans oder die universelle Diffusion von Medieninhalten (Filme, TV) usw. Wir hatten schon verschiedentlich Anlaß, die pauschale Konvergenztheorie sowie die Nivellierungsthese der Globalisierung in Zweifel zu ziehen (konsumrelevante empirische Studien hierzu: Assael 1992; Usinier/Walliser 1993). Da gibt es Unterschiede der Sprache mit jeweils verschiedenen Bedeutungshorizonten; Unterschiede des Lebensstils, der sozialen Einbindung; Unterschiede von Werten und Einstellungen, Lebensinteressen, Normen des sozialen Umgangs; unterschiedliche Motive, z.B. Art und Qualität von Leistungsmotivation, Intensität und Art der Identitätssuche. Aktivitäten (z.B. Sport) oder Produkte (z.B. Fahrräder) können in verschiedenen Kulturen ganz unterschiedliche Funktionen erfüllen. So ermitteln Woods et al. (1985) beispielsweise höchst unterschiedliche Käufermotivation weiblicher Konsumenten in den USA, Kanada und Süd-Korea bei identischen Produkten. Äußerlich gleiches Kaufverhalten kann demnach auf ganz anderen Motiven und Bedeutungsmustern gründen.

Viele Anzeichen deuten auch darauf hin, daß in den Entwicklungsländern auf der Suche nach eigener Identität jeweils andere kulturelle Muster verfolgt werden, als sie dem westlichen Schema der modernen Konsumgesellschaft entsprechen (Wiswede/Kutsch 1978). Im Sinne der Theorie sozialer Identität (2. Kap. A 2.2.5) gilt dann ein je spezifischer Konsumstil als Bewahrer oder Träger positiver Distinktion und damit auch der Abhebung gegenüber Fremdgruppen. Die kann bis zur Verweigerung oder Geringschätzung führen („Coca Cola-Kultur").

Ähnliches gilt in etwas gedämpfter Form auch für den **subkulturellen Kontext**. Die Marktsoziologie reflektiert hier insbesondere auf die Erklärungskraft komplexerer Analyseeinheiten wie Lebenszyklus oder Schichtzugehörigkeit. Homogene „Konsumschichten" (Lipset/Zetterberg) dürften heute kaum mehr aufzuspüren sein. Die *„Konsum-schichten"* Individualisierungsthese von Beck (vgl. U. Beck 1986) findet durchaus ihre Entsprechung in neueren konsumsoziologischen Untersuchungen zur Marktsegmentierung. Auch dort geht es um **Individualisierungstendenzen**, die wir bereits bei der Erörterung des „neuen Verbrauchers" beschrieben haben. Diese sind mit einer zunehmenden Heterogenität des Konsumverhaltens verbunden (vgl. Szallies/Wiswede 1990). Segmentierungen – besonders diejenigen einfachen Zuschnitts – werden schwieriger und unbestimmter, weil die Heterogenität des Verhaltens ständig zunimmt.

Auch der in diesem Zusammenhang häufig reaktivierte Begriff des **Lebensstils** zeigt Auflösungserscheinungen. Schon bei der Erörterung verschiedener Ansätze zur Lebensstilforschung – seien sie nun theoretisch anspruchsvoll wie das Konzept Bourdieus oder aber anspruchslos wie das AIO-Konzept der Marktforschung – sind wir *Pluralisierung der Konsumstile* auf die Schwierigkeiten gestoßen, inwieweit das Konzept des Lebensstils zur Erklärung spezifischer Konsummuster beitragen soll, wenn das Konsumverhalten bzw. der Konsumstil selbst als mehr oder weniger zentraler Teilbereich eben dieses Lebensstils in Betracht gezogen werden muß. Die Verwendung produktspezifischer Life-style-Kataloge kann aus pragmatischer Perspektive sinnvoll sein, fördert jedoch unseren Erkenntnisgewinn im Sinne genereller Aussagen kaum. Auch neuere Versuche, soziale Milieus an typischen Konstellationen festzumachen (vgl. Hradil 1987) oder an „Werttypen" zu orientieren (vgl. Abb. 31), dürften keine generell schlüssigen Segmentierungen liefern. Die **Pluralisierung der Lebens- und Konsumstile** und die zunehmende Ablösung von vormals „zwingenden" sozial-ökonomischen Lebenslagen verhindert dies weitgehend. Featherstone (1987) spricht in diesem Zusammenhang gar von einem „Ende des Sozialen", eine Vision, die an Becks „kollektiv-individualisierte Existenzweise" erinnert (vgl. Beck 1986).

### 3.1.3 Medien konsumtiver Steuerung

*Konsumsystem und Mediensystem*

Unser Konsumsystem ist ganz wesentlich in ein Mediensystem eingespannt. Dies bedeutet einmal, daß die Inhalte der Medien selbst zum Gegenstand des Konsums werden; die Nutzung des Fernsehens steht hier an erster Stelle. Zum anderen haben die Medien im Hinblick auf Konsum- und Lebensstil eine nivellierende Wirkung, zum Teil auch im Sinne der Konvergenz von Einstellungen, Werthaltungen und Verhaltensmustern zwischen verschiedenen sozialen Gruppierungen.

*Wirkungen der Wirtschaftswerbung*

Ein wichtiger Einflußfaktor für die Gestaltung von Konsummustern ist zweifellos die **Wirtschaftswerbung**. Im Zuge kritischer Einstellungen zur Werbung hat man dieser häufig eine manipulierende Wirkung dergestalt zugeschrieben, daß sie die Entstehung neuer („künstlicher") Bedürfnisse stimuliere. Die genauere Analyse von Werbewirkungen zeigt indes in Übereinstimmung mit unseren Kenntnissen auf dem Felde der Einstellungs- und Kommunikationsforschung, daß die werbliche Kommunikation eher bestehende Einstellungen zu verstärken vermag und überdies nur durch ein Netzwerk von Brechungen – vor allem über die Gruppenverflechtungen – auf das Individuum einzuwirken vermag.

*Sozialisationswirkungen der Werbung*

Nichtsdestoweniger ist häufig von der **Sozialisationswirkung** der Werbung die Rede (vgl. etwa Roth 1983). Bekannt geworden sind vor allem die Untersuchungen von Ward (z.B. 1978), der sich mit der Sozialisationswirkung der Fernsehwerbung auf Kinder beschäftigte. Hier handelt es sich jedoch meist eher um Kommunikationswirkungen, deren Manifestation im Sozialisationsgeschehen offenbleibt. Allerdings kann vermutet werden, daß bereits im frühkindlichen Alter eine weitgehende Internalisierung werbevermittelter Konsumnormen und Konsummuster stattfindet, wobei der soziale Kontext (insbesondere soziale Modelle, wie Eltern, „peers" usw.) diesen Einfluß entsprechend modifizieren dürfte (vgl. Moschis 1985).

*Werbung und Konsumnormen*

Es darf wohl auch ein wenig über die **Richtung** spekuliert werden, in der die Sozialisationswirkung der Werbung stattfindet. Bedenken wir etwa, daß zahlreiche Normen unter dem Einfluß der Werbung modifiziert, verstärkt oder abgeschwächt werden: z.B. Hygienenormen, Sparnormen, Kleidungsnormen usw. bis hin zur Entwicklung gesellschaftlich verbindlicher Konsumstandards. Bedenken wir ferner, daß bestimmte Modetrends oder Konsumgewohnheiten vorwiegend von der Werbung inszeniert werden, die sich dann gleichsam infektiös ausbreiten. Sicherlich läßt sich tendenziell aussagen, daß Werbung sozialisierend dahin wirkt, materialistische Wert- und Normvorstellungen mit allen Aspekten des sozialen Vergleichs zu fördern und darüber hinaus eine „heile Welt" zu propagieren, die ihr Heil vorwiegend aus Konsumgütern erfährt.

412

Diese und andere Überlegungen haben zahlreiche sozialkritische Einwände gegen die Werbung veranlaßt. Als **mögliche dysfunktionale Folgen** werden z.B. diskutiert (vgl Kutsch/Wiswede 1986):

*Mögliche dysfunktionale Folgen der Werbung*

- Verschwendung von Ressourcen, die möglicherweise gesellschaftlich sinnvoller eingesetzt werden können;
- Schaffung von Wettbewerbsvorteilen, die nicht aus dem leistungsfähigsten Angebot resultieren;
- Stimulierung sozialschädlicher Bedürfnisse (z.B. Psychopharmaka, Pornographie), wobei die Definition sowie Feststellung von Sozialschädlichkeit problematisch ist;
- die allgemeine Beeinträchtigung und Stimulierung von Bedürfnissen und Aspirationen; mithin die Gefahr anomischer Zustände sowie ein Ansteigen der Wohlstandskriminalität;
- geringe Eintrittschancen für „newcomers" unter den Anbietern, die nicht in der Lage sind, aufwendige Werbekampagnen zu finanzieren;
- Veränderungen der Normen und Wertvorstellungen in unerwünschte Richtungen (wobei die Definitionsproblematik einer „erwünschten" bzw. „unerwünschten" Richtung bestehenbleibt).

Da zu einer Bilanzierung von positiven und negativen Funktionen kaum Gewichtungsregeln verfügbar sind, diese vielmehr erst durch geeignete Sozialindikatoren normativ festgelegt werden müßten, bleibt die Frage nach der Notwendigkeit oder Ausdehnung der Werbeaktivität soziologisch unentschieden. Für Marktwirtschaften westlicher Prägung ist die Bedeutung der Werbung als Abstimmung zwischen Produktion und Konsumtion ohnehin unumstritten und dürfte ein **immanenter Bestandteil des Ordnungssystems „Markt"** sein. Ihre Bedeutung wird in einer „Überflußgesellschaft" höher sein als in einer „Knappheitsgesellschaft", in der ein weitgehend ungesättigter und daher nahezu unbegrenzt aufnahmefähiger Markt existiert.

*Werbung als immanenter Bestandteil der Marktwirtschaft*

Insofern ist die funktionale Bedeutung der Werbung – Abstimmung zwischen Produktion und Konsumtion – in der Rolle eines **Interaktionsmediums** zu sehen. Durch Werbung werden „Transaktionskosten" gemindert und Austauschprozesse erleichtert. Die Anbieter streben dabei nach einem Wettbewerbsvorsprung (der freilich durch das Angebot selbst substantiell keineswegs legitimiert sein muß); wenn jedoch alle anderen Anbieter gleichfalls werben, ist ein relativer Vorsprung wieder dahin. Auch dies ist ein **„Zehenspitzenproblem"** (im Sinne von Hirsch): Für den Anbieter bedeutet dies eine Art „Werbezwang", für den Umworbenen eine gewisse **Immunisierung**, indem sich die Werbereize gegenseitig in Schach halten. In solchen Fällen können sich die Transaktionskosten wieder erhöhen und damit die Interaktionschancen – Finden des geeigneten Geschäftspartners – wieder reduzieren. Die „neue Unübersichtlichkeit" (Habermas) findet daher auch im Marktsystem ihre Entsprechung.

*Werbung als Interaktionsmedium*

Ein weiteres Medium konsumtiver Steuerung ist die **Mode**. Mode ist – im Gegensatz zum strukturellen sozialen Wandel – ein eher fluktuierender Wandel, der lediglich an

*Mode als Steuerungsmedium*

der Peripherie der Erscheinungen sich vollzieht. Angriffsflächen für die Mode sind also insbesondere jene Güter,

- die an der Peripherie veränderbar sind,
- die soziale Visibilität aufweisen,
- die aus sozialer Sicht „entbehrliche" Güter darstellen,
- die in irgendeiner Weise nach ästhetischen Kriterien gestaltbar sind.

Über die Ursprünge und Grundmotive modischen Verhaltens ist viel geschrieben worden (vgl. schon Simmel 1905; König 1971, 1988). Eine wesentliche Linie der Diskussion wird bereits bei Simmel aufgegriffen: Es handelt sich um die Feststellung, daß die Mode sowohl der **Anpassung** wie auch der **Abhebung** diene. Anpassung heißt hier soviel wie Konformität mit bestimmten sozialen Gruppen, Kategorien oder Subkulturen, denen man angehören möchte. Die Mode signalisiert hier vor allem Zugehörigkeit nach innen. Abhebung bedeutet die soziale Abgrenzung gegenüber anderen Gruppierungen und signalisiert, daß man sich mit ihnen nicht identifizieren möchte. Dieses Grundmuster von Simmels Modetheorie erfährt ihre Neuauflage durch Anwendung der **Theorie sozialer Identität** (vgl. 2. Kap. A 2). Wie erinnerlich, behauptet diese Theorie u.a., daß ein Individuum zur Wahrung seiner sozialen Identität nach distinktiven Merkmalen sucht, die die Ähnlichkeit **innerhalb** der gleichen (nämlich der eigenen) Merkmalsklasse verstärken, die Ähnlichkeiten **zwischen** diesen Merkmalsklassen jedoch drastisch reduzieren. So wird z.B. ein Individuum zur Wahrung seiner sozialen Identität im Rahmen seiner Bezugsgruppe Angleichungstendenzen aktivieren – dies dient dem Streben nach Konformität – nach außen jedoch Abhebungstendenzen (z.B. bestimmte Frisuren, bestimmte Musik, bestimmte Kleidungsstücke) fördern.

*Suche nach sozialer Identität*

Die soziologische Forschung hat sich den Themas Mode insbesondere auch unter **historischen** Gesichtspunkten angenommen, eine Perspektive, die uns hier nicht sonderlich beschäftigt (vgl. hierzu die verschiedenen Schriften René Königs sowie implizit auch jener Soziologen, die für sozialhistorisch brillante Sittengemälde zuständig sind: etwa Elias oder Bourdieu). Ein zweiter Forschungsschwerpunkt gilt der **sozialstrukturellen Ausbreitung** (Diffusion) der Mode. Vertikale Ausbreitungsformen (Tröpfel-Modell) wurden von Spencer, Steinmetz und noch von Barber behauptet (vgl. Barber/Lobel 1952), während König (1971) eher ein Virulenz-Modell nahelegt: Moden breiten sich unter heutigen Bedingungen vom Zentrum zur Peripherie aus. Insbesondere sind es jugendliche Subkulturen, keineswegs allein ranghöhere Statusgruppen, die sich zuerst der Mode bemächtigen und für virulente Ausbreitung sorgen. Insofern hat der Typ der schichtspezifischen Ausbreitung – charakteristisch für den Ständestaat und die „feinen Leute" Thorstein Veblens – weitgehend ausgedient und macht einer altersspezifischen, oft subkulturell oder milieuhaft eingegrenzten Ausbreitung Platz. Jugendliche Subkulturen sind daher auch der Austragungsort partikularistischer Moden (z.B. auch Protest-Moden), die ihrer Natur nach begrenzt bleiben müssen, um – im Sinne der Suche nach sozialer Identität – Gegenkonformität auszudrücken. Wir erinnern in diesem Zusammenhang an die Theorie Moscovicis (vgl. 2. Kap. A 2), die den innovativen Einfluß konsistent auftretender Minoritäten unterstreicht.

*Diffusion der Mode*

In diesem Zusammenhang wird häufig behauptet, daß die Mode etwas „symbolisiere" (vgl. etwa: Sommer/Wind 1988, Sommer 1989). Symbol steht dabei für einen Sachverhalt, der als Sinnbild auf etwas anderes verweist oder für etwas anderes steht. Unsere Deutung der Mode als Interaktionsmedium steht diesem Gedanken nahe. Bereits Blumer (1969) sieht aus der Perspektive des symbolischen Interaktionismus die Mode als **Träger einer Information** durch signifikante Symbole, die den Charakter einer Nachricht an alle hat, einschließlich der Person, von der das Symbol ausgeht. Mode symbolisiert zunächst **Wissen und Kennerschaft**; im modischen Verhalten offenbart sich das Wissen um die Novität, das Bescheidwissen in modischen Dingen, die Diskriminationsfähigkeit im Hinblick auf „kleine Unterschiede" (Bourdieu). Die Mode signalisiert darüber hinaus **Gruppenzugehörigkeit** zu konkreten Gruppen und sozialen Kategorien, im gleichen Zuge die Abhebung gegenüber Fremdgruppen. Man erinnere sich daran, daß historisch die Mode zunächst Abhebung gegenüber weniger privilegierten Schichten sein sollte; dies noch eng verbunden mit Herrschaftsansprüchen, die die Ausschließlichkeit von Moden (z.B. in strikten Kleiderordnungen) behaupteten. Gegenüber dieser Demonstration von Status und Reichtum, die in der heutigen Gesellschaft zweifellos an Bedeutung verloren hat, fungiert Mode eher als Möglichkeit der **Selbst-Expression**: Mode symbolisiert Identität oder Selbst. Damit wird die Sensibilisierung dessen gesteigert, was zum „persönlichen Stil" (oder zum „eigenen Typ") gehört. Des weiteren vermag modisches Verhalten – z.B. das angemessene „Outfit" – Ausdruck des Erfolgsstrebens zu sein. In diesem Falle dominiert das Bestreben, den Eindruck, den man auf andere macht, kontrollieren zu können (impression management), so daß die Mode gleichsam strategisch eingesetzt wird.

*Mode und Symbol*

*„Impression-management"*

Die Mode ist also eine besondere Ausdrucksform, in der sich Individuen in den Interaktionsprozeß einbringen. Auch auf komplexer Ebene stellt sie ein Interaktionsmedium dar, das Komplexität reduziert und klare Erkennungsmarken bereitstellt, um soziale Wahrnehmungs- und Interaktionsprozesse zu erleichtern (vgl. Wiswede 1991).

*Mode als Interaktionsmedium*

## 3.2 Mikro-Ebene: Konsum und Haushalt

### 3.2.1 Verhalten von Konsumenten

Folgen wir zunächst unserem handlungstheoretischen Modell (2. Kap. A 1), erscheint das Verhalten von Konsumenten insbesondere von drei Variablenklassen bestimmt: (Verstärker)werten, Erwartungen sowie sozialen Einflüssen. Die Verstärkerwerte (oder Belohnungen bzw. Bestrafungen) lassen sich hierbei auf drei Ebenen ansiedeln (vgl. Wiswede 1972; 1995):

- auf der **Objekt-Ebene** (instrumentell durch den Gebrauchsnutzen oder den ästhetischen Nutzen eines Konsumgutes, z.B. Waschkraft, Haltbarkeit, Design).
- auf der **Sozial-Ebene** (vermittelt durch die Resonanz, die der Kauf bzw. die Verwendung dieses Gutes bei anderen erzeugt).

*Ebenen des Konsumnutzens*

● auf der **Selbst-Ebene** (durch die Möglichkeit des Individuums, sich selbst zu belohnen/zu bestrafen, z.B. Genugtuung bei umweltbewußtem Konsumverhalten, Schuldgefühle bei exzessivem Konsum).

*Konsequenz-erwartungen*

Die jeweils angestrebten Belohnungen werden mit bestimmten subjektiven Wahrscheinlichkeiten verknüpft, die wir in Anlehnung an Bandura als **Konsequenzerwartungen** bezeichnet hatten (z.B. die Wahrscheinlichkeit, für ein Auto einen hohen Wiederverkaufswert zu erzielen). Die im handlungstheoretischen Modell gleichfalls ausgewiesenen Effizienzerwartungen sind beim Konsumverhalten weniger wichtig als etwa beim Arbeitsverhalten; dennoch sind sie gelegentlich einzubeziehen (z.B. Umgang mit komplexen technischen Geräten, das Studieren von Gebrauchsanleitungen). Werden Konsequenzerwartungen durch den Kauf und die Nutzung des jeweiligen Produkts erfüllt oder gar übertroffen, entsteht – entsprechend dem Effektgesetz – stabiles und persistentes Konsumverhalten (z.B. Markentreue mit entsprechender Kundenzufriedenheit), werden sie jedoch nicht erfüllt, so kommt es – in der Terminologie von Hirschman (1974) – zur Abwanderung (Produktwechsel) oder zum Widerspruch (z.B. Beschwerdeverhalten).

*Erlebnisorien-tiertes Konsum-verhalten*

Schulze (1992) bezweifelt, daß das Verhalten des zeitgenössischen Konsumenten angemessen durch einen Kosten-Nutzen-Vergleich verschiedener Alternativen auf der Basis subjektiver Wert-Erwartungen beschrieben werden könne. Erlebnisorientiertes Konsumverhalten – wie erinnerlich, betont Schulze die Erlebnisrationalität als dominanten Reaktionsstil der gegenwärtigen Konsumszene – sei gerade nicht abwägend, sondern eher spontan inszeniert und von erheblicher Unsicherheit begleitet. Für die Erlebnisrationalität fehle die Kalkulationsgrundlage (wie z.B. bei Reparaturanfälligkeit, Kosten je Kilometer, Wiederverkaufswert); der Erlebnisnutzen für den Handelnden sei zu ungreifbar und diffus, gelegentlich kaum einzuschätzen und stark situationsabhängig. Sind diese Schuhe „schön"? War der Film „toll"? Sozialpsychologen sprechen in solchen Fällen von **geringer physikalischer Realität**; kompensierend sind Individuen gezwungen, ihr Urteil an der Meinung und an der Reaktion anderer zu **validieren**.

*Erosion der kal-kulativen Basis*

Diese Erosion der kalkulativen Basis des Konsumentenverhaltens findet ihre Entsprechung in der abnehmenden Determinationskraft sozialer Einflüsse. Dies betrifft einmal die Auflösung des bindenden Charakters allgemeiner und auch rollenspezifischer Konsumnormen, die zunehmend den Charakter von **Gestaltungsnormen** annehmen, die weitgehend der Option freistehen (typisches Beispiel: die Angleichung geschlechtsspezifischer oder altersspezifischer Konsummuster). Zum anderen wird dies deutlich in der **Auflösung homogener Konsumstile** für bestimmte soziale Schichten. Bereits in den vorigen Abschnitten hatten wir von einer Pluralisierung der Lebens- und Konsumstile gesprochen (vgl. Featherstone, 1987; Featherstone/Wernick 1995), die eine fortwährende Ablösung von vormals zwingenden sozialen Lebenslagen bewirkt hat. Darin spiegeln sich die Schwierigkeiten, die uns bereits beim Problem sozialer Ungleichheit begegneten, deren Erfassung in Schichtmodellen angesichts zahlreicher Umbruchsituationen, Auflösungserscheinungen und neuer Ungleichheitsaspekte immer schwieriger und unangemessener zu werden beginnt. Die

*Auflösung homogener Konsumstile*

*Segmentierung nach Sozial-schichten*

416

älteren Untersuchungen zu schichtspezifischem Einkaufs- und Verwendungsverhalten (vgl. Specht/Wiswede 1976) dürften daher weitgehend an Bedeutung verloren haben. Immerhin ist festzuhalten, daß Differenzierungen weniger beim Kaufverhalten und bei den Besitztatbeständen auftreten, sondern eher beim **Verwendungsverhalten** (so bereits Hörning 1970; Wiswede 1972). So wird beispielsweise eine „Asymmetrie der Aufwandsstile" (Wiswede 1972) für Personen vorausgesagt, die der Statusinkonsistenz unterliegen: Sie realisieren im externen Bereich, der der sozialen Visibilität unterliegt, überdurchschnittlich aufwendigen, im internen Bereich dagegen unterdurchschnittlich geringen Konsum.

*Schichtspezifisches Verwendungsverhalten*

*Asymmetrie der Aufwandsstile*

Bereits Warner (1952), Lipset und Zetterberg (1956) und neuerdings Bourdieu (1982) weisen darauf hin, daß dem Verwendungsverhalten qua Kulturkonsum selbst eine stratifizierende Funktion zugeschrieben werden muß. Die Verlagerung von schichtspezifischen Konsumverhaltensweisen von der Kaufebene – die alle Möglichkeiten der, wenn auch preislich abgestuften Anschaffung für alle eröffnet – in die Verwendungsebene fördert die Bedeutung des „Kulturkonsums", dem man zumindest im Bewußtsein der entsprechenden sozialen Schicht einen kongenialen Erfahrungs- und Bedeutungshorizont zuspricht. Der signalvermittelnde Charakter der **„Kennerschaft"** scheint heute in weiten Bereichen die bloßen „Kaufmöglichkeiten" überrundet zu haben (vgl. auch Scheuch 1975; Bourdieu 1982, Featherstone/Wernick 1995). Die Möglichkeiten zur „sozialen Abhebung" (Georg Simmel) werden daher geringer; **demonstrativer Konsum** im Sinne Veblens (1899) befindet sich demnach auch für die etablierten Oberschichten auf dem Rückzug. Abhebungseffekte sind dann lediglich möglich durch „kulturelles Kapital" (Bourdieu), d.h. durch die Betonung subtiler Unterschiede im Rahmen einer „Geschmackskultur" (so bereits Riesman et al. 1958).

*Kulturkonsum und „Kennerschaft"*

*Konsum als Geschmackskultur*

Ein mögliches Refugium für Abhebungseffekte sind **Positionsgüter** (im Sinne von Fred Hirsch 1980). Die Theorie von Hirsch (vgl. Übersicht 52, S. 395) hat wichtige konsumsoziologische Implikationen, denn ein Großteil der Positionsgüter sind im Konsumgüterbereich angesiedelt (wichtigste Ausnahme: Arbeitspositionen auf höheren Ebenen der Hierarchie), dem marktlichen Austausch jedoch weitgehend entzogen, weil sie nicht beliebig vermehrbar sind und insofern allenfalls „oligarchischen Wohlstand" (Hirsch) – auch diesen nur temporär – zu schaffen vermögen: der Besitz eines Oldtimers, das Haus am Waldrand oder am See, ein wertvolles Ölgemälde usw.) Der Besitz von Positionsgütern verschafft dann noch am ehesten Abhebungseffekte, denn die Versorgung mit materiellen Gütern ist gewissermaßen ubiquitär: Die „üblichen" Wohlstandsgüter (Waschmaschine, Zweitauto, Videokamera) haben den Status von Luxusgütern längst verlassen und gehören zur „Normalausstattung", stellen eine Art „Hygienefaktor" (Herzberg) dar, Selbstverständlichkeiten, die man nicht mehr schätzt, weil sie eben selbstverständlich sind. In dieser Konsumlandschaft dient es eher der Abhebung, hinsichtlich der „normalen" Güter demonstrativen Verzicht zu üben oder eine Art „kalkulierter Bescheidenheit" (Szallies/Wiswede 1990) zur Schau zu tragen: kultivierten Luxus in Teilbereichen, demonstrative Einfachheit in anderen Konsumsparten. Dies war – wie erinnerlich – auch der Kerngedanke des Schlagwortes vom „hybriden Verbraucher" unserer Tage.

*Abhebung durch Positionsgüter*

*Konsumenten-*
*Sozialisation*

Verengen wir die Perspektive von Konsumschichten, Subkulturen und sozialen Milieus auf den engeren sozialen Kontext, so gilt unsere Aufmerksamkeit den besonderen **Gruppeneinflüssen**, denen das Konsumentenverhalten ausgesetzt ist. Hierbei sind insbesondere Aspekte der **Konsumenten-Sozialisation** angesprochen (vgl. Scherhorn 1977, Roth 1983), sei es durch die Herkunftsfamilie, die Peers oder die Medien (etwa das Fernsehen). Nach Parsons/Bales (1964) prägt das Elternhaus insbesondere die instrumentellen Aspekte des Konsumverhaltens, während die mehr expressiven Komponenten eher durch die Gruppe der Gleichaltrigen (Peers) geformt werden (Moschis 1985). Hierbei sind insbesondere Aspekte des Modell-Lernens (Bandura 1979) von Bedeutung (vgl. 2. Kap. A 1).

*Einfluß von*
*Bezugsgruppen*

Besondere Aufmerksamkeit hat der Einfluß von **Bezugsgruppen** (und Bezugspersonen, z.B. Meinungsführer) auf das Konsumverhalten gefunden (vgl. zur Bezugsgruppentheorie 2. Kap. A 2). Hier wird das Individuum insbesondere solche Gruppen als normative und komparative Verankerungspunkte heranziehen, die ähnliche Einstellungen (z.B. Konsumwünsche) und Fähigkeiten (z.B. Kaufkraft) aufweisen und/oder die vom Individuum als attraktiv angesehen werden, so daß man dieser Gruppe angehören möchte. Entsprechende Anpassungsprozesse (an positive Bezugsgruppen) und/oder Abhebungs- und Distinktionsstrategien (gegenüber negativen Bezugsgruppen) dienen der Suche nach sozialer Identität. Zu hohe Diskrepanzen zwischen eigenen Mittelstrukturen und bezugsgruppenvermittelten Aspirationsniveaus können Streß und relative Deprivation im Sinne des „keeping up with the Joneses" erzeugen (vgl. zu empirischen Ergebnissen: Stafford/Cocanougher 1977; Kumpf 1983).

## 3.2.2 Struktur und Funktion des Haushalts

*Begriff des*
*Haushalts*

Bereits bei der Betrachtung verschiedener Rollenstadien im Lebensablauf stand der Begriff des familialen Konsumverhaltens im Vordergrund. Die Familie wird dabei häufig als die den Haushalt tragende Gruppe verstanden. Es ist schwierig, den komplexen Inhalt des Begriffes Haushalt in das enge Schema einer Definition zu pressen, zumal Definitionen im Zuge des sozialen Wandels nur allzu leicht deformiert werden. Max Webers Definition z.B. (NA 1972) ist einer Zeit angepaßt, in der die Produktionsfunktion des Haushalts offenbar noch so gewichtig war, daß sie in die Definition mit eingehen mußte. Andere Definitionen rücken den Begriff Haushalt in die Nähe der **Konsumgemeinschaft** (vgl. Wiswede 1972; Kutsch/Wiswede 1986), was angesichts der Rückverlagerung gewisser Produktionsfunktionen wiederum zu eng angelegt sein dürfte. Neuerdings ist daher betont worden (Lange 1979, Kutsch 1997), daß jede Definition des privaten Haushalts, die soziologisch relevante Charakteristika einbeziehen will, die rein ökonomische Funktion transzendieren muß, also auch außerökonomische Zielsetzungen aufzunehmen hat. Kutsch (1997, 190ff.) unterstreicht daher die **Multifunktionalität** des Haushalts, wobei die Funktionsgewichte im Zuge des sozialen Wandels wechseln werden. Eine „Liste" solcher Funktionen könnte in Anknüpfung an Lange (1991, 210f.) so aussehen:

*Multifunktiona-*
*lität des*
*Haushalts*

- Ökonomische Funktionen der Konsumtion und des „Haushaltens" mit Geld sowie der haushaltlichen Produktion (z.B. auch Zubereitung für den Verbrauch).
- Funktion der sozialen Plazierung seiner Mitglieder im System sozialer Ungleichheit der Gesellschaft, Festlegung von Rollenrechten und -pflichten.
- Funktion der Reproduktion der Gesellschaft, der Sozialisation der Kinder (z.B. Umgang mit Geld), der Tradierung haushaltlich relevanter Kulturelemente.
- Funktion des Spannungsausgleichs zwischen den Spannungen, die die Haushaltsmitglieder in den Außenbezügen erfahren.

Im Hinblick auf den zuletzt genannten Aspekt des **Spannungsausgleichs** könnte darüber hinaus gezeigt werden, daß bestimmte Haushaltskonstellationen in unterschiedlichem Maße in der Lage sind, Einkommenseinbußen, Arbeitslosigkeit sowie Zufriedenheitsdefizite aufzufangen. So dürften sich beispielsweise die Folgen der Arbeitslosigkeit nicht einheitlich gestalten, sondern wesentlich davon abhängen, welche Personen im einzelnen arbeitslos werden und welche Kompensationsmöglichkeiten sich im Rahmen der Haushaltsgemeinschaft anbieten. Andererseits ist der Haushalt auch **Auslöser von Spannungen**, z.B. Konflikte bei der Aufteilung der Haushaltsarbeit.

*Aspekt des Spannungsausgleichs*

Der Haushalt wird vielfach als **Subsystem der Familie** bezeichnet, wobei Abgrenzungen schwierig und manchmal nicht sinnvoll sind (vgl. Kutsch 1997). Die oft diskutierte These vom **Funktionsverlust** betrifft Familie und Haushalt zugleich (vgl. Schäfers 1995): Verlust an Selbstversorgung und Verlust der Einheit von Wohnbereich und Arbeitsplatz, Verlust der Altenfürsorge und Pflegeleistungen, Verlust der Erziehungs- und Ausbildungsfunktionen, Verlust an familienzentrierter Geselligkeit im Zuge der Individualisierung etc. Allerdings scheint es angemessener, von einem **Funktionswandel** zu sprechen (Wiswede 1972; Kutsch 1988, 1997). Für die Familie bedeutet dies z.B. einen Zuwachs der sozial-emotionalen Komponente im privaten Raum, der auch heute noch eine Art Gegenstruktur zur Arbeitswelt darstellt. Folgt man Habermas' Überlegungen, so könnte man darin auch einen Aspekt der Abkoppelung von System- und Lebenswelt erblicken. Für den Haushalt bedeutet dies z.B. ein Zurückwandern einiger Produktionsfunktionen. Während der Arbeitsbegriff weitgehend auf die Erwerbssphäre bezogen blieb und erst in den Studien zur Eigenarbeit und Schattenwirtschaft dem privaten Bereich angenähert wurde, ist nunmehr davon auszugehen, daß der Haushalt partiell wieder zur Produktionsstätte wird, wobei die Technisierung der Haushalte besondere Aufmerksamkeit verdient (vgl. Glatzer et al. 1991; sowie B 1.1.3 dieses Kapitels).

*Haushalt als Subsystem der Familie*

*Funktionswandel des Haushalts*

Dies führt im übrigen dazu, daß die Grenzen zwischen Produktion und Konsumtion verschwimmen, daß **Entdifferenzierung** stattfindet. Ökonomen tragen jener Verwischung beider Sphären durch „neue" Konsumtheorien Rechnung („home economics"). Alvin Toffler hat das Wort vom **„Prosumenten"** geprägt: ein Konsument, der seine Rolle nicht mehr passiv wahrnimmt, sondern gestaltend und produktiv im wirtschaftlichen Prozeß mitwirkt und dabei eben auch kreative, schöpferische Komponenten einzubringen vermag. Hier werden Handlungsräume erschlossen, die dem formellen Arbeitsbereich längst verlorengegangen sind, nämlich Spielräume bei der Selbstentfaltung und der Selbstdarstellung, also durchaus Sinnerfüllung durch Ar-

*Aspekte der Entdifferenzierung*

beit, aber eben einer Art von Arbeit, die freiwillig ist und autonome Gestaltung zuläßt. Andererseits wird der private Bereich zunehmend auch zum Austragungsort bestimmter Verpflichtungen und Dienstleistungen, für die der Markt kein angemessenes Äquivalent zur Verfügung stellt. Ob und inwieweit hier Gestaltungsräume wieder verschüttet werden, ist ein Problem, das insbesondere die Freizeitforscher auf den Plan gerufen hat.

Im Zusammenhang mit der **Lebenszyklus-These** gibt es gewisse idealtypische Vorstellungen vom Wandel des Haushaltes im Lebensablauf (vgl. etwa Gilly/Enis 1982). Dabei werden innerhalb der verschiedenen Rollensukzessionen unterschiedliche Konsummuster realisiert. Die idealtypische Betrachtungsweise wird oft dadurch gebrochen, daß eine Vielzahl von Haushalten heute sog. „Single-Haushalte" darstellen. Kutsch (1988) sieht im Haushalt eine soziale „Reserveinstanz". Dies gilt einmal in bezug auf die Aufnahme älterer Menschen in den Haushalt, wobei allerdings im Rahmen der Individualisierungstendenz und durch den Rückzug auf die Kernfamilie dieses Modell nur noch eingeschwächt funktioniert. Andererseits ist oft der Haushalt auch Reserveinstanz und Rückzugsposition für berufstätige Frauen, die arbeitslos werden und in dieser Situation ihre Präferenzen wieder zugunsten des Haushalts um-

orientieren. Diese „Rückzugsposition" (Offe) dient oftmals auch als Argument und „Hebel", um Frauen aus dem Arbeitsprozeß wieder in den Haushalt abdrängen zu können. Immerhin ist ein solcher Rückzug für Frauen in unserer Gesellschaft gegenwärtig noch nicht so eindeutig negativ stigmatisiert, wie etwa die Rolle des „Hausmannes".

Die **Sozialstruktur des Haushalts** ist in der Vergangenheit insbesondere unter **rollentheoretischen** Aspekten untersucht worden (vgl. Davis und Rigaux 1974, Dahlhoff 1980, Kirchler 1989). Relevante Fragestellungen sind dabei etwa:

- Wer entscheidet über welche Aspekte der Einkommensverwendung?
- Wann und unter welchen Bedingungen sind gemeinsame, wann getrennte und wann konfliktäre Konsumentscheidungen zu erwarten?
- Wie verlaufen diese Interaktionsepisoden im Rahmen des Entscheidungsprozesses?

Dabei steht meist das soziale Entscheidungsverhalten im Hinblick auf **Kauf** oder **Kaufabsichten** im Vordergrund, während Entscheidungsprozesse über **Verwendungsaktivitäten** (z.B. Nutzung des Fernsehers, des Autos oder anderer Gebrauchsgegenstände) oder auch des (evtl. gemeinsamen oder getrennten Konsumierens) relativ wenig untersucht sind.

Zunächst ist die Rollenstruktur des Haushalts **selbst** erklärungsbedürftig (vgl. etwa Komarovsky 1968; Wiswede 1976). Als mögliche Determinanten werden diskutiert: Persönlichkeitsmerkmale (z.B. Dominanz), soziale Erfahrungen (z.B. soziale Modelle der eigenen Herkunftsfamilie), Schicht- und Milieuzugehörigkeit, Rollenstadium sowie der relative Beitrag (im Sinne der Ressourcentheorie: Wer bringt welche Ressourcen in den Haushalt ein?). Bei gegebener Rollenstruktur läßt sich dann der Einfluß bestimmter Konstellationen (z.B. patri- oder matridominante Entscheidungen) auf das Konsumverhalten beziehen. In diesem Sinne ist z.B. bei egalitärer Rollenstruktur ein hoher Gemeinsamkeitsanteil sowohl bei der Kaufentscheidung wie auch beim Verwendungsverhalten zu erwarten.

Daneben ist zu beachten, daß der **Gemeinsamkeitsanteil** von Konsumhandlungen auch von der Art der betreffenden Konsumentscheidung selbst abhängt: Isoliertes Handeln wird beim habituellen Bedarf, bei unbedeutenden Kaufentscheidungen, beim periodischen Bedarf, beim Einzelbedarf häufiger sein. Entsprechend zeigt sich, daß der Anteil gemeinsamer Entscheidungen mit der Höhe des Produktpreises positiv korreliert (Dahlhoff 1980). Zu differenzieren ist ferner, daß auch der habituelle Bedarf das Ergebnis vorausgegangener gemeinsamer Entscheidungen gewesen sein kann. Auch ist bei solchen periodischen Gütern Gemeinsamkeit zu erwarten, die ins Bewußtsein beider Partner dringen und entsprechende Interaktionen veranlassen.

*Gemeinsamkeit der Entscheidung*

Historisch gesehen wächst die Rolle des Mannes beim Einkauf auch periodischer Güter sowie der Anteil von Kindern und Jugendlichen an Konsum- und Verwendungsentscheidungen. Ferner gilt allgemein, daß der Gemeinsamkeitsanteil im Konsumsektor zugenommen hat, wenn auch die Egalitätsdimension schichtspezifisch und gruppenspezifisch unterschiedlich ausgeprägt ist und hauptsächlich ein Mittelschichtideal reflektieren dürfte. Im Ganzen dürfte sich das Problem der Entscheidungsbildung in diesem sozialen Raum entschieden komplexer darstellen, als es durch einfache Dominanzzuweisungen oder Egalitätstrends nahegelegt wird, weil externe Einflüsse (durch Bezugsgruppen) stattfinden, weil Einflußgeber oft die Auslöser von Unterwanderungseffekten sind und weil familialer Einfluß sich dadurch geltend macht, daß der einzelne Akteur die mutmaßlichen Reaktionen der Familienmitglieder bereits antizipiert.

Neuere Interaktionskonzepte (Corfman 1987, Kirchler 1989) beschreiben familiale Entscheidungsprozesse, in denen die Verteilung von **Macht und Einfluß** eine zentrale Rolle spielt. Dabei werden insbesondere austauschtheoretische Gesichtspunkte eingebracht, wobei der Grad der Asymmetrie die Rollendominanz festlegt. Allerdings trägt der Gedanke des „Aushandelns" solcher Entscheidungen dem Faktum nicht genügend Rechnung, daß insbesondere im fortgeschrittenen Stadium der Partnerschaft Arbeitsteilungen stattfinden, Gewohnheiten Platz greifen und „Vorwegnahmen" des Entscheidungshandelns – antizipatives Einbeziehen der mutmaßlichen Reaktionen des anderen – eher die Regel sind, als echte Entscheidungs- und Aushandlungsprozesse (vgl. Kroeber-Riel/Weinberg 1996). Die faktischen Haushaltsentscheidungen enthalten also oftmals allenfalls „gefrorene" (freezed) Aushandlungsprozesse.

*Familiale Entscheidungsprozesse*

Es ist nützlich, Machtverteilungen im Rahmen haushaltlicher Entscheidungsprozesse im Kontext der **Interaktionsforschung** zu sehen (vgl. 2. Kap. A 2). Individuen mit einer starken Austauschorientierung werden beispielsweise dazu neigen, sich in bestimmten Belangen in der gleichen Weise durchzusetzen, wie der Partner. Auch wird hierbei die Frage der Verteilung von Hausarbeit in reziproker Weise geregelt und die

*Macht und Interaktion im Haushalt*

zentralen Rollenrechte und Rollenpflichten festgelegt. In „guten" Ehen (Partner-schaften) geschieht dies „geräuschlos", indem die strikte Austauschorientierung zurücktritt, sei es auch nur auf dem Wege gestundeter Gegenseitigkeit (Simmel) im Sinne eines Kredit-Modells. Die Austauschorientierung wird im Falle der altruisti-schen Transformation (Thibaut/Kelley 1959) ganz und gar ersetzt, indem gerade **nicht** aufgerechnet wird: „Je mehr das Austausch- über das Kredit- zum Liebesmo-dell mutiert, umso mehr wird der Gewinn für einen Partner auch zum Gewinn für den anderen, so daß es nicht mehr sinnvoll ist, von Nutzenentgang zu sprechen, wenn der andere einen Gewinn erzielt und Asymmetrie bedeutungslos wird" (Kirchler 1987, 163).

Andererseits trägt altruistische Transformation immer auch den Keim der „Ausbeu-tung" in sich. Deutlich zeigt sich dies am Thema der Hausarbeit. Immer mehr Frau-en sind erwerbstätig; jedoch ist die Hausarbeitsbeteiligung der Männer weiter be-scheiden und dürfte keineswegs dem Equity-Prinzip entsprechen. Dabei scheint die von Männern bekundete Einstellung durchaus diesem Prinzip entgegenzukommen; allerdings realisieren sie diese in der Praxis eher selten (vgl. Beck-Gernsheim 1992). Dies verweist auf einen **Konflikt hinter dem Konflikt**: Es geht um mehr als nur um Hausarbeit, wenn sich Konflikte um die Arbeitsteilung im Haushalt entzünden. Es geht um das Geschlechterverhältnis, um Selbstkonzepte und Identitätsentwürfe; und Verhandlungen über häusliche Arbeitsteilung sind Teil einer Identitätssuche (Giddens 1991; Beck-Gernsheim 1992): der Haushalt gewissermaßen als Austragungsort des „Geschlechterkampfes".

*Konflikte um die Arbeitsteilung im Haushalt*

## Literaturempfehlungen

**Federer, P.:** Handlungsstrategien und Käuferverhalten. Frankfurt 1982

**Glatzer, W. et al.:** Haushaltstechnisierung und gesellschaftliche Arbeitsteilung. Frankfurt/New York 1991

**Kirchler, E.:** Kaufentscheidungen in privaten Haushalten. Göttingen 1989

**Kroeber-Riel, W., Weinberg, P.:** Konsumentenverhalten. München [6]1996

**Kutsch, T.:** Haushaltssoziologie. In: Kutsch, Th. et al.: Einführung in die Haushalts-wissenschaft. Stuttgart 1997

**Kutsch, T., Wiswede, G.:** Wirtschaftssoziologie. Stuttgart 1986

**Schweitzer, R. v.:** Einführung in die Wirtschaftslehre des privaten Haushalts. Stutt-gart 1991

**Specht, K. G., Wiswede, G. (Hg.):** Marketing-Soziologie. Soziale Interaktionen als Determinanten des Marktverhaltens. Berlin 1976

**Wiswede, G.:** Soziologie des Verbraucherverhaltens. Stuttgart 1972

**Wiswede, G.:** Marktsoziologie. In: Irle, M. (Hg.): Marktpsychologie als Sozialwis-senschaft. Göttingen/Toronto/Zürich 1984

**Zaltman, G., Wallendorf, M.:** Consumer behavior. New York 1979

# Kontrollfragen

1. Wenden Sie die Prinzipien des Lernens, wie sie im Hauptteil dieses Buches diskutiert worden sind, auf das Verhalten von Konsumenten an.
2. Kennzeichnen Sie den Zusammenhang zwischen Lebensstil und Konsumverhalten.
3. Auf welche Weise werden durch die Werbung gesellschaftliche Normen verändert?
4. Wenden Sie die These von der nivellierten Mittelstandsgesellschaft auf spezifische Konsummuster an.
5. Welche Gruppeneinflüsse prägen das Konsumverhalten?
6. Inwiefern ist die Mode ein Interaktionsmedium?
7. Inwiefern ist der Haushalt einerseits ein Ort des Spannungsausgleichs, andererseits ein Auslöser von Spannungen?

## Schlußbemerkung

Wir sind damit am Ende unserer einführenden Darstellung der Soziologie angelangt, die sich im letzten Kapitel mit zentralen Aspekten des Wirtschaftslebens beschäftigt hat. Hierbei ging es zunächst um einige zentrale Fragen des Verhältnisses von Wirtschaft und Gesellschaft. Diese Beziehungsaspekte hatten wir sodann nach drei Teilbereichen ökonomischer Aktivität – Produktion, Koordination, Konsumtion – weiterverfolgt. Die im allgemeinen Teil (Kapitel 2) erarbeiteten Konzepte zu mikro- und makrosoziologischen Problembereichen waren hierbei hilfreich.

Unser Zugang zu diesen wirtschaftsorientierten Fragen war ganz überwiegend vom methodologischen Individualismus geprägt, zumal die Denkfigur des Gebens und Nehmens – des Tauschs – ein Grundparadigma gesellschaftlichen wie auch wirtschaftlichen Handelns darstellen dürfte. Insofern wurde auch in diesem Kapitel ein hier naheliegender Denkansatz – das ökonomische Paradigma – verschiedentlich bemüht, obgleich wir der Meinung sind, solche Konzepte häufig durch differenziertere und substantiellere verhaltenstheoretisch-sozialpsychologische Perspektiven ergänzen zu müssen. Auch sind für eine soziologische Betrachtung in hohem Maße strukturelle Variablen in das Verhaltensmodell einzubeziehen, um den Ansprüchen eines strukturell-individualistischen Ansatzes gerecht zu werden.

Da es sich beim wirtschaftlichen Geschehen überdies häufig um komplexere, hochgradig interdependente Zusammenhänge handelt, kann im Prinzip auch einem systemtheoretischen Ansatz seine Berechtigung nicht abgesprochen werden. Allerdings erwiesen sich die Schwierigkeiten einer solchen Perspektive als so gravierend, daß ihre gegenwärtige Fruchtbarkeit in Frage gestellt werden muß. Dies gilt vor allem im Hinblick auf die Abneigung mancher Systemtheoretiker, gehaltvolle nomologische Hypothesen zu formulieren und einer empirischen Prüfung zu überantworten. Mit der Feststellung allein, daß alles mit allem zusammenhänge, ist es ebensowenig getan, wie mit dem Bemühen einer „Variablen-Soziologie", komplexe Netzwerke von Zusammenhängen pfadanalytisch zu verfolgen, ohne durch die Federführung einer Theorie zu wissen, warum die Variablen überhaupt „wirken". Auch neuere Entwicklungen der Systemtheorie, die u.E. die von Popper angemahnte Grenze zwischen empirischer Wissenschaft und bloßer Metaphysik überschreiten, sind hier kaum ermutigend.

Insofern wird der hier vorgelegte Text diejenigen enttäuscht haben, die in der Soziologie eine Art Sozialontologie suchen, die das Wesen der Gesellschaft aus ihrer Totalität heraus zu erklären vorgibt. Auch dürfte der Autor solchen Erwartungen nicht gerecht worden sein, die in der Soziologie eine Deutungswissenschaft sehen möchten, die dem „Eingeweihten" ein festgefügtes Bezugssystem gesicherter Erkenntnis und Bewertung verspricht. Die Soziologie sollte sich nach meiner Vorstellung befreien von Ansprüchen dieser Art, die sie nie einlösen kann und die sie immer wieder in Mißkredit bringt.

# Literaturverzeichnis

**Abel, T.:** The operation called „Verstehen". In: Feigl, H., Bordbeck, M. (eds.): Readings in the philosophy of science. New York 1953

**Acham, K.:** Parteilichkeit aus Objektivität? In: Höflechner, W. et al. (Hg.): Domus Austriae. Graz 1983

**Adams, J. S.:** Inequity in social exchange. In: Berkowitz, L. (ed.): Advances in experimental social psychology, Vol. 2. New York 1965

**Adams, J. S., Romney, A. K.:** A functional analysis of authority. In: Psychological Review 66, 1959

**Adorno, T.:** Soziologie und empirische Forschung. In: Topitsch, E. (Hg.): 1965

**Aglietta, M.:** Die Ambivalenz des Geldes. In: Kintzele, J., Schneider, P. (Hg.): Georg Simmels Philosophie des Geldes. Frankfurt 1993

**Aglietta, M., Orléan, A.:** La violence de la monnaie. Paris 1994

**Ajzen, I.:** Attitudes, personality and behavior. Milton 1988

**Akers, R. L.:** Deviant behavior. A social learning approach. Belmont $^3$1984

**Albert H.:** Wertfreiheit als methodisches Prinzip. In: Topitsch, E. (Hg.): 1965

**Albert H.:** Marktsoziologie und Entscheidungslogik. Ökonomische Probleme in soziologischer Perspektive. Neuwied/Berlin 1967

**Albert H.:** Traktat über kritische Vernunft. Tübingen $^3$1975

**Albert H.:** Kritische Vernunft und menschliche Praxis. Stuttgart 1977

**Albert H. (Hg.):** Theorie und Realität. Tübingen $^2$1972

**Alchian, A., Demsetz, H. H.:** The property right paradigm. In: Journal of Economic History 25, 1973

**Alexander, J.:** Theoretical logic in Sociology, Vol. 1–4. London 1982 ff.

**Alexander, J. et al. (eds.).:** The Micro-Makro-Link. Berkeley et al. 1987

**Allport F. H.:** Theories of perception and the concept of structure. New York/London 1955

**Amelang, M.:** Sozial abweichendes Verhalten. Berlin 1986

**Andreasen, A. R.:** The disadvantaged consumer. New York 1975

**Anger, H.:** Kleingruppenforschung heute. In: Lüschen, G. (Hg.): Kleingruppenforschung und Gruppe im Sport. In: KZfSS, Sonderheft 10. Köln/Opladen 1966

**Anger, H.:** Befragung und Erhebung. In: Graumann, C. F. (Hg.): HB der Psychologie, Bd. 7/I, Göttingen 1969

**Archer, M. S.:** Culture and agency. The place of culture in social theory. Cambridge 1988

**Argyle, M.:** Soziale Interaktion. Köln 1972 (Orig. 1969)

**Asch, S.:** Effects of group pressure upon the modification and distortion of judgments. In: Guetzkow, H. (ed.): Groups, leadership, and men. Pittsburgh 1951

**Ashby, W. R.:** Principles of self-organizing systems. In: Buckley, W. (ed.): Modern systems research for the behavioral scientist. Chicago 1968

**Assael, H.:** Consumer behavior and marketing action. Boston $^4$1992

**Atkinson, J. W.:** An introduction to motivation. Princeton, N.J. 1964 (dt. 1975)

**Atteslander, P.:** Methoden der empirischen Sozialforschung. Berlin/New York $^8$1995 ($^6$1991)

**Axelrod, R.:** Die Evolution der Kooperation. München 1987


**Back, K. W.:** Biological models of social change. In: ASR 36, 1971

**Baethge, M.:** Arbeit, Vergesellschaftung, Identität. In: Soziale Welt 42, 1, 1991

**Bahrdt, H. P.:** Schlüsselbegriffe der Soziologie. München $^2$1985

**Baier, H.:** Soziale Technologie oder soziale Emanzipation? In: Schäfers, B. (Hg.): Thesen zur Kritik der Soziologie. Frankfurt 1969

**Baldamus, W.:** Der gerechte Lohn. Eine industriesoziologische Analyse. Berlin 1960

**Bales, H. P.:** Interaction process analysis. New York 1950

**Bales, H. P., Slater, P. E.:** Role differentiation in small decision-making groups. In: Parsons, T. et al. (eds.): Family, socialization and interaction process. New York 1955

**Bandura, A.:** Principles of behavior modification. New York et al. 1969

**Bandura, A.:** Sozial-kognitive Lerntheorie. Stuttgart 1979

**Bandura, A.:** Self-Efficacy. The exercise of control. Houndmills 1997

**Barber, B., Lobel, L. G.:** Fashion in women's clothes and the American social system. In: Social Forces 31, 1952

**Baumol, W. J.:** Business behavior, value and growth. New York 1959

**Baurmann, M.:** Der Markt der Tugend. Recht und Moral in der liberalen Gesellschaft. Tübingen 1996
**Beck, U.:** Risikogesellschaft. Frankfurt 1986 ($^{12}$1996)
**Beck, U.:** Die Erfindung des Politischen. Zu einer Theorie reflexiver Modernisierung. Frankfurt 1993
**Beck, U.:** Was ist Globalisierung? Frankfurt 1997
**Beck, U., Beck-Gernsheim, E.:** Riskante Freiheiten. Zur Individualisierung der Lebenslagen in der Moderne. Frankfurt 1993
**Beck, U. et al. (eds.).:** Reflexive modernization. Cambridge 1996 (zuerst 1994)
**Beck-Gernsheim, E.:** Arbeitsteilung, Selbstbild und Lebensentwurf. Neue Konfliktlagen in der Familie. In: KZfSS 44, 2, 1992
**Beckenbach, N., Treeck, W. v. (Hg.):** Umbrüche gesellschaftlicher Arbeit. Göttingen 1994
**Becker, G. S.:** Der ökonomische Ansatz zur Erklärung menschlichen Verhaltens. Tübingen 1982 ($^2$1993)
**Becker, H.:** Die neue soziale Frage. Opladen 1982
**Becker, H. S.:** Through values to social interpretation. Durham, N. C. 1950
**Becker, H. S.:** Outsiders. Studies in the sociology of deviance. New York 1963 (dt. 1973)
**Becker, H. S.:** Whose side are we on? In: Social Problems 14, 1966
**Becker, W.:** Kritik der Marxschen Wertlehre. Hamburg 1972
**Beckerath, P. G. v., et al. (Hg.):** HWB der Betriebspsychologie und Betriebssoziologie. Stuttgart 1981
**Beckert, J.:** Was ist soziologisch an der Wirtschaftssoziologie? Ungewißheit und die Einbettung wirtschaftlichen Handelns. In: ZfS 25, 2, 1996
**Beer, S.:** Kybernetik und Management. Frankfurt 1961
**Bell, D.:** Die nachindustrielle Gesellschaft. Frankfurt/New York 1975
**Bellebaum, A.:** Abweichendes Verhalten. Paderborn 1984
**Bellebaum, A.:** Soziologische Grundbegriffe. Stuttgart 1980
**Berger, J. (Hg.):** Die Moderne – Kontinuitäten und Zäsuren. Göttingen 1986
**Berger, J.:** Der Konsensbedarf in der Wirtschaft. In: Giegel, H.-J. (Hg.): Kommunikation und Konsens in modernen Gesellschaften. Frankfurt 1992
**Berger, P. A.:** Entstrukturierte Klassengesellschaft? Klassenbildung und Strukturen sozialer Ungleichheit im Wandel. Opladen 1986
**Berger, P. A.:** Individualisierung. Staatsunsicherheit und Erfahrungsvielfalt. Wiesbaden 1996
**Berger, P. A., Hradil, S. (Hg.):** Lebenslagen, Lebensläufe, Lebensstile. Göttingen 1990
**Berger, P. L.:** Einladung zur Soziologie. München 1977
**Berger, P. L., Luckmann, T.:** Die gesellschaftliche Konstruktion der Wirklichkeit. Frankfurt 1969
**Bernholz, P.:** Grundlagen der Politischen Ökonomie. 3 Bde. Tübingen 1972–79
**Bernsdorf, W. (Hg.):** Wörterbuch der Soziologie. 3 Bde. Stuttgart $^2$1972 ($^1$1969)
**Bertalanffy, L. v.:** Zu einer allgemeinen Systemlehre. In: Biologia Generalis 1949
**Bertram, H.:** Sozialstruktur und Sozialisation. Darmstadt/Neuwied 1981
**Bertram, H. (Hg.):** Die Familie in Westdeutschland. Stabilität und Wandel familialer Lebensformen. Opladen 1991
**Biddle, B. J.:** Role theory: expectations, identities, and behaviors. New York et al. 1979
**Biddle, B. J.:** Recent developments in role theory. In: ARS 8, 1986
**Biddle, B. J., Thomas, E. J. (eds.):** Role theory. Concepts and research. New York 1966
**Bierstedt, R.:** The social order. New York et al. $^4$1974
**Blalock, H. R.:** Causal inferences in nonexperimental research. New York 1972
**Blau, P. M.:** Exchange and power in social life. New York 1964
**Blau, P. M. (Hg.):** Theorien sozialer Strukturen. Opladen 1978 (Orig. 1975)
**Blau, P. M., Schoenherr, A.:** The structure of organizations. New York 1971
**Blauner, R.:** Alienation and freedom. Chicago/London 1964
**Blumer, H.:** Symbolic interactionism. Perspective and method. Englewood Cliffs, N. J. 1969
**Bohnen, A.:** Interessenharmonie und Konflikt in sozialen Austauschbeziehungen. In: Albert, H. (Hg.): Sozialtheorie und soziale Praxis. Meisenheim 1971
**Bohnen, A:** Die Systemtheorie und das Dogma von der Irreduzibilität des Sozialen. In: ZfS 23, 4, 1994
**Bolte, K. M.:** Der achte Sinn. Bad Harzburg 1971
**Bolte, K. M., Hradil, S.:** Soziale Ungleichheit in der Bundesrepublik Deutschland. Opladen $^6$1988
**Bonacker, T.:** Konflikttheorien. Opladen 1996
**Bornschier, V.:** Multinationale Konzerne, Wirtschaftspolitik und nationale Entwicklung im Weltsystem. Frankfurt 1980

426

Bortz, J.: Lehrbuch der empirischen Forschung für Sozialwissenschaftler. Berlin 1984 ($^2$1993)

Bortz, J.: Lehrbuch der Statistik für Sozialwissenschaftler. Berlin et al. $^2$1985

Bosetzky, H., Heinrich, P.: Mensch und Organisation. Aspekte bürokratischer Sozialisation. Köln/Stuttgart 1980

Bottomore, T.: Struktur und Geschichte. In: Blau, P. M. (Hg.): 1978

Boudon, R.: A quoi sert la notion de structure? Paris 1968

Boudon, R.: Die Logik gesellschaftlichen Handelns. Darmstadt 1980

Boudon, R.: Theories of social change – A critical appraisal. Cambridge/Oxford 1986

Boudon, R.: The individualistic tradition in sociology. In: Alexander, J.C. et al. (eds.): The Micro-Macro-Link. Berkeley et al. 1987

Boudon, R., Bourricaud, F.: Soziologische Stichworte. Opladen 1992

Bourdieu, P.: Die feinen Unterschiede. Kritik der gesellschaftlichen Urteilskraft. Frankfurt 1982

Braczyk, H. J., Schienstock, G.: Lean production – Intra Mures? In: Soziologische Revue 17, 3, 1994

Braun, I.: Technikspiralen. Vergleichende Studien zur Technik im Alltag. Berlin 1993

Braverman, H.: Die Arbeit im modernen Produktionsprozeß. Frankfurt/New York 1977

Brehm, J. W.: A theory of psychological reactance. New York/London 1966

Brennan, G., Buchanan, J. M.: The reason of rules. Cambridge 1985

Brim, O. G. jr., Wheeler, S.: Erwachsenen-Sozialisation. Stuttgart 1974

Brinkmann, C., Schober, K. (Hg.): Erwerbsarbeit und Arbeitslosigkeit im Zeichen des Strukturwandels. Nürnberg 1993

Bronfenbrenner, U.: Socialization and social class through time and space. In: Maccoby, E. et al. (eds.).: Readings in social psychology. New York 1958

Broom, L. et al.: Sociology. A core text with adapted readings. New York $^7$1981 (NA 1990)

Brose, H.-G. et al.: Arbeit auf Zeit. Zur Karriere eines neuen Beschäftigungsverhältnisses. Opladen 1990

Bruner, J. S., Postman, L.: An approach to social perception. In: Dennis, W., Lippitt, R. (eds.).: Current trends in Social Psychology. Pittsburgh 1951

Brusten, M., Hohmeier, J. (Hg.): Stigmatisierung. 2 Bde. Neuwied/Darmstadt 1975

Buchanan, J. M.: The limits of liberty: between anarchy and Leviathan. Chicago/London 1975

Buchanan, J. M.: Die Grenzen der Freiheit. Tübingen 1984

Buchanan, J. M. et al. (eds.): Toward a theory of the rent-seeking society. College Station Texas 1980

Buckley, W.: Sociology and modern systems theory. Englewood Cliffs/N.J. 1967

Bühl, W. L.: Konflikt und Konfliktstrategie. München $^2$1973

Bühl, W. L.: Theorien sozialer Konflikte. Darmstadt 1976

Bühl, W. L.: Krisentheorien. Darmstadt 1984

Bühl, W. L.: Grenzen der Autopoiesis. In: KZfSS 39, 1987

Bühl, W. L.: Die dunkle Seite der Soziologie. Zum Problem gesellschaftlicher Fluktuationen. In: Soziale Welt 1, 1988

Bühl, W. L.: Sozialer Wandel im Ungleichgewicht. Zyklen, Fluktuation, Katastrophen. Stuttgart 1990

Bungard, W. (Hg.): Die „gute" Versuchsperson denkt nicht! Artefakte in der Sozialpsychologie. München 1980

Burgess, R. L., Akers, R. L.: A differential association reinforcement theory of criminal behavior. In: Social Problems 1966

Burt, R. S.: Models of network structure. In: Annual Review of Sociology, 1980

Büschges, G. et al.: Grundzüge der Soziologie. München/Wien $^2$1996

Bushell, D. (ed.): Behavioral sociology. New York/London 1969

Buß, E.: Lehrbuch der Wirtschaftssoziologie. Berlin/New York 1985

Buß, E.: Markt und Gesellschaft. Berlin 1983


Caesar, B.: Autorität in der Familie. Reinbek 1972

Cancian, F.: Functional analysis of change. In: ASR 25, 1960

Cartwright, D. (ed.): Studies in social power. Ann Arbor, Mich. 1959

Centers, R.: The psychology of social classes. Princeton, N. J. $^2$1955

Clark, C.: The conditions of economic progress. London/New York 1940

Clarke, R. V. (ed.): Situational crime prevention: Successful case studies. Albany, N.Y. 1992

Clausen, L.: Tausch. Opladen 1978

**Clegg, S., Dunkerley, D.:** Organization, class and control. London 1980

**Cloward, R. A., Ohlin, L. E.:** Delinquency and opportunity. A theory of delinquent gangs. New York 1960 (dt. 1972)

**Coase, R. H.:** The nature of the firm. In: Economica 4, 1937

**Cohen, S.:** Soziale Kontrolle und die Politik der Rekonstruktion. In: Frehsee, D. et al. (Hg.): Strafrecht, soziale Kontrolle, soziale Disziplinierung. Opladen 1993

**Coleman, J. S.:** Soziale Struktur und Handlungstheorie. In: Blau, P. M. (Hg.): 1978

**Coleman, J. S.:** Macht und Gesellschaftsstruktur. Tübingen 1979

**Coleman, J. S.:** Individual interests and collective action. Cambridge 1986

**Coleman, J. S.:** Foundations of social theory. Cambridge, Mass./London 1990 (dt. unter dem Titel: Grundlagen der Sozialtheorie, 3 Bde. München 1991 ff.)

**Coleman, J. S.:** Grundlagen der Sozialtheorie. München 1991

**Corfman, K. P.:** Group decision making and relative influence when preferences differ. In: Hirshman, E. C., Sheth, J. N. (eds.): Research in consumer behavior, Vol. 2. Greenwich 1987

**Coser, L. A.:** Theorie sozialer Konflikte. Neuwied/Berlin 1965

**Coser, L. A.:** Continuities in the study of social conflict. New York 1969

**Crott, H.:** Soziale Interaktion und Gruppenprozesse. Stuttgart 1979

**Crozier, M.:** The bureaucratic phenomenon. Chicago 1964 (dt. 1976)

**Crozier, M., Friedberg, E.:** Macht und Organisation. Königstein 1979

**Cunningham, F.:** Bemerkungen über das Verstehen in den Sozialwissenschaften. In: Albert, H. (Hg.): 1972

**Dahlhoff, H.-D.:** Kaufentscheidungsprozesse von Familien. Frankfurt 1980

**Dahrendorf, R.:** Soziale Klassen und Klassenkonflikt in der industriellen Gesellschaft. Stuttgart 1957

**Dahrendorf, R.:** Zu einer Theorie des sozialen Konflikts. In: Hamburger Wirtschafts- und Gesellschaftspolitik 3, 1958

**Dahrendorf, R.:** Sozialstruktur des Betriebes. Betriebssoziologie. Wiesbaden 1959

**Dahrendorf, R.:** Markt und Plan. Zwei Typen der Rationalität. Tübingen 1961

**Dahrendorf, R.:** Gesellschaft und Demokratie in Deutschland. München 1965

**Dahrendorf, R.:** Für eine Erneuerung der Demokratie in der Bundesrepublik. München 1968

**Dahrendorf, R.:** Konflikt und Freiheit. München 1972

**Dahrendorf, R.:** Homo sociologicus. Köln/Opladen [15]1977 ([1]1958)

**Dahrendorf, R.:** Wenn der Arbeitsgesellschaft die Arbeit ausgeht. In: Matthes, J. (Hg.): 1983

**Dahrendorf, R.:** Der moderne soziale Konflikt. Essay zur Politik der Freiheit. Stuttgart 1992

**Darley, S. A., Fazio, R. H.:** Expectancy confirmation processes arising in the social interaction sequence. In: American Psychologist 35, 1980

**Davies, J. C.:** Toward a theory of revolution. In: ASR 27, 1962

**Davis, H. L., Rigaux, B. P.:** Perception of marital roles in decision processes. In: The Journal of Consumer Research 1, 1974

**Davis, K:** The sociology of demographic behavior. In: Merton, R. K. et al. (eds.): Sociology today. New York 1959

**Davis, K., Moore, W. E.:** Some principles of social stratification. In: ASR 10, 1945

**Demsetz, H.:** Toward a theory of property rights. In: Furnboth, E., Pejovich, G.: The economics of property rights. Cambridge/Mass. 1974 (Orig. 1967)

**Deutsch, M.:** Distributive justice. New Haven 1985

**Dicken, P., Lloyd, P. E.:** Die moderne westliche Gesellschaft. New York 1984

**Diekmann, A.:** Empirische Sozialforschung. Grundlagen, Methoden, Anwendungen. Reinbek 1995 ([2]1996)

**Dienel, P. C.:** Die Planungszelle. Opladen [4]1997

**DiMaggio, P. J., Powell, W. W.:** The iron cage revisited: Institutional isomorphism and collective rationality in organizational fields. In: Powell, W.W., DiMaggio, P.J. (eds.): The new institutionalism in organizational analysis. Chicago/London 1991

**Doreian, P., Stockman, N.:** A critique of the multidimensional approach to stratification. In: The Sociological Review 17, 1969

**Dreitzel, P.:** Die gesellschaftlichen Leiden und das Leiden an der Gesellschaft. Stuttgart [2]1972

**Dubin, R.:** Deviant behavior and social structure: continuities in social theory. In: ASR 24, 1959

**Dunn, S. W.:** Effect of national identity on multinational promotional strategy in Europe. In: Journal of Marketing 40, 1976

**Durkheim, E.:** Physik der Sitten und des Rechts. Vorlesungen zur Soziologie der Moral. Frankfurt 1991

**Eberle, F., Maindok, H.:** Einführung in die soziologische Theorie. München/Wien 1984 ($^2$1994)

**Eichner, K.:** Die Entstehung sozialer Normen. Opladen 1981

**Eisenstadt, S. N.:** Sozialer Wandel, Differenzierung und Evolution. In: Zapf, W.(Hg.): $^3$1971

**Eisermann, G.:** Rolle und Maske. Tübingen 1991

**Ekeh, P. P.:** Social exchange theory: the two traditions. London 1979

**Elias, N.:** Was ist Soziologie? München 1970

**Elias, N.:** Über den Prozeß der Zivilisation. 2 Bde. Frankfurt 1979

**Elster, J.:** Ulysses and the sirens. Cambridge 1979

**Elster, J.:** Subversion der Rationalität. Frankfurt/New York 1987

**Elster, J.:** The cement of society. Cambridge 1989

**Elster, J.:** Solomonic judgements. Studies in the limitations of rationality. Cambridge 1989

**Elster, J.:** When rationality fails. In: Cook, K.S., Levi, M.: The limits of rationality. Chicago 1990

**Elster, J.:** Local justice. New York 1992

**Elster, J. (ed.):** Rational choice. Oxford 1986

**Emerson, R. M.:** Power-dependence relations. In: ASR 27 (No. 1) 1962

**Emerson, R. M.:** Social exchange theory. In: Rosenberg, M., Turner, R.H. (eds.): Social psychology. Sociological perspectives. New York 1981

**Emery, F. E., Thorsrud, E.:** Form and content in industrial democracy. London $^2$1969

**Emmanuel, A.:** Unequal exchange: A study of the imperialism of trade. New York 1972

**Endruweit, G.:** Organisationssoziologie. Berlin 1981

**Endruweit, G.:** Elite. In: Langenbucher, W. R. et al. (Hg.): Kulturpolitisches Wörterbuch. Stuttgart 1983

**Endruweit, G., Trommsdorff, G. (Hg.):** Wörterbuch der Soziologie. 3 Bde. Stuttgart 1989

**Endruweit, G. et al. (Hg.):** Moderne Theorien der Soziologie. Stuttgart 1993

**Engel, J. F. et al.:** Consumer behavior. Chicago et al. $^5$1986

**Esser, H.:** Soziale Differenzierung als ungeplante Folge absichtsvollen Handelns: Der Fall der ethnischen Segmentation. In: ZfS 14, 1985

**Esser, H.:** Warum die Routine nicht weiterhilft – Überlegungen zur Kritik an der „Variablen-Soziologie". In: Müller, N. (Hg.): Problemlösungsoperator Sozialwissenschaften. Stuttgart 1987

**Esser, H.:** „Habits", „Frames" und „Rational Choice". Die Reichweite von Theorien der rationalen Wahl. In: ZfS 19, 4, 1990

**Esser, H.:** Aufklärung als Passion – (Zwischen-)Betrachtungen als Theorie. In: Soz. Revue 1, 1991

**Esser, H.:** Soziologie. Allgemeine Grundlagen. Frankfurt/New York 1993 ($^2$1996)

**Esser, H. et al.:** Wissenschaftstheorie, 2 Bde. Stuttgart 1977

**Etzioni, A.:** A comparative analysis of complex organizations. New York 1961 (Rev. 1975)

**Etzioni, A.:** The active society. New York $^3$1971 (dt.1975)

**Etzioni, A.:** Soziologie der Organisationen. München $^4$1973

**Etzioni, A.:** An immodest agenda: rebuilding America before the 21st century. New York 1983

**Etzioni, A.:** Jenseits des Egoismusprinzips. Ein neues Bild von Wirtschaft, Politik und Gesellschaft. Stuttgart 1994 (Orig. 1988)

**Eucken, W.:** Die Grundlagen der Nationalökonomie. Bad Godesberg $^2$1947 (1940)

**Euler, H. P.:** Das Konfliktpotential industrieller Arbeitsstrukturen. Opladen 1977

**Faßnacht, G.:** Systematische Verhaltensbeobachtung. München/Basel 1979

**Featherstone, M.:** Lifestyle and consumer culture. In: Culture and society 4, 1987

**Featherstone, M., Wernick, A. (eds.):** Images of aging. Cultural representations of later life. London/New York 1995

**Featherstone, M. et al. (eds.):** Global modernities. London 1995

**Federer, P.:** Handlungsstrategie und Käuferverhalten. Frankfurt 1982

**Festinger, L:** A theory of cognitive dissonance. Evanston/Ill. 1957

**Fetchenhauer, D.:** Zur Theorie der Rollenbilanz. Unv. Magisterarbeit. Universität zu Köln 1994

**Fetchenhauer, D.:** Betrügerisches Verhalten gegenüber einem anonymen Geschädigten aus sozialpsychologischer, soziologischer und ökonomischer Perspektive. Köln 1998

**Fischer, L.:** Strukturen der Arbeitszufriedenheit. Göttingen 1989

**Fischer, L., Wiswede, G.:** Grundlagen der Sozialpsychologie. München/Wien 1997

**Fishbein, M. (ed.):** Readings in attitude theory and measurement. New York 1967

**Fishbein, M., Ajzen, I.:** Belief, attitude, intention, and behavior. Reading, Mass. 1975

**Fiske, S. T., Neuberg, S. L.:** A continuum of impression formation from category-based to individuating processing: Influences of information and motivation on attention and interpretation. In: Zanna, M.P. (ed.): Advances in exp. Soc. Psychol., Vol. 23. Orlando/Fl. 1990

**Foa, E. B., Foa, U. G.:** Resource theory of social exchange. Morristown/N.J. 1975

**Forgas, J. P.:** Social episodes: The study of interaction routines. London 1979

**Foucault, M.:** Überwachen und Strafen. Die Geburt des Gefängnisses. Frankfurt 1991

**Fourastié, J.:** Die große Hoffnung des zwanzigsten Jahrhunderts. Köln [2]1969

**Frank, R.:** Rethinking rational choice. In: Friedland, R., Robertson, A.F. (eds.).: Beyond the market place. New York 1990

**Franz, G., Herbert, W.:** Wert, Bedürfnisse, Handeln: Ansatzpunkte politischer Verhaltenssteuerung. Frankfurt 1980

**Franz, P.:** Der „Constrained choice"-Ansatz als gemeinsamer Nenner individualistischer Ansätze in der Soziologie. In: KZfSS 38 1986

**Franzpötter, R.:** Organisationskultur – Begriffsverständnis und Analyse aus interpretativ-soziologischer Sicht. Baden-Baden 1997

**French, J. R. P., Raven, B.:** The bases of social power. In: Cartwright, D. (ed.): 1959

**Frey, B. S.:** Ökonomie ist Sozialwissenschaft. München 1990

**Frey, B. S., Opp, K.-D.:** Anomie, Nutzen und Kosten. Eine Konfrontation der Anomietheorie mit ökonomischen Hypothesen. In: Soziale Welt 30, 1979

**Freyer, H.:** Theorie des gegenwärtigen Zeitalters. Stuttgart 1955

**Fricke, W.:** Arbeitsorganisation und Qualifikation. Ein industriesoziologischer Beitrag zur Humanisierung der Arbeit. Bonn-Bad Godesberg 1975

**Friedberg, E.:** Ordnung und Macht. Dynamiken organisierten Handelns. Frankfurt/New York 1995

**Friedman, M.:** Essays in positive economics. Chicago 1953

**Friedmann, G.:** Der Mensch in der mechanischen Produktion. Köln 1952 (Orig. 1947)

**Friedmann, G.:** Zukunft der Arbeit. Köln 1953 (Orig. 1950)

**Friedrichs, G., Schaff, A. (Hg.):** Auf Gedeih und Verderb. Mikroelektronik und Gesellschaft. Bericht an den Club of Rome. Wien 1982

**Friedrichs, J.:** Methoden empirischer Sozialforschung. Opladen [14]1990 ([12]1984)

**Friedrichs, J. et al.:** Rational-Choice-Theorie. Probleme der Operationalisierung. In: ZfS 22, 1, 1993

**Fuchs-Heinritz, W. et al. (Hg.):** Lexikon zur Soziologie. Opladen [3]1995 ([2]1978)

**Fürstenberg, F.:** Die Soziallage der Chemiearbeiter. Neuwied/Berlin 1969

**Fürstenberg, F.:** Einführung in die Arbeitssoziologie. Darmstadt 1977

**Fürstenberg, F.:** Geld und Geldkritik aus wirtschaftssoziologischer Sicht. In: Reinhold, G. (Hg.): Wirtschaftssoziologie. München 1988


**Gäfgen, G.:** Die Marktmacht sozialer Gruppen. In: Hamburger Jahrbuch für Wirtschafts- und Gesellschaftspolitik 12, 1967

**Galbraith, J. K.:** American capitalism. The concept of contervailing power. Boston, Mass. 1952

**Galbraith, J. K.:** The affluent society. Boston, Mass. 1958 (dt. 1959)

**Galbraith, J. K.:** Die moderne Industriegesellschaft. München/Zürich 1970 (Orig. 1967)

**Galbraith, J. K.:** Anatomie der Macht. München 1987

**Galtung, J.:** Institutionalized conflict resolution. In: Journal of Peace Research 2, 1965

**Galtung, J.:** Strukturelle Gewalt. Reinbek 1975

**Garfinkel, H.:** Studies in Ethnomethodology. Englewood Cliffs 1967

**Geertz, C.:** Die künstlichen Wilden. Anthropologen als Schriftsteller. München [2]1997

**Gehlen, A.:** Der Mensch, seine Natur und seine Stellung in der Welt. Bonn [5]1955

**Geiger, T.:** Die Klassengesellschaft im Schmelztiegel. Köln/Hagen 1949

**Geschwender, J. A.:** Continuities in theories of status consistency and cognitive dissonance. In: Social Forces 46, 1967

**Gibbs, J. P.:** Norm: the problem of definition and classification. In: AJS 70, 1965

430

**Gibbs, J. P.:** Issues in defining deviant behavior. In: Scott, R. A., Douglas, J. D. (eds.): Fundamental problems of theory and research in deviance. New York 1972

**Gibbs, J. P.:** Norms, deviance and social control. New York 1981

**Giddens, A.:** Interpretative Soziologie. Frankfurt 1984

**Giddens, A.:** Die Konstitution der Gesellschaft. Frankfurt 1987

**Giddens, A.:** The consequences of modernity. Stanford/Cal. 1990

**Giddens, A.:** Modernity and self-identity. Self and society in the late modern age. Cambridge 1991

**Giddens, A.:** New Rules of Sociological Methods. A positive critique of interpretative sociologies. Cambridge ²1993

**Giddens, A.:** Konsequenzen der Moderne. Frankfurt 1995

**Giddens, A.:** Soziologie. Graz/Wien 1995

**Giddens, A., Turner, J. (ed.):** Social theory today. Cambridge 1987

**Giesen, B.:** Makrosoziologie. Eine evolutionstheoretische Einführung. Hamburg 1980

**Giesen, B., Schmid, M.:** Basale Soziologie: Wissenschaftstheorie. München 1976

**Giesen, B., Haferkamp, H. (Hg.):** Soziologie der sozialen Ungleichheit. Opladen 1987

**Gilly, M. C., Enis, B. M.:** Recycling the family life cycle. In: Mitchell, A. A. (ed.): Advances in consumer research 9. Ann Arbor 1982

**Glassman, R. B.:** Persistance and loose coupling in living systems. In: Behavioral Science 18, 1973

**Glatzer, W., Zapf, W. (Hg.):** Lebensqualität in der Bundesrepublik. Frankfurt/New York 1984

**Goffman, E.:** Stigma. Über Techniken der Bewältigung beschädigter Identität. Frankfurt 1967

**Goldthorpe, J. H., Lockwood, D.:** Affluence and the British class structure. In: Sociological Review 6, 1963

**Goldthorpe, J. H. et al.:** The affluent worker: Industrial attitudes and behavior. London 1968 (dt. 1970)

**Golembiewski, R. T.:** Small groups and large organizations. In: March, J. G. (ed.): HB of organizations. Chicago 1965

**Goode, W. J.:** A theory of role strain. In: ASR 25, 1960

**Gordon, D. M.:** Theories of poverty and unemployment. Lexington 1972

**Gottfredson, M. R., Hirschi, T.:** A general theory of crime. Stanford 1990

**Gouldner, A. W.:** Organizational analysis. In: Merton, R.K. et al.: Sociology today. New York 1959

**Gouldner, A. W.:** The norm of reciprocity. In: ASR 25, 1960

**Gouldner, A. W.:** The coming crisis of Western sociology. New York/London 1970 (dt. 1974)

**Gouldner, A. W.:** Reziprozität und Autonomie. München 1984

**Gove, W. R.:** The labelling of deviance. Beverly Hills/London ²1980

**Granovetter, M.:** Getting a job. Cambridge, Mass. 1974

**Granovetter, M.:** The strength of weak ties. A network theory revisited. In: Collins, R. (ed.): Sociological theory. San Francisco 1983

**Granovetter, M.:** Economic action and social structure: The problem of embeddedness. In: AJS 91, 1985

**Granovetter, M., Swedberg, R. (eds.):** The sociology of economic life. Boulder et al. 1992

**Gross, N. et al.:** Explorations in role analysis. New York 1958

**Gross, P.:** Die Verheißungen der Dienstleistungsgesellschaft. Opladen 1983

**Gross, P.:** Die Multioptionsgesellschaft. Frankfurt 1994

**Grümer, K.-W.:** Beobachtung. Stuttgart 1974

**Guardabassi, G.:** Interconnected systems analysis. In: Ruberti, A. (ed.): Systems sciences and modelling. Dordrecht 1984

**Gurr, T. R.:** Why men rebel. Princeton 1970

**Gurvitch, G. (ed.):** Traité de sociologie. Paris ²1962

**Habermas, J.:** Erkenntnis und Interesse. In: Merkur 19, 1965

**Habermas, J.:** Zur Logik der Sozialwissenschaften. Frankfurt 1970

**Habermas, J.:** Strukturprobleme des kapitalistischen Staates. Frankfurt 1973

**Habermas, J.:** Theorie des kommunikativen Handelns. 2 Bde. Frankfurt 1981 (³1985)

**Habermas, J.:** Der politische Diskurs der Moderne. Frankfurt ²1989

**Habermas, J., Luhmann, N.:** Theorie der Gesellschaft oder Sozialtechnologie – Was leistet die Systemforschung? Frankfurt 1971

**Hahn, E.:** Theoretische Probleme der marxistischen Soziologie. Köln 1974

**Haller, M.:** Die Klassenstruktur im sozialen Bewußtsein. In: Haller, M: (Hg.).: Kultur und Gesellschaft. Verh. des 24. Deutschen Soziologentages. Frankfurt 1989

**Hannan, M. T., Freeman, J.:** The Population Ecology of Organizations. In: AJS 82, 1977

**Harary, F.:** Merton revisited: a new classification for deviant behavior. In: ASR 31, 1966

**Harris, M.:** Kulturanthropologie. Frankfurt/New York 1989

**Harsanyi, J. C.:** Measurement of social power, opportunity costs, and the theory of two-person bargaining games. In: Behavioral Science 7, 1962

**Hartley, J. et al.:** Job insecurity. Coping with jobs at risk. London et al. 1991

**Harvey, D.:** The conditions of postmodernity. London 1989

**Hauschildt, J.:** Entscheidungsziele. Zielbildung in innovativen Entscheidungsprozessen. Tübingen 1977

**Hayek, F. A. v.:** Die Verfassung der Freiheit. Tübingen 1971 (Orig. 1960)

**Hayek, F. A. v.:** Die Anmaßung des Wissens. In: Ordo 26, 1975

**Hayek, F. A. v.:** The fatal conceit. The errors of socialism. London 1988

**Heckmann, F.:** Einführung in die Geschichte der Soziologie. Stuttgart 1984

**Heckmann, F.:** Ethnische Minderheiten, Volk und Nation. Stuttgart 1992

**Heider, F.:** The psychology of interpersonal relations. New York 1958

**Heilbroner, R.:** Between capitalism and socialism. New York 1970

**Heilbroner, R.:** The nature and logic of capitalism. New York/London 1985

**Heinemann, K.:** Grundzüge einer Soziologie des Geldes. Stuttgart 1969

**Heinemann, K.:** Elemente einer Soziologie des Marktes. In: KZfSS 18, 1976

**Heinemann, K. (Hg.):** Soziologie wirtschaftlichen Handelns. Opladen 1987

**Heinemann, K.:** Soziologie des Marktes. In: Reinhold, G. (Hg.): Wirtschaftssoziologie. München 1988 ($^2$1997)

**Heintz, P.:** Die Zukunft der Entwicklung. Stuttgart/Wien 1974

**Heinze, R. G.:** Der Arbeitsschock. Köln 1984

**Hellman, D. A.:** The economics of crime. New York 1980

**Hellpach, W.:** Geopsyche. Stuttgart 1935

**Hempel, C. G.:** The logic of functional analysis. In: Gross, L. (ed.): Symposium on sociological theory. Evanston/White Plains 1959

**Hempel, C. G.:** Typologische Methoden in den Sozialwissenschaften. In: Topitsch, E. (Hg.): 1965 (Orig. 1952)

**Hempel, C. G.:** Wissenschaftliche und historische Erklärungen. In: Albert, H. (Hg.): $^2$1972

**Herkner, W.:** Lehrbuch Sozialpsychologie. Bern $^4$1991

**Herskovits, M. J.:** Economic anthropology. New York 1952

**Herzberg, F. et al.:** The motivation to work. New York 1959

**Heumann, U. v. et al.:** Leitbilder sozialverträglicher Technikgestaltung. Opladen 1992

**Hill, P. B.:** Räumliche Nähe und soziale Distanz zu ethnischen Minderheiten. In: ZfS 13, 4, 1984

**Hill, P. B., Kopp, J.:** Familiensoziologie. Grundlagen und theoretische Perspektiven. Stuttgart 1995

**Hillmann, K.-H.:** Soziale Bestimmungsgründe des Konsumentenverhaltens. Stuttgart 1971

**Hillmann, K.-H.:** Wertwandel. Darmstadt 1986

**Hillmann, K.-H.:** Allgemeine Wirtschaftssoziologie. München 1988

**Hillmann, K.-H. (Hg.):** Wörterbuch der Soziologie. Stuttgart $^4$1994

**Himmelstrand, U. (ed.):** Interfaces in economic and social analysis. London/New York 1992

**Hirsch, F.:** Die sozialen Grenzen des Wachstums. Reinbek 1980 (Orig. 1970)

**Hirschi, T.:** Causes of delinquency. Berkeley 1969

**Hirschman, A. O.:** Abwanderung und Widerspruch. Tübingen 1974

**Hirschman, A. O.:** The passions and the interests. Princeton, N. J. 1977

**Hirschman, A. O.:** Entwicklung, Markt und Moral. Abweichende Betrachtungen. Frankfurt 1993

**Hofstätter, P. R.:** Gruppendynamik. Hamburg $^2$1971

**Hofstede, G.:** Cultures consequences. International differences in worked-related values. Beverly Hills 1980

**Hofstede, G.:** Cultures and organisations: software of the mind. London 1991

**Hollander, E. P.:** Competence and conformity in the acceptance of influence. In: Steiner, I. D., Fishbein, M. (eds.): Current studies in social psychology. New York 1965

**Hollinger, R.:** Postmodernism and the social sciences. A thematic approach. London 1994

**Holm, K.:** Verteilung und Konflikt. Stuttgart 1970

**Holm, K. (Hg.):** Die Befragung. 6 Bde. München 1975–79

**Homans, G. C.:** Social behavior as exchange. In: AJS 63, 1958

**Homans, G. C.:** Elementarformen sozialen Verhaltens. Köln/Opladen ²1972 (Orig. 1961)

**Homans, G. C.:** Grundfragen soziologischer Theorie. Opladen 1972

**Homans, G. C.:** Was heißt soziale „Struktur"? In: Blau, P. (Hg.): 1978

**Homans, G. C.:** Theorie der sozialen Gruppe. Köln/Opladen ⁷1978 (Orig. 1950)

**Hondrich, K. O.:** Mitbestimmung in Europa. Köln 1970

**Hondrich, K. O.:** Mitbestimmung und Funktionsfähigkeit von Unternehmen. In: Vetter, H. 0. (Hg.): 1976

**Hondrich, K. O.:** Theorie der Herrschaft. Frankfurt 1983

**Hondrich, K. O.:** Krise der Leistungsgesellschaft? Opladen ²1988

**Hörning, K. H.:** Ansätze zu einer Konsumsoziologie. Freiburg 1970

**Hörning, K. H. (Hg.):** Der „neue" Arbeiter. Zum Wandel sozialer Schichtstrukturen. Frankfurt 1971

**Hörning, K. H.:** Gesellschaftliche Entwicklung und soziale Schichtung. München 1976

**Hovland, C. I., Weiss, W.:** The influence of source credibility on communication effectiveness. In: Public Opinion Quarterly 15, 1951

**Hovland, C. I. et al.:** Communication and persuasion. New Haven 1953

**Hradil, S.:** Die Erforschung der Macht. Stuttgart 1980

**Hradil, S. (Hg.):** Sozialstruktur im Umbruch. Opladen 1985

**Hradil, S.:** Die „neuen sozialen Ungleichheiten" – und wie man mit ihnen (nicht) theoretisch zurechtkommt. In: Giesen, B., Haferkamp, H. (Hg.): 1987

**Hradil, S.:** Sozialstrukturanalyse in einer fortgeschrittenen Gesellschaft. Opladen 1987

**Hummell, H. J., Opp, K.-D.:** Die Reduzierbarkeit von Soziologie auf Psychologie. Braunschweig 1971

**Huntington, E.:** Civilization and climate. New Haven 1915

**Hurrelmann, K.:** Einführung in die Sozialisationstheorie. Weinheim 1986 (⁵1995)

**Hurrelmann, K., Ulich, D. (Hg.):** Neues Handbuch der Sozialisationsforschung. Weinheim/Basel ⁴1991

**Hyman, H. H., Singer, E. (eds.):** Readings in reference group theory and research. New York/London 1968

**Inglehart, R.:** The silent revolution: changing values and political styles among Western Publics. Princeton/New York 1977

**Inglehart, R.:** Kultureller Umbruch. Wertwandel in der westlichen Welt. Frankfurt/New York 1990 (Studienausg. 1995)

**Institut für Demoskopie:** Eine Generation später. Bundesrepublik Deutschland 1953–1979. Allensbach 1981

**Irle, M.:** Macht und Entscheidungen in Organisationen. Frankfurt 1971

**Irle, M.:** Lehrbuch der Sozialpsychologie. Göttingen et al. 1975

**Irle, M. (Hg.):** Marktpsychologie als Sozialwissenschaft. Göttingen/Toronto/Zürich 1984

**Israel, J.:** Der Begriff Entfremdung. Reinbek 1972

**Jagodzinski, W.:** Sozialstruktur, Wertorientierungen und Parteibindungen: Zur Problematik eines Sozialisationsmodells. In: ZfS 10, 2, 1981

**Jaufmann, D., Kistler, E. (Hg.):** Einstellungen zum technischen Fortschritt. Technikakzeptanz im nationalen und internationalen Vergleich. Frankfurt/New York 1991

**Johnson, Ch.:** Revolution and the social system. Stanford 1964

**Jonas, F.:** Geschichte der Soziologie. 4 Bde., 1968–69 (2 Bde. 1976)

**Kahneman, D., Tversky, A.:** The belief in law of small numbers. In: Psychological Bulletin 76, 1971

**Kahneman, D., Tversky, A.:** Prospect theory: an analysis of decision under risk. In: Econometrica, 47, 1979

**Kahneman, D. et al.:** Judgement under uncertainty. Heuristics and biases. Cambridge/Mass. 1982

**Kappelhoff, P.:** Soziale Tauschsysteme. Strukturelle und dynamische Erweiterungen des Marktmodells. München 1993

**Katona, G.:** Das Verhalten der Verbraucher und Unternehmer. Tübingen 1960

433

**Katona, G.:** Die Macht des Verbrauchers. Düsseldorf/Wien 1962 (Orig. 1960)

**Katz, D., Kahn, R. L.:** The social psychology of organizations. New York 1966 ([2]1978)

**Katz, E., Lazarsfeld, P. F.:** Personal Influence: The part played by people in the flow of mass communication. Glencoe/Ill. 1964 (Orig. 1955)

**Kelley, H. H.:** Two functions of reference groups. In: Swanson, G. E. et al. (eds.): Readings in social psychology. New York [3]1959

**Kelley, H. H., Thibaut, J. W.:** Interpersonal relationships. A theory of interdependence. New York 1978

**Kenkel, W. F.:** Influence differentiation in family decision making. In: Sociology and Social Research 24, 1957

**Kern, H., Schumann, M.:** Industriearbeit und Arbeiterbewußtsein. Frankfurt [2]1977

**Kern, H., Schumann, M.:** Das Ende der Arbeitsteilung. Rationalisierung in der industriellen Produktion. München 1984

**Kerr, C. et al.:** Der Mensch in der industriellen Gesellschaft. Frankfurt 1966 (Orig. 1964)

**Kieser, A., Kubicek, H.:** Organisation. Berlin [3]1992

**Kinloch, G. C.:** Sociological theory. It's development and major paradigms. New York et al. 1977

**Kirchgässner, G.:** Homo oeconomicus. Das ökonomische Modell individuellen Verhaltens und seine Anwendung in den Wirtschafts- und Sozialwissenschaften. Tübingen 1991

**Kirchler, E.:** Arbeitslosigkeit und Alltagsbefinden. Linz 1984

**Kirchler, E.:** Kaufentscheidungen in privaten Haushalten. Göttingen 1989

**Klages, H., Kmieciak, P. (Hg.):** Wertorientierungen im Wandel. Rückblick, Gegenwartsanalyse, Prognosen. Frankfurt/New York 1984

**Klages, H., Kmieciak, P. (Hg.):** Wertedynamik. Über die Wandelbarkeit des Selbstverständlichen. Zürich/Osnabrück 1988

**Klipstein, M. v., Strümpel, B.:** Der Überdruß am Überfluß. München 1984

**Klipstein, M. v., Strümpel, B. (Hg.):** Gewandelte Werte – Erstarrte Strukturen. Wie die Bürger Wirtschaft und Arbeit erleben. Bonn 1985

**Kluckhohn, C.:** Some reflections on the nature of cultural integration and change. In: Social theory, values and sociocultural change. Cambridge/Mass. 1963

**Kluckhohn, C.:** Values and value-orientations in the theory of action. New York [3]1965

**Kohler, B., Nagel, R.:** Die Zukunft Europas. Köln 1968

**Kohli, M. (Hg.):** Soziologie des Lebenslaufs. Darmstadt/Neuwied 1978

**Kohn, M. L.:** Class and conformity: a study in values. With reassessment. Chicago [2]1977 ([1]1969)

**Kohn, M. L.:** Persönlichkeit; Beruf und soziale Schichtung. Stuttgart 1981

**Kohn, M. L., Schooler, C.:** Work and personality: An inquiry into the impact of social stratification. Norwood/N.J. 1983

**Komarovsky, M.:** Class differences in family decision-making on expenditures. In: Kassarjian, H. H., Robertson, T. S. (eds.): Perspectives in consumer behavior. Glenview, III. 1968

**König, R.:** Soziale Normen. In: Bernsdorf, W. (Hg.): [2]1972

**König, R.:** Macht und Reiz der Mode. Düsseldorf/Wien 1971

**König, R.:** Die Beobachtung. In: König, R. (Hg.): HB der emp. Sozialforschung, Bd. 2, 1.Teil. Stuttgart 1973

**König, R.:** Die Menschheit auf dem Laufsteg. Frankfurt 1988

**Kraemer, K.:** Der Markt der Gesellschaft. Opladen 1997

**Krappmann, L.:** Soziologische Dimensionen der Identität. Stuttgart 1971

**Krause, D.:** Ökonomische Soziologie. Stuttgart 1989

**Kreckel, R.:** Politische Soziologie der sozialen Ungleichheit. Frankfurt/New York 1992

**Kreckel, R. (Hg.):** Soziale Ungleichheiten. In: Soziale Welt, 2. Sonderband, Göttingen 1983

**Kroeber, A. L., Kluckhohn, C.:** Culture: a critical review of concepts and definitions. Cambridge, Mass. 1952

**Kroeber-Riel, W., Weinberg, P.:** Konsumentenverhalten. München [6]1996

**Kudera, W. et al.:** Gesellschaftliches und politisches Bewußtsein von Arbeitern. Frankfurt 1979

**Kumpf, M.:** Bezugsgruppen und Meinungsführer. In: Irle, M. (Hg.): Marktpsychologie als Sozialwissenschaft. Göttingen 1983

**Kunkel, J. H.:** Verhaltenstheoretische Perspektiven der wirtschaftlichen Entwicklung. In: König, R. (Hg.): Aspekte der Entwicklungssoziologie. In: KZfSS, Sonderheft 13, Köln/Opladen 1969

**Kunkel, J. H.:** Society and economic growth. A behavioral perspective of social change. New York 1970

**Küpper, W., Ortmann, G. (Hg.):** Mikropolitik. Opladen 1988
**Kutsch, T.:** Soziologie des Haushalts. In: Reinhold, G. (Hg.): Wirtschaftssoziologie. München 1988
**Kutsch, T.:** Haushaltssoziologie. In: Kutsch, T. et al.: Einführung in die Haushaltswissenschaft. Stuttgart 1997
**Kutsch, T., Wiswede, G.:** Wirtschaftssoziologie. Stuttgart 1986
**Kutsch, T., Wiswede, G. (Hg.):** Arbeitslosigkeit. Bd. I: Sozialstrukturelle Probleme. Königstein 1978
**Kutsch, T., Wiswede, G. (Hg.):** Arbeitslosigkeit. Bd. II: Psychosoziale Belastungen. Königstein 1978

**Lakatos, I.:** Proofs and refutations. In: The British Journal for the Philosophy of Science 14, 1963/64
**Lammers, C. J.:** Power and participation in decision-making in formal organizations. In: AJS 73, 1967
**Lamnek, S.:** Qualitative Sozialforschung. Bd. I und II. Weinheim 1993
**Lamnek, S.:** Neue Theorien abweichenden Verhaltens. München 1994
**Lamnek, S.:** Theorien abweichenden Verhaltens. München [6]1996 ([5]1993)
**Lancaster, K.:** A new approach to consumer theory. In: The Journal of Political Economy 74, 1966
**Lane, R. E.:** Market justice, political justice. In: American Political Science Review 80, 1986
**Lange, E.:** Marktwirtschaft. Opladen 1989
**Lange, E. (Hg.):** Der Wandel der Wirtschaft. Soziologische Perspektiven. Berlin 1995
**Lash, S.:** Sociology of postmodernism. London 1990
**Laub Coser, R.:** In defense of modernity: Role complexity and individual autonomy. Stanford/Cal. 1991
**Lautmann, R.:** Wert und Norm. Begriffsanalysen für die Soziologie. Opladen [2]1971
**Lawrence, P. R., Lorsch, J. W.:** Organization and environment. Homewood, Ill. 1969
**Lazarsfeld, P. F.:** Wissenschaftslogik und empirische Sozialforschung, In: Topitsch, E. (Hg.): 1965
**Lea, S. E. G. et al.:** The individual in the economy. A textbook of economic psychology. Cambridge 1987
**Lemert, E. M.:** Human deviance. Social problems and social control. Englewood Cliffs, N.J. [2]1972 (1967)
**Lenski, G. E.:** Status crystallization: a non-vertical dimension of social status. In: ASR 19, 1954
**Lenski, G. E.:** Macht und Privileg. Eine Theorie der sozialen Schichtung. Frankfurt 1973
**Lenski, G. E.:** Die evolutionäre Analyse sozialer Struktur. In: Blau, P. M. (Hg.): 1978
**Lenski, G. E., Lenski, J.:** Human societies. New York 1974
**Lenski, J.:** Human societies: an introduction to macrosociology. Auckland et al. [3]1978
**Lerner, D.:** The passing of traditional society. Glencoe/Ill. 1958
**Levy, M. J., jr.:** The structure of society. Princeton 1952
**Lilli, W.:** Grundlagen der Stereotypisierung. Göttingen 1982
**Lindblom, C. E.:** Jenseits von Markt und Staat. Stuttgart 1980
**Lindenberg, S.:** Rational choice and sociological theory. In: Zeitschrift für die gesamte Staatswissenschaft 141, 1984
**Lindner, C.:** Kritik des symbolischen Interaktionismus. In: Soziale Welt 30, 1979
**Linton, R.:** The study of man. New York 1936
**Linton, R.:** The cultural background of personality. New York 1945
**Lipp, W. (Hg.):** Konformismus – Nonkonformismus. Darmstadt/Neuwied 1975
**Lipp, W., Tenbruck, F. H. (Hg.):** Kultursoziologie. In: Schwerpunktheft der KZfSS 31, 1979
**Lipset, S. M., Zetterberg, H. L.:** A theory of social mobility. In: ISA (ed.): Transactions of the Third World Congress of Sociology, Vol. 3. London 1956
**Lipset, S. M., Rokkan, S.:** Cleavage structures, party systems and voter alignments. In: Lipset, S. M., Rokkan, S. (eds.): Party systems and voter alignments: Cross national perspectives. New York 1967
**Littek, W. et al. (Hg.):** Einführung in die Arbeits- und Industriesoziologie. Frankfurt/New York 1982
**Luckmann, T.:** Die unsichtbare Religion. Frankfurt 1991
**Lüdtke, H.:** Expressive Ungleichheit. Zur Soziologie der Lebensstile. Opladen 1989
**Luhmann, N.:** Funktionen und Folgen formaler Organisation. Berlin 1964
**Luhmann, N.:** Legitimation durch Verfahren. Neuwied/Berlin 1969
**Luhmann, N.:** Soziologische Aufklärung (1). Opladen [2]1971
**Luhmann, N.:** Das sind Preise. In: Soziale Welt 34, 1983
**Luhmann, N.:** Soziale Systeme. Grundriß einer allgemeinen Theorie. Frankfurt 1984 ([4]1993)
**Luhmann, N.:** Die Wirtschaft der Gesellschaft. Frankfurt 1987
**Luhmann, N.:** Organisation. In: Küpper, W., Ortmann, E.: Mikropolitik – Rationalität, Macht und Spiele in Organisationen. Opladen 1988

**Lutz, B.:** Grenzen des Lohnanreizes. Frankfurt 1962
**Lutz, B.:** Krise des Lohnanreizes. Frankfurt 1975
**Lutz, B. (Hg.):** Technik in Alltag und Arbeit. Berlin 1989
**Lutz, B., Schmidt, G.:** Industriesoziologie. In: König, R. (Hg.): HB der empirischen Sozialforschung, Bd. 8. Stuttgart $^2$1977

**Mackenroth, G.:** Bevölkerungslehre. Berlin/Göttingen/Heidelberg 1953
**Malewski, A.:** Verhalten und Interaktion. Tübingen 1967 ($^2$1977)
**Malinowski, B.:** Argonauts of the Westem Pacific. London 1922 (dt. 1979)
**Malinowski, B.:** Eine wissenschaftliche Theorie der Kultur. Frankfurt 1975 (Orig. 1944)
**Malsch, T., Seltz, R. (Hg.):** Die neuen Produktionskonzepte auf dem Prüfstand. Berlin 1987
**March, J. G., Simon, H. A.:** Organizations. New York 1958
**Martens, W.:** Die Autopoiesis sozialer Systeme. In: KZfSS 43, 1991
**Martens, W.:** Organisation und gesellschaftliche Teilsysteme. In: Ortmann, G. et al. (Hg.): Theorien der Organisation. Opladen 1997
**Martinelli, A. M., Smelser, N. J. (eds.):** Economy and society. Overviews in economic sociology. London 1990
**Marx, K.:** Lohnarbeit und Kapital. In: MEW Bd. 6. Berlin-Ost 1973
**Maslow, A. H.:** Motivation and personality. New York $^2$1970 ($^1$1954)
**Matthes, J. (Hg.):** Krise der Arbeitsgesellschaft? Verhandlungen des 21. Deutschen Soziologentages in Bamberg 1982. Frankfurt/New York 1983
**Matthes, J. (Hg.):** Zwischen den Kulturen? Die Sozialwissenschaften vor dem Problem des Kulturvergleichs. Göttingen 1992
**Maturana, H. R.:** Autopoiesis. Reproduction, hereby and evolution. In: Zeleny, M. (ed.): Autopoiesis, dissipative structures, and spontaneous orders. Boulder/Col.1980
**Maturana, H. R., Varela, F. J.:** Autopoietische Systeme. In: Maturana, H. R.: Erkennen - Die Organisation und Verkörperung von Wirklichkeit. Braunschweig 1982
**Matza, D.:** Abweichendes Verhalten. Heidelberg 1973 (Orig. 1969)
**Matzner, E.:** Der Wohlfahrtsstaat von morgen. Frankfurt/New York 1982
**Mauss, M.:** Essai sur le don. In: AJS 2, 1, 1923
**Mayntz, R.:** Soziologie der Organisation. Reinbek 1963 ($^3$1985)
**Mayntz, R.:** Strukturell-funktionale Theorie. In: Bernsdorf, W. (Hg.): $^1$1969 ($^2$1972)
**Mayntz, R.:** Zum Status der Theorie sozialer Differenzierung als Theorie sozialen Wandels. In: Müller, H.-P., Schmid, M. (Hg.): Sozialer Wandel. Frankfurt/M. 1995
**Mayntz, R., Nedelmann, B.:** Eigendynamische soziologische Prozesse. In: KZfSS 39, 1987
**Mayntz, R., Ziegler, R.:** Soziologie der Organisation. In: HB der empirischen Sozialforschung, Bd. 9. Stuttgart $^2$1977
**Mayntz, R. et al.:** Einführung in die Methoden der empirischen Soziologie. Opladen 1971
**McCall, G. J., Simmons, J. L.:** Identities and interactions. New York/London 1966 (dt. 1974)
**McClelland, D. C.:** Die Leistungsgesellschaft. Opladen 1966 (Orig. 1961)
**McKenzie, R. B., Tullock, G.:** The new world of economics. Rev. ed. Homewood, Ill. 1978
**Meehl, P. E.:** On the circularity of the law of effect. In: Psychological Bulletin 47, 1950
**Meinefeld, W.:** Realität und Konstruktion. Erkenntnistheoretische Grundlagen einer Methodologie der empirischen Sozialforschung. Opladen 1995
**Mendner, J. H.:** Technologische Entwicklung und Arbeitsprozeß. Frankfurt 1975
**Merton, R. K.:** Social theory and social structure. Enl. ed. New York/London 1968 ($^1$1957; dt. 1994)
**Merton, R. K., Rossi, A. S.:** Contributions to the theory of reference group behavior. In: Merton, R. K.: 1968
**Meulemann, H.:** Werte und Wertewandel. Zur Identität einer geteilten und wieder vereinten Nation. Weinheim 1996
**Meyer, J. W., Rowan, B.:** Institutionalized organizations: formal structure as myth and ceremony. In: AJS 26, 1977
**Mickler, O.:** Facharbeit im Wandel. Rationalisierung im industriellen Produktionsprozeß. Frankfurt 1981
**Mikl-Horke, G.:** Soziologie. München/Wien $^4$1997 ($^1$1989)
**Miller, D. C., Form, W. H.:** Industrial sociology: work in organizational life. New York et al. $^3$1980

**Miller, W. B.:** Lower class culture as a generating milieu of gang delinquency. In: Journal of Social Issues 24, 1958

**Mills, C. W.:** The power elite. Oxford 1959

**Mitchell, J. N.:** Social exchange, dramaturgy and ethnomethodology. New York [2]1983

**Mizruchi, E. H.:** Success and opportunity. A study of anomy. New York 1964

**Montefiore, A.:** Wertfreiheit. Werturteilsstreit. In: Speck, J. (Hg.): HB wissenschaftstheoretischer Begriffe, Bd. 3. Göttingen 1980

**Moore, W. E.:** Strukturwandel der Gesellschaft. München [3]1973

**Moschis, G. P.:** The role of family communication in consumer socialization of children and adolescents. In: Journ. of Consumer Res. 11, 1985

**Moscovici, S.:** Social influence and social change. London 1976 (dt. 1979)

**Mulder, M.:** The power variable in communication experiments. In: Human Relations 13, 1960

**Müller, G.:** Anbieter – Nachfrager – Interaktionen. In: Irle, M. (Hg.): Marktpsychologie als Sozialwissenschaft. Göttingen 1984

**Müller, H. P.:** Lebensstile. Ein neues Paradigma der Differenzierungs- und Ungleichheitsforschung? In: KZfSS 1, 41, 1989

**Müller, H.-P.:** Sozialstruktur und Lebensstile. Frankfurt 1992

**Müller, H.-P., Schmid, M. (Hg.):** Sozialer Wandel. Modellbildung und theoretische Ansätze. Frankfurt 1995

**Müller-Jentsch, W.:** Soziologie der industriellen Beziehungen. Frankfurt/New York [2]1997

**Münch, R.:** Theorie sozialer Systeme. Opladen 1976

**Münch, R.:** Die Wirtschaft der Gesellschaft – ein autopoietisches System? In: Soziol. Revue 4, 1990

**Münch, R.:** Elemente einer Theorie der Integration moderner Gesellschaften. In: Berliner Journal für Soziologie 5, 1995

**Mutz, G. et al.:** Diskontinuierliche Erwerbsverläufe. Analysen zur postindustriellen Arbeitslosigkeit. Opladen 1995

**Myrdal, G.:** Das Wertproblem in der Sozialwissenschaft. Hannover 1965 (Orig. 1958)


**Nadel, S. F.:** The theory of social structure. London [2]1962 (1957)

**Nagel E.:** A formalization of functionalism. In: Nagel, E.: Logic without metaphysics. Glencoe/Ill. 1956

**Nagel E.:** Probleme der Begriffs- und Theoriebildung in den Sozialwissenschaften. In: Albert, H. (Hg.): [2]1972

**Neidhardt, F.:** Schichtspezifische Verhaltensdifferenzierungen in der Bundesrepublik. In.: Bolte, K. M. et al.: Soziale Ungleichheit. Opladen 1975

**Neidhardt, F.:** Das innere System sozialer Gruppen. In: KZfSS 3, 1979

**Neidhardt, F. (Hg.):** Gruppensoziologie. In: KZfSS, Sonderheft 25. Opladen 1983

**Neidhardt, F. et al. (Hg.):** Kultur und Gesellschaft. In: KZfSS, Sonderheft 27. Opladen 1986

**Nerdinger, F. W.:** Lebenswelt „Werbung". Frankfurt/New York 1990

**Newcomb, T. M. et al.:** Social psychology. New York 1965

**Nisbet, R. A.:** The irreducibility of social change. In: Moore, W. E., Cook, L. M. (eds.): Readings on social change. Englewood Cliffs, N. J. 1967

**Nisbet, R. A.:** Social change and history. New York 1969

**Nisbet, R. A.:** Developmentalism: a critical analysis. In: McKinney, J. C., Tiryakian, E. A. (eds.): Theoretical sociology. New York 1970

**Noelle-Neumann, E.:** Werden wir alle Proletarier? Wertewandel in unserer Gesellschaft. Zürich 1978

**Noelle-Neumann, E.:** Die Schweigespirale. München/Zürich 1980

**Nollmann, G.:** Konflikte in Interaktion, Gruppe und Organisation. Opladen 1997

**Nord, W. R.:** Social exchange theory: an integrative approach to social conformity. In: Psych. Bull. 71, 1969

**North, D. C.:** Theorie des institutionellen Wandels. Tübingen 1988

**North, D., Thomas, R. P.:** The rise of the Western world. Cambridge 1973

**Nurkse, R.:** Problems of capital formation in underdeveloped countries. New York 1953


**Offe, C.:** Leistungsprinzip und industrielle Arbeit. Frankfurt 1970 ([5]1977)

**Offe, C.:** Strukturprobleme des kapitalistischen Staates. Frankfurt [2]1973

**Offe, C.:** „Arbeitsgesellschaft": Strukturprobleme und Zukunftsperspektiven. Frankfurt/New York 1984

**Offe, C.:** Die Wirtschaft der Gesellschaft. In: Soz. Revue 4, 1990

**Ogburn, W. F.:** On culture and social change. Chicago 1964 (Orig. 1922)

**Olson, M.:** Die Logik des kollektiven Handelns. Tübingen 1968

**Olson, M.:** Aufstieg und Niedergang von Nationen. Tübingen 1985 (Orig. 1982)

**Opitz, P. J. (Hg.):** Grundprobleme der Entwicklungsländer. München 1991

**Opp, K.-D.:** Soziales Handeln, Rollen und soziale Systeme. Stuttgart 1970

**Opp, K.-D.:** Abweichendes Verhalten und Gesellschaftsstruktur. Darmstadt/Neuwied ²1974

**Opp, K.-D.:** Das ökonomische Programm in der Soziologie. In: Albert, H., Stapf, K. H. (Hg.): Theorie und Erfahrung. Stuttgart 1979

**Opp, K.-D.:** Individualistische Sozialwissenschaft. Stuttgart 1979

**Opp, K.-D.:** Die Entstehung sozialer Normen. Tübingen 1983

**Opp, K.-D.:** Das Modell rationalen Verhaltens. In: Bouillon, H., Andersson, G. (Hg.): Wissenschaftstheorie und Wissenschaften. Berlin 1991

**Opp, K.-D.:** Methodologie der Sozialwissenschaften. Opladen ³1995

**Opp, K.-D., Friedrichs, J.:** Brückenannahmen, Produktionsfunktionen und die Messung von Präferenzen. In: KZfSS 3, 48, 1996

**Opp, K.-D. et al.:** Die volkseigene Revolution. Stuttgart 1993

**Oppolzer, A. A.:** Hauptprobleme der Industrie- und Betriebssoziologie. Köln 1976

**Ortmann, G.:** Formen der Produktion. Opladen 1995

**Ortmann, G. et al. (Hg.):** Theorien der Organisation. Die Rückkehr der Gesellschaft. Opladen 1997

**Ossowski, S.:** Die Klassenstruktur im sozialen Bewußtsein. Neuwied/Berlin 1962


**Pappi, F. U. (Hg.):** Methoden der Netzwerkanalyse. München 1987

**Parsons, T.:** Structure and process in modern societies. New York/London 1960

**Parsons, T.:** An outline of the social system. In: Parsons, T. et al. (eds.): Theories of society, Vol. 1. New York 1961

**Parsons, T.:** A functional theory of change. In: Etzioni, A., Etzioni, E. (eds.): Social change. New York 1964

**Parsons, T.:** Evolutionary universals in society. In: ASR 29, 1964 (dt. 1971)

**Parsons, T.:** Societies. Evolutionary and comparative perspectives. Englewood Cliffs, N. J. 1966

**Parsons, T.:** The social system. New York ³1968 (NA 1991)

**Parsons, T.:** The system of modern societies. Englewood Cliffs, N. J. 1971 (dt. 1972)

**Parsons, T.:** Social structure and the symbolic media of interchange. In: Blau, P. M. (ed.): Approaches to the study of social structure. New York 1975 (dt. 1978)

**Parsons, T.:** Zur Theorie sozialer Interaktionsmedien. Opladen 1980

**Parsons, T., Bales, R. F.:** Family, socialization and interaction process. London ²1964

**Parsons, T., Smelser, N. J.:** Economy and society. A study in the integration of economic and social theory. London 1956 (⁵1972)

**Pawlowsky, P.:** Arbeitseinstellungen im Wandel. München 1986

**Pelzmann, L.:** Wirtschaftspsychologie: Arbeitslosenforschung. Schattenwirtschaft. Steuerpsychologie. Wien ²1988

**Peoples, J., Bailey, G.:** Humanity. An Introduction to cultural anthropology. Saint Paul ³1994

**Perrow, C.:** A society of organizations. In: Theory and Society 20, 1991

**Peuckert, R.:** Konformität. Stuttgart 1975

**Pfeffer, J., Salancik, G. R.:** The external control of organizations. A resource dependence perspective. New York 1978

**Phillips, B. S.:** Empirische Sozialforschung. Wien/New York 1970

**Pierenkemper, T.:** Wirtschaftssoziologie. Köln 1980

**Piers, G., Singer, M.:** Shame and guilt: a psychoanalytic and a cultural study. Springfield, Ill., 1963

**Piliavin, I. et al.:** Crime, deterrance and rational choice. In: ASR 51, 1986

**Plummer, J. T.:** The concept and application of lifestyle segmentation. In: Journal of Marketing 39, 1974

**Polanyi, K.:** The great transformation. Frankfurt 1978 (Orig. 1944)

**Polanyi, K. et al. (eds.):** Trade and market in the early empires. New York/London 1957

**Popitz, H.:** Phänomene der Macht. Tübingen 1992

**Popper, K. R.:** The poverty of historicism. London 1957

**Popper, K. R.:** Was ist Dialektik? In: Topitsch, E. (Hg.): 1965

**Popper, K. R.:** Logik der Forschung. Tübingen ³1969

**Popper, K. R.:** Die offene Gesellschaft und ihre Feinde, Bd. 2, München [6]1980

**Powell, W. W., DiMaggio, P. J. (eds.):** The new institutionalism in organizational analysis. Chicago/London 1991

**Preiss, J. J., Ehrlich, H. J.:** An examination of role theory. Lincoln 1966

**Pries, L. et al.:** Entwicklungspfade von Industriearbeit. Chancen und Risiken betrieblicher Produktionsmodernisierung. Opladen 1995

**Prim, R., Tilmann, H.:** Grundlagen. einer kritisch-rationalen Sozialwissenschaft. Heidelberg [7]1997

**Priore, M. J.:** Birds of passage. Migrant labour in industrial societies. Cambridge 1980b

**Priore, M. J.:** Dualism and discontinuity in industrial society. Cambridge 1980a

**Przeworski, A., Teune, H.:** The logic of comparative social inquiry. New York et al. 1970

**Rabushka, A., Shepsle, K. A.:** Politics in plural societies. Columbus 1972

**Rammert, W.:** Technik aus soziologischer Perspektive. Ein Überblick. Opladen 1993

**Rammert, W. et al.:** Vom Umgang mit Computern im Alltag. Opladen 1991

**Raub, W.:** Rationale Akteure, institutionelle Regelungen und Interdependenzen. Frankfurt/Bern 1984

**Raub, W., Voss, Th.:** Individuelles Handeln und gesellschaftliche Folgen. Darmstadt/Neuwied 1981

**Reckwitz, A.:** Struktur. Zur sozialwissenschaftlichen Analyse von Regeln und Regelmäßigkeiten. Opladen 1997

**Reimann, H. et al.:** Basale Soziologie. 2 Bde. Opladen [3]1984

**Reinhold, G. (Hg.):** Wirtschaftssoziologie. München 1988

**Reinhold, G. (Hg.):** Soziologie-Lexikon. München [3]1997

**Rich, S. U., Jain, S. C.:** Soziale Schicht und Einkaufsverhalten. In: Specht, K. G., Wiswede, G. (Hg.): 1976

**Riesman, D. et al.:** The lonely crowd. New Haven 1950 (dt. 1958)

**Robertson, R.:** Globalization. In: Featherstone, M. et al. (eds.): Global modernities. London 1995

**Röhl, K. R.:** Das Dilemma der Rechtstatsachenforschung. Tübingen 1974

**Rokeach, M.:** The nature of human values. New York/London 1973

**Rommetveit, R.:** Social norms and roles. Oslo 1955

**Rosen, B. C.:** The achievement syndrome. In: ASR 21, 1956

**Ross, E. A.:** Social control. A survey of the foundation of order. New York 1901

**Rostow, W. W.:** Stadien des wirtschaftlichen Wachstums. Göttingen 1966

**Rostow, W. W.:** Politics and the stages of growth. Cambridge 1971

**Roth, R.:** Die Sozialisation des Konsumenten. Thun/Frankfurt 1983

**Rotter, J. B.:** Social learning and clinical psychology. Englewood Cliffs, N. J. 1954

**Rubington, E., Weinberg, M. S.:** Deviance. The interactionist perspective. New York [3]1983

**Runciman, W. G.:** Relative deprivation and social justice. Berkeley 1966

**Säcker, J., Zander, E. (Hg.):** Mitbestimmung und Effizienz. Stuttgart 1981

**Sandner, K.:** Prozesse der Macht. Berlin et al. [2]1992

**Schachter, S.:** The psychology of affiliation. Stanford 1959

**Schäfers, B.:** Gesellschaftlicher Wandel in Deutschland. Stuttgart [6]1995

**Schäfers, B. (Hg.):** Grundbegriffe der Soziologie. Opladen 1995

**Schein, E. H.:** Organizational culture and leadership. San Francisco 1985

**Schenk, M.:** Soziale Netzwerke und Kommunikation. Tübingen 1980

**Schenk, M.:** Medienwirkungsforschung. Tübingen 1987

**Scherhorn, G.:** Konsum. In: König, R. (Hg.): HB der empirischen Sozialforschung, Bd. 11. Stuttgart [2]1977

**Scherhorn, G.:** Die Funktionsfähigkeit von Konsumgütermärkten. In: Irle, M. (Hg.): 1983

**Scheuch, E. K.:** Sozialprestige und soziale Schichtung. In: Glass, D. V., König, R. (Hg.). Soziale Schichtung und soziale Mobilität. In: KZfSS, Sonderheft 5. Köln/Opladen 1961

**Scheuch, E. K.:** Das Interview in der Sozialforschung. In: König, R. (Hg.): HB der empirischen Sozialforschung, Bd. 2: Grundlegende Methoden und Techniken der empirischen Sozialforschung, 1. Teil. Stuttgart 1973

**Scheuch, E. K.:** Soziologie der Macht. In: Schneider, H. K., Watrin, C. (Hg.): Macht und ökonomisches Gesetz. 2. Halbband. Berlin 1973

**Scheuch, E. K.:** Der Charakter des Konsums. In: Hamburger Jahrbuch für Wirtschafts- und Gesellschaftspolitik 20, 1975

**Scheuch, E. K., Kutsch, T.:** Grundbegriffe der Soziologie, Bd. 11. Stuttgart [2]1975
**Scheuch, E. K., Meyersohn, R. (Hg.):** Soziologie der Freizeit. Köln 1972
**Scheuch, E. K., Scherhorn, G.:** Freizeit und Konsum. In: König, R. (Hg.): HB der empirischen Sozialforschung. Stuttgart [2]1977
**Scheuch, E. K., Zehnpfennig, H.:** Skalierungsverfahren in der Sozialforschung. In: König, R. (Hg.): HB der empirischen Sozialforschung, Bd. 3. Stuttgart 1974
**Schmid, M.:** Theorie sozialen Wandels. Opladen 1982
**Schmidt, G.:** Rationalisierung. In: Endruweit, G., Trommsdorff, G.: 1989
**Schmidt, G. et al. (Hg.):** Materialien zur Industriesoziologie. In: KZfSS, Sonderheft 24. Opladen 1982
**Schneider, H.-D.:** Sozialpsychologie der Machtbeziehungen. Stuttgart 1978
**Schneider, H.-D.:** Kleingruppenforschung. Stuttgart [2]1985
**Schnell, R. et al.:** Methoden der empirischen Sozialforschung. München [5]1995 ([4]1993)
**Schotter, A.:** The economic theory of social institutions. Cambridge 1981
**Schülein, J. A.:** Mikrosoziologie. Ein interaktionsanalytischer Zugang. Opladen 1983
**Schülein, J. A.:** Rollentheorie revisited. In: Soziale Welt 4, 1989
**Schülein, J. A., Brunner, K.-M.:** Soziologische Theorien. Wien/New York 1994
**Schüßler, R.:** Kooperation unter Egoisten: vier Dilemmata. München 1990
**Schütz, A., Luckmann, Th.:** Strukturen der Lebenswelt. Frankfurt 1979/1984
**Schulze, G.:** Die Erlebnisgesellschaft. Kultursoziologie der Gegenwart. Frankfurt/New York 1992
**Schumpeter, J. A.:** Kapitalismus, Sozialismus und Demokratie. Bern 1950
**Schwartz, S. H.:** Cultural dimensions of values: towards an understanding of national differences. In: Kim, U. et al. (eds.): Individualism and Collectivism: Theoretical and methodological issues. Newbury Park/CA 1994
**Scitovsky, T.:** Psychologie des Wohlstands. Frankfurt/New York 1977
**Scott, J. F.:** Internalization of norms. Englewood Cliffs, N. J. 1971
**Scott, W. R.:** Grundlagen der Organisationstheorie. Frankfurt/New York 1986
**Scott, W. R.:** Institutions and organizations. Thousand Oaks et al. 1995
**Scott, W. R., Meyer, J. W.:** Institutional environments and organisations. Thousand Oaks et al. 1994
**Secord, P. F., Backman, O. W.:** Social psychology. New York [2]1974 (dt. 1976, 1983)
**Seifert, M. J.:** Sozialer Konflikt. Frankfurt et al. 1978
**Selznick, P.:** TVA and the grass roots. A study in sociology of formal organizations. New York 1949
**Sherif, M.:** The psychology of norms. New York 1936
**Sherif, M.:** Group conflict and cooperation: Their social psychology. London 1966
**Sherif, M.:** The psychology of social norms. New York 1978
**Shibutani, T.:** Reference groups as perspectives. In: AJS 60, 1955
**Shils, E. A.:** Center and periphery. Essays in macrosociology. Chicago/London 1975
**Short, J. F., Nye, F. I.:** Reported behavior as a criterion of deviant behavior. In: Social Problems 5, 1957
**Siebel, W.:** Einführung in die systematische Soziologie. München 1974
**Simmel, G.:** Philosophie der Mode. Berlin 1905
**Simmel, G.:** Philosophie des Geldes. München/Leipzig [3]1920
**Simmel, G.:** Soziologie. Berlin [4]1958
**Simpson, R. L.:** A modification of the functional theory of social stratification. In: Social Forces 35, 1956
**Six, B.:** Neuere Entwicklungen in der Einstellungs-Verhaltens-Forschung. In: Witte, E.H. (Hg.): Einstellung und Verhalten. Braunschweig 1992
**Skidmore, W.:** Theoretical thinking in sociology. Cambridge et al. [2]1979
**Smelser, N. J.:** Social change in the industrial revolution. Chicago 1959
**Smelser, N. J.:** Theory of collective behavior. New York 1963
**Smelser, N. J.:** Essays in sociological explanation. Englewood Cliffs, N. J. 1968a
**Smelser, N. J.:** Soziologie der Wirtschaft. München 1968b (Orig. 1963)
**Smelser, N. J.:** Sociology. Cambridge/Mass. 1994
**Smelser, N. J.:** Modelle sozialen Wandels. In: Müller, H.-P., Schmid, M. (Hg.): 1995
**Smelser, N. J., Swedberg, R.:** The Handbook of economic sociology. Princeton/N.J. 1994
**Smith, P. B., Bond, M. H.:** Social psychology across cultures. New York 1993
**Sobel, M.:** Lifestyle and social structure. New York 1981
**Sofsky, W., Paris, R.:** Figurationen sozialer Macht. Frankfurt 1994
**Sombart, W.:** Der moderne Kapitalismus. 3 Bde. Berlin 1916 ff

**Sommer, C. M.:** Sozialpsychologie der Kleidermode. Regensburg 1989
**Sommer, C. M., Wind, Th.:** Mode. Die Hüllen des Ich. Weinheim/Basel 1988
**Specht, K. G., Wiswede, G. (Hg.):** Marketing-Soziologie. Soziale Interaktionen als Determinanten des Marktverhaltens. Berlin 1976
**Stafford, J. E., Cocanougher, A. B.:** Reference group theory. In: Ferber, R. (ed.): Selected aspects of consumer behavior. Washington D. C. 1977
**Stark, R.:** Sociology. Belmont, Cal. ³1989
**Steiner, H. (Hg.):** Symbolische Interaktion. Stuttgart 1973
**Stephenson, J. B.:** Is everyone going modern? In: AJS 74, 1968/69
**Stern, L. W. (ed.):** Distribution channels: behavioral dimensions. Boston, Mass. et al. 1969
**Steuber, H.:** Jugendverwahrlosung und Jugendkriminalität. Stuttgart 1981
**Stevens, S. S.:** On the theory of scales of measurement. In: Science 103, 1946
**Stinchcombe, A. L.:** Constructing social theories. New York 1968
**Strasser, H.:** Diesseits von Stand und Klasse: Prinzipien einer Theorie sozialer Ungleichheit. In: Giesen, B., Haferkamp, H. (Hg.): 1987
**Strasser, H., Goldthorpe, J. H. (Hg.):** Die Analyse sozialer Ungleichheit. Opladen 1985
**Strasser, H., Hodge, R. W. (eds.):** Status inconsistency in modern society. Duisburg 1986
**Strasser, H., Randall, S. C.:** Einführung in die Theorien des sozialen Wandels. Darmstadt/Neuwied 1979
**Strauss, A.:** Negotiations. New York 1979 (Orig. 1974)
**Strauss, A.:** Grundlagen qualitativer Sozialforschung. Datenanalyse und Theoriebildung in der empirischen Sozialforschung. München 1991
**Stroebe, W.:** Das Experiment in der Sozialpsychologie. In: Stroebe, W. (Hg.): Wege der Forschung: Sozialpsychologie, Bd. 1. Darmstadt 1978
**Stryker, S.:** Symbolic interactionism: a social structural version. Menloe Park 1980
**Stryker, S., Statham, A.:** Symbolic interaction and role theory. In: Lindzey, G., Aronson, E.: HB of social psychology, Vol. II. New York ³1985
**Suls, J. M., Wills, T. A. (eds.):** Social comparison: Contemporary theory and research. Hillsdale/N.J. 1991
**Sumner, W. G.:** Folkways. New York/London ⁶1965 (1906)
**Sutherland, E. H., Cressey, R. D.:** Principles of criminology. Philadelphia ⁸1970 (1924)
**Swedberg, R.:** The critique of the Economy and Society – perspective during the paradigm crisis. In: Acta Sociologica 29, 1986
**Swedberg, R.:** Ökonomische Macht und wirtschaftliches Handeln. In: Heinemann, K. (Hg.): Soziologie wirtschaftlichen Handelns. Opladen 1987
**Swedberg, R. (ed.):** Explorations in economic sociology. New York 1993
**Szallies, R., Wiswede, G. (Hg.):** Konsum und Wertewandel. Landsberg 1990 (²1991)

**Tajfel, H.:** Stereotypes. In: Race 5, 1963
**Tajfel, H.:** Soziales Kategorisieren. In: Moscovici, S. (Hg.): Forschungsgebiete der Sozialpsychologie I. Frankfurt 1975
**Tajfel, H.:** Gruppenkonflikt und Vorurteil. Entstehung und Funktion sozialer Stereotypen. Bern et al. 1982 (engl. Orig.: 1981)
**Tajfel, H., Turner, J.:** An integrative theory of intergroup conflict. In: Austin, W. G., Worchel, S. (eds.): The social psychology of intergroup relations. Monterey 1979
**Tannenbaum, A. S., Kahn, R. L.:** Organizational structure. In: Human Relations 10, 1957
**Thibaut, J. W., Kelley, H. H.:** The social psychology of groups. New York et al. 1959 (²1986)
**Thome, H.:** Der Versuch, die „Welt" zu begreifen. Frankfurt 1973
**Thompson, J. D.:** Organization in action. New York 1967
**Tjaden, K. H. (Hg.):** Soziale Systeme. Neuwied/Berlin 1970
**Topitsch, E. (Hg.):** Logik der Sozialwissenschaften. Köln/Berlin 1965
**Touraine, A.:** Die postindustrielle Gesellschaft. Frankfurt 1972 (Orig. 1969)
**Touraine, A.:** Krise und Wandel des sozialen Denkens. In: Berger, J. (Hg.): 1986
**Toynbee, A.:** A study of history. Fair Lawn, N. J. 1946
**Trasher, F.:** The gang. Chicago 1963 (zuerst 1927)
**Trommsdorff, G. (Hg.):** Sozialisation im Kulturvergleich. Stuttgart 1989

Trotha, T. v.: Recht und Kriminalität. Tübingen 1982

Tschadjian, E. A.: The role of ambivalence in heterarchic social systems. In: Lasker, G. E. (ed.): Human systems, sociocybernetics, management and organizations. New York 1986

Tullock, G.: The social dilemma: The economics of war and revolution. Blacksburg, Virg. 1974

Tumin, M. M.: Some principles of stratification: a critical analysis. In: ASR 18, 1953

Türk, K.: Personalführung und soziale Kontrolle. Stuttgart 1981

Türk, K.: Neuere Entwicklungen der Organisationsforschung. Stuttgart 1989

Turner, R. H.: Role-taking, role standpoint, and reference group behavior. In: AJS 61, 1956

Turner, R. H.: Role taking: Process versus conformity. In: Rose, A. M. (ed.): Human behavior and social processes. Boston, Mass. 1962

Tversky, A.: Elimination by aspects. A theory of choice. In: Psych. Rev. 79, 1972

Tversky, A., Kahneman, D.: The framing of decisions and the psychology of choice. In: Elster, J. (ed.): Rational choice. Oxford 1986

Tyler, T. R.: Why people obey the law. New Haven/London 1990


Ullmann-Margalit, E.: The emergence of norms. Oxford 1977

Usinier, J. C., Walliser, B.: Interkulturelles Marketing. Wiesbaden 1993


Vanberg, V.: Markt und Organisation. Tübingen 1982

Vanberg, V.: Organisationsziele und individuelle Interessen. In: Soziale Welt 34, 1983

Vanberg, V.: „Unsichtbare-Hand Erklärung" und soziale Normen. In: Todt, H.(Hg.): Normengeleitetes Verhalten in den Sozialwissenschaften. Berlin 1984

Veblen, Th.: The theory of the leisure class. New York 1899

Vester, G. H.: Zeitalter der Freizeit. Darmstadt 1988

Vetter, H. O. (Hg.): Mitbestimmung, Wirtschaftsordnung, Grundgesetz. Frankfurt/Köln 1976

Vonderach, G. (Hg.): Jugendarbeitslosigkeit. Biographische Bewältigung und sozialpolitische Programme. Bamberg 1991

Vonderach, G. et al. (Hg.): Arbeitslosigkeit und Lebensgeschichte. Opladen 1992

Voss, Th.: Rationale Akteure und soziale Institutionen. München 1985

Vroom, V. H.: Work and motivation. New York [3]1967 (1964)


Wachtler, G.: Humanisierung der Arbeit und Industriesoziologie. Stuttgart et al. 1979

Wagner, G.: Differenzierung als absoluter Begriff? Zur Revision einer soziologischen Kategorie. In: Zeitschrift für Sozialforschung 25, 2, 1996

Wallerstein, I.: The capitalist world-economy. Cambridge 1979

Walster, E. et al.: New directions in equity research. In: Berkowitz, L., Walster, E. (eds.): Advances in experimental social psychology, Vol. 9. New York 1978

Ward, S. et al.: How children learn to buy. Beverly Hills 1978

Warner, W. L.: Structure of American life. Edinburgh 1952

Warsewa, G.: Sozialverträgliche Technikgestaltung. In: Soziologische Revue 16, 4, 1993

Weber, M.: Gesammelte Aufsätze zur Wissenschaftslehre. Tübingen [3]1968

Weber, M.: Die protestantische Ethik und der Geist des Kapitalismus. In: Weber, M.: Gesammelte Aufsätze zur Religionssoziologie, Bd. 1. Tübingen [6]1972 (zuerst 1965)

Weber, M.: Wirtschaft und Gesellschaft. Grundriß der verstehenden Soziologie. Tübingen [3]1972 (zuerst 1922)

Weede, E.: Entwicklungsländer in der Weltgesellschaft. Opladen 1985

Weede, E.: Konfliktforschung. Opladen 1986

Weede, E.: Der ökonomische Erklärungsansatz in der Soziologie. In: Analyse und Kritik 11, 1989

Weede, E.: Wirtschaft, Staat und Gesellschaft. Tübingen 1990

Weede, E.: Mensch und Gesellschaft. Tübingen 1992

Weede, E.: Die Auswirkungen der Einkommensverteilung auf das Wirtschaftswachstum. In: ZfS 26, 6, 1997

Wegener, B.: Gerechtigkeitsforschung und Legitimitätsnormen. In: Zeitschrift für Soziologie. 21, 4, 1992

Wehler, H.-U.: Geschichte und Soziologie. Möglichkeiten einer Konvergenz? In: Albrecht, G. et al. (Hg.): Soziologie. Opladen 1973

**Weick, K. E.:** Der Prozeß des Organisierens. Frankfurt 1985
**Wells, W. D., Tigert, D. J.:** Activities, interests and opinions. In: Journal of Advertising Research 11, 1971
**Whyte, W. F.:** Street corner society. Chicago [6]1971
**Wiehn, E.:** Theorien der sozialen Schichtung. München [2]1970
**Wiendieck, G., Wiswede, G. (Hg.):** Führung im Wandel. Stuttgart 1990
**Williams, R. M., jr.:** American society: a sociological interpretation. New York [3]1970
**Williamson, O. E.:** The economics of organization. The transaction cost approach. In: AJS 87, 1981
**Williamson, O. E.:** Die ökonomischen Institutionen des Kapitalismus. Tübingen 1990
**Williamson, O. E.:** The mechanisms of governance. New York/Oxford 1996
**Willke, H.:** Systemtheorie. Stuttgart/New York [4]1993 ([3]1991)
**Wilson, E. O.:** Sociobiology: the new synthesis. New York 1975 (dt. 1980)
**Wilson, J. Q., Herrnstein, R. J.:** Crime and human nature. New York 1975
**Wilson, T. P.:** Conceptions of interaction and forms of sociological explanations. In: ASR 35, 1970
**Wilson, T. P.:** Qualitative „oder" quantitative Methoden in der Sozialforschung. In: KZfSS 34, 1982
**Wilson, T. P., Zimmermann, D. U.:** Ethnomethodology, sociology and theory. In: Journal of Social Relations 7, 1980
**Winter-Ebner, R.:** Persistenz von Arbeitslosigkeit. Frankfurt 1992
**Wiswede, G.:** Soziologie des Verbraucherverhaltens. Stuttgart 1972
**Wiswede, G.:** Rationalität und soziales Wertsystem. In: Zeitschr. f. Wirtschafts- und Sozialwissenschaften 92, 1972
**Wiswede, G.:** Soziologie konformen Verhaltens. Stuttgart et al. 1976
**Wiswede, G.:** Rollentheorie. Stuttgart et al. 1977
**Wiswede, G.:** Konformität und sozialer Nutzen. In: Die Psychologie des 20. Jahrhunderts, Bd. VIII. Zürich 1979
**Wiswede, G.:** Soziologie abweichenden Verhaltens. Stuttgart et al. [2]1979
**Wiswede, G.:** Motivation und Arbeitsverhalten. München/Basel 1980
**Wiswede, G.:** Verhaltenstheoretische Perspektiven sozialen Wandels. In: Acham, K. (Hg.): Gesellschaftliche Prozesse. Graz 1983
**Wiswede, G.:** Marktsoziologie. In: Irle, M. (Hg.): 1984
**Wiswede, G.:** Umrisse einer integrativen Lerntheorie sozialen Verhaltens. In: Zeitschrift für Sozialpsychologie 19, 1988
**Wiswede, G.:** Soziologie der Mode. In: Hermanns, A. (Hg.): Mode-Marketing. Stuttgart 1991
**Wiswede, G.:** Einführung in die Wirtschaftspsychologie. München/Basel [2]1995
**Wiswede, G., Engelmann, M.:** Der Trendsensor. Entwicklung eines Meßinstrumentes zur Erfassung von Wertveränderungen beim Konsumentenverhalten. Unveröff. Forschungsbericht. Köln 1997
**Wiswede, G., Kutsch, T.:** Sozialer Wandel. Zur Erklärungskraft neuerer Entwicklungs- und Modernisierungstheorien. Darmstadt 1978
**Wiswede, G., Kutsch, T.:** Sozialer Wandel als Modernisierung. Problematik eines Konzepts. In: Matthes, J. (Hg.): Sozialer Wandel in Westeuropa. Frankfurt/New York 1979
**Womack, J. P. et al.:** Die zweite Revolution in der Automobilindustrie (MIT-Studie). Frankfurt/New York 1992
**Wood, A.:** North-South trade, employment and inequality. Oxford 1994
**Woods, W. A. et al.:** Strategic implications of differences in consumer purposes in three global markets. In: Kaynak, E. (ed.): Global perspectives in marketing. New York 1985
**Wright E. O.:** Classes. London 1985

**Yankelovich, D.:** Wohlstand und Wertewandel: Das Ende der fetten Jahre. In: Psychologie heute 3, 1994
**Yankelovich, D. et al.:** The world at work. An international report on jobs productivity and human values. New York 1985

**Zahn, E.:** Soziologie der Prosperität. München 1964
**Zaltman, G., Wallendorf, M.:** Consumer behavior. New York et al. 1979
**Zapf, W.:** Wandlungen der deutschen Elite. München 1965
**Zapf, W.:** Die Modernisierung moderner Gesellschaften. Frankfurt 1991
**Zapf, W. (Hg.):** Theorien des sozialen Wandels. Köln/Berlin [3]1971

**Zetterberg, H. L.:** Social theory and social practice. New York 1962
**Zimmermann, E.:** Das Experiment in den Sozialwissenschaften. Stuttgart 1972
**Zimmermann, E.:** Krisen, Staatsstreiche und Revolutionen. Opladen 1981
**Zündorf, L.:** Hierarchie. In: Beckerath, P. G. v. et al. (Hg.): 1981
**Zündorf, L., Grunt, M.:** Hierarchie in Wirtschaftsunternehmen. Frankfurt/New York 1980

# Stichwortverzeichnis

## A

Abdiskontierung 202
Abhängigkeit 153
Abweichung 45, 194ff.
-und Kontrolle 197
Adaptabilität 270
Affektstruktur 100
AGIL-Schema 109, 165, 344
Aktionsforschung 103
Akzentuierung 171
Alphabetisierung 354
Alternativen,
-Vergleichsniveau für 389
Altruismus 116
Analyse,
-mehrdimensionale 89
-multivariate 92
Angebotsmacht 302
Anomalie 115, 203, 360
Anomie(-) 205f.
-theorie 196
Anpassung 258, 414
Anreiz-Beitrags-
-Konzept 153, 386, 388
Anspruchsniveau 389
Anthropologie 32, 237
-philosophische 32
Anwendungsbezug 76ff.
Arbeit(er-), 365ff.
-Subjektivierung von 367
-Umverteilung der 373
-bewußtsein 300
-nehmer-
-interesse 369, 400
Arbeits-
-bedingungen 143
-gesellschaft 356, 365ff.
-losigkeit 372ff.
-markt(-),
--dualer 357
--segmentierung 304, 308
-motivation 388
-paradoxon 356
-platzgefährdung 372ff.
-teilung 184, 365f.
-verhalten 386ff.
-zufriedenheit 389
Armut 307f.
Artefaktforschung 104f.
Assoziation,
-differentielle 204
Asymmetrie,

-strukturelle 369, 399
Attribution 208
Aufklärung 36, 77
Ausdifferenzierung 332
Aushandeln 421
-sozialer Rollen 189ff.
Aussageeinheit 87
Aussagen 67ff.
-deskriptive 68
Ausschluß-
-funktion 401
-prinzip 284
Außenlenkung 222
Austausch(-) 151ff.
-medien 183
-modelle 151ff.
-orientierung 421f.
-prozesse 138, 150ff., 289, 404f., 412f.
-theorie 113, 151ff., 175, 387
Auswahlverfahren 87
Autokatalyse 261, 380
Automatisierung 365
Autonomie, 231, 255, 367
-funktionelle 256, 270
Autopoiesis 110, 259ff., 344f.
Autorität 289

## B

Basisbereich 73
Bedeutungsstrukturen 60, 385
Bedürfnishierarchie 229
Bedürfnisse 408
Befragten-Effekte 95
Befragung 93ff.
Begriffe 64
Begründungszusammenhang 58, 73
Behaviorismus 119
Belohnungen 130, 289
Beobachter-Effekte 98
Beobachteten-Effekte 98
Beobachtung(s-), 97
-teilnehmende 98
-schema 99
Beruf 348
Bestrafung(s-) 289
-höhe 203
Betriebe 378ff.
Bevölkerung(s-) 323
-entwicklung 217ff.

-expansion 218f.
-rückgang 218f.
-struktur 217ff.
Bezahlung 389
Bezugsgruppen(-) 164, 418
-theorie 164, 169
Bindestrich-Soziologien 41
Biographie 143, 374, 420
Brückenannahmen 31
Bürokratie 381f.
Bürokratisierung 249

## C

Calvinismus 348
Chancen-
-gleichheit 302
-struktur 203, 205
Cleavages 276
Coleman-Modell 154
Commitment 199
Constrained choice 117, 360
Containment-Theorie 199
Cultural
-anthropology 181, 216, 220
-lag 331, 374

## D

Datenanalyse 89
Deferred gratification pattern 145, 200
Definition 64
De-Individuierung 204
De-labeling 209
Delphi-Methode 102
Demographische Bedingungen 217ff.
Demokratie 355, 393
Demonstrationseffekt 355
Dependenz(-) 153
-theorien 353
Deprivation(s-),
-relative 165, 276f., 335, 389, 418
-theorie 276
Desintegration 373
De-Standardisierung 233
Determinismus 138
Deutung 182
Deutungsschema 119, 151

Devianz(-), 194ff.
-sekundäre 208
-korridor 209
Dezentralisierung 166, 383
Dialektik 334ff.
Dienstleistungsgesellschaft 347f.
Differential,
-semantisches 85
Differenzierung, 184, 298, 323ff., 330f.
-funktionale 109
Diffusion 414
Dilemma,
-utilitaristisches 240ff., 394
Disembedded economy 344
Diskriminierung 132, 134, 188
Diskurs 102, 160f.
Disparitätentheorie 285
Dissonanz,
-kognitive 146
Dissoziation,
-strukturelle 374
Distinktheit 170, 313f.
Disziplinargesellschaft 248
Do ut des 404
Dreikomponenten-Konzept 146
Drift 210
Dritter Weg 358
Dualer Arbeitsmarkt 357
Dualismus 28
Dysfunktion 109f.

**E**

Effekt(-),
-externer 401
-myopischer 157, 202
-gesetz 114, 131, 151, 200, 416
Effizienzerwartung(en) 136, 148, 201, 349, 386, 416
Egoismus 239f.
Eigen-
-dynamik 256, 261
-gruppe 163
-komplexität 264
-leben 262
-nutz(-) 155, 239f.
-prinzip 250, 359
-tum(s-) 240, 243, 250f., 401ff.
-rechte 244, 250f., 401f.
-schichtung 286
Einkommen(s-) 389
-disparitäten 306

Einstellungen 44, 145ff., 225, 228, 362,
Einstellungs-
-änderungen 145
-forschung 87
Einzelfall-Studie 87
Elite 294, 300, 355
Emanzipation 77
Embedded economy 344
Emergenz 253, 262
Emotionen 363
Empirismus 53
Enkulturation 220
Entbettung 328f.
Entdeckungszusammenhang 58, 73, 81
Entdifferenzierung 323, 330, 419
Entfremdung 365, 389
Entropietheorem 176
Entscheidungen,
-familiale 421f.
Entscheidungs-
-konflikt 273
-logik 359
Entschichtung 297
Entstrukturierung 182, 232, 298, 310, 328
Entwicklung(en), 319ff., 346ff.
-dialektische 55
-technische 374ff.
-wirtschaftliche 319, 338, 346ff.
Entwicklungs-
-gesetze 63
-länder 352ff., 411
-phasen 346f.
Episoden 159
Equity-Theorie 152
Erfordernisse,
-funktionale 108
Erhebungs-
-einheit 87
-methoden 93ff.
Erklärung(s-),
-Ebenen 29
-schema 30ff.
Erlebnis-
-gesellschaft 233, 409f., 416
-rationalität 416
Erwartungen 135, 188, 201, 386, 416
Erwerbsstruktur 352
Erwünschtheit,
-soziale 96
Erziehung 139
Ethik,

-protestantische 31
-puritanische 352
Ethnisierung sozialer Konflikte 172, 227
Ethno-
-methodologie 120
-zentrismus 221, 326
Etikettierung 206ff.
Evolution 330ff.
Exchange-Theorie 113
Experiment 103ff.
Experten-Rating 100f.
Exploration 188

**F**

Faktorallokation 393
Faktorenanalyse 90
Falsifikationsprinzip 50ff.
Familie 250, 419
Feldexperiment 105
Fertigkeit,
-soziale 150f.
Feudalgesellschaft 305
Filter-Modell 118
Fluktuationen 332
Folgen,
-dysfunktionale 267
-nicht-intendierte 239, 270
Forschung(s-)
-logik 50ff.
-technik 79ff.
Fortschritt 320
Framing 119, 360
Free-rider-Position 394
Freizeit 409
Fremdgruppe 163
Führung(s-) 384
-funktionen 166
-rollen 166
-stile 166
Funktion, 47, 109f., 266
-komparative 164
-latente 109
-manifeste 109
-normative 164
Funktionale Äquivalente 109, 266
Funktionalismus 108ff., 119, 181

**G**

Gebilde,
-soziale 24ff.
Gefangenendilemma 155, 240ff.

446

Gegenverbandsbildung 399
Gehorsam 173
Geld 345, 401ff.
Gelegenheitsstruktur 203
Geltungsbereich 70f.
Gemein(-)
-eigentum 251
-schaft 163, 233
--und Gesellschaft 222, 265,
    325, 368
Generalisierung 132f., 188,
    403
Gerechtigkeit, 152f., 389
-distributive 152, 274
-lokale 152
Gesellschaft, 163
-aktive 339
-Begriff der 21
-multikulturelle 227
-pluralistische 174
-postindustrielle 351
Gesellschaftsvertrag 242ff.
Gestaltungsnorm 416
Gewalt 289
Gewerkschaften 401
Gewohnheiten 363
Gleichgewicht, 267ff., 332
-systemisches 267ff.
Globalisierung 311, 324, 328,
    368, 373, 411
Grauzonenbeschäftigung 357
Grenzerhaltung 263
Großgruppe 163
Gruppe, 46, 161, 204,
-Leistungsvorteil der 100
-Reifikation der 162
Gruppen(-),
-abweichende 204
-informelle 163
-arbeit 368, 387
-befragung 94
-begriff 161f.
-diskussion 94, 100
-druck 172ff., 204
-effekte 100
-formen 163
-größe 162
-interview 100
-kohäsion 165
Gültigkeit 67
Güter,
-kollektive 245, 284, 372, 399
Guttman-Skala 83

**H**

Habits 116
Habitualisierung 116, 132, 134
Habitus 147, 313
Haltstruktur 199
Handeln, 44
-instrumentelles 159
-kommunikatives 147, 159,
    264
-rationales 358
-soziales 22ff., 147f.
Handlung(s-)
-dispositionen 145
-orientierung 160
-rechte 290
-theorien 147f.
Hausarbeit 421
Haushalt 418ff.
Hedonisierung 409
Hermeneutik 58ff.
Herrschaft(s-), 48, 251, 278f.,
    287f
-charismatische 287
-wissen 77
Heterarchie 384
Hierarchie 384f.
Historizismus 37, 63f.,110,
    326
Hochmoderne 329
Homo sociologicus 180, 387
Humanisierung der Arbeits-
    welt 370
Human relations 379, 387
Hypothesen, 82
-strukturelle 93

**I**

Idealismus 36
Identität(s-), 192, 210, 414
-soziale 170, 414
-bildung 158
Imitation 188
Impression management 415
Indices 82
Indikatoren 66, 82
Individualbegriffe 64
Individualisierung 143, 232,
    315, 324, 409
Individualismus, 226
-methodologischer 38
Individuum
-und Gesellschaft 140, 247
Industrial relations 369
Industrialisierung 346ff.

Industriearbeiter,
-Bewußtsein von 370
Industrie(-)
-gesellschaft 346ff.
--Krisen der 356
Information(s-)
-gehalt 70f.
-verarbeitung 360, 363
Informelle Struktur 381ff.
Informeller Sektor 356
Inhaltsanalyse 100
Innenlenkung 222
Innovationen 348
Instanzen,
-intermediäre 284
Institution 47, 248ff.
Institutionalisierung 238, 249,
    256, 292
Institutionen 25, 338
Integration 167, 288
Intensivgespräch 95
Interaktion(en), 44, 161ff., 404
-dyadische 150ff.
-soziale 149ff.
-Aushandeln von 157
Interaktionismus,
-symbolischer 41, 118f., 158f.
    182, 415
Interaktion(s-)
-effekte 91
-medien 412ff.
-medium 290
-theorien 151ff.
-Zukunft 157
Interdependenz(en) 70, 91,
    155, 253f.
Interesse 47
Interessen(-) 279ff., 294, 369,
    388, 399
-konflikt 273ff., 279
-vertretung 284
Intergruppenkonflikt 170
Interkultureller Vergleich
    224ff.
Internalisierung 116, 132, 134,
    139f., 176, 197, 199, 238,
    247f., 256
Interpenetration 256f.
Interpretation(s-) 182
-prozeß 158
-regeln 151
-schema 183
Interpretative Soziologie 118ff.
Interaktive Soziologie 118ff.
Inter-Rollenkonflikt 186
Intersender-Konflikt 186
Intersubjektivität 59

Intervall-Skala 83
Interventionismus 370, 396
Interview 93ff.
Interviewer-Effekte 95
Intra-Rollenkonflikt 186
Intrasender-Konflikt 186
Introspektion 101
Involvement 199
Irrationalität 324

**K**

Kapital(-),
-und Arbeit 369, 371
-kulturelles 313
-ökonomisches 313
-soziales 173, 176, 197, 247,
   290, 313
-formen 313
-interesse 369
Kapitalismus 31, 251, 334,
   348, 370, 394
Karriere,
-abweichende 208f.
Kastengesellschaft 297
Kategorie 146, 162, 170
Käufermarkt 398
Kausalanalyse 103
Kausalität 69f., 90
Kennerschaft 417
Klasse(n-) 48
-bewußtsein 300
-gesellschaft 297, 305, 314
-kampf 111, 334
-modell 303
-theorie 111f.
Klassiker der Soziologie 37ff.
Kleingruppe 163
Klima 214
Koalition 385
Kognitive Entwicklung 141
Kohäsion(s-) 165
-funktion 166
Kollektiv(-)
-begriffe 64
-güter 245, 272, 284, 394, 399
Kollektivismus, 226
-methodologischer 38
Kolonialisierung 314, 344,
   367, 376
Kommodifizierung 344
Kommunikation(s-) 44, 146,
   157, 259f.
-struktur 166, 383
Kommunitarismus 361f.
Kompetenz,

-kommunikative 160
-soziale 150
Komplementarität 255
Komplexität(s-) 189, 253,
   263f., 270, 323, 331
-niveau 331
-reduktion 263, 270
-steigerung 331
Konditionierung,
-klassische 132
Konflikt-(e), 47, 174, 333, 422
-industrieller 369
-sozialer 272ff., 369
-in Gruppen 169
-zwischen Gruppen 170
-formen 273
-funktionen 277
-management 169
-theorie 272
-ursachen 274ff.
Konformismus 173
Konformität 45, 172ff., 247
Konsensbedarf 372
Konsequenz-Erwartung 136,
   201, 416
Konstanten,
-kulturelle 221
Konstanthaltung 103
Konstruktivismus 120
Konsum 407ff.
-demonstrativer 417
Konsumenten(-)
-verhalten 415ff., 421
Konsum(-)
-felderweiterung 372
-gesellschaft 407ff.
-normen 412
-schichten 311, 411
-stil 407, 416f.
Konsumtion 407ff.
Kontext,
-sozialer 27
Kontingenz(-),
-doppelte 137
-theorie 380, 382
Kontrakultur 204, 206
Kontrolle, 248, 269, 288, 291
-kognitive 141
-soziale 197f.
Kontrolleure 206ff.
Kontroll(-)
-graph 384
-illusionen 339
-kosten 198
-organe 198
-spirale 198, 261, 382
-techniken 103

-theorien 197
-überzeugung(en) 148, 200,
   252, 338
Konvergenz(-)
-theorie 264, 410,
-these 326f., 355
Kooperation(s-), 155, 241ff.,
   387, 394
-Evolution der 243
-mechanismen 156
Koordination(s-) 240, 390ff.
-kosten 393
Korporativer Akteur 284, 377,
   380
Korrelationen 69, 90f.
Korrumpierungs-Effekt 361
Kosten der Macht 291
Kosten der Konformität 174
Kritische Theorie 110, 161
Kritischer Rationalismus 50ff.
Kriminalität, 195f.
-organisierte 204
Kultur(-) 213ff.
-Anthropologie 32
-begriff 213ff.
-vergleich 224ff.
-wertbedeutung 58
Kybernetik 110

**L**

Labeling approach 206ff.
Laborexperiment 103ff.
Labour process debate 369
Längsschnittanalyse 94
Lean-
-consumption 410
-production 368
Leben(s-)
-standard 409
-stil(e) 213, 231, 311ff., 411,
   416
--Pluralisierung von 312
-welt, 42, 120, 160, 264
--„geteilte" 160
--Kolonialisierung von 264
-zyklus 228, 420
Legitimation 287, 292
Leistung(s-) 357
-gesellschaft 357
-motivation 349
-verfall 357
Lernen, 129ff.
-durch Beobachtung 137
-elementares 131
-instrumentelles 133

-kognitives 136f.
-soziales 129ff., 137f.
-sozial-kognitives 135
Lern(-)
-geschichte 130
-prozesse 129ff., 176, 187, 200ff., 263, 269, 337
-theorie 113, 116, 129ff., 200ff.
Leviathan 242
Liberalismus 36, 239
Likert-Skala 85
Linearität 91, 321, 326, 351
Lohnspreizung 311
Lokomotionsfunktion 166
Luxus 417

**M**

Macht(-), 48, 287ff.
-und Konflikt 278ff.
-informelle 293
-soziale 153f., 244, 278ff., 287ff., 303
-strukturelle 291, 365, 384
-bedürfnisse 290f.
-begriff 287
-bildung 284
-elite 294
-kosten 291
-schichtung 287
-struktur 166, 383
-verteilung 293
Mängelwesen 32, 237
Markt(-), 261, 270, 390ff.
-und Macht 397
-und Plan 391
-formenmacht 399
-gesellschaft 390ff.
-klassenmacht 399
-lagenmacht 398
-macht 381, 397
-mechanismus 239
-verbandsmacht 399
-verhalten 401
-versagen 394
-wirtschaft 393ff.
Marxismus 110ff., 370f.
Masse 162
Materialismus,
-dialektischer 110f.
-historischer 333
Mechanisierung 365
Medien(-) 412
-wirkung 146
Mehrwerttheorie 369

Meinungsführer 418
Merkmale,
-askriptive 309
Merkmalsverteilungen 24
Meßinstrument 66, 82
Messung,
-quantitative 82
Metaebene 67
Methode,
-dialektische 54ff.
-historische 61
-nomothetische 50ff.
-verstehende 57ff.
Mikro(-)
-elektronik 335
-Makro-Verknüpfung 30ff.
-politik 385
-soziologie 33, 129ff.
Milieu 234, 312
Minderheiteneinfluß 177
Minoritäten, 176f., 414
-soziale 210
Mitbestimmung 372, 385
Mittelstruktur 205
Mobilität 314ff.
Mobilität(s-), 48
-horizontale 316
-raten 316
-theorie 125
Mode 406, 413ff.
Modell(-)
-Lernen 137, 188, 201, 418
-Platonismus 115
-wirkungen 354f.
Moderne, 328f.
-reflexive 328ff., 339
Modernisierung(s-), 317, 327, 331, 374
-reflexive 271
-voraussetzungen 354
Moralität 361ff.
Morphologie 62
Motivation,
-intrinsische 388
-kulturelle Gesellschaft 227
-Attribut-Modelle 85
Multi(-)
-optionsgesellschaft 233
-stabilität 258
Münchhausen-Trilemma 51

**N**

Nachahmung 354f.
Nachfragemacht 302
Naturanthropologie 32

Negotiated order approach 157
Neo(-)
-evolutionismus 330ff.
-Industrialisierung 352
-marxismus 41
Netzwerk(-) 25, 46, 255
-analyse 147, 167
Neue Institutionelle Ökonomie 155
New rules 122
Nivellierung 298, 306ff.
Nominal(-)
-definitionen 65
-Skala 83
Nonkonformität 172f.
Norm(en), 25, 45,
-soziale 246ff., 361ff
-konflikt 273
-setzung 288
-struktur 165, 382
Nutzen(-)
-maximierung 358
-theorie 113, 115

**O**

Objekt(-)
-bestimmung 21ff.
-ebene 67
Ökologie 214, 356ff.
Ökonomie, 34f.
-neue politische 35
Ökonomischer Ansatz 115ff.
Operationalisierung 65f., 82
Opportunismus 377
Optionen 232
Ordinal-Skala 83
Ordnung(s-),
-soziale 236ff.
-spontane 239
-politik 245
-prinzip 245
-problem 236ff.
Organisationen 377ff.
-Verhalten in 386
Organisation(s-), 249, 377ff., 391
-Sozialstruktur der 381ff.
-Ziele der 380f.
-gesellschaft 284, 377
-kultur 382, 385
-struktur 381
-ziele 380f.
Organismus 254, 258
Organizismus 109, 326
Orientierungsalternativen 223

**P**

Paarvergleich 83
Paradigma,
-interpretatives 118, 158
Paradigmen(-) 107ff.
-wechsel 52
Parallelisierung 104
Parallelwirtschaft 357
Partikularismus 224
Partizipation 367, 372, 385
Pattern variables 223, 226, 325
Persönlichkeitsmerkmale
198ff.
Person-Rolle-Konflikt 186
Pfadanalyse 92f.
Pflicht-und Akzeptanzwerte
231
Phänomene,
-kollektive 30
Phänomenologie 59f.
Phasentheorien 350
Philosophie 36
Planungszelle 102
Planwirtschaft 393f.
Pluralisierung 411, 416
Pluralismus(-) 174, 227, 275
-these 294
Polarisierung 365
Polaritätsprofil 85
Position(s-), 179, 313
-güter 309, 314, 395, 402, 417
Positivismus 37, 50
Post(-)
-materialismus 229
-moderne 271, 328ff., 339
Praxis(-) 76ff.
-relevanz 79
Prestigeschichtung 286
Primärgruppe 163
Prinzip,
-utilitaristisches 240
Privateigentum 401f.
Probleme, soziale 36
Problem(-)
-lösungsbereiche 165
-strukturierung 81
Produktion(s-) 365ff.
-konzepte,
--neue 366ff.
-mittel 111f., 370
-verhältnisse 334
Produktivkräfte 333
Professionalisierung 366
Prognose 327
Prüfbarkeit,

-intersubjektive 50ff.
Psycho-Logik 360
Psychologismus 114
Public-choice 115
Puritanismus 251, 348

**Q**

Quasi-
-Gruppe 284
-Theorien 61, 71
Querschnitt-Analyse 94
Quota-Verfahren 88

**R**

Randomisierung 104
Rational choice 35, 41, 115,
135, 202, 338, 361
Rationalisierung, 323f., 366ff.,
372
-kognitive 96
-soziale 367
-systemische 367
Rationalismus 50ff.
Rationalität(s-) 35, 117, 358ff.,
379, 387
-druck 359
Ratio-Skala 83
Raum,
-sozialer 313
Reaktanz(-) 277, 382
-theorie 124f.
Reaktivitätsproblematik 95
Realdefinitionen 65
Realismus,
-konstruktiver 121
Rechtsnormen 195
Reduktionismus 113
Regressionsanalyse 90
Reifikation 162
Re-Integration 267f.
Relativität,
-kulturelle 32, 220
Religion 251
Rent-seeking 395
Revolution, 335
-industrielle 347
Reziprozität 150, 255, 397,
404
Risiko(-) 116, 375
-gesellschaft 328f., 410
Role-

-making 182
-taking 182
Rolle(n-), 45, 179ff.
-und Identität 191
-und Macht 190
-abweichende 210
-soziale 179, 379, 420
-begriff 179ff.
-bilanz 190f.
-differenzierung 180, 184ff.,
365
-distanz 191
-druck 185
-handel 189f.
-identifikation 191
-komplexität 189
-konflikt 185ff., 388
-lernen 187ff.
-plastizität 182
-sektoren 184
-selbstgestaltung 182, 388
-Set 184
-spiel 100
-stereotype 183
-streß 185
-struktur 165f., 184ff., 383,
387, 420
-systeme 184
-theorie 179ff.
-transfer 180
-übernahme 182
-Selbst-Konflikt 186
Rückkoppelung 258, 261

**S**

Säkularisierung 223, 251
Sanktion(en) 45, 195 245ff.,
288
Schamkulturen 223
Schattenwirtschaft 357
Schematheorie 210
Schicht(-), 48
-soziale 286ff., 295ff.
-barrieren 298
-bewußtsein 299ff.
-Indices 299
-kristallisation 297ff., 311
-Selektions-These 207f.
Schichtung(s-),
-soziale 295ff.
-modelle 304ff.
-strukturen 304ff.
Schuldkulturen 223
Schweige-Spirale 177

Segmentierung 366, 416
Sektor,
-informeller 356f.
-primärer 351
-quartärer 351
-quintärer 351
-sekundärer 351
-tertiärer 351
Sekundärgruppe 163
Selbst(-) 46, 415
-bild 192
-konstitution 260
-kontrolle 200, 202
-konzept 192f.
-regulierung 258, 267
-steuerung 270
-zuschreibung 210
Selektion(s-) 238f., 263, 333
-bei Devianz 207f.
-prinzip 266
-zwang 263
Signifikanztest 89
Sinn(-) 57ff., 259, 263
-strukturen 25
Situationismus 159
Situationsdeutung 151
Skalen(-) 83
-technik 86
Skript 159
Social loafing 387
Solidarisierung 278
Sozialforschung,
-empirische 79ff.
Sozialisation(s-), 46, 176, 238,
349, 412, 418
-antizipatorische 188
-berufliche 143
-primäre 141
-quartäre 143
-schichtspezifische 144
-tertiäre 141ff.
-phasen 141
-prozeß 138ff.
-stil(e) 144f., 349
-störungen 141, 199
-ziele 142
Sozialismus 334
Sozialontologie 60
Sozial(-)
-psychologie 33, 103, 115
-struktur 24ff., 295
-technologie 77
-verträglichkeit 375
Soziobiologie 220
Soziologie,
-als Wissenschaft 21ff.

-Definition von 22
-Entwicklung der 36ff.
-Gegenstand der 21ff.
-Geschichte der 36ff.
-interpretative 118
-Klassiker der 37ff.
-kritische 41
-marxistische 110
-Methoden der 50ff., 79
-Objektbereiche der 23
-Theorien der 107ff.
-verhaltenstheoretische 41,
112ff.
Soziometrie 100
Spannungen 333
Spannungslinien 276
Spiele,
-iterative 157
Spieltheorie 155
Sprache 160, 269
Staat(s-) 36
-versagen 396
Stabilisierung 333
Stadiengesetz 37
Stadtgesellschaft 305
Ständegesellschaft 297
Status(-) 295
-inkongruenz 295
-inkonsistenz 317
-konsistenz 295ff.
-merkmale 295f.
-struktur 166
Stereotypen 146
Steuerungsprobleme 269ff.
Stichprobenauswahl 87
Stigmatisierung 208ff.
Strategie,
-kooperative 156
Structuration theory 121
Struktur, 46
-und Verhalten 26
-soziale 24ff.
Strukturation 337
Strukturen,
-dezentralisierte 270
-dissipative 259
-soziale 22
-zentralisierte 270
Struktur-Funktionalismus 41,
108ff.
Strukturierung 165
Subkultur(en) 144, 204, 206,
226
Sublimierung 217, 409
Subsumtion,
-reelle 369

Symbole 415
Symbolischer Interaktionismus
s. Interaktionismus
Sympathie 151
System(-), 47, 109f., 377ff.
-und Lebenswelt 264
-und Umwelt 257ff., 262ff.,
380
-autopoietisches 259ff., 333,
345f., 380
-differenzierung 344
-kulturelles 256f.
-personales 256f.
-rationalität 359
-soziales 256f., 344
-störungen 267
-theorie 42, 108ff., 253ff.
Systeme,
-autopoietische 259ff., 333,
345f., 380
-Lernfähigkeit von 268
-lose gekoppelte 270, 385
-natürliche 379
-offene 379
-rationale 379
-sekundäre 265
-selbstreferentielle 259
-soziale 253ff.
Systemisierung 254
Szenario-writing 102


T

Take off 252, 350
Tausch(-)
-beziehungen,
--asymmetrische 153
-medien 402
--symbolische 402
-moralität 155
-system 404
Tautologien 71
Taylorismus 367
Teamarbeit 368
Technik(-) 335, 374ff.
-akzeptanz 375
-folgen 374f.
-genese 376
-Spirale 376
Teil(-)
-erhebung 87
-systeme 256
tertiäre Sozialisation 141f.
tertiärer Sektor 350ff.
Tests 83

Theorie,
-kritische 110, 161
-strukturell-funktionale 108ff.
Theorien(-), 72
-mittlerer Reichweite 122ff.
-Reichweite von 122ff.
-vergleich 107
Thomas-Theorem 118
Thurstone-Skala 83
Tiefen(-)
-erklärung 30
-struktur 25
Tit for tat 157, 243
Tradition 269
Transaktion(s-), 155
-kosten 377, 393, 401
Transformation(s-), 404
-altruistische 157, 422
-regeln 31
-these 265
Triade, 162
-dialektische 54
Trittbrettfahrer-Position 251,
284, 394
Typisierungsschema 183, 210
Typologien sozialen Wandels
323


U

Überformung,
-kulturelle 217
Über(-)
-lagerungsprinzip 303
-prüfbarkeit 70f.
-steuerung 270
Ultrastabilität 258
Umwelt(-) 257, 262ff.
-schutz 355f.
-verträglichkeit 375
Ungewißheit 116, 136
Ungleichheit(en) 48, 286ff.,
369
-neue 301, 309
Ungleichheitsbewußtsein 301
Universalien, 32
-evolutionäre 221
Universalismus 224
Unsichtbare Hand 240f., 261,
270
Unternehmung 393
Untersuchungseinheit 87
Unübersichtlichkeit, neue 271,
310
Urbanisierung 354

Urteilsheuristiken 360
Utilitarismus 36


V

Validität 80, 105
Variablen-Soziologie 126
Varianzanalyse 90
Variation 332
Verband 162, 399
Verbandsbildung 399
Verbraucher, hybrider 410, 417
Verfahren,
-multivariate 90
-qualitative 80f.
Vergleich(e),
-interkultureller 224ff.
-dissonante 169
Vergleich(s-)
-niveau 154, 389
--für Alternativen 154
-prozesse 137, 146, 151, 154,
164, 170
Verhalten(s-), 44
-abweichendes 194ff.
-geplantes 147f.
-soziales 22ff.
-theorie 112ff.
Verhandlungsforschung 157
Vermeidungslernen 133, 188,
201
Verschwendung 413
Verstärkung(s-), 114, 200f.,
261
-sekundäre 132f.
-lernen 132
Verstehen 57ff., 98f.
Versuch(s-)
-leiter-Effekte 104
-personen-Effekte 104
Verteilung(s-)
-koalition 285, 395, 399
-konflikt 274ff.
-systeme 303
Vertragsmodell 242
Vertrauen 241f.
Verwendungsverhalten 417,
420
Verwertung(s-)
-interesse 77
-zusammenhang 73
Viktimologie 201
Vollerhebung 87
Vorurteile 146, 171

W

Wachstum(s-) 355ff., 372
-gesellschaft 356, 407
Wandel, sozialer 177, 319ff.
Werbewirkungen 412
Werbung 405, 412f.
Wert(-)
-charakteristiken 225
-Erwartungs-Theorie(n) 113ff.,
135, 175, 277, 336, 386
-freiheit 72
-substitution 228
-system 130, 213ff., 222ff.
-urteile 72ff.
-vorstellungen 25
Werte(-) 44
-verfall 228
-wandel 227ff., 320, 410
Wettbewerb(s-) 357
-gesellschaft 357
Wirklichkeit,
-Definition der 120
Wirtschaft(s-)
-und Gesellschaft 34, 39,
343ff.
-gesellschaft 343ff.
-kriminalität 206
-ordnung 392
-soziologie 343ff.
--Neue 343
-wachstum 355
-werbung 412f.
-wissenschaft 34f.
Wissenschaftstheorie 50ff.
Wohlfahrtsgesellschaft 357
Wohlstand(s-),
-oligarchischer 395
-effekt 410
-gesellschaft 407


Z

Zahlungen 345, 403
Zehenspitzen-Dilemma 395,
413
Zentralisierung 166
Zielkonflikt 274
Zufallsauswahl 87
Zufriedenheit 389
Zuverlässigkeit 67